いまに伝える

農家のモノ・人の生活館

大舘勝治・宮本八惠子 著

柏書房

◆〝暮らしの原風景〟をもとめて

昭和三〇年代後半から四〇年代をさかいに、わたしたちの暮らしはかつてないほどの変容をみた。そして、モノの豊かさが優先され、環境への配慮や心の豊かさを見失っていった。いま、その反省にたって真の豊かさを求めて暮らす時代がきた。祖父母の時代から伝えられてきた〝モノと人の暮らし〟を振り返ると、そこから暮らしの原点が見えてくる。

東海道よりひどい—野良着の延命 [所沢市]

着古した野良着には、一年でも長く着られるように、縫い返しや繕いがほどこされた。「東海道よりひどい」とは、たくさんのつぎを当てたことのたとえ。(27ページ参照)

◆田植えの頃

梅雨入りとともに、田植えが開始される。この時期の雨は、稲作にとって恵みの雨となる。田植えは、短期間に多くの人手を必要とするので、親類や近所同士でユイ（結い）を組んで行われた。田植えは地域全体の行事であり、遅れそうな家があればそれを助けたものである。機械化が進んだ今では、ユイの慣行もなくなり、農家同士が交流する機会は減りつつある。

早乙女《さおとめ》

田に稲苗を植える女性は早乙女と呼ばれ、新嫁にとって田植えは親類や近所への顔見せの場となった。新嫁の襷（たすき）や帯、前掛けの紐の彩りはひときわ映え、まるで田んぼに花が咲いたようだった。（94ページ参照）

羽二重《はぶたえ》の半幅帯［八潮市］

早乙女［行田市］

田植え風景

養蚕［所沢市］

繭（まゆ）の売上の現金収入に占める割合は高く、農家では蚕をオコサマと呼んで大切に育てた。手塩にかけ、成長した蚕が、頭をもたげて糸をはく兆候を見せると、上蔟（じょうぞく）の作業が始まる。蚕を一頭ずつ木鉢に拾って、蚕が繭を作る床であるマブシに移す。（170ページ）

摘田［さいたま市］

用排水が整備される以前、とりわけ台地や丘陵の谷間には湿田が多かった。湿田の一部では、田植えをせず、ツミタ（摘田）と呼ばれる直播きによる米作りが行われた。筋を引いた上に、種籾を播んでいく。（84、108ページ）

田植えの昼飯 ［川里町］

田植えの昼飯には、米の飯、味噌汁、ジャガイモやインゲンの煮物、ニシンの煮つけ、ナスの油味噌、ラッキョウやキュウリの塩もみなどが出された。麦飯を常食としていたころ、米の飯はなによりのごちそうだった。（105ページ参照）

田植えの祝い ［川里町］

田植えが終わると、オカマサマやコウジンサマに苗を供え、田植えに活躍したマンガ（馬鍬）などの田植え用具にもぼたもちとお神酒が供えられた。

（103ページ参照）

麦上げ ［横瀬町］

麦刈り ［鳩山町］

麦刈り

麦秋、色づいた麦畑は、夏を知らせる風景である。この時期は麦刈りに猫の手も借りたいほどの忙しさであった。しかも田植えや養蚕と重なり、労働力が集中的に必要となった。麦上げは麦を畑から家に運ぶ作業をいう。（134ページ参照）

◆雑木林の恵み

今、多くのヤマは高齢化し、落ち葉を掃く者もなく、荒廃している。ヤマの再生のためには、コナラやクヌギなどの樹木を計画的に伐採して萌芽更新を図り、下刈りをして落ち葉を掃き、ヤマをきれいにしておく必要がある。

雑木林［所沢市］

落ち葉掃き［所沢市］

ヤマの落ち葉を掃く作業は、今では「落ち葉掃き」という言葉が共通語になりつつあるが、かつてはクズハキ、シバハキ、コノハハキなどといった。また、落ち葉を保存する施設は、コノハヤド（木の葉宿）と、風情のある名で呼ばれていた。（204ページ参照）

囲炉裏《いろり》［所沢市］

かつて農家には囲炉裏があり、そのまわりは家族だんらんや接客の場とされていた。暖をとるとともに煮炊きの機能も兼ね、自在鉤（じざいかぎ）に鉄瓶をかけて湯を沸かし、鍋をかけてオツケ（味噌汁）や煮込みうどんを作った。その燃料には、落ち葉やソダ（粗朶）が用いられた。薪を燃すのはぜいたくだったのである。（206ページ参照）

サツマイモ

サツマイモは、主役としての位置を占めることはないが、名脇役として日本人の食生活に貢献してきた。サツマイモの栽培は、サツマドコと呼ばれる施設で苗を育成し、初夏、育った苗を畑にさす。サツマドコは、雑木林の大量の落ち葉を入れ、何回も踏み込んで作られた。（154ページ参照）

種芋伏せ［鳩山町］

苗さし［鳩山町］

苗取り［鳩山町］
生長した苗をハサミなどで切り取る。

サツマ掘り［所沢市］
ツルは掘りながら埋め込まれ、後の作物の肥料となる。

植えられた苗（直幹法）［所沢市］

◆モノビのカワリモノ

「現代は毎日がモノビのようだ」。多くの古老がそう語る。モノビ（物日）とは農事暦の節目、年中行事や農耕儀礼の行われる休日で、この日、農家ではふだんとは異なるごちそうを作り、これをカワリモノと呼んだ。（262ページ参照）

初午 ［川里町］

2月初午、赤飯を蒸かして稲荷様に供える。スミツカレと呼ばれる大根と大豆の煮物を作り、赤飯とともにワラヅトに入れて稲荷様に供える地域もある。（267ページ参照）

十五夜 ［名栗村］

旧暦8月15日のお月見。団子を中心に、サツマイモ、サトイモなど秋の収穫物が供えられる。（264ページ参照）

エビス講 ［川里町］

11月20日のエビス講の供え物。座敷に飾られたエビス大黒に、ごはん、尾頭付きの魚、けんちん汁などが供えられる。俵に見立てた大きな稲荷寿司が供えられる家もある。（267ページ参照）

七夕飾り［鳩山町］

月遅れの8月7日、七夕飾りを立てて縁台に供え物を進ぜる。供え物の中心はまんじゅう。(271ページ参照)

七夕のうどん［川里町］

昼に食べるのは手打ちうどん。天王様、七夕、盆などの夏の行事には、小麦粉で作ったまんじゅうやうどんがつきものであった。

(271ページ参照)

◆うち織り

和装の時代、着物はその多くが手作りで、古くは木綿や絹などの布地も家で織られていた。自家用の機織りを「うち織り」という。絹布には平絹、縮緬、壁縮緬、斜子などがあり、これらでよそゆき着を仕立てた。（4、188ページ参照）

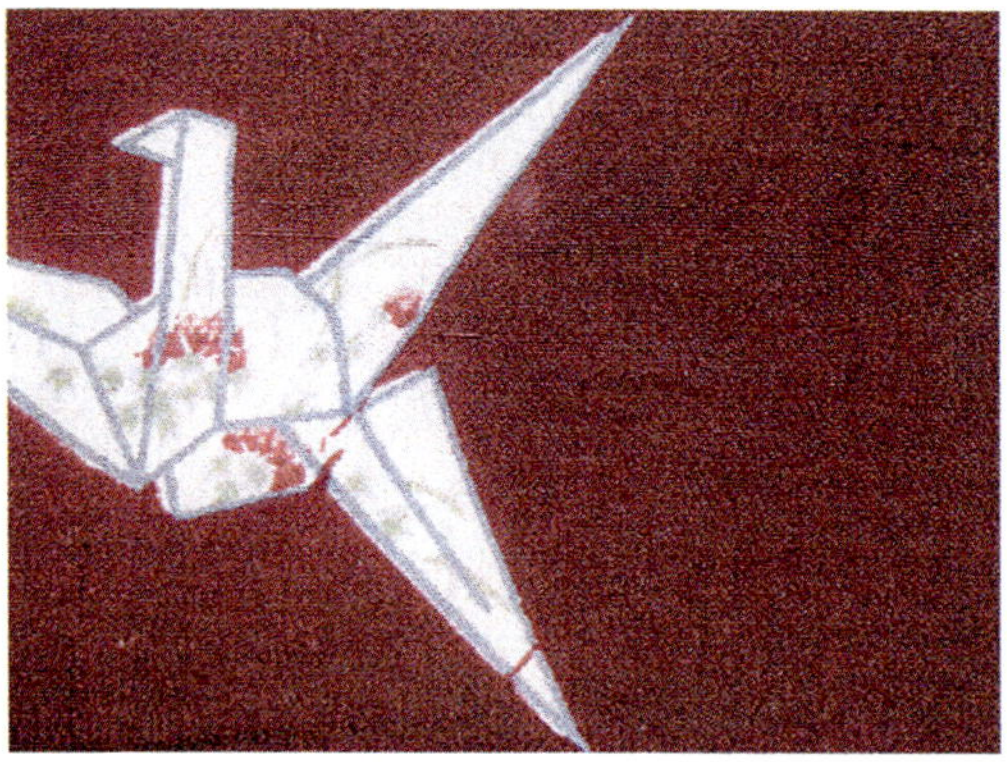

カベの袷長着［鳩山町］

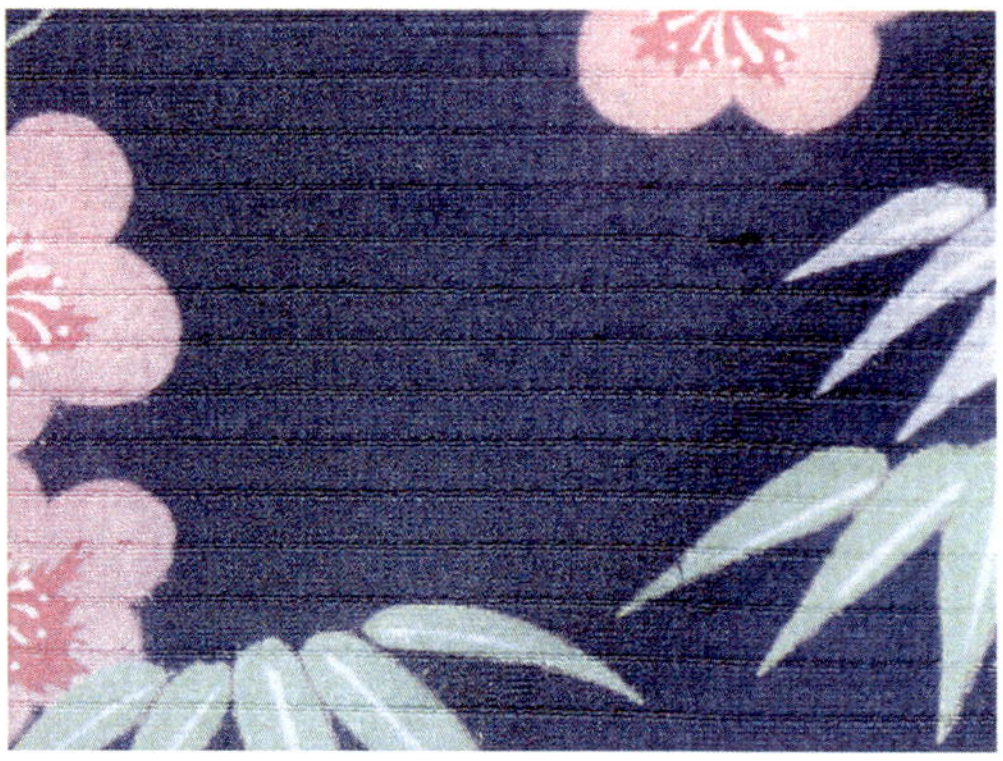

ダンカベの袷長着［鳩山町］

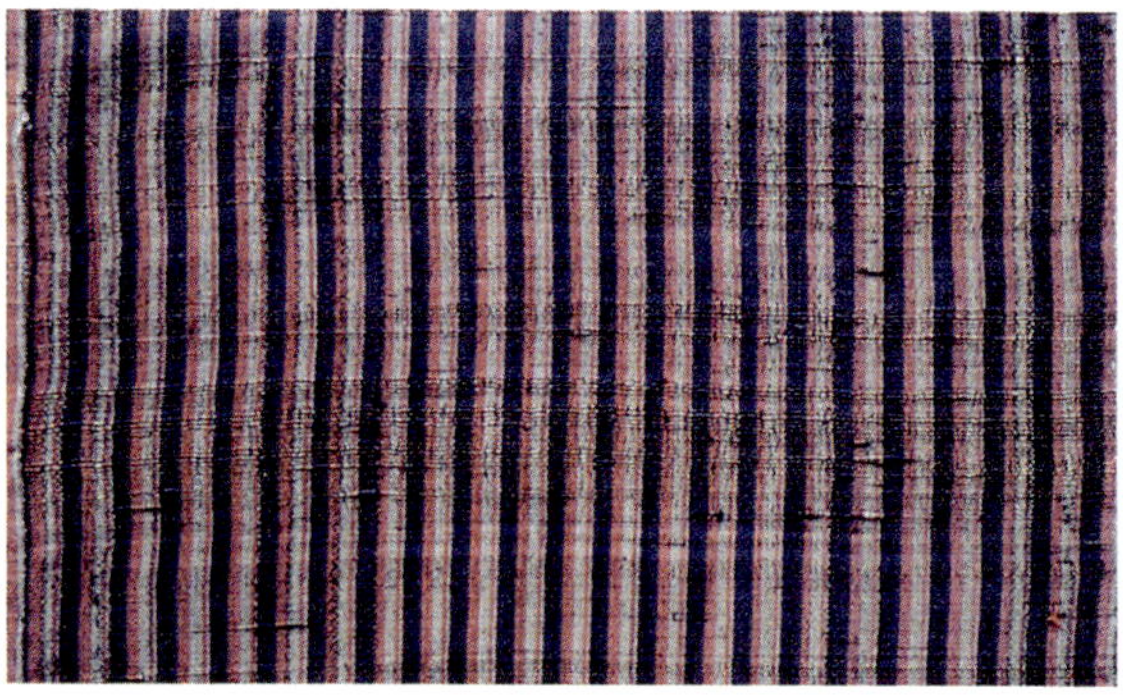

フトリジマの綿入れ半纏［鳩山町］

はじめに　—モノと人が語る暮らしぶり—

暮らしは、人がいてモノがあってはじめて成り立つものである。人の行いには必ずモノが付随し、モノが変わることで行いにも自ずと変化が生じてくる。

モノは、時代とともにその形態や機能を変えてきた。また、新たなる機能を持ったモノが次々と誕生し、暮らしにはモノが氾濫し、私たちは常にモノを受け入れモノを排出するという更新行為を繰り返しながら今を生きている。

ここで、考えをシンプルに戻したい。そもそも人の基本的行為は、今も昔も変わらぬものが連綿と受け継がれているのではないだろうか。人は、睡眠から目覚めると洗顔や歯磨きを行い、食事を取り、仕事あるいは学校へと出かけ、昼には休息を取り、一日の仕事が終わると家に帰り、風呂に入って疲れを癒し、食事と団欒《だんらん》のひとときを過ごして再び眠りに就く。こうした日常の基本的行為は、昔から変わらぬ形で繰り返されているのである。では何が変わったのか。何が失われていったのか。それは、暮らしにおける「ハレ」と「ケ」のメリハリであり、家族の役割であり、地域社会のつながりであり、こうした「暮らしの原風景」が失われたことによる代償は、日々取り沙汰されるさまざまな社会問題を見てもいかに大きいかが頷《うなず》ける。

つぎあてをしたジバン［所沢市］

本書では、埼玉県内の農村部を中心に「モノと人が語る暮らしぶり」を綴り、かつての農事暦《のうじれき》や折節の行事・儀礼、日々の暮らしの行い、地域の祭りや共同作業といったさまざまな民俗事象を通して、人が健全に生きるための「暮らしの原風景」を次世代に伝えることを目的とする。いわば、「暮らしのスピリット」の伝承である。

はじめに、本書の舞台となる埼玉県の民俗について、その概観を紹介する。埼玉県は昭和三〇年代以降急速にベッドタウン化が進み、かつての農村風景は大きく様変わりをしている。

埼玉県の地形は、西部の秩父山地、中央部から南西部にかけての台地や丘陵、そして、東部の沖積低地という「西高東低型」であり、山地では用材生産・炭焼き・薪《まき》作りなどの林業、台地や丘陵地域では養蚕や繭《まゆ》の製糸、絹織り、低地では稲作を中心に藍や綿の栽培、木綿織り、浴衣染めといった特色ある生業が発展していった。また、人々の住まいや着物・食べ物も地域によって特色が見られ、それが生業と絡んでひとつの民俗文化となって永いこと地域に伝承されてきた。

こうした民俗文化に変化が生じたのは、昭和三〇年代から四〇年代にかけての高度経済成長期のことである。

暮らしにはさまざまな電化製品が導入され、かまどに火を起こしてごはんを炊いていた行為は、電気炊飯器のスイッチを入れれば事足りるようになった。また、タライに洗濯板を立て掛けてゴシゴシと擦《こす》りつけていた洗濯は、電気洗濯機がその役を引き受けてくれるようになった。風呂釜に薪をくべて湯を沸かすのは学校から帰った子どもの役目とされることが多かったが、こうした手間も石油やガス風呂の普及によって不要となった。

衣服では既製品が豊富に出回り、大量生産大量消費の時代となって、かつて

草屋根の民家［鳩山町］

どこの家庭でも行われていた縫いものの光景を見ることも稀《まれ》になった。農家では、冬場になると女性たちが農繁期に備えて野良着を整えたもので、古くは自ら木綿縞や紺無地を織って野良着を仕立て、前年の傷んだ野良着には夜なべで繕《つくろ》いや縫い返しの手を加えた。こうした作業も、既製品の普及に伴って次第に行われなくなったのである。

住まいを見ると、かつての農家には広い土間があり、そこで籾摺《もみす》りや米搗《つ》き、縄ないや俵編《たわらあ》みなどが行われた。しかし、機械化によって籾摺りや米搗きは別棟の物置に機械を据えて行われるようになり、梱包用具の変化によって俵を編む必要もなくなった。したがって、土間は次々と応接間や子ども部屋などに改造され、新築の際には土間を廃止する家が多くなったのである。

農作業の変化にも目を見張るものがある。田畑の耕作は、古くは牛馬に犂《すき》を引かせて行われていたが、昭和三〇年代中期からは畜力に代わって耕耘機《こううんき》が用いられるようになった。また、稲刈りは、鎌で一株ずつ手刈りをしていたものがバインダーの機械へと変わり、さらにはコンバインの導入によってその場で刈り取りから脱穀までを一気に行うようになった。そのため、稲架《はさ》で稲を干す光景は姿を消し、同時に、副産物であった藁《わら》は田んぼで細かく裁断されて、藁工品に加工されることもなくなったのである。

新しい機械の導入は労力の軽減と作業能率の向上を実現し、農事暦の進行は早まって、行事の日取りにも変化が見られるようになった。かつての農家では、「二月正月」と称して正月を月遅れで祝っていた。理由は、稲刈りから脱穀・乾燥・選別・俵詰めまでがすべて手作業であり、新暦の正月では俵詰めまでを完了させることが難しかったためである。これが、機械導入後には作業時間が短縮されたことによって新暦で正月を祝うようになった。

このようにモノが豊かになることは、プラスの要素をもたらす反面さまざま

かまど［大利根町］

な「暮らしの技（わざ）」を失わせていったともいえる。煮炊きや暖房の火を起こし、それを管理する技、着物を仕立てたり繕ったりする技、旬の食材を使いこなす技、水まわりや家屋を維持管理する技など、あげれば切りがない。また、井戸の水汲みや風呂焚きを子どもが手伝うという家族の役割分担も失われていった。家族はもっとも小さな共同体である。その中で、子どもたちは親の働く姿を見ながら自分のできることを手伝い、助け合いの精神を学んでいった。その精神は大人になってからも地域で活かされ、田植えや収穫時期にはユイ（結い）と称して親戚や近所の者同士が手伝い合い、共同で作業を行った。また、家普請《ぶしん》や屋根の葺《ふ》き替えにも助っ人として駆けつけたもので、こうした相互扶助精神のもとに村社会が成り立っていたのである。

モノの変化は単にそれのみにとどまらず、暮らしの中で培われてきたさまざまな技や精神をも変化させていったといえる。

そんな今だからこそ、「ちょっと昔」を振り返ってほしい。「ちょっと昔」に生きていた「民俗の原風景」からは、今の、そして、未来の暮らしに学ぶべきことが必ず見つかるはずである。

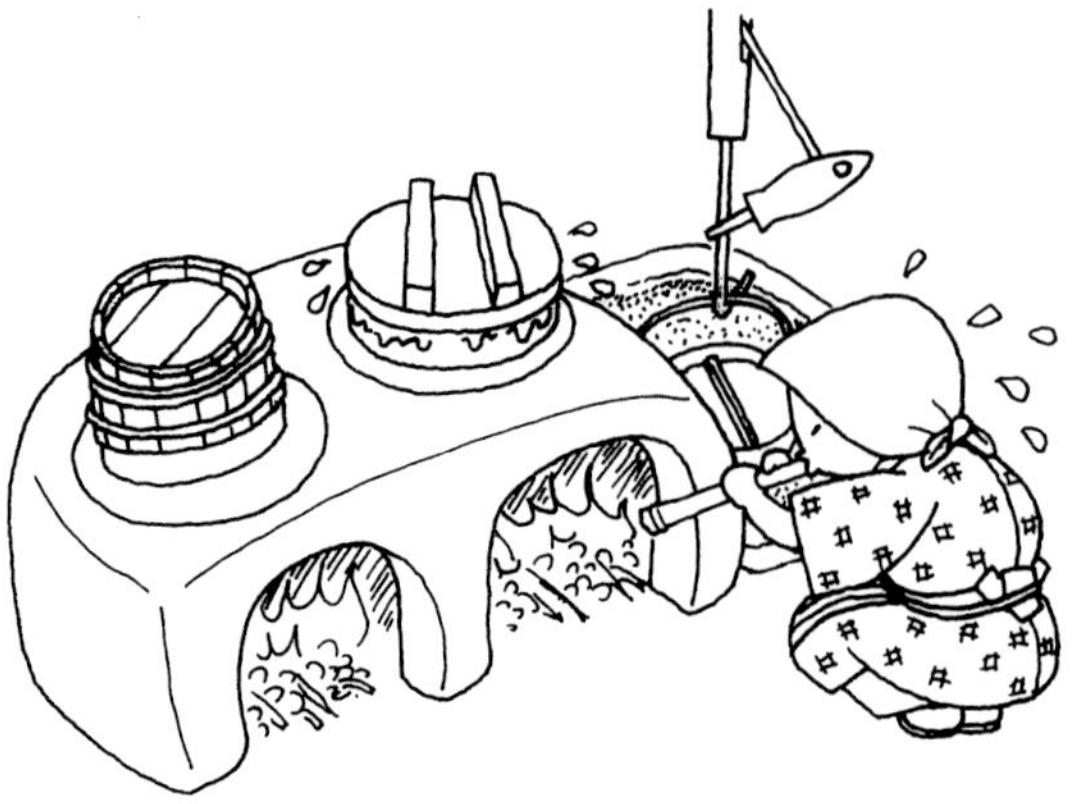

いまに伝える　農家のモノ・人の生活館◉目次

はじめに―モノと人が語る暮らしぶり― …… i

第一章 農家の冬ごよみ

1 機音は冬の音

【着るために織る】 …… 4
＊綿作りと糸紡ぎ 9
＊木綿以前の織物 13
＊地機と高機 14
【稼ぐために織る】 …… 25
【春に備えた針仕事】 …… 27
＊タンナカ股引、オカ腰巻の女性たち 35
＊股引をはかない女性たち 36

2 祝いと化粧直しの季節

【嫁来たり、春近し】 …… 38
＊衣装で見る人の一生 42
①誕生②大人への階③嫁の顔見せと里帰り④厄年と年祝⑤フィナーレ
【草屋根の化粧直して家は春】 …… 46
【春からの「農」に備えて】 …… 64
＊藁草履を作ってみよう 67

第二章　田畑と雑木林の仕事

1　米作り

【田うない】……74
【クロッケ・シロカキ・整地】……78
【苗代・苗間】……82
【摘田】……84
【田植え】……88
＊ホッツケ田・ホリアゲ田　92
【早乙女は田植えの華】……94
＊短着とモモヒキとモンペ　96
＊モンペは「後ろ美人」？　102
【田植えに振る舞われた初夏の味】……103
＊横畝から縦畝へ　106
【湿田の稲刈り】……108
＊オオアシ（大足）　111
【稲刈りと自然乾燥】……112
【稲の脱穀―センバコキ―】……114
【稲の脱穀―「ガーコン」から脱穀機へ―】……118
【藁ボッチと藁の利用】……120

2　麦作り

【麦蒔きの季節】……127
【麦踏み】……130

【麦の土入れとフリコミジョレン】……132
【麦刈りの季節】……134
【麦の脱穀―麦扱き・麦打ち―】……140
＊大麦を食べる―①麦飯②コガシと麦茶 147
＊小麦を食べる―①うどん・ひもかわ・ツミッコ②まんじゅう 150

3 サツマイモ作り

【サツマ床と種芋伏せ】……154
【植え付けと管理】……156
【サツマイモの運搬、貯蔵】……158
＊サツマイモは「食の助っ人」 160

4 茶と蚕

【風薫り、茶摘みの季節】……162
【揉み出された銘茶の香り】……164
【桑芽吹き、蚕の季節】……170
【蚕の病気とその予防方法】……175
【一年順繰り桑仕立て】……176
【蚕の変身】……178
【繭の豊作を願って】……186
【繭の糸取りと絹織り】……188
＊真綿のちから 192

5 昔の農具と今の農具

【牛馬と暮らした日々】……194
【牛馬もつらかった】……196
【古い農具はでかくて重い】……198

6 雑木林の恵み

【クズハキ・木の葉ハキ・シバハキ】……204
【落ち葉の恵み】……206
【里山（雑木林）の利用】……208
【炭焼きの時代】……212
【炭材の確保と炭の出荷】……214
【シロケシとクロケシの製法】……216

第三章　暮らしの原風景

1 農家の住まい

【農家の屋敷取り】……222
【母屋の間取りと使い方】……226
＊食事の場と座 233
＊箱膳とちゃぶ台 236
＊夜具と寝間着 237
【台所と水まわり】……239
＊釜小屋・味噌小屋・炊き場 244

【住まいの火―煮炊きの火・暖房の火・明かりの火―】……247
【女性が描く住まいの動線】……250
【涼、いろいろ】……256
【「涼」の蚊帳、「暖」の紙帳】……258

2 農家のごちそうと伝えたい食の知恵

【農家の年中行事と食ごよみ】……262
【食事に見る暮らしのメリハリ】……265
【農休みと天王様】……269
【夏のごちそうと生盆の行事】……271
【暦を彩る折節の餅】……275
【人寄せの膳と膳椀組】……277
＊食器容器のすぐれもの「折箱」……280
【手前味噌】……282
【一番搾りの香ばしさ】……285
【からっ風の恵み】……287

3 暮らしのアルバム

【運動会―味覚・服装・にぎわいの記憶―】……292
【水は生命の源】……294
【恵みの雨よ降れ】……297
【洗い、磨き、汚れを落とす】……300
【着物の虫干しと布団ごしらえ】……302
【髪形は口ほどにモノをいう】……303

おわりに──伝える使命と博物館の役割────306

あとがき
参考文献
協力者・協力機関
全国の博物館・資料館
索引

凡　例

○本書は、大舘勝治、宮本八惠子の民俗調査あるいは民具調査の成果をまとめたものである。

○民俗・民具の調査・記録の慣例にしたがい、実際に地域で使用されている語彙をカタカナで表記した。

○本書に収録した写真・図の大半は執筆者のいずれかが撮影または作成した。協力者から提供を受けた写真や、市町村史や文化財の調査などに関連して本人が撮影・作成した写真・図については、巻末の協力者・協力機関の図版一覧にその旨を示した。

第一章　農家の冬ごよみ

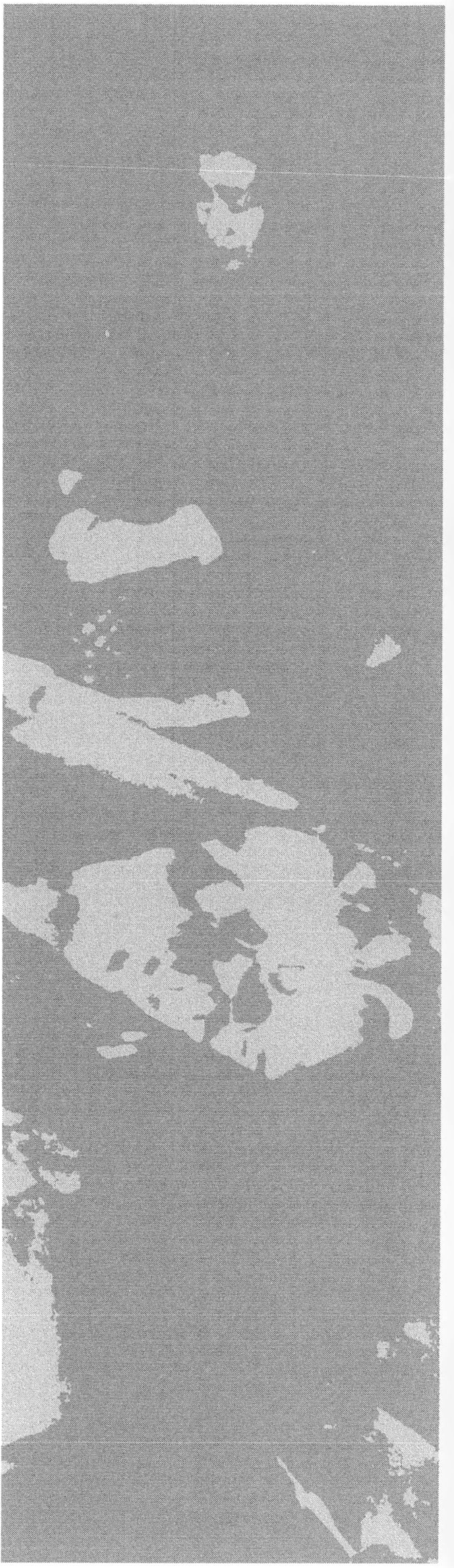

1 機音は冬の音

【着るために織る】……4
＊綿作りと糸紡ぎ　9
＊木綿以前の織物　13
＊地機と高機　14
【稼ぐために織る】……25
【春に備えた針仕事】……27
＊タンナカ股引、オカ腰巻の女性たち　35
＊股引をはかない女性たち　36

【❶ 機音は冬の音】

着るために織る

着るために織る　和装中心の時代には衣服の多くが手作りであり、その布地も家で織られていた。農家では、稲の始末が終わって農閑期に入ると、母屋《おもや》の縁側などに機織《はたお》り機を据《す》えて女性たちが綿布《めんぷ》や絹布《けんぷ》を織ったものである。

家で織られる布地を指して、うち織り、地織《じお》り、手前《てまえ》織りなどと呼ぶ。また、着るための機織りという意味でキルッパタというところもある。

木綿織り　木綿は保温性が高く肌ざわりも柔らかいので、仕事着やふだん着として広く用いられた。また、ちょいちょい着、ちょこっと着、ちょっくら着などと呼ばれる気軽なよそゆき着としても重宝された。

家で織られる綿布は、そのほとんどが縞《しま》【写真1・図1・図2】か無地《むじ》であり、コン、ムジコン、アオなどと呼ばれる紺《こん》無地は、野良《のら》仕事用のモモヒキを仕立てるのに広く用いられた。紺色は藍《あい》で染め、藍はその臭いが虫除けの効果もあることから野外での野良仕事に重宝されたという。

裂き織り　経糸《たていと》に綿糸を用い、緯《よこ》にメリンスなどの裂《さ》き布《ぬの》を織り込んだボロオビ【図3】も広い地域で織られた。ボロオビは、結び目が解けにくいことから野良仕事に重宝される。また、裂き布の組み合わせによってさまざまな色合いの縞や格《こう》子《し》を織り出すことができ、バリエーションも豊富である。中には、絹布を織った際に出る織りじまいの経糸を束ね、これをキリスネと称して緯に織り込むこともあった【図4】。キリスネのボロオビは絹糸の光沢が出て色も美しく、若い女性の間で好まれたという。

絹織り　絹布は、蚕《かいこ》の繭《まゆ》から引いた糸で織られた。農家では、繭のうち上質なものを売り、屑繭《くずまゆ》を糸に引いて自家用の絹布織りに用いたのである。

家で織られる絹布には、平絹《ひらぎぬ》・紬《つむぎ》・羽二重《はぶたえ》・縮緬《ちりめん》・壁縮緬《かべちりめん》・斜子《ななこ》などがあった。このうち、最も多く織られたのは平絹で、埼玉県内においてはキヌといえば平絹を指し、平絹の染めたものをキヌゾメという。縮緬や壁縮緬は主としてハレ着に用いられ、これらを織るには撚《よ》り屋に頼んで糸に特殊な撚りをかけた。

絹布の染色方法は多くが後染めで、白生地に織ったものを紺屋《こうや》に頼んで柄物《がらもの》や無地に染めてもらった。また、平絹や紬は糸を先染めして縞に織ることも多く、色糸の配列を工夫して年齢や性別に合わせたさまざまな縞が作られた。

フトリ　繭《まゆ》の表面から出る硬い糸も、無駄にはされなかった。ザグリ（座繰り・一八九頁参照）で糸繰《いとく》りを行う際には、まず、表面の硬い糸を別の枠にからめ、内側の質の良い糸が出てくると、これをザグリの枠に巻き取っていく。表面の硬い糸はフトリと呼ばれ、フトリで織られた布地もまたフトリ（太織）と称される。フトリは、白生地に織ってから無地に染めて着物の裏地とされたり、白生地のまま帯芯《しん》などに利用された。また、玉繭から引いた節のある糸もフトリと呼ばれ、これで織られたフトリジマ（太織縞）は綿入れ半纏《ばんてん》や袷《あわせ》の着物を仕立てるのに用いられた。糸が太く丈夫なので重宝されたという。

こうした自家用の機織りは、昭和初期から第二次世界大戦前にかけてその多くが姿を消していったが、終戦直後の衣料不足時代にはふたたび綿を栽培して綿糸を紡《つむ》いだり、在庫の繭から糸を引いて機織りを復活させる家が多かったという。

（宮本）

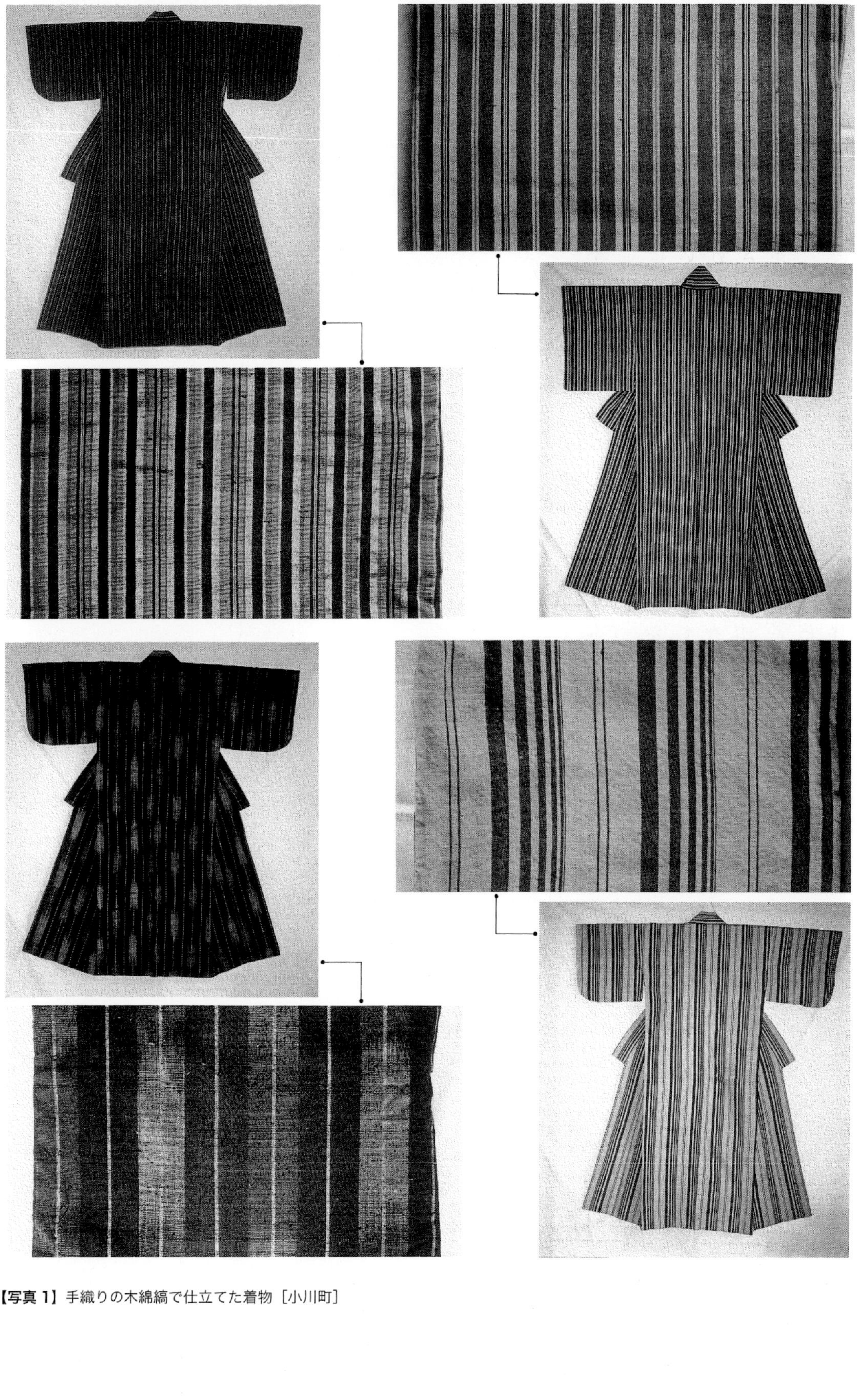

【写真 1】手織りの木綿縞で仕立てた着物［小川町］

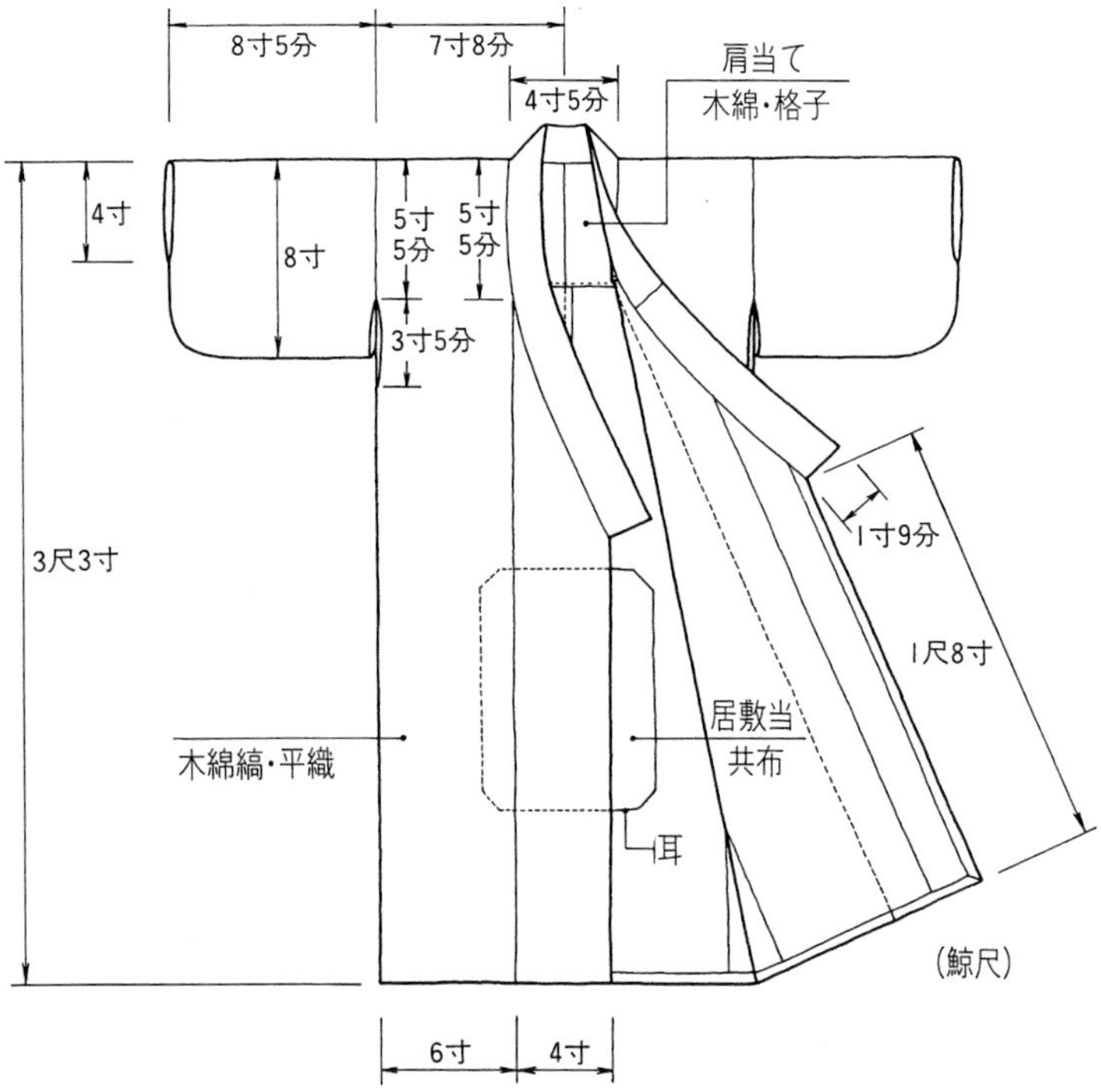

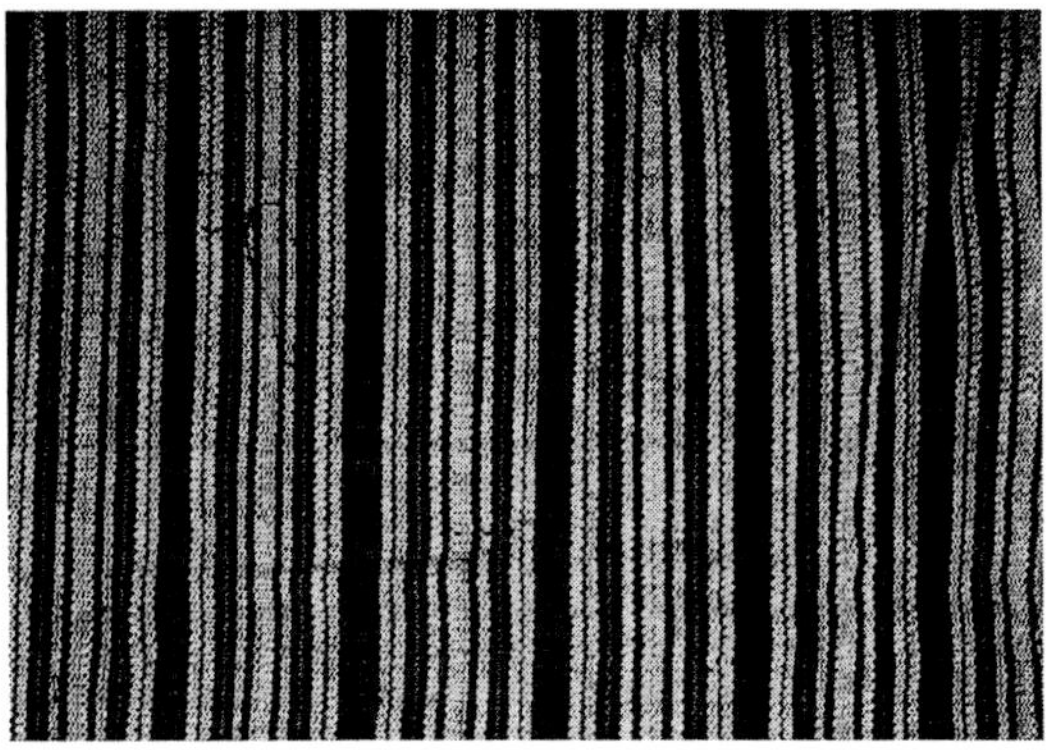

▼縞割表（縞糸の配列を示す）

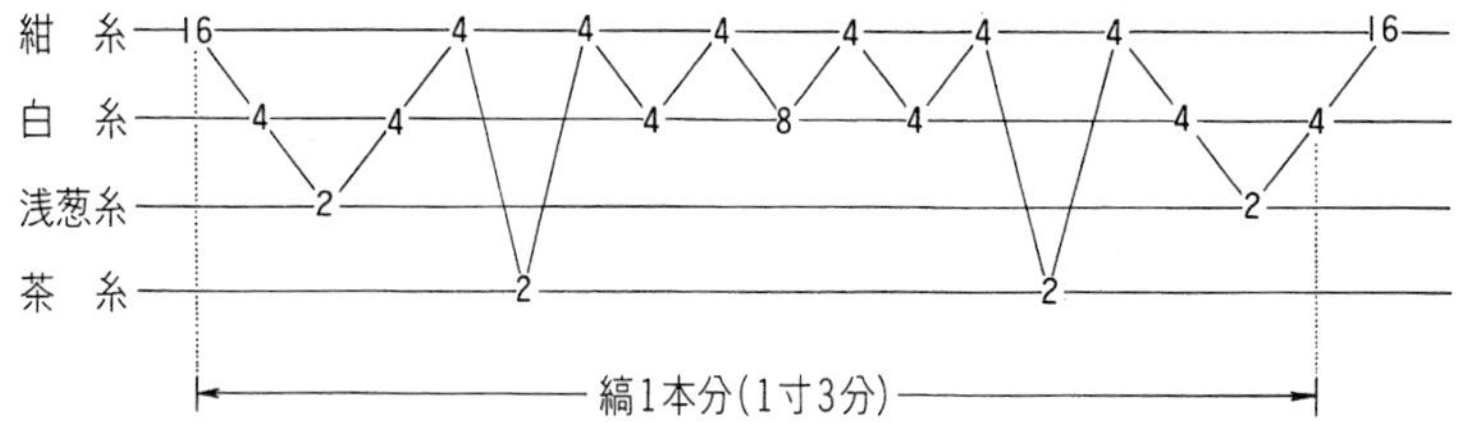

【図 1】手織りの木綿縞で仕立てた着物［川里町］

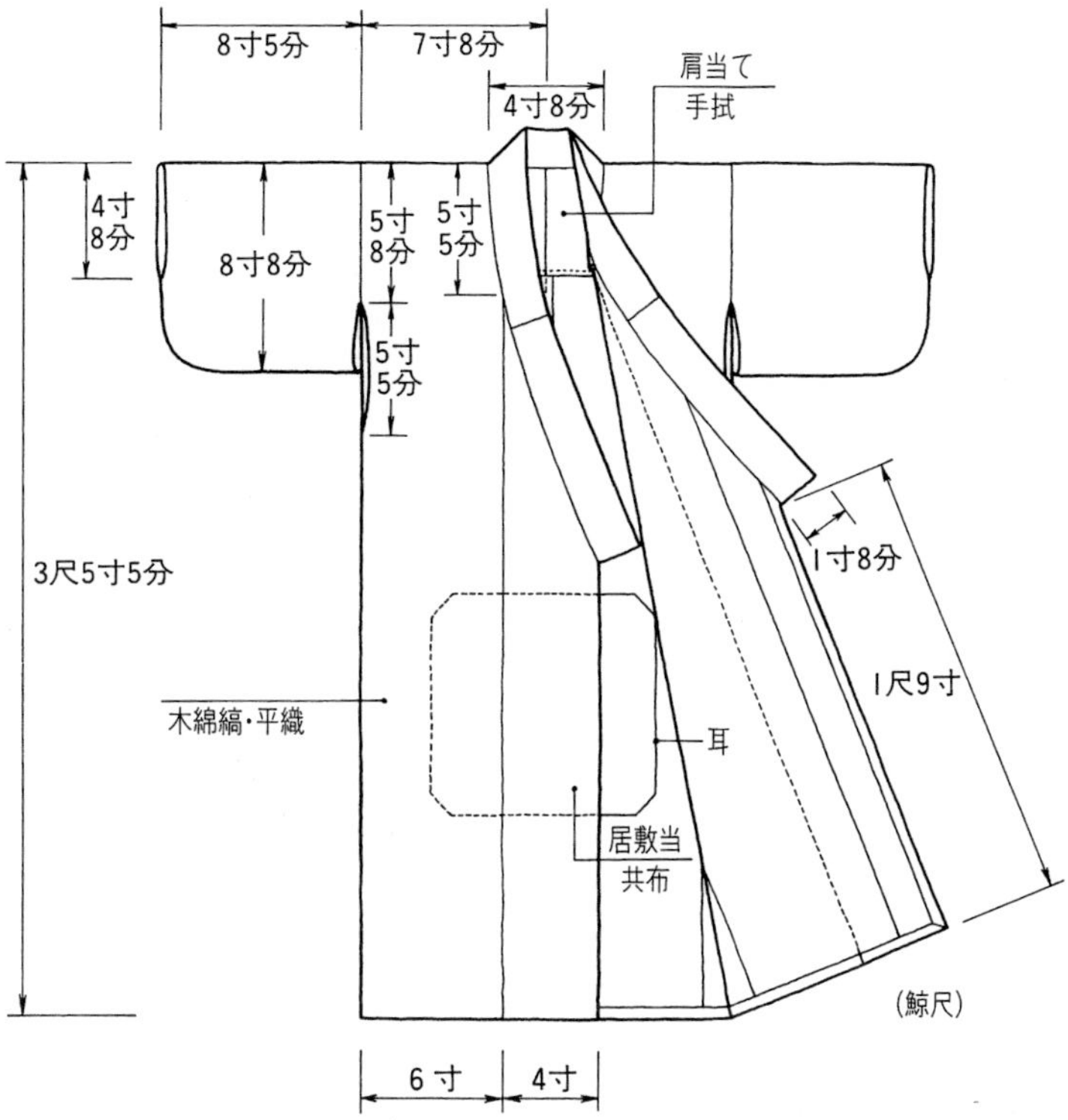

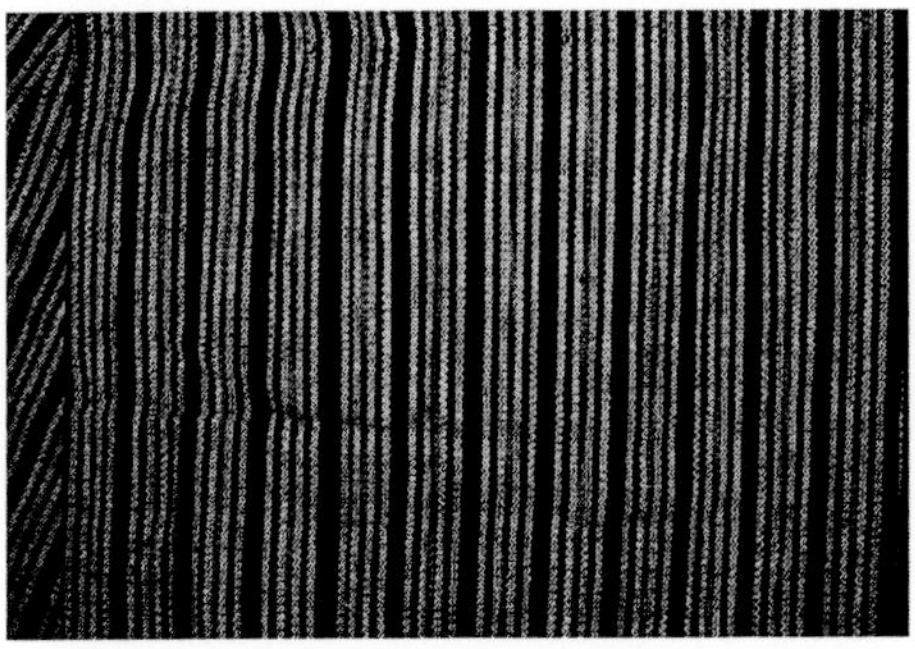

▼縞割表

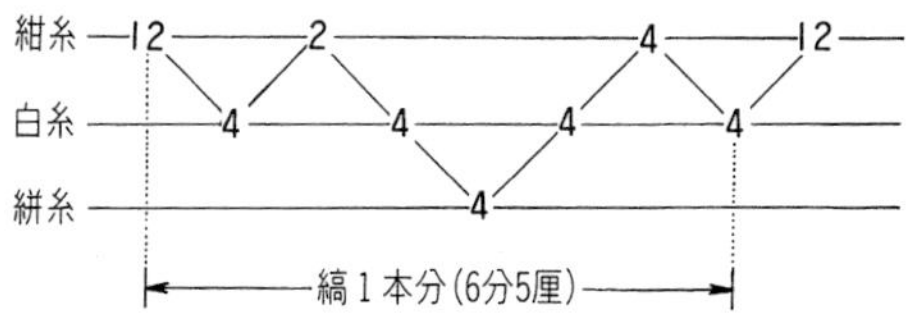

【図2】手織りの木綿縞で仕立てた着物［川里町］

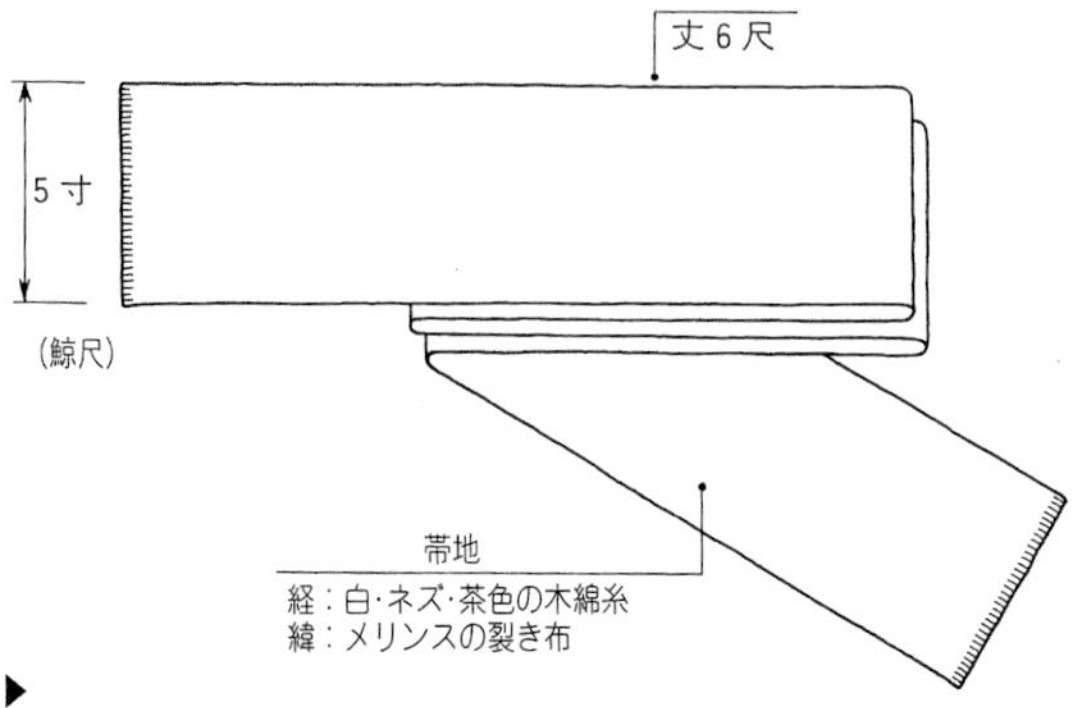

丈６尺
５寸
（鯨尺）
帯地
経：白･ネズ･茶色の木綿糸
緯：メリンスの裂き布

川里町▶

▼帯地拡大

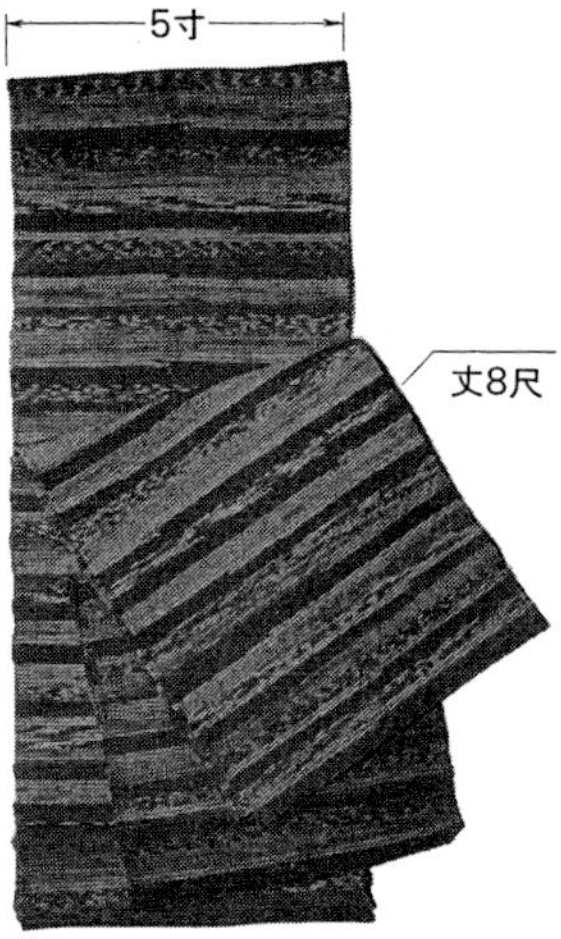

5寸
丈8尺

江南町▶

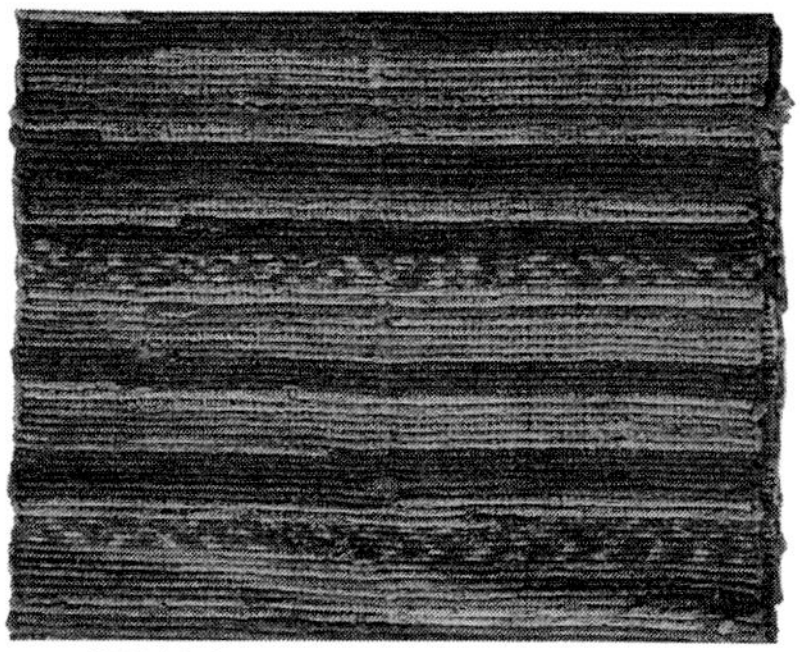

▲帯地拡大

経糸（たていと）；ねずみ色の絹糸
緯糸（よこいと）；メリンスの裂き布

【図３】メリンスの裂き布を織り込んだボロオビ［川里町・江南町］

4寸
丈7尺

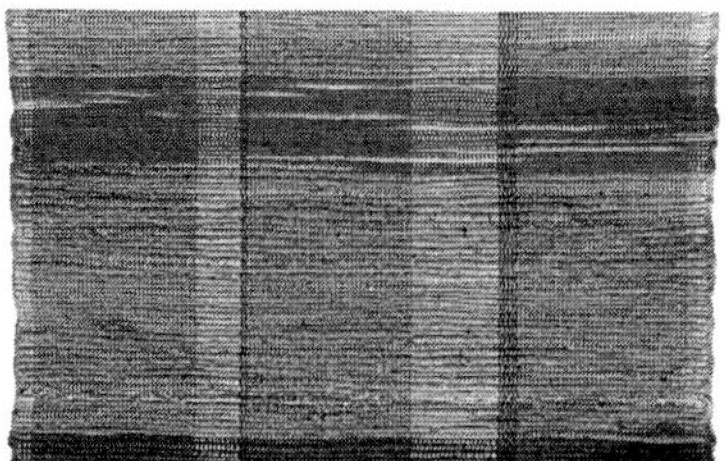

▲帯地拡大

経糸；赤･黒･白の絹糸／緯糸；キリスネ

【図４】キリスネを織り込んだボロオビ［江南町］

綿作りと糸紡ぎ

木綿《もめん》の普及　木綿の原料となる棉《わた》は、江戸時代中期から瀬戸内海沿岸を中心とした西日本において栽培が本格化し、明治時代には寒冷地や山間部を除くほぼ全国で栽培されるに至った。そして、博多木綿・小倉木綿・伊勢松坂木綿・福山白木綿・三河木綿・岩槻白木綿・青梅縞など各地に綿織物の産地が形成され、木綿は最も親しみやすい衣料として庶民のあいだに定着していったのである。

綿作り　綿を作るには、五月上旬から中旬に種を蒔《ま》き、発芽後二〇センチくらいに伸びたところで土寄せをして肥料を施す。花が咲くのは夏の盆過ぎであり、秋には白い実が熟す。埼玉県の元荒《もとあら》川《かわ》流域に位置する川里町では、「ニシケが吹くと綿がイム」といい、北西の季節風が吹くと綿の実が熟して摘《つ》み頃となった。熟した綿の実は、弾けて垂れ下がった様を指して「はなったれ」と呼ばれる。これを摘み取り、莚《むしろ》やござの上で十分に乾燥させた後に、ワタクリ（綿繰り）・タネクリ（種繰り）・クリダイ（繰り台）などと呼ばれる道具を使って種を取り除く【図1・2】。

糸紡ぎ　種を取り除いた綿は、ユミで弾いてふわっとした打ち綿に加工される。これを少量ずつちぎり、一升枡の底に広げて四角く整えてから棒状に巻き、端をひねり出して糸車のクダに括《くく》り付ける。そして、糸車を回しながら撚《よ》りを掛けて糸に紡《つむ》いでいくのである【図3】。糸車【図4・写真1】はクダマキグルマとも呼ばれ、木綿糸を紡ぐほかに絹糸の撚り掛けや緯糸《よこいと》のクダ巻きにも用いられた。（宮本）

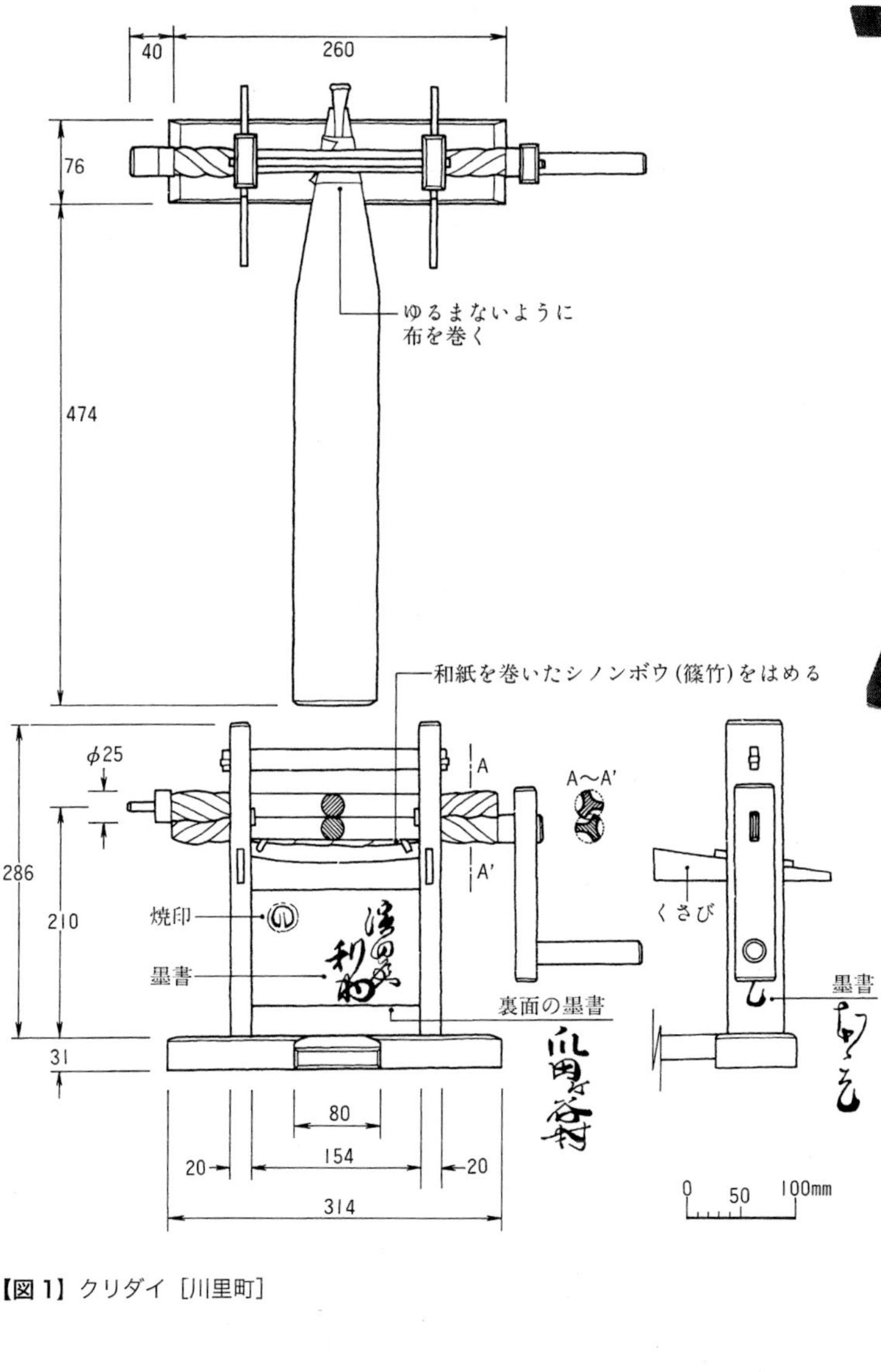

【図1】クリダイ［川里町］

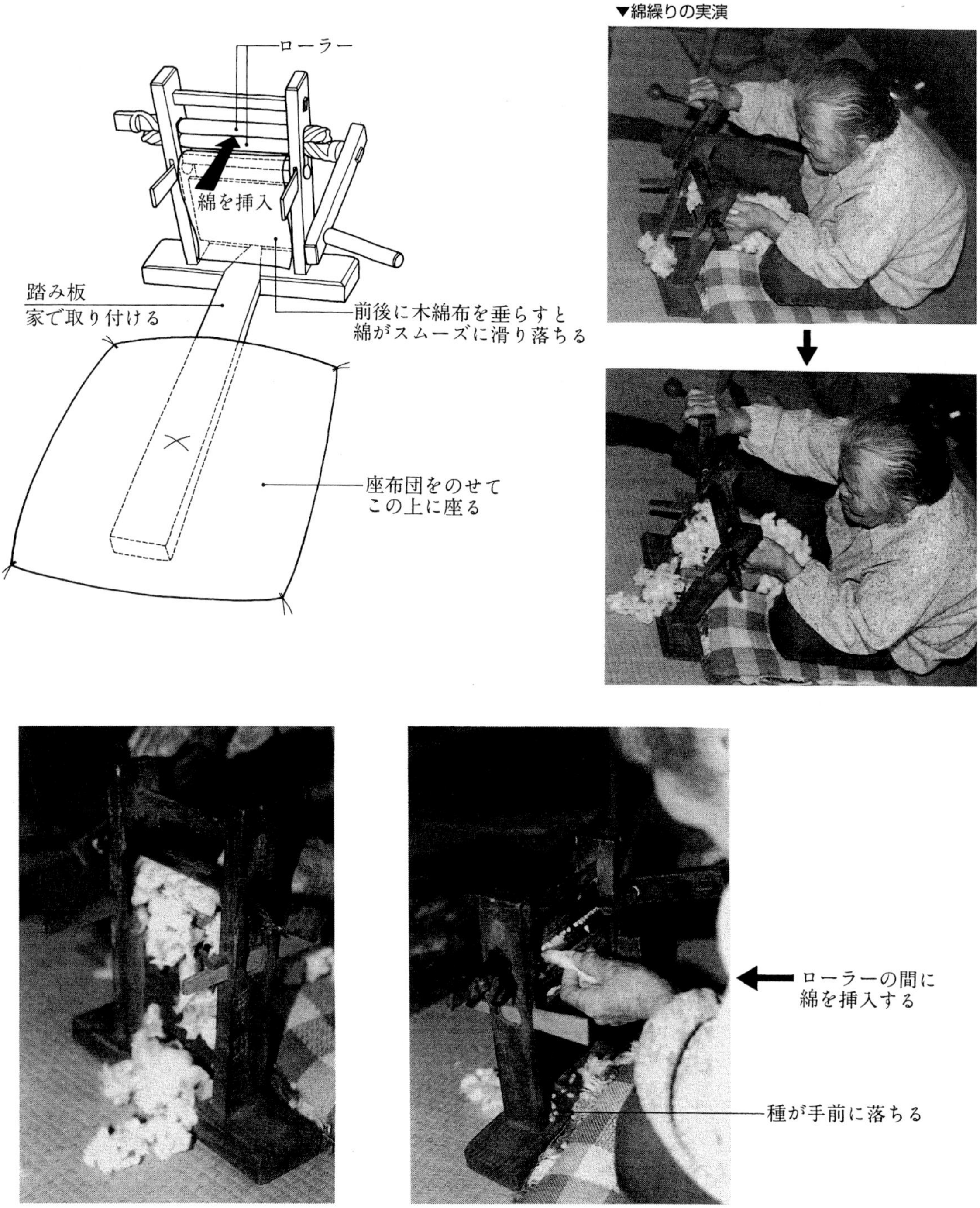

【図 2】 クリダイを使って綿の種を取るようす ［川里町］

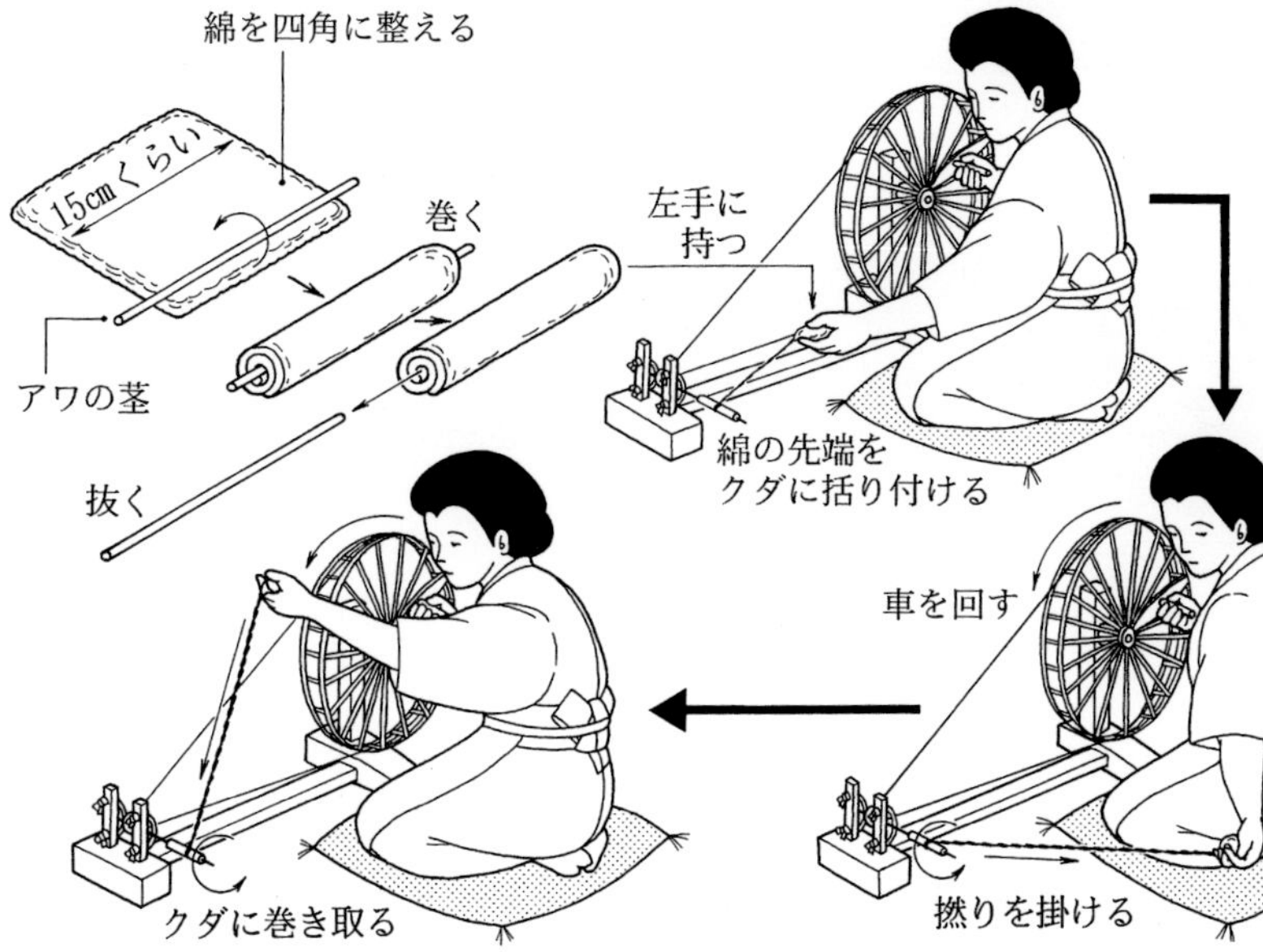

【図3】糸紡ぎの手順

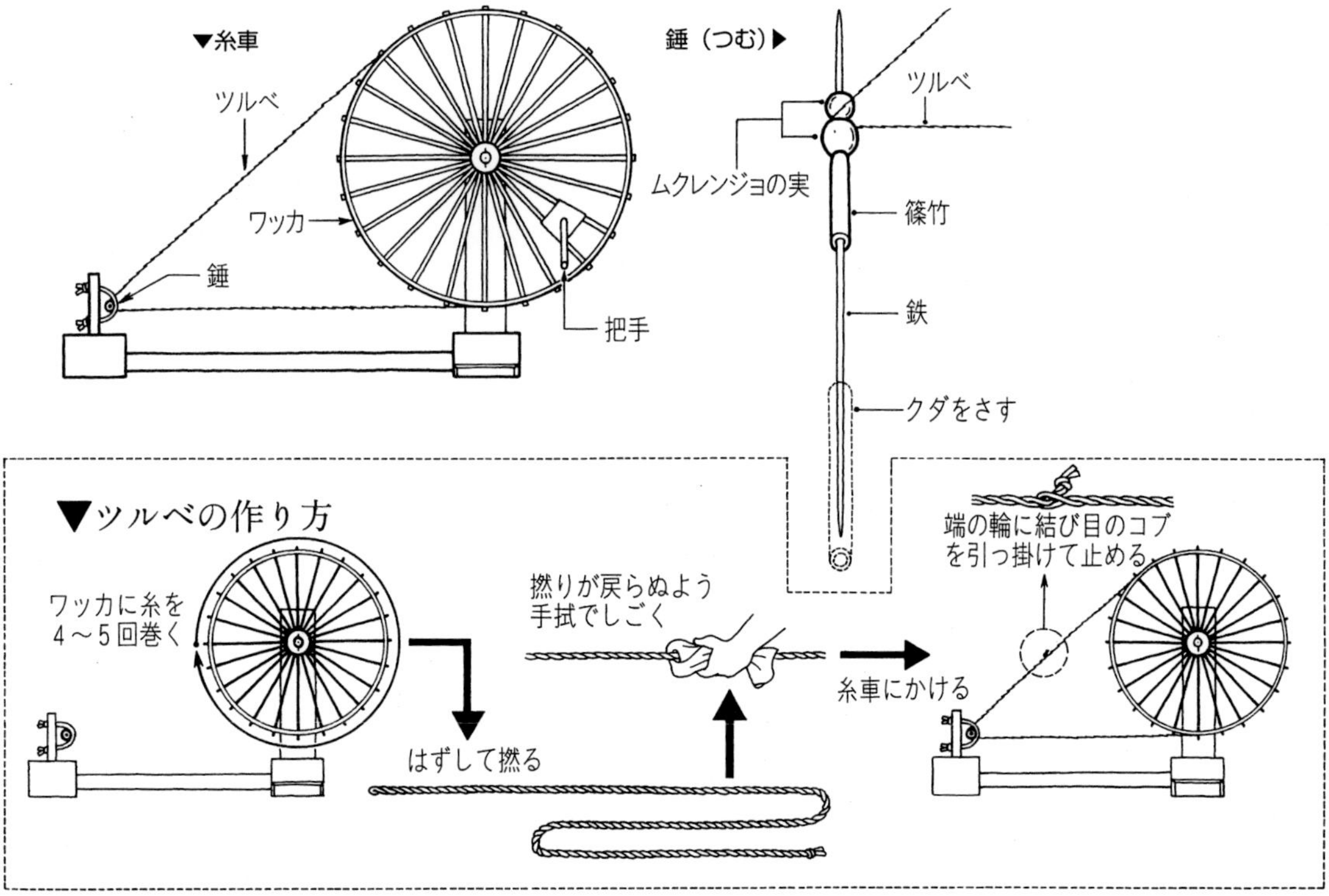

【図4】糸車の構造とツルベの作り方［川里町］

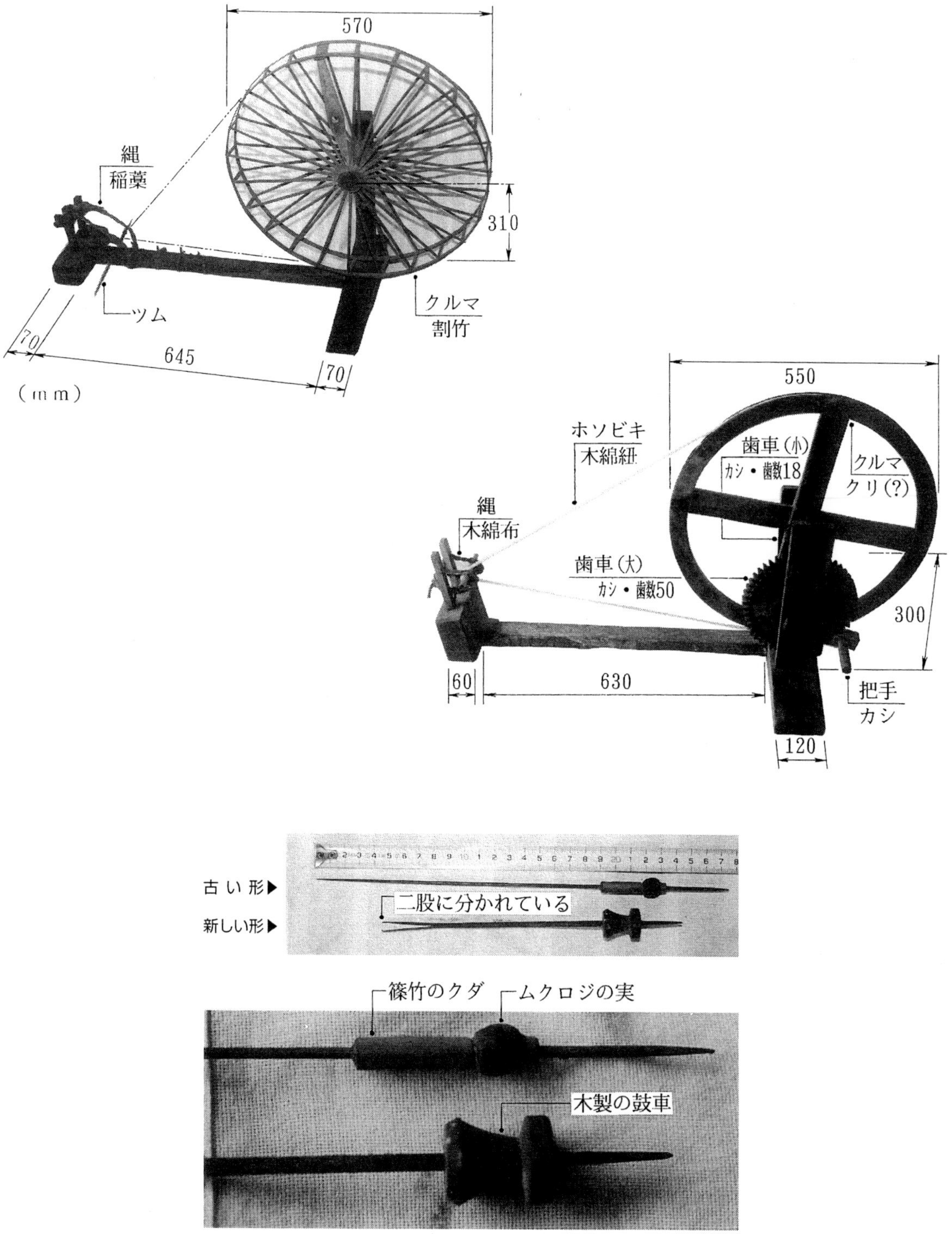

【写真 1】 クダマキグルマ（上）とツム［小川町］

木綿以前の織物

木綿以前の繊維　科《しな》・栲《たえ》・楮《こうぞ》の樹皮や藤《ふじ》の蔓《つる》皮、イラクサ・カラムシ・大麻の茎皮から取られた植物繊維は、木綿以前からの古いものであり、これらで織られた布地は総称して太布《たふ》と呼ばれる。【写真1～4】は、徳島県木頭村における楮を用いた太布作りと、織りあがった製品である。

糸績みと麻糸の用途　繊維を細く裂いて糸につなぐことを「績《う》む」といい、これは非常に根気を要する作業であった。そのため、夜なべに女性たちが集まって、おしゃべりをしながら行うことも多かったという。秋田県における伝承では、績《う》んだ麻糸一握りが着物二反分となり、大人は一人三反、一七歳以下の子どもと年寄りは一人一反が年間に必要な目安とされた。また、麻布は着物のほか蚊帳《かや》を仕立てるのにも用いられ、大麻の生産が盛んであった広島県の太田川流域では、「男は棟《むね》をひとつ上げぇ、おなごは蚊帳を一丁こしらえぇ。蚊帳ひとつ織らにゃあおなごの役目がすまん」といわれた。当地では、麻布を織って蚊帳を仕立てることが一人前の女性の証しとされたのである。

（宮本）

［参考文献］瀬川清子『きもの』六人社　一九四八

【写真1】太布の材料となる楮の繊維［徳島県木頭村（以下同じ）］

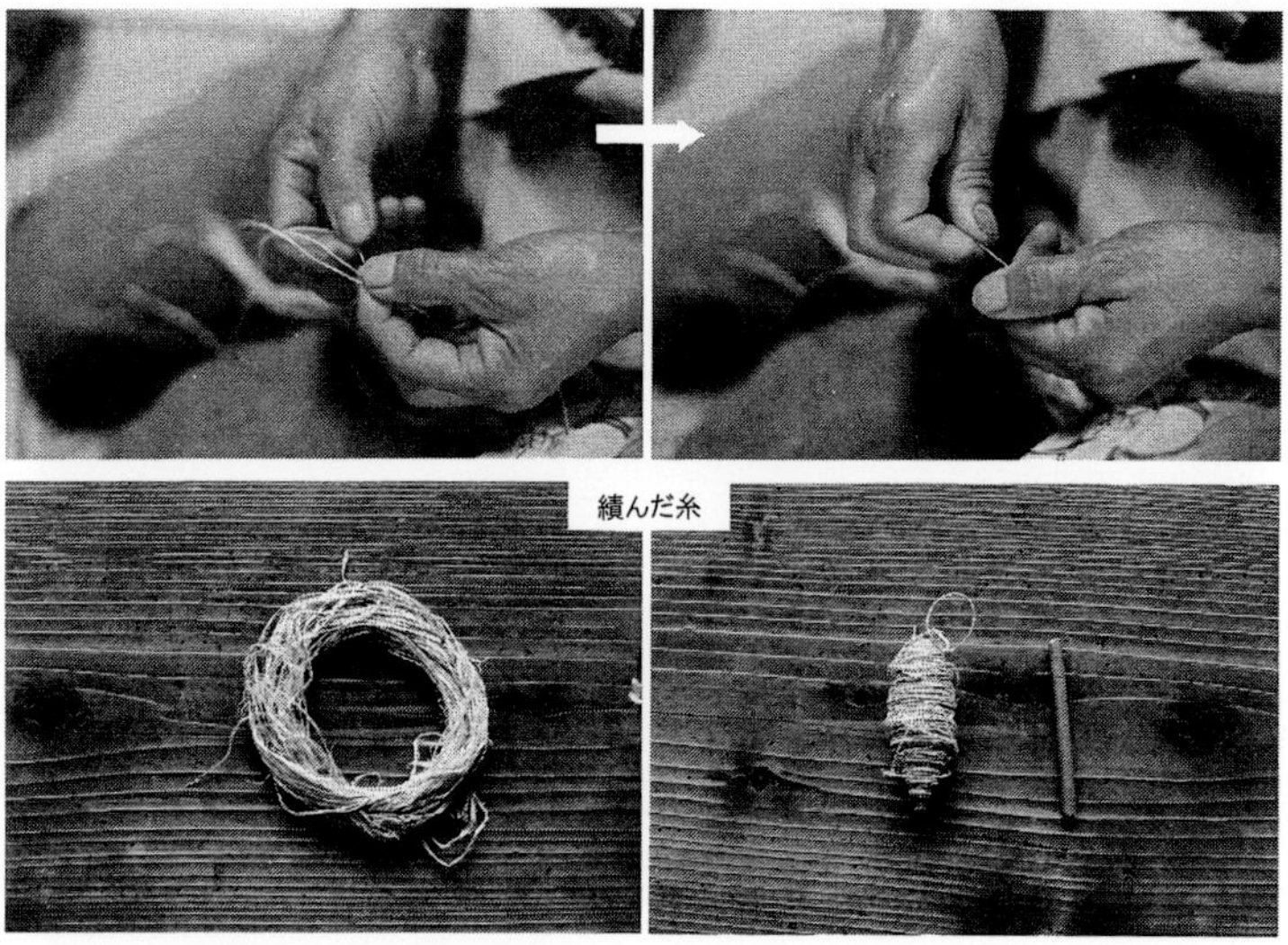

【写真2】楮の繊維から糸を績む

【写真3】織りあがった太布

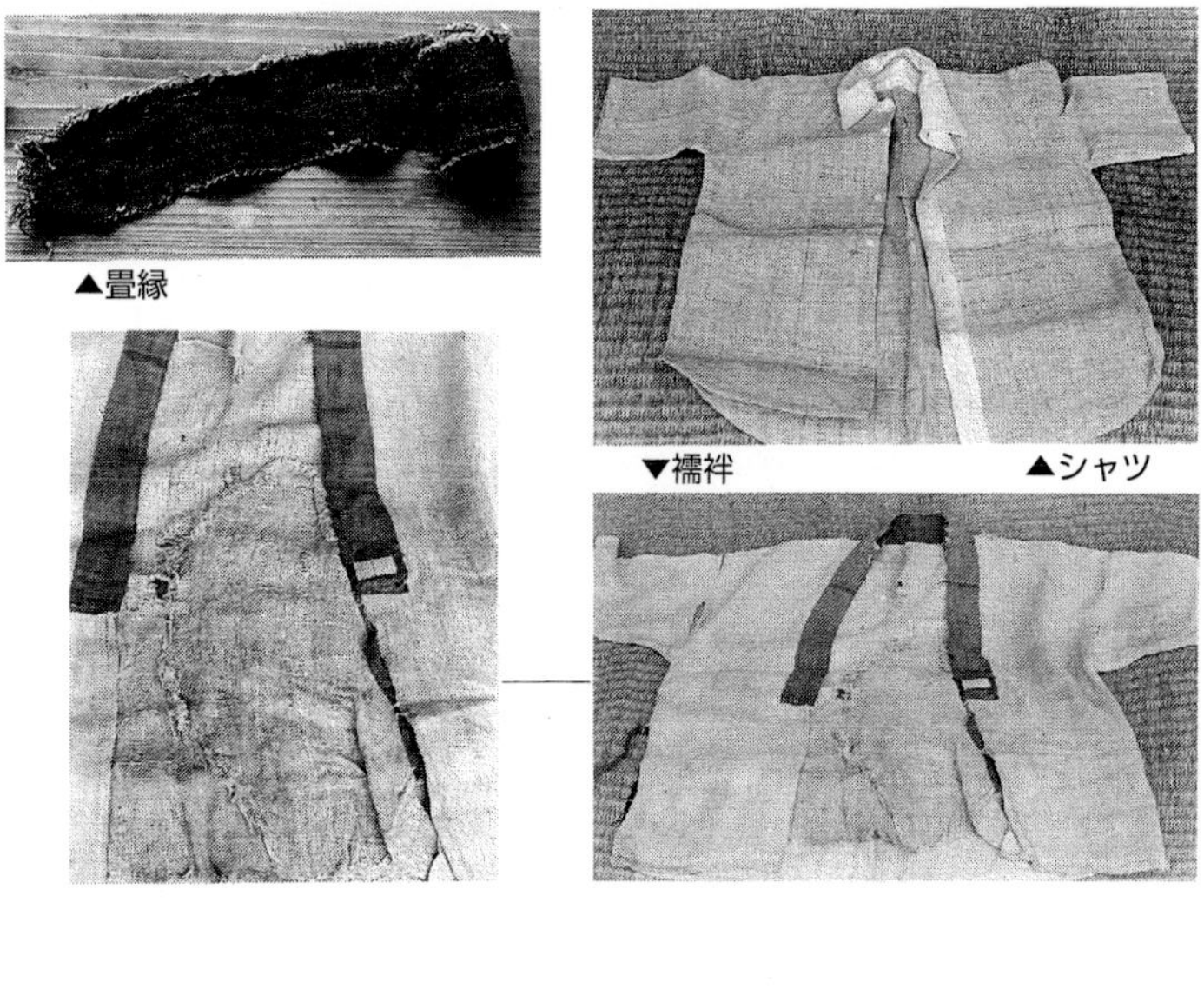

【写真4】太布のシャツ・襦袢・畳縁

地機《じばた》と高機《たかばた》

機織り機には地機と高機があり、古くから用いられていたのは地機である。

地機　地機は、ジバタ・シタハタ・シモバタ・イザリバタなどと呼ばれ、新潟県佐渡地方においてはネマリバタと呼ばれる。形態は傾斜型と水平型に大別され、傾斜型は西日本から北陸地方の日本海側、水平型は東日本に分布する。いずれも経《たて》糸《いと》を腰で引っ張り、招木《まねき》に結んだ縄を足で引くことによってアヤを開閉させるというもので、人体が織り機の一部を担う【図1〜6】。

高機　高機は、明治時代に織物産地が先駆者となって導入された機織り機で、埼玉県内ではハタシ・ハタアシなどと呼ばれ、入間地方においては明治一〇年代にその普及を見た。高機では、チマキ、チキリなどと呼ばれる布巻きとオマキ（緒巻）を機台に固定させることで経糸を均一に張る。また、アヤは、機台の下部に取り付けられた踏み木に連結され、踏み木を左右の足で交互に踏むことによってアヤを開閉させる。したがって、地機のように人体が織り機の一部を担うことはなく、その分労力が軽減されて織る能率も高まった【図7・8】。織物産地においては、ほとんどのところで高機が用いられ、緯糸《よこいと》に無地糸を織り込む場合には、バッタンと呼ばれる引き杼《ひ》の装置を取り付けて、より能率を高める工夫がなされた【図9・10】。（宮本）

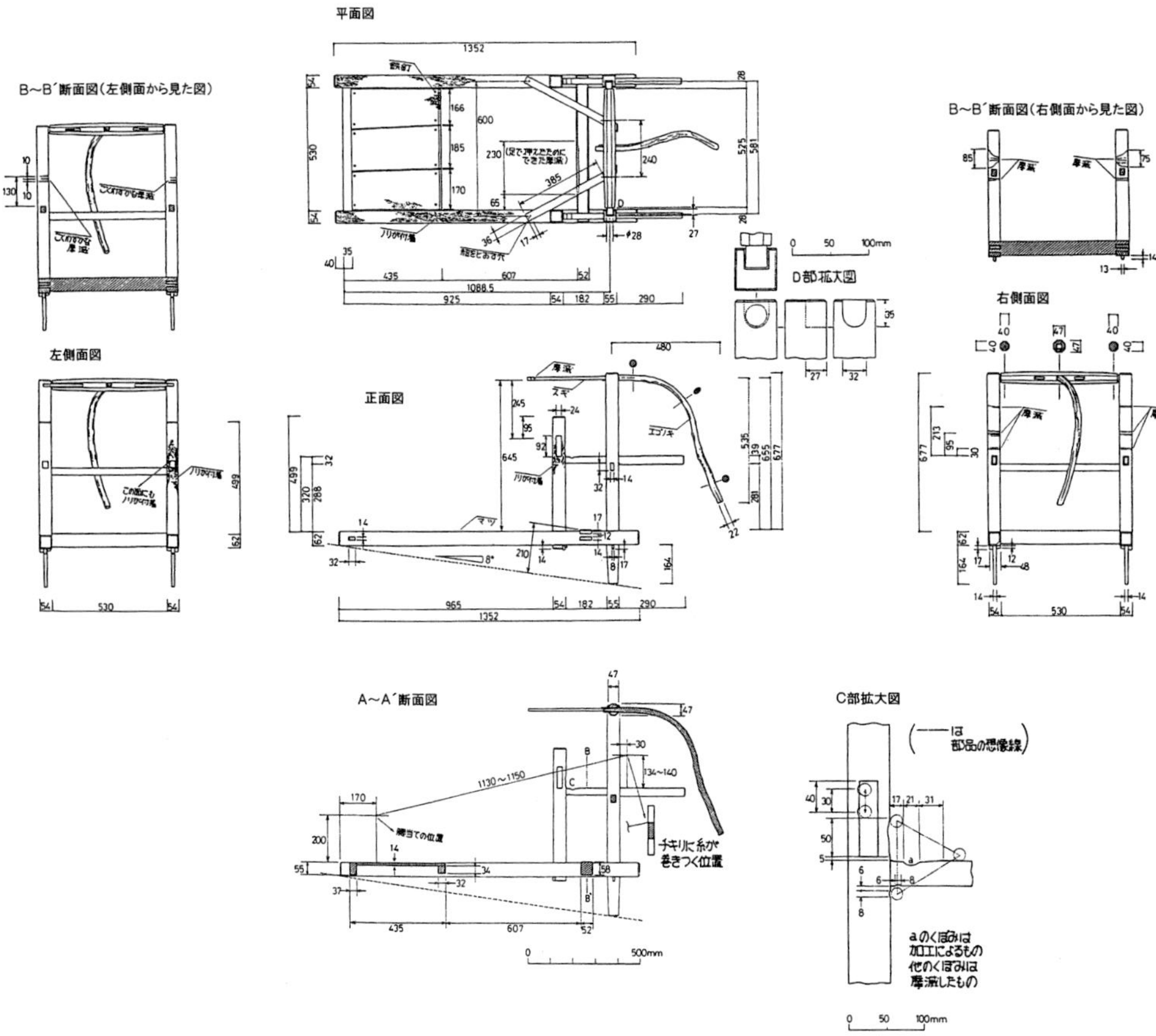

【図1】シタハタ［所沢市］

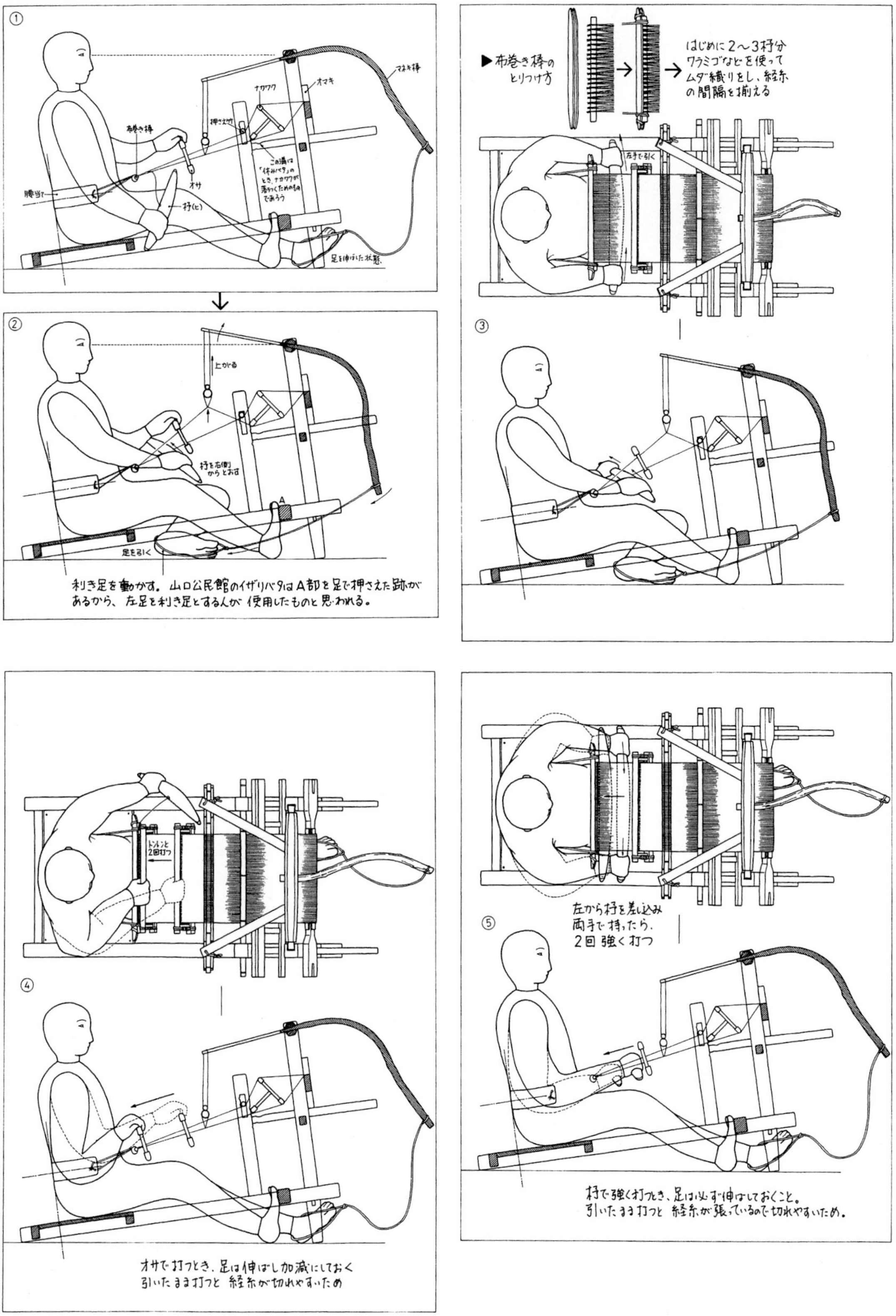
①
マネキ棒
オマキ
ナカワク
押さえ竹
布巻き棒
この溝は「休みバタ」のとき、ナカワクが落ちつくためのものであろう
オサ
腰当て
杼(ヒ)
足を伸ばした状態
②
上がる
杼を右側からとおす
A
足を引く
利き足を動かす。山口公民館のイザリバタはA部を足で押さえた跡があるから、左足を利き足とする人が使用したものと思われる。
▶布巻き棒のとりつけ方
はじめに2〜3杼分ワラミゴなどを使ってムダ織りをし、経糸の間隔を揃える
左手で引く
③
トントンと2回打つ
④
オサで打つとき、足は伸ばし加減にしておく
引いたまま打つと経糸が切れやすいため
左から杼を差し込み両手で持ったら、2回強く打つ
⑤
杼で強く打つとき、足は必ず伸ばしておくこと。
引いたまま打つと経糸が張っているので切れやすいため。

【図2ー1】シタハタの織り方①［所沢市］

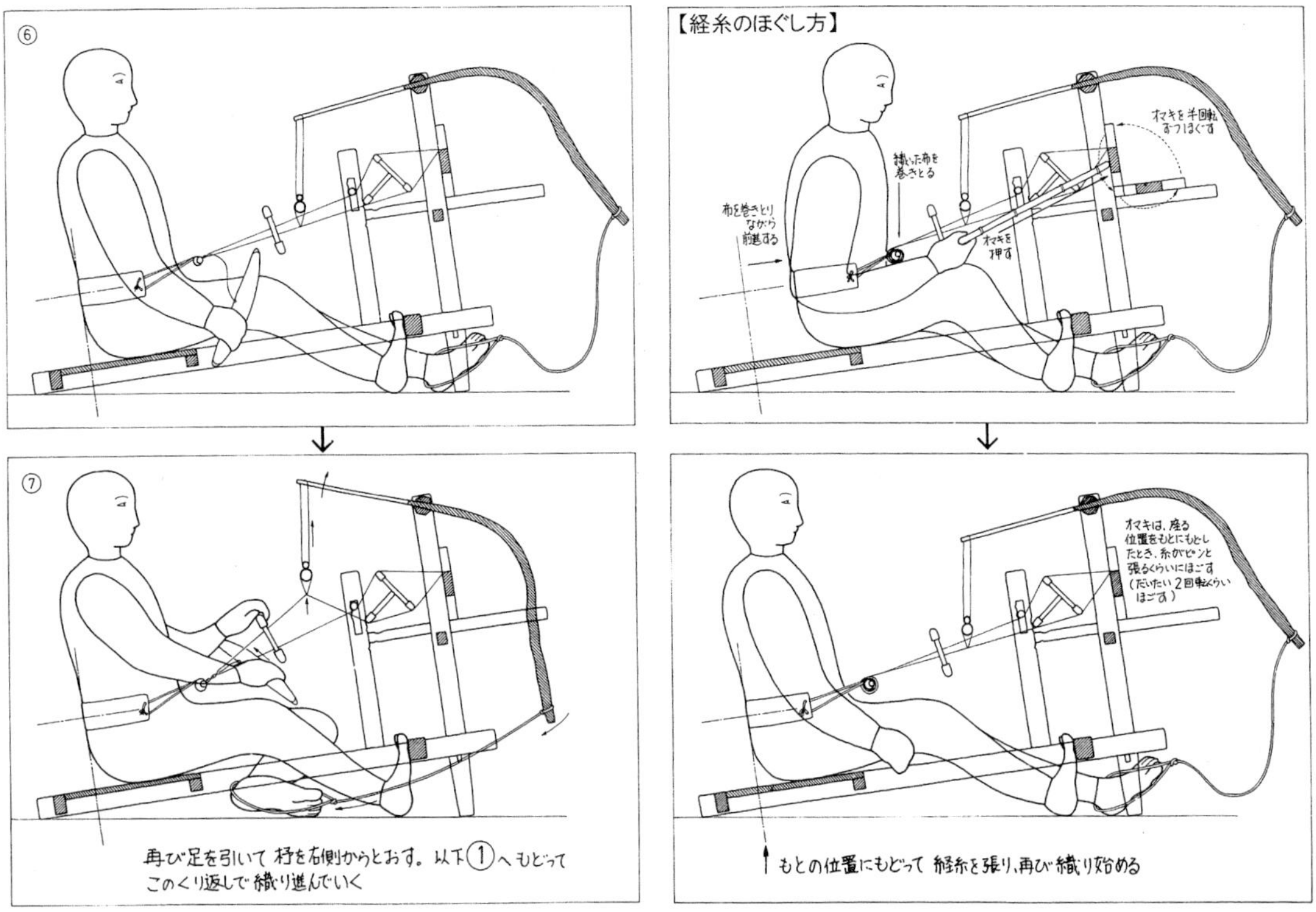

【図2—2】シタハタの織り方②［所沢市］

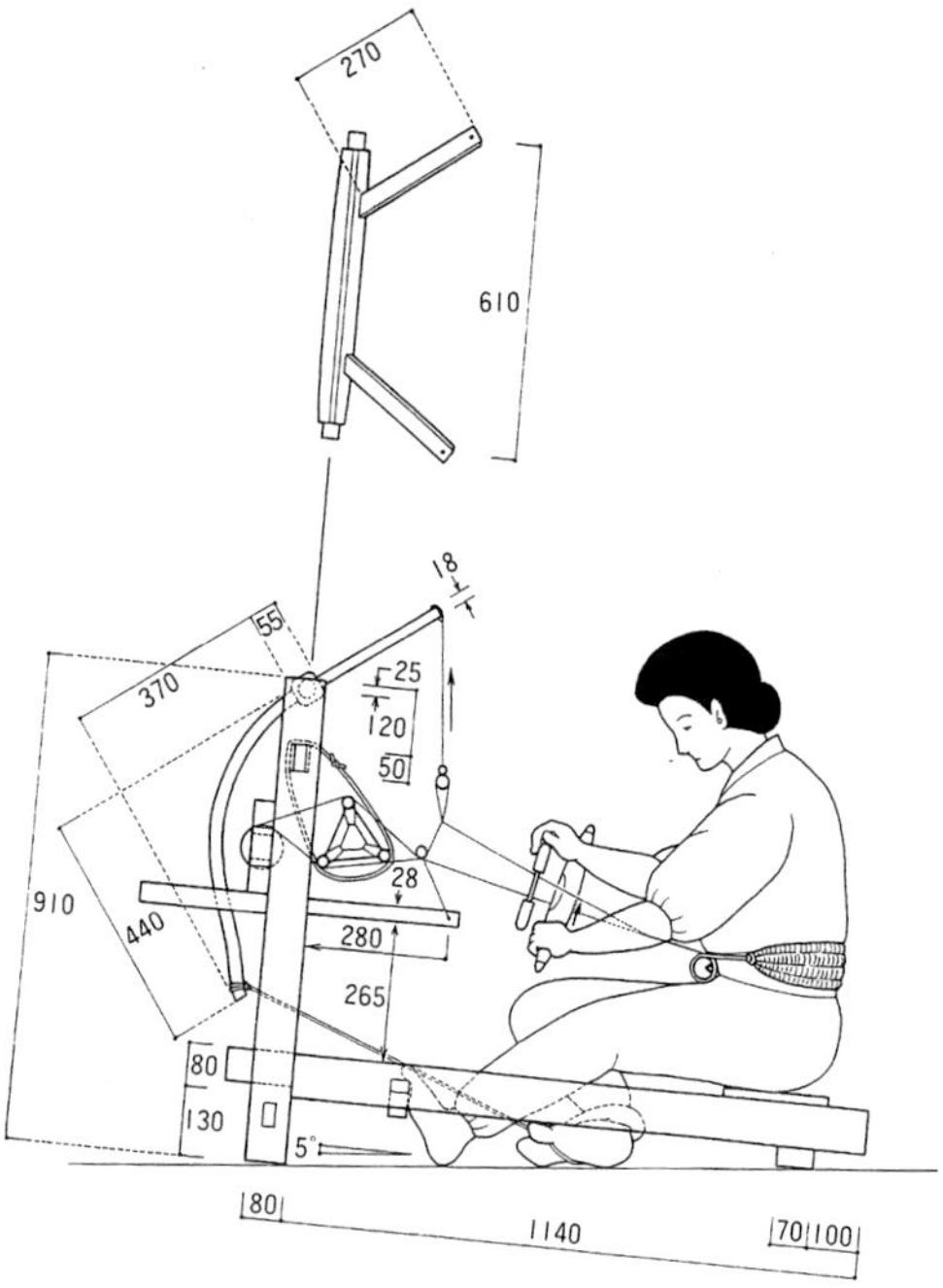

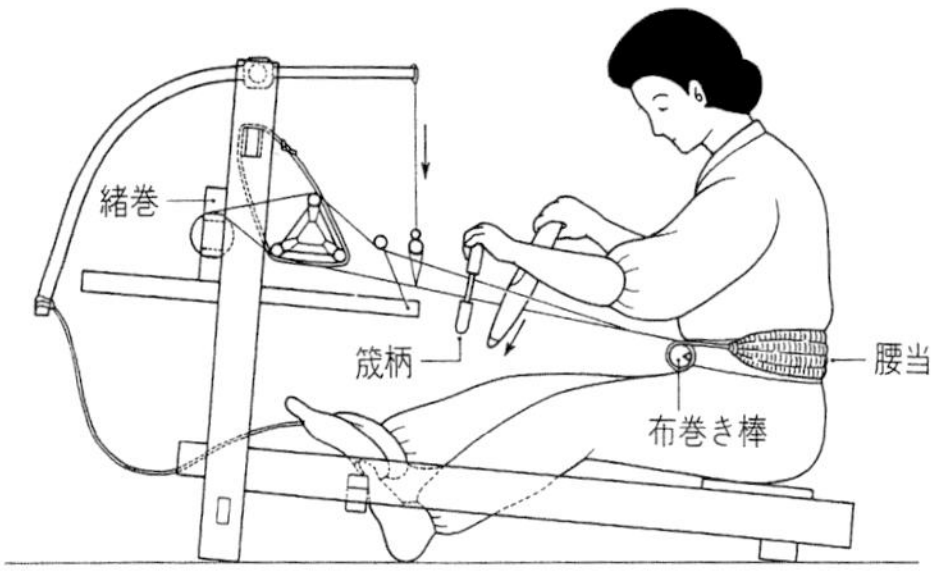

足を引いてアヤの口を開き緯糸の杼を通す　0 100 500mm

足を伸ばしてアヤの口を反対側に開き緯糸の杼（ひ）を通す

【図3】ジバタとその織り方［川里町］

▼緒巻（経糸を巻く）

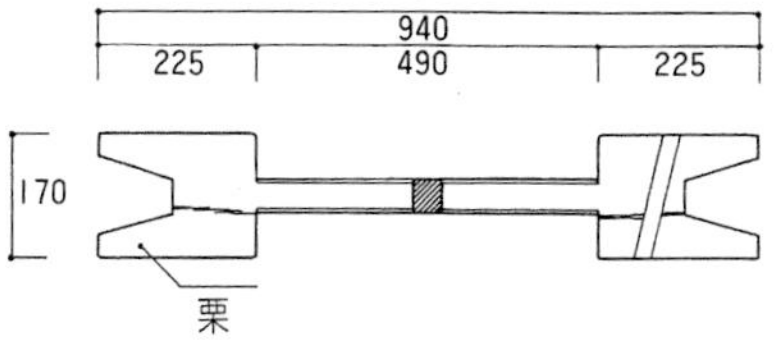
940
225
490
225
170
栗

▼緒巻（おまき）

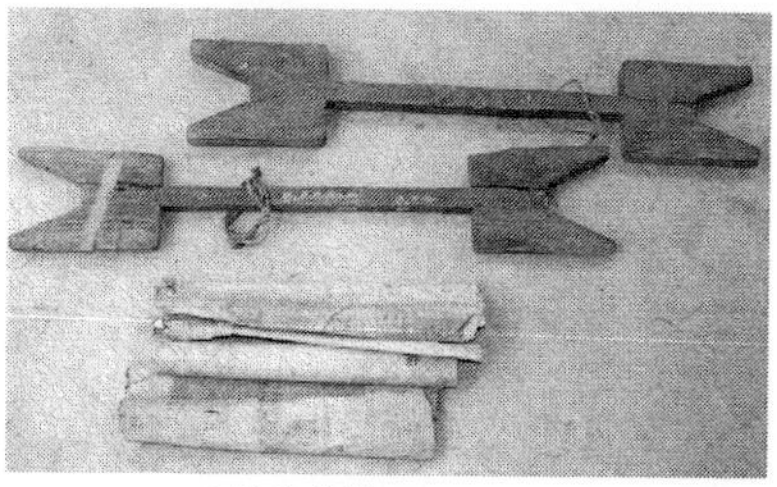

▲ハタクサ

（経糸を緒巻に巻くとき糸の間に挟む
経糸の崩れを防ぎ張りを均一にする役目）

▼中枠（経糸のアヤの口を開く）

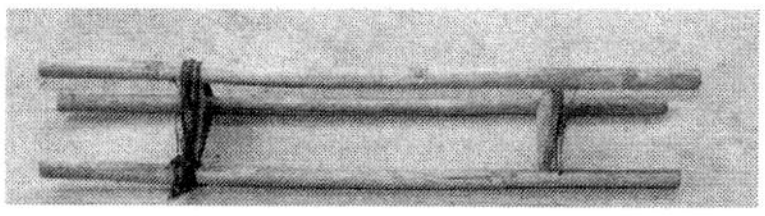

中枠▶

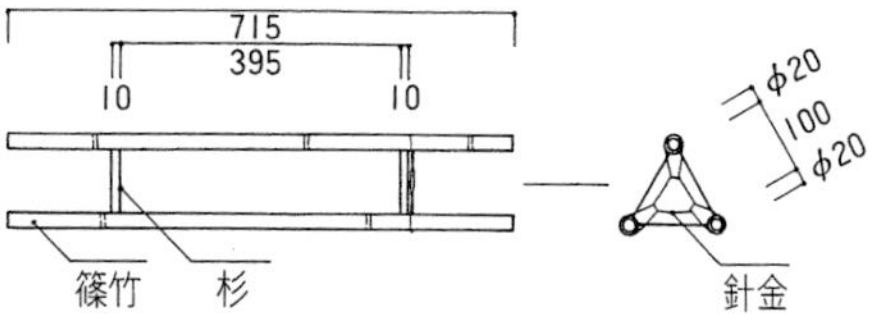
715
395
10
10
篠竹
杉
φ20
100
φ20
針金

▼緒巻付け棒

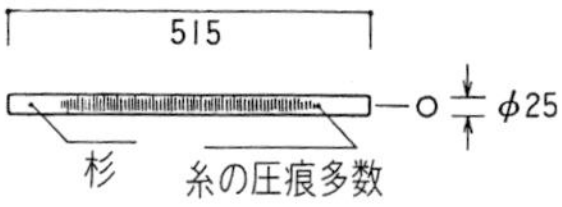
515
φ25
杉
糸の圧痕多数

▼腰当

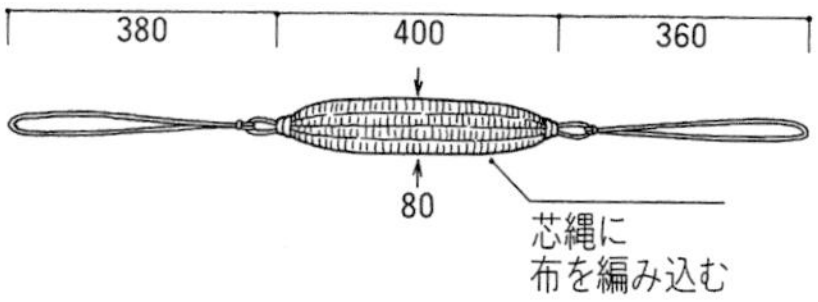
380
400
360
80
芯縄に
布を編み込む

▼布巻き棒

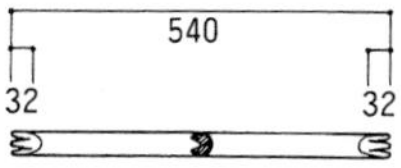
540
32
32

筬柄（おさづか）▶

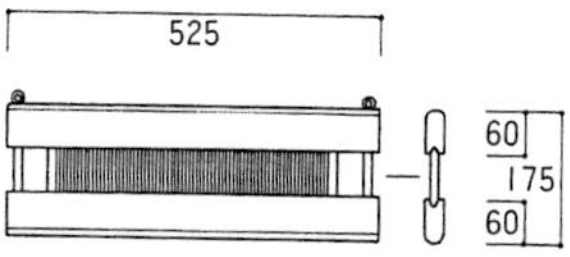
525
60
175
60

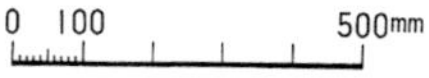
0 100
500mm

▼筬

▼筬を筬柄にはめた状態

【図 4】ジバタの部品［川里町］

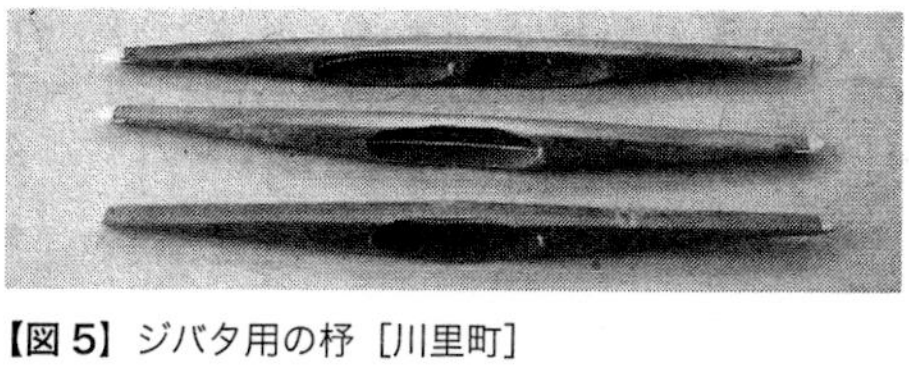

▼緯糸のクダをさした状態

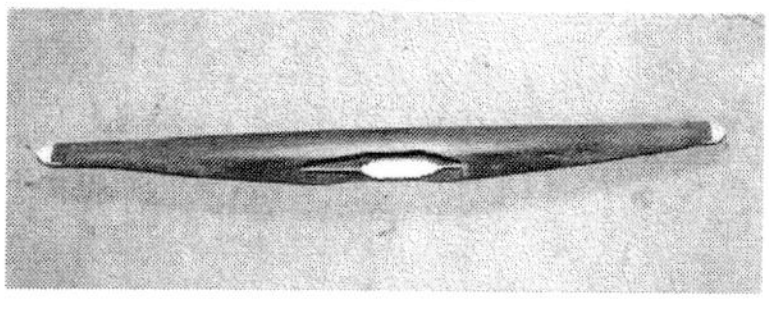

【図 5】ジバタ用の杼［川里町］

▼経糸の掛け方

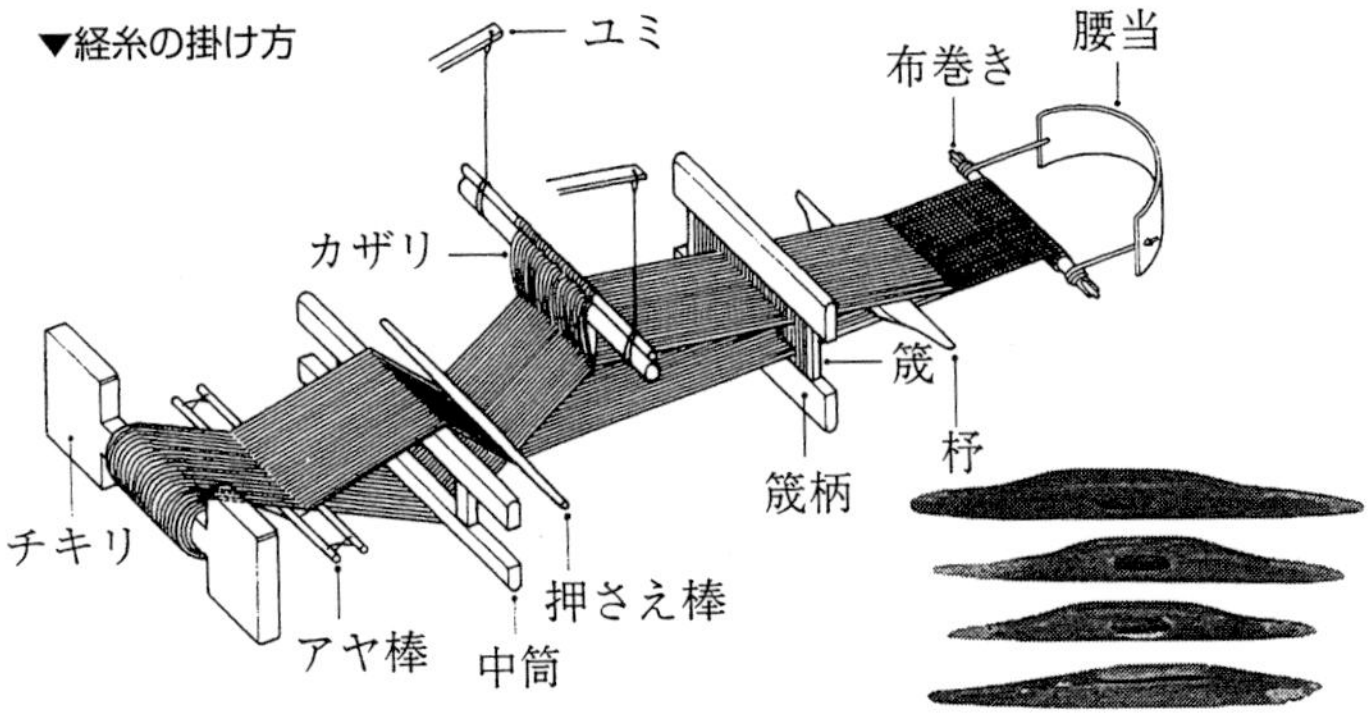

▼ユミ

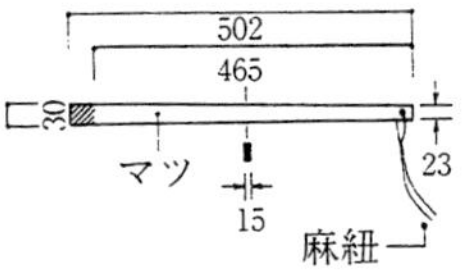

▼使用状況

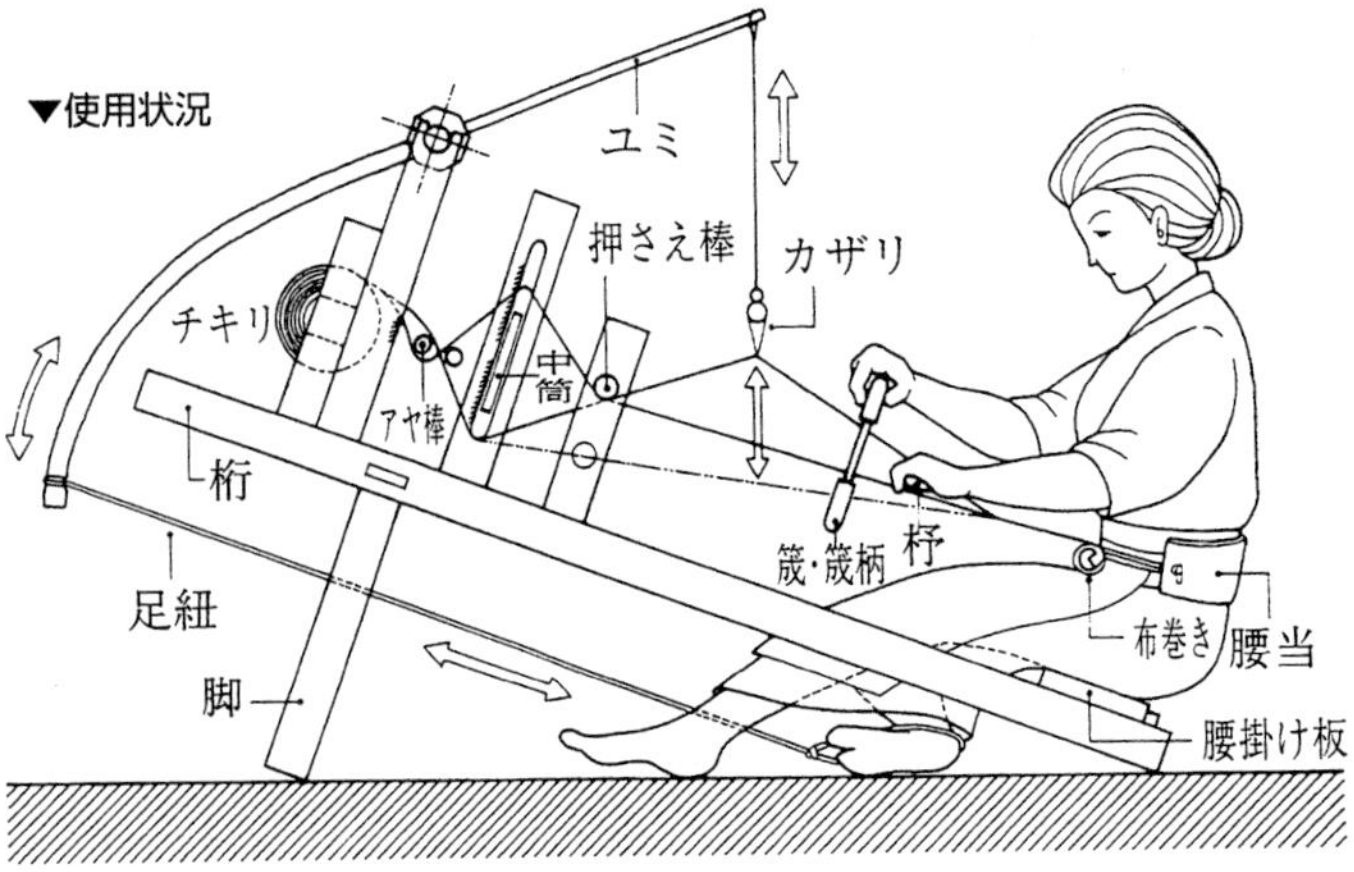

▼ハタクサ

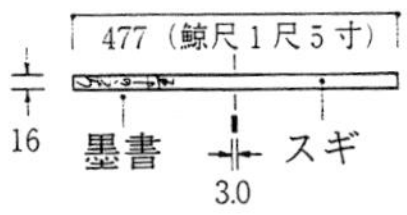

▼布巻き

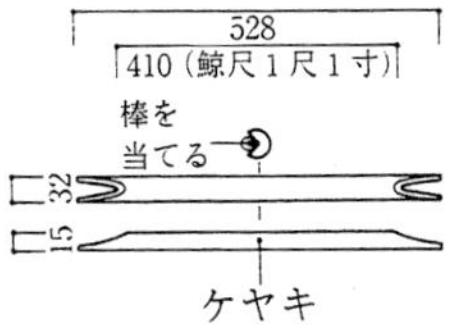

▼地機の桁（けた）

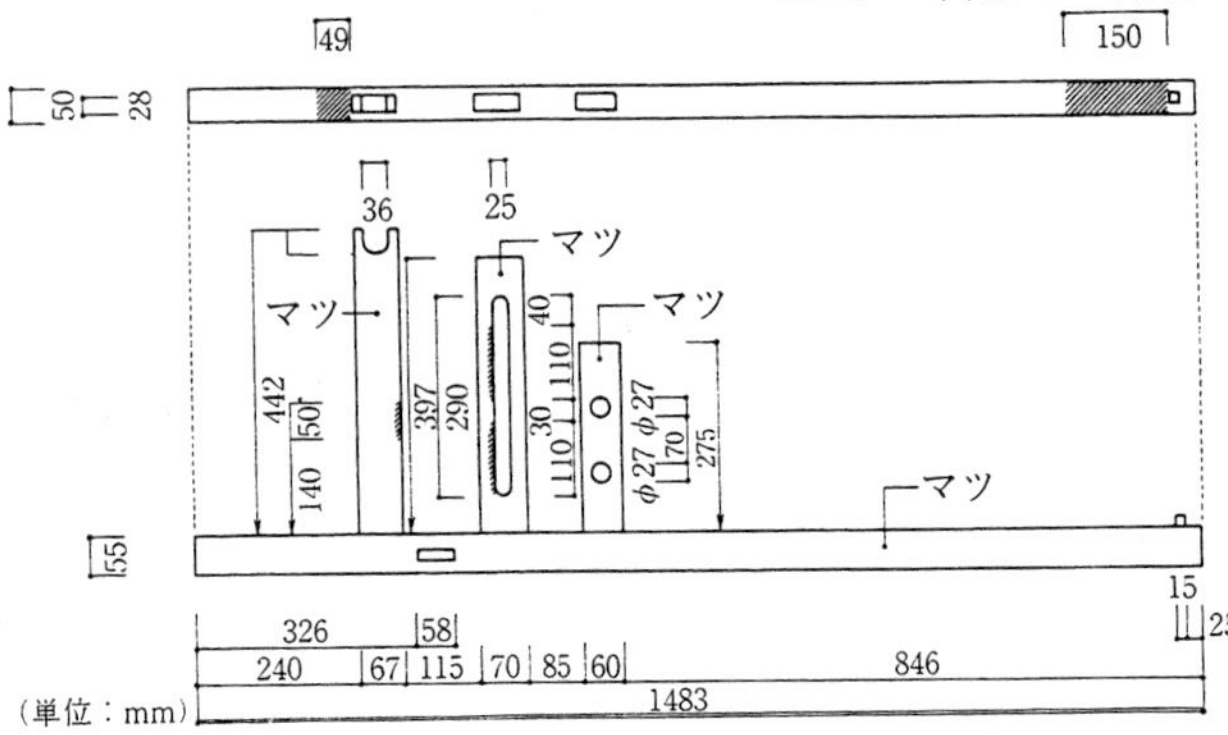

▼押さえ棒

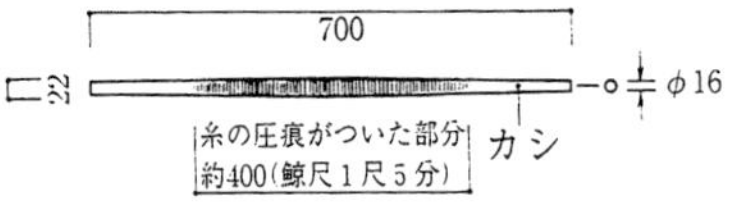

▼アヤ竹

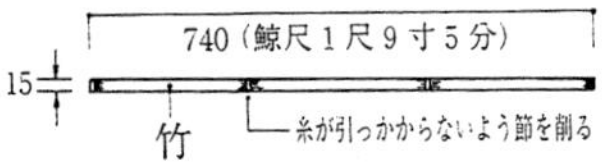

▼地機の桁

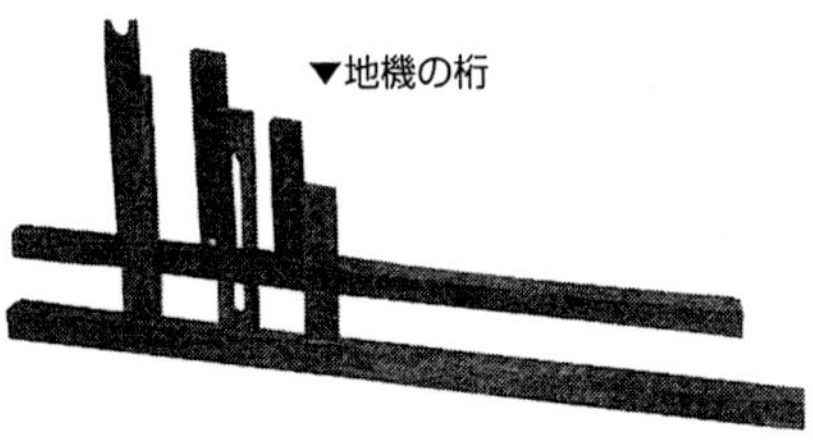

【図6】 地機とその部品―残されていた地機の部品から、その原形と使用状況を復元したもの―［広島県加計町］

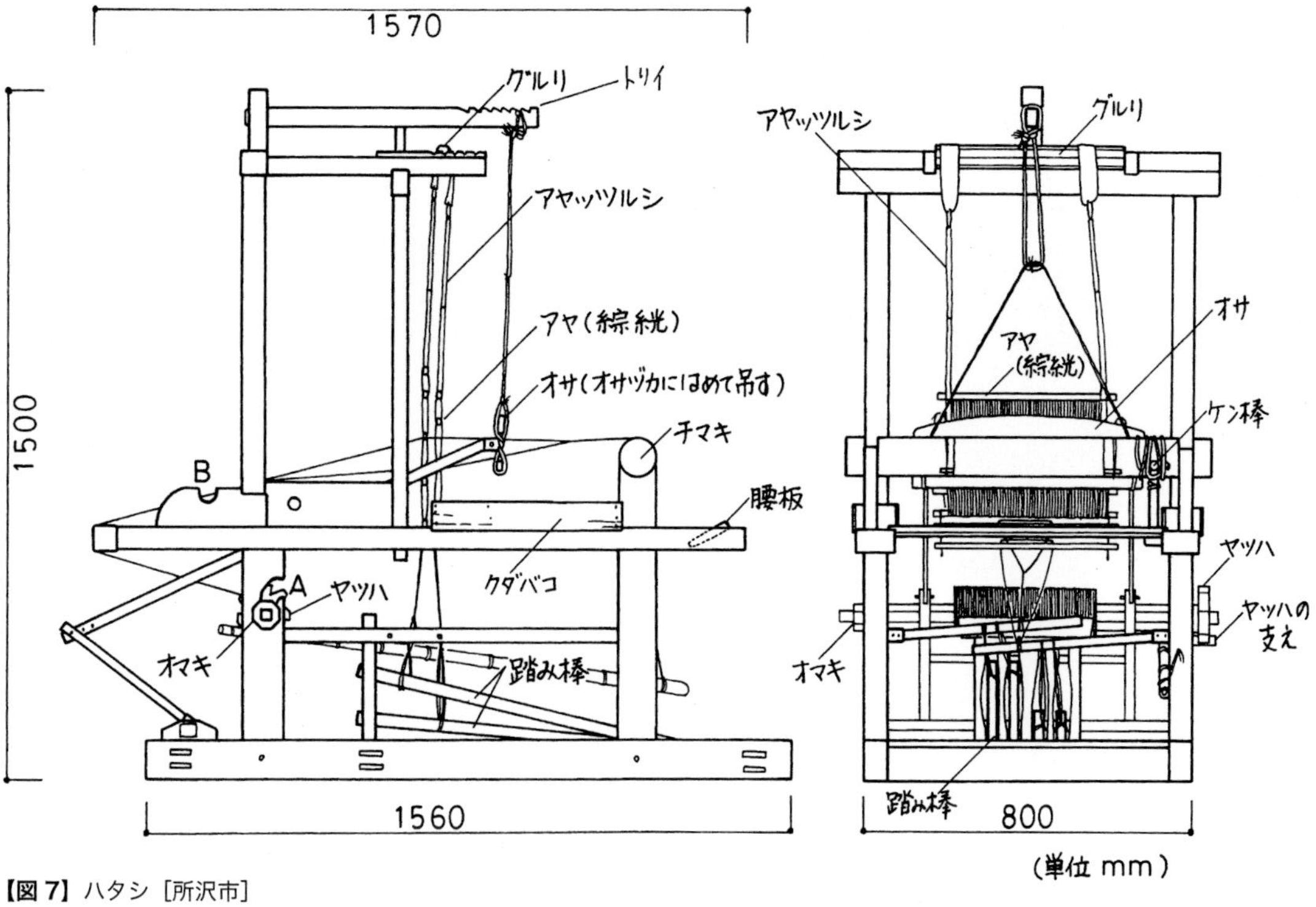

【図 7】ハタシ［所沢市］

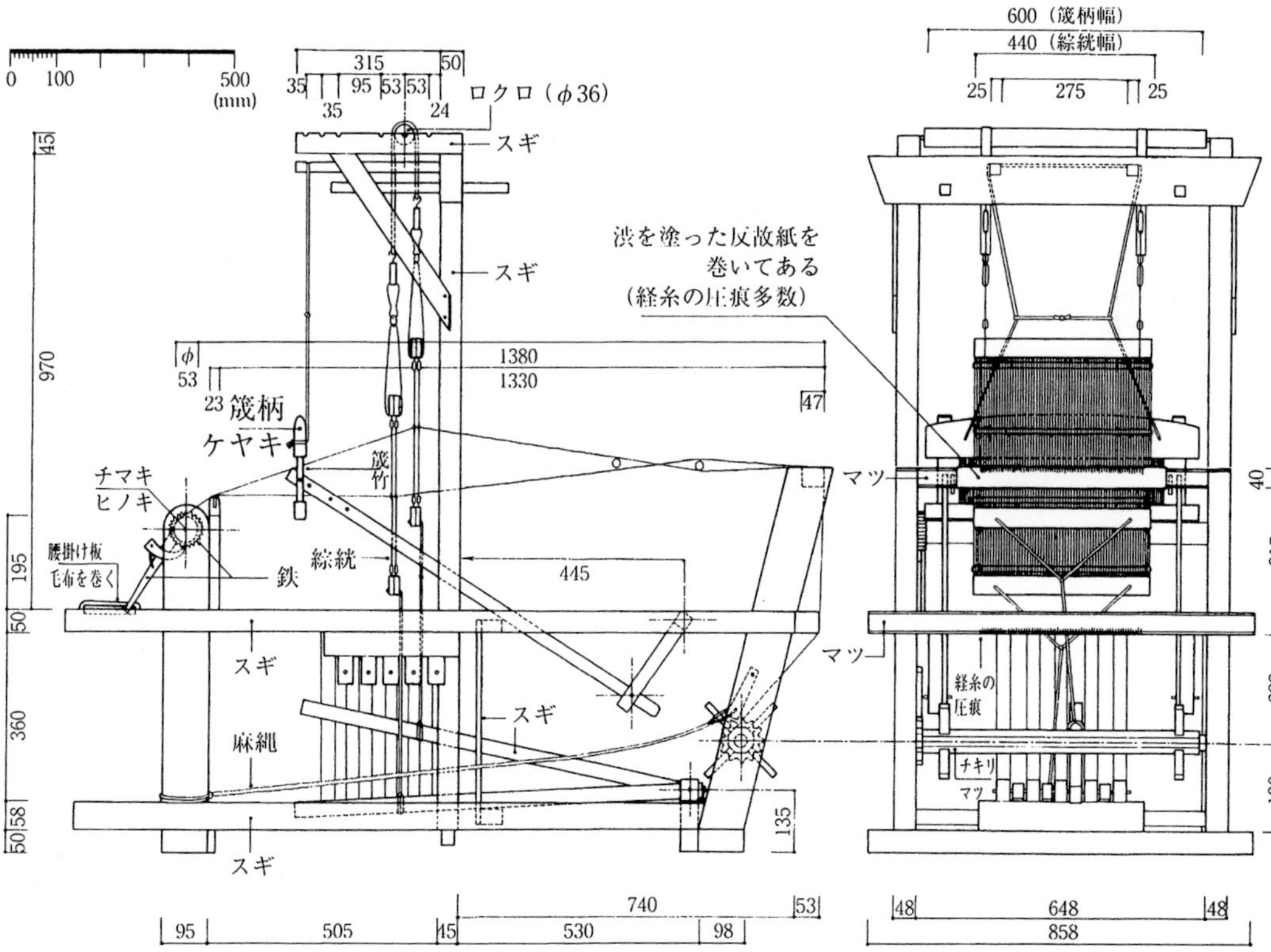

【図 8－1】高機［広島県加計町］

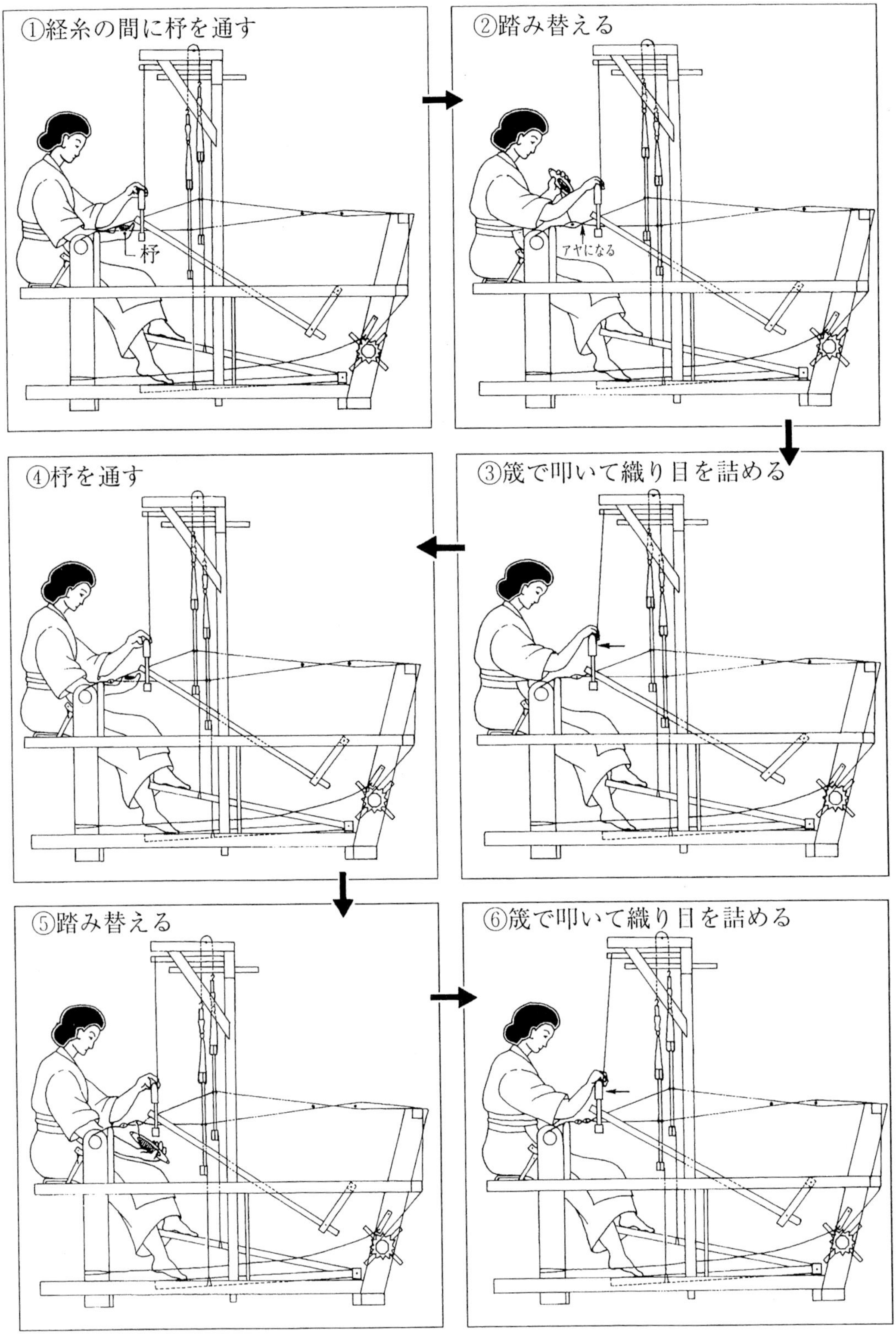
①経糸の間に杼を通す
杼
②踏み替える
アヤになる
③筬で叩いて織り目を詰める
④杼を通す
⑤踏み替える
⑥筬で叩いて織り目を詰める

【図8―2】高機の織り方［広島県加計町］

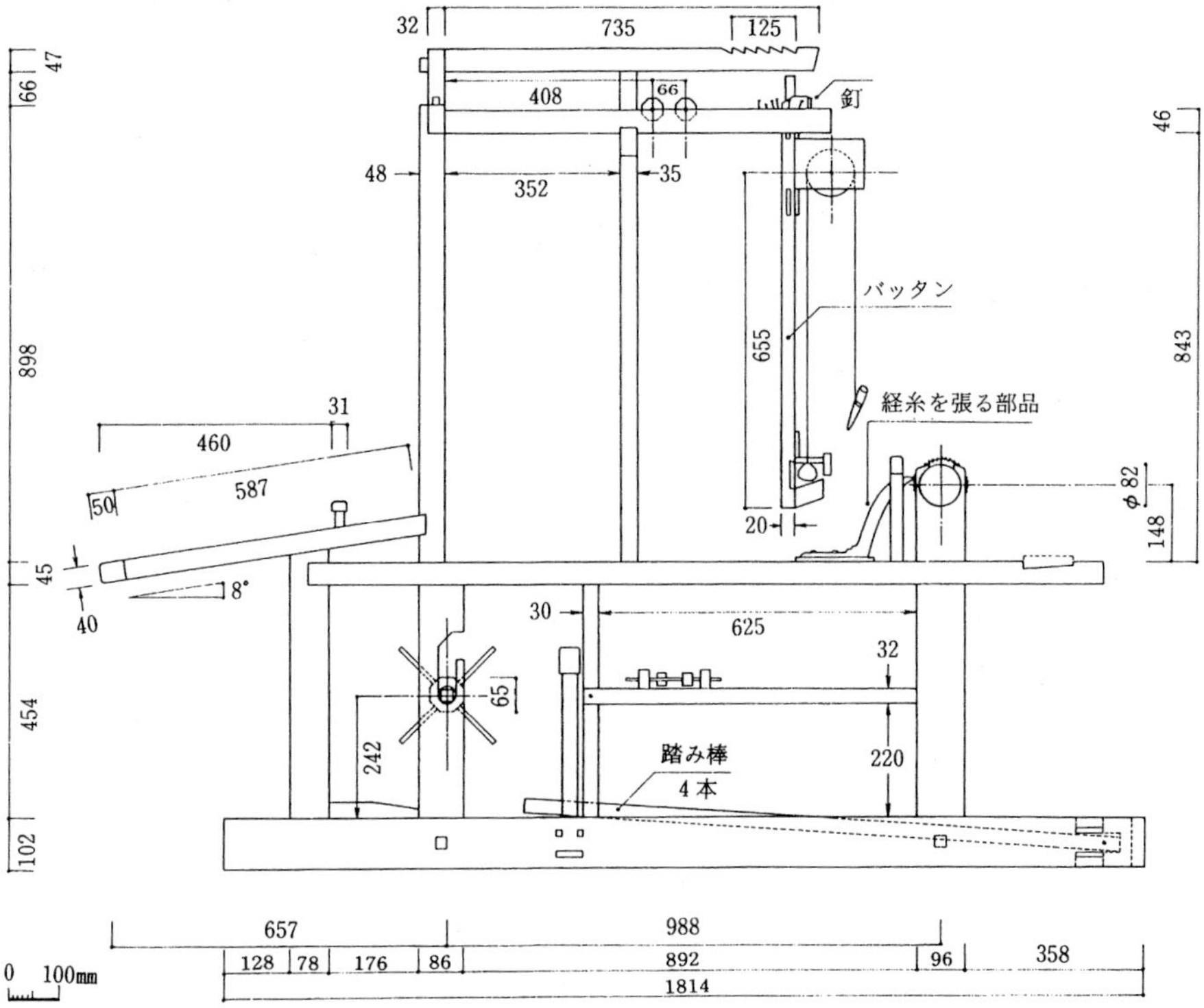
釘
バッタン
経糸を張る部品
踏み棒
4本
0 100mm

▲高機

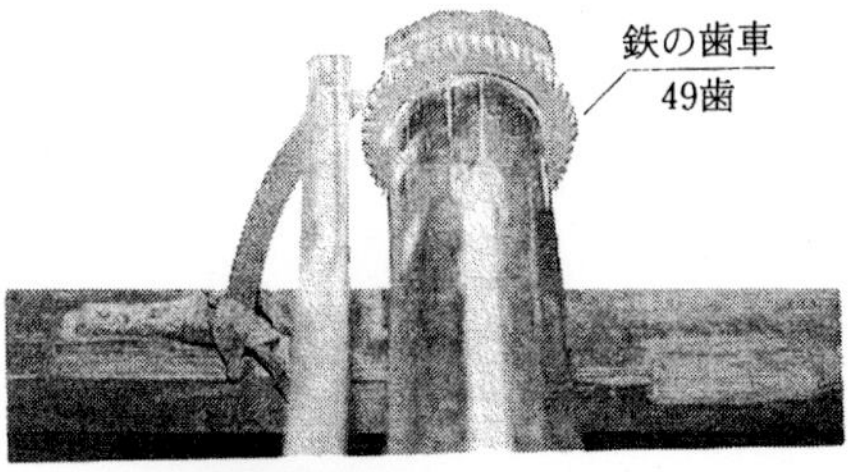
鉄の歯車
49歯

◀高機の経糸を張る部品

鉄の歯車

▼バッタン

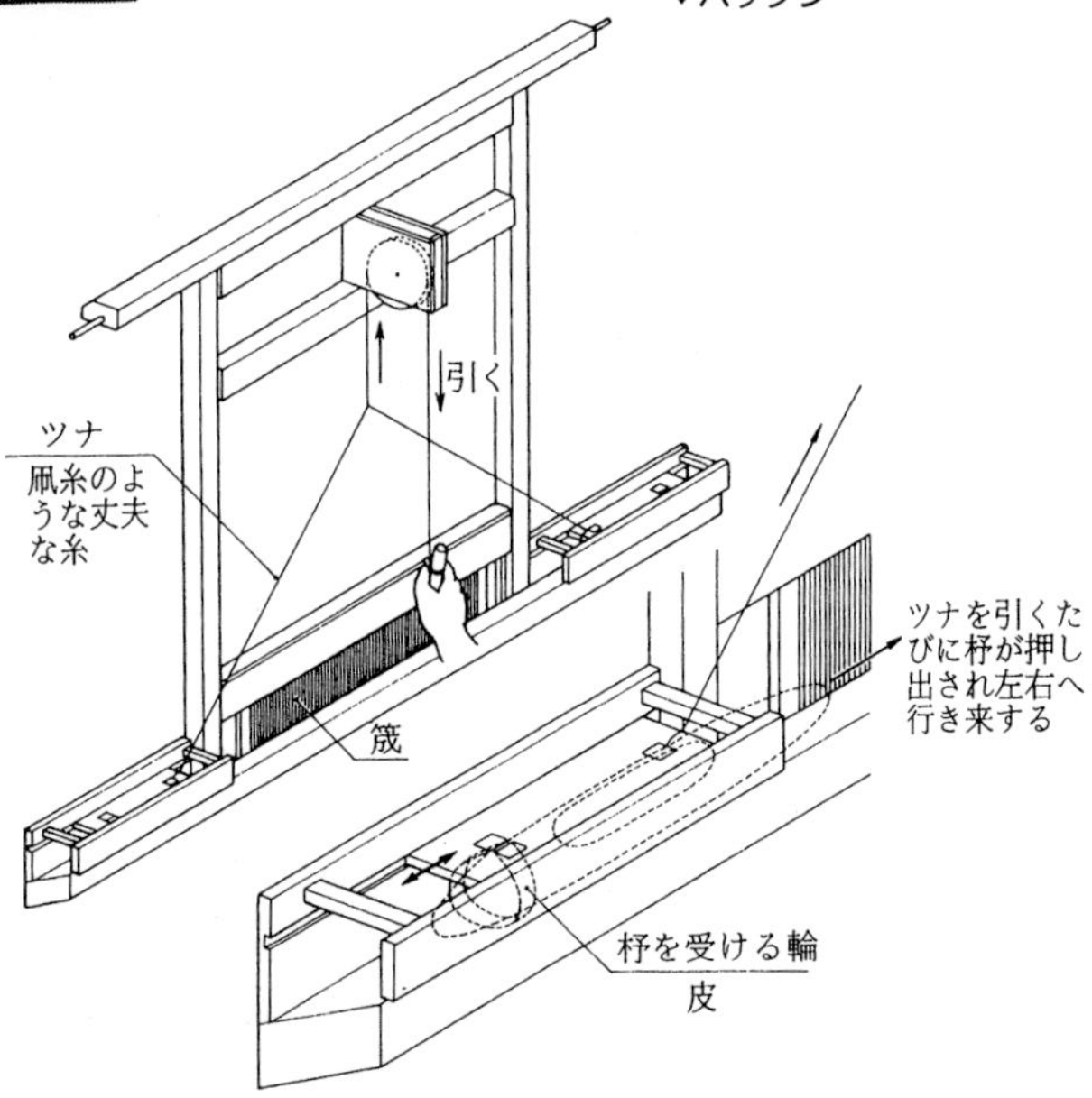
引く
ツナ
凧糸のような丈夫な糸
筬
ツナを引くたびに杼が押し出され左右へ行き来する
杼を受ける輪
皮

【図9―1】バッタンを取り付けた高機［江南町］

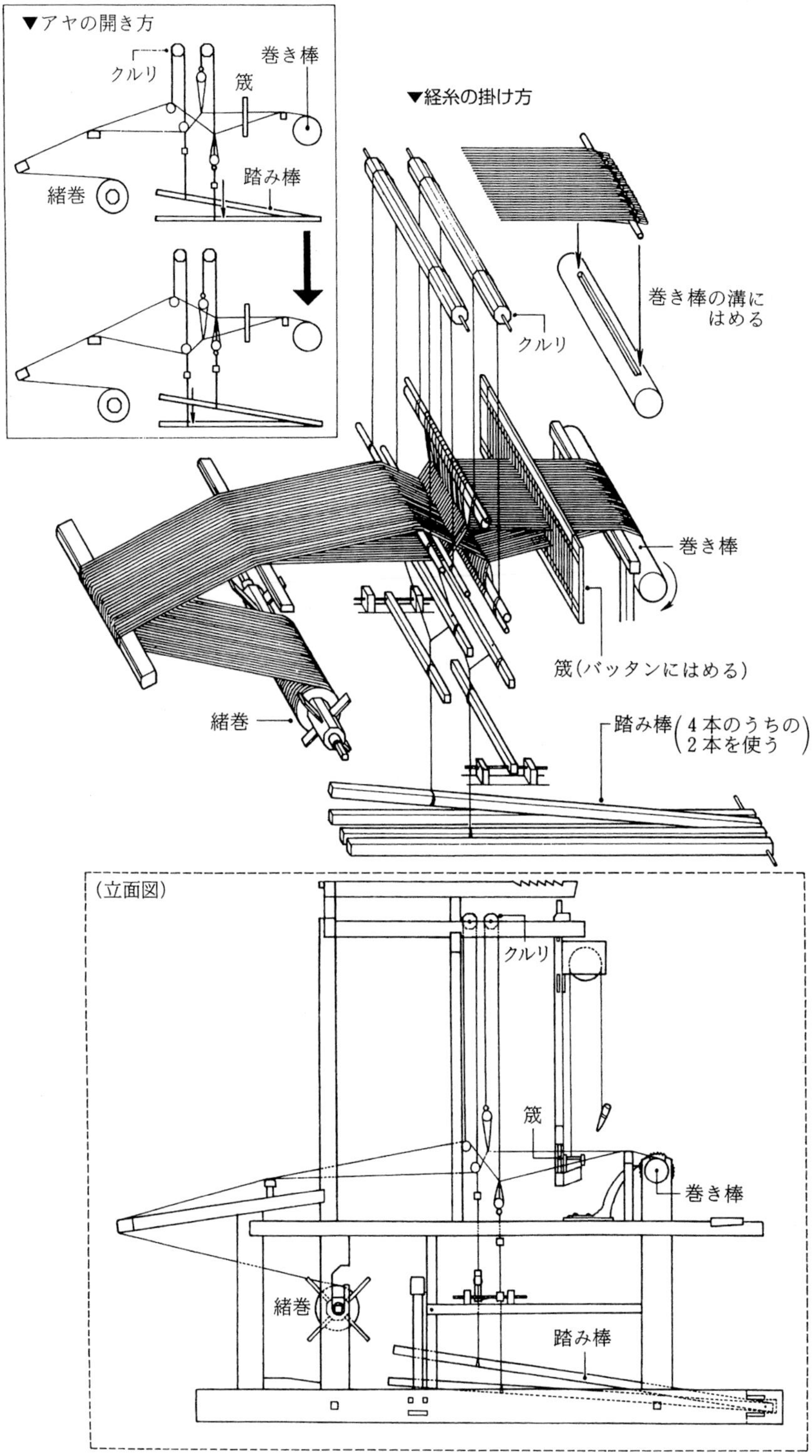
▼アヤの開き方
クルリ
巻き棒
筬
緒巻
踏み棒
▼経糸の掛け方
巻き棒の溝にはめる
クルリ
巻き棒
筬(バッタンにはめる)
緒巻
踏み棒(4本のうちの2本を使う)
(立面図)
クルリ
筬
巻き棒
緒巻
踏み棒

【図9—2】 バッタンを取り付けた高機［江南町］

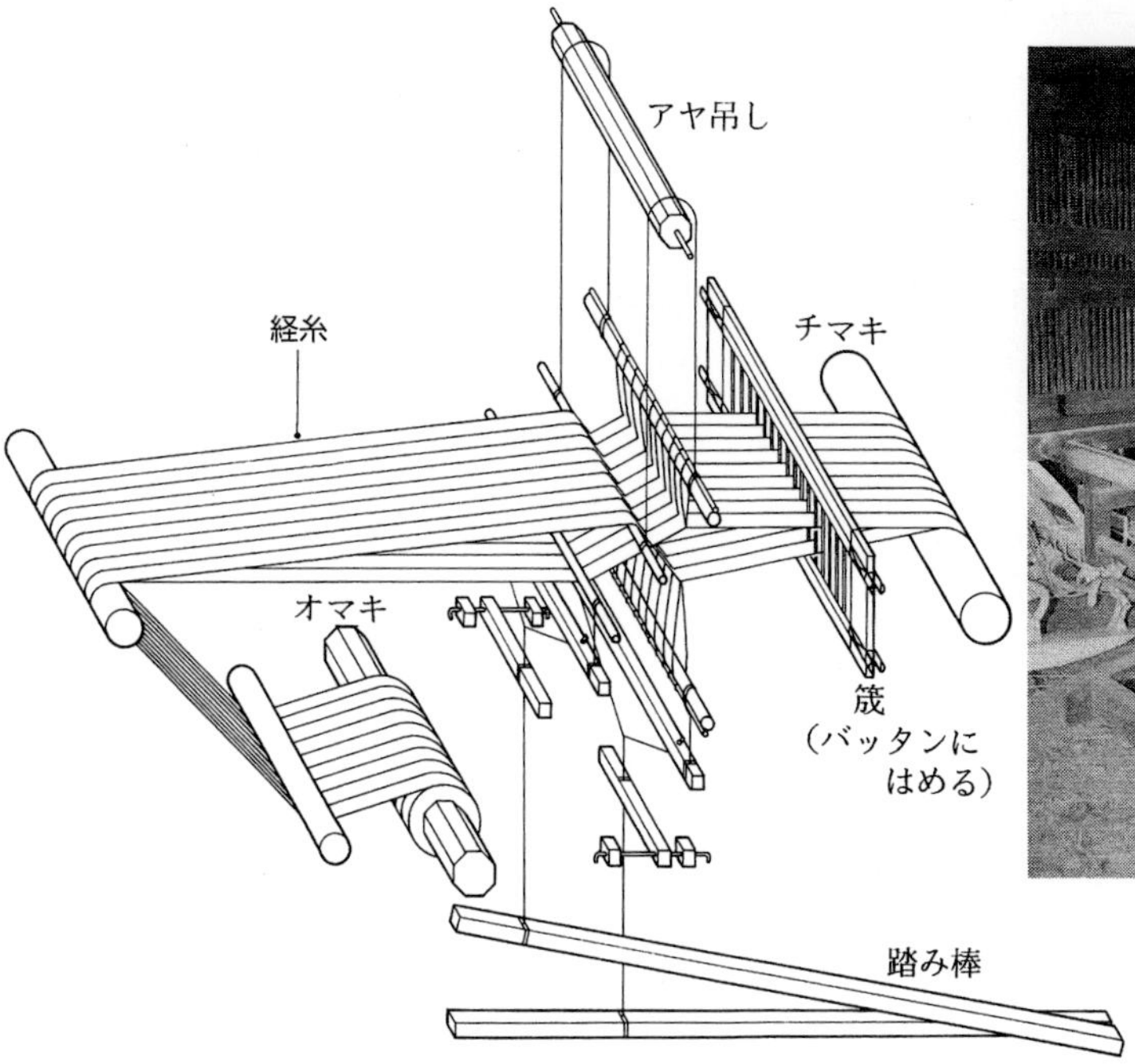
アヤ吊し
経糸
チマキ
オマキ
筬
（バッタンに
はめる）
踏み棒

▲高機

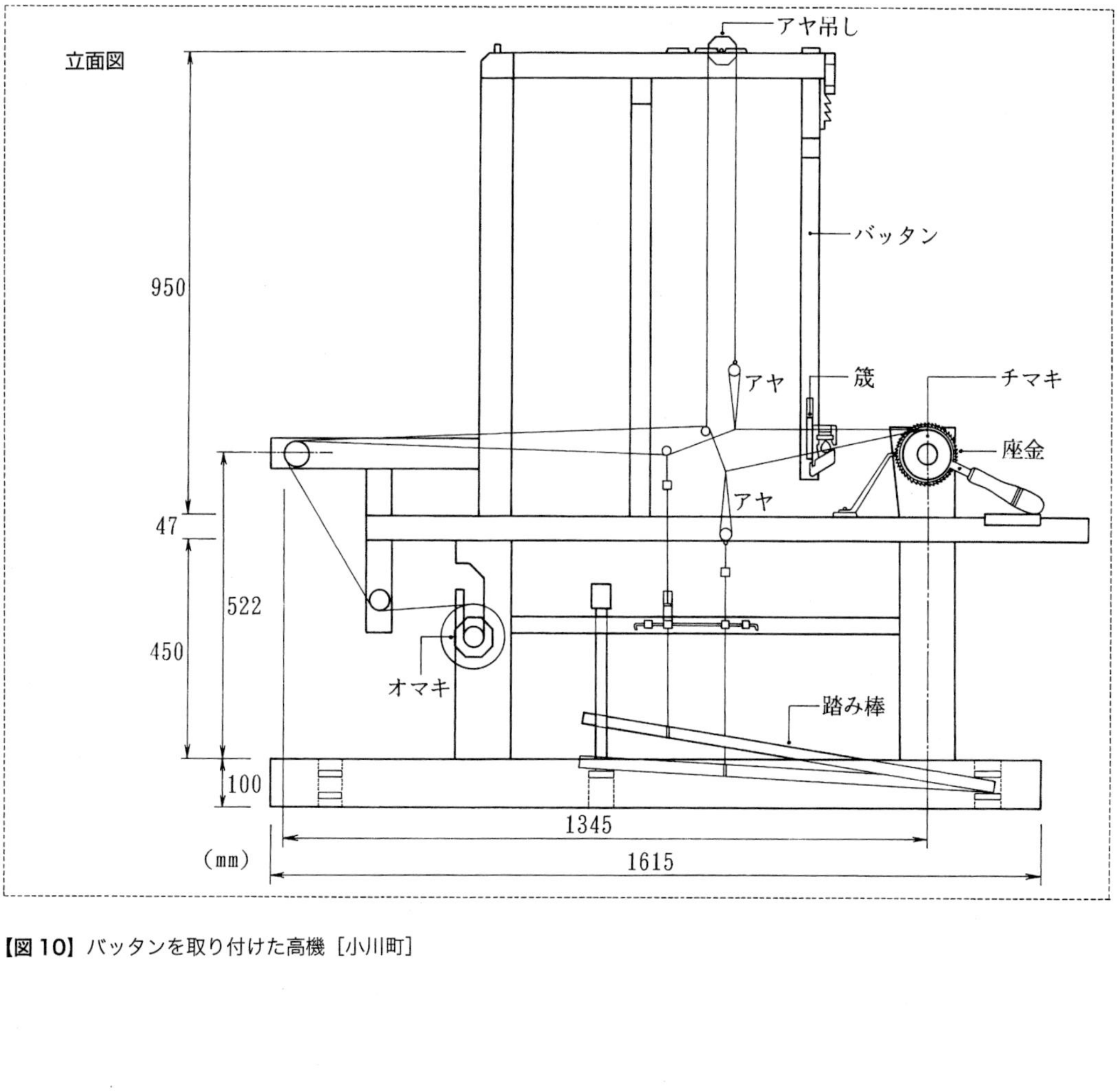
立面図
アヤ吊し
バッタン
アヤ
筬
チマキ
座金
アヤ
950
47
522
450
オマキ
踏み棒
100
1345
（mm）
1615

【図10】バッタンを取り付けた高機［小川町］

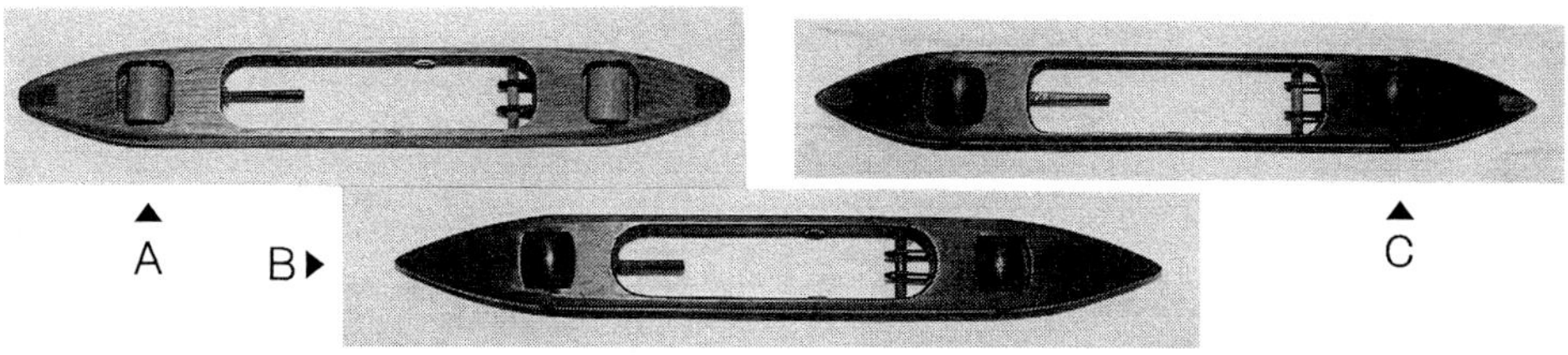
A
B
C

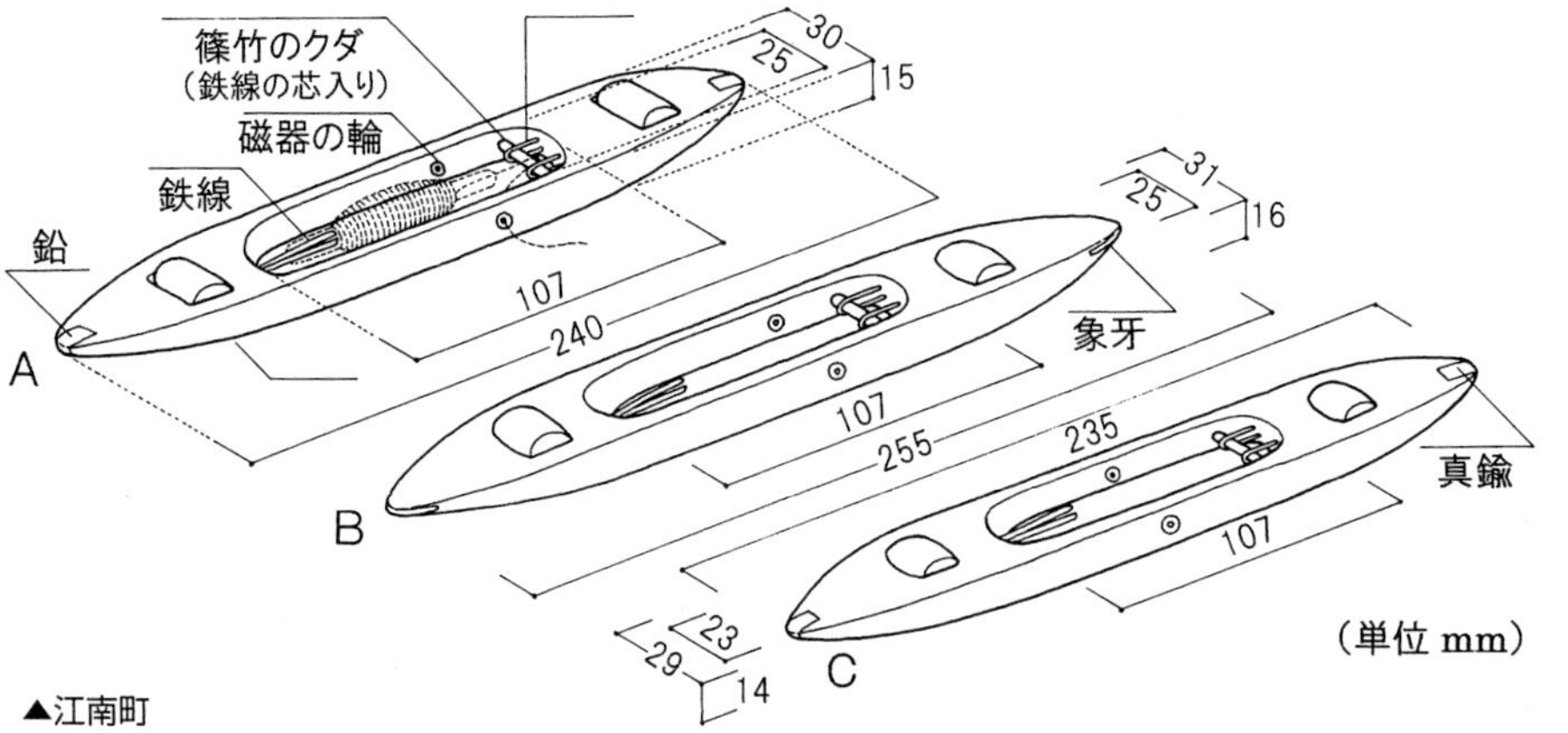
篠竹のクダ
（鉄線の芯入り）
磁器の輪
鉄線
鉛
A
30
25
15
107
240
31
25
16
象牙
B
107
255
235
真鍮
C
107
23
29
14
（単位 mm）

▲江南町

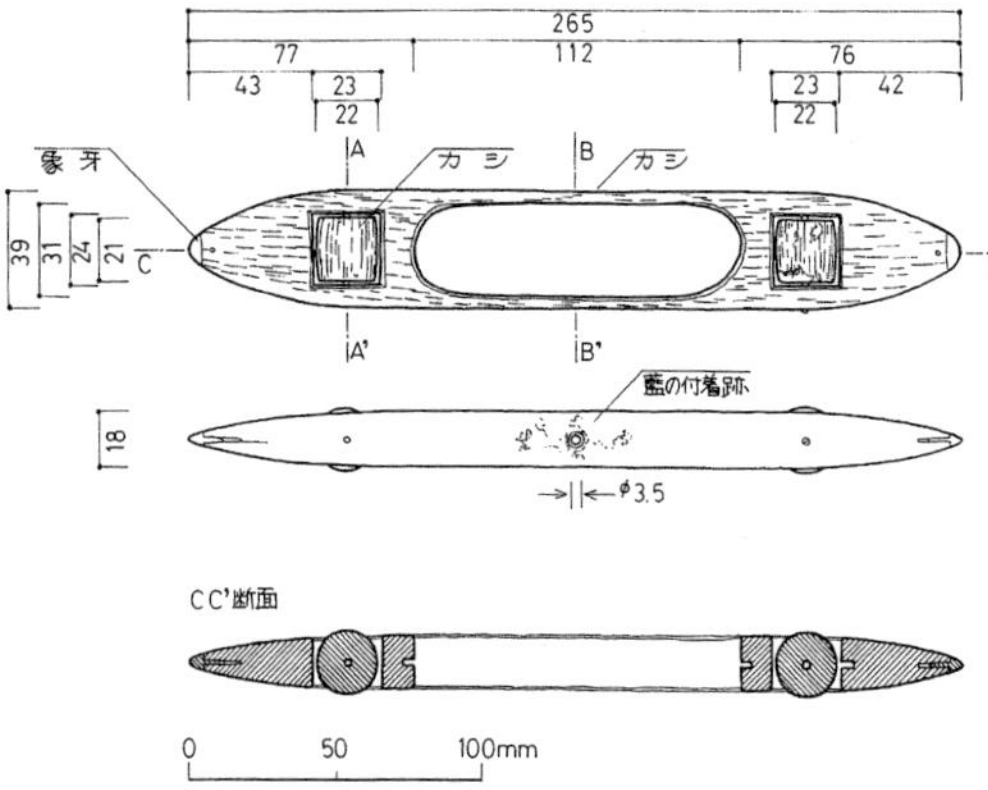
265
77
112
76
43
23
22
23
42
22
象牙
カシ
カシ
39
31
24
21
C
C'
A
A'
B
B'
藍の付着跡
18
φ3.5
CC'断面
0
50
100mm

▲ 村山大島紬用の杼（所沢市）

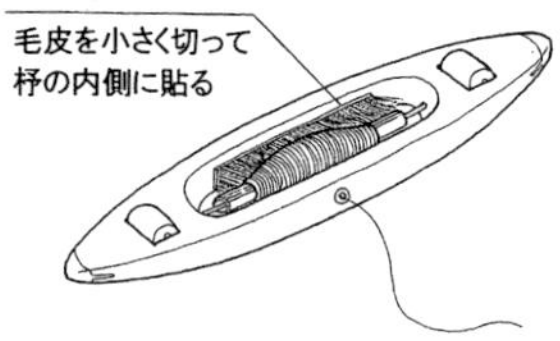
毛皮を小さく切って
杼の内側に貼る

▼ 村山大島紬用の杼には、絹糸がほぐれすぎるのを防ぐ目的で猫の毛皮を貼ることもある

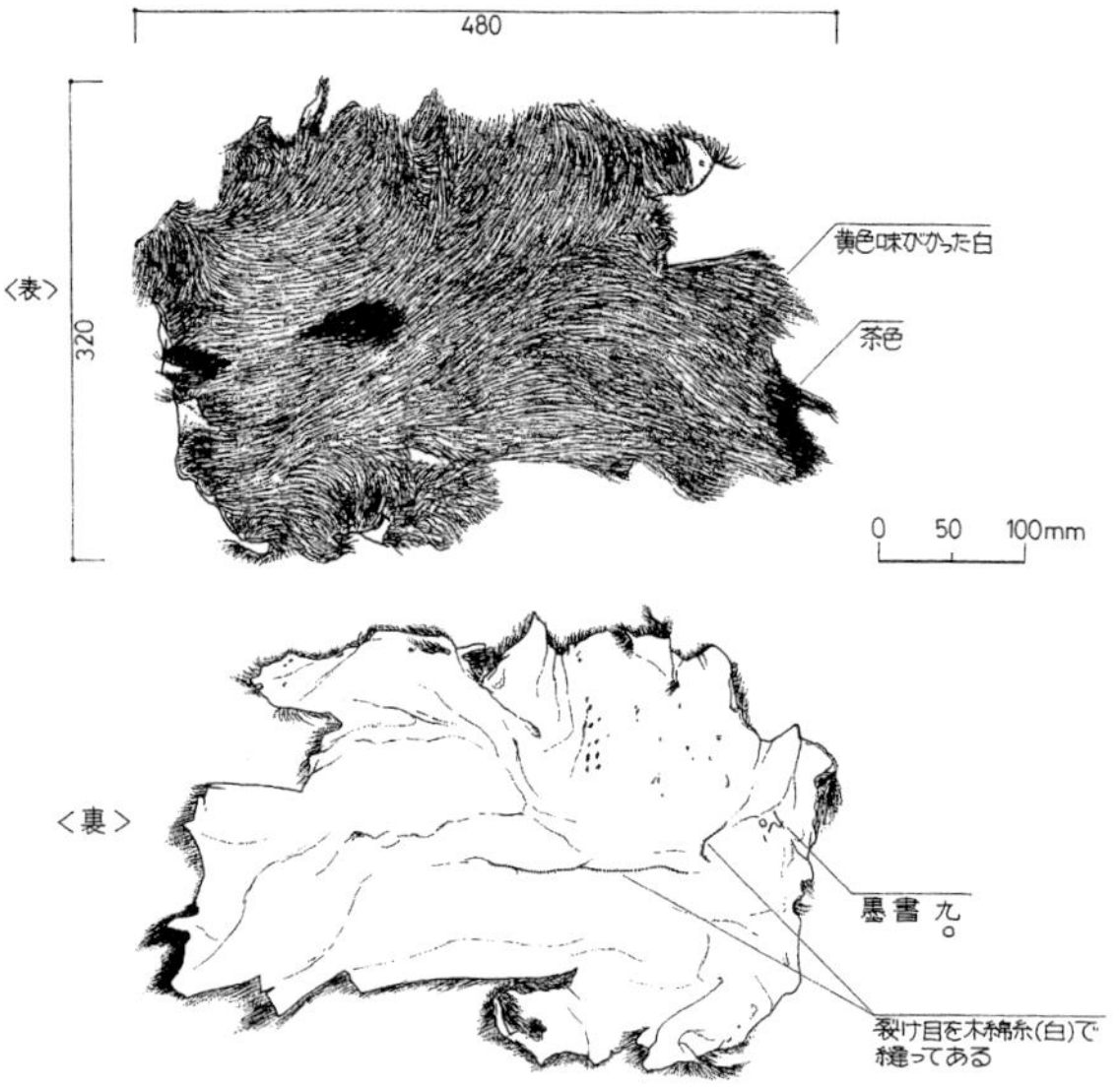
480
〈表〉
320
黄色味がかった白
茶色
0
50
100mm
〈裏〉
墨書 九。
裂け目を木綿糸(白)で
縫ってある

【図 11】 高機の杼 ［江南町・所沢市］

【❶ 機音は冬の音】

稼ぐために織る

稼ぐために織る　自家用の機織りに対し、商品として売るための機織りも各地で行われた。

埼玉県はかつて全国有数の織物県として知られ、県北部や秩父地方から西部の丘陵地域にかけては絹織物、県東部から南部・中央部では綿織物の生産が盛んであった。絹織物には、秩父銘仙《めいせん》・本庄伊勢崎銘仙・小川裏絹などがあり、綿織物には、入間・県南地方の双子縞《ふたこじま》、北足立・埼葛地方の白木綿《しろもめん》、北埼玉地方の青縞《あおじま》などがある。また、アニメーション映画「となりのトトロ」の舞台としても知られる埼玉県南西部の所沢市から東京都旧多摩郡の村山地方にまたがる狭山丘陵では、「所沢飛白《かすり》」と称する木綿の紺絣《こんがすり》が生産された【写真1】。

所沢飛白　紺絣の産地は西日本に多く、福岡県の久留米《くるめ》絣、鹿児島県の薩摩《さつま》絣、愛媛県の伊予《いよ》絣、広島県の備後《びんご》絣、鳥取県の倉吉《くらよし》絣、島根県の弓浜《ゆみはま》絣や広瀬絣、奈良県の大和《やまと》絣などが知られている。そんな中で、所沢飛白は、関東地方を代表する紺絣として女物や子ども物の大柄を中心に生産され、最盛期の明治三九年（一九〇六）には年間生産高一二〇万反を誇って全国にその名を知られるまでになった。「飛白」の名のとおり紺地に白い絣模様がぽつぽつと飛んでおり【写真2】、その様が春の雪解けを連想させることから東北や北陸地方の寒冷地で人気を博したといわれている。また、明治四四年（一九一一）には所沢飛行場が開設され、これを記念して「繭《まゆ》に飛行機」と称する所沢ならではの柄《がら》も製作された【写真3】。しかし、明治末期から大正時代には漸次売れ行きが下降線を辿《たど》り、昭和初期には大暴落に陥《おちい》った。追い討ちをかけるように、昭和四、五年（一九二九、三〇）には山口貯水池（狭山湖）建設に伴って主産地の機屋が移転を余儀なくされ、これをきっかけに多くの機屋が廃業し、所沢飛白は衰退の道を歩むこととなったのである。

所沢飛白の織り手　所沢飛白を織る労力は、その多くが賃機《ちんばた》に委ねられていた。機屋は、ツボと称する賃機織りの家へ糸を携えて回り、その際に織りあがった反物を受け取って織り賃を支払った。賃機は女手のある家なら年間を通して行われたが、主として農閑期《のうかんき》の仕事とされ、冬ともなると夜なべに機を織る音があちらこちらから聞こえたものである。その機音に誘われるように、青年たちは夜遊びに出かけた。ただし、その内容はいたって健全なもの。「こんばんわー」と声をかけ、「寄ってきなよー」と返事があれば縁側から上がり、機織り機にもたれながら娘とおしゃべりをする程度であった。

夜なべの機織りは眠い。そんなとき、青年とのおしゃべりは眠気覚ましになるので、機織りの能率を高めるためにも家の者は青年の来訪を黙認していたという。

機織り歌　機織りが上達すると、手足の調子に合わせて歌も飛び出した。所沢飛白の機織り歌には、青年の来訪を心待ちにする娘心がうたわれている。

来るか来るかと　機音やめてよ
　ケン棒詰めたり　ゆるめたり
可愛い男《おとこ》さんよ　今度来るときにゃ
　金のかんざし　忘れずに
機を織るなら　ほど良く織りな
　ほどが良いのは　嫁に取る
機は織り切れるし　髪は結っちゃあるしよ
　連れて行くなら　今夜にもよ

（宮本）

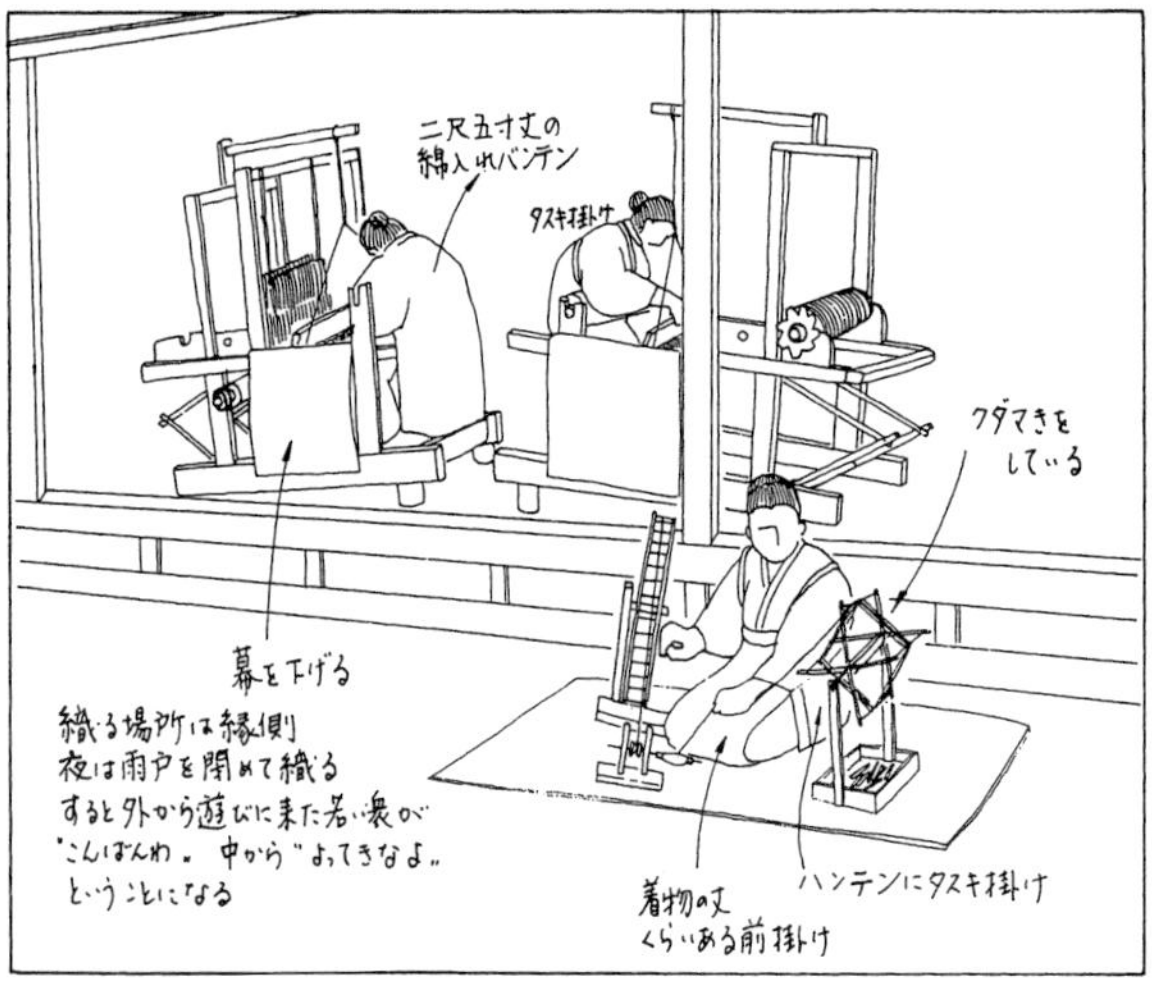

【写真 1】昭和４年頃の機織り風景［所沢市］

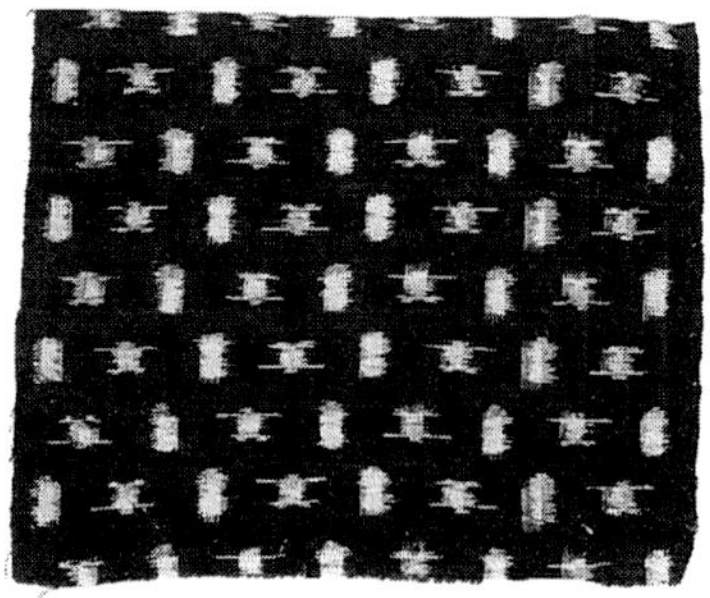

【写真 3】「繭に飛行機」
（所沢市教育委員会蔵）

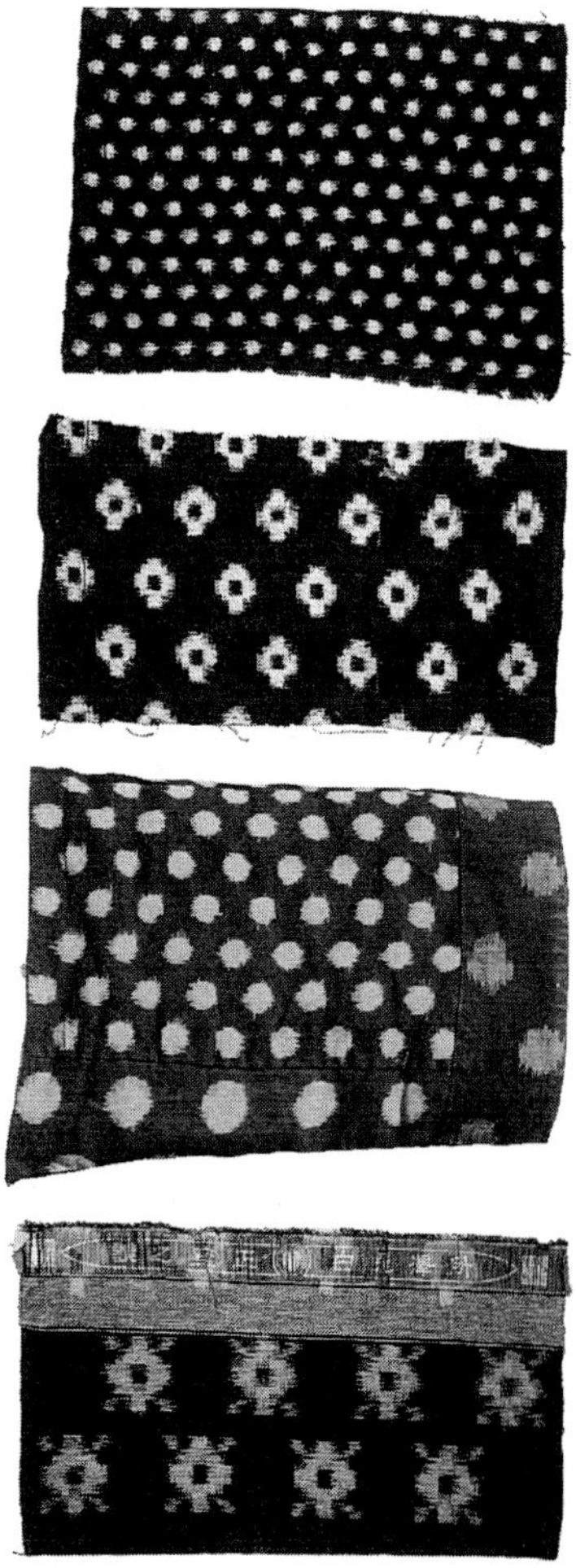

【写真 2】所沢飛白のいろいろ―上から　まるまめ・文久銭・ぼたもち・かめのこ―（所沢市教育委員会蔵）

【❶機音は冬の音】

春に備えた針仕事

手作りの野良着《のらぎ》　啓蟄《けいちつ》は二《に》十《じゅう》四《し》節気《せっき》のひとつで、この時期には冬ごもりをしていた虫が這《は》い出し、寒い中にも春の足音が感じられるようになる。そんな中、農家の女性たちは、春からの農繁《のうはん》期《き》に備えて野良着の準備に追われた。

野良着には、今でこそトレーニングウエアや防水加工の作業着といった市販の衣服が用いられているが、昭和三〇年代以前は野良着の多くが女性たちの手作りであった。

男と女の野良着姿　埼玉県内における明治時代以降の野良着を概観すると、男性は、古くは木綿《もめん》縞《じま》の長着《ながぎ》に【図1】のような紺のモモヒキ（股引）を着用し、仕事中には長着の裾《すそ》を後ろへまくり上げて帯に挟んでおいた【図2】。大正時代から昭和初期には、長着に代わって腰切《こしきり》りのノラジバン（野良襦袢《じゅばん》）が普及した【図3】。

女性は、木綿の絣《かすり》や縞の長着【図5・6】を着て裾《すそ》全体を捲《まく》り上げ、その下に田んぼではモモヒキ、畑ではオコシ（腰巻）を着用した【図4・写真1】。昭和初期から第二次世界大戦中には女性のあいだにもノラジバン【図7・8】が普及するが、田植えにおいては新嫁に限って戦後まで長着姿が残ったという。

野良着の準備　こうした野良着は、冬場の農閑期に準備された。ただし、農閑期といっても落ち葉掃《は》き、下草刈り、薪《まき》切り、枝打ちといった山仕事や、莚《むしろ》織り、俵《たわら》編み、縄ないなどの藁《わら》仕事が忙しく、昼間はまとまった時間を取るのが難しい。そのため、縫いものは夜なべ仕事になることが多く、春の足音が近づいてから急《せ》かされて野良着の準備に取り掛かることも少なくなかったという。

野良着を仕立てる布地は古くは家で織られたもので、綿から紡いだ糸を紺屋《こうや》で紺色に染めてもらい、これで無地を織ったり、紺糸の間に色糸を配して縞を織った。絣は、経糸《たていと》と緯糸《よこいと》を組み合わせて模様を織り出すのに技術が必要であり、素人《しろうと》ではそれが困難なためにほとんどが市販品を用いていた。

野良着の延命　着古した野良着には、縫《ぬ》い返《かえ》しや繕《つくろ》いがほどこされた。野良着は一年間着用するうちに肩や背中、衿《えり》、裾《すそ》、袖口《そでぐち》など方々が擦《す》り切れたり日焼けをして傷む。そこで、野良着をほどいて洗い、糊づけをしてから傷んだ部分をずらして縫い返した。裾が傷んだ長着は、胴で切って天地替えをした。また、縞や絣は布地に裏表がないので、背中が焼けて褪色した場合には裏返しをした。前身頃《みごろ》が傷んだものは後ろ前を交換した。そのほか、傷んだ袖口を袖付けと取り替えるなど、さまざまな手を加えて野良着の寿命を延ばしたのである。

縫い返した後さらに傷んでしまったものは、つぎを当てて繕われた。しまいには、「本家がどれかわからない」といわれるように、もとの布地が判別できないほどつぎを当てたものもあった【図9】。たくさんのつぎを当てた野良着は東海道五十三次にもたとえられ、それを指して「東海道よりひどい」と冗談をいったものである。こうして手を加えた果てにいよいよぼろになり、衣服としての使命を終えたものは、使える部分を切り取ってつぎあて布に利用された。また、重ねて雑巾に縫われることも多く、その場合には上下に比較的大きな布地を当て、間に小さなボロをたくさん並べてサンドイッチ状にしたという。

「大豆《だいず》三粒包めるきれは、捨てずに取っておけ」とは、布地を最後まで使い切った女性の名言である。

縫いものの俗信　冬は夜が長い。縫いものは夜なべ仕事になることが多く、仕立てを翌日に持ち越す場合には「片袖《かたそで》だけを付けて終《しま》いにしてはいけない」とされた。理由は、「夜中に片袖が泣く」とか「火事のとき片袖の着物では逃げられない」などといわれるが、古くは葬式において身内の女性が白い着物の片袖を被《かぶ》るという風習があり、このことも片袖のタブーに関連しているものと思われる。また、「一枚の着物ははじめから終わりまで一人が縫え」ともいわれ、これは死者の装束を縫う際に何人もで回し縫いをするためである。

縫いものが禁じられる日もあった。それは初午《はつうま》の日で、この日に縫いものをすると火に祟《たた》られ、火事になるといわれたのである。

風呂を焚《た》くことも禁じられた。

　衣服を仕立てたり繕ったりする光景は、近年ではほとんど見られなくなった。しかし、リサイクルが叫ばれる現在、縫い返しや繕いの技をもう一度見直す必要があろう。　（宮本）

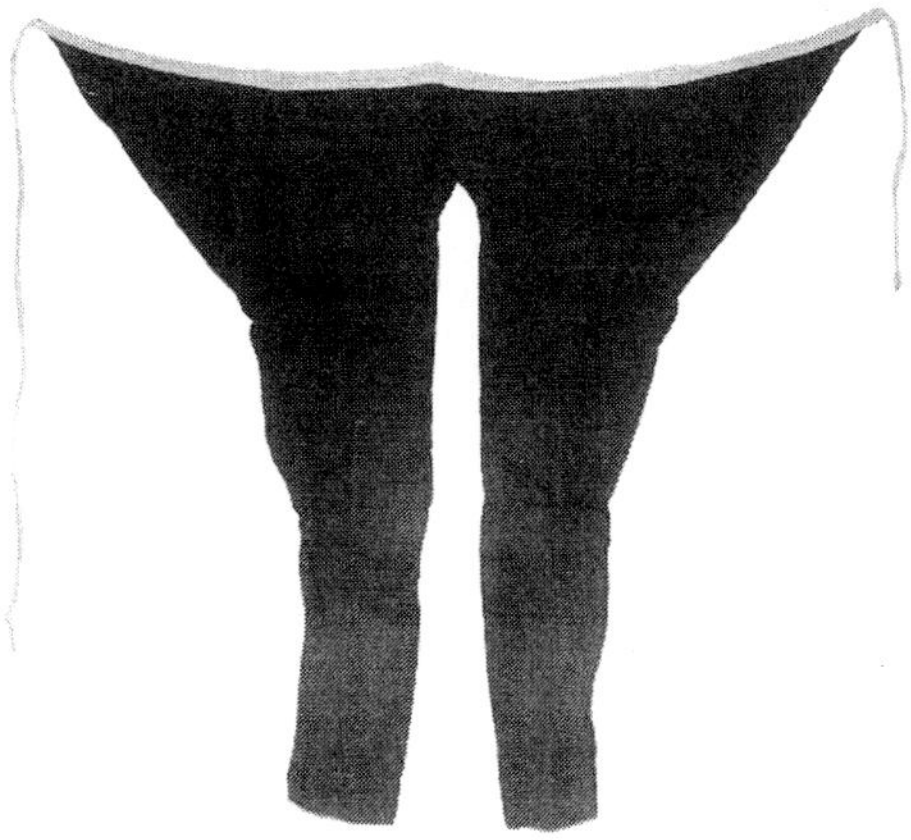

◀前

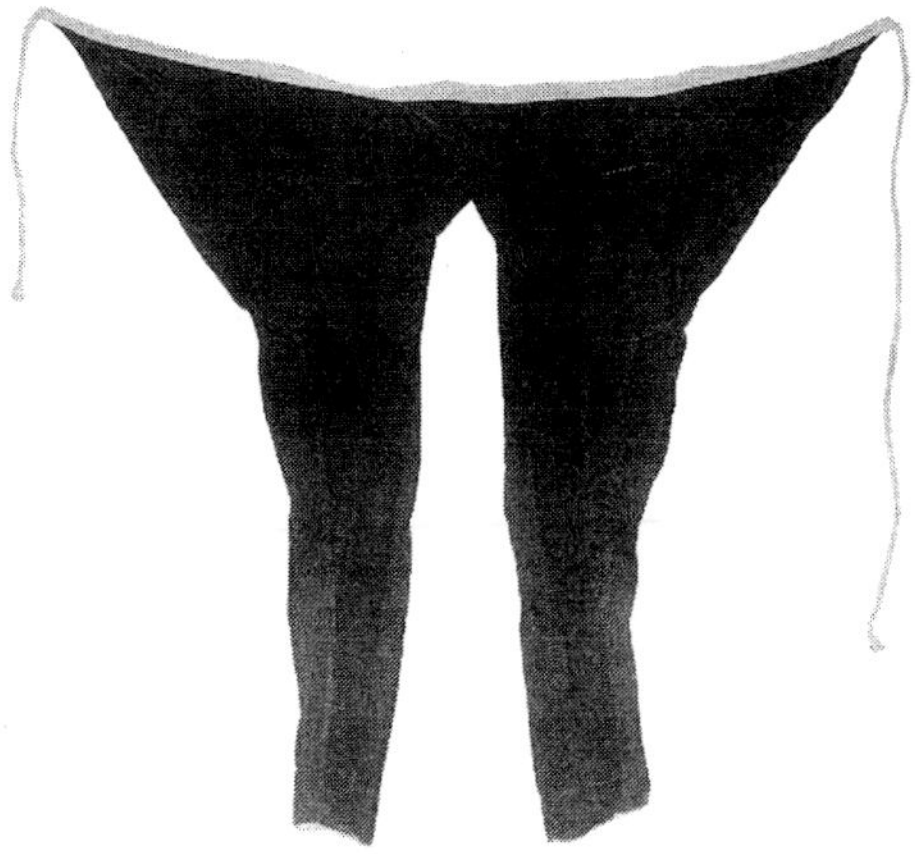

後ろ▶

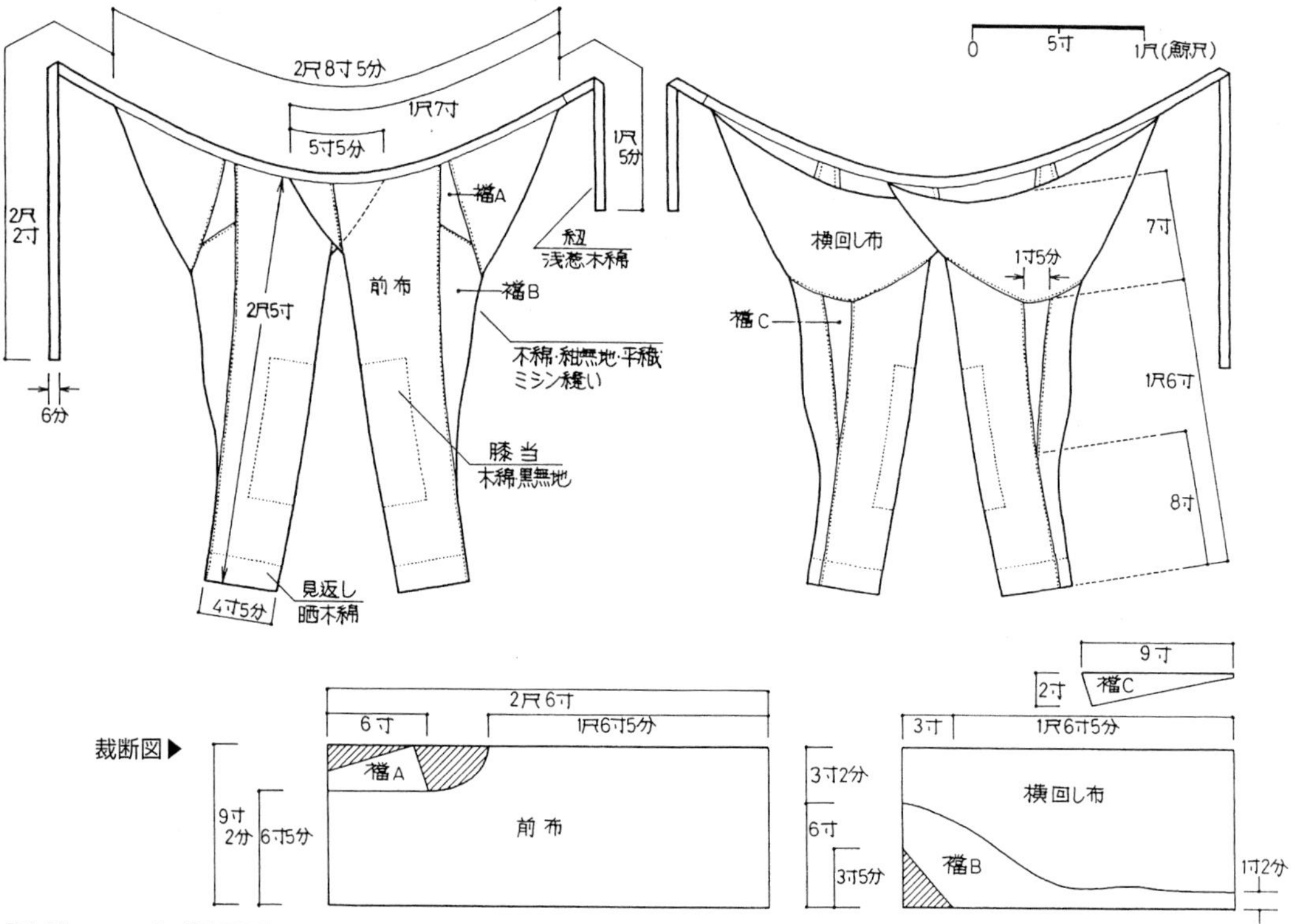

2尺8寸5分
1尺7寸
5寸5分
1尺
5分
2尺
2寸
2尺5寸
前布
襠A
襠B
紐
浅葱木綿
木綿・紺無地・平織
ミシン縫い
膝当
木綿黒無地
6分
見返し
晒木綿
4寸5分
0
5寸
1尺(鯨尺)
横回し布
1寸5分
7寸
襠C
1尺6寸
8寸
9寸
2寸
裁断図▶
2尺6寸
6寸
1尺6寸5分
9寸
2分
6寸5分
3寸
3寸2分
6寸
3寸5分
1寸2分

【図1】モモヒキ［川里町］

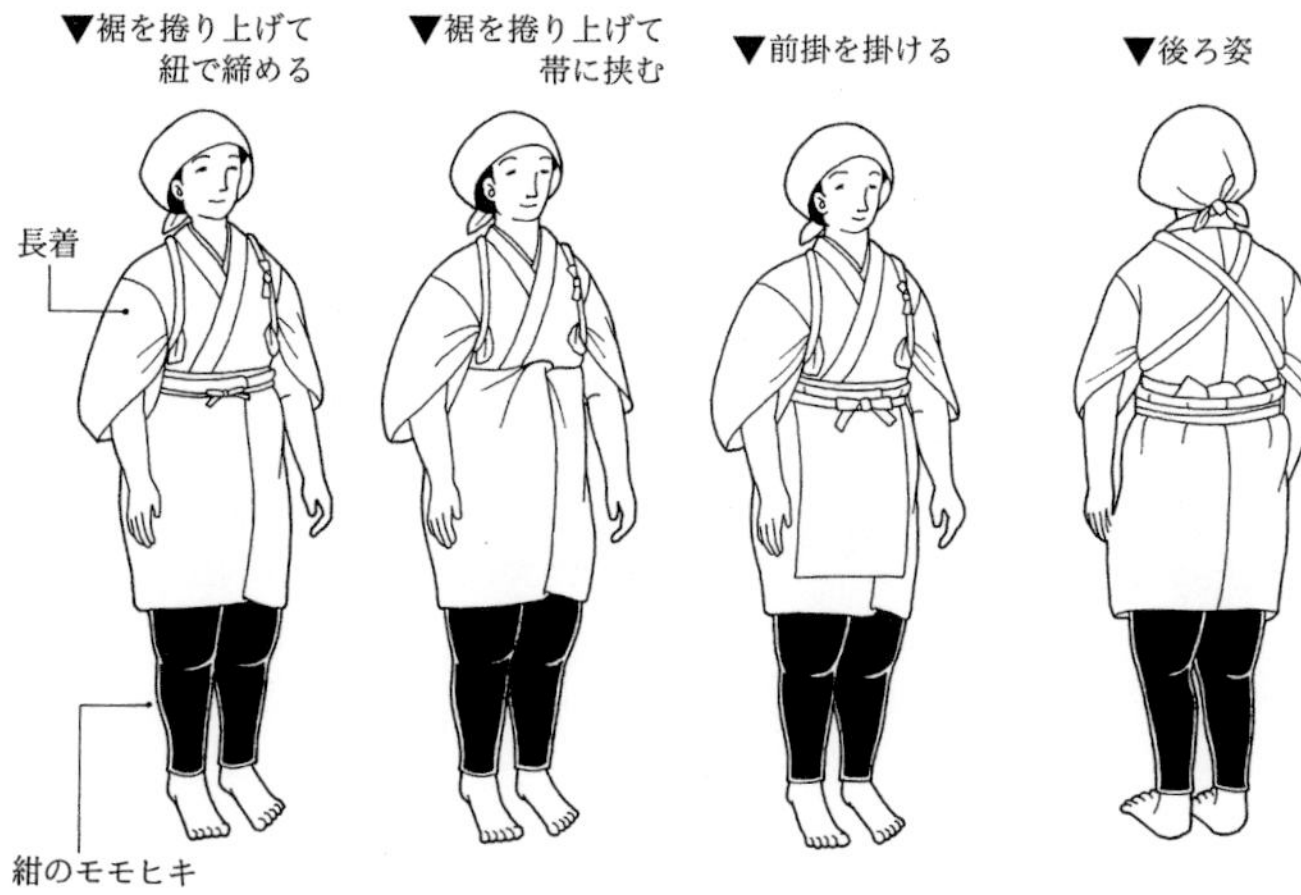
▼裾を捲り上げて
紐で締める
▼裾を捲り上げて
帯に挟む
▼前掛を掛ける
▼後ろ姿
長着
紺のモモヒキ

【図 4】女性の野良着姿—長着とモモヒキ—

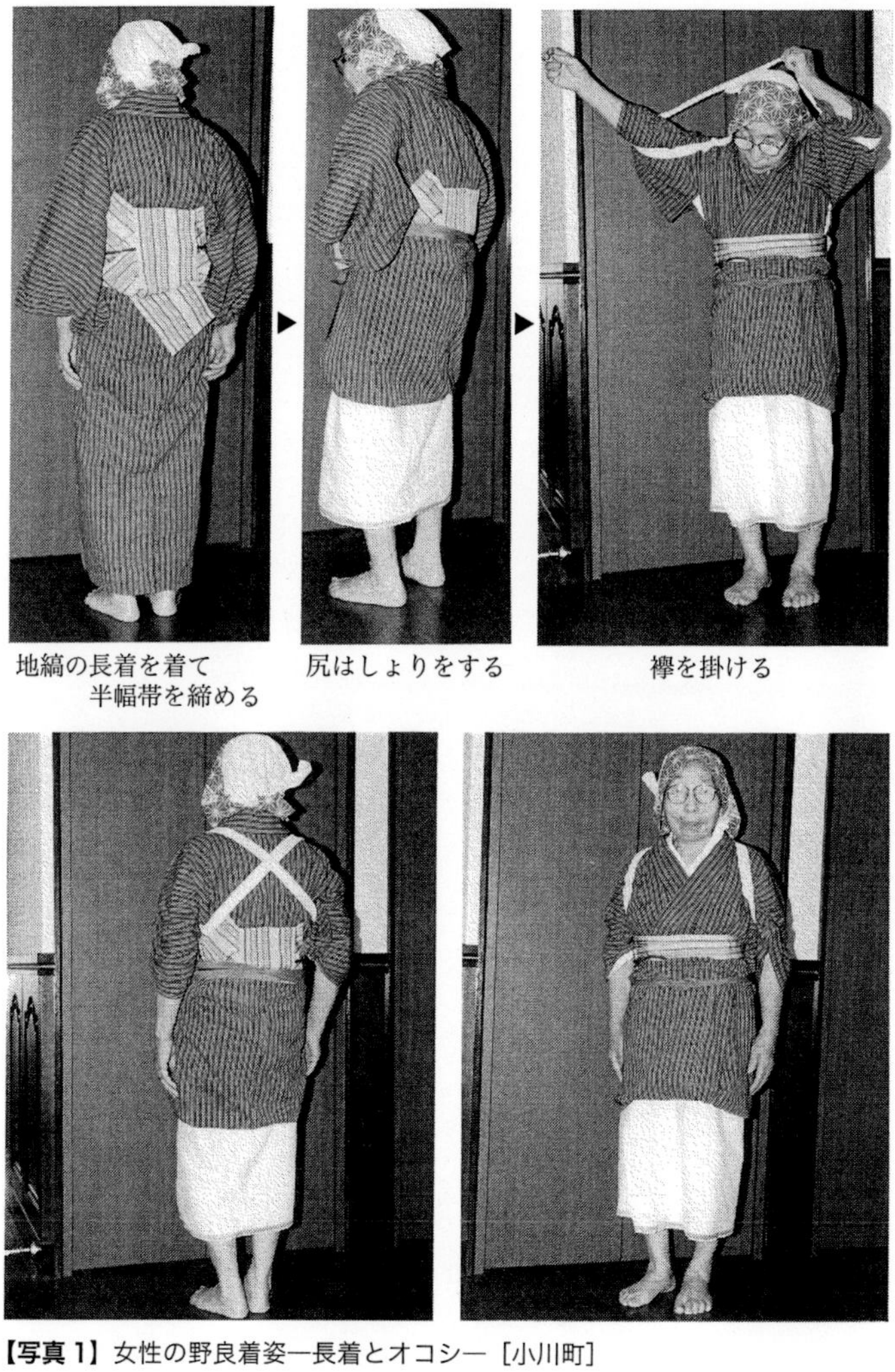
地縞の長着を着て
半幅帯を締める
尻はしょりをする
襷を掛ける

【写真 1】女性の野良着姿—長着とオコシ— ［小川町］

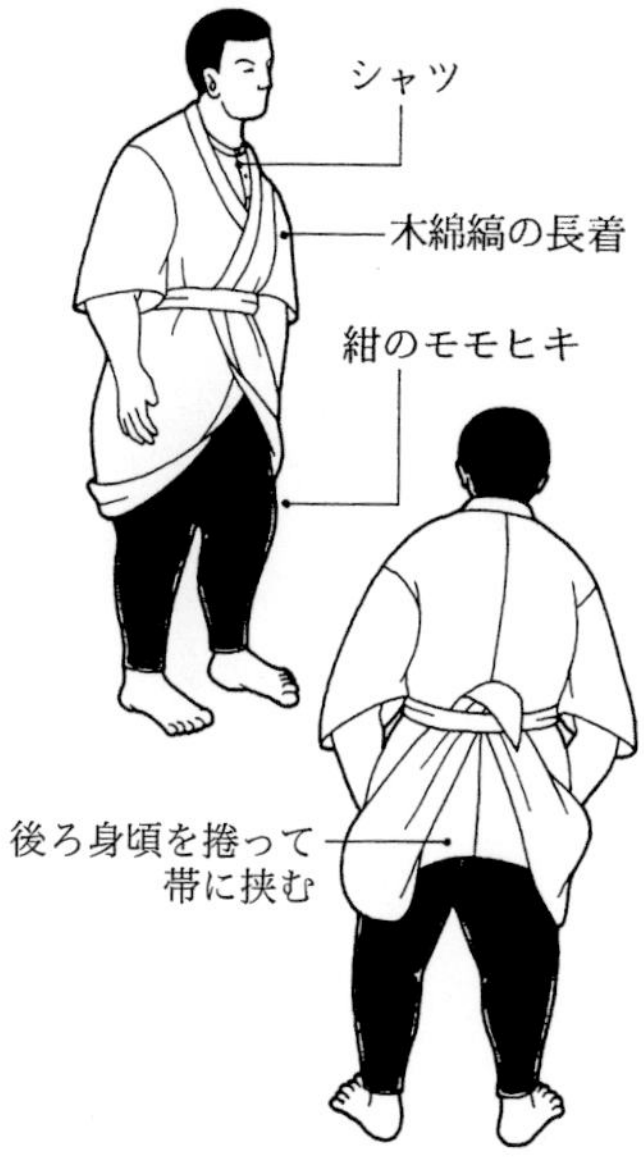
シャツ
木綿縞の長着
紺のモモヒキ
後ろ身頃を捲って
帯に挟む

【図 2】男性の野良着姿
—長着とモモヒキ—

シャツ
ジバン
（襦袢）
紺のモモヒキ

【図 3】男性の野良着姿
—ノラジバンとモモヒキ—

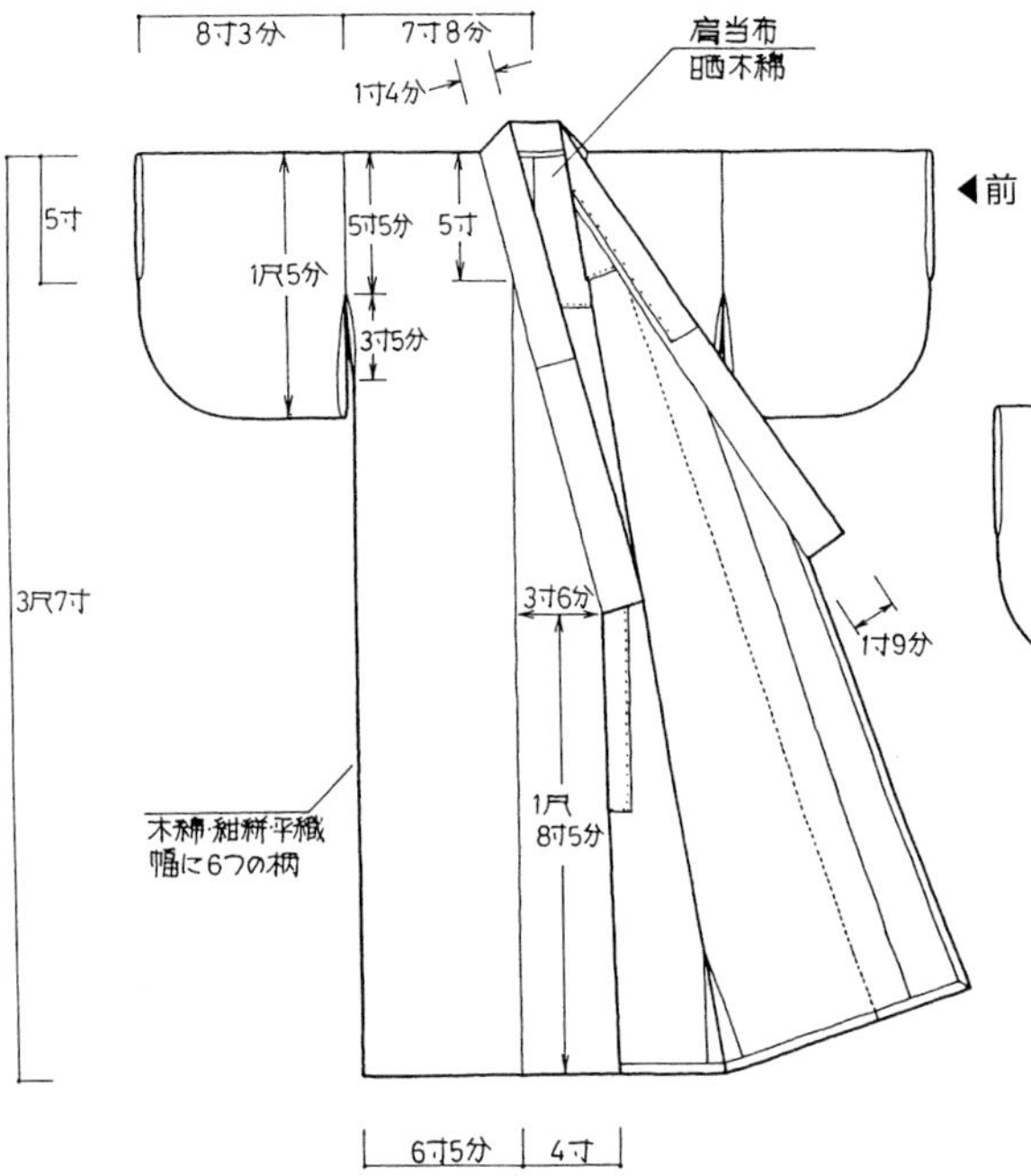
8寸3分
7寸8分
肩当布
晒木綿
1寸4分
◀前
5寸
1尺5分
5寸5分
5寸
3寸5分
3尺7寸
3寸6分
1寸9分
1尺
8寸5分
木綿・紺絣平織
幅に6つの柄
6寸5分
4寸

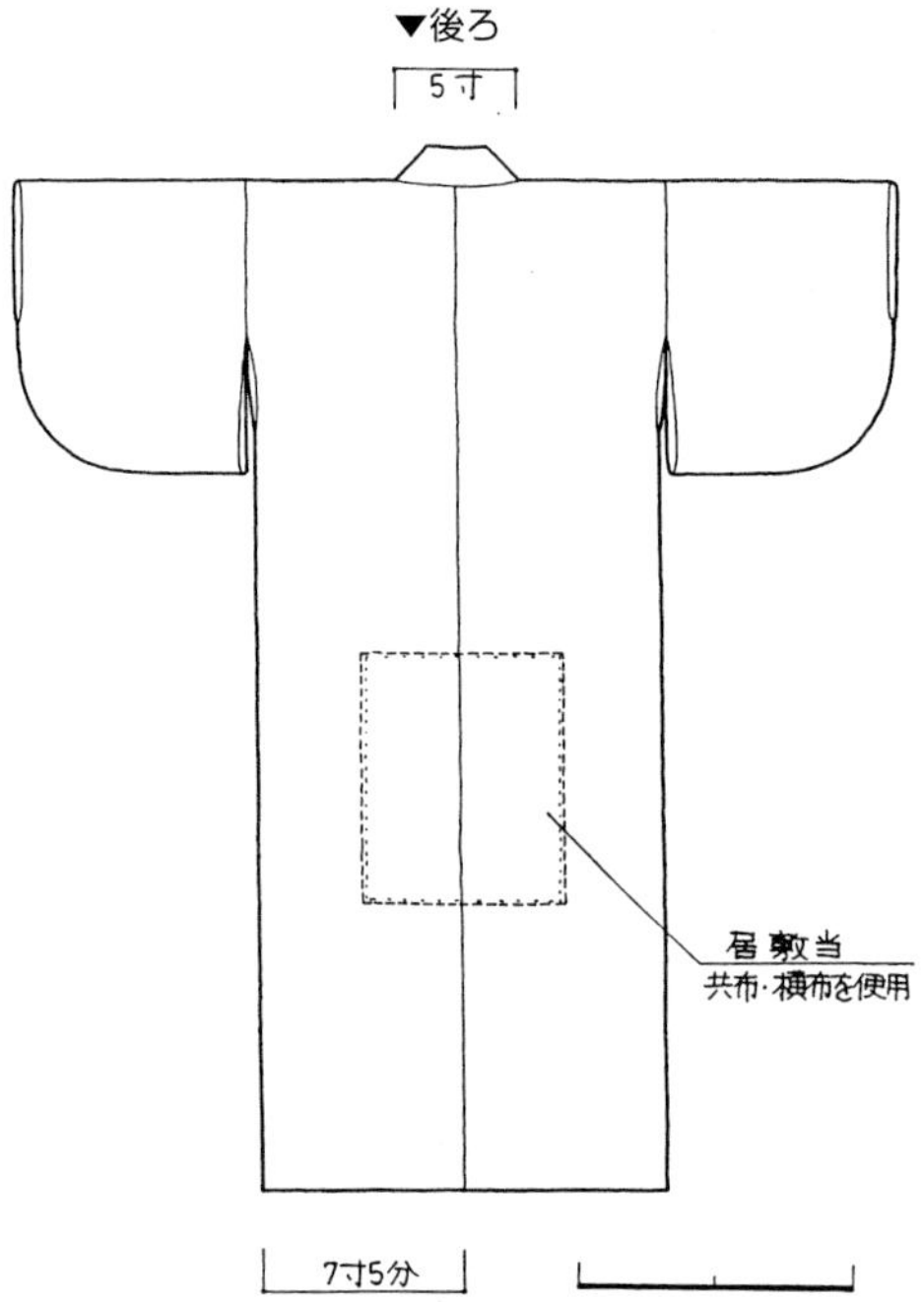
▼後ろ
5寸
居敷当
共布・横布を使用
7寸5分

▼布地拡大

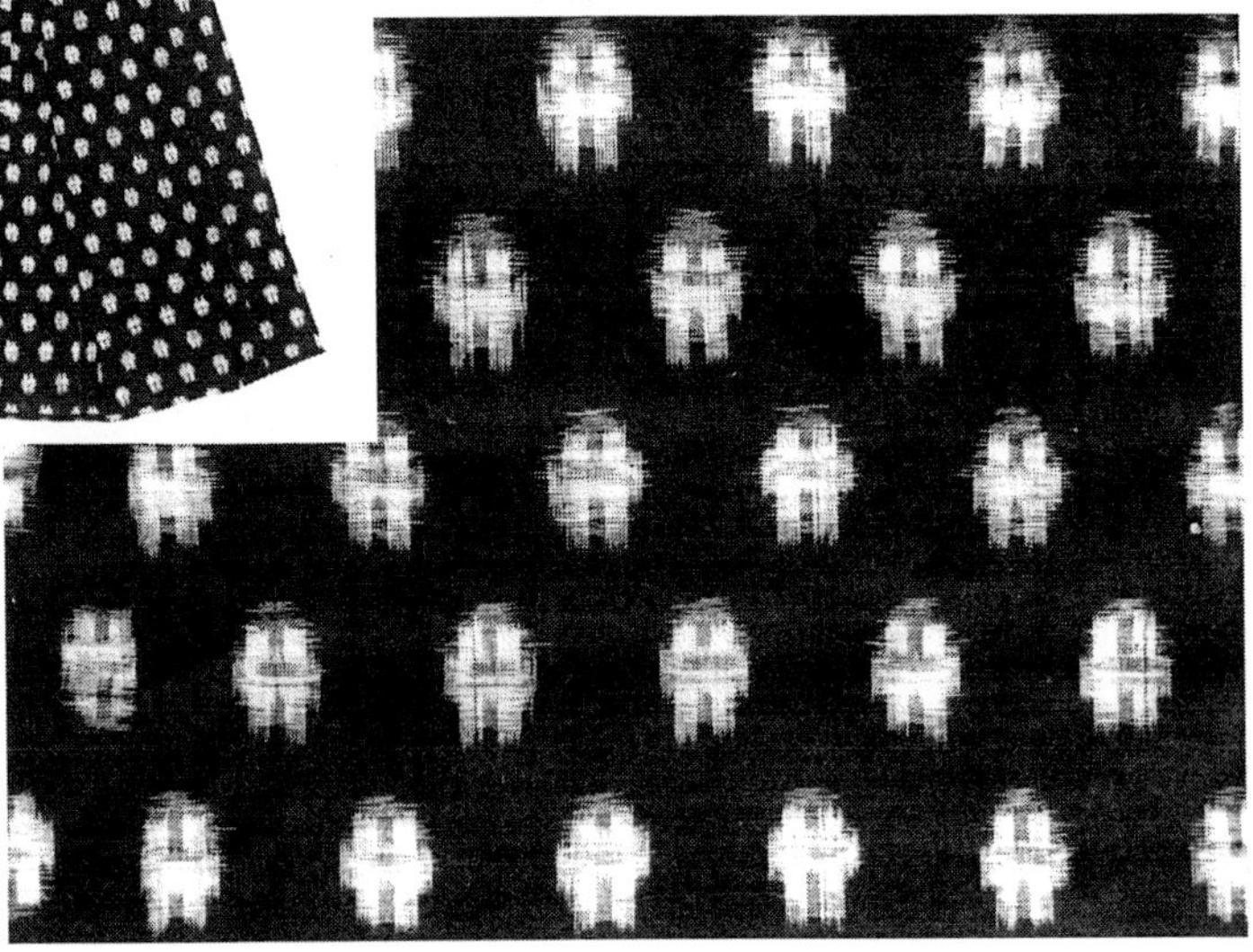

【図 5】 絣の長着［川里町］

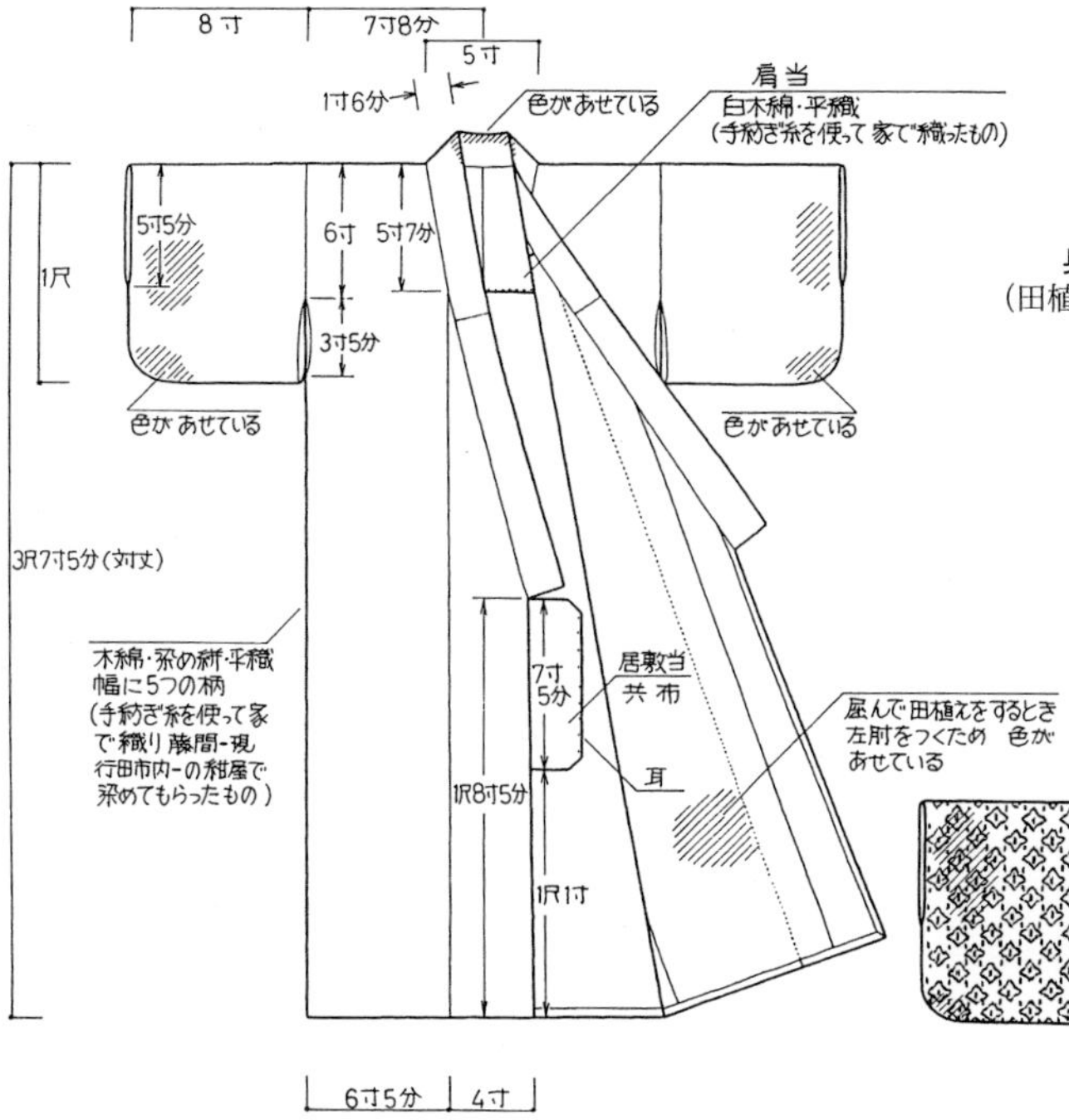
8寸
7寸8分
5寸
1寸6分
色があせている
肩当
白木綿・平織
(手紡ぎ糸を使って家で織ったもの)
5寸5分
6寸
5寸7分
1尺
3寸5分
色があせている
色があせている
3尺7寸5分(対丈)
木綿・染め絣・平織
幅に5つの柄
(手紡ぎ糸を使って家で織り藤間-現行田市内-の紺屋で染めてもらったもの)
7寸5分
居敷当
共布
耳
1尺8寸5分
1尺1寸
屈んで田植えをするとき左肘をつくため 色があせている
6寸5分
4寸

▲前

スゲガサ
手拭
たすき掛け
前掛け
ウデヌキ
モモヒキ
尻はしょり

身につけ方▶
(田植えのとき)

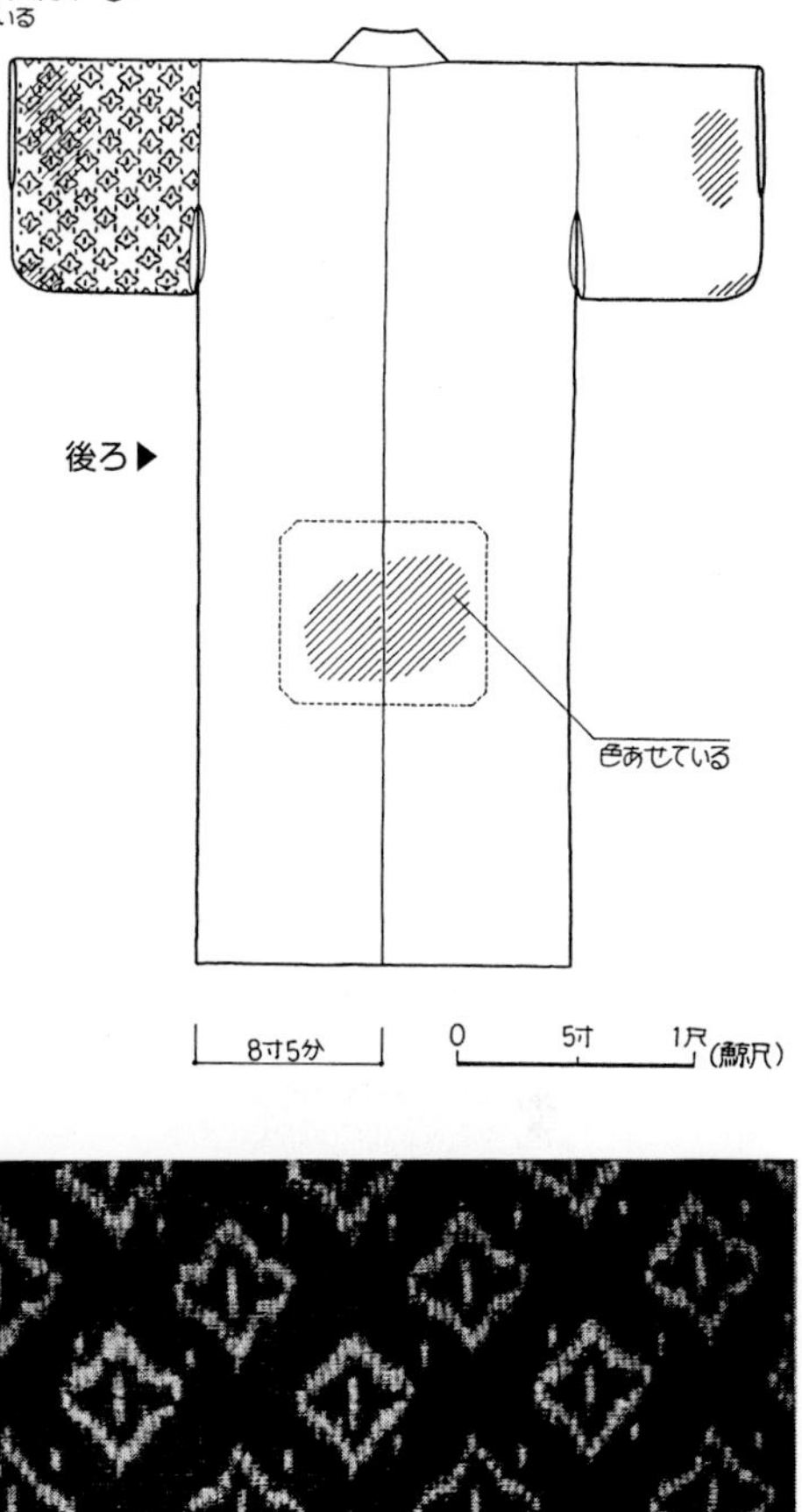
色あせている
8寸5分
0
5寸
1尺(鯨尺)

後ろ▶

布地拡大▶

【図6】染め絣の長着［川里町］

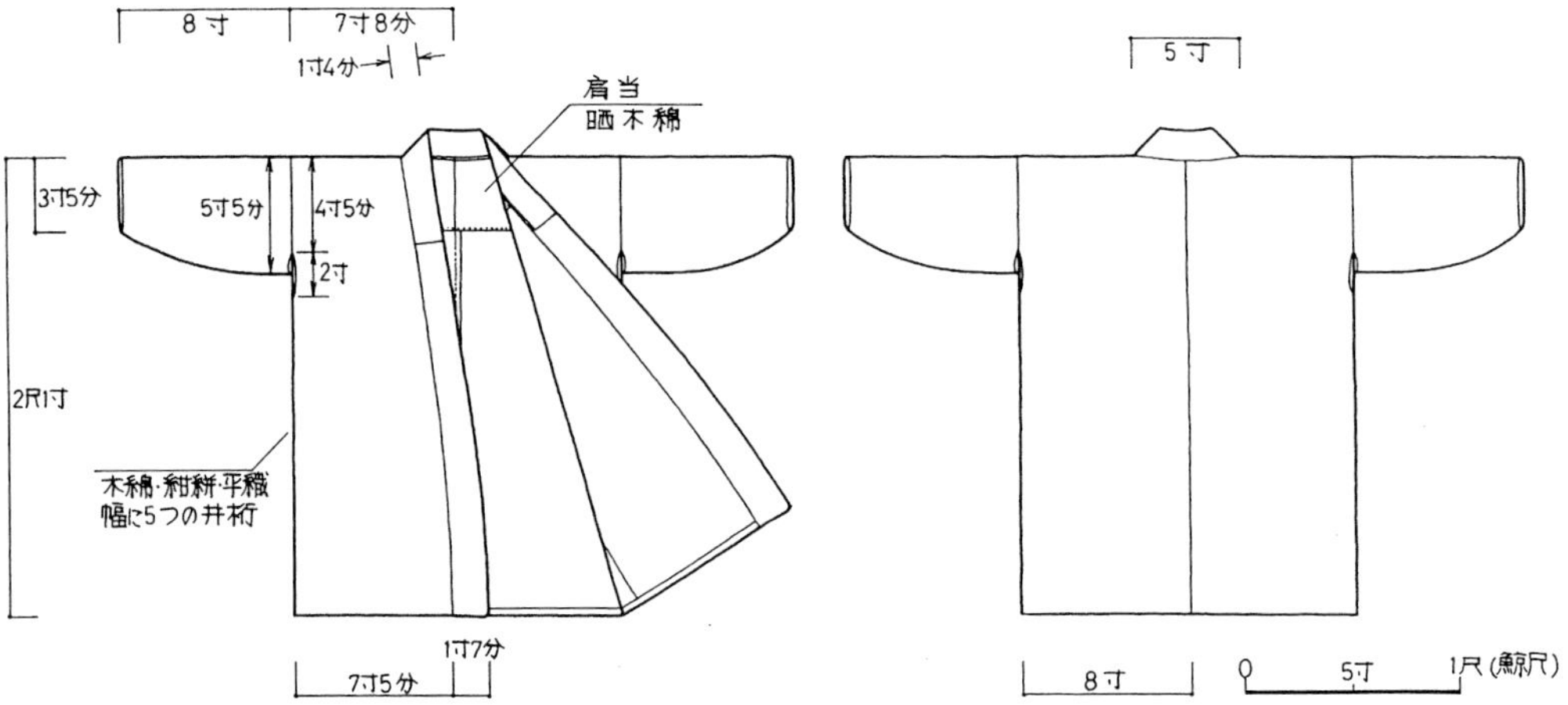
8寸
7寸8分
1寸4分
肩当
晒木綿
3寸5分
5寸5分
4寸5分
2寸
2尺1寸
木綿・紺絣・平織
幅に5つの井桁
1寸7分
7寸5分
5寸
8寸
0
5寸
1尺(鯨尺)

▲前　▲後ろ

▼裁断図

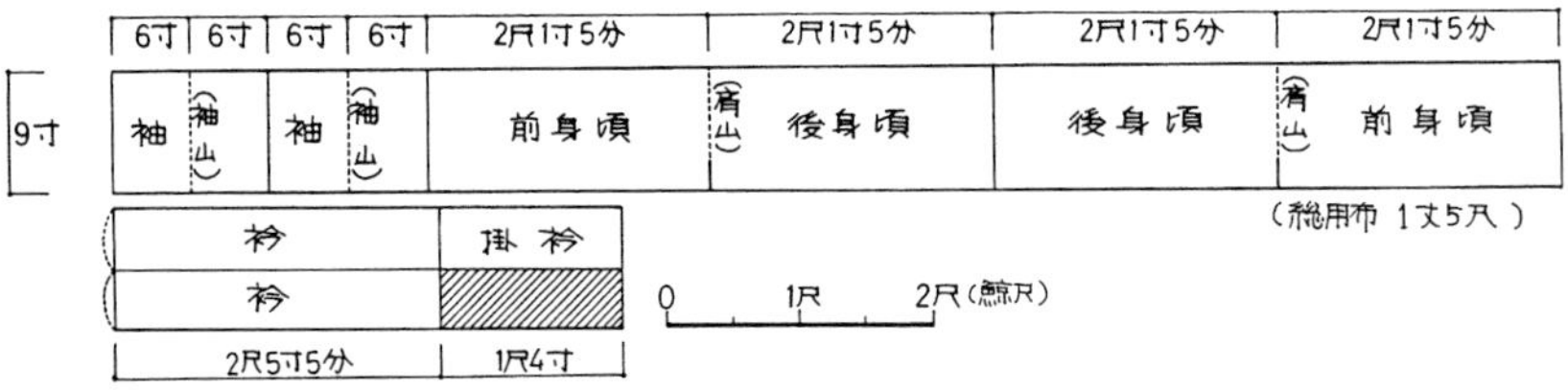
6寸
6寸
6寸
6寸
2尺1寸5分
2尺1寸5分
2尺1寸5分
2尺1寸5分
9寸
袖
(袖山)
袖
(袖山)
前身頃
(肩山)
後身頃
後身頃
(肩山)
前身頃
(総用布 1丈5尺)
衿
掛衿
衿
0
1尺
2尺(鯨尺)
2尺5寸5分
1尺4寸

布地拡大▶

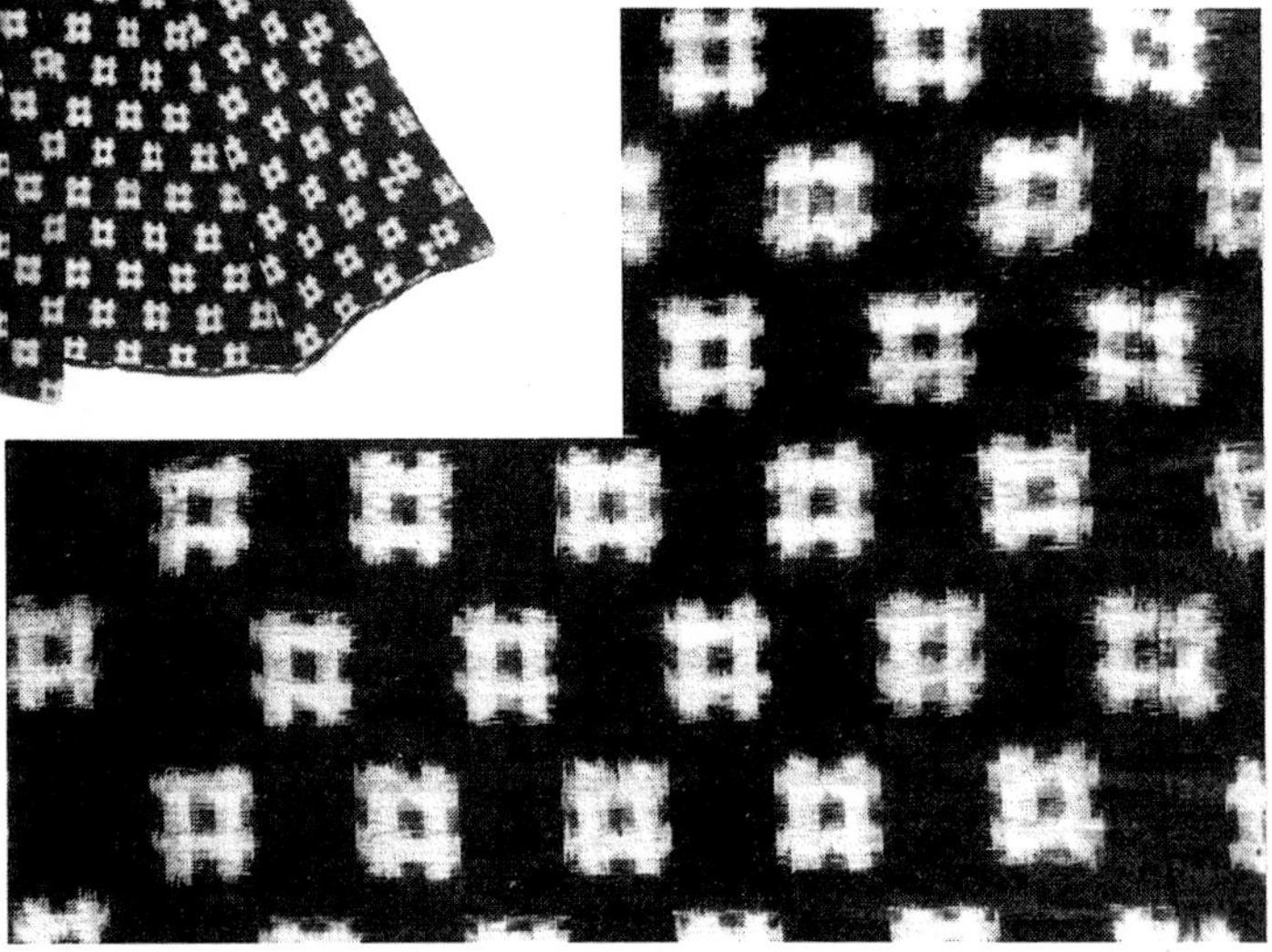

【図 7】絣のノラジバン［川里町］

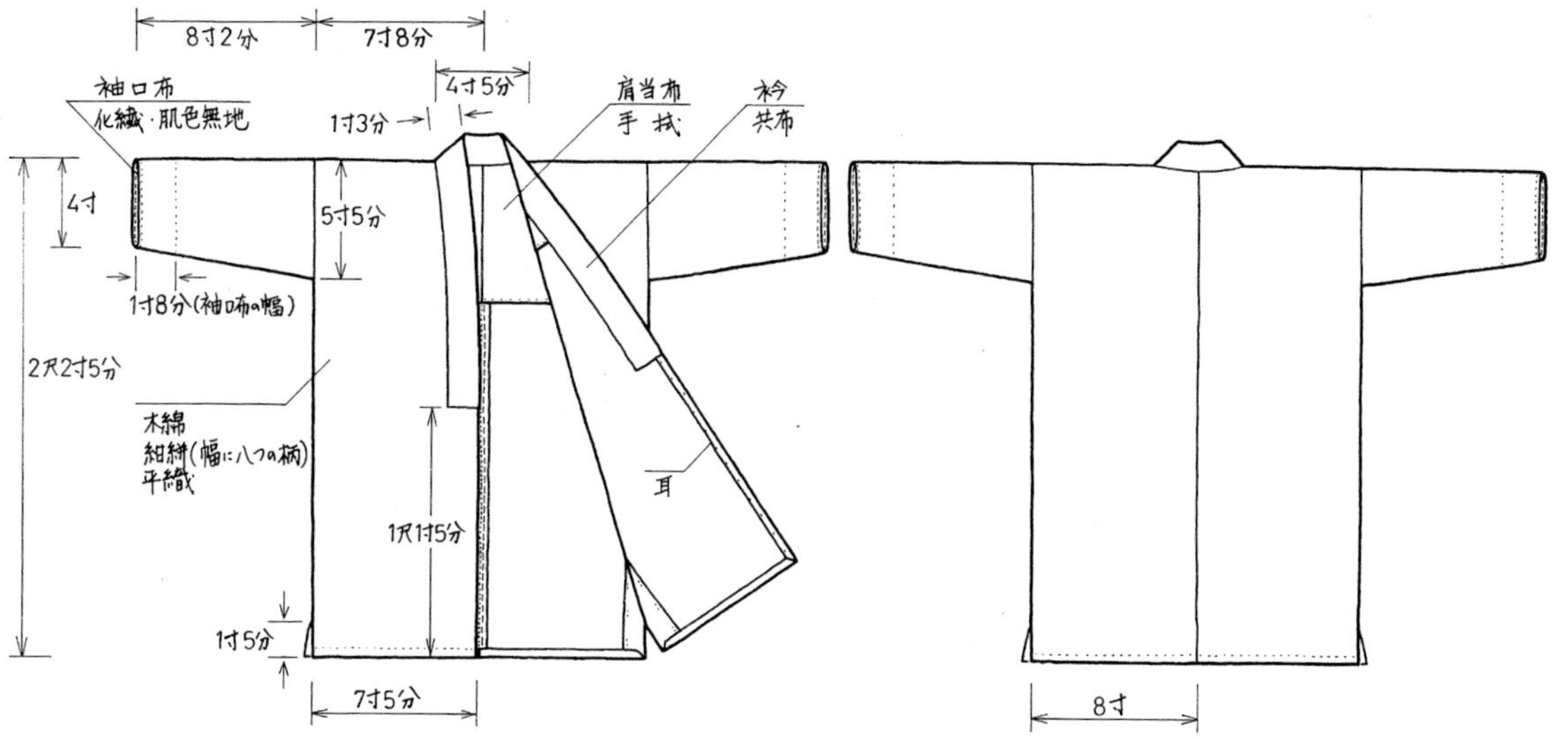
8寸2分
7寸8分
4寸5分
袖口布
化繊・肌色無地
1寸3分
肩当布
手拭
衿
共布
4寸
5寸5分
1寸8分（袖口布の幅）
2尺2寸5分
木綿
紺絣（幅に八つの柄）
平織
耳
1尺1寸5分
1寸5分
7寸5分
8寸

▼裁断図　1/30

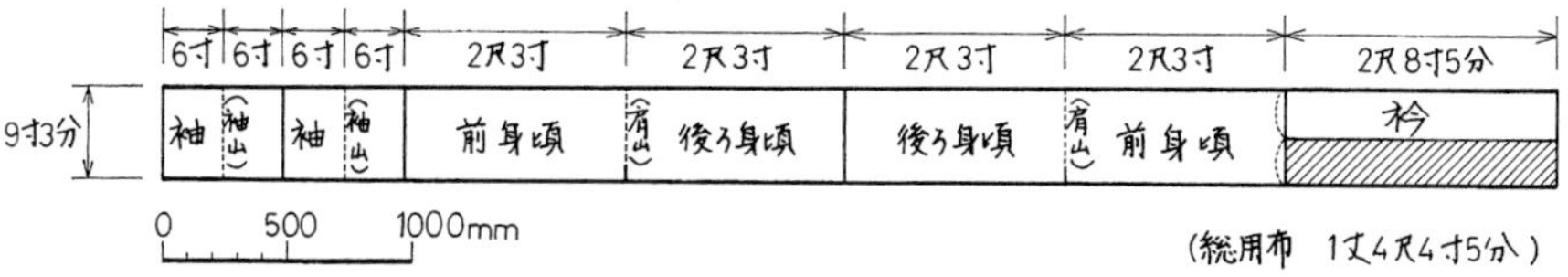
6寸
6寸
6寸
6寸
2尺3寸
2尺3寸
2尺3寸
2尺3寸
2尺8寸5分
9寸3分
袖
（袖山）
袖
（袖山）
前身頃
（肩山）
後ろ身頃
後ろ身頃
（肩山）
前身頃
衿
0
500
1000mm

（総用布　1丈4尺4寸5分）

【図8】絣のノラジバン［庄和町］

▼身につけ方
（田仕事の場合）

カブリッカサ
手拭
袖口をまくる
絣のマエカケ
モモヒキ

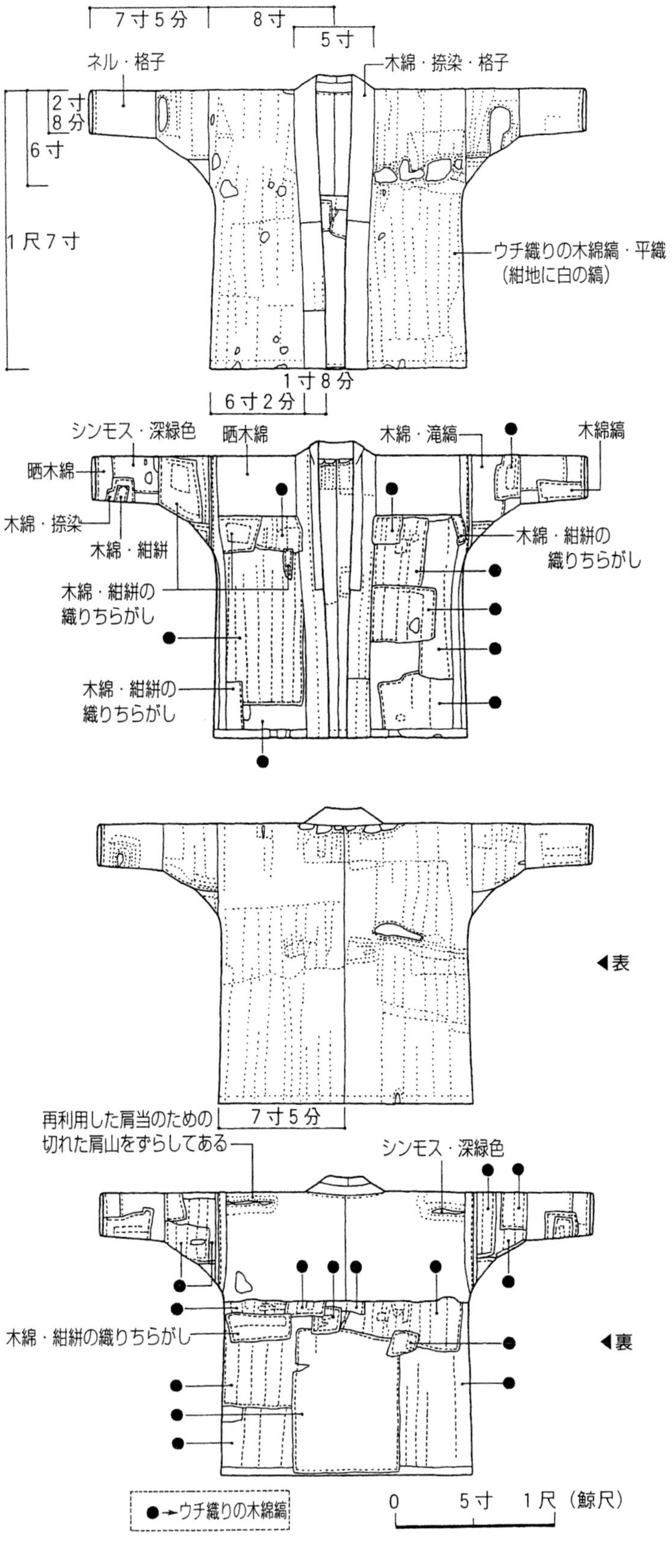
7寸5分
8寸
5寸
ネル・格子
木綿・捺染・格子
2寸8分
6寸
1尺7寸
ウチ織りの木綿縞・平織
（紺地に白の縞）
1寸8分
6寸2分
シンモス・深緑色
晒木綿
木綿・滝縞
木綿縞
晒木綿
木綿・捺染
木綿・紺絣
木綿・紺絣の
織りちらがし
木綿・紺絣の
織りちらがし
木綿・紺絣の
織りちらがし
◀表
再利用した肩当のための
切れた肩山をずらしてある
7寸5分
シンモス・深緑色
木綿・紺絣の織りちらがし
◀裏
●→ウチ織りの木綿縞
0 5寸 1尺（鯨尺）

【図9】たくさんのつぎを当てた野良着［所沢市］

【写真2】針箱と裁縫用具─引出の中に裁縫用具が入っている─［小川町］

タンナカ股引《ももひき》、オカ腰巻《こしまき》の女性たち

タンナカ股引、オカ腰巻　男性の野良着《のらぎ》に比べ、女性の野良着は地域や年代によって変化に富んでいる。

埼玉県内を見ると、いわゆる田場所《たばしょ》と呼ばれる水田稲作を中心とする地域では、女性の野良着は「タンナカ股引、オカ腰巻」が定番とされていた。これは、田んぼへ入るときには下半身にモモヒキ（股引）をはき【図1】、田んぼから上がって畑や庭で仕事をするときにはモモヒキを脱いで、代わりに腰巻を付けるというものである。男性は田んぼやオカを問わず、野良仕事には一年中モモヒキをはく。しかし、女性はタンナカと呼ばれる田んぼの中でだけモモヒキをはき、オカではくことはほとんどなかった。

モモヒキは、はく者の体型に合わせて脚部が密着するよう仕立てられるので、足運びが非常に軽く、水を張った田んぼの中でも機敏に動くことができる。そのため、女性も田んぼではモモヒキをはいた。しかし、オカではモモヒキを脱ぐ。この背景には、モモヒキがもともと男性の下着として普及したという歴史があり、そのために表着の野良着となってからも男性の衣服という意識が根強く残ったのではないかと考えられる。

股引の歴史と呼称　モモヒキは、室町時代末期に朝鮮半島から伝来したパチがその原型といわれている。日本においては、西日本を中心に男性の着物の下ばきとして普及したのがはじまりで、江戸時代には東日本にも伝播し、江戸の町人や商人のあいだで盛んにはかれるようになった。そして、明治時代に入ると、木綿の普及とあいまって野良着として農民の間に広まり、この時点で従来の下着に加えて表着としての機能も併せ持つようになった。また、呼称については、東日本ではモモヒキ（股引）が一般的であるが、西日本ではパチ・パッチと呼ばれ、伝来当時の呼称がそのまま使用されている。

（宮本）

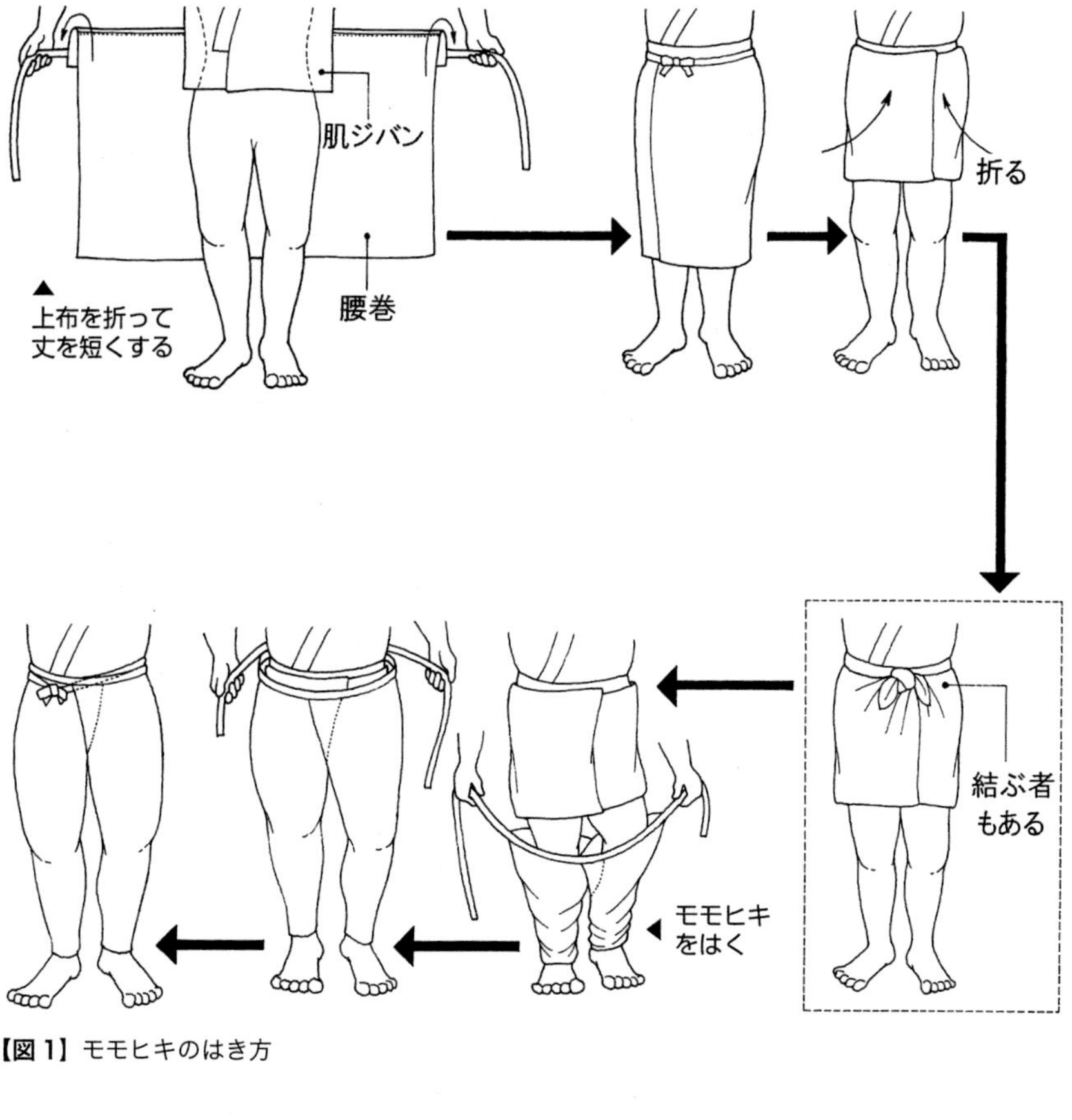

【図1】モモヒキのはき方

股引《ももひき》をはかない女性たち

長着と腰巻での野良《のら》仕事　埼玉県内には、田んぼやオカを問わず野良仕事に女性がモモヒキをはかない地域が少なからずあった。それは、南西部から西部にかけての丘陵地域であり、こうした地域は、水田が無いか、あるいはあっても狭い谷津《やつ》田《だ》で収量が少なく、副業として養蚕《ようさん》や機織《はたお》りが盛んに行われていたという共通点を持つ。

養蚕や機織りは、女性が中心となる仕事である。つまり、女性たちは蚕《かいこ》を育てて繭《まゆ》を取り、生《き》糸《いと》を引いて絹布《けんぷ》を織り、一方では、綿《わた》から糸を紡《つむ》いで綿布《めんぷ》を織り、これらを売って収入を得るという大切な役目を担っていたのである。また、農業は畑作が中心であり、谷津田は水はけの悪い湿田が多かったことから、そこに入って仕事をするのは主として男性のつとめとされていた。したがって、女性たちは、養蚕や機織りを行う際には長着《ながぎ》の裾《すそ》を下ろし、畑仕事へ出るときには裾をまくって腰巻《こしまき》を出し【写真1】、モモヒキをはくことはなかったのである。

股引をはかない理由　こうした地域の女性たちは、田んぼへ入るにも腰巻だけのことが多かった。小川町上古寺の女性は、「私は田場所《たばしょ》の生まれなので、嫁入りにモモヒキを仕立てて持ってきたが、こっちでは誰もはいていない。だから、恥ずかしくてはけなかった」という。田んぼでモモヒキをはかない理由として所沢市久米の女性は、「谷津田の田植えではオンナシ（女衆）が苗を取ってオトコシ（男衆）が植えることが多く、オンナシが植えるのは手が無い場合に限られていた。苗取りは座り仕事であるから、モモヒキをはかなくてもできた」という。また、モモヒキをはく必要があるときには、「おとうさん（夫）のを借りてはいた」といい、自分のモモヒキを持ってはいなかった。しかし、中には自分のモモヒキを何本も仕立てて常に田んぼではいていた者もあり、その者は、「農家を本気でやる人」と近所から評されていた。それだけ目立つ存在だったということであろう。夫を戦争で亡くした小川町の女性は、「おとうさんの代わりに、私がモモヒキをはいて田うないや田掻《たか》きをしたが、女でモモヒキをはいているのは近所で私一人だった。だから、皆からよくやると感心された」という。

【写真1】絣の野良着と腰巻姿［所沢市］

副業の担い手　いずれにしても、モモヒキをはかない地域の女性たちは、「タンナカ股引」が定番である水田稲作地域の女性たちに比べて野良仕事に関わる割合が低く、代わりに養蚕や機織りといった副業の担い手として一家の暮らしを支えていたのである。

（宮本）

2 祝いと化粧直しの季節

【嫁来たり、春近し】……38
＊衣装で見る人の一生　42
①誕生②大人への階③嫁の顔見せと里帰り④厄年と年祝⑤フィナーレ
【草屋根の化粧直して家は春】……46
【春からの「農」に備えて】……64
＊藁草履を作ってみよう　67

【❷祝いと化粧直しの季節】

嫁来たり、春近し

農家の嫁入り　農家の結婚式は、その多くが冬の農閑期《のうかんき》に行われ、春からは嫁が新たな働き手として農作業に加わった。そのため、嫁入りには野良《のら》着《ぎ》一式を持参することが習わしとされたのである。

縁談は、仲人と親同士の話し合いで進められることが多く、嫁は健康な働き者であることが望まれた。また、養蚕《ようさん》が盛んな埼玉県秩父地方や比企地方、入間地方では、蚕《かいこ》の世話や機織《はたお》りの上手なことが嫁の条件ともされていた。

結納《ゆいのう》　縁談がまとまるとクチガタメ（口固め）や結納を行って婚約が成立し、祝儀《しゅうぎ》の日取りが決められた。クチガタメはタルイレ（樽入れ）とも呼ばれ、婿方《むこかた》が持参した酒を両家が飲み交わす儀式である。結納では、婿方から柳樽《やなぎだる》・スルメ・かつお節・昆布・共白髪《ともしらが》（麻）などの品々と結納金が贈られ、嫁方からは結納金の一割程度を「袴代《はかまだい》」として返すのが通例とされた。

祝儀の日　祝儀の日取りは、秋の取り入れ後から春先にかけての吉日が選ばれ、祝儀の会場には昭和三〇年代までほとんど自宅が使われていた。嫁に出す家を「くれ方」、嫁をもらう家を「もらい方」といい、それぞれの家で「くれ祝儀」と「もらい祝儀」を行ったのである。嫁を送迎する一行は、「イチゲンの客」と呼ばれ、祝儀の日には、まず「もらい方」のイチゲンの客が「くれ方」に出向いて、そこで「クレ祝儀」を行う。終わると嫁は「長い間お世話になりました」と両親に別れを告げ、「くれ方」のイチゲンの客とともに婚家へと向かう。埼玉県内には、嫁が親元を出発する際にメケエ・メエケなどと呼ばれる目籠《めかご》を座敷から庭へ転がす風習があり、これと同じ所作《しょさ》が葬式で死者を送り出す際にも行われる。つまり、嫁入りは「死出の旅立ち」に通じるものであり、「二度と親元へは帰れない」ことを意味していたのである。

嫁入りの儀礼　嫁とイチゲンの客の一行が婚家へ向かう時間は夕刻になるので、道中には家紋を描いた弓張《ゆみは》り提灯《ちょうちん》を灯《とも》し、婚家で待つ親族も提灯の明かりで一行を出迎えた。

「はぁ、来るかな」

「もう、じきだんべ」と嫁の到着を今か今かと待つ人々。

一行が到着すると、「もらい方」の親族はケイドと呼ばれる取り付け道の入口まで提灯を持って出迎え、そこで両家が対面する。そして、嫁が庭に入ると左右から松明《たいまつ》の火がかざされ、嫁はその間を渡り抜け、続いて杵《きね》をまたぎ、組合の者に菅《すげ》笠《がさ》を差し掛けられながらトボグチ（玄関）を入った。こうしたいくつもの呪術《じゅじゅつ》的儀礼には「嫁の試練」が象徴されており、火を渡るのは「火の中にも三年」「火を渡る思いで仕えろ」、菅笠を差し掛けるのは「上を見ず夫に従え」「姑より上になるな」などの意味がある。また、杵は男性の象徴とされることから、これをまたぐことで子宝に恵まれるといわれた。埼玉県の北埼玉・大里・児玉地方では、杵をまたいだあとに組合の者が箕《み》で扇《あお》ぎ込んだり箒《ほうき》で掃《は》き込む所作が伴った。

トボグチから入った嫁は、ダイドコロの土間を奥へと進んでかまどの神様にお参りをし、アガリハナから座敷へ上がって床の間の前に着座する。そして、三々九度の杯《さかずき》を交わし、続いて披露宴となった。披露宴は夜更けから明け方までにぎやかに行われ、花嫁見たさに訪れた近所の若い衆にも酒肴が振る舞われた。

花婿と花嫁の衣装　花婿の衣装は紋付羽織袴で、これが正式な礼装とされるが、【写真1】のように縞《しま》の襲《かさね》に紋付の羽織を合わせる者も多かった。

花嫁の衣装は、重ねる枚数が多いほど豪華とされ、明治時代には、ネズ（鼠）色縮緬《ちりめん》の裾《すそ》模様入り紋付・白無垢《しろむく》二枚・色無地縮緬一枚・地赤《じあか》二枚・長襦袢《ながじゅばん》の七枚重ねで嫁ぐ者もあった。大正時代から昭和初期には黒縮緬の紋付が一般的となり、これには、ヒッカエシと呼ばれる黒無垢の紋付や江戸褄《えどづま》と呼ばれる裾模様入り紋付【写真2】、肩と裾に模様の入った千代田紋付があり、いずれも白無垢との襲で着用された【写真3】。また、大正末期頃には、黒縮緬に変わって茄子《なす》紺色の縮緬が流行した時期もある。帯は、いずれも丸帯が用いられた【写真6】。

紋付に重ねる白無垢は、弔いの衣装ともされた。昭和初期までは葬式に身内の女性が白い喪服

◀紋付き羽織
黒羽二重・五つ紋

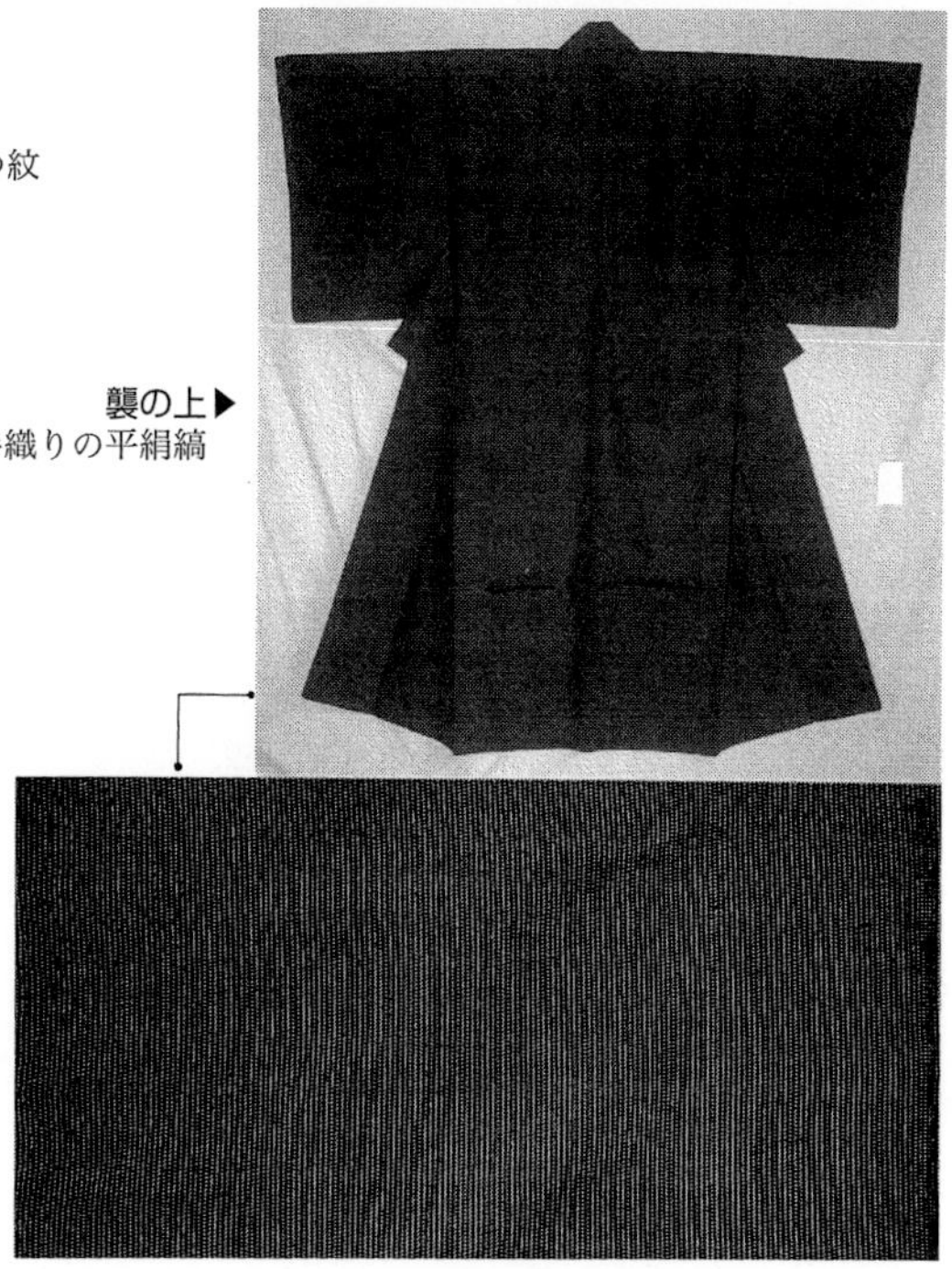

襲の上▶
手織りの平絹縞

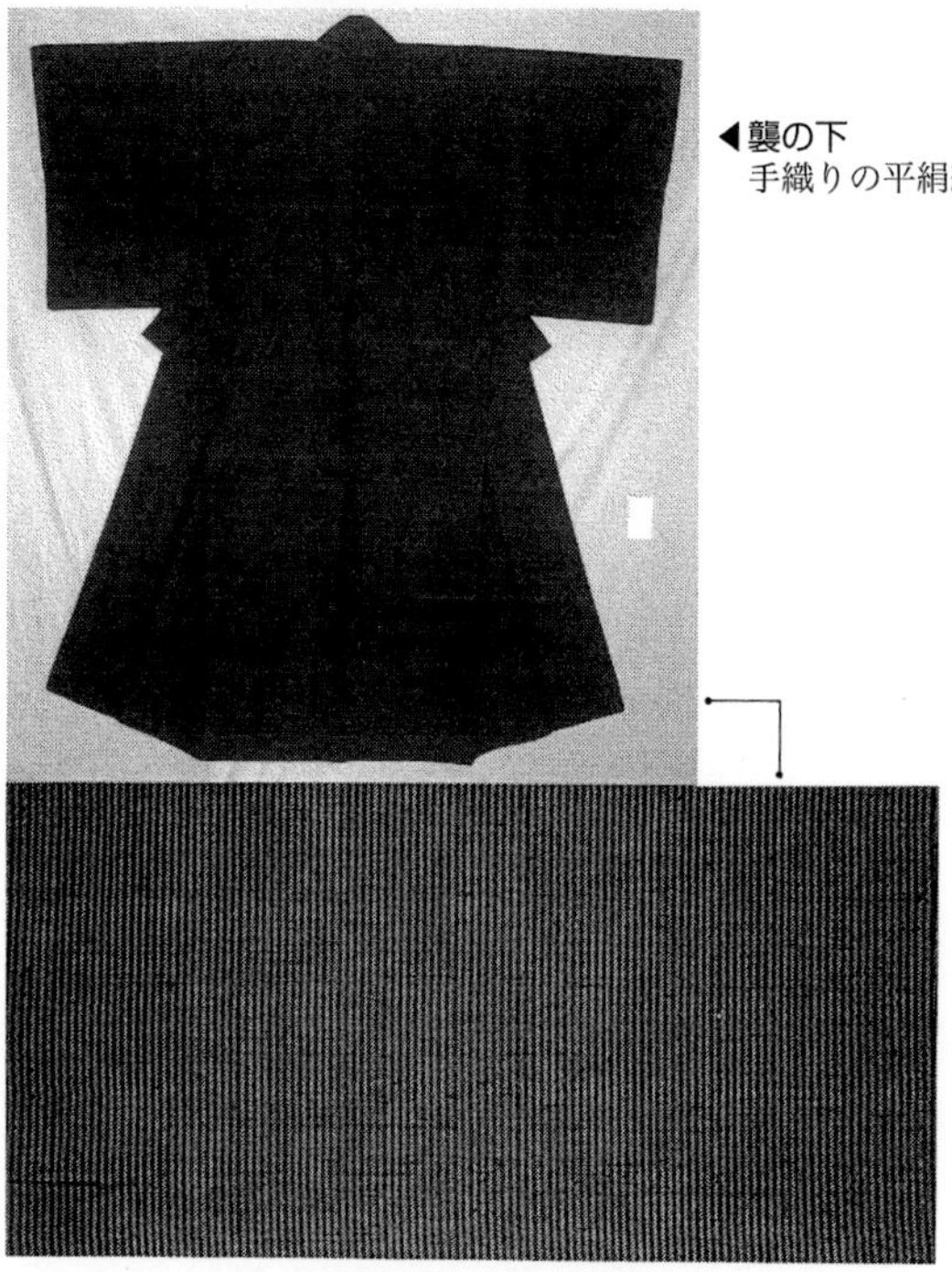

◀襲の下
手織りの平絹縞

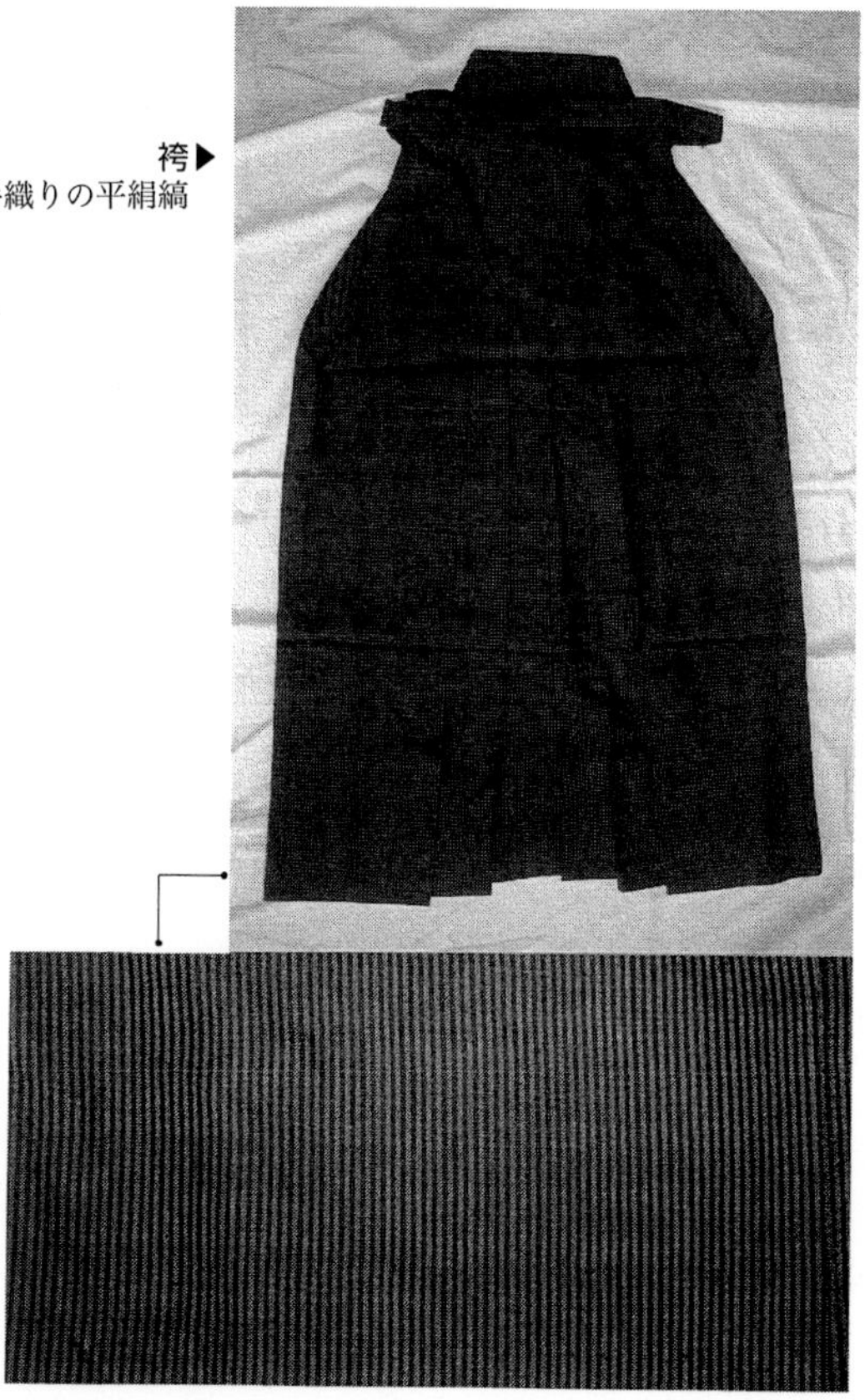

袴▶
手織りの平絹縞

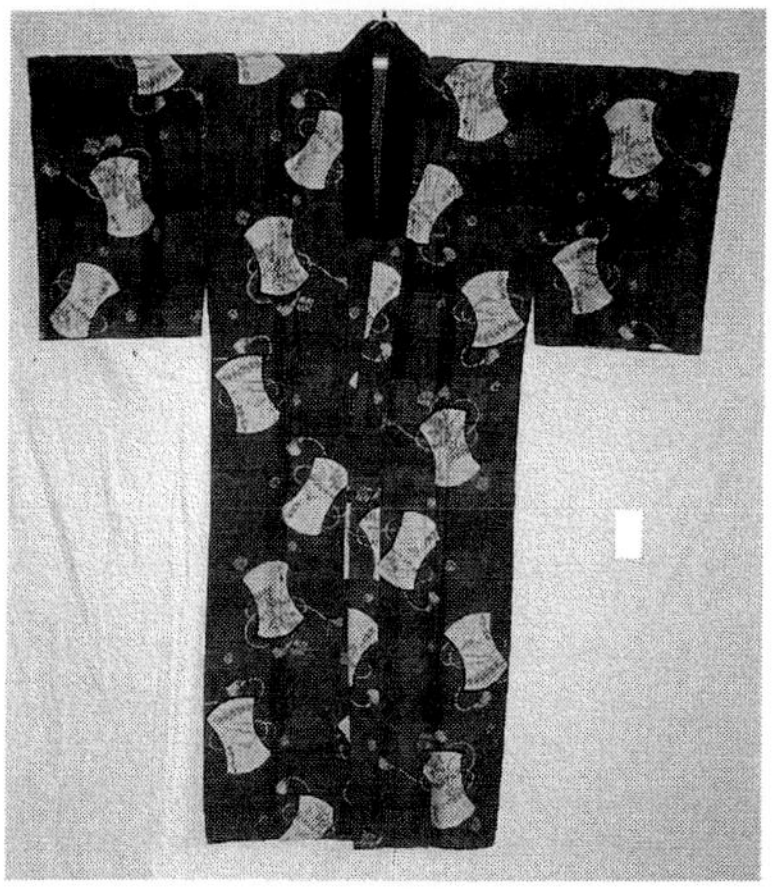

◀長襦袢
手織りの羽二重
宝物文様と
文字文の染め付け

【写真 1】花婿の衣装―昭和 16 年頃―［小川町］

を着る風習があり、これに嫁入り衣装の白無垢を用いたのである。

花嫁の髪型は高島田《たかしまだ》で、この上に角隠《つのかく》しを被《かぶ》った。中には、白無垢のオカイドリ（お掻取り）を着て綿帽子を被る者もあり、これは豪華な嫁入りに限られていたので、「綿帽子の嫁さんが来た！」と評判になったものである。

お色直しの衣装　披露宴の途中では、吸物が出されるたびに嫁が席を立ってお色直しをし、脱いだ着物は衣桁《いこう》や衝立《ついたて》に掛けて皆に披露された。お色直しの衣装は、色無地の紋付や訪問着、縮緬の襲といった一張羅《いっちょうら》の着物で、宴のお開きには銘《めい》仙《せん》などの日常着に着替えて客の一人一人へ茶の接待をした。これを「嫁のお茶」という。

嫁入り道具と嫁の披露　嫁入り道具は、箪笥《たんす》・布団《ふとん》・長持《ながもち》・座布団・衣桁・鏡台・針箱・裁《た》ち板・張り板・タライ・洗濯板などで、第二次世界大戦後にはミシンや自転車も加えられた。こうした道具は座敷に並べて皆に披露され【写真8】、箪笥の引き出しを開けて着物の品定めをされることも多かった。親元では、娘が恥をかかぬよう一枚でも多くの着物を持たせるよう努めたもので、そのため、「娘三人持つと身上《しんしょう》がつぶれる」ともいわれた。

祝儀の翌日には、組内の女性たちを招いて嫁披露の宴が催され、一方で、嫁は姑《しゅうとめ》に付き沿われて組内から鎮守様、菩提寺へと挨拶に回り、地元への仲間入りを果たした。

現在の結婚は、そのほとんどが花嫁花婿当人同士の結びつきであるが、かつては結婚によって両家の繁栄を願い、嫁は家族の一員であると同時に地域共同体の一員としても迎えられたのである。（宮本）

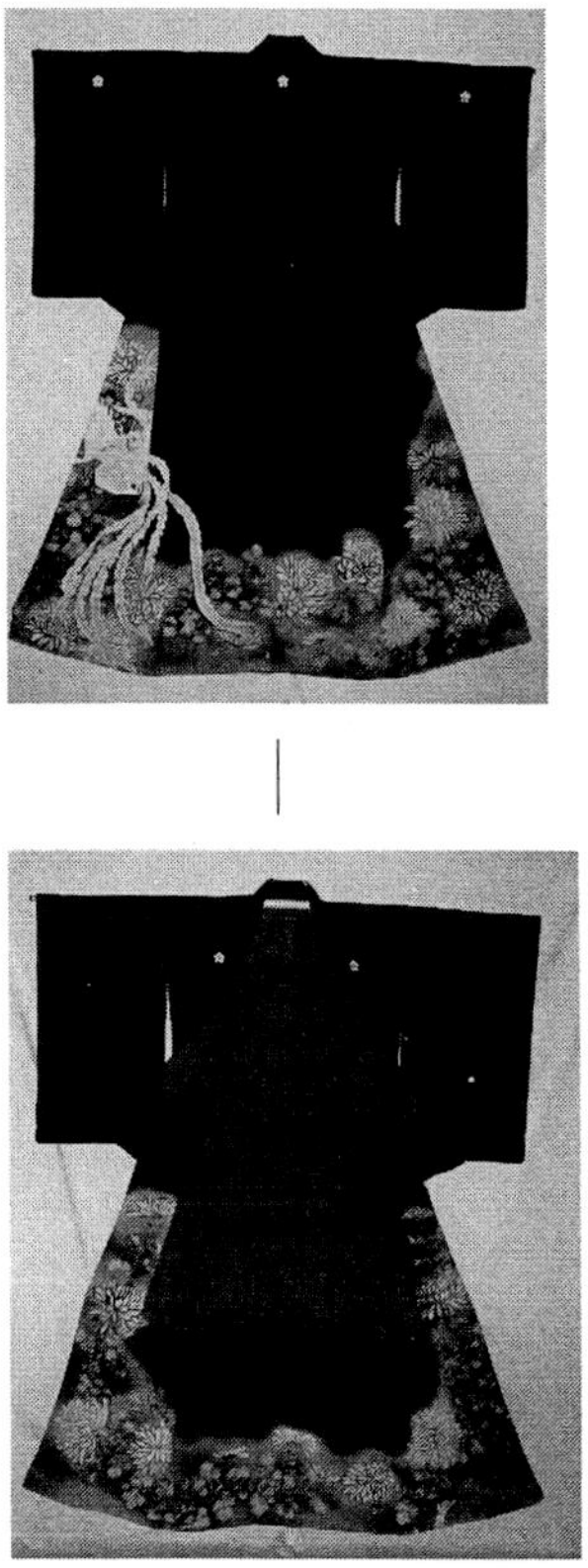

黒縮緬・五つ紋
裾模様は鳳凰と菊の手描き友禅

【写真2】江戸褄―大正12年―［小川町］

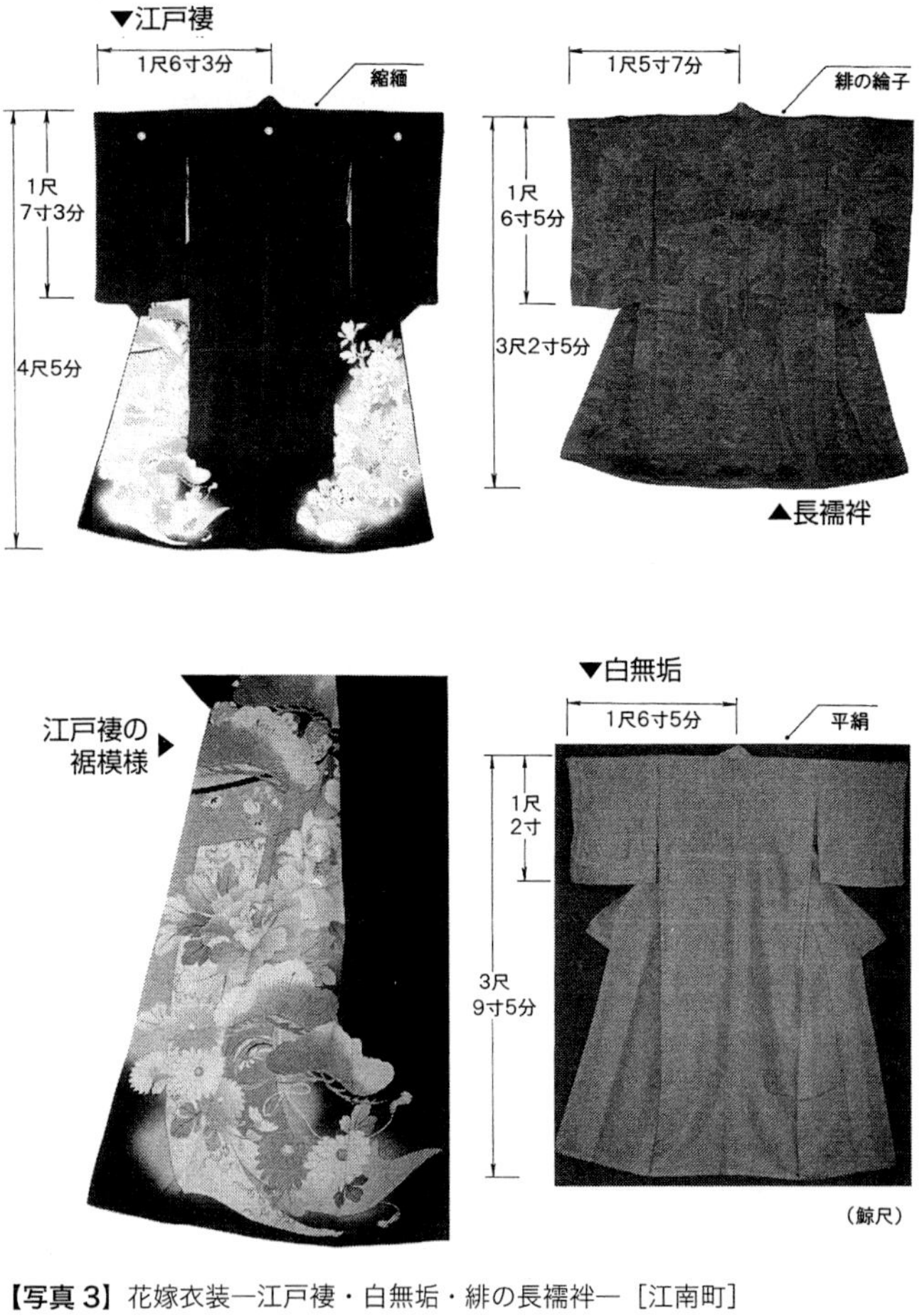

【写真3】花嫁衣装―江戸褄・白無垢・緋の長襦袢―［江南町］

【写真 5】嫁入り道中ー昭和 31 年ー［所沢市］

【写真 4】江戸褄の花嫁と紋付羽織袴の花婿ー昭和 28 年ー［小川町］

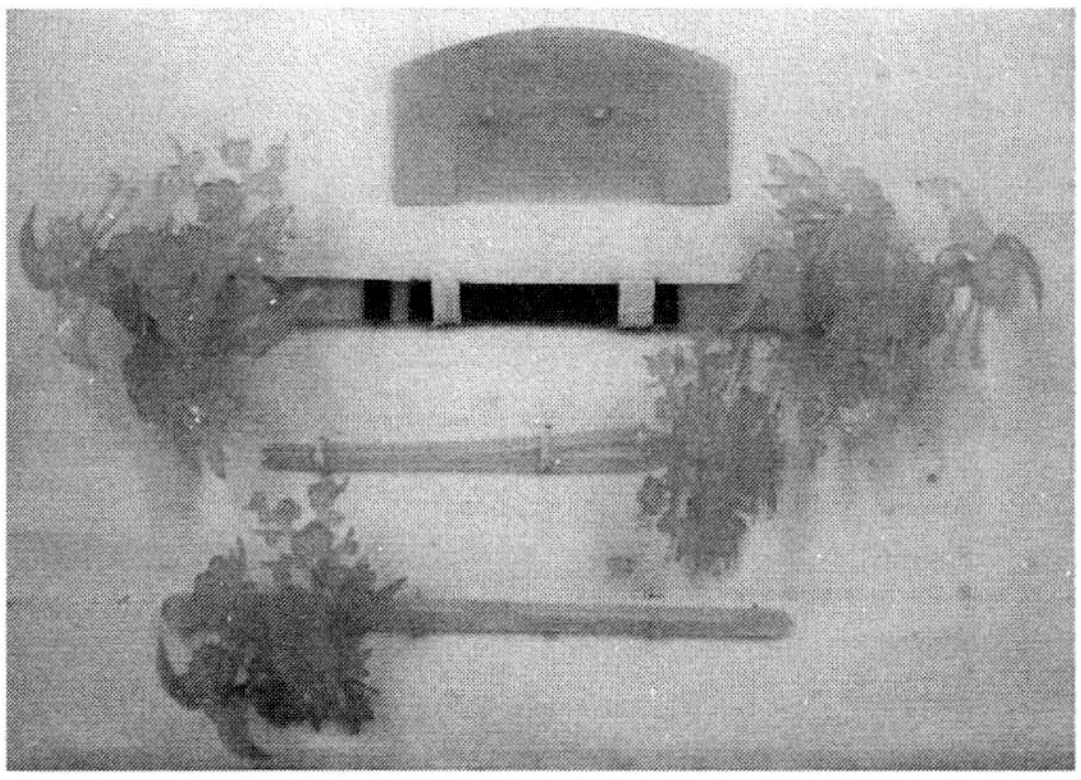

【写真 7】高島田に挿す鼈甲の櫛・簪・笄［小川町］

【写真 6】丸帯の蝶結びー昭和 28 年ー［小川町］

【写真 9】嫁入り道具の運搬［江南町］

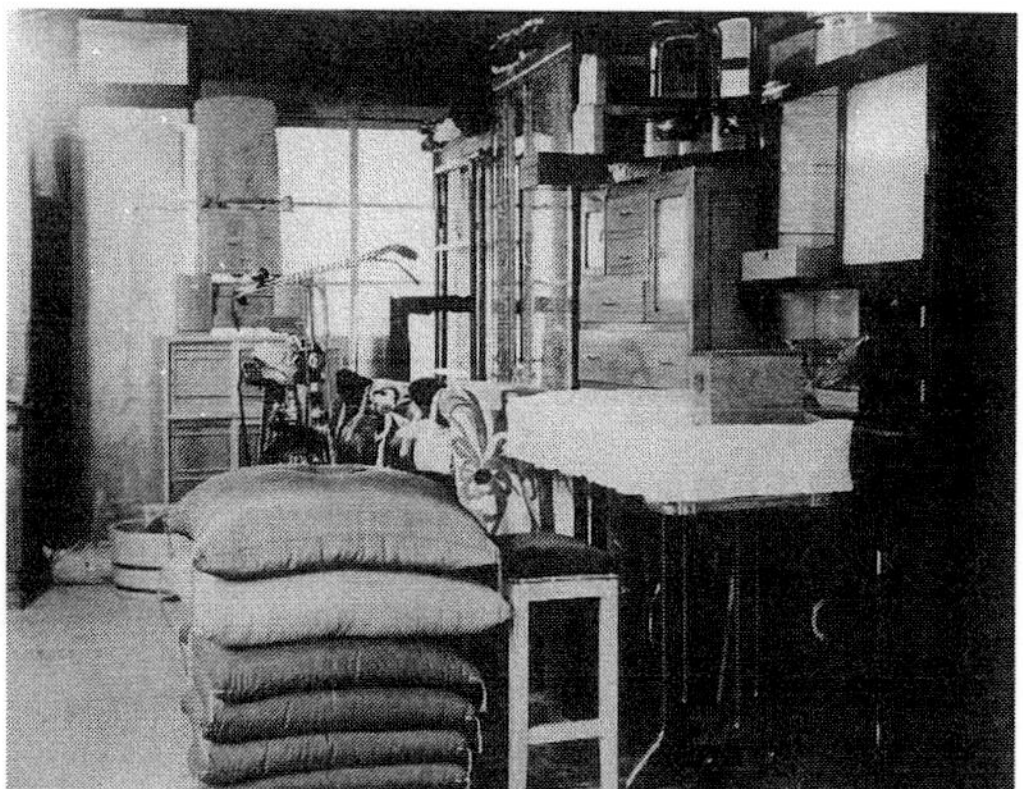

【写真 8】嫁入り道具ー昭和 32 年ー［小川町］

衣装で見る人の一生①
——誕生

人生の節目《ふしめ》　人の一生にはいくつもの節目があり、そこには儀礼が伴われる。そして、儀礼を通過することによって、人は年齢の階梯《かいてい》をひとつずつ上っていくのである。

人生で最も大きな節目は、婚礼であるといえよう。婚礼によって結ばれた男女は新しい命を誕生させ、その命が成長し、次代へとイエを継承していく。ここでは、人の誕生から死に至るまでの節目を追い、そこで用いられる人生儀礼の衣装について紹介する。

新生児の衣装　子どもが誕生すると、生後七日目のお七夜《しちや》には名付《なづ》けが行われ、子どもは産婆に抱かれてかまどや便所の神様に挨拶参りをする。そして、二〇日あるいは三〇日、三一日目のオビヤケ（産屋明《うぶやあ》け）には氏神様に参り、その際には嫁の親元から贈られた産着【写真1・2】を身につける。産着は、人がこの世に生を受けて最初に着るハレ着であり、親元では産着に合わせて綿入れのチャンチャンコ・帽子・ヨダレガケ・オクルミ・ネンネコバンテン【写真3】などを届けた。

産着の形態は、身頃《みごろ》が一つ身で、衿《えり》には紐《ひも》が付いている。紐の付け根と背中には絹の色糸で紐飾りと背守りが刺され、これは子どもを魔物から守る呪《まじな》いといわれる。昭和二〇年代までは新生児の死亡率が高く、子どもは「七歳までは神の子」といわれて、いつ命を落としてしまうかも知れぬ危い存在であった。それゆえ、魔除《まよ》けの紐飾りや背守りには成長の無事を願う親心が込められていたのである。

（宮本）

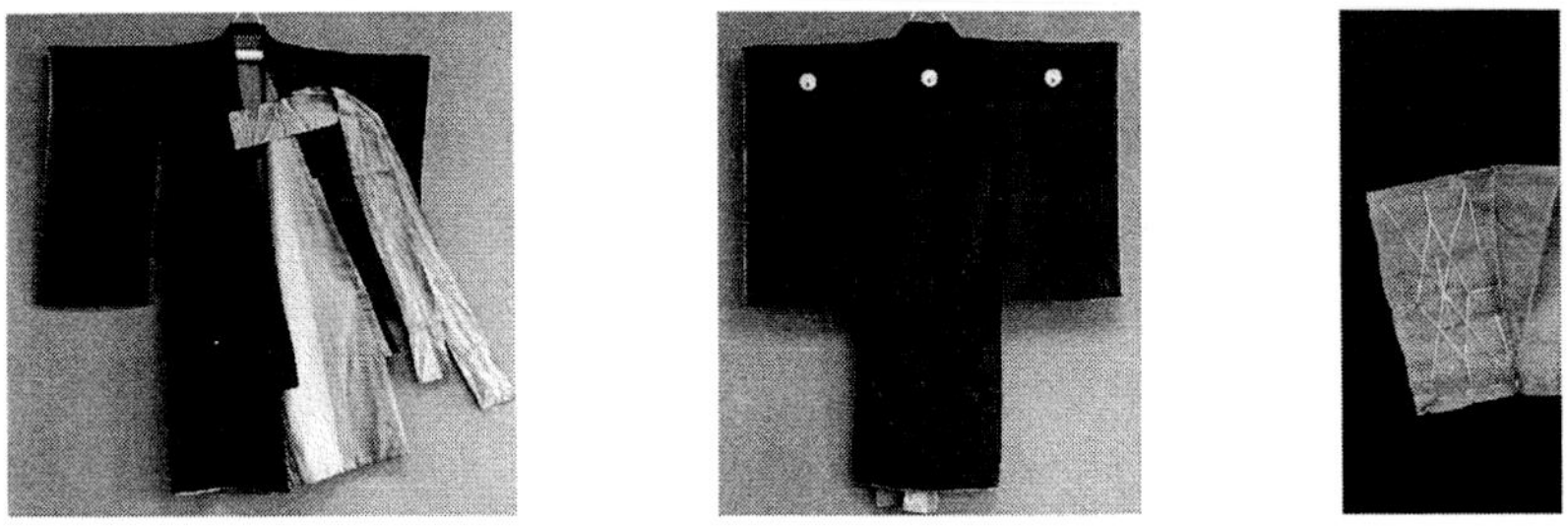

【写真1】 男子の産着―左から前・後ろ・紐飾り―［江南町］

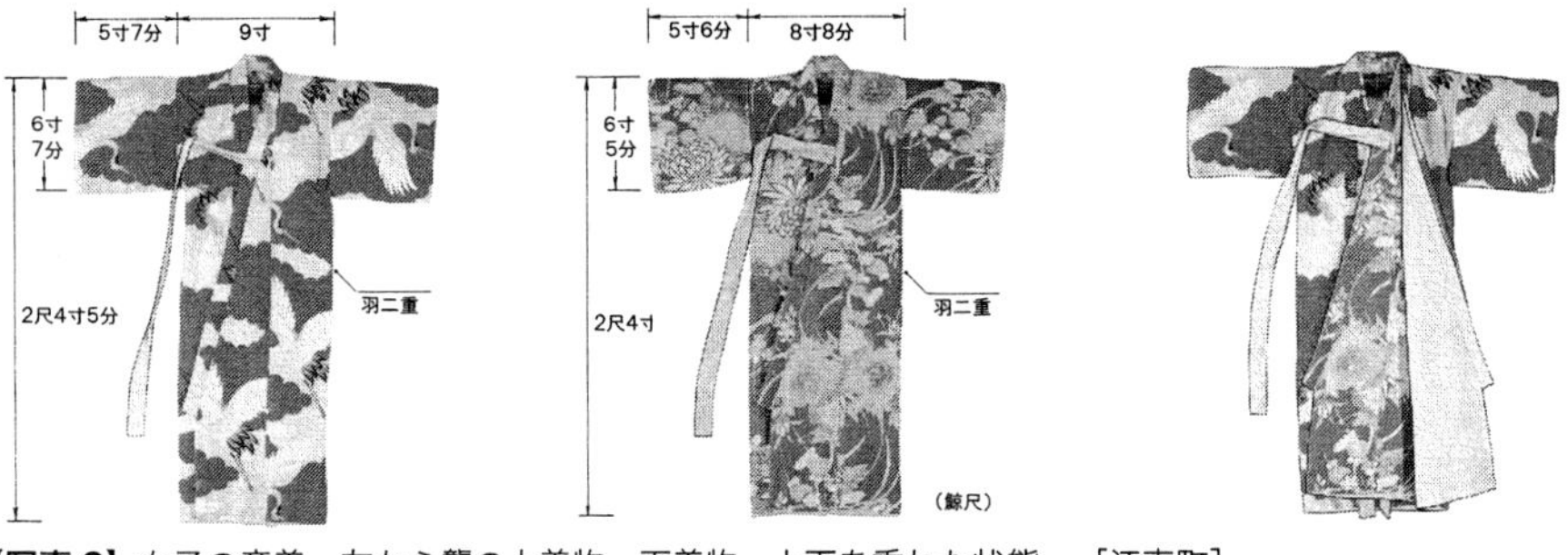

【写真2】 女子の産着―左から襲の上着物・下着物・上下を重ねた状態―［江南町］

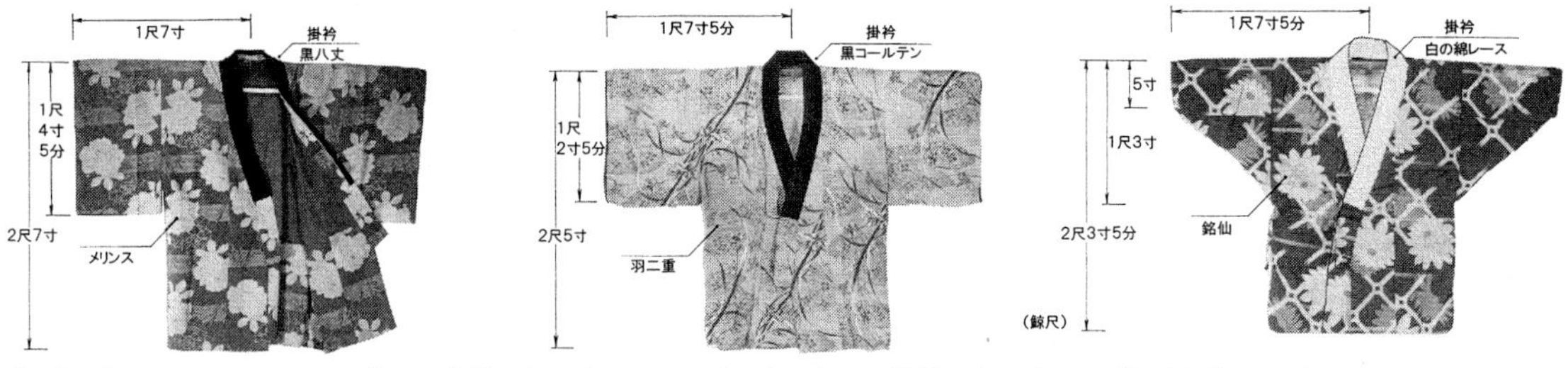

【写真3】 ネンネコバンテン―左から春着のネンネコ・羽二重のネンネコ・銘仙のネンネコ―［江南町］

衣装で見る人の一生②

——大人への階《きざはし》

オビトキの衣装　無事に七歳を迎えるとオビトキ（帯解き）の祝となり、子どもは親元から贈られた四《よ》つ身《み》の着物を着て帯を締める【写真1】。それまでは紐《ひも》を締めていたので、これが帯の初体験であり、それゆえにオビトキといわれたのである。

子どもから大人へ　四つ身の着物が本裁《ほんだ》ちに変わるのは、一三歳の頃である。一三歳は子どもから大人への階梯《かいてい》を上る年齢であり、この年に虚空《こく》蔵《ぞう》様への十三参りを行う事例が埼玉県内でも少なからず見られる。第二次世界大戦前までは、尋常高等小学校を一二歳で卒業すると家の仕事を行う者が多く、子どもはこのときから一人前の働き手となり、同時に、それまでの親の庇護から離れて地域社会の一員ともなった。また、女子は一三歳頃から初潮を迎えるようになり、体にも大人の兆しが見えはじめた。こうした変化を背景に着物や下着も子どもから大人へと変わり、男子は本裁ちの着物に褌《ふんどし》を締め、女子は腰巻を付けたのである。

成人の衣装　現在は二〇歳を成人の節目とし、各地で成人式が行われる。しかし、かつてはあらためて二〇歳を祝うことはなく、したがってハレ着を新調することもなかった。ただし、男子に限っては二〇歳で徴兵検査を受けたので、その際に紋付羽織袴を新調する者もあり、この礼装がそのまま花婿の衣装ともなった。

（宮本）

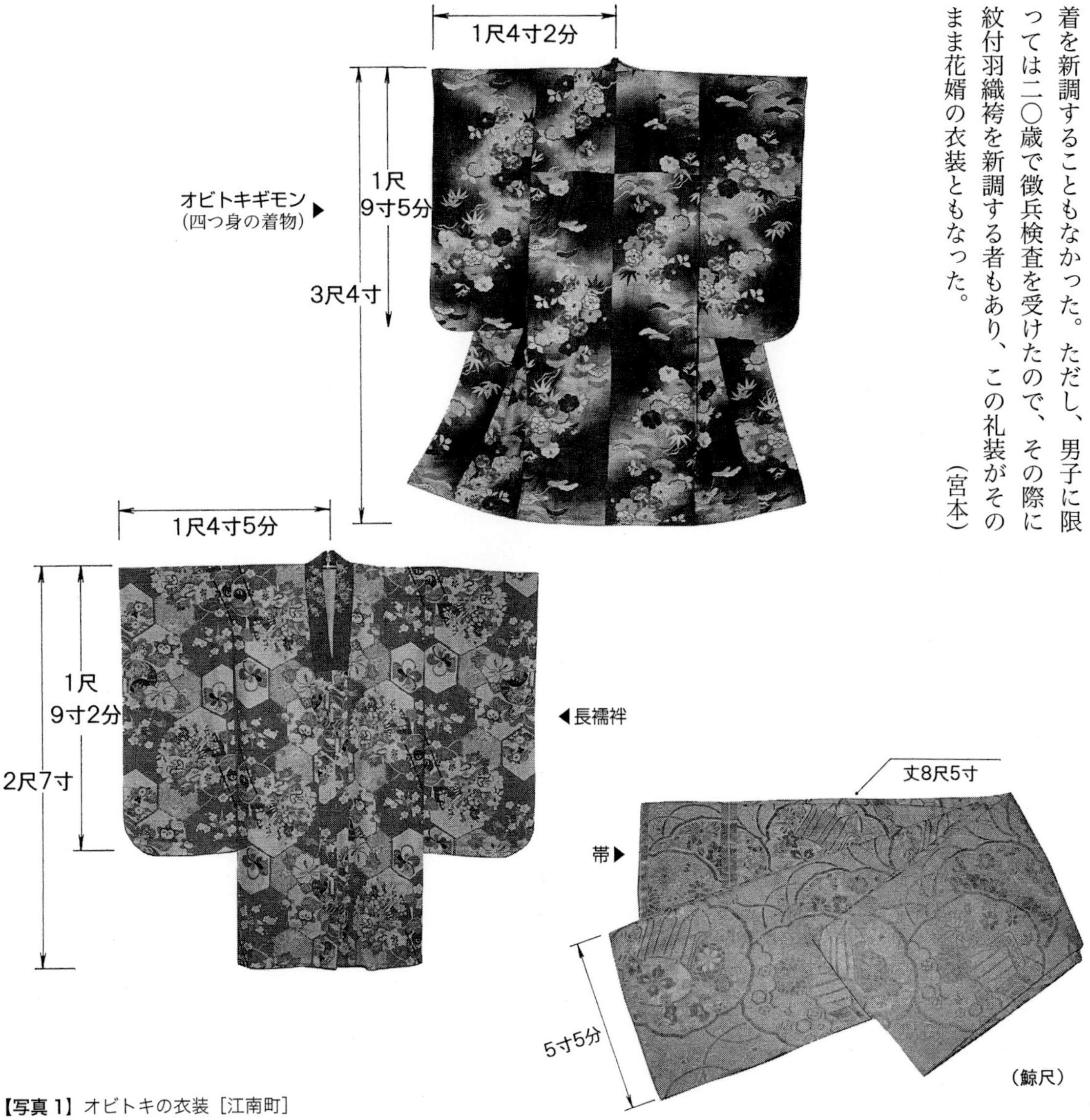
1尺4寸2分
オビトキギモン▶
（四つ身の着物）
1尺
9寸5分
3尺4寸
1尺4寸5分
1尺
9寸2分
2尺7寸
◀長襦袢
丈8尺5寸
帯▶
5寸5分
（鯨尺）

【写真1】オビトキの衣装［江南町］

衣装で見る人の一生③
——嫁の顔見せと里帰り

ハレ着となる野良着　婚礼後、仕事の上で嫁が披露《ひろう》されるのは、水田地域においては田植えであった。機械化される以前の田植えは、親戚や近所の者たちが互いに手伝い合い、大勢で行われたので、その場は嫁の顔見せの場ともなった。そこで、嫁は新しい絣《かすり》の野良着《のらぎ》に色鮮やかなメリンスの半幅帯を締め、藍《あい》の匂いも鮮明なモモヒキ（股引）をはいて田植えに臨んだのである。中には、広幅帯をお太鼓結びに締める者もあり、嫁にとって田植えの衣装はまさにハレ着に匹敵するものであった。また、狭山茶の産地として知られる所沢市では、共同作業の茶摘みが嫁の顔見世の場となり、絣の野良着に絣の腰巻を付けて赤襷《あかだすき》をきりりと締めた嫁は、皆の注目の的であったという。

里帰りの着物　嫁いで最初の夏には、嫁に婚家からショウボウビテエモン（生盆単物）と称する単物の着物が贈られ、嫁はこれを着てノアガリ（農上がり）の休日に親元へ里帰りをした。埼玉県の岡部町では、婚家と親元の両方から単物の着物が贈られ、婚家から贈ることをキセハジメ、親元から贈ることをキセジマイという。嫁は、キセハジメの単物を着て里帰りをし、親元を発つ際にはキセジマイの単物を着て婚家に戻った。（宮本）

【写真1】田植えの装い—昭和32年頃—［八潮市］

衣装で見る人の一生④
——厄年《やくどし》と年祝《としいわい》

厄年帯　三三歳は女性の大厄《たいやく》であり、この年には親元から厄年帯が贈られた。厄年帯はできるだけ安物が良いとされ、これをふだんに惜しげなく締めて擦《す》り切ることで厄を切るとされた。また、江南町には、厄年帯に鱗《うろこ》つなぎ文様を用いると良いとの伝承がある。

年祝の衣装　年月は流れ、世代は代わって孫を持つ年齢となると、還暦、古希、喜寿、米寿が祝われる。八八歳の米寿には、赤い頭巾とチャンチャンコを贈る風習があり、これは現在も各地で行われている。しかし、「祝ってもらうと早死にする」といい、年祝を嫌う者も少なからずある。

（宮本）

【写真1】米寿祝の赤頭巾とチャンチャンコ［小川町］

衣装で見る人の一生⑤
——フィナーレ

人生の最後の儀礼は、葬式である。葬式では、身内の者たちが晒《さらし》一反を裁ち、これで経帷子《きょうかたびら》・手甲《てっこう》・脚半《きゃはん》などの死装束《しにしょうぞく》を縫った。

男性の喪服は、紋付《もんつき》羽《は》織袴《おりはかま》の礼装である。女性の喪服には古くは白無垢《しろむく》が用いられ、これは嫁入りの際に紋付の襲《かさね》としたものであった。白無垢には白い帯を締めて前で結び、頭にはソデッカブリ（袖被《かぶ》り）と称して白い薄絹の着物の片袖を被った。こうした白無垢の喪服は、第二次世界大戦前にその多くが姿を消し、代わって黒無垢の紋付が主流となった。

葬式後には、死者が生前に着ていた着物を北向きに干し、初七日《しょなのか》まで水をかけた。これは、死者が旅の途中で喉《のど》の乾くことがないようにという思いを込めたものである。（宮本）

【写真1】葬式の野辺送り［江南町］

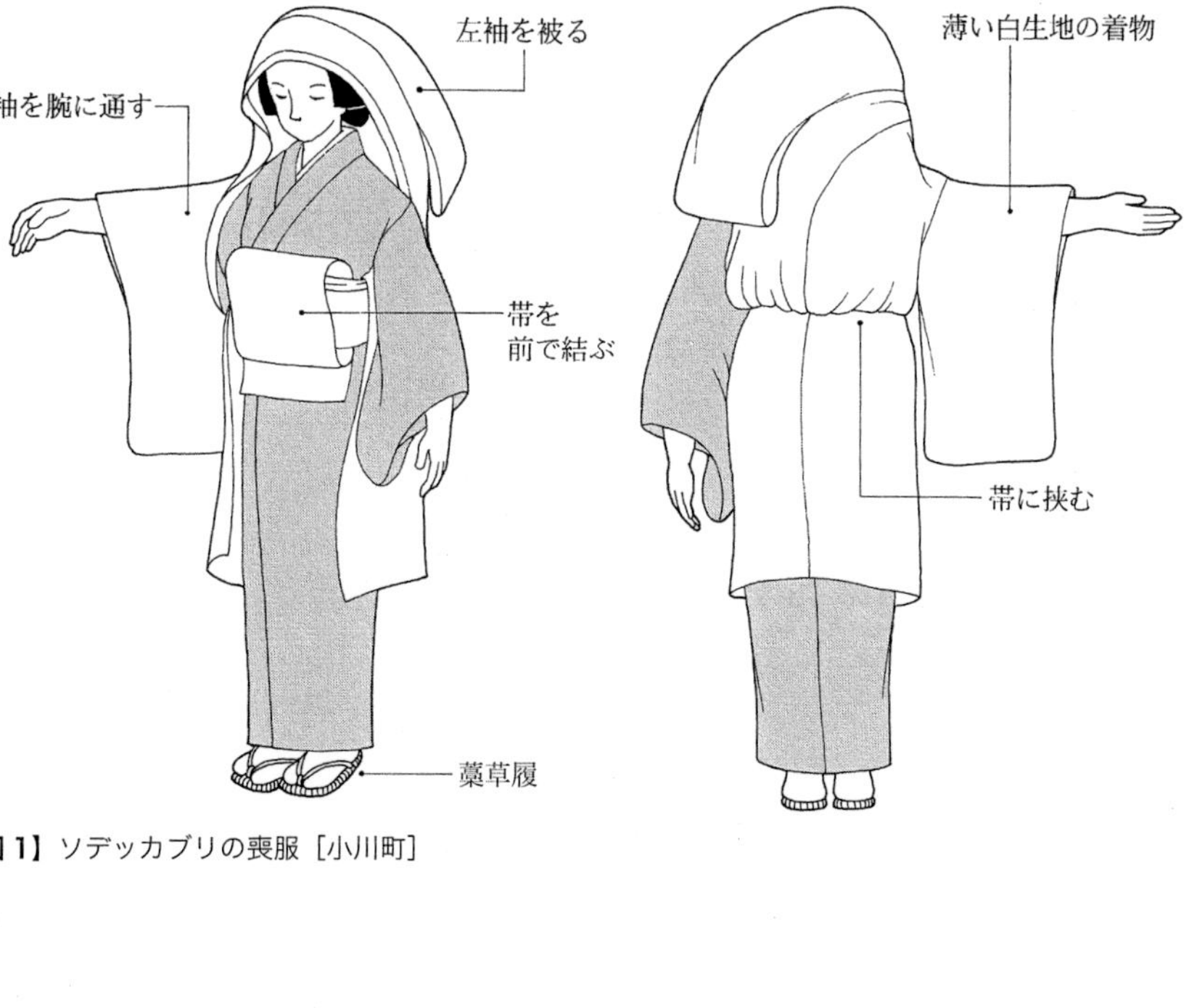

左袖を被る
右袖を腕に通す
帯を
前で結ぶ
藁草履
薄い白生地の着物
帯に挟む

【図1】ソデッカブリの喪服［小川町］

【❷祝いと化粧直しの季節】

草屋根の化粧直して家は春

農閑期の仕事　農家にとって冬場の農閑期《のうかんき》は、一年の暮らしの準備期間であった。ヤマで落葉を掃《は》き集めて堆肥に積み、下刈り、薪《まき》切り、枝打ちを行って一年分の燃料をたくわえる。一方では、稲藁《いなわら》で縄をなったり、莚《むしろ》や俵《たわら》を編み、女性たちは衣服の仕立《した》てや繕《つくろ》い、縫《ぬ》い返《かえ》しに精を出す。米搗《つ》き、粉碾《ひ》き、切り干しダイコン作りといった食料の調製も主として冬場の仕事となる。

さらに、冬場には住まいの普請《ふしん》や屋根葺《やねふ》きも行われた。その際には、近所の者たちが助っ人に駆けつけたもので、そこには同じ地域に暮らす者同士の相互扶助精神が生きていたのである。

農家の屋根葺き　民家の屋根は、かつてその多くが草屋根であった【写真1】。屋根材はカヤと麦カラ（幹）に代表され、耐久性ではカヤがはるかに勝っていた。カヤはススキやオギの総称で、ススキはヤマと呼ばれる雑木林の陽地、オギは河川流域や沼池周辺の湿地に自生するものを刈った。また、草屋根が多かった時代には、村共有のカヤ場を設けたり、カヤ講《こう》と称して講員がカヤ場の地主に金を支払ってカヤを刈り、順番に屋根葺きを行うところも多かったという。

屋根屋は農家の副業で、親方を筆頭に四、五人が一組となり、麦蒔《ま》き終了後から翌年の三月にかけて村内や近隣の農家を屋根葺きに歩いた。屋根葺きを頼む家ではカヤや麦カラをはじめ、竹や縄、足場丸太などの材料を揃《そろ》え、屋根屋には昼飯、晩飯、午前午後のお茶を振る舞った。

屋根葺きはヤネガエあるいはコヤガエと呼ばれ、全面を葺き替えるのはたいてい新築のときで、そのほかは傷んだ面を順に葺き替えていった。また、サシガヤと称して傷んだ部分にのみ新しい屋根材を刺す方法もあった。

葺き替えの手順　葺き替えの作業は軒づけからはじまり、ヌキバ（軒端）に屋根材を三枚から五枚当てて竹で押さえ、垂木《たるき》との間に縄を回して締める。屋根材は、モノガラとも呼ばれる。軒端の厚さは一尺五寸から二尺くらいで、これが屋根の厚さを決める基準となった【図3―2・3―3】。

軒づけがすむと、その上にノベを打って屋根材をのせ、ガンギで叩いて端を揃えてから竹で押さえて縄で締める【図3―4】。これを繰り返しながらグシ（棟）まで葺き上げていく【図3―5】。ノベは屋根材の下地であり、これを入れることで屋根の厚さが保たれる。表には出ないので、古い屋根材を再利用することが多かったという。押さえ竹はホコダケあるいはオシホコと呼ばれ、これにはマダケが用いられた。

屋根葺き道具　屋根葺きの道具は、ガンギ・ハリ・鎌あるいはサスガ（刺刀）・ヤネバサミで一組となる【図1・2】。ガンギは、厚板に長さ五、六尺の柄《え》を付けたもので、厚板の面には屋根材の引っ掛かりが良いよう凹凸の彫り込みを入れた。また、凹凸を彫り込む代わりに木目の浮き出たスギ材を用いる者もあった。ハリは、竹の先端を尖らせて穴を開けたもので、この穴に縄を通して屋根へ突き刺し、ホコダケと垂木に縄を掛けた。また、鎌の柄の先端がハリを兼ねる場合もあった。鎌は、縄や竹を切るためのもので、屋根屋によってはサスガが用いられた。ヤネバサミは、葺きあがった屋根材の先端を切り揃えるのに用いられた。

ハリトリ　屋根材を縄で締める作業は、「刺し手」と「受け手」の二人で行われ、刺し手を屋根屋、受け手を施主かその家族がつとめた。

手順は、屋根屋が縄を通したハリを上から刺すと、屋根裏で控える受け手がそれを取って垂木に回し、再び屋根の上へ出す。これをハリトリといい、屋根の上に出たハリを屋根屋が受け、ホコダケを足で押さえながら縄を締めた【図4】。屋根の上からは垂木は見えず、屋根屋は目見当でハリを刺す。そこで、受け手は、「東、西」「南、北」というように、垂木に対するハリの位置を上にいる屋根屋に指示し、屋根屋は指示に従ってハリを刺した。それでも位置がずれることはままあり、受け手は、ハリが屋根材を通過する際のガサガサッという音で位置を判断しながら素早く身を避け、ハリで顔を突かれないよう注意を払った。そのため、受け手は耳の良く聴こえることが条件とされたのである。

グシ作り　棟をグシといい、その作り方は【図

5—1～5—11】のようで、屋根屋の流儀や施主の希望によって異なる。カヤや麦カラにスギ皮を被せてシバ草で覆うものもあれば、竹の簾《すだれ》を被《かぶ》せてから土を盛って菖蒲《しょうぶ》を植えることもあり、上等なグシは瓦を敷き詰めて、これをアカ（銅）の針金で締めた。いずれも、グシの両側には化粧竹《けしょうだけ》と称するモウソウの青竹を当て、これによって草屋根が一層引き立った。グシの両端はトビ、ハナ、クチなどと呼ばれ、ここには小鋏《こばさみ》で「水」の文字や亀の文様を切り込み【写真2】、墨や漆喰《しっくい》を塗り込んで浮き立たせた。また、壁泥を塗りこんで文字や文様を彫り込むこともあった。

仕上げ　こうしてグシが完成するとグシ祝いが行われ、翌日からは刈り込みがはじまる。ヤネバサミで上から順に表面を切り揃え【写真3】、最後に軒端を仕上げてごみを掃き下ろすと、そこには黄金色に輝く見事な草屋根が姿を現す。

春の陽光を浴びた草屋根は、新たな農のスタートを祝うかのようであった。（宮本）

【写真1】草屋根の民家［江南町］

▼カマ

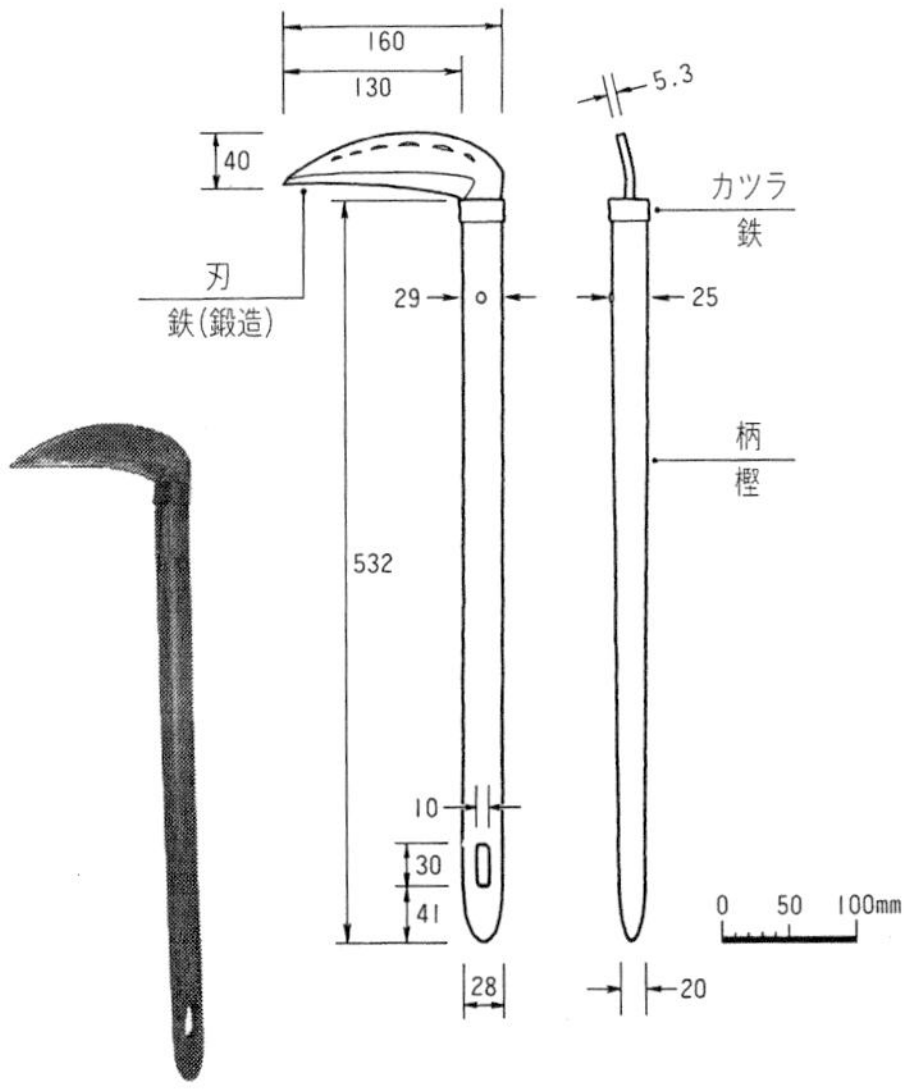
160
130
40
5.3
カツラ
鉄
刃
鉄(鍛造)
29
25
柄
樫
532
10
30
41
28
20
0　50　100mm

▼ガンギ

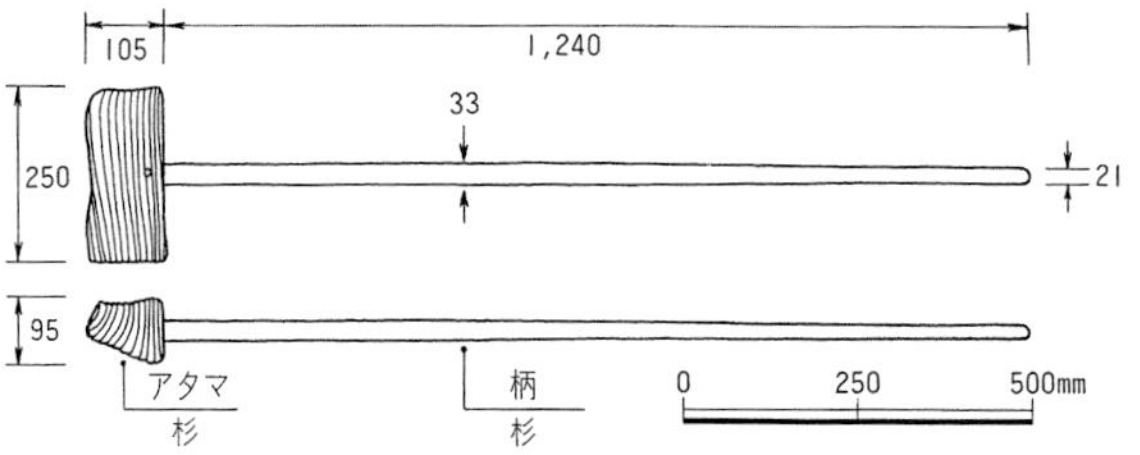
105
1,240
33
250
21
95
アタマ
杉
柄
杉
0　250　500mm

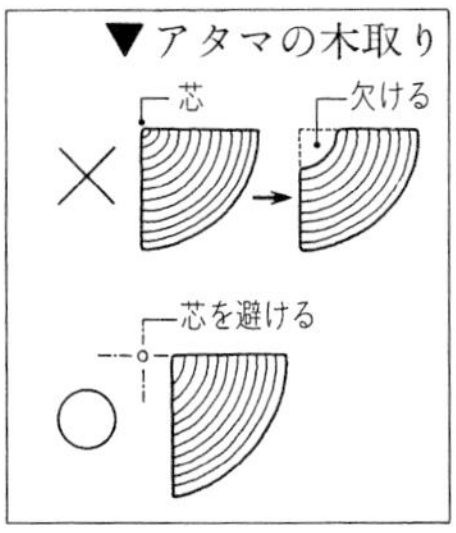
▼アタマの木取り
芯
欠ける
芯を避ける

▼モノガラの端を
揃える
▼ヌキバ(軒端)を
揃える
叩き方

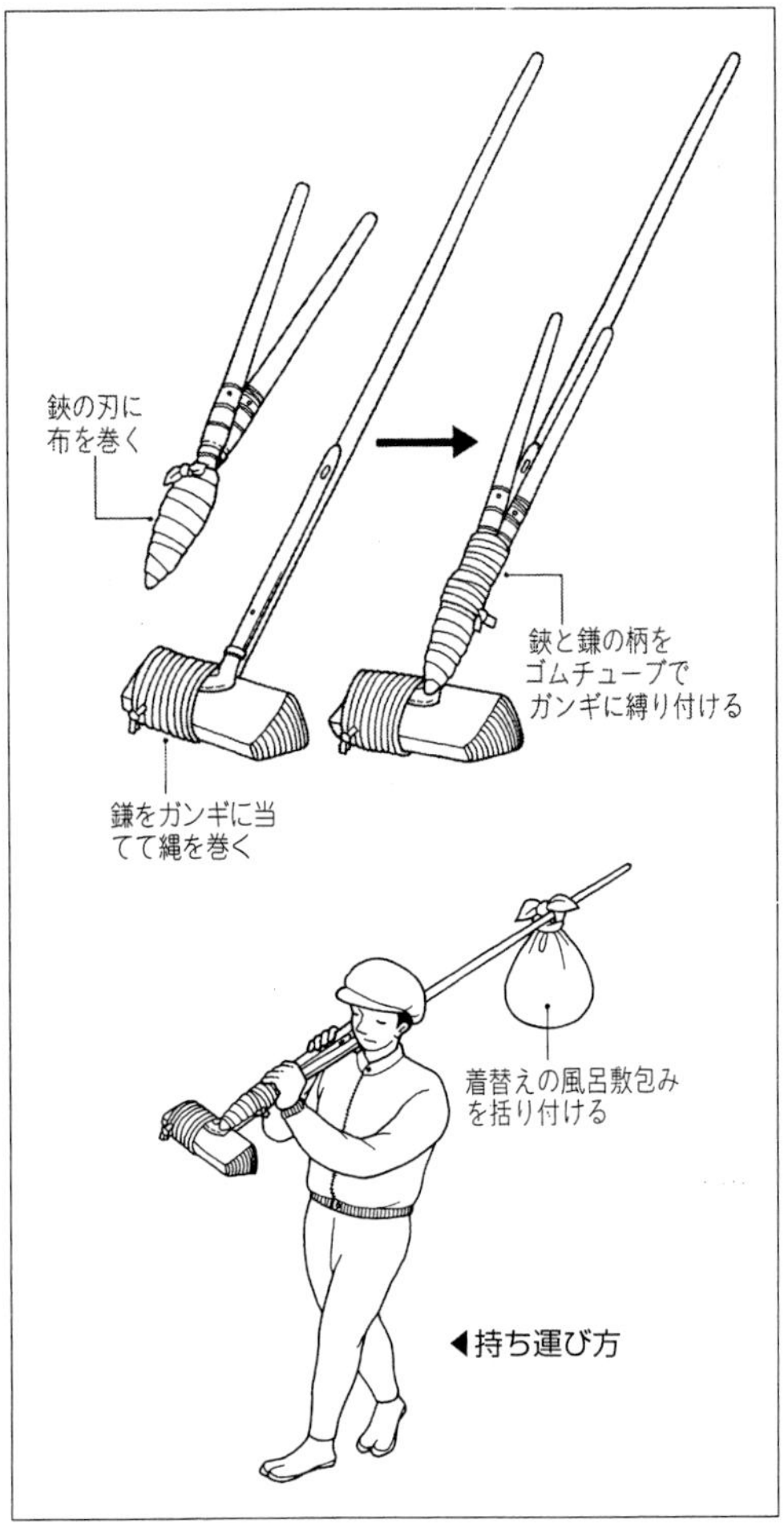
鋏の刃に
布を巻く
鋏と鎌の柄を
ゴムチューブで
ガンギに縛り付ける
鎌をガンギに当
てて縄を巻く
着替えの風呂敷包み
を括り付ける
◀持ち運び方

【図1】屋根葺きの道具―ガンギ・カマ・ハサミ―［川里町］

▼ハサミ

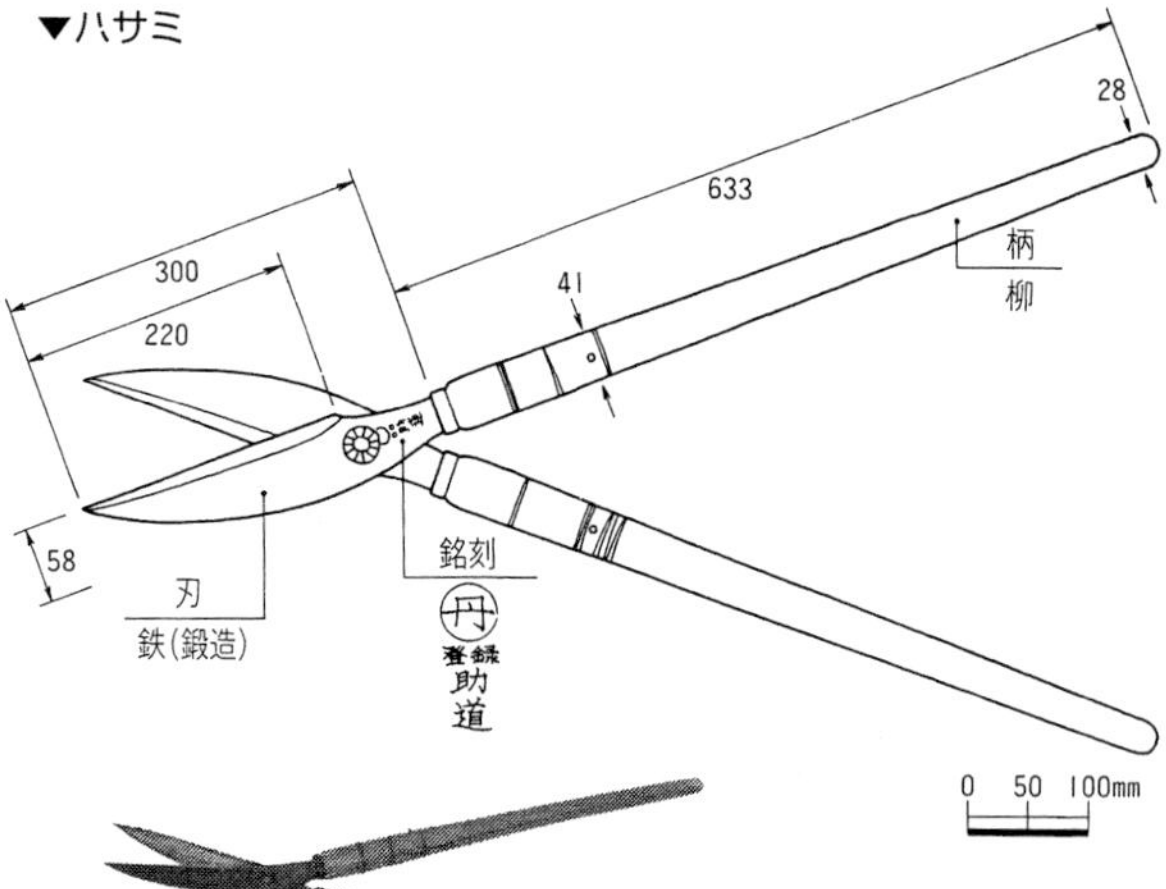
28
633
300
220
41
柄
柳
58
刃
鉄(鍛造)
銘刻
0　50　100mm

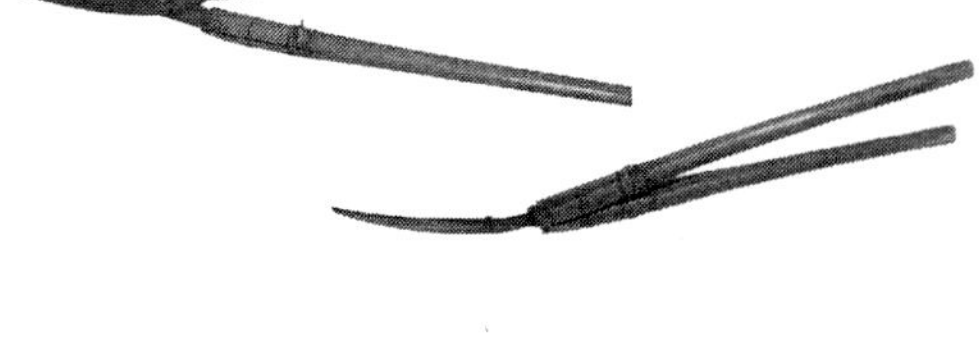

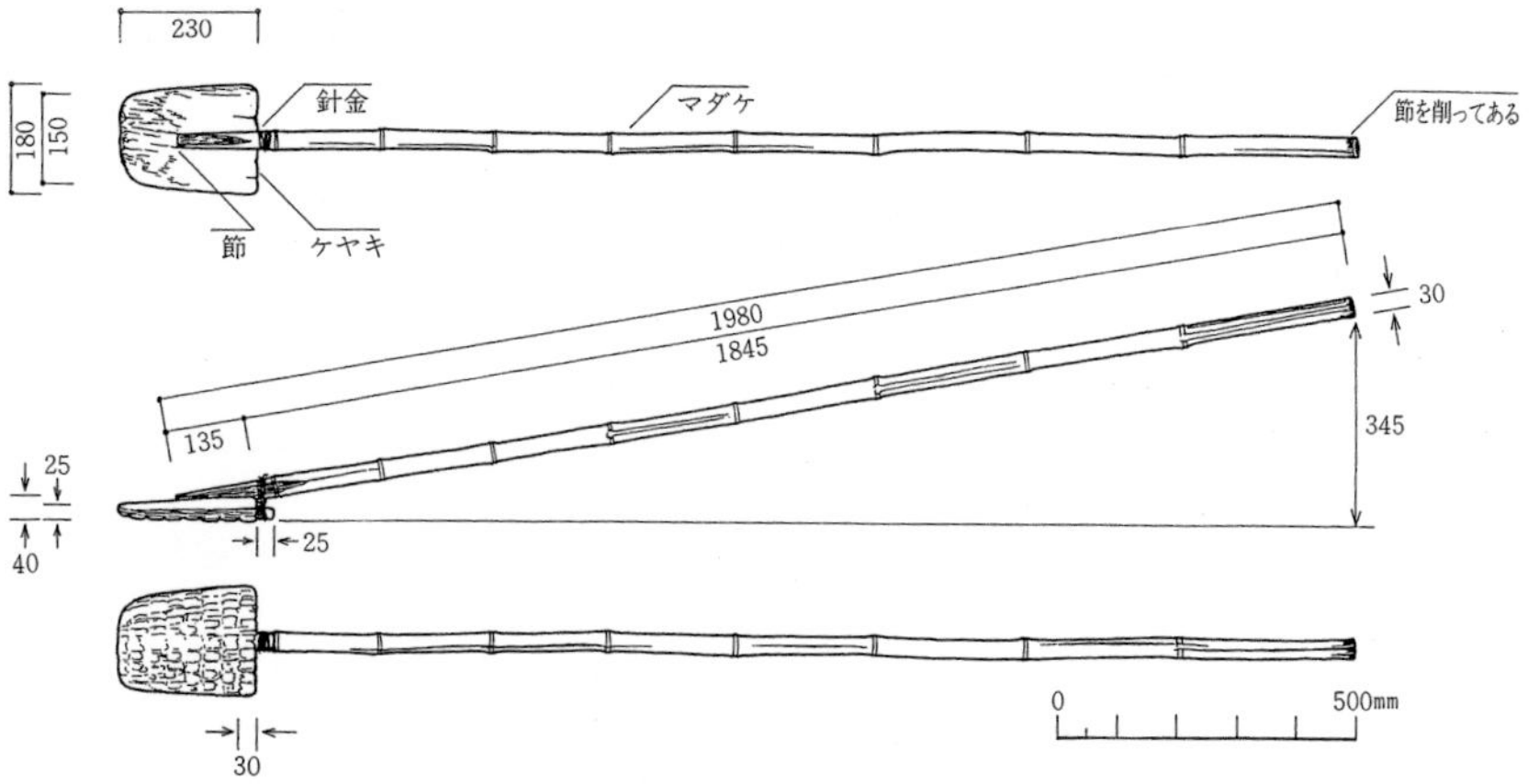
230
180
150
針金
マダケ
節を削ってある
節
ケヤキ
1980
1845
135
30
345
25
40
25
30
0
500mm

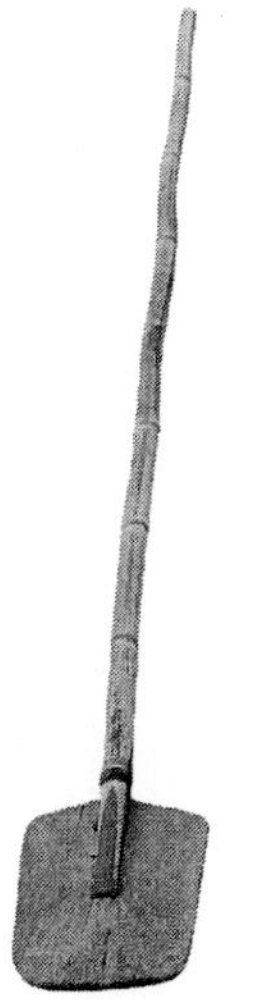

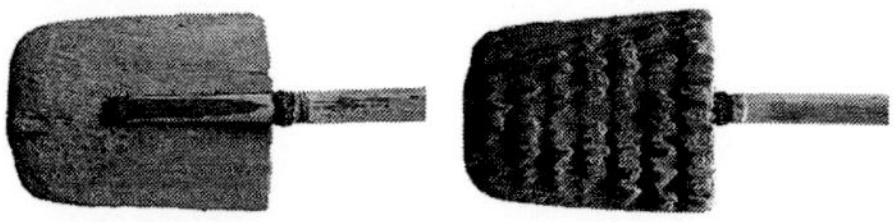

▲ガギ

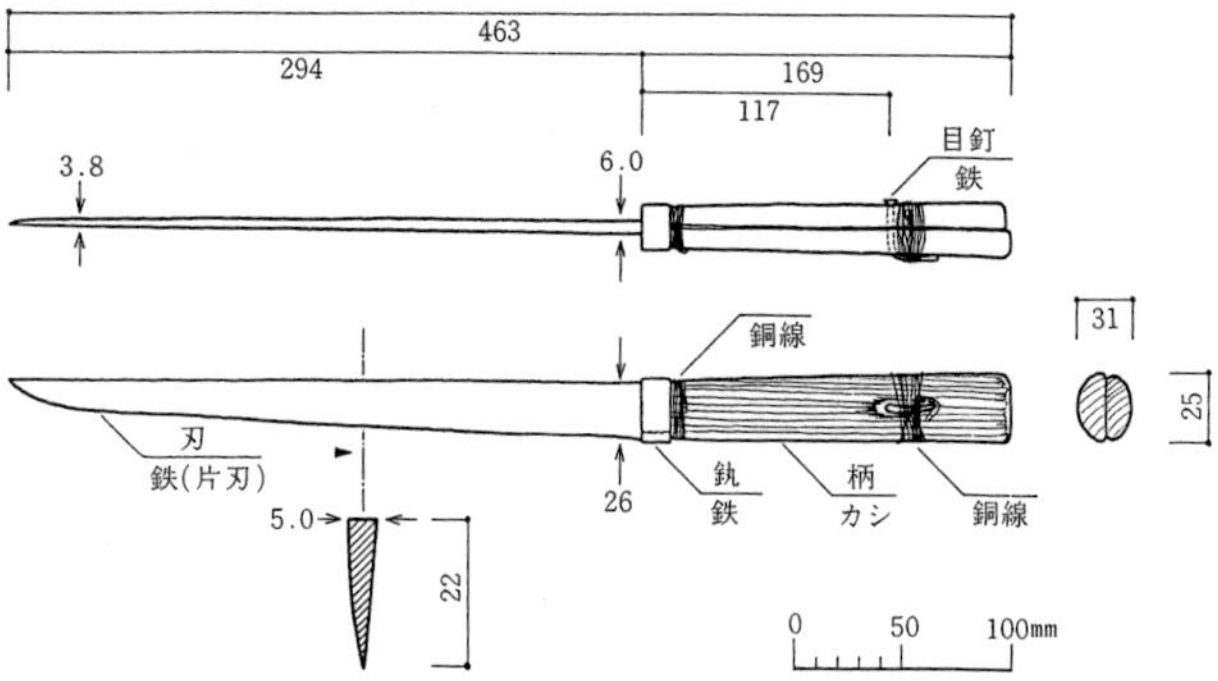
463
294
169
117
3.8
6.0
目釘
鉄
銅線
31
25
刃
鉄(片刃)
26
鈨
鉄
柄
カシ
銅線
5.0
22
0
50
100mm

▲サスガ

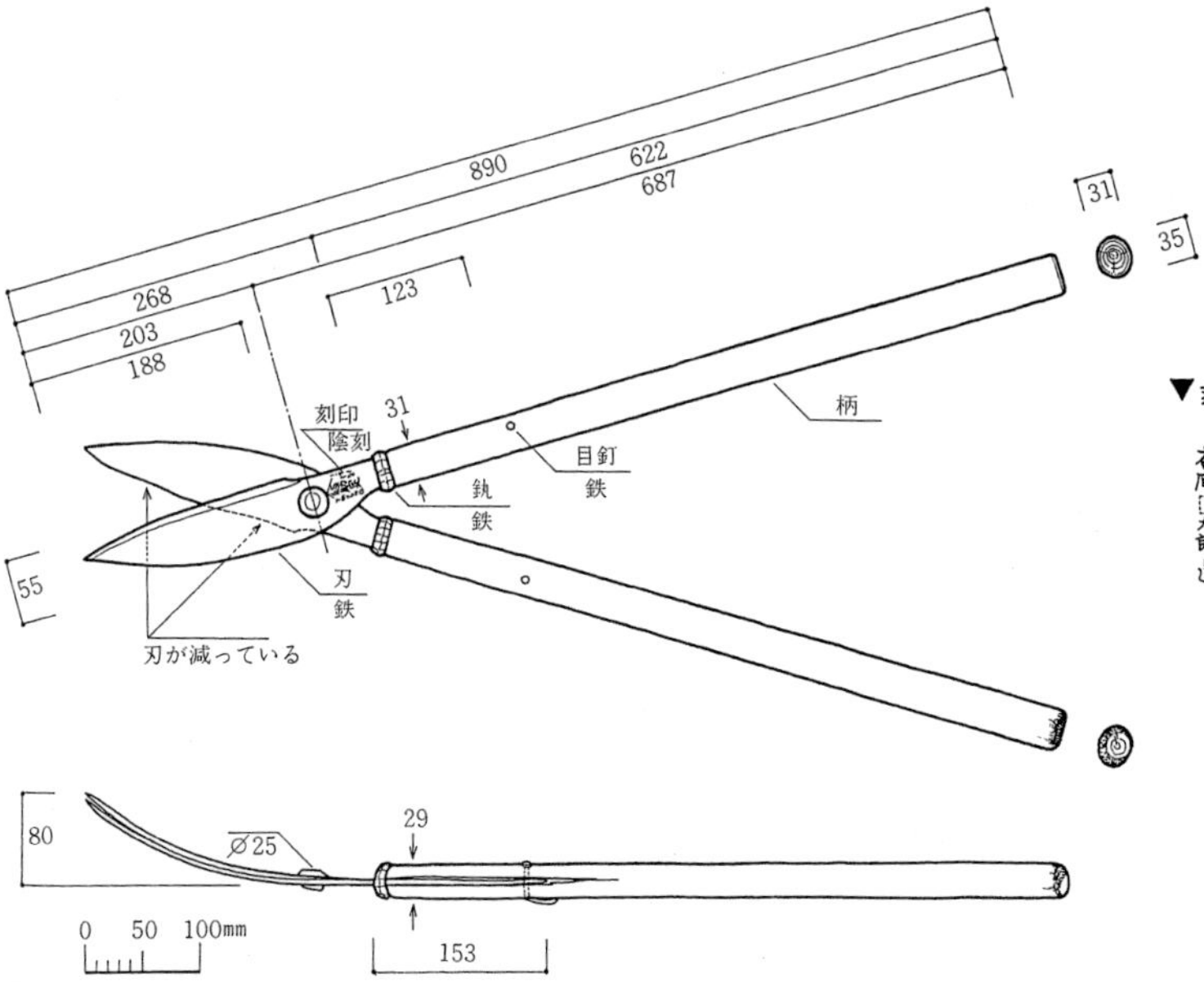
890
622
687
31
35
268
123
203
188
刻印
陰刻
31
柄
目釘
鉄
鈨
鉄
55
刃
鉄
刃が減っている
80
Ø25
29
0
50
100mm
153

▼刻印拡大

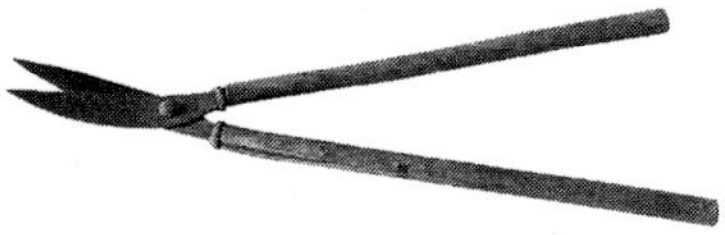

▲ハサミ

【図 2】屋根葺きの道具—ガギ・サスガ・ハサミ— ［所沢市］

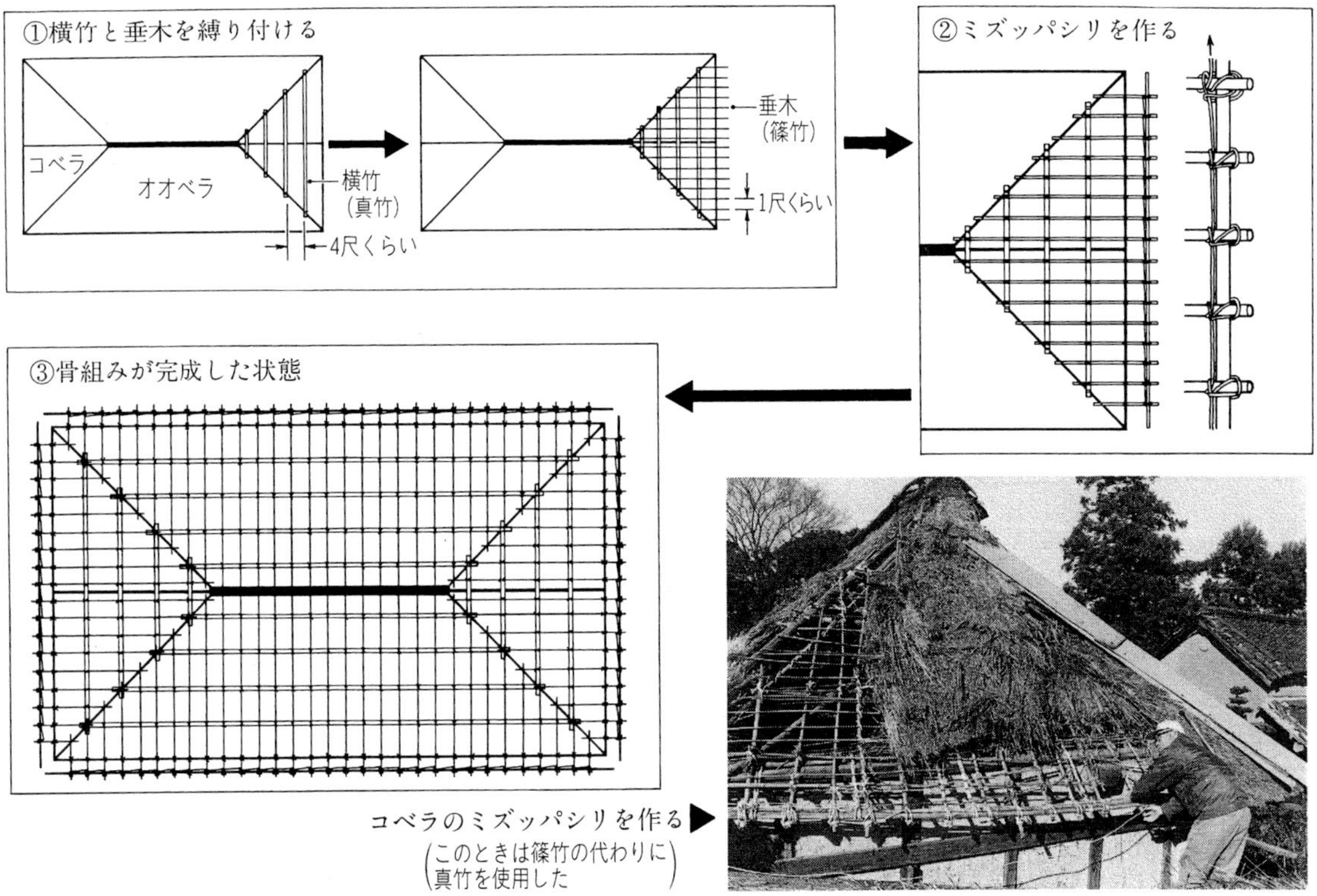
①横竹と垂木を縛り付ける
コベラ
オオベラ
横竹
(真竹)
4尺くらい
垂木
(篠竹)
1尺くらい
②ミズッパシリを作る
③骨組みが完成した状態
コベラのミズッパシリを作る
(このときは篠竹の代わりに
真竹を使用した)

【図3—1】屋根葺きの工程—屋根の骨組み—

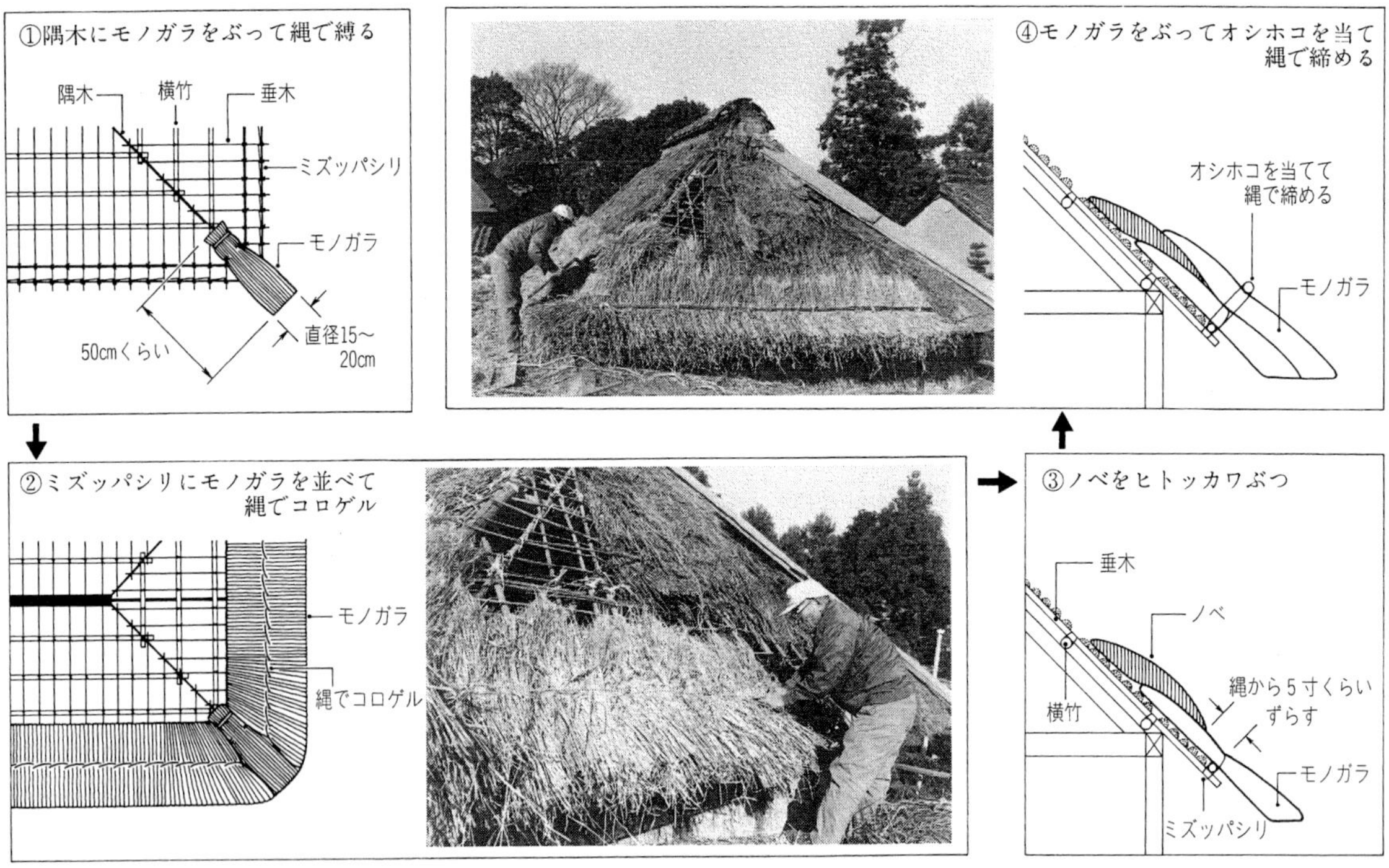
①隅木にモノガラをぶって縄で縛る
隅木
横竹
垂木
ミズッパシリ
モノガラ
50cmくらい
直径15〜
20cm
④モノガラをぶってオシホコを当て
縄で締める
オシホコを当てて
縄で締める
モノガラ
②ミズッパシリにモノガラを並べて
縄でコロゲル
モノガラ
縄でコロゲル
③ノベをヒトッカワぶつ
垂木
ノベ
横竹
縄から5寸くらい
ずらす
モノガラ
ミズッパシリ

【図3—2】屋根葺きの工程—ヌキバ葺き—

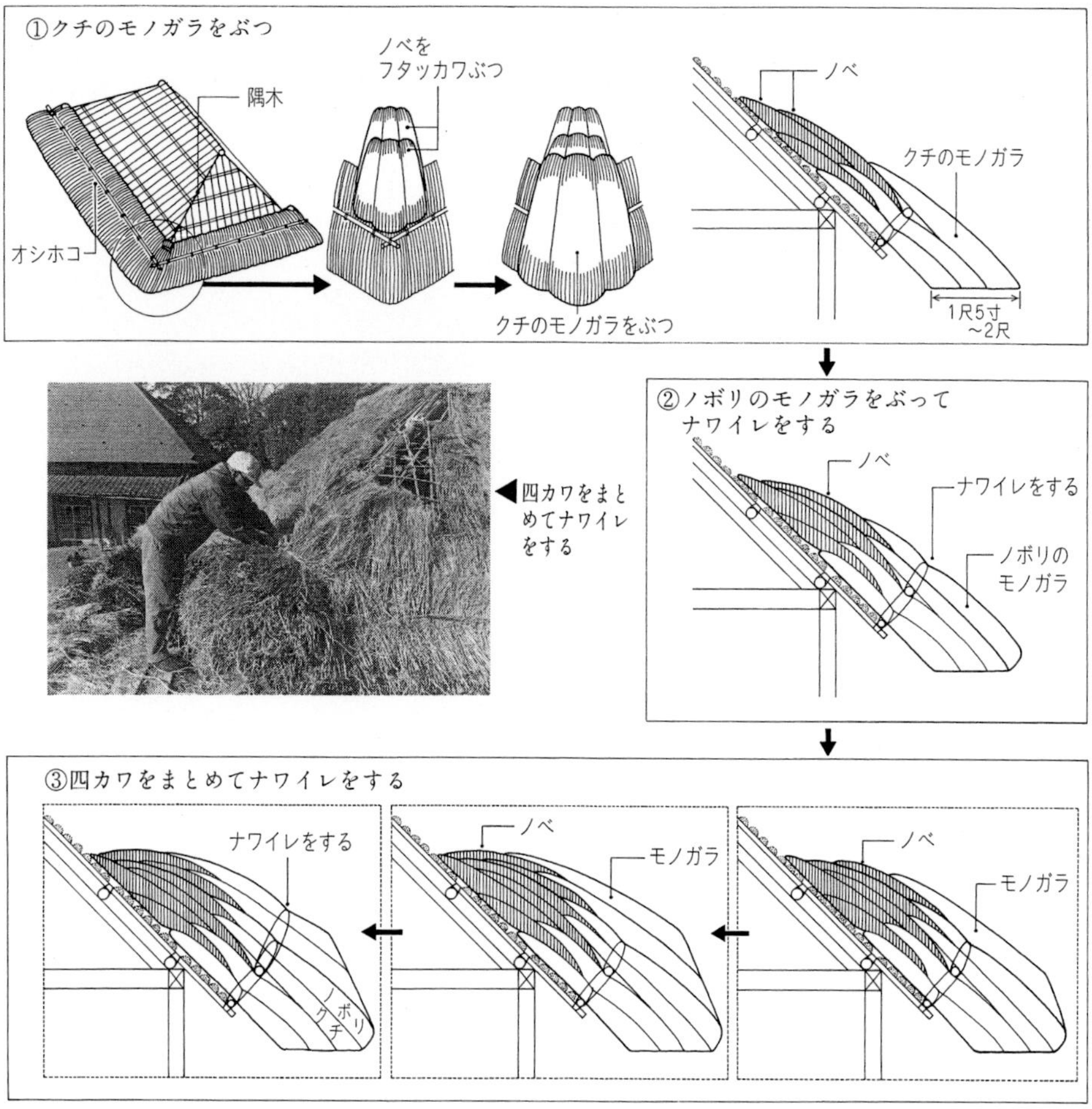

【図3―3】屋根葺きの工程―葺き上げの準備―

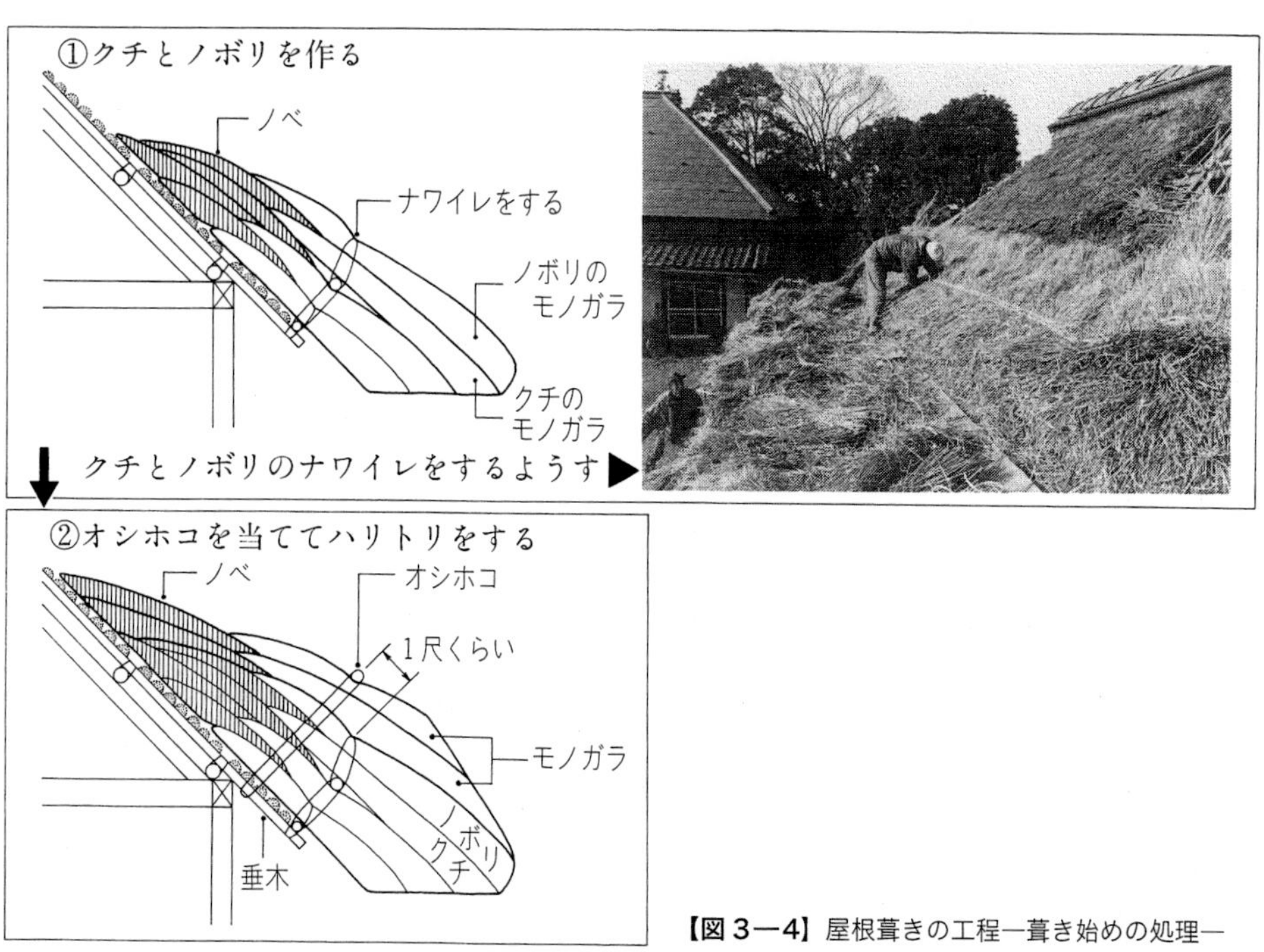

【図3―4】屋根葺きの工程―葺き始めの処理―

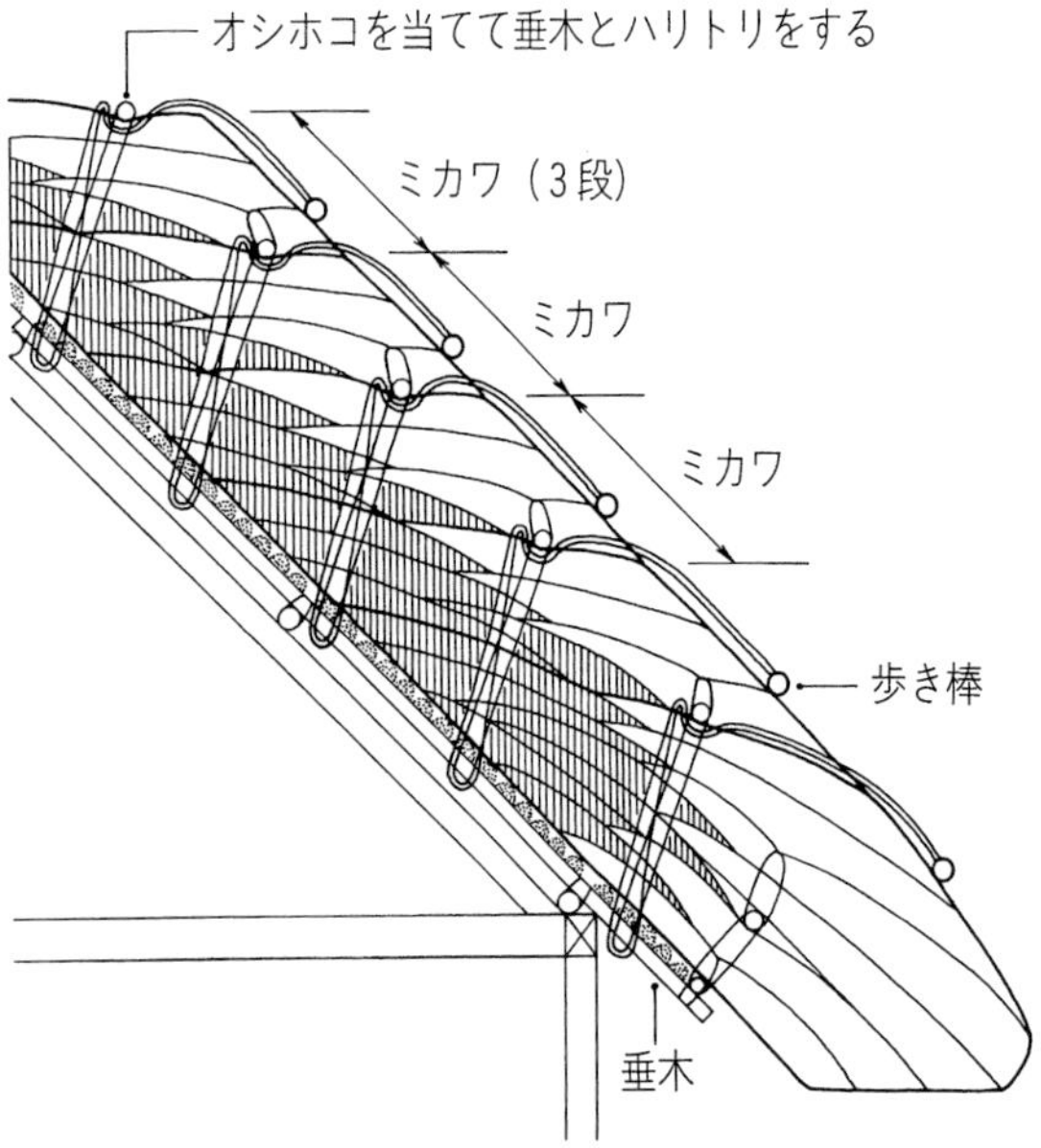
オシホコを当てて垂木とハリトリをする
ミカワ（3段）
ミカワ
ミカワ
歩き棒
垂木

ハリトリをするようす▶

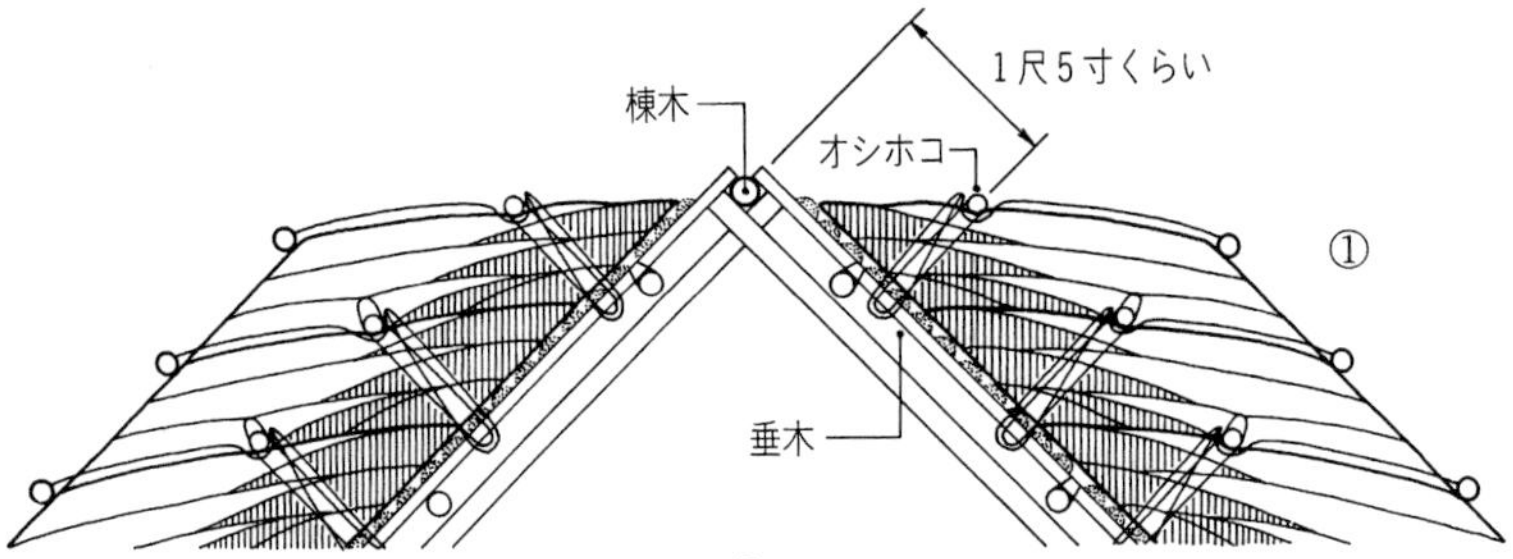
1尺5寸くらい
棟木
オシホコ
①
垂木
ヨビボコ(グシを締めるオシホコ)
モトを
上にする
15cmくらい
ナワイレ用のオシホコ
②
グシを作る横竹
（2本）

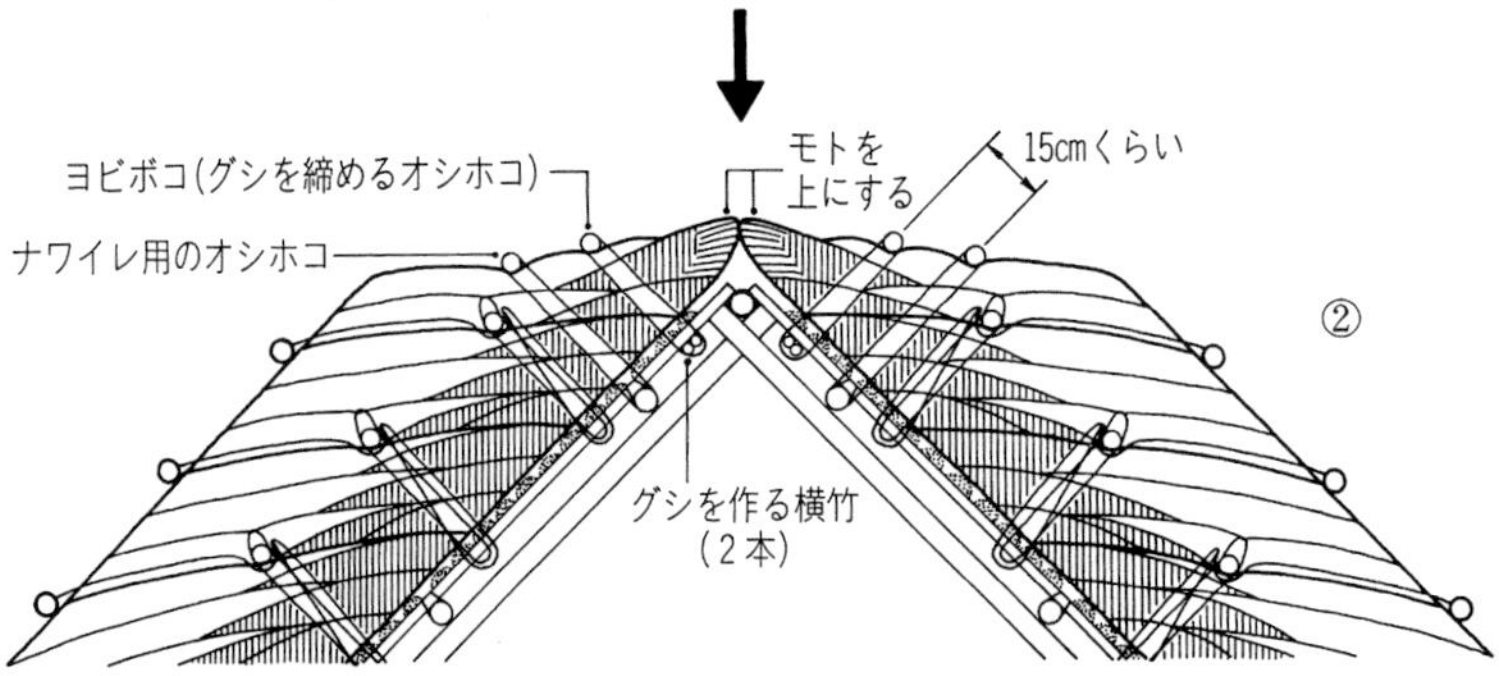

最上段の２本のオシホコ

【図３—５】屋根葺きの工程—葺き上げる—

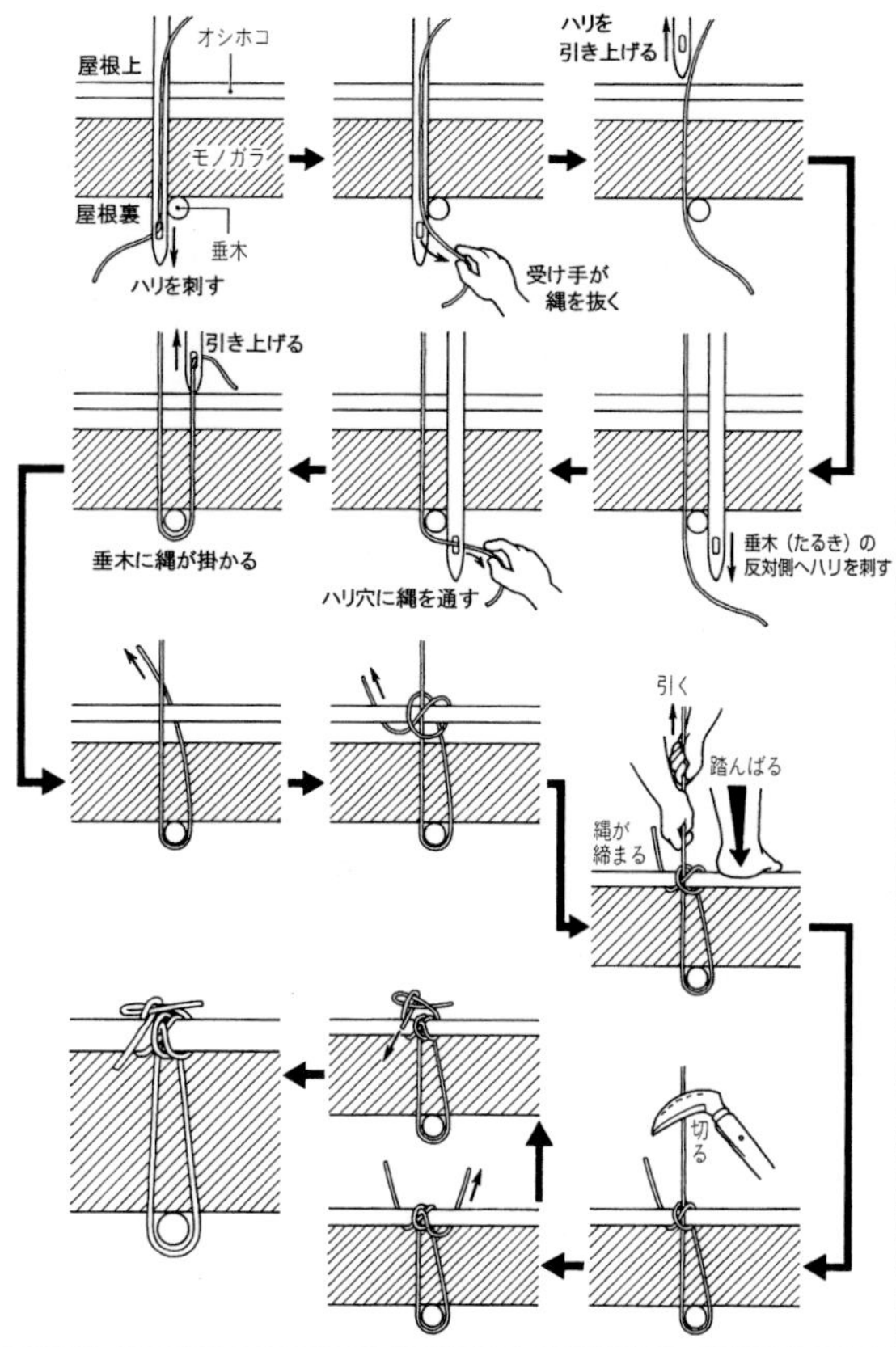

【図 4】 ハリトリの手順［川里町］
屋根屋が縄を通したハリを上から刺すと、屋根裏で控える受け手がそれを取って垂木に回し、再び屋根の上へ出す。屋根の上に出たハリを屋根屋が受け、ホコダケを足で押さえながら縄を締めた。屋根の上からは垂木は見えず、屋根屋は目見当でハリを刺す。そこで、受け手は、「東、西」「南、北」というように、垂木に対するハリの位置を上にいる屋根屋に指示し、屋根屋は指示に従ってハリを刺した。

①コマルをのせて縄で締める

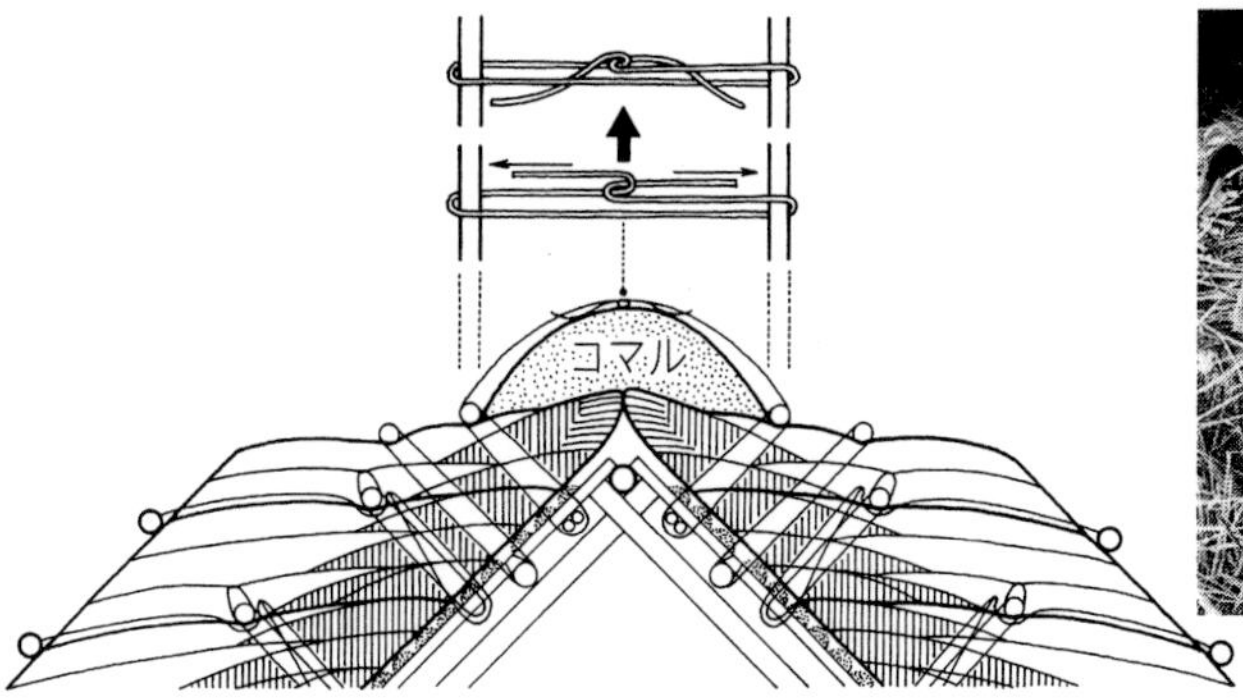

▲縄で締めたコマル

②コマルの両側からノベをぶつ

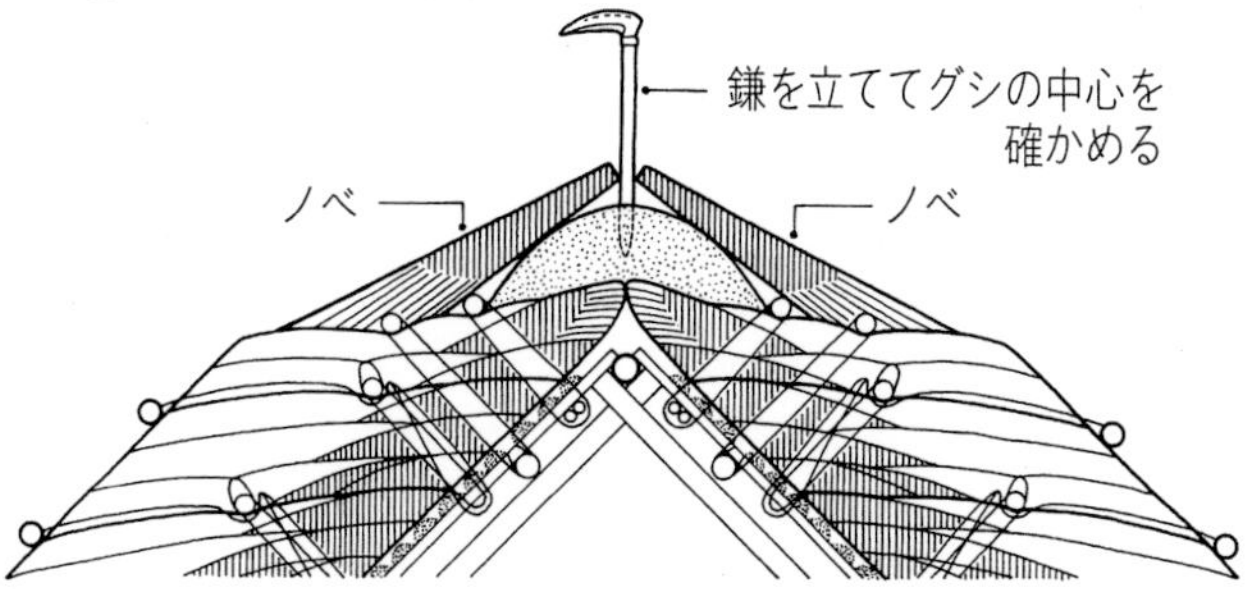

【図 5—1】 屋根　葺きの工程―グシ作り①〜②―

③グシにモノガラをぶつ

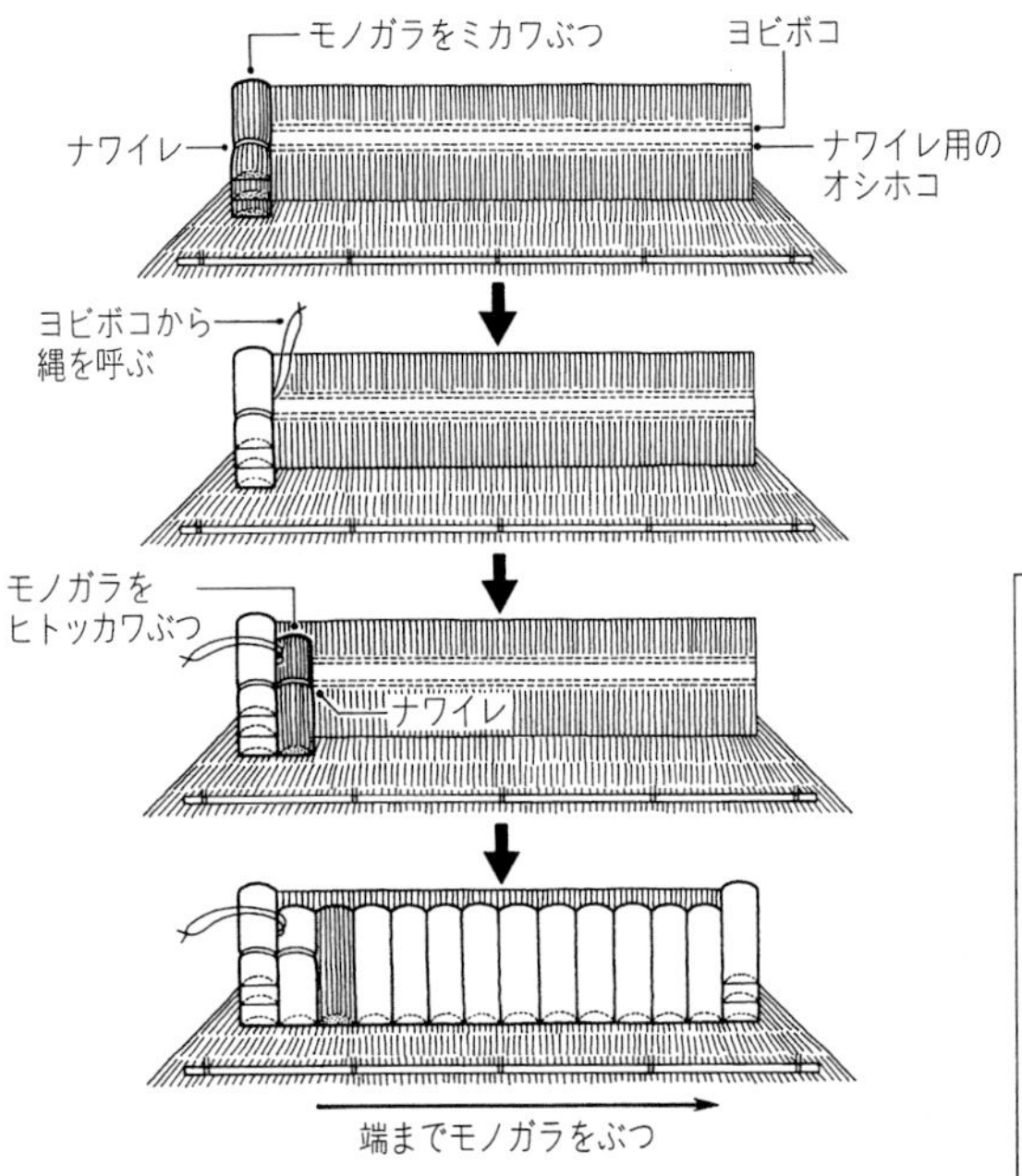

モノガラをミカワぶつ
ヨビボコ
ナワイレ
ナワイレ用の
オシホコ
ヨビボコから
縄を呼ぶ
モノガラを
ヒトッカワぶつ
ナワイレ
端までモノガラをぶつ

▲モノガラをぶつようす

▲ナワイレをするようす

④モノガラのナワイレをする

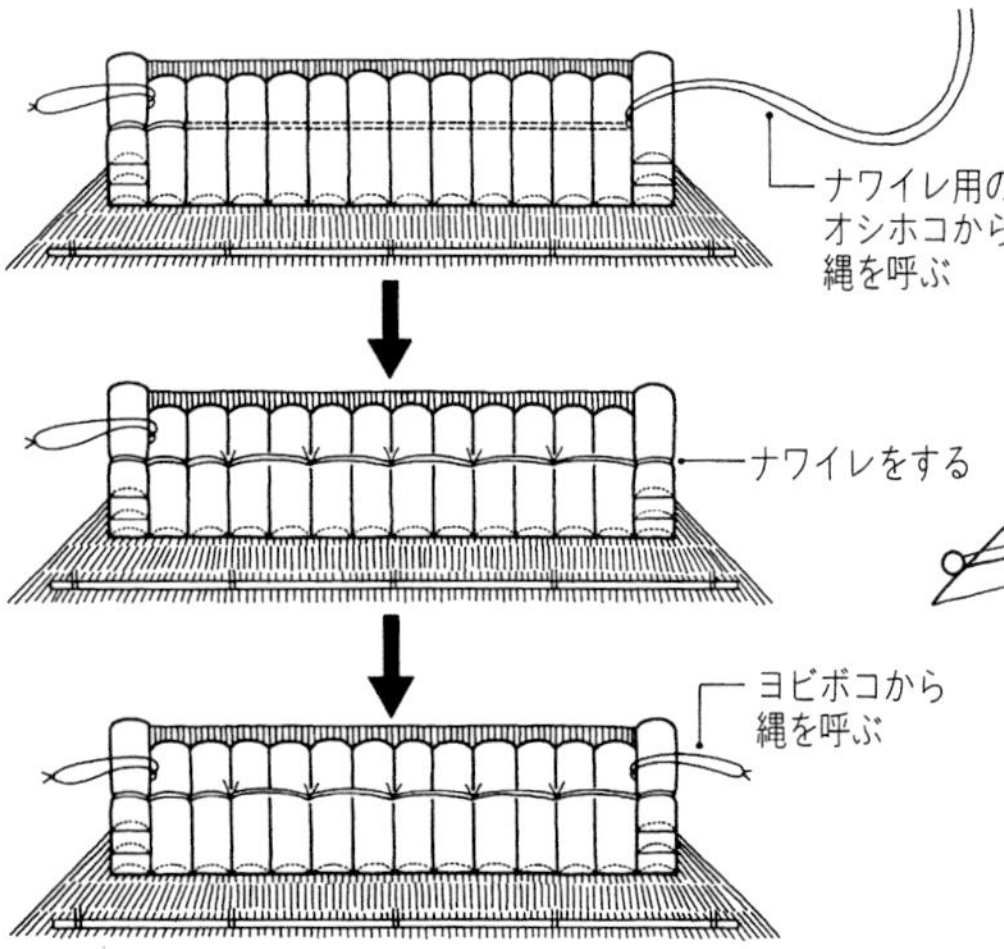

ナワイレ用の
オシホコから
縄を呼ぶ
ナワイレをする
ヨビボコから
縄を呼ぶ

▼ナワイレをした状態の断面

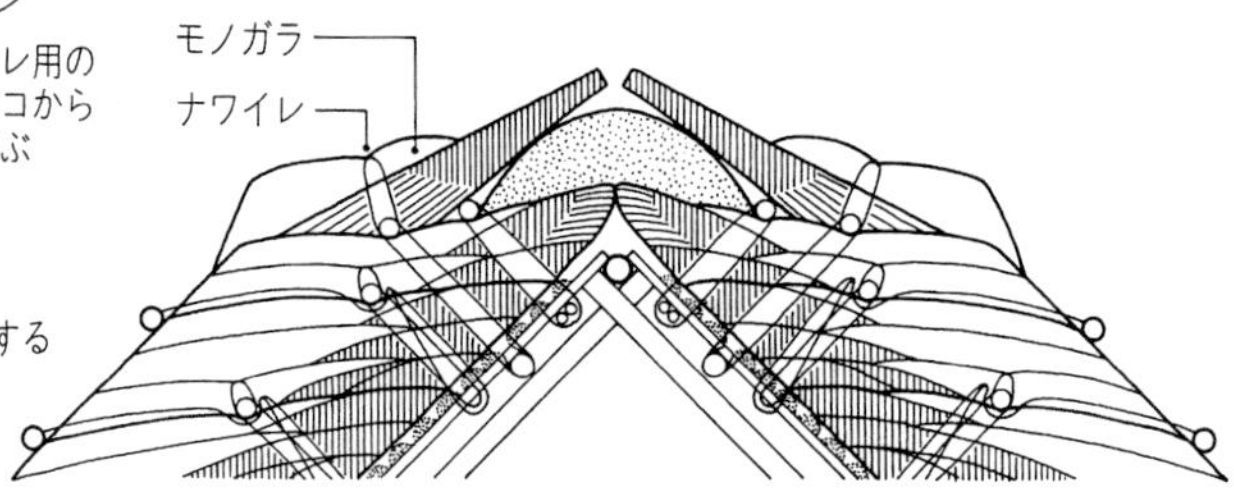

モノガラ
ナワイレ

⑤モノガラをフタッカワぶってハリトリをする

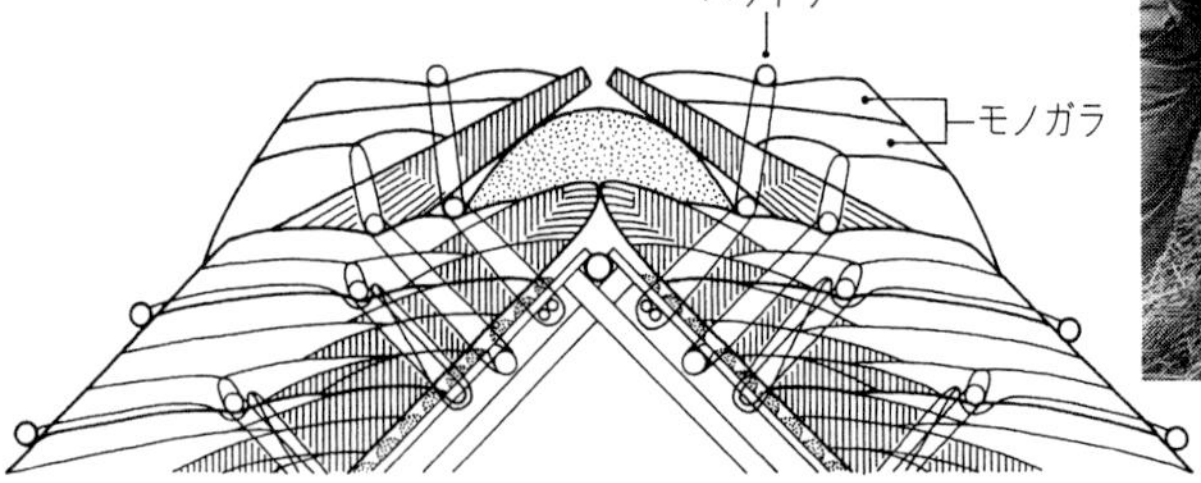

ハリトリ
モノガラ

▲ハリトリをするようす

【図５—２】屋根葺きの工程—グシ作り③〜⑤—

⑥歩き棒を下げる

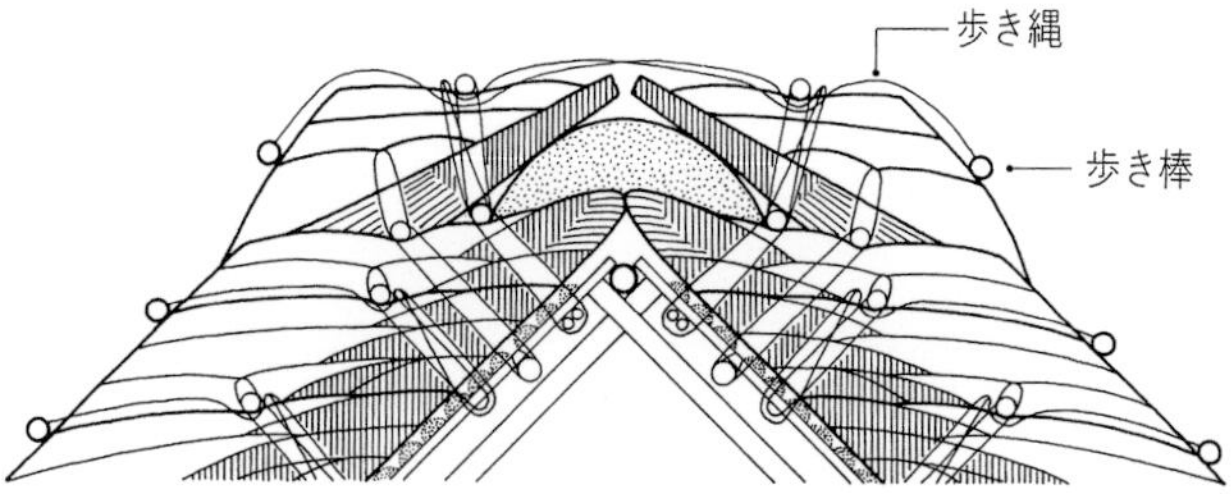

▼歩き棒を下げるようす

⑦モノガラの先を折り曲げ、ノベの先を鋏で切る

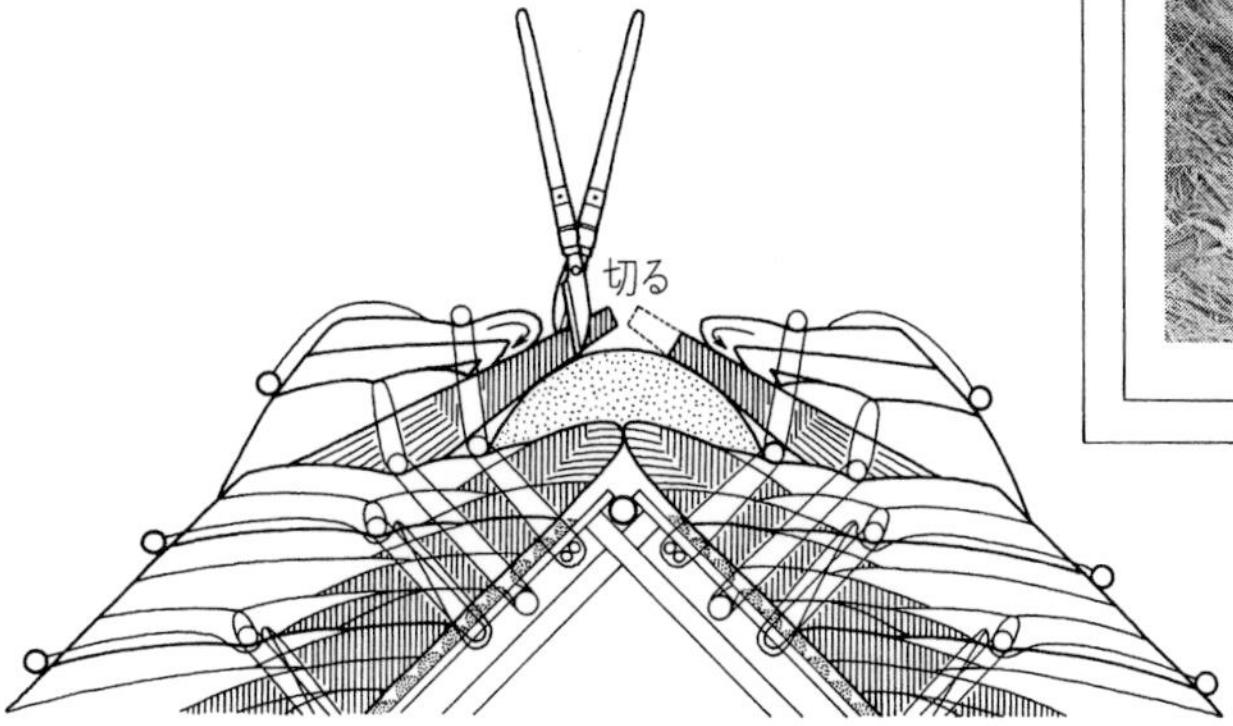

⑧コベラのクチをふさぐ

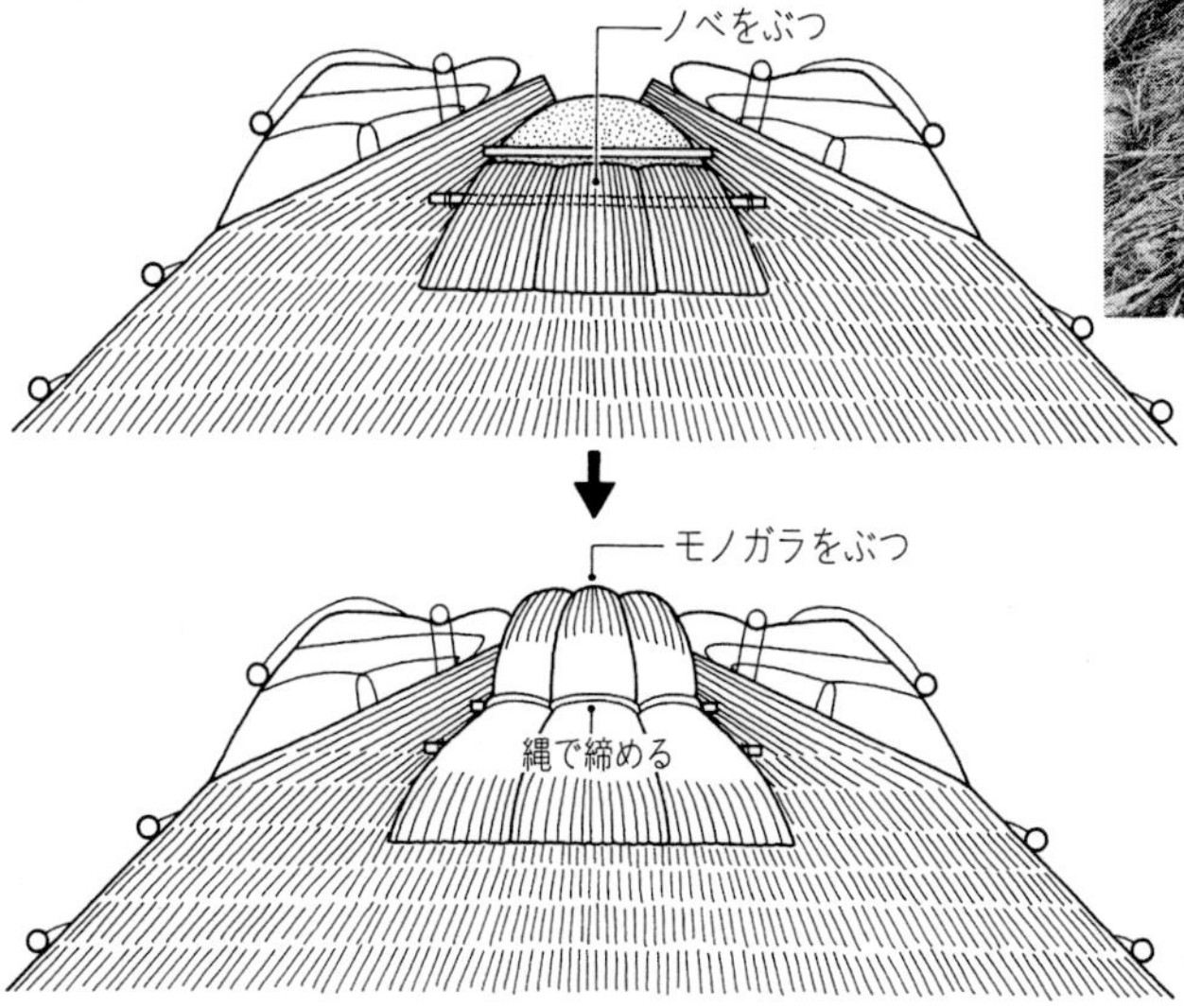

▲コベラのクチをふさいだ状態

【図5—3】屋根葺きの工程—グシ作り⑥〜⑧—

⑨オオマルの芯を並べる

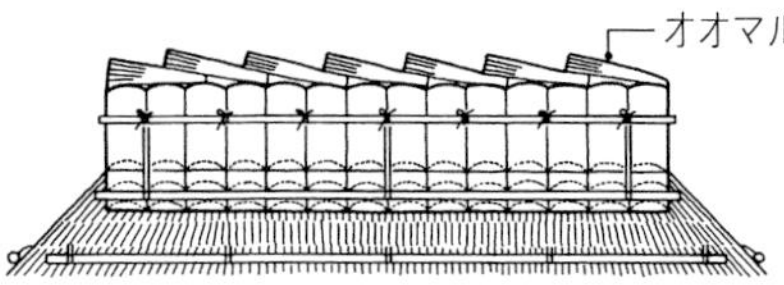
オオマルの芯

▼オオマルの芯を並べた状態

⑩クチにモノガラを当てて形を整える

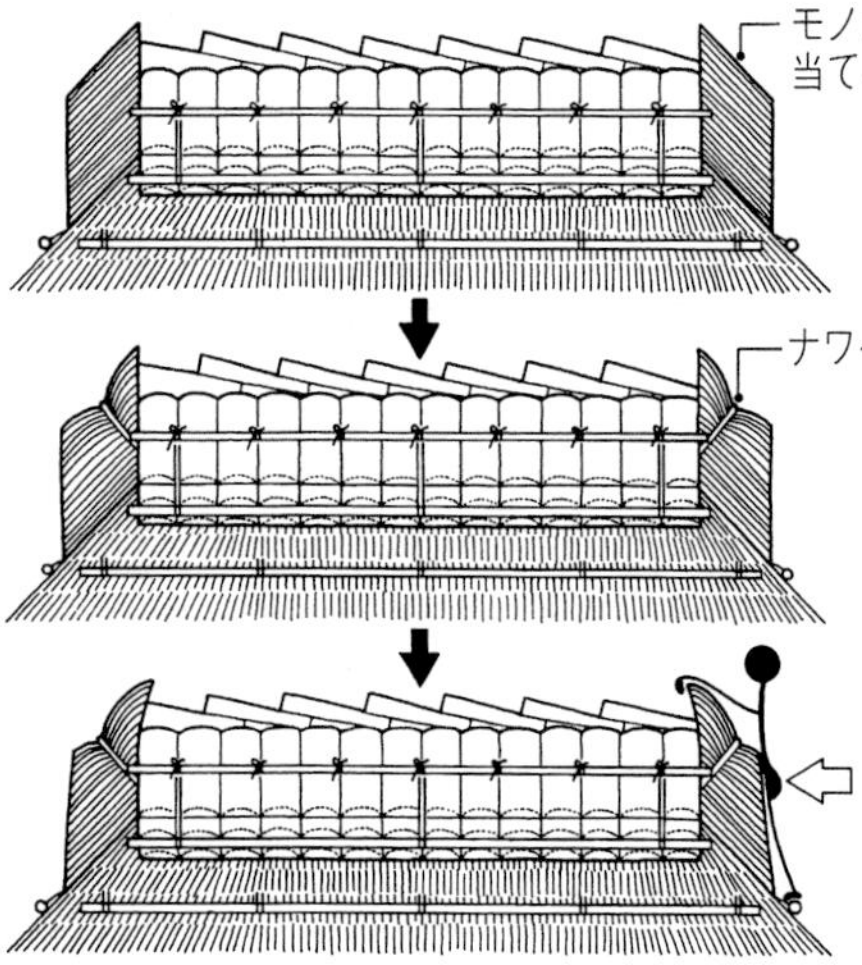
モノガラを当てる
ナワイレをする
腹で押して形を整える

▲クチのナワイレをするようす

⑪オオマルの芯をもう１段並べて縄で締める

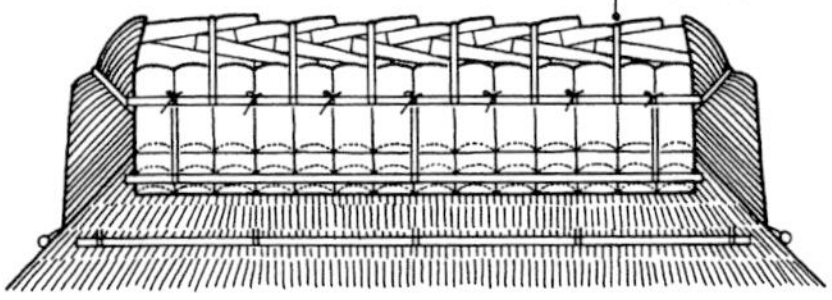
縄で締める

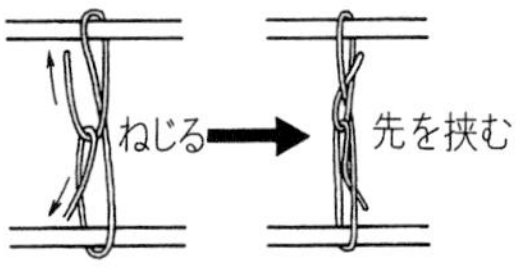
ねじる
先を挟む

▲縄の締め方

▼断面

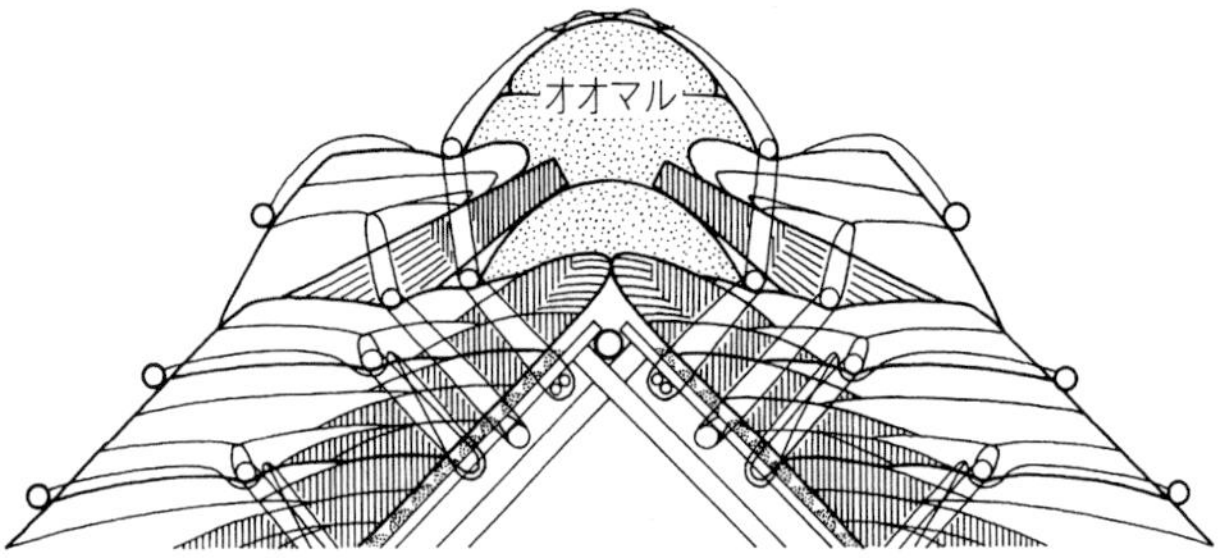
オオマル

▼オオマルの芯を縄で締めるようす

【図５—４】屋根葺きの工程—グシ作り⑨〜⑪—

⑫マキワラをカウ

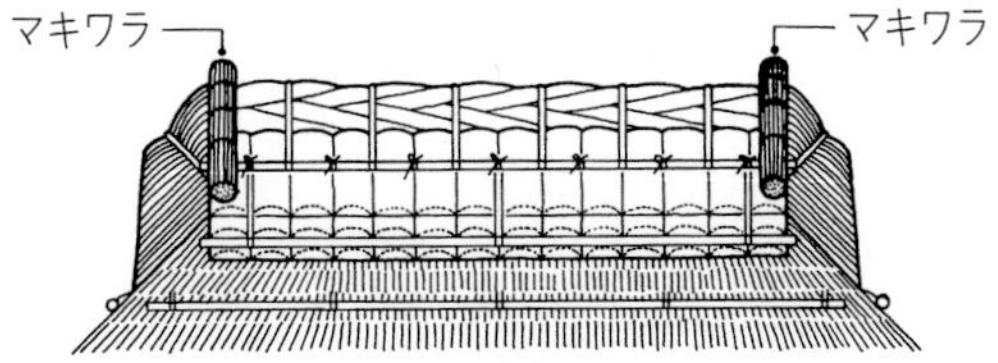
マキワラ
マキワラ

▼側面

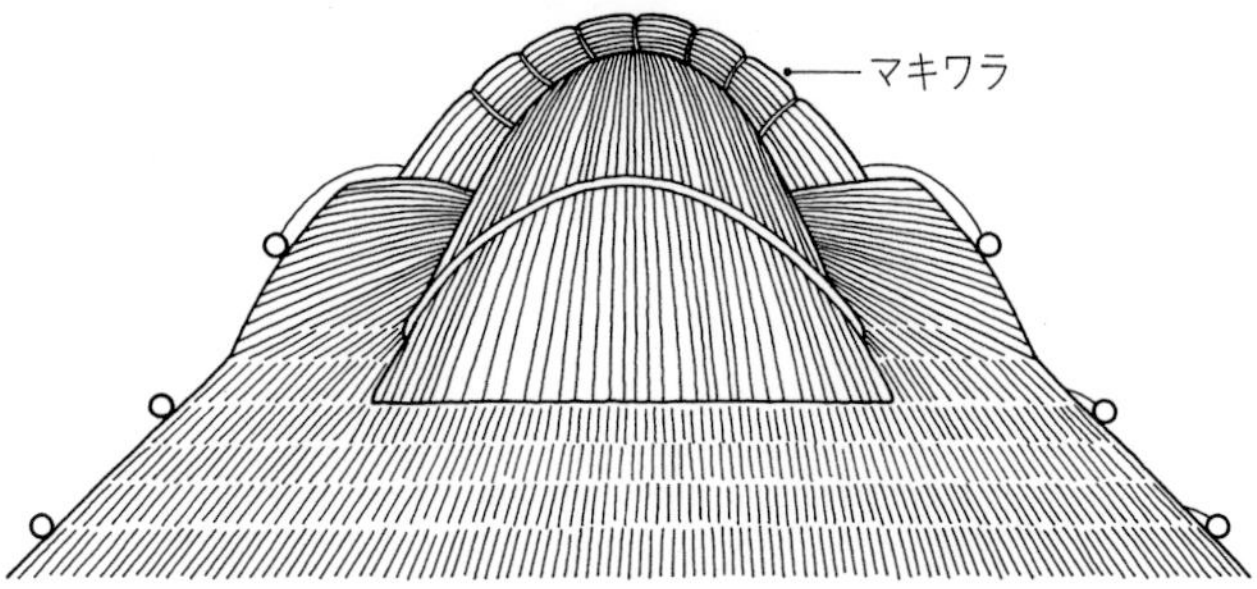
マキワラ

◀マキワラをカッタ状態

⑬丸竹を3本のせて縄で縛る

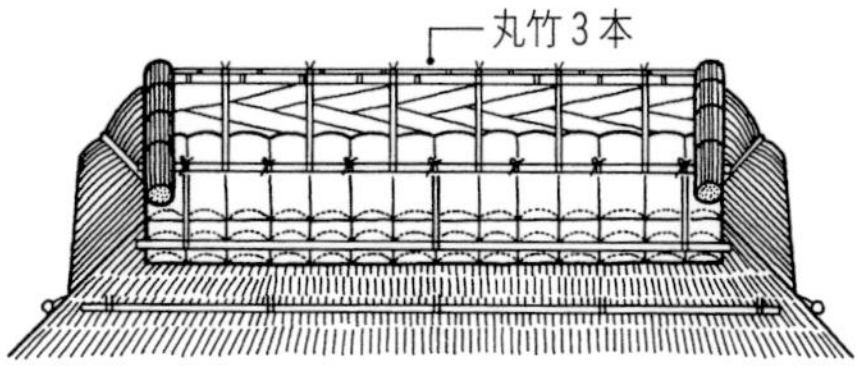
丸竹3本

▼断面

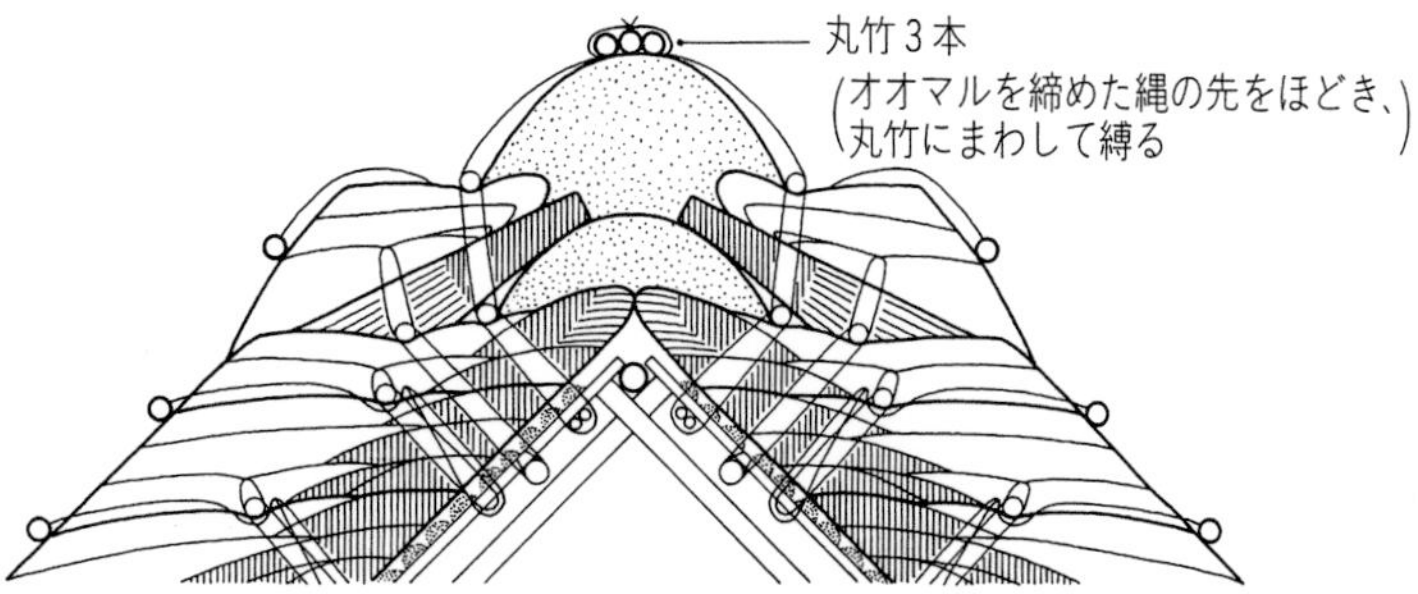
丸竹3本
(オオマルを締めた縄の先をほどき、丸竹にまわして縛る)

【図5−5】屋根葺きの工程—グシ作り⑫〜⑬—

⑭タテワラをぶってハリトリをする

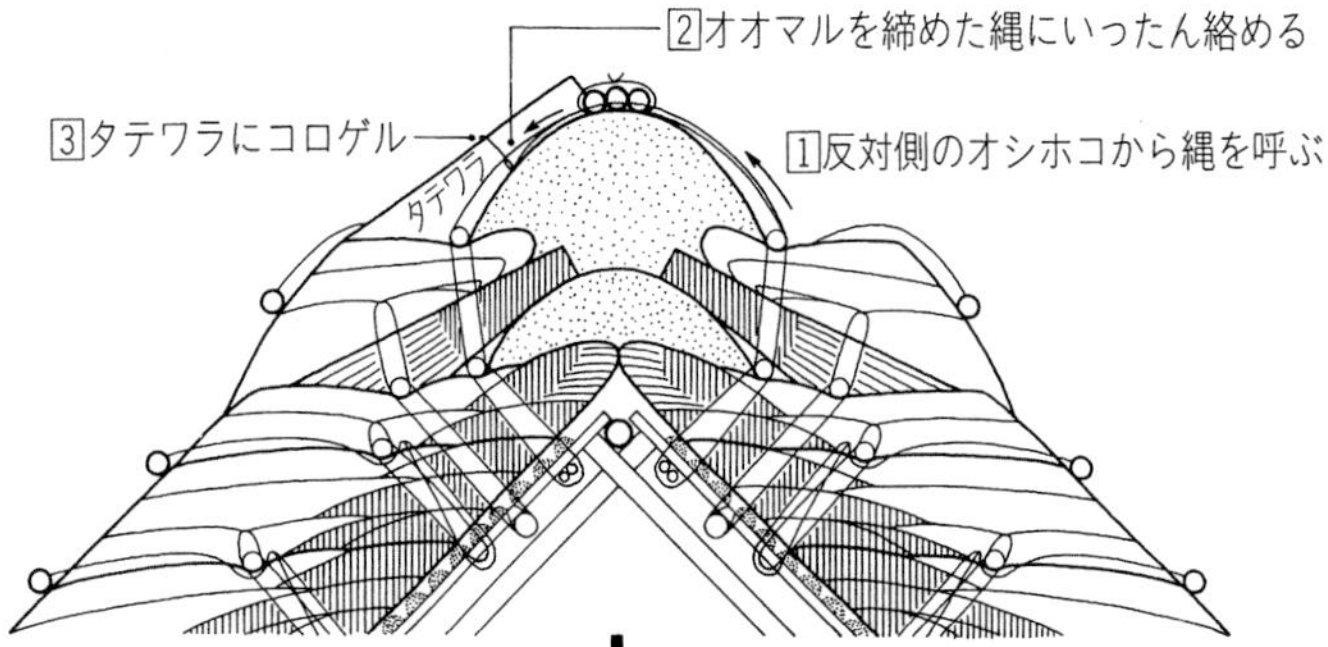
2オオマルを締めた縄にいったん絡める
3タテワラにコロゲル
1反対側のオシホコから縄を呼ぶ
タテワラ

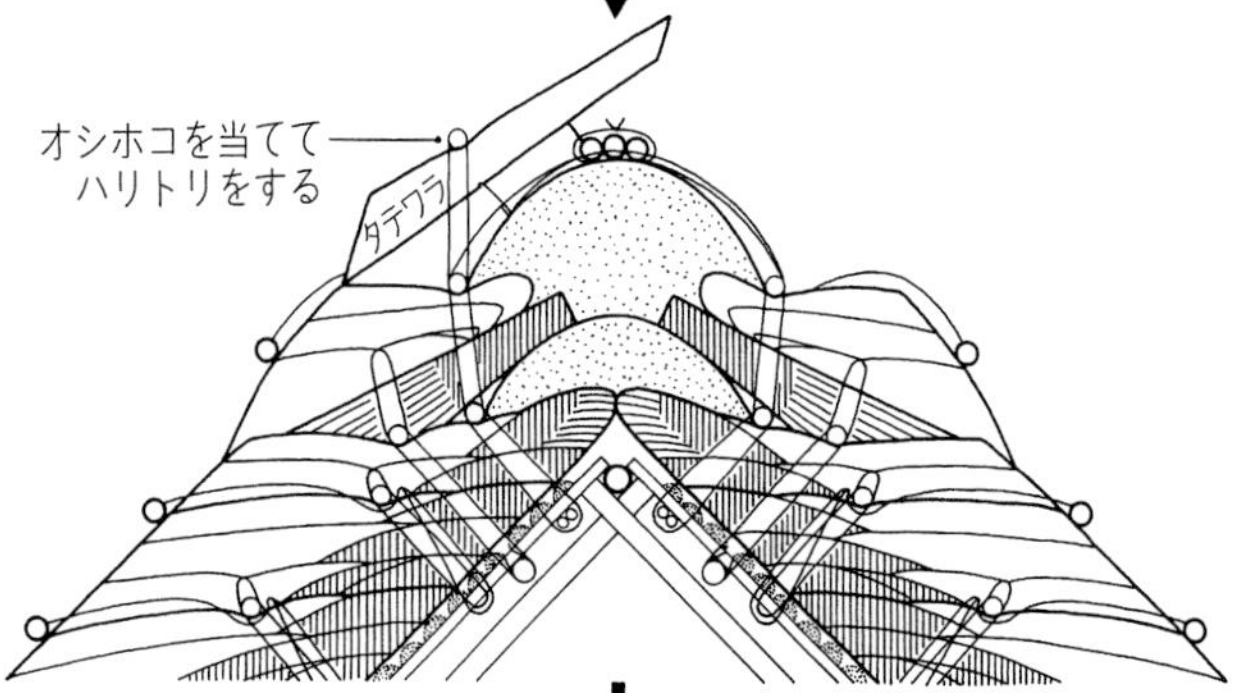
オシホコを当てて
ハリトリをする
タテワラ

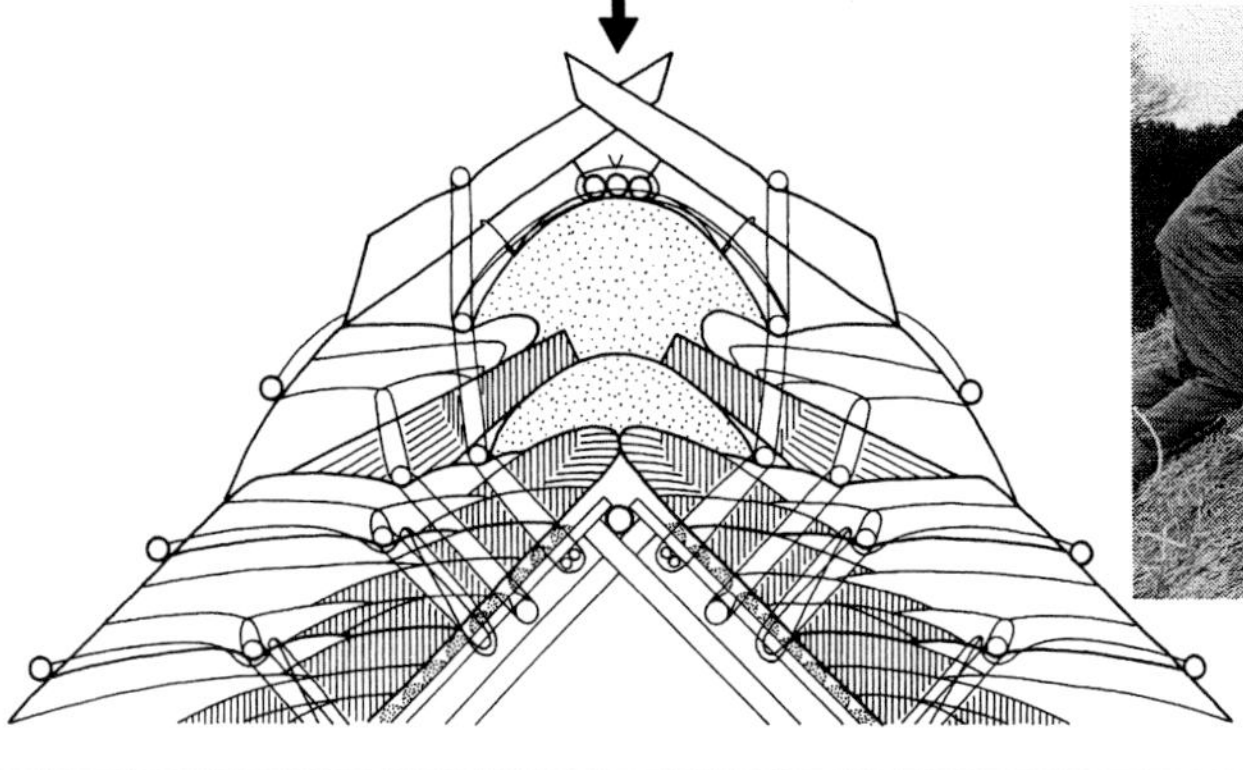

▼タテワラのハリトリをするようす

⑮ハネガリを呼ぶための縄を出す

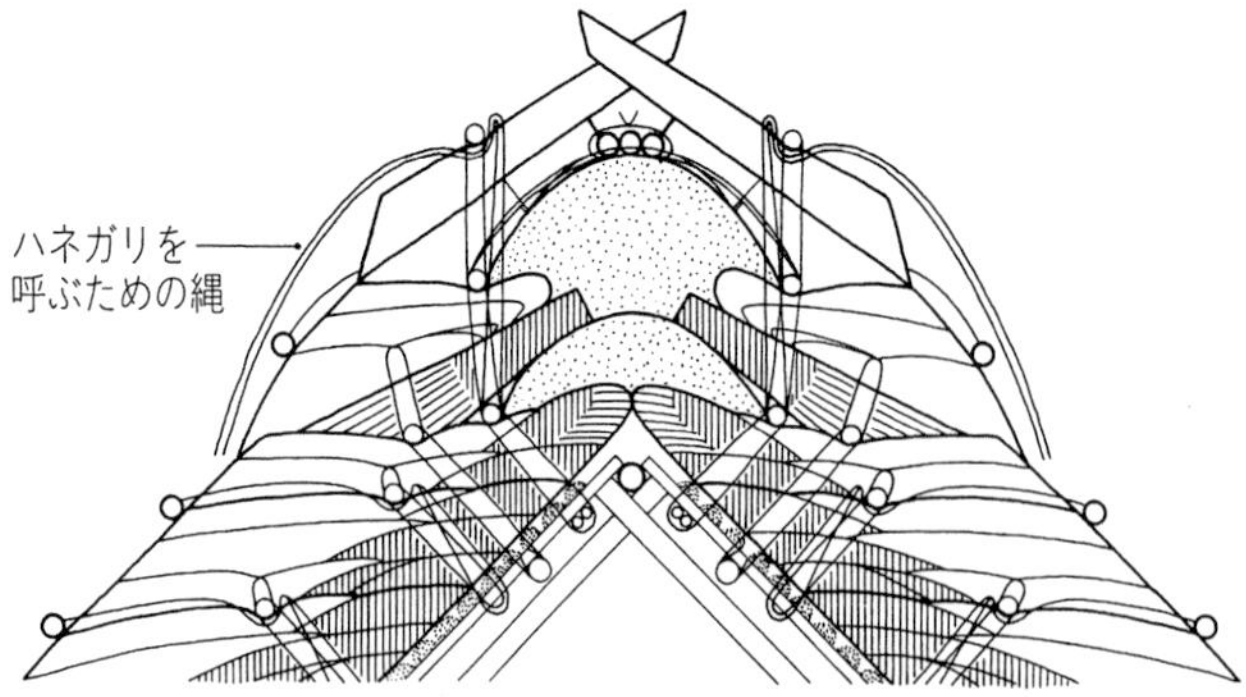
ハネガリを
呼ぶための縄

【図5—6】屋根葺きの工程—グシ作り⑭〜⑮—

⑯タテワラの先を編む

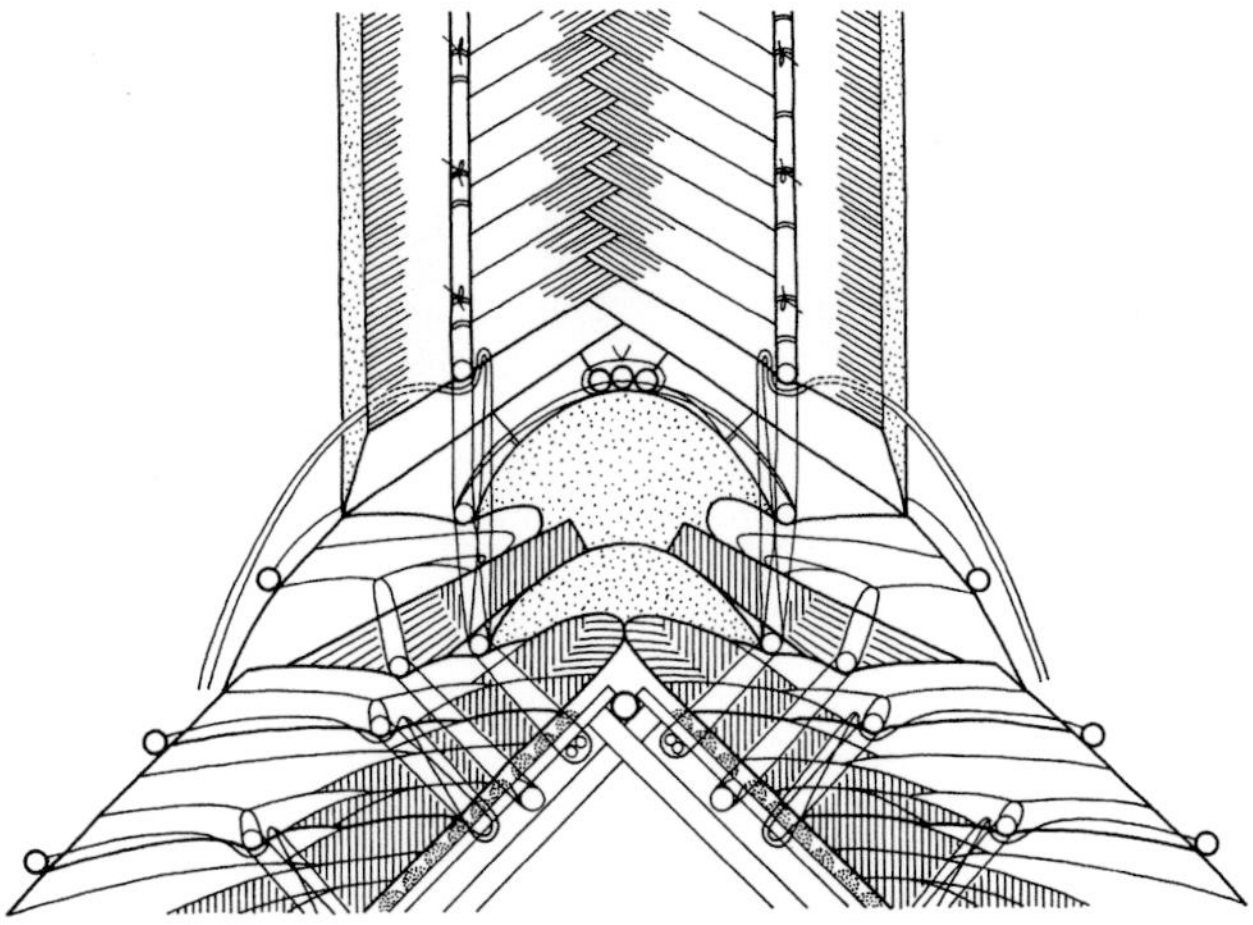

⑰モノガラの束を当てて縄で締める

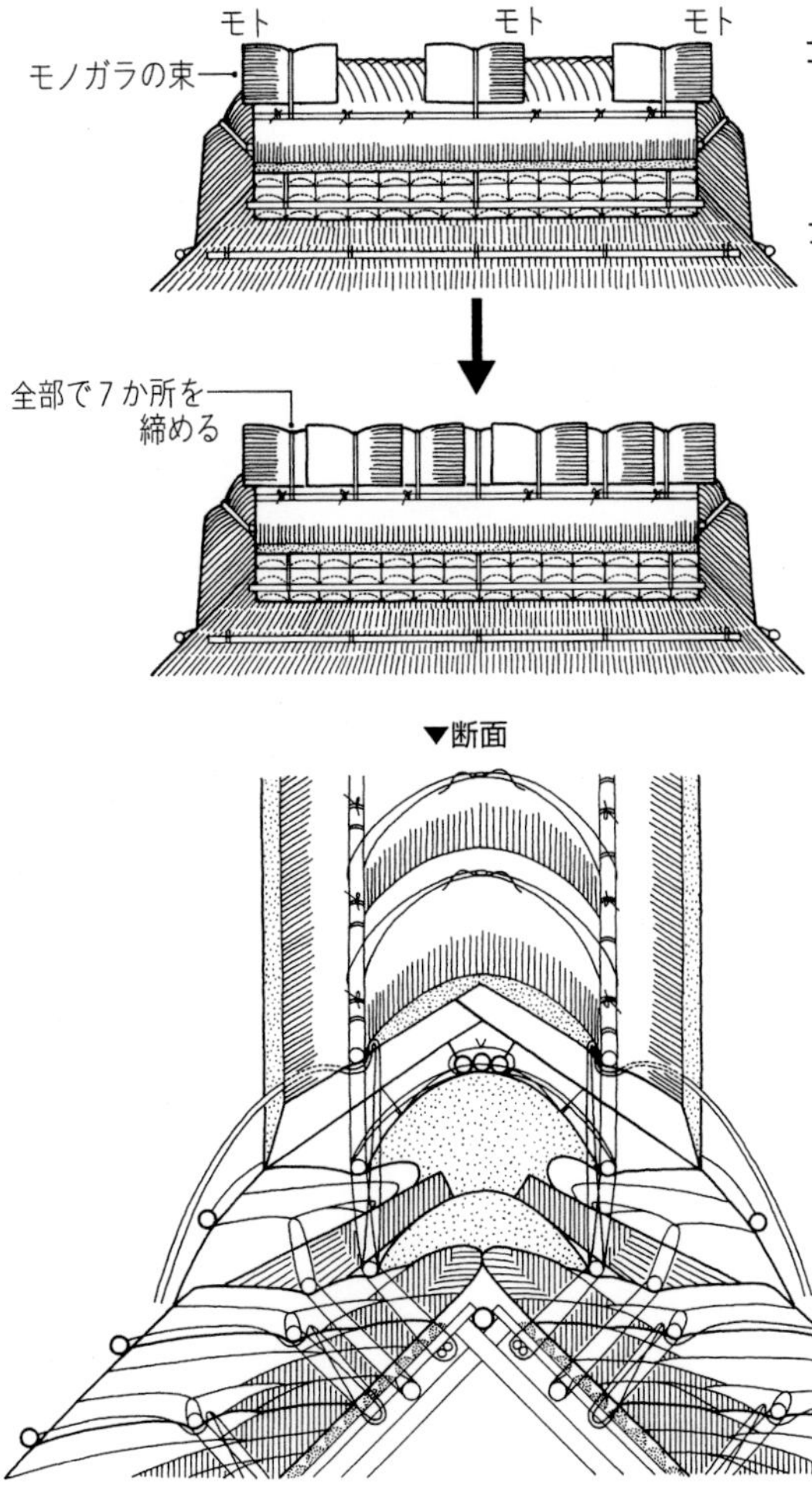

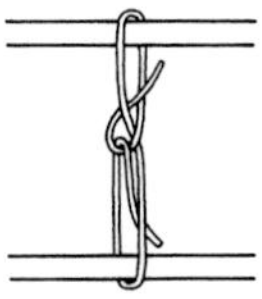

▲縄の締め方

▲踏んばって縄を締めるようす

【図5—7】屋根葺きの工程ーグシ作り⑯〜⑰ー

⑱稲藁を折ってブッチガエに並べる

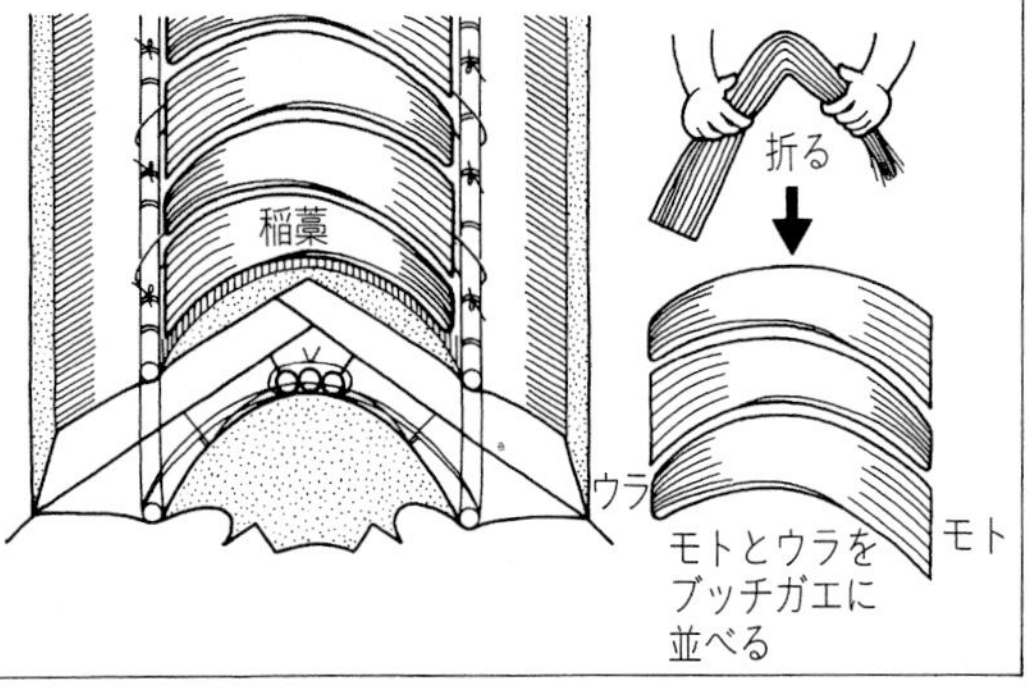
稲藁
折る
ウラ
モト
モトとウラを
ブッチガエに
並べる

⑲簀の子状に編んだ割竹をのせて
縄で締める

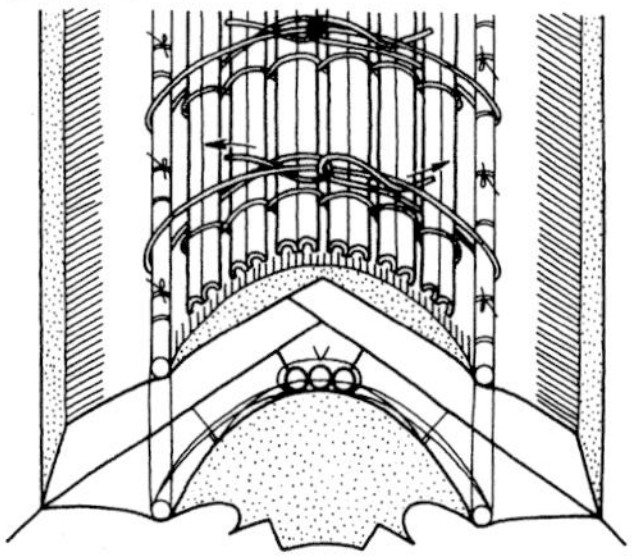

▼割竹を縄で締めるようす

▲カワラザンを当てるようす

⑳
カワラザンを
当てて縄で
締める

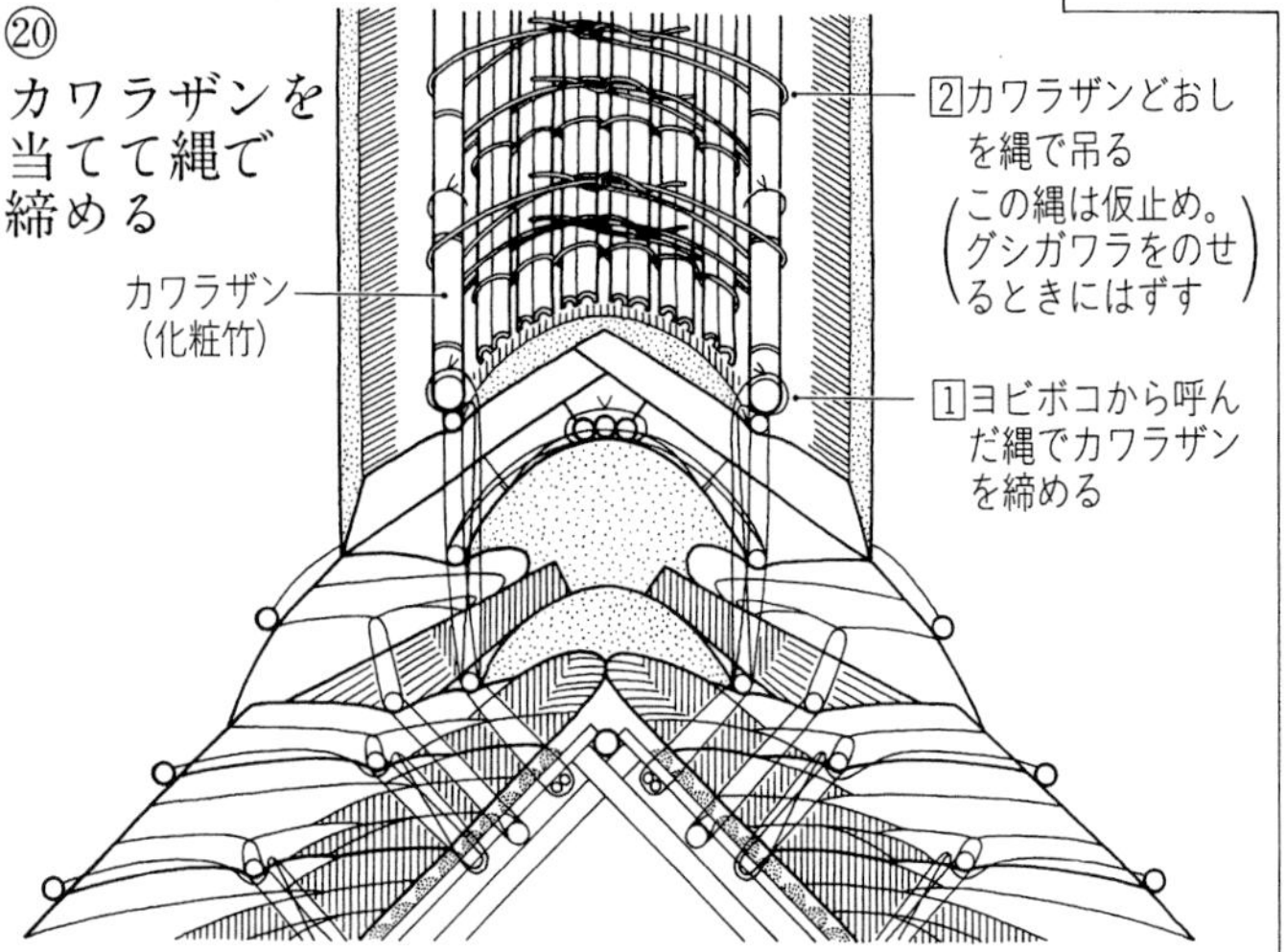
2カワラザンどおし
を縄で吊る
(この縄は仮止め。
グシガワラをのせ
るときにはずす)
カワラザン
(化粧竹)
1ヨビボコから呼ん
だ縄でカワラザン
を締める

▼縄で締めた割竹

㉑グシガワラを当ててカワラザンとの
隙間を確かめる

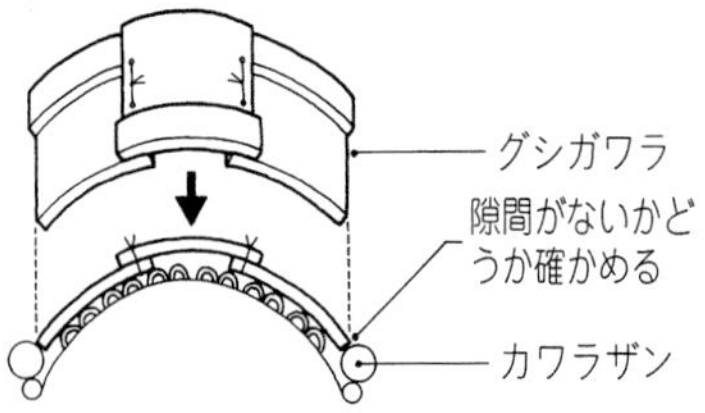
グシガワラ
隙間がないかど
うか確かめる
カワラザン

グシガワラを
当てるようす ▶

【図 5—8】 屋根葺きの工程—グシ作り⑱〜㉑—

㉒タテワラの端を切って段を作る

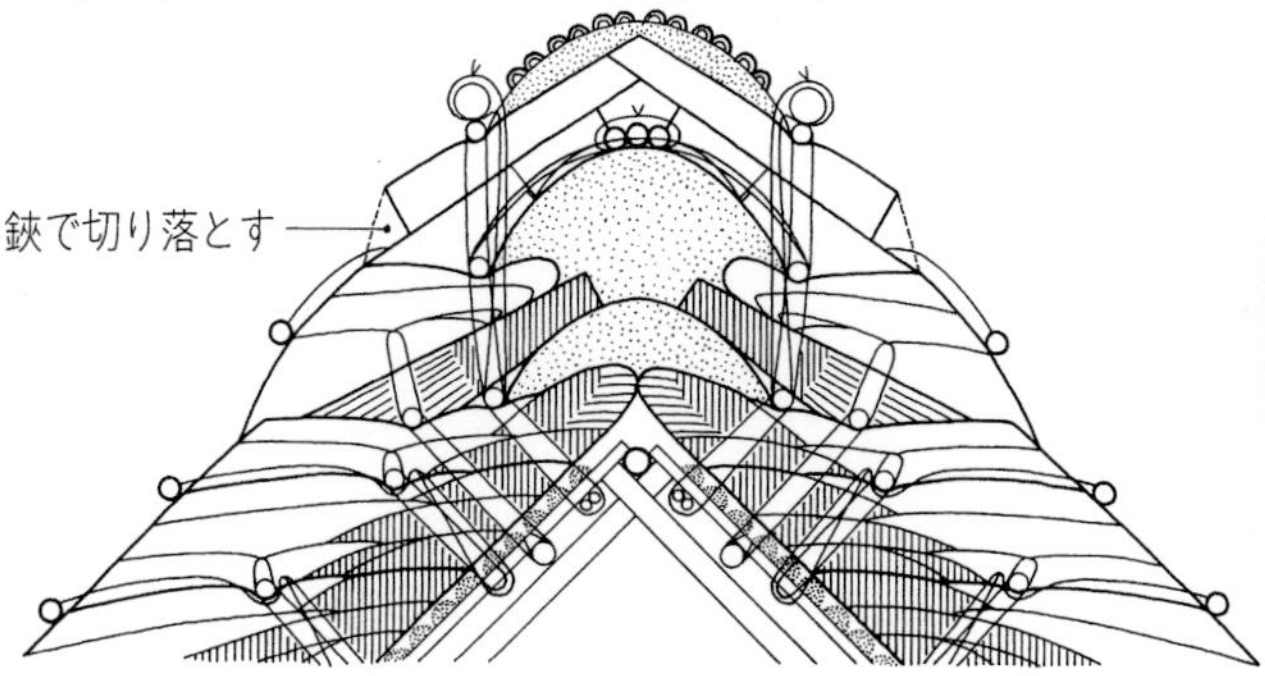
鋏で切り落とす

▲タテワラを切って
段を作るようす

㉓ハネガリを呼ぶ

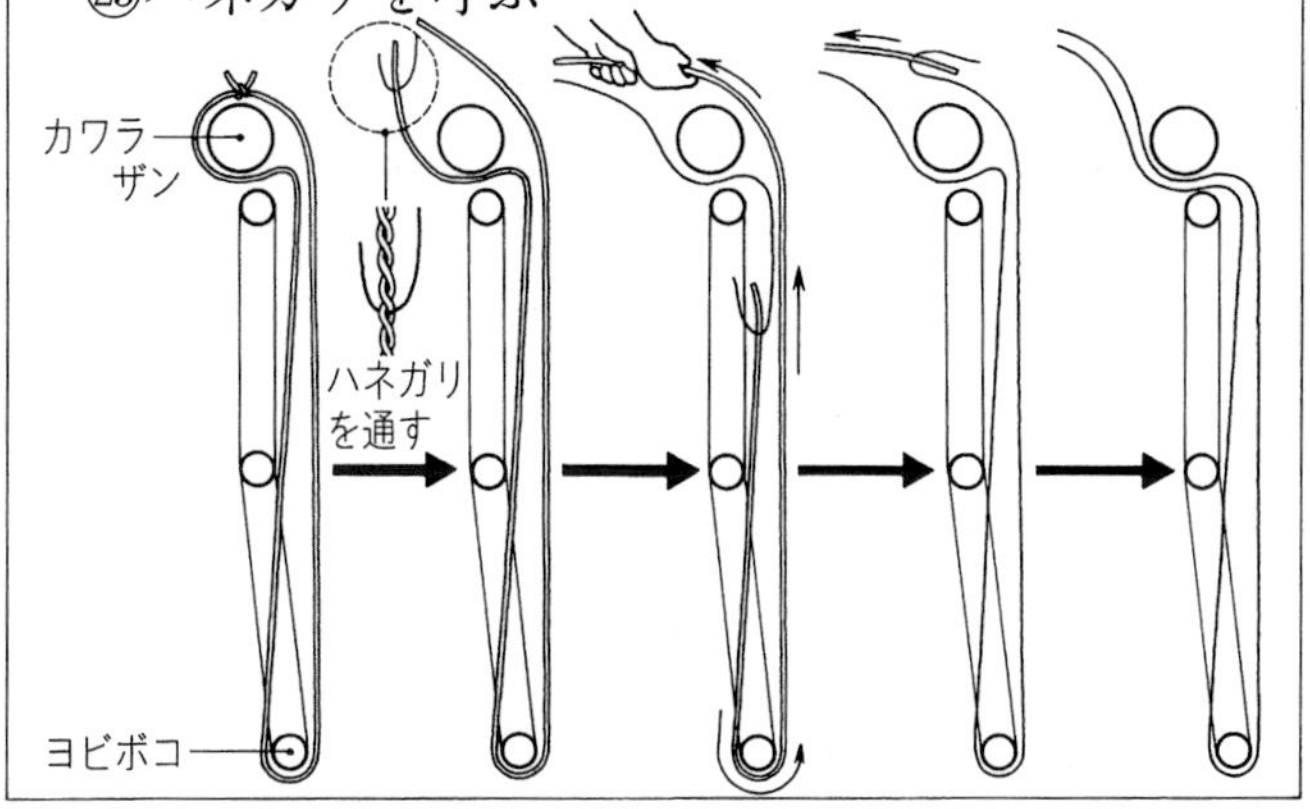
カワラ
ザン
ハネガリ
を通す
ヨビボコ

㉔トタンを被せてハネガリで締める

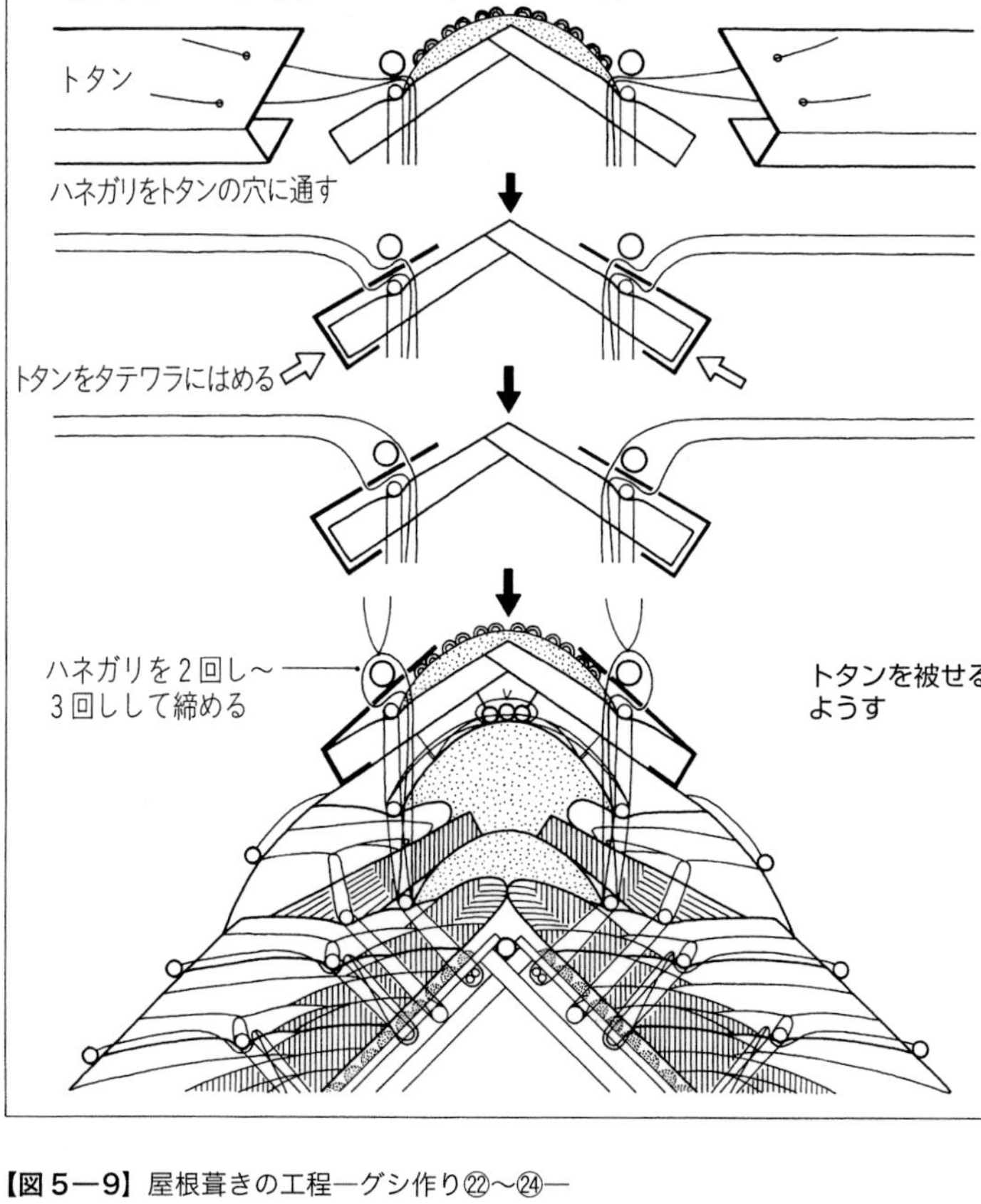
トタン
ハネガリをトタンの穴に通す
トタンをタテワラにはめる
ハネガリを2回し～
3回しして締める

トタンを被せる▶
ようす

【図5—9】屋根葺きの工程—グシ作り㉒～㉔—

㉕トタンのハネガリをグシの頂きへ引き上げてよじる

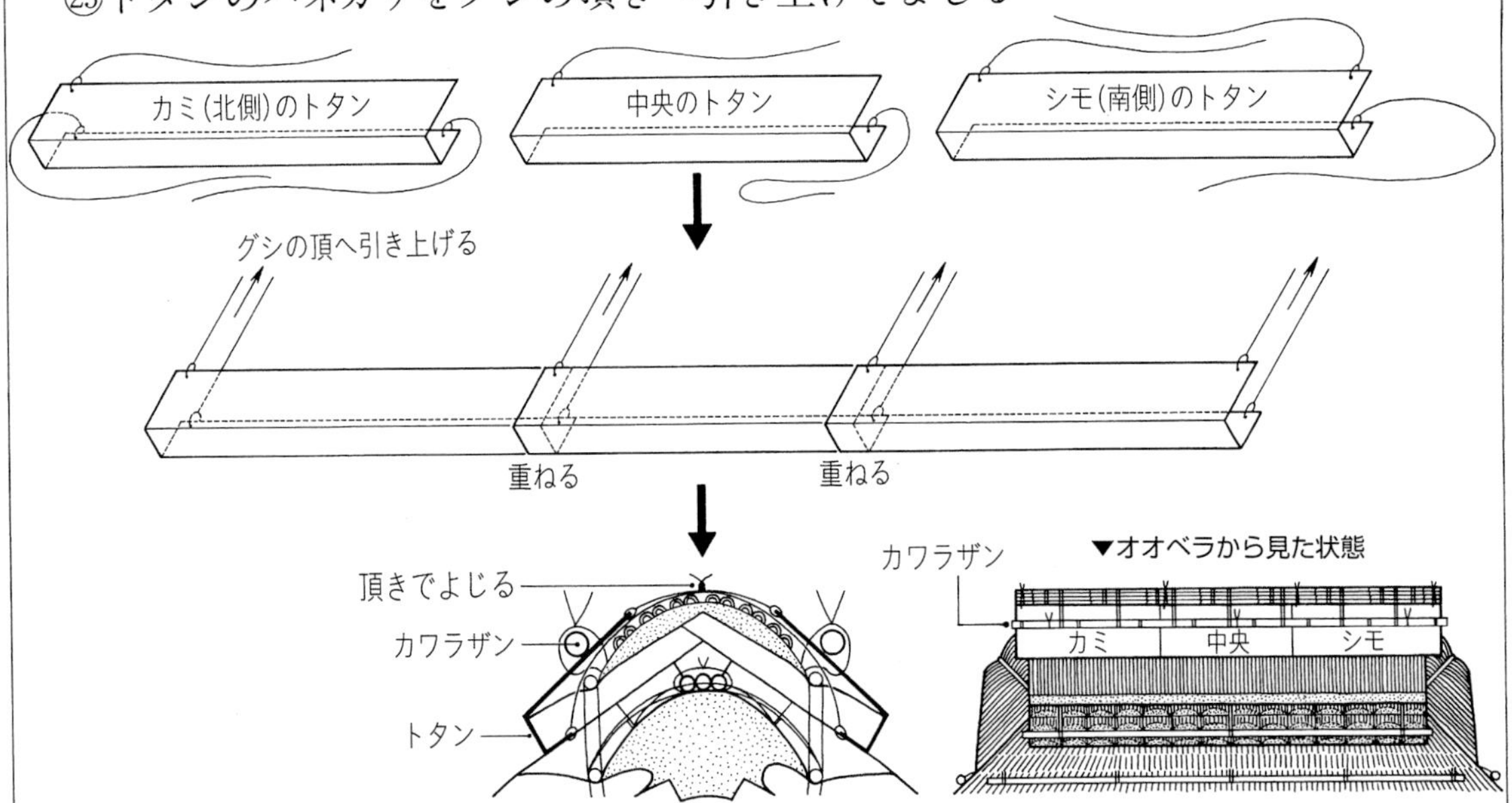
カミ（北側）のトタン
中央のトタン
シモ（南側）のトタン
グシの頂へ引き上げる
重ねる
重ねる
頂きでよじる
カワラザン
トタン
カワラザン
▼オオベラから見た状態
カミ
中央
シモ

㉖グシガワラを並べてハネガリで締める

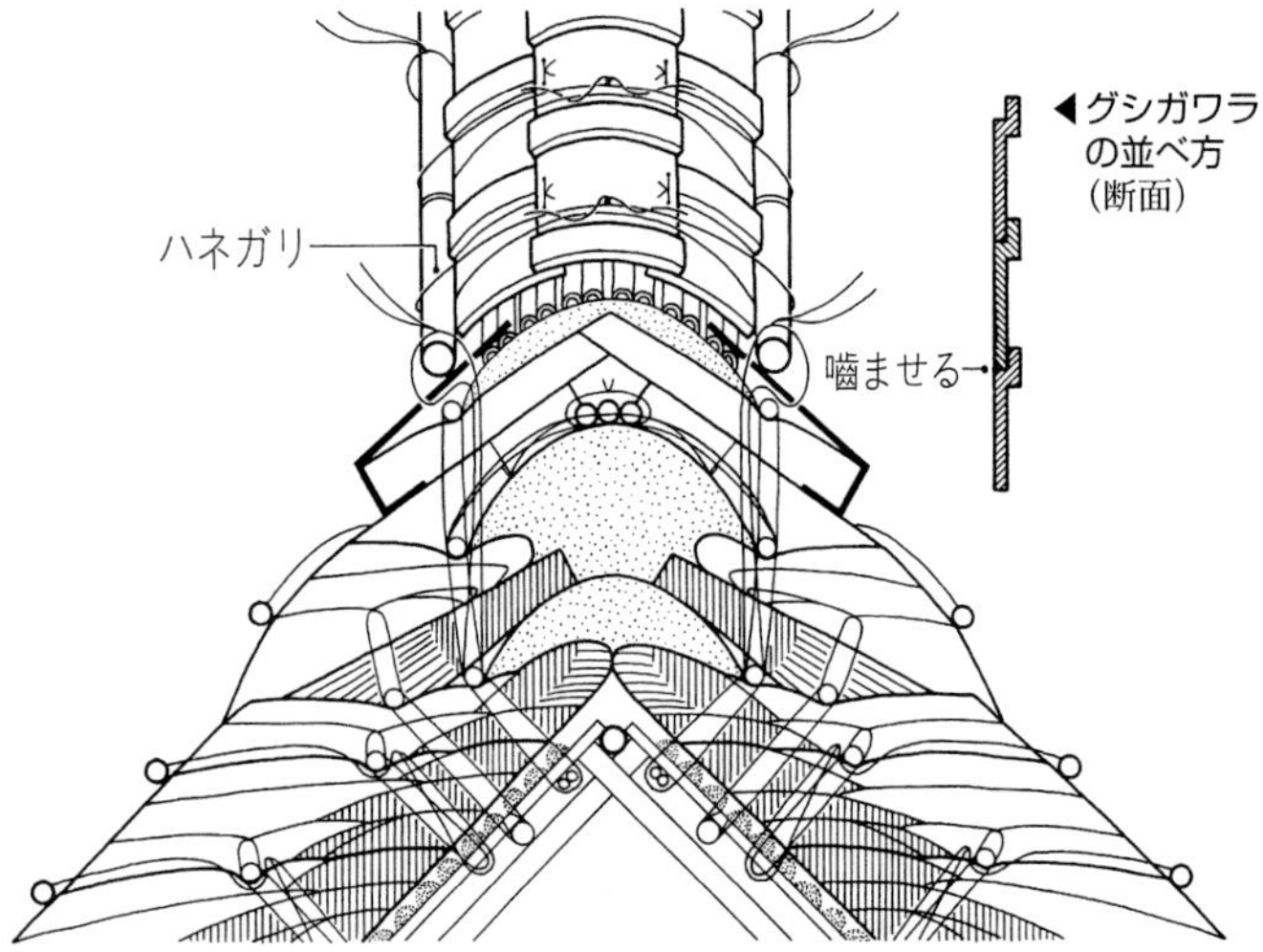
ハネガリ
噛ませる
◀グシガワラ
の並べ方
（断面）

▲グシガワラを並べるようす

【図 5―10】 屋根葺きの工程―グシ作り㉕～㉖―

▲グシガワラをハネガリで締めるようす

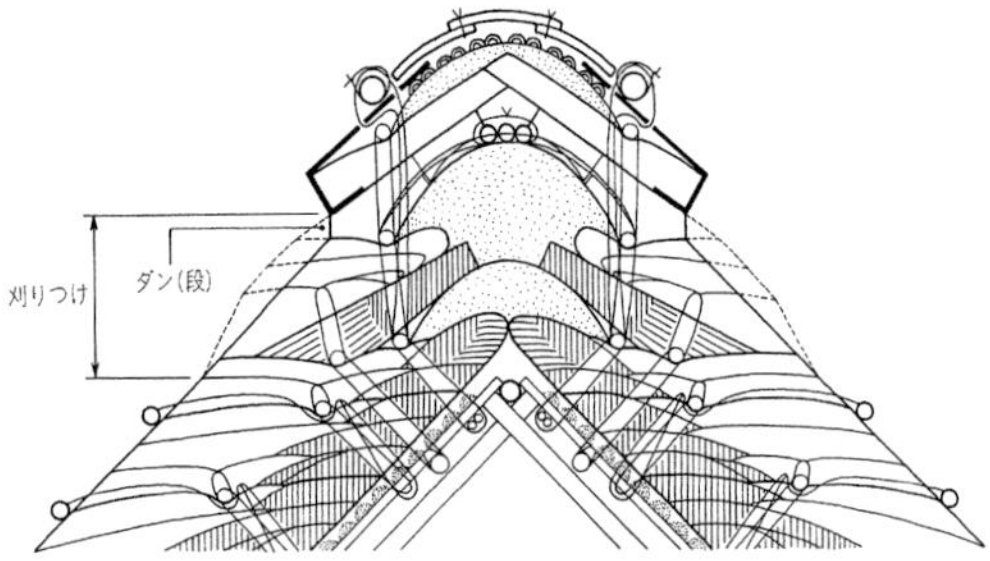
ダン（段）
刈りつけ

【図 5―11】 屋根葺きの工程―段の刈りつけ―

【写真 2】「水」の文字を描いたグシ端［江南町］

【写真 3】ヤネバサミでの刈り込み—平成８年—［川里町］
上から順に表面を切り揃え、最後に軒端を仕上げる

【写真 4】葺きあがった草屋根—平成８年—［川里町］

【❷祝いと化粧直しの季節】

春からの「農」に備えて

農閑期《のうかんき》の藁《わら》製品作り　農閑期には、春からの農作業に備えて藁製品作りが行われた。

　農作業には縄《なわ》や莚《むしろ》が欠かせない。また、農作物を梱包する俵《たわら》や叺《かます》も必要である。雨具の蓑《みの》やふだん履きの藁草履《ぞうり》も揃《そろ》えておかなければならない。こうした藁製品は、秋に収穫した稲藁《いなわら》を用いて冬のあいだに一年分が作られた。自家用とするほか余剰を売って農閑期の稼ぎとする家もあり、埼玉県南東部の稲作地域では、副業としての藁製品作りが年間を通して行われていたという。

稲藁　藁製品に用いる稲藁は、水田で作られる粳米《うるちまい》の藁である。もち米の藁は柔らかくて加工こそしやすいが、強度に劣る。また、陸稲《りくとう》の藁は硬く丈も短いので、藁製品には適さない。したがって、水田のない地域では稲藁や藁製品を購入したり、叺などを解いてその藁を再利用したものである。

　藁製品を作るには、まず、藁すぐりと称して稲藁の株元についているハカマを取り除く。縄をなうには、さらに水に湿してから槌《つち》で叩いて柔らかくした。

縄ない　縄には、莚の経縄《たてなわ》や俵の編み縄とする細縄《ほそなわ》をはじめ、二分《にぶ》縄、三分《さんぶ》縄、四分《しぶ》縄、五分《ごぶ》縄などの太さがあり、古くはすべて手でなわれた。アガリハナ、コエンなどと呼ばれる土間境《どまざかい》の板縁《いたえん》に座り、そこでなった縄を順次土間へ下ろしていったのである。仕上げには、縄の表面に飛び出している藁屑《くず》をきれいに扱《こ》き取り、一房《いちぼ》単位で束ねた。一房は、膝《ひざ》と足の土踏まずに縄を二〇回巻いた長さで、二〇尋《ひろ》に相当する。これを一単位とし、通常は二房掛け一〇本を一括《くく》りにしたものを一把《ぱ》として取り扱った。手ないに代わって足踏みの縄ない機が用いられるようになったのは、大正後期から昭和初期のことである。さらに、昭和一〇年代から終戦後にかけてはモーター式へと改良された。

莚織り　莚は、ムシロバタを用いて二人がかりで織られた。ムシロバタに経縄を掛け、一人がオサを操作して経縄のアヤを開くと、そこへもう一人が稲藁数本を通し、オサで叩いて織り目を詰めるという動作の繰り返しである。多くは夫婦で行われ、オサの扱い手を夫、稲藁の通し手を妻がつとめた。稲藁を通すには、ユミ、サンゴなどと呼ばれる鉤型《かぎがた》の竹が用いられた。

俵編み　米や麦を梱包する俵には二重俵と複式俵があり、昭和三〇年代以前は二重俵が用いられた。これは、内俵と外俵を二重にしたもので、こうすることで粒が漏れるのを防いだのである。

　俵作りの工程は【写真1―1・1―2】のようで、俵を編むには、ヤッコ、ツトロ、ボウズなどと呼ばれる筒型の木片二本に縄を両端から巻き、中央を台にのせて四組を両側へ垂らす。この上に稲藁十数本をのせては縄を前後に絡《から》め、一段ずつ締めながら編んでいった。俵の口に当てる桟俵《さんだわら》は、直径三〇センチメートルほどの台へ放射状に藁束を広げ、台の縁に合わせて端を編み込んでいった。台に石臼を利用する家も多かったという。

　俵や桟俵は、正味にごまかしがないよう目方の検査に合格したもののみが使用を許された。目方は、俵と桟俵の総体が一貫目（俵八〇〇匁、桟俵二〇〇匁）と定められ、編む際には目数や稲藁の本数にも神経を使ったものである。

マブシ作り　そのほか、養蚕《ようさん》が盛んな地域では、冬のあいだに一年間の蚕期に用いるマブシ（一七八頁参照）を稲藁で作った。中には、マブシ作りの道具を携えて農家を回り、賃稼ぎをする者もあったという。

　こうした藁製品や野良着《のらぎ》の支度が整うと、農家はいよいよ「農」の春へ向けて動き出すのである。

（宮本）

【桟俵作り】

①藁の真ん中を縛って竹串に差す

②台の上に藁を広げる

③台の縁に沿って編む

④編みあがり―裏・表―

【俵編み】

藁すぐり

縄ない

内俵編み

編みあがり

【写真1―1】 俵作りの工程［川里町］

【仕上げ】

外俵巻き

カガリトオシ

外俵縛り

桟俵をかぶせる

外俵のカタ(肩)作り

桟俵つけ

外俵かがり

縄締め

仕上がり

【写真１―２】俵作りの工程［川里町］

藁草履《わらぞうり》を作ってみよう

藁草履は、土間や庭、田畑への道中や通学など、暮らしのあらゆる場面で用いられ、最もなじみ深い履物のひとつであった。稲作を行う農家では、脱穀後の稲藁《いなわら》で家族の藁草履を作り、土間には常に予備の藁草履が何足も吊《つ》るされていた。また、稲藁が自給できない地域では、稲作地域から稲藁を購入したり、荒物屋や行商からできあいの藁草履を購入した。

藁草履を編むには、【写真1】のような草履作りの台に芯縄《しんなわ》を掛け、この間に稲藁を二、三本ずつ織り込んでは指で織り目を詰めていく。また、台の代わりに足の指を使うことも多く、その場合には左右の第一指に芯縄を掛ける。

【図1】は、藁草履作りの工程を図解したものである。これを参考に、「マイ藁草履」を作ってみてはいかがだろうか。織り始めと織り終《しま》いの藁に裂き布《ぬの》を絡《から》めれば強度が増し、見た目にもきれいな藁草履ができあがる。また、鼻緒も裂き布を併用すると切れにくくなる【写真2】。

（宮本）

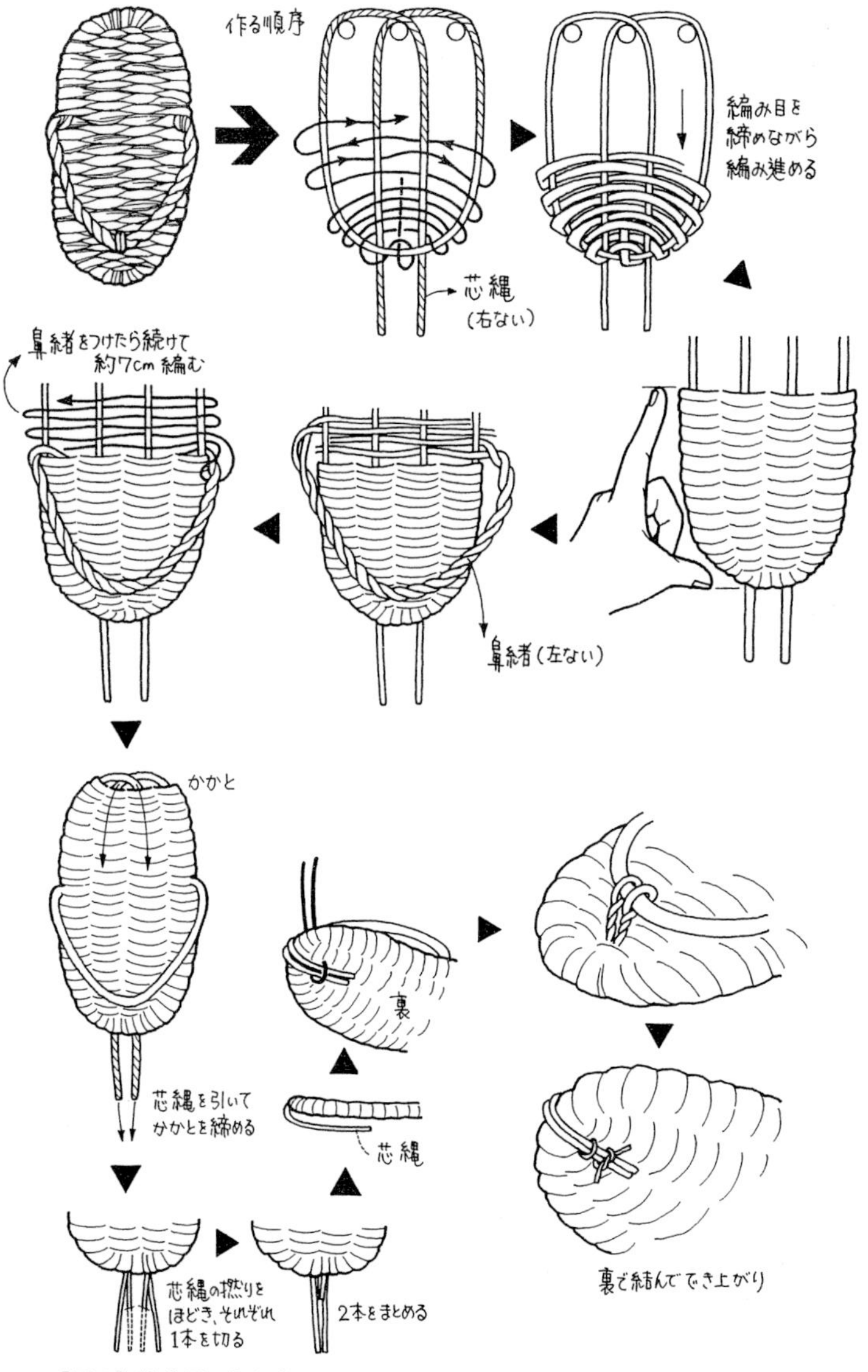

【図1】藁草履の作り方

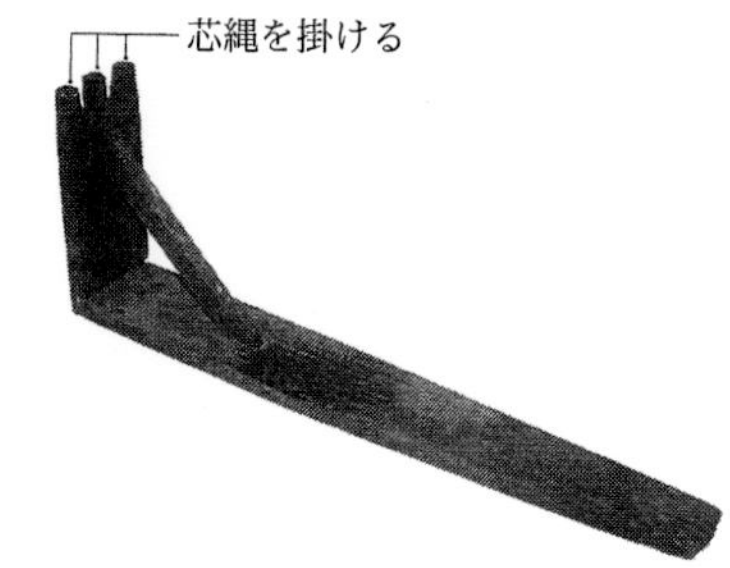

【写真1】草履作りの台［所沢市］

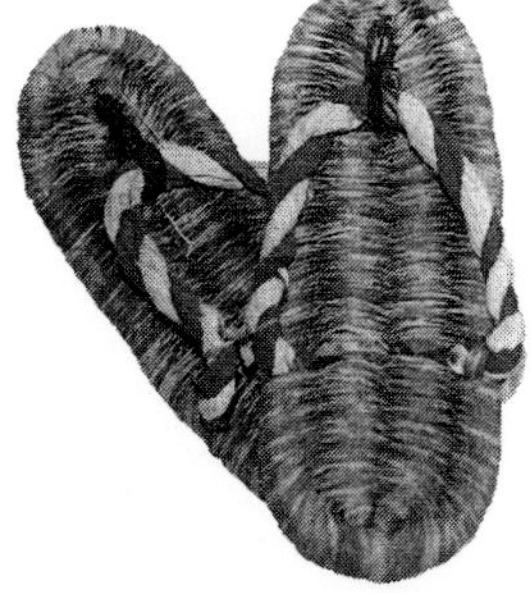
【写真2】藁草履［江南町］

第二章 田畑と雑木林の仕事

1 米作り

【田うない】……74
【クロッケ・シロカキ・整地】……78
【苗代・苗間】……82
【摘田】……84
【田植え】……88
＊ホッツケ田・ホリアゲ田　92
【早乙女は田植えの華】……94
＊短着とモモヒキとモンペ　96
＊モンペは「後ろ美人」？　102
【田植えに振る舞われた初夏の味】……103
＊横畝から縦畝へ　106
【湿田の稲刈り】……108
＊オオアシ（大足）　111
【稲刈りと自然乾燥】……112
【稲の脱穀―センバコキ―】……114
【稲の脱穀―「ガーコン」から脱穀機へ―】……118
【藁ボッチと藁の利用】……120

稲（米）の生産工程

工程	作業内容	頁	内容	時期	用具
耕起・整地	田うない〔タウナイ、タウネ〕（人力）	P.74	万能、鍬で田の土を耕起する	3月中旬～4月中旬	マンガ（タマンガ、タウナイマンガ＝タマンノウ。万能のこと）、ヒラグワ（平鍬）
	田うない（畜力）	P.74	牛馬に引かせた犂で田の土を耕起する		オンガ・テッポウ（大鍬。犂のこと）、改良オンガ（改良犂＝単用犂、両用犂）、ハナザオ（鼻竿）、タズナ（手綱）
くろつけ・代かき	田のくろつけ〔タノクロツケ〕	P.78	鍬で田の畦畔を補修する	5月～6月	ヒラグワ、テスキ（手鋤）、クロツキギネ（くろ搗き杵）
	代かき（畜力）〔シロカキ〕	P.78	牛馬に引かせた馬鍬で水の入った田の土をかき混ぜ均一にならす		マンガ（馬鍬）、ナラシボウ（ならし棒）、エブリ（エボリ、イブリ）、ハナザオ、クラ（鞍） →耕耘機、テーラー、カゴシャリン（籠車輪）
	代かき（人力）〔シロカキ〕	P.78	万能や鍬などで水の入った田の土をかき混ぜ、均一にならす		マンノウ、ヒラグワ、ナラシボウ、エブリ（エボリ、イブリ）
	サナ踏み〔サナフミ〕（稲作地帯）	P.78	前年の稲の切り株や雑草を土中に踏み込む		サナ・ナワシロスダレ（苗代簾）
	シビ押し〔シビオシ〕（畑作地帯）	P.78	前年の稲の切り株や雑草を土中に押し込む		（素手の作業）
苗代作りと種振り	苗代作り〔ナエマヅクリ、ナーマヅクリ〕	P.82	本田とは別に、苗を育てるため、苗代を作る	4月	ナワズリボウ（縄摺り棒）、ナワ（縄）、コヤシダワラ（肥やし俵）、ヨマワリ、モッコ（畚）、ザール（ザル）、コヤシオケ、マス（枡）、コテ（鏝）、アブラガミ（油紙）、アミ（網）、クイ（杭）
	種振り〔タネフリ〕	P.82	苗代に種を振る	5月初旬	ザール（ザル＝笊）
（摘田での田摘み）	摘む〔ツム〕（田摘み〔タツミ〕）	P.84	摘田では、本田に直接種を摘む	5月初旬	ナラシボウ（スジ付け道具）、ザール（ザル）、ツミナワ（摘み縄）、コヤシダワラ、モッコ、ヨマワリ、ニグルマ（荷車）、リヤカー
田植え	苗取り〔ナエトリ〕	P.90	苗代で育った苗を取る。台に腰掛けて作業する	6月～7月上旬	ナエトリコシカケ（苗取り腰掛）、ナエトリダイ（苗取り台）、またはショイダル（醤油樽）、空き箱
	苗運び〔ナエハコビ〕	P.90	苗代から本田に苗を運ぶ		ナエカゴ（苗籠）、テンビンボウ（天秤棒）、カゴ（籠）

田植え

種振《ふ》り

代かき

田うない（畜力）

田うない（人力）

作業	作業名〔読み〕	参照	内容	時期	道具
	田植え〔タウエ〕	P.88	苗を植える		シュロ縄、センビキ（キサヒキ）↓タウエキ
水の管理	水揚げ〔ミズアゲ〕	P.91	主として田植え後、用水堀などから水を入れる	6月〜7月	ミズグルマ（水車）、スッポン（スイコ）
除草	田の草取り〔タノクサトリ〕	P.91	一番コ（一番草）、二番コ（二番草）、三番コ（三番草）と三回の草取りをする	7月〜8月	除草機。ガンヅメ、タオシグルマ（田押し車）、タカキグルマ（田かき車）、ハッタンドリ（八反取り）、タコスリ、タコロガシ
収穫	稲刈り〔イネカリ〕	P.112	稲を刈る	11月	カマ（鎌。クサカリガマ＝草刈り鎌）↓イネカリキ（稲刈り機）↓コンバイン
		P.108	湿田では、田舟などを利用して稲を刈る		タブネ（田舟）、ウシ、タゲタ（田下駄）、ワクダイ（枠台）
	乾燥〔カンソウ〕	P.112	稲束を稲架にかけて乾燥させる		ハサ（ヤライ、ハンデ）
	稲運び〔イネハコビ〕	P.112	稲束を田から家に運ぶ	11月	ショイバシゴ（背負い梯子）、ニグルマ（荷車。テグルマ＝手車、ダイハチグルマ＝大八車）、リヤカー、イチリンシャ（一輪車）↓オート三輪
脱穀	稲扱き〔イネコキ〕	P.114	稲から籾粒を扱きおとす	11月〜12月	センバ（千歯こき）、クルリボウ、リンテンキ（輪転機）、ダッコクキ（脱穀機）
	選別〔センベツ〕	P.116	籾とゴミとを分ける		モミブルイ（籾篩）、ミ（箕）、トウミ（唐箕）
天日乾燥	籾干し〔モミホシ〕	P.117	籾を庭のムシロに広げて天日乾燥する	12月	ムシロ（莚）、ホシモノホシ（干し物干し。ホシモノガエシ＝干し物返し）↓カンソウキ（乾燥機）
籾摺り	籾摺り〔モミスリ〕	P.117	籾殻をすり落として、玄米にする	12月〜1月	カラウス（ドガラス＝土唐臼）、モミスリキ（籾摺り機）
選別	選別〔センベツ〕	P.116	玄米とくず米などに分ける	12月〜1月	トウミ、コメブルイ（米篩）、マンゴク（万石通し）、ミ
俵装	俵詰め〔タワラヅメ〕		玄米を俵に入れ、縄をかける	1月	コメダワラ（米俵）、ヒョウグチ（俵口）、トオケ（斗桶）、トマス（斗枡）、テカギ（手鉤）

水車

稲刈り

稲扱《こ》き

籾干し

【❶米作り】

田うない

野良《のら》仕事《しごと》のはじまり　春の彼岸《ひがん》を境に野良仕事が開始される。太陽の光が明るくなり、水がぬるみ、田仕事が始まる。しかし、稲作地帯では、昔は彼岸までに田うない（田の耕起《こうき》）を終わらせる家も多かった。すなわち二月（月おくれの正月）一一日は年中行事の鍬始《くわはじ》め（鍬入《くわい》れ）の日であり、この行事が済んでから田うないを行うならわしであった。

人力《じんりき》による耕起　一般的には、三月彼岸前後に最初のアラオコシが行われる。田うないは、明治時代までは四本爪を持つタマンノウ（田万能。【写真1、図1】）による人力耕起【写真2・3】が主流であった。所沢など入間地方ではこの万能をマンガと呼び、畜力による田うないが難しい湿田の深田、あるいは経営規模の小さな農家では、昭和三〇年頃までこの万能が使用されていた。

畜力《ちくりょく》による耕起　稲作地帯では、明治時代に通称オンガ・テッポウなどと呼ぶ大鍬《おおぐわ》を馬に取りつけて田うないをする畜力耕起が普及した。大鍬は、クワといっても大きな犂《すき》で長さが三メートルもあり、刃を除くほとんどが木で出来ている。大鍬は自作のものもあり、昭和一〇年（一九三五）頃まで使用した家もある。

大正時代になると、大鍬を改良したメーカー製の改良犂が普及し、馬による田うない【写真4】が本格化する。この犂は一般に改良オンガと呼ばれ、「高北式」や「日《ひ》の本号《もとごう》」【写真6】「松山式」といったものが広く採用された。改良オンガには、古い形式の単用犂《たんようすき》【写真5】とその後に普及した両用犂《りょうようすき》【写真6】があり、前者は一方にのみすいていくが、後者はタタラと称する刃の部分が動いて土を左右に返すことができる。両者には、うない方に基本的な違いがある。

犂の操作　畜力による耕起は、普通二人で行う。馬に引かせた犂を後ろで操る人をシンドリといい、これは大人の男性の役割である。馬のハナザオ（鼻竿）を持って、馬を誘導する人をハナドリといい、これは子どもや女性の仕事である。馬が歩くときに蹴飛ばす水や泥でずぶ濡れになりながらの作業で、小さな子どもがハナドリをするとかわいそうになったものだった。牛の場合は、カタッパズナ（片手綱）といって一人で犂の操作と牛の誘導をすることが出来る。

畜力による田うないは、二回行うのが一般的である。一番うない【写真2】のアラオコシ（粗起こし）をイチボネといい、二番うない【写真3】をニボネという。

畜力耕起から耕耘機《こううんき》へ　馬に犂を引かせる馬耕《ばこう》は、馬が第二次世界大戦の軍馬徴発《ぐんばちょうはつ》によって減ったため姿を消し、以後田うないは馬から牛に変化した。当時、馬一頭が田んぼ一反に近い値段で売れたというエピソードが今に伝えられている。

こうした畜力による田うないは、昭和三〇年代半ばからの動力耕耘機マメトラの普及により姿を消し、農家は牛を売ってマメトラを求めた。これにより牛の餌《えさ》にするために早朝の草刈りやカイバキリ（飼い葉切り）をするといった労力が軽減された反面、牛馬に麦藁《むぎわら》や稲藁を踏ませて堆肥《たいひ》の基を作るウマヤゴエ（厩肥）が取れなくなり、日本の伝統的有機農業がこの時代から急速に失われていった。

鍬始め　鍬始めの行事【写真7】は、畑作地帯でも行われ、秩父地方ではカダテ（鍬立て）などと呼ぶ。この行事を田んぼで行う場合、概略次のようである。

主として苗代田《なわしろだ》で行われる。年男が、歳神《としがみ》に供えた松を立て、鍬や万能で形ばかりサクを切って、供え物をする。オサゴ（米の意）をまき、餅《もち》や尾頭《おかしら》付き、するめなどを供えて豊作を祈願する。松に竹を添えて立てるところもある。

鍬始め（鍬入れ）の行事は全国にわたってあり、「田打《たう》ち正月」「田祭《たまつ》り」などともいい、正月に田に田の神を迎える行事である。したがって田うないは、こうして田の神を迎えてからの作業ということになる。　（大舘）

[参考文献]

大舘勝治『田畑と雑木林の民俗』慶友社　一九九五

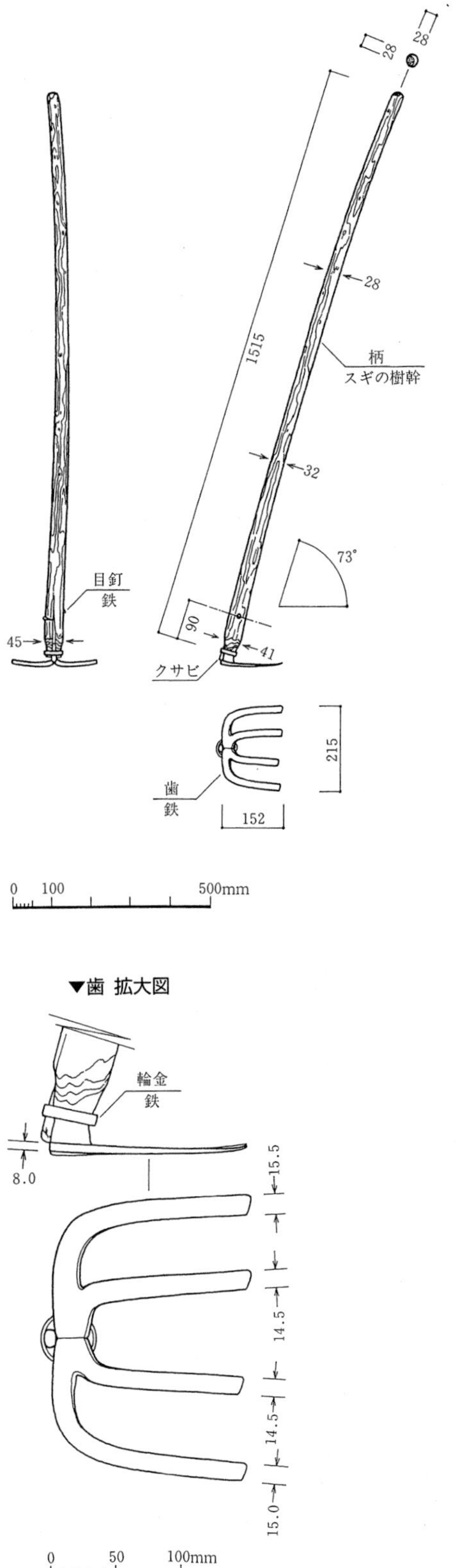

【図 1】マンガ［所沢市］（埼玉県立さきたま資料館蔵）

【写真 1】マンガと呼ばれる万能［所沢市］

【写真 2】マンガでの田うない―昭和 46 年―［所沢市］

【写真 3】二番うない―マンガで土の塊を細かくする。キリカエシ・キッコウシなどという―昭和 46 年［東村山市］

【写真 4】馬による改良オンガを用いた田うない［行田市］

【写真 6】改良オンガー「日の本号」両用犂ー

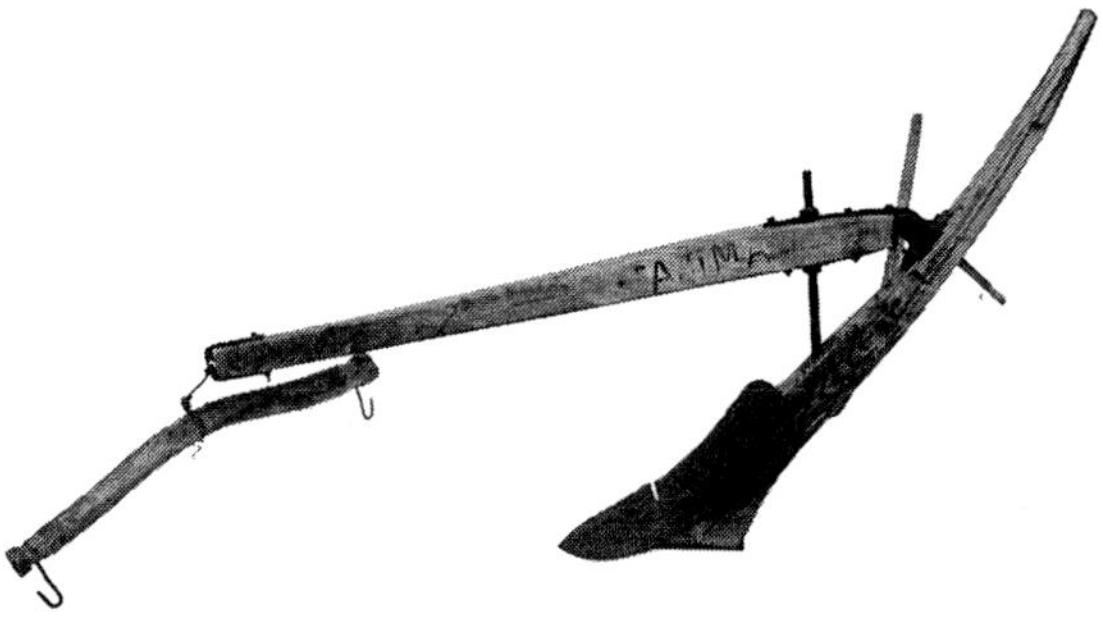

【写真 5】改良オンガー単用犂ー

【写真 7】クワイレ（鍬入れ）ー昭和 48 年 1 月ー［行田市］

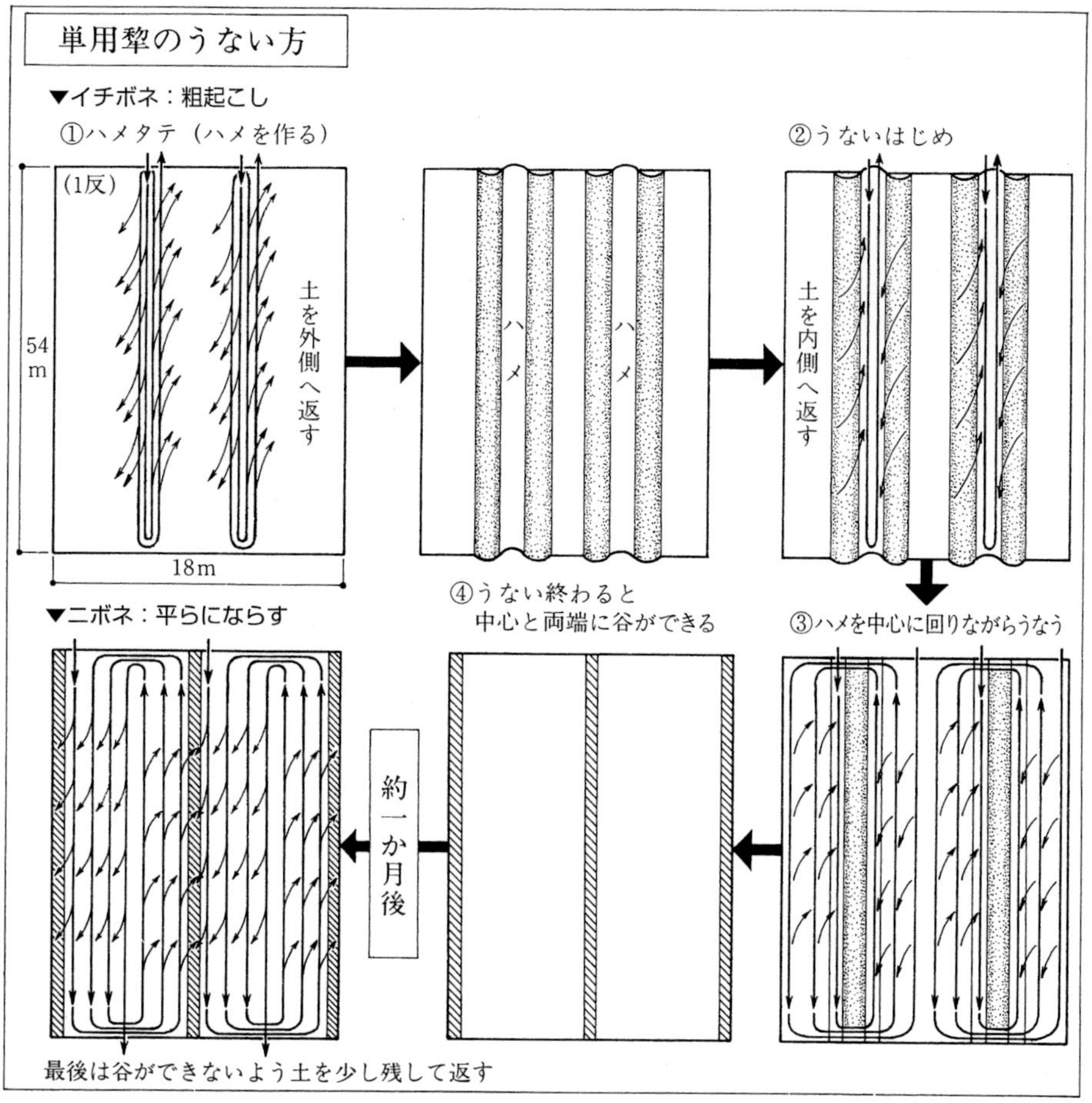

単用犂のイチボネ　一番うないのアラオコシ（粗起こし）をイチボネといい、早ければ春先霜が降りなくなると始めるが、彼岸前後が一般的である。場所によっては蓮華の花が咲くころ始める。単用オンガのイチボネは、オンガのタタラが左右に動かず、一方にしかうなえないので、カタウナイという。うない方は、往きに土を進路方向右に返したら、帰りも土を進路方向右に返す、すなわち往復すると、左右に土の山ができ、犂が通ったところには二尺くらいの広い溝ができる。これをハメタテと呼んでいる。

単用犂のニボネ　二番うないはニボネといい、イチボネで、土を高くした部分に犂を入れて山を崩すようにうなう。左右に土をすき分け、イチボネのときにつくった溝に土を崩していく。このときは溝ができないよう、イチボネとニボネの高さを平均化する。

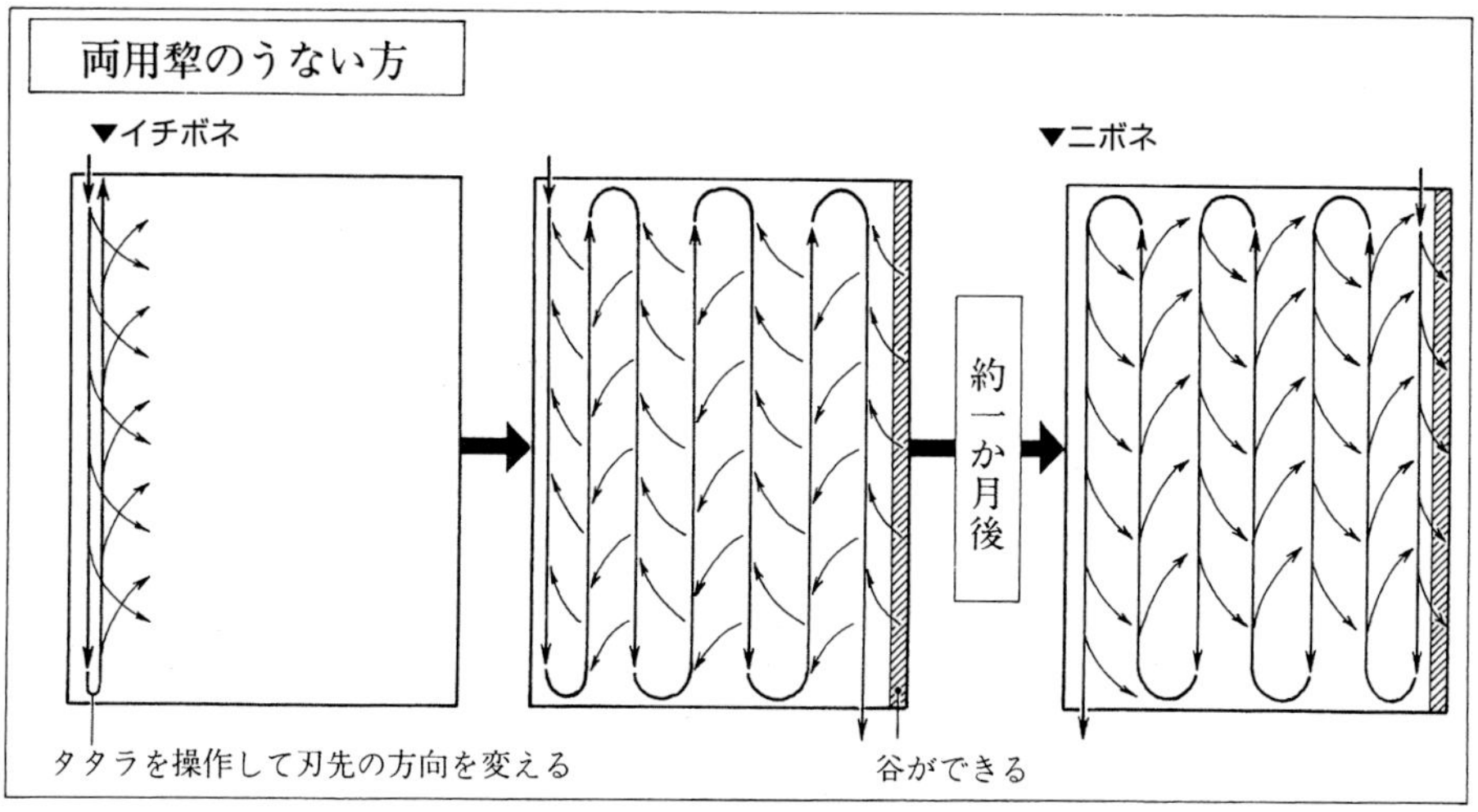

両用犂のイチボネ　両用犂は、タタラが左右に動くので、この原理を利用して田の隅を内側に二度すくってから、後は埋めるように外側に返していく。ベタウナイといい、片っ端から同じ方向にうなっていくので溝はできない。

両用犂のニボネ　ニボネは五月頃、ウマヤゴエ（厩肥）をまき散らしておき、イチボネの逆にうなって堆肥をうない込む。

【図 1】 単用犂・両用犂のうない方

【❶米作り】クロツケ・シロカキ・整地

日本の田んぼは、古くは一筆《ひとふで》一筆（一区画）が不揃《ぞろ》いなのが普通であった。小さな田んぼもあれば大きな田んぼもあり、形もさまざまであった。おおかたは小さな田んぼで、今日のような一区画が大きく整形に区画された田んぼは、近年になって大型の動力機械の導入に便利なように整備されたものである。

クロツケ　田んぼと田んぼの間に土を盛り上げ、境にしたものがクロ（畔）である。クロは、田んぼに必要な水の確保（保水）と田作業をするための小道としての役目を持っている。稲を栽培する上で大切な施設で、毎年田んぼの作業が始まる時期にその修理が行われる。これをクロツケと呼ぶ。

クロツケ【写真1】は、田んぼに水を入れて田うないが終わってから行うところが多い。クロの周囲に水がないと、クロツケはできない。

クロツケの方法は地域により多少異なるが、初めに前年のクロの土を鍬《くわ》で削り落としてから、クロのそばの土をサンボングワ（三本鍬）で取って付け、ヒラグワ（平鍬）でピタピタ叩き、平らにスーッとなでる。これを繰り返す。

埼玉県の稲作地帯では、テスキ（手鋤《てすき》）【写真3】で前年のクロの両際の土を切ってから新しい土を付けて修復する。こうしておくとシロカキがやりやすい。また、クロツキギネと呼ばれる杵《きね》があり、この杵で古いクロを打ち固める。モグラやアメリカザリガニなどに開けられた穴をふさぎ、水漏れを防ぐためである。クロツケの済んだ真新しいクロは数日後には固まるが、その間に子どもがうっかりしてクロを歩いたりすると、烈火のごとく叱られた。新しく出来上がったクロに、羽化したばかりの何匹ものシオカラトンボがやわらかい羽を休めている光景は、現在も鮮やかに思い出される。

シロカキ　稲の苗を育てるための田を苗代《なわしろ》あるいは苗間《なえま》という。埼玉県内では苗間を訛《なま》ってナーマ、その田をナーマダ（苗間田）などと呼ぶ。

苗代のシロカキは、畜力《ちくりょく》導入の地域や家では牛馬にマンガ（馬鍬）を引かせて行われた。「改良オンガ」による田うないと同じように、牛馬の後ろでマンガを操作する人をシンドリといって主として大人の男性が行い、女性や子どもはハナドリといって牛馬を誘導する【図2】。

シロカキは田に水を十分入れ、三回を行うのが普通である。一回目をアラシロ、二回目をナカシロ、三回目をウワシロまたはアゲシロなどと呼ぶ。三回目のウワシロが済むと土の塊《かたまり》はだいぶこなれるが、古い稲株や枯れ草などがところどころに頭を出しているので、稲作地帯ではナワシロスダレ（苗代すだれ）あるいはサナと呼ぶ竹製の道具【写真2】を使って、これを田の中へ踏み込む。この作業をサナフミなどともいう。サナフミをすると、どろどろしたヘドロが浮き上がるが、このヘドロが種籾の発芽に良いといわれる。

牛馬を使用しないシロカキは、マンノウ（万能）でうなった後、ヒラグワ（平鍬《ひらぐわ》）やエブリ【写真4・5、図3】などの農具を用いて行われる。二番うないとしてキッカエシまたはキッコウシといって、マンノウで土の塊《かたまり》を細かくして、次にヒラグワを横にしてこね、土の塊を小さくする。さらにエブリを使ってならし、田んぼ全体が平らになるようにする【写真3】。このエブリは古くから稲作に重要な道具で、東北地方には田仕事のエブリの所作を演じる「エンブリ」という民俗芸能を伝承するところもある。

エブリで整地した後、稲の古株などが出ているので、手で土の中へ押し込む。この作業を埼玉県所沢市ではシビオシと呼んでいる。稲作地帯のナワシロスダレを使っての作業と同じ内容である。

苗代作りのためのシロカキ・整地は、ことのほかていねいに行うのが普通である。（大舘）

【写真 1】クロツケ—前年のクロを修理する— ［所沢市］

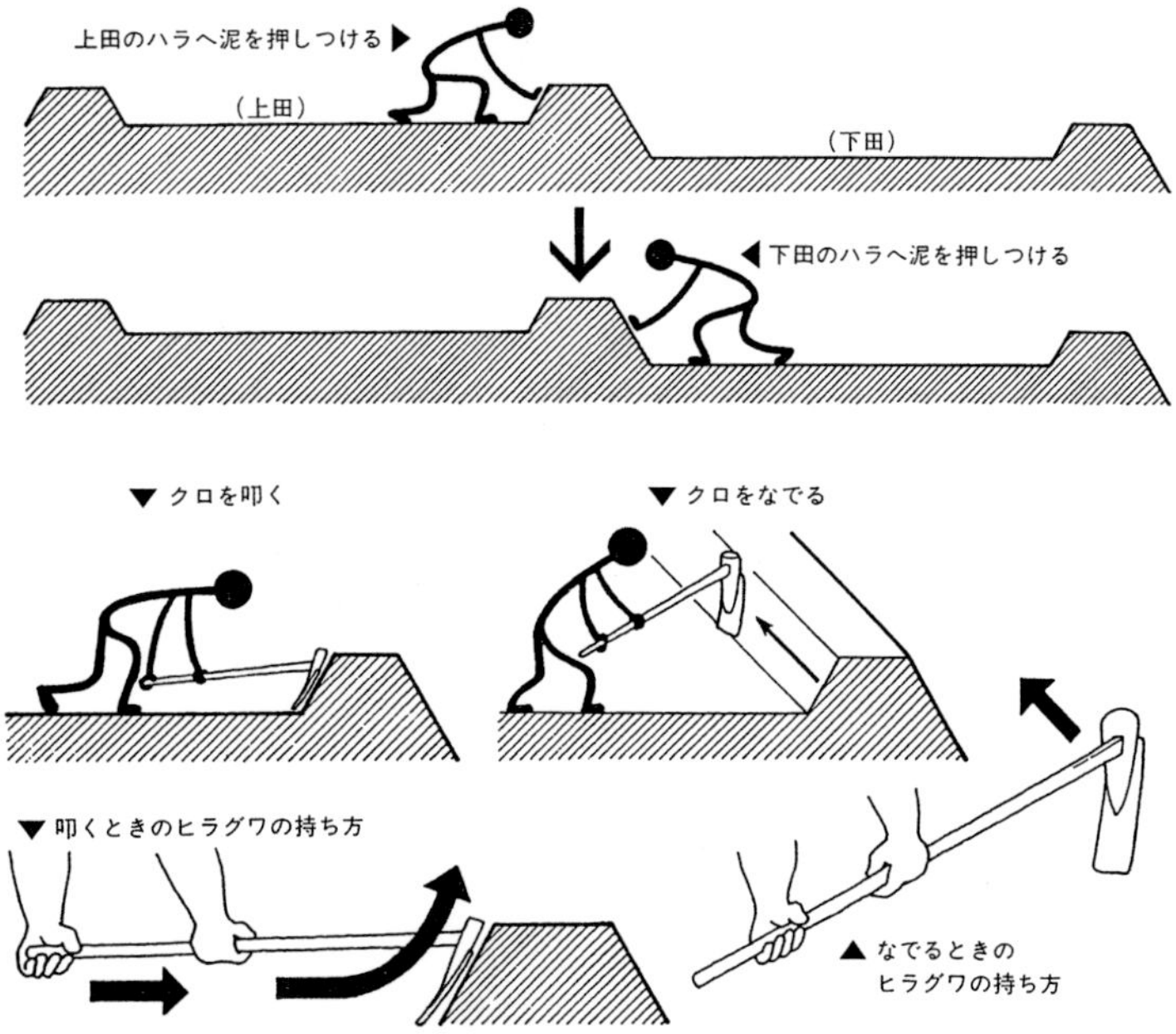

【図 1】クロツケ—ハラへ泥を押しつける（上)。クロの叩き方となで方（下）—

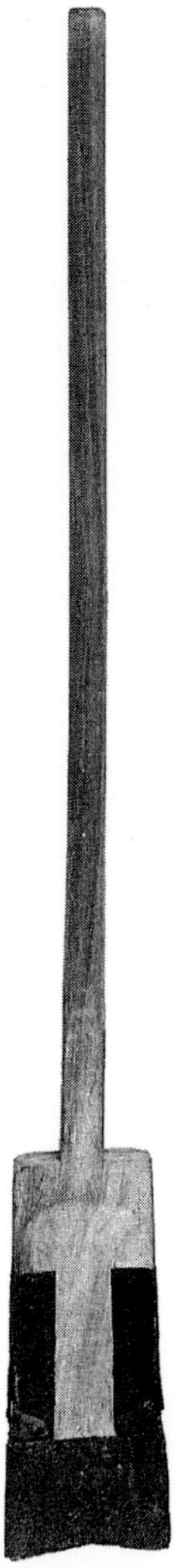

【写真 3】テスキ

【写真 2】ナワシロスダレを踏む—田の表面を平らに整地する—昭和 45 年頃［行田市］

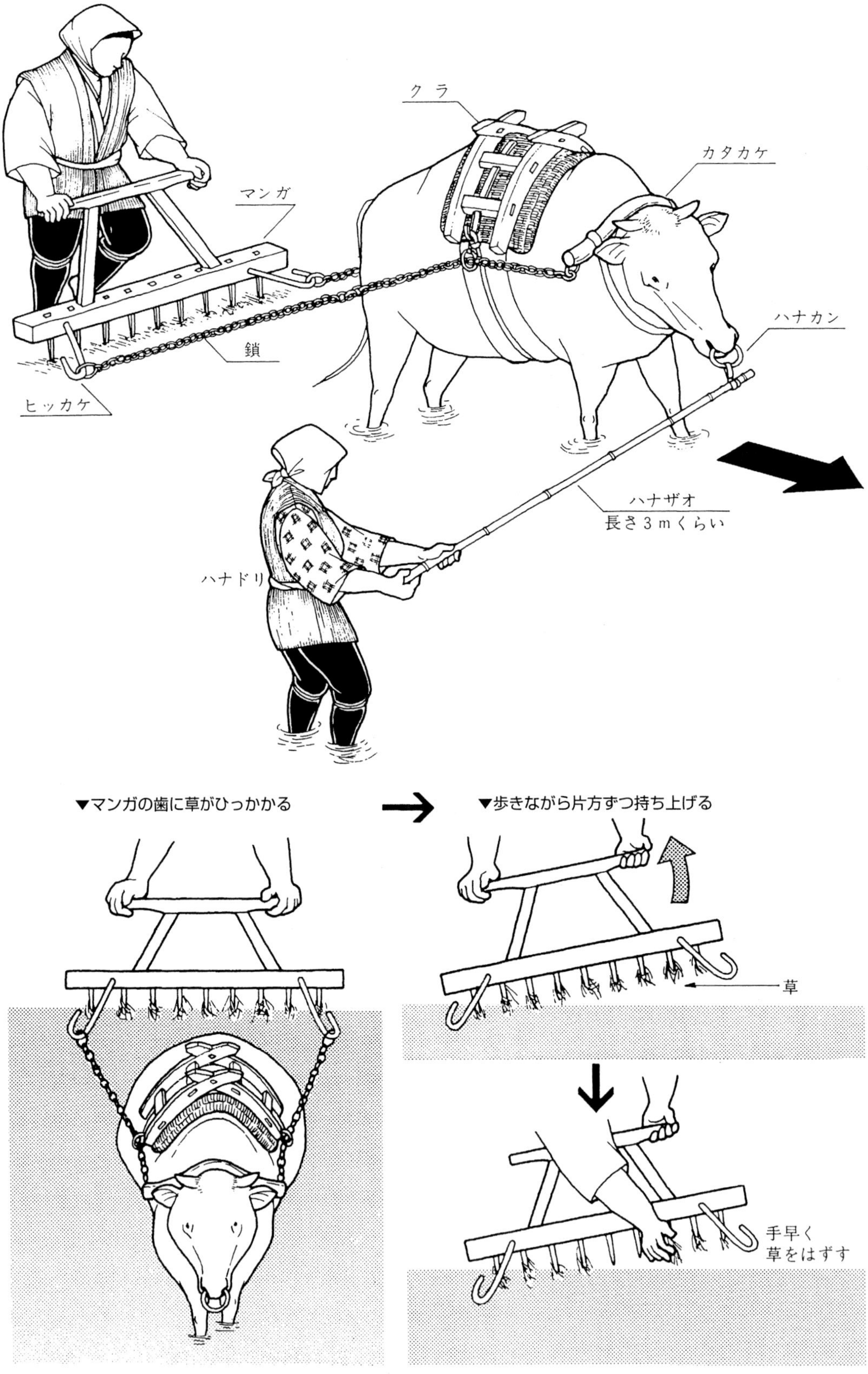

【図 2】 シロカキ―牛にマンガを引かせる―

【写真 4】エブリによるシロカキ—昭和 46 年—［所沢市］

【写真 5】エブリ［所沢市］

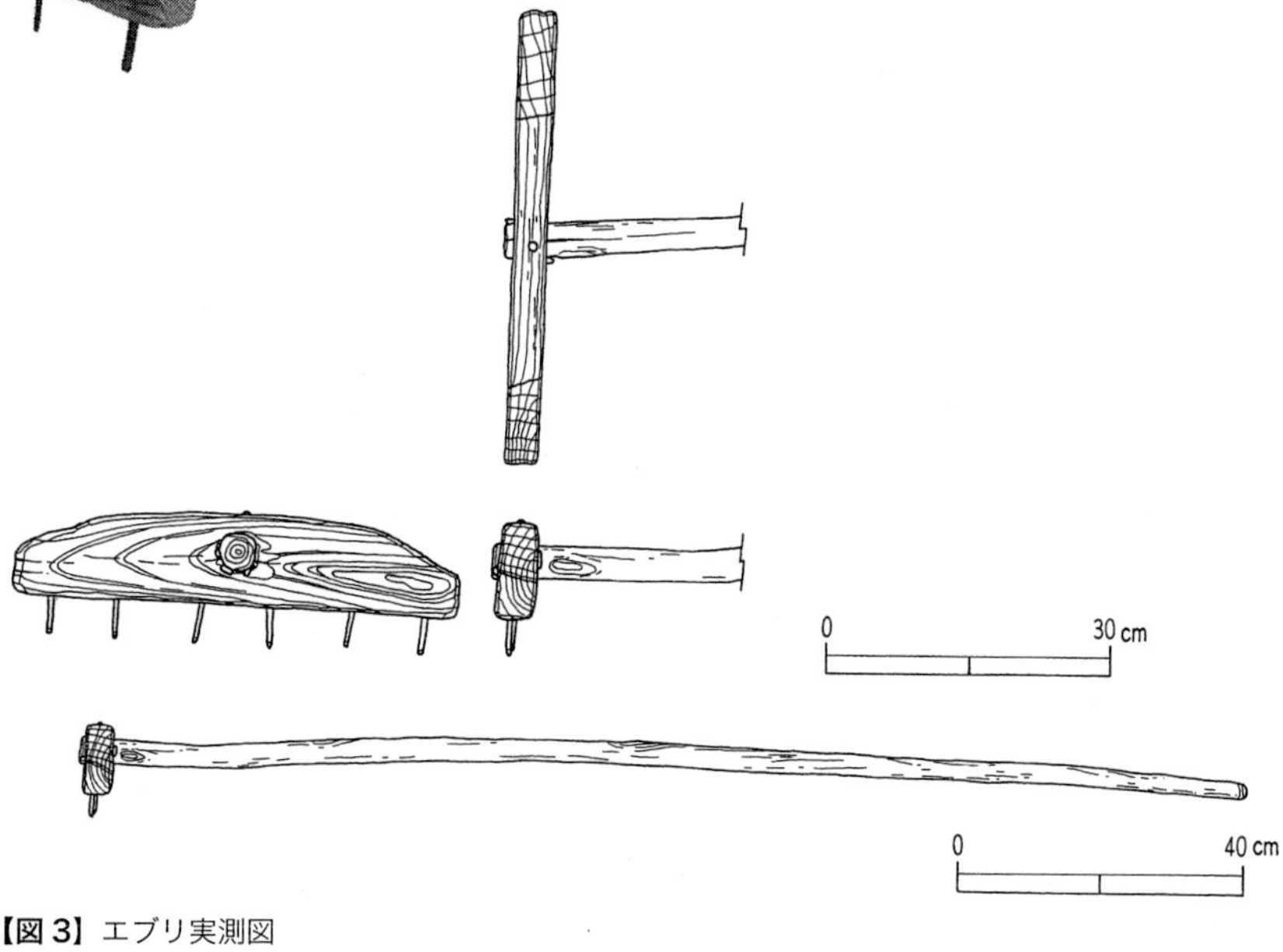

【図 3】エブリ実測図

【❶米作り】

苗代《なわしろ》・苗間《なえま》

苗代の季節　「八十八夜の別れ霜《じも》」といわれる。立春《りっしゅん》から数えて八十八夜を過ぎると晩霜の恐れもなくなる。苗代の「種振《たねふ》り」「籾振《もみふ》り」【写真1】の時期である。苗代に種籾《たねもみ》を蒔《ま》くことを「振《ふ》る」という。この適期を五月八日の月遅れの花祭《はなまつ》り（釈迦降誕祭《しゃかこうたんさい》）を目安にして、五月一〇日頃までには苗代の種振りを終わらせるのが一般的であった。

関東では、四月には、各地でムラの社寺の春祭りが行われるが、苗代作りを終わらせて春祭りを迎え、五月の花祭りに種籾を振るという農事暦《れき》が広く採用されていた。

水苗代　古くからのミズナワシロ（水苗代）には、田んぼに作るアゲナワシロ（上げ苗代）、折《せっ》衷《ちゅう》苗代などがある。これらの苗代は毎年同じ田に作られ、「水のかけひきがいいところ」というように、水を入れたり落としたりするのに便が良く、日当たりが良く、家からできるだけ近い田が選ばれる。稲作地帯では、集団で同じところに作る地域もあった。

ミズナワシロは、シロカキが済んで整地された田んぼに縄を四尺五寸（約一メートル三五センチ）幅に張って短冊を作り、縄を張った縄際をフンギリといって、種籾を振るときの通り道にする。この通り道を歩きながら左右の短冊の手の届く範囲に種籾を振る【写真1】。手の届く範囲は二尺（約六〇センチ）で、行きと次のフンギリ（通り道）を帰って一つの短冊の全面に種籾を振ることができる。何回も歩くと水が濁って落ちた籾が見えず平均に蒔けないので、同じ道を二度歩かない。種籾を平らに蒔く工夫である。

種籾の振り方は、ザルを脇に抱えて【図1】種籾を手につかみ、「腹が立ったように振る」と種籾がよく散らばると、古老はおもしろい表現をする。種がまとまって落ちないように、指の間から揺すり落とすように蒔くのがこつ。このミズナワシロは、苗代の一番簡単な作り方である。

一般的な苗代としてアゲナワシロがある。この苗代は、前述のミズナワシロで縄を張った際の、歩くところの土を手で両方の短冊の上にあげ、歩くところに溝を作る方法である。あげた土をクワ（鍬《くわ》）などでていねいになで【写真2・3】、アゲドコを作る。種籾をまく部分が一段高くなるところに特徴がある。種籾は、一日くらいおいて表面の泥が落ち着いてからまくとよい。

メボシ　発芽後、メボシ（芽干し）といって水を落とし日光に当てる。発芽するときに水があると種籾が浮いて横を向いてまっすぐに立たないが、このように水を切ると、根が活着する効果があるといわれる。アゲナワシロの良い点は、このとき水を容易に切ることができる点である。

折衷苗代　昭和三五年（一九六〇）頃から「折衷苗代」が採用されるようになった。この苗代は、アゲナワシロに温床紙（油紙）をかけ、発芽して少し芽が伸びたところで温床紙をはずす。苗を促成栽培する方法である。折衷苗代が採用されるようになって一か月近く早く田植えができるようになり、五月二〇日頃には田植えが可能になった。

田植えの適期　自然の推移にまかせて稲作が行われていた時代、埼玉県では、田植えの最盛期は六月一〇日頃からであり、「半夏《はんげ》までに植えれば万石取れる」と言い伝えられてきた。半夏とは半《はん》夏生《げしょう》の意で、暦の上では新暦七月二日頃に当たり、古来この日が田植えの終期とされてきた。

水口祭《みなくちまつ》り　このようにして苗代に種振りが終了すると、田の神に苗代の加護を願う行事が行われてきた。

小正月に小豆粥《あずきがゆ》を煮るときに用いた「粥掻《かゆか》き棒《ぼう》」を二本、神棚から下げてきて苗代の水口《みなくち》に立て、そこに焼米《やきごめ》を供える【写真4・図2】。粥掻き棒は、ここでは田の神が宿る依代《よりしろ》であり、焼米はその供え物である。苗代の播種儀礼に焼米を供える風習は全国的にあり、苗代の種籾を食い荒らす害鳥除けの意味もある。この日子どもたちが集団で焼米をもらって歩く行事も各地で行われていた。

（大舘）

【写真 1】ミズナワシロでの種振り。一短冊の手の届く範囲に種籾をふる一

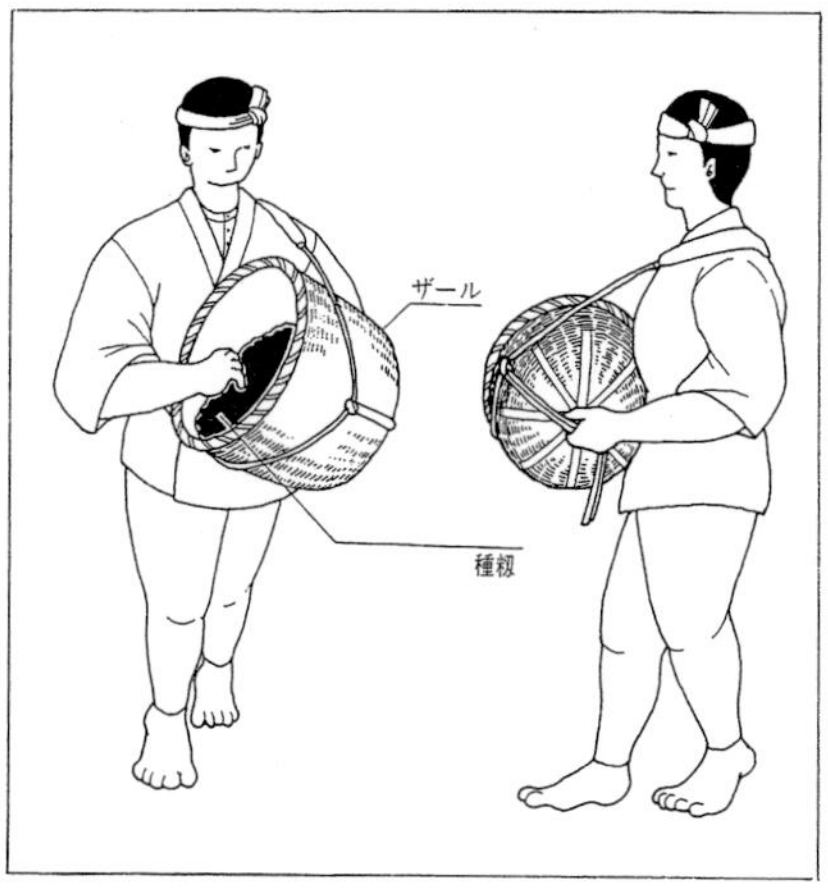

【図 1】種籾を振るザルの持ち方

【写真 2】アゲナワシロの苗代作り一苗代を整地する一［越生町］

【写真 3】種を振る場所を鍬でなでる［越生町］

【写真 4】水口祭り［江南町］

【図 2】水口祭り

【❶米作り】

摘田《つみた》

二つの栽培法　日本の稲作は、苗代《なわしろ》で育てた苗を本田《ほんでん》に植える移植栽培（植《う》え田《た》法）と、直接本田に種籾《たねもみ》を蒔《ま》く直播《じかま》きの二つの栽培法が古くから行われてきた。この両者のどちらが古いかという と議論の分かれるところであるが、おそらく二つの栽培法は稲作栽培の原初までさかのぼるものと考えられる。

埼玉県は、この二つの栽培法が採用されていたところとしてよく知られている。直接種籾を本田に蒔く栽培法は、県内ではツミタ（摘田）と呼ばれ、特に大宮台地に集中していた。地域的には、大宮台地を中心とする北足立郡の大部分と南埼玉郡の蓮田市や岩槻市の一部などである。そのほか、入間郡の入間台地や金子台、所沢台の一部でも行われていた。摘田の終末期は昭和三〇年代で、今日ではその栽培法を見ることはできない。

摘田　摘田は、台地の浸食谷《やつ》を流れる小河川の水を利用して行われ、田植えのように一度に大量の水を必要としないで稲を栽培できるところに特色がある。

台地の裾《すそ》から湧き出す清水や天水《てんすい》で十分栽培できる利点がある。摘田が行われる田は、多くは湿《しっ》田《でん》の深田《ふかだ》で、ドブッタとか「底《そこ》なし田んぼ」などと呼ばれるような田である。このような田では、畜力《ちくりょく》の導入は難しく、田の作業は、地中深く埋められている松の丸太の上を伝わって行われた。稲刈りには、田下駄《たげた》や田舟《たぶね》が用いられてきた。

摘田の場合、種籾を蒔くとは言わずツム（摘む）という。種籾を指で摘《つま》んで蒔く、その摘む動作が摘田の語源になっている。

田うない　摘田の田うないの作業は特殊で、土をマンノウ（万能）で起こす前にカブフンゴミ（株踏み込み。フンゴミ【写真1】）を行う。この作業は、マンノウの柄《え》や棒、竹竿などを杖がわりにして立ち、前年の稲の切り株を足で土の中に踏み込むものである。湿田で田の土が軟らか過ぎるために、マンノウを使ってうなっても稲株がひっくり返らないためである。

カブフンゴミをした後、万能で「一番うない」、「二番うない」とうなってから、エブリ・タコスリなどという道具（八一頁【写真5】）を使ってシロカキをし、田をならす。すなわち、整地である。

一番うないのときに、元肥《もとごえ》として大量の人糞《じんぷん》を流し入れる。自家のものでは間に合わず、農閑期《のうかんき》に街へ汲み取りに出かけたり、人糞を商いする人から購入することもあった。ウンコや小便も無駄にしない時代が長かったのである。

田摘み　田の整地が終わると、いよいよ種籾を蒔くタツミ（田摘み）である。この田摘みの作業は、摘田の重要な部分である。ウネヒキ・ヤロウ・ナラシボウなどと呼ぶ道具【写真2・3、図1】で、整地した田の表面に縦横に筋をつけ、その筋交《か》い（交点）に、灰や堆肥《たいひ》に混ぜた種籾を摘む【写真4】。種籾を堆肥や灰と混ぜてまく方法は、畑作物の播種《はしゅ》法によく似ている。そして、稲の生長の段階で田植えのように苗を移植しないところが、植え田法と基本的に違うところである。

摘田のいいところは、少しの水さえあれば稲の栽培ができる点である。また、植え田法では、六、七月の田植えが麦刈りや養蚕《ようさん》などの仕事と重なるが、摘田は五月初旬に田摘みをするので労働力を分散できた。しかし、田の草が繁茂する摘田の草取りは、それはたいへんなものであった。

摘田が行われたところでは、台地の裾《すそ》から湧き出す水源を大切にしてきた。かつて農家の人から、台地が開発され樹木が切られたら水源が枯れ、摘み田ができなくなったと、そんな話を聞いたことがある。

（大舘）

[参考文献]
大舘勝治『田畑と雑木林の民俗』慶友社　一九九五
籠瀬良明『低湿地』古今書院　一九七二

【写真 1】 フンゴミ―古い稲の切り株を足で踏み込む― ［さいたま市・旧大宮市内］

【写真 2】ウネヒキ─ウネヒキという道具を田の縦横に引いて筋をつけ、その筋交い（交点）に種籾を摘む─［さいたま市・旧大宮市内］

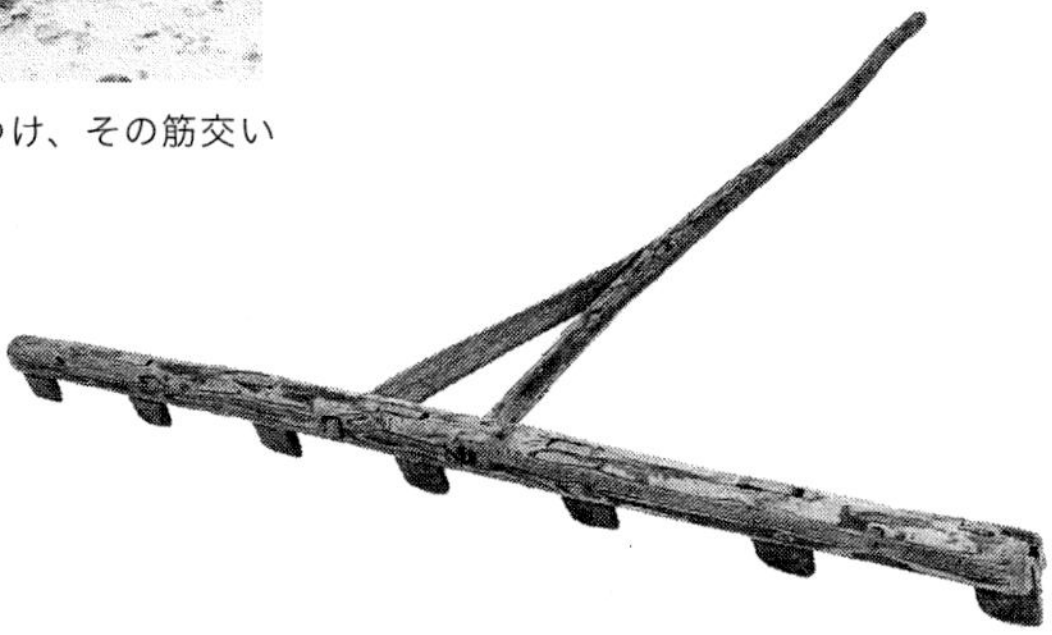

【写真 3】ウネヒキ［さいたま市・旧大宮市内］

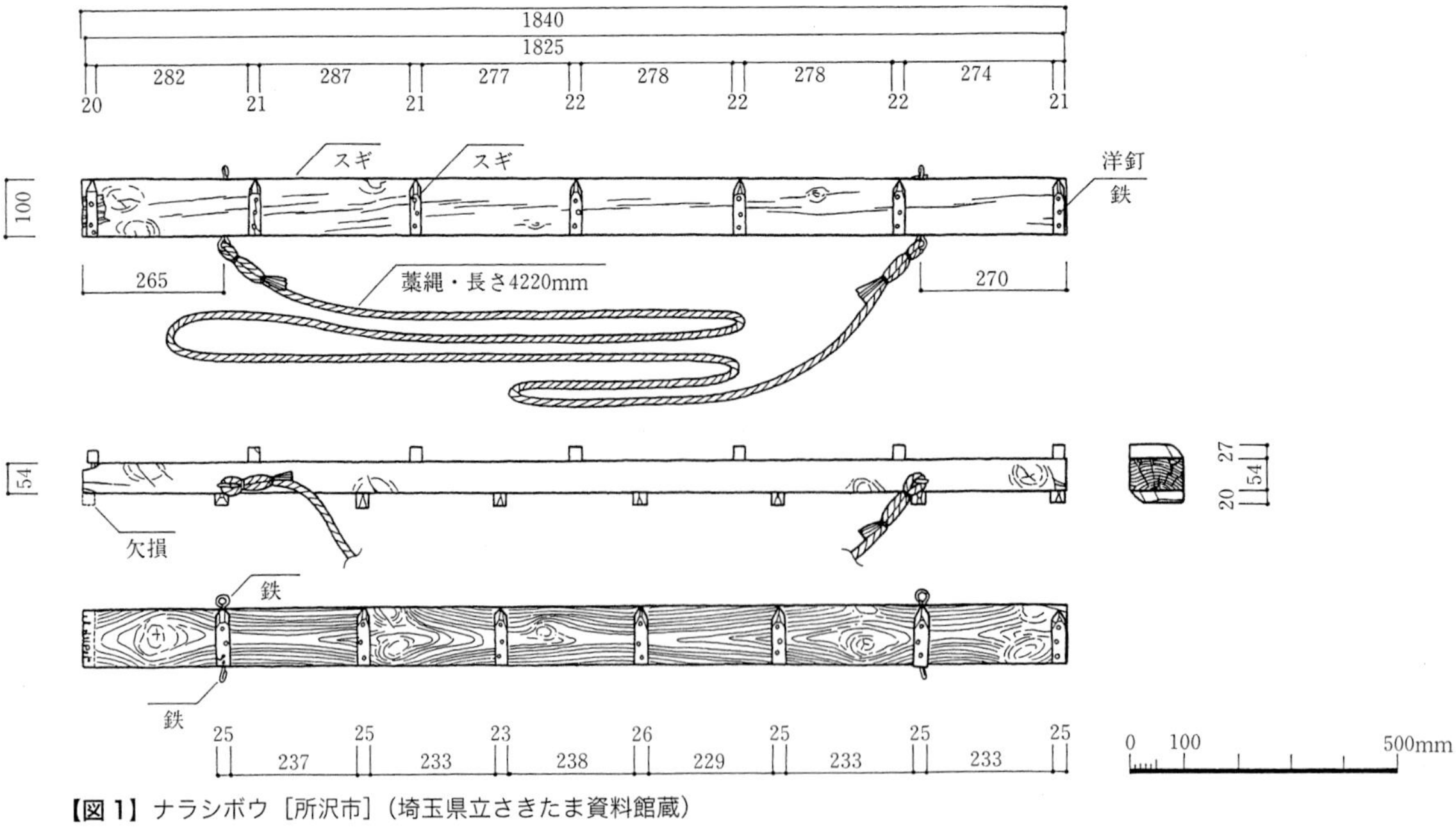

【図 1】ナラシボウ［所沢市］（埼玉県立さきたま資料館蔵）

【写真 4】タツミ―ウネヒキで筋を引いたあと、種籾を播む―［さいたま市・旧大宮市内］

【写真 6】ハイブルイ（灰篩）による選別―草木灰をフルイにかけ、燃えさしと灰とに選別する―［さいたま市・旧大宮市内］

【写真 5】オオザル―種籾を入れるザル―［さいたま市・旧大宮市内］

【写真 7】ハイブルイ（灰篩）［さいたま市・旧大宮市内］

【❶米作り】

田植え

田植えの季節　日本列島が梅雨入りすると、田植え【写真1・2・3】が一斉に開始される。この時期の雨は、稲作にとっては恵みの雨となる。田植えには、大量の水を必要とするからである。

　田植えの時期は近年早まったが、古来この梅雨の時期、旧暦五月が田植えの月であった。「八十八夜の別れ霜《じも》」といわれるように、遅霜のおそれがなくなる八十八夜が過ぎてから苗代に種籾《たねもみ》を振り、約一か月後に田植えが行われる。したがって、田植えはどうしても六月に入る。苗代に種籾を振ってから三三日ないしは三五日たってから田植えをするというところが多く、この日数を人の出産後のお宮参りの日になぞらえる説もある。

田植えの儀礼　田植えはサの神（田の神）を迎えて行われる。田の神迎えの儀礼を西日本などではサオリ（サ降り）・サビラキなどというが、埼玉県ではナエダテ・ナエビラキ（苗びらき）の儀礼が田の神を祀《まつ》る儀礼である。田植えに先立ち、シロカキもすまない田に数十株の苗を植えて豊作を祈願し、その後に本格的な田植えをするとの伝承がある。また川越市では、ナエダテといってシロカキのすんだ田の水口に早乙女《さおとめ》が三把《さんば》の苗を植えたとの報告がある。埼玉県大里郡江南町でも、初田植えのナエビラキの日にはオコワ（赤飯）をふかし、神々に供えるという伝承がある。

ユイ　田植えは、短期間に終わらせなければならず、多くの人手を必要とするのでユイ（結い）という組織を組んで行われた。イウイ・イイウイ（結い植え）などと呼ばれ、親戚や近所同士で労働力を調達しあって田植えを行った。ユイは金銭のやり取りのない互助労働組織で、労働力の等質交換が原則になっている。田植えは、田に水を入れる水利用などの関係で一軒だけでも遅れると、地域全体に影響を及ぼした。したがって、田植えは地域全体の事柄との認識がある。連帯意識が働き、病気などで田植えが遅れている家があると、頼まれなくても手伝いに行くというよき伝統があった。しかし、昭和四五年（一九七〇）頃から田植えが徐々に機械化すると、こうしたユイの慣行もなくなり、農家同士が仕事を通して交流する機会がひとつ姿を消した。

植え方　植え方には、何通りもあるが、基本的には縄を張る方法と縄を張らない方法とに分けられる。次に、縄を張らない方法で能率があがる植え方を二つ紹介しよう。

　カケアガリという植え方がある。【図1】のように植え手A・B・C・Dの四人がいたとする。Aを先頭にB・C・Dが順次一サクずつ後から続き、横に植えて行く。田の端に行き着くとクロ（畔《くろ》）に上がって植え出したクロにもどり、同じようにAを先頭に植えて行き、これを繰り返す。先に行く人に後の人が追って行く植え方で、ぬかれないよう誰もが手を休めることができない。肉体的には厳しいが、能率が上がる植え方である。

　一方、オッツケという植え方がある。【図2】のように、植え手A・B・C・Dの四人が一サクずつ横に植えて行くのはカケアガリと同じであるが、田の端に行き着くとクロには上がらず田の中を矢印のように植えながらもどってくる植え方である。この植え方は、一筆《いっぴつ》の田が全部植え終わるまで休まず植え続けるやり方で、過酷ではあるが能率は上がる。

車《くるま》田植え　埼玉県内にはないが、特殊な植え方として新潟県の佐渡に伝わる重要無形民俗文化財の車田植え【写真9】を紹介しておこう。田の神が宿った苗束が、田主《たぬし》から三人の早乙女に各一把ずつ手渡される。早乙女はクロの三方から田の中央へ進み、半束を田の中央に寄せ合わせて植えると、そこから田植歌が流れる中を後ずさりしながら車状に順次植えていく。かつて岩手県、岐阜県、高知県などにも伝承されていた。　（大舘）

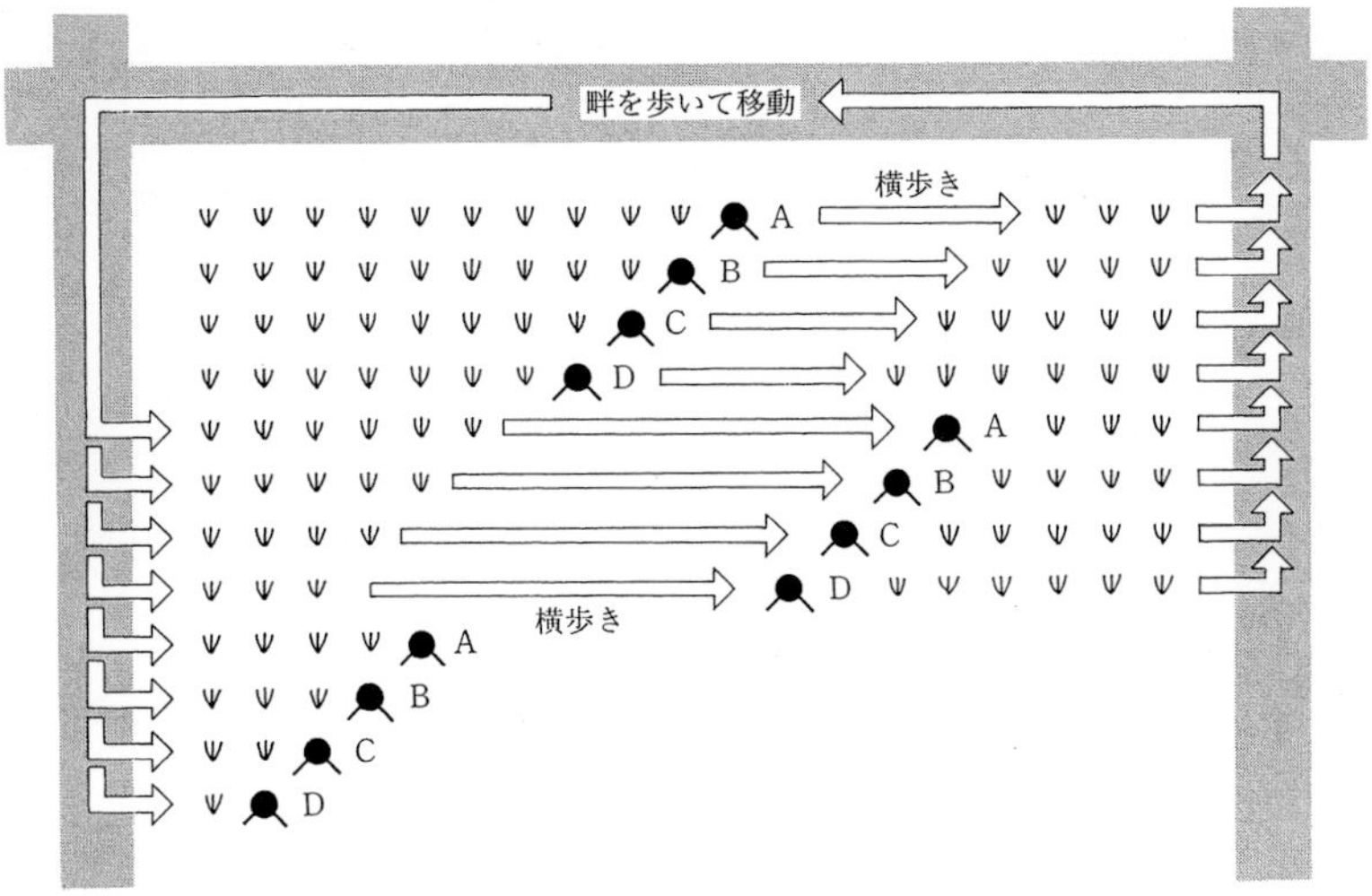

【図 1】カケアガリ

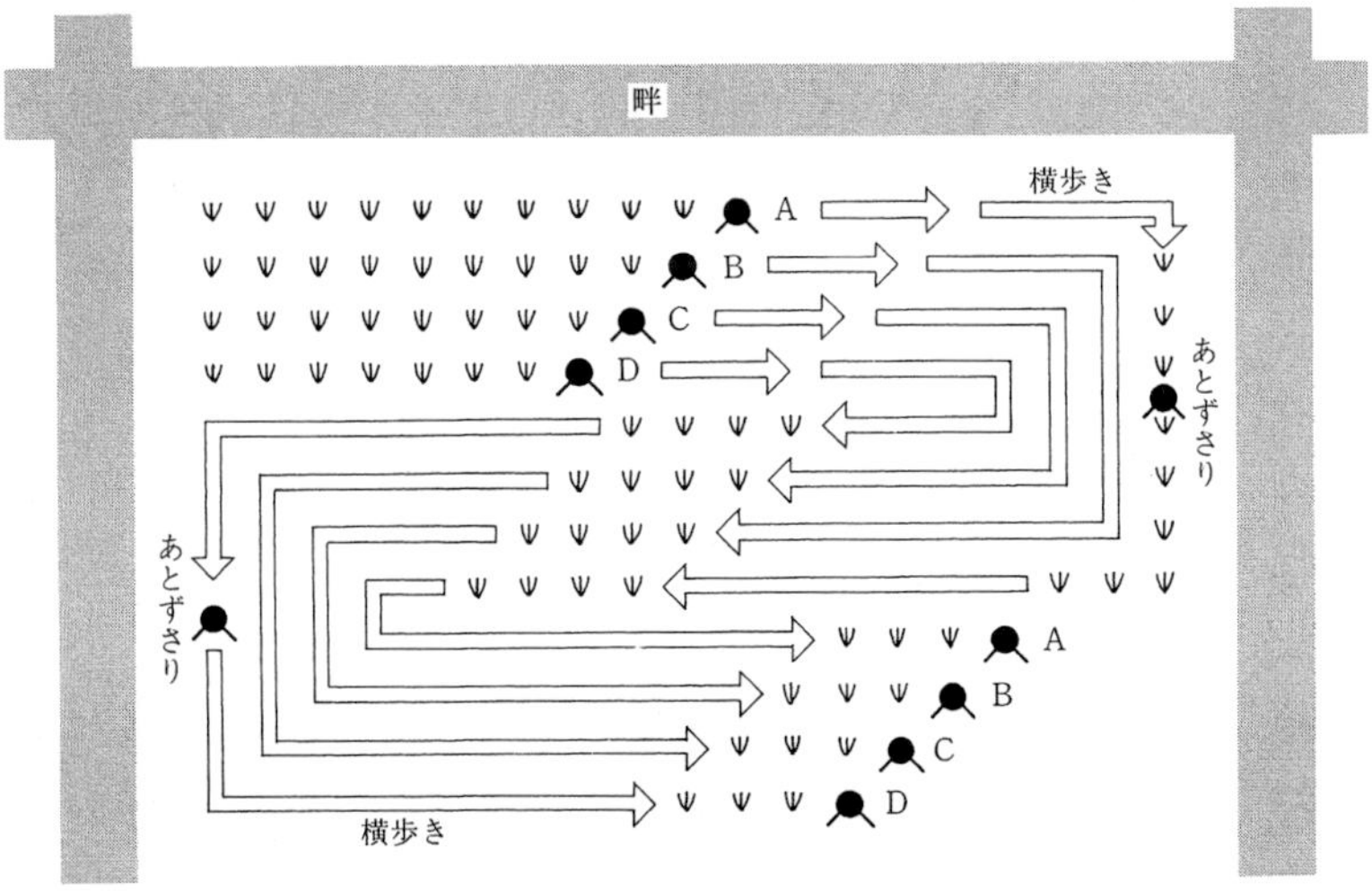

【図 2】オッツケ

【写真 1】谷津田（谷あいの田）の田植え

【写真 3】苗取り一苗代で育った苗を取る。ナエトリコシカケ、ナエトリダイ、ショイダル（醤油樽）などに腰かけて行う一昭和 59 年 6 月［皆野町］

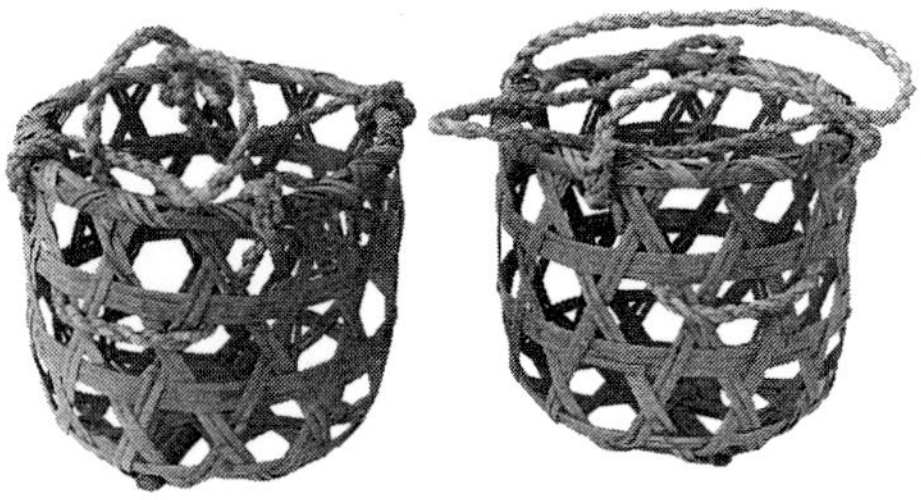

【写真 4】ナエカゴ（苗籠）一取った苗は、ナエカゴに入れ、天秤棒で担いで本田に運ぶ一

【写真 2】早乙女一昭和 31 年一［行田市］

【写真 5】棚田の田植え一昭和 59 年 6 月一［皆野町］

【写真 7】タコロガシ―田植え後、稲の株間を転がして田の泥をかき混ぜ、除草と分けつを促す―［小川町］

【写真 6】ミズグルマ（水車）―田植え後、堀の水を田に入れる―昭和 45 年［北川辺町］

【写真 8】タコロガシ

【写真 9】佐渡の車田植え―平成 13 年 5 月―［新潟県両津市北鵜島］

ホッツケ田・ホリアゲ田

沼や低湿地の稲作　埼玉県の稲作地帯には、沼や低湿地を開発して田んぼにする方法として、沼を埋め立てるのではなく、沼を掘り下げた土で田んぼを造成する方法がある。ホッツケ田・ホリアゲ田などとよばれる田んぼである。

沼は、数十メートルのものから大きいものは数百メートルにも及ぶものがあり、沼を生かしつつ田を開拓していく方法であった。つまり、掘り下げた沼の土で耕作面をかさ上げして田んぼを作っていく方法である。現代のように土を遠くから運んできて埋め立てるのではなく、自然の地形を巧みに利用した理にかなった造成である。そして、特色ある稲作が行われてきた。しかし、人々の暮らしに密接にかかわってきたこれらの沼も圃場《ほじょう》整備によって減少し、中にはゴルフ場に様変わりした沼もある。

ホッツケ田の慣行　近年まで見られたホッツケ田の慣行としては、春先に行われる沼のカイボリとドロアゲがある。沼の水を水車《みずぐるま》【写真2】やウッツリという桶【写真1】で掻《か》い出し、沼の底に堆積している泥を田に上げる。この作業をドロアゲと呼ぶ。この泥は肥料分を含み、稲のいい肥料になるとともに、この泥によって田面《たづら》（耕作面）が高くなる。

ドロアゲは、通常は一年おきにするが、ドロアゲした年には元肥《もとごえ》を入れないのが普通で、肥料節約の効果は大きかったといわれる。また、ドロアゲをしない田んぼは徐々に低くなってしまうともいう。田面が低くなると田んぼは絶えず水を湛《たた》えた状態になり、稲の生育には良くない。

ホッツケ田が行われたところでは、大水が出ると田んぼはしばしば冠水《かんすい》し、沼と田んぼは水でつながり、一時的に大きな湖水を作り、沼底には肥沃な泥が堆積する。このときウナギやナマズなどの魚類は活発に動き、移動して沼に住みつく。

カイボリ　春先に沼の底に堆積した泥を取るために、水を掻い出すカイボリ【写真3】が行われる。カイボリは、沼に住みついている魚を取る楽しみがある。水が多いうちは水車を使って水を上げ、水が少なくなるとウッツリという水桶を使って水を掻い出す。ウッツリに長い縄を二本付け、二人が両岸に分かれて向かい合い、沼底の水を掻い出す。

沼には、かつてはたくさんのウナギやナマズ・フナなどが住んでいて、旧大宮市宮ケ谷塔の沼では、昭和三五年（一九六〇）頃までは一沼で五キロから二〇キロのウナギが取れて、鮮魚店に売ったほどである。鮒《ふな》などの小魚を串刺しにして焼き、ベンケイ（藁を束ねたもの）に刺しておき、気候が暖かくなってから甘露煮などにして食べた。ウナギやナマズがたくさん取れた川や沼を取りもどしたいこの頃である。

ドロアゲ　沼の魚が取り終わると、沼底に堆積した泥を田んぼに上げるドロアゲ【写真4】と、田んぼに上げた泥を平らにするドロノシの作業が行われる。ドロアゲに用いる道具は、木製のスコップ風の道具でドロッパネ、ドロアゲなどと呼ぶ。すくった泥を田んぼに放り上げる作業で、沼底と田面の差がかなりあるのでドロアゲの作業はたいへんである。しかし、「ドロアゲができなければ農業がつとまらない」といわれたくらい大切な仕事であった。

ドロノシ・ドロオシ　田んぼに上げた泥は、ドロノシ・ドロオシなどという道具で田んぼ全体に行きわたるように平らに伸ばす【写真5】。作業もドロノシ・ドロオシといい、三、四センチの厚さのこの泥が肥料になり、いい米が取れるのである。しかし、この沼をめぐる一連の作業は手間暇がかかり、家族労働だけでは間に合わず労働力を近隣で交換するユイシゴ（結い仕事）で行われることが多かった。

このように、稲作地帯では多くの農家がいわば沼に生かされた生活を久しく続けてきた。その生き方は、自然を征服する方法ではなく、自然とうまく融合する営みであった。今日のような、自然を征服する農業の営みには、失われたものも多いことに気づくのである。

（大舘）

［参考文献］

大舘勝治『田畑と雑木林の民俗』慶友社　一九九五

【写真 3】沼の魚をとる

【写真 1】ウッツリで水を掻い出す

【写真 4】ドロアゲ一沼底にたまった泥を田に上げる一

【写真 2】ミズグルマ（水車）で泥の水をあげる一昭和 52 年一［さいたま市・旧大宮市内］

【写真 5】ドロノシ一田に上げた泥を平らに伸ばす一

【❶米作り】
早乙女《さおとめ》は田植えの華

ハレ着とされる田植え衣装　稲作農家にとって、田植えは農作業の重要な節目《ふしめ》であると同時に田の神を迎える神事としての意味合いも強く、人々は、冬のあいだに新調した野良着《のらぎ》を身に付けて神聖な気持ちで田植えに臨んだ。中でも、田んぼに稲苗を植え付ける女性は早乙女と呼ばれ、古来より田の神祭りの中心的存在とされたので、その服装にも野良着の域を越えたハレ着的要素が多分に含まれていた。

埼玉県における女性の田植え衣装を概観すると、東部低地の稲作地域では、【写真1】のように木綿絣《もめんがすり》の着物に紺《こん》のモモヒキ（股引）というのが一般的である。それに対して、養蚕《ようさん》や機織《はたお》りといった副業が盛んな丘陵地域では、モモヒキをはかずに腰巻《こしまき》をつける者が多く、そのため水はけの悪い谷津田《やつだ》では脛《すね》をヒール（ヒル）に容赦なく喰われた。また、モモヒキが定着していた稲作地域でも、田植えに限ってはモモヒキをはかずに腰巻をつける者があり、これは、田植え衣装が機能性に増して儀式のハレ着として位置づけられていたことを物語るものといえる。

絣の着物は古くは長着《ながぎ》で、その裾《すそ》をまくりあげて尻《しり》はしょりをしていたが、大正時代から昭和初期には稲作地域においてノラジバン（野良襦袢《じゅばん》）と呼ばれる身丈《みたけ》の短い着物（三二・三三頁参照）が普及した。ただし、新嫁に限ってはその後も長着姿が残り、遅いところでは昭和三〇年代にも長着姿の田植えが見られたという。

新嫁の田植え衣装　機械化が進む以前の田植えは、ユイ（結い）あるいはテマガエ（手間替え）などと称して親戚や近所同士が助け合って共同で行われることが多く、新嫁にとっては田植えが「顔見せの場」となった。したがって、服装にも十分気が配られ、嫁入りに持参した真新しい絣の着物やモモヒキ、帯・前掛《まえか》け・襷《たすき》・手甲《てっこう》・手拭《てぬぐい》を身に付けて、緊張の面持ちで田植えに臨んだのである。

新嫁の着物は袖《そで》が袂《たもと》か元禄《げんろく》で、これに赤やピンク色の襷を掛けた。身丈の短いノラジバンは筒袖《つつそで》や船底袖《ふなぞこそで》で、これには白・黄色・ピンク色などの袖口布《そでくちぬの》を付け、仕事中には袖口を捲《まく》って袖口布を表に出した。こうすると、袖口布の色が紺色の絣に映えて美しかったのである。また、「伊達《だて》の襷」と称して筒袖や船底袖に襷を掛ける者も多く、襷は早乙女のシンボルともされていた。帯は、赤色を配した柄物《がらもの》の半幅帯《はんはばおび》【写真2】で、これを【図1】のように「やの字」に結んで締めた。また、広幅帯《ひろはばおび》をお太鼓結びにする者もあり、これは概してダイジンコと呼ばれる財産家の嫁に多く見られたという。前掛けは、大柄の絣の前垂に赤・白・ピンク色などの紐《ひも》を付けたもので、紐の色を襷と揃《そろ》いにするとおしゃれであった。頭には手拭をアネサンカブリにし、雨天の日にはその上へ菅笠《すげがさ》を被《かぶ》った。

紺色を基調とする野良着の中にあって、襷や帯、前掛けの紐《ひも》の彩りはひときわ映え、遠くから見ても一目で新嫁であることが判別できた。「若い嫁さんが何人もいると、まるで田んぼに花が咲いたようだった」と、当時を知る古老は語る。まさに、早乙女は「田植えの華《はな》」だったのである。

（宮本）

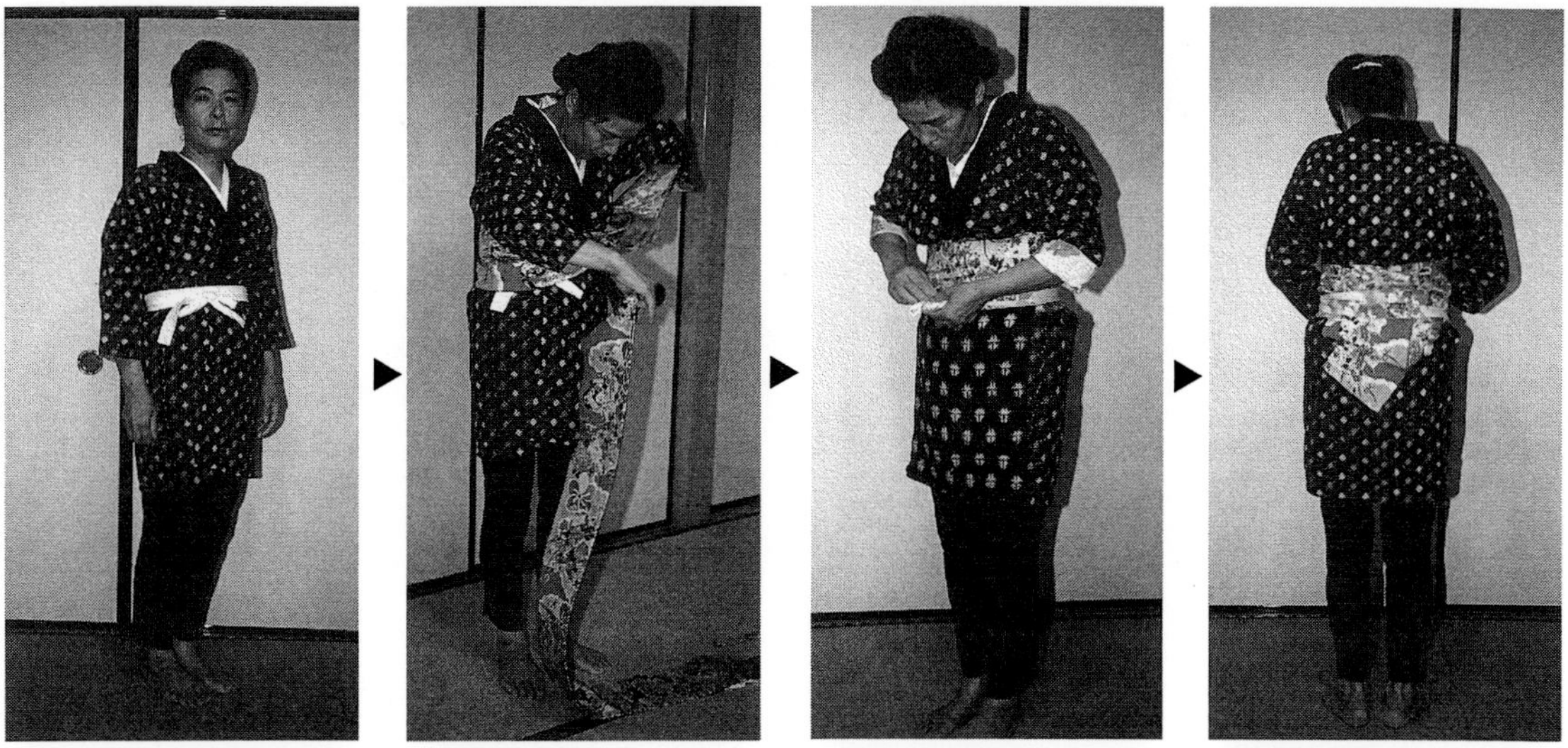

①モモヒキをはきジバン（襦袢）を着て紐（ひも）を締める　②半幅帯を締める　③前掛けを締める　③前掛けの紐で帯の結び目を押さえる

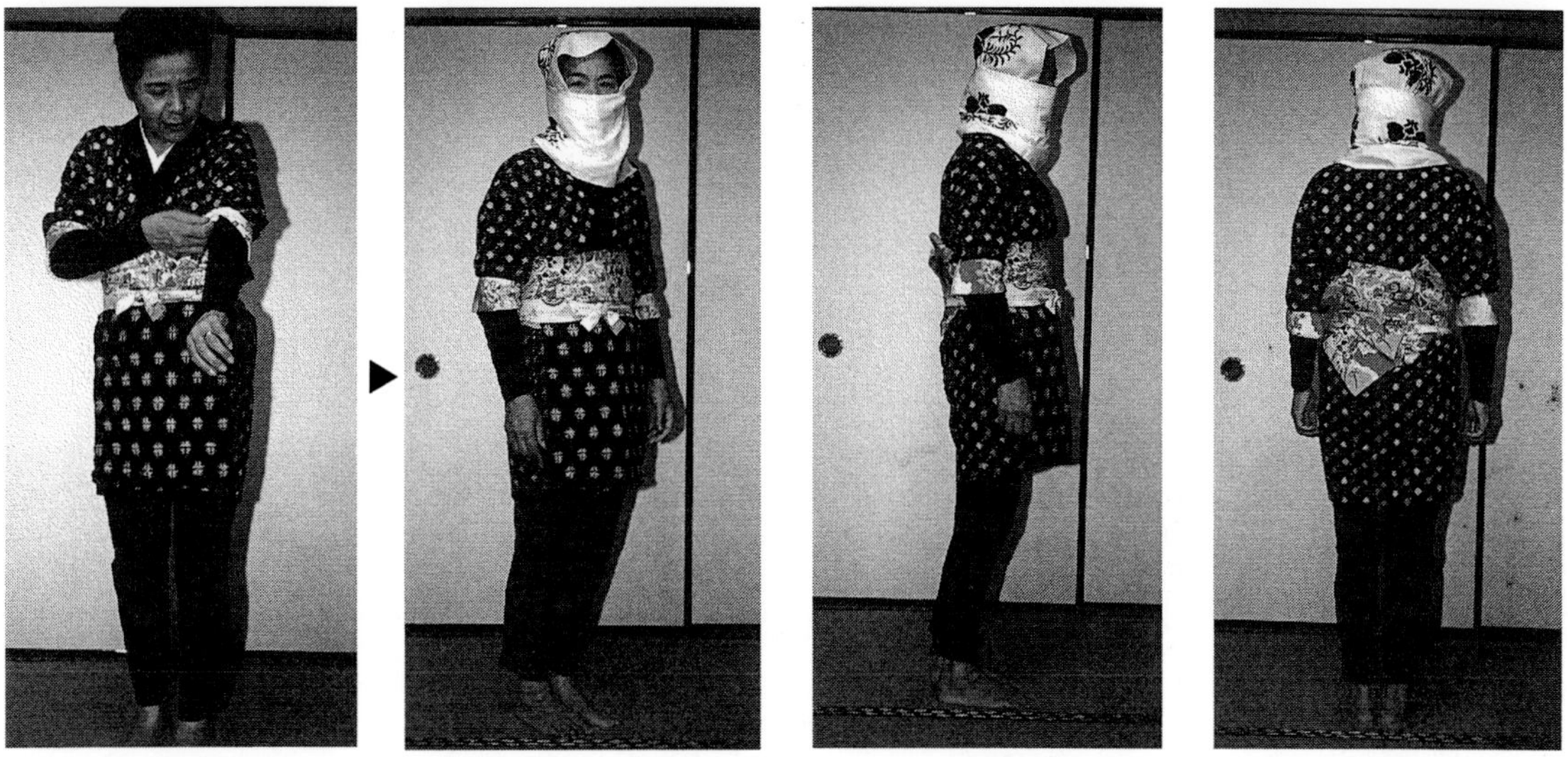

①コガケ（甲掛け）をはめる　①手拭をアネサンカブリにする　側面　背面

【写真 1】 田植えの装い［八潮市］

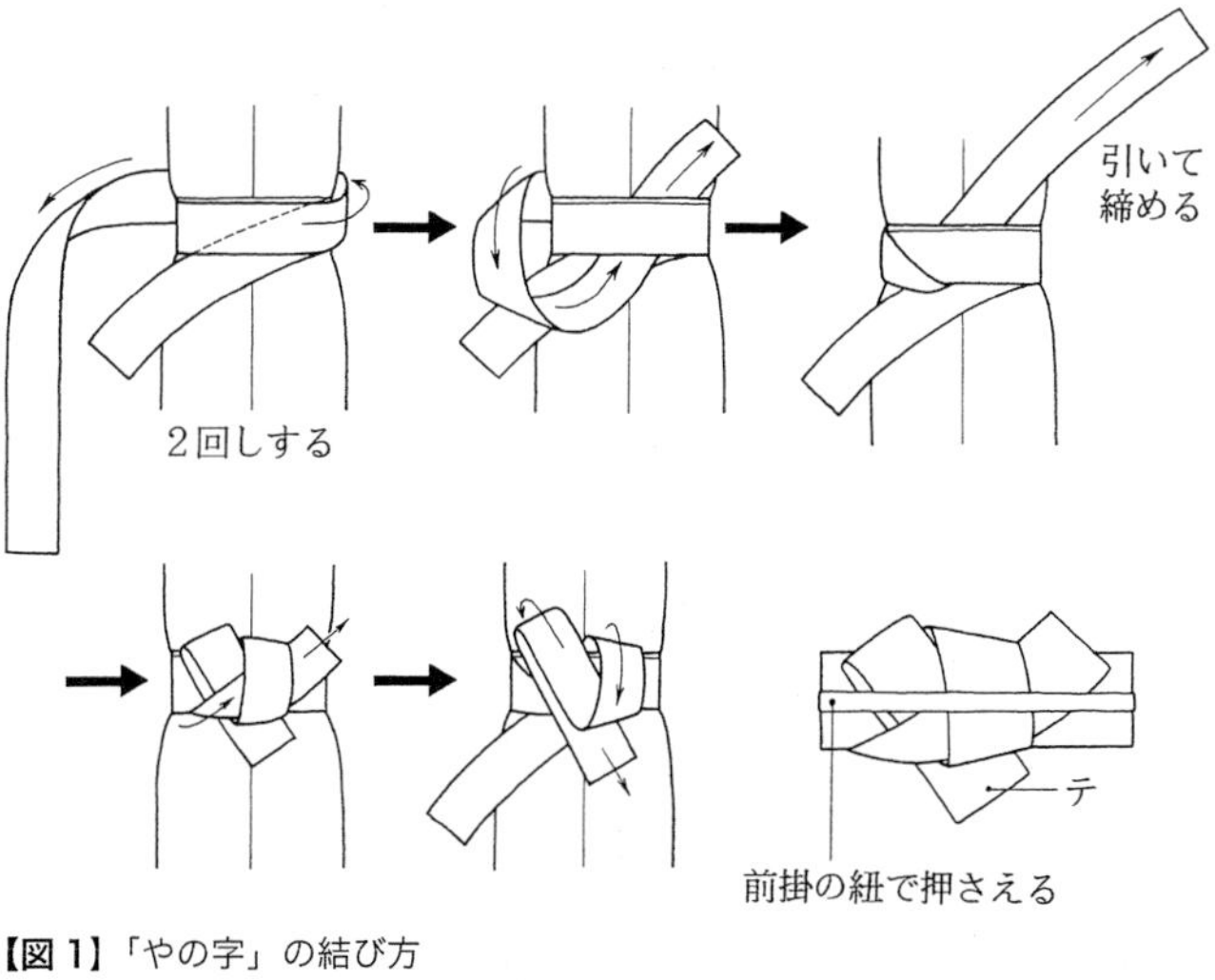
2回しする
引いて
締める
テ
前掛の紐で押さえる

【図 1】「やの字」の結び方

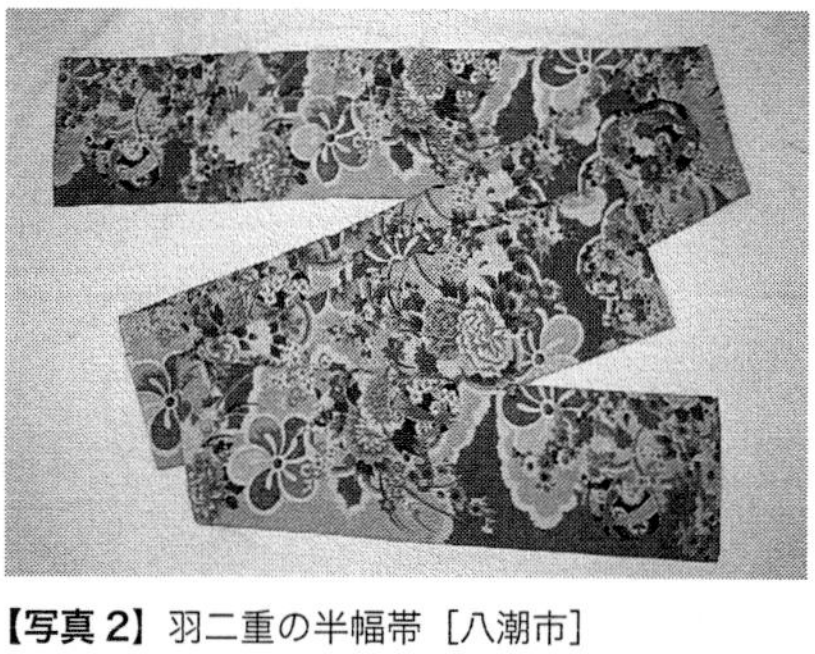

【写真 2】 羽二重の半幅帯［八潮市］

短着《みじかぎ》とモモヒキとモンペ

短着の普及が遅れた丘陵地域　埼玉県東部低地の稲作地域においては、ノラジバン（野良襦袢《のらじゅばん》）と称する女性の短着が大正時代から昭和初期には広く普及していた。しかし、同じ埼玉県内でも、養蚕《ようさん》や機織《はたお》りといった副業が盛んな丘陵地域では第二次世界大戦中まで普及を待たねばならず、それ以前は多くの者が長着《ながぎ》の尻《しり》はしょり姿で農作業を行っていた。この時代差は、「ズボン型衣服」の有無に関わるところが大きい。

短着と股引《ももひき》の関わり　稲作地域の女性たちのあいだでは、「ズボン型衣服」のモモヒキが定着していた。モモヒキ（股引）は農作業の専門着であり、これに組み合わせるノラジバンも、また農作業の専門着とされる。つまり、ノラジバンとモモヒキは野良着として位置づけられ、家着《いえぎ》とは一線を画していたのである。これに対し、丘陵地域の女性はモモヒキを用いず、多くが腰巻《こしまき》姿で農作業を行っていた。そこでは、長着の尻はしょりをして腰巻を出せば野良着、長着の裾《すそ》を下ろせば家着という具合に、野良着と家着のカテゴリーが流動的であり、こうした背景には、養蚕や機織りといった副業に女性の仕事の重きが置かれていたことがある。

モンペの登場　丘陵地域における短着の普及には、モンペ【図1・2】の存在を欠くことができない。モンペは、第二次世界大戦中の昭和一七年（一九四二）に厚生省生活局が発表した「婦人標準服」の活動衣であり、埼玉県内でも隣組《となりぐみ》や婦人会などを通じてたちまちのうちに広まった。ふだん着はもちろんのこと、不意の空襲に備えてよそゆきともされ、当然のことながら野良着にも用いられて、それまでモモヒキをはかない女性たちにとっては、これが初めての「ズボン型衣服」となったのである。

モンペには、ヒョウジュンフク（標準服）とも呼ばれる身丈《みたけ》が腰切りの短着を組み合わせ【図3―1・3―2】、モンペと短着は一枚の長着から両者を仕立てることができた。戦争中に衣料不足が深刻化する折柄、倹約生活を余儀なくされた女性たちは手持ちの長着をほどいてモンペと短着を仕立て、この組み合わせが野良着に定着することで長着の尻はしょりは姿を消していった。

短着の普及　ここで、所沢市における短着の普及とその形態について紹介しよう。

所沢市は、西部の狭山丘陵とそこから東へ流れる柳瀬川北方の台地を市域とし、丘陵・台地・低地の地形で構成されている。農業は畑作が中心で、水田は河川流域の低地と丘陵や台地から湧き出す小川に沿って開かれ、その多くが水はけの悪い湿田《しつでん》であった。養蚕や機織りが盛んで、特に狭山丘陵を中心とした地域では「所沢飛白《ところざわがすり》」と称する木綿《もめん》の紺絣《こんがすり》が生産され、これを専業とする機屋《はたや》も数多く存在した。

所沢市では、農作業に着用する短着を指してコシッキリ・ハンキリ・ハンギレ・ハンギモノ・ハンギ・シゴトシギモノなどと呼ぶ。その着用は、早い者では大正時代から昭和初期という例もあるが、これは水田を有する地域や台地の畑作地域においてであり、紺絣生産が盛んな丘陵地域ではモンペ登場までその着用を待たねばならない。つまり、市域全体への短着の普及には、モンペが欠くことのできない存在だったのである。また、所沢市域で採集された短着の身丈を見ると、尻を隠す程度の一尺五、六寸から膝《ひざ》に達する二尺五寸くらいまで幅広く、このうち、二尺以内のものがモンペと組み合わされている。それ以上長いものは腰巻あるいはモモヒキと組み合わせて着用され、これは、水田を有する地域や台地の畑作地域においてモンペ登場以前から用いられた事例である。

このように、短着の普及ひとつをとっても、そこには「ズボン型衣服」の有無や、その背景となる生業の違いが色濃く反映していることがわかる。

（宮本）

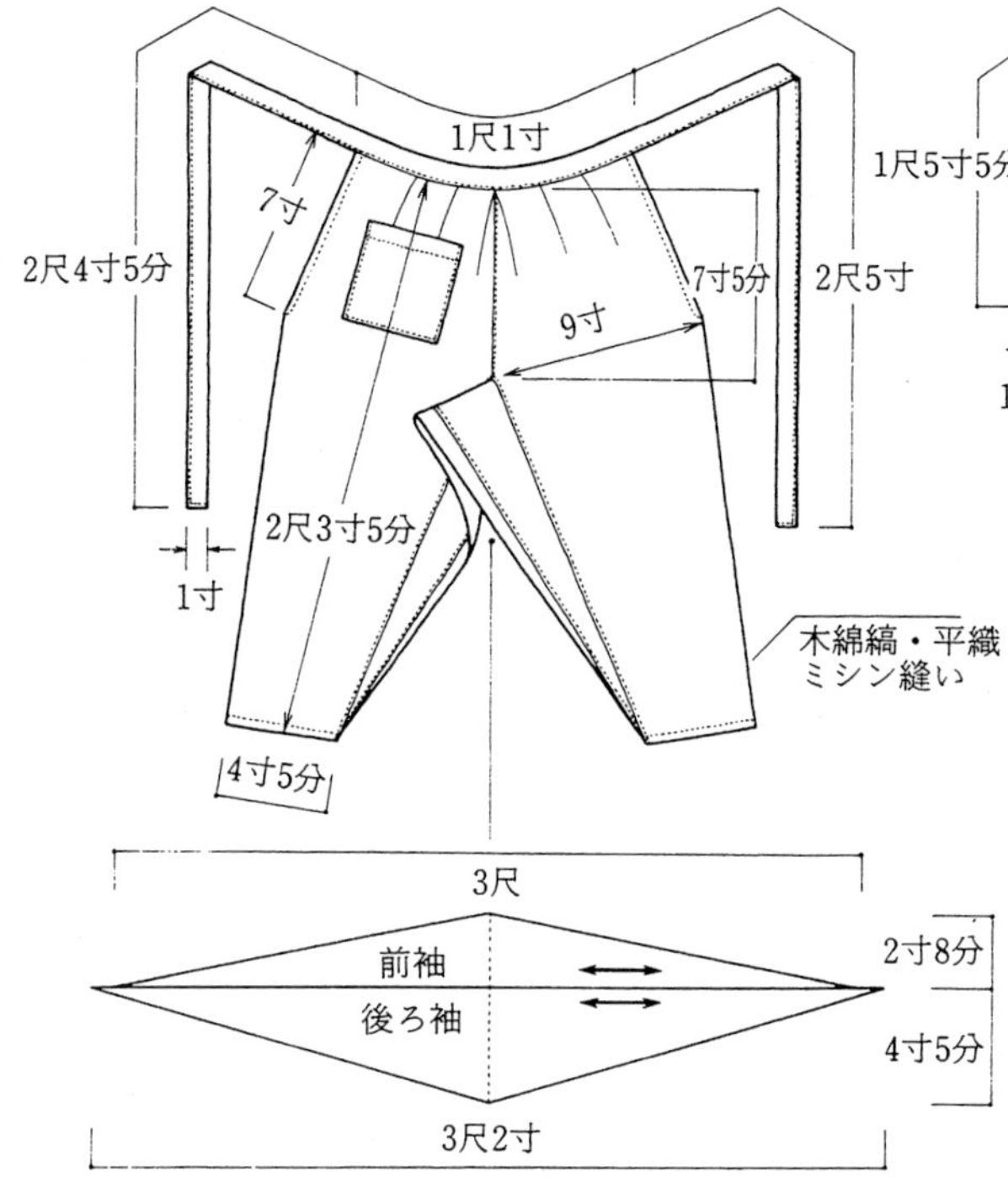
1尺1寸
7寸
2尺4寸5分
7寸5分
2尺5寸
9寸
2尺3寸5分
1寸
木綿縞・平織
ミシン縫い
4寸5分
3尺
前袖
後ろ袖
2寸8分
4寸5分
3尺2寸

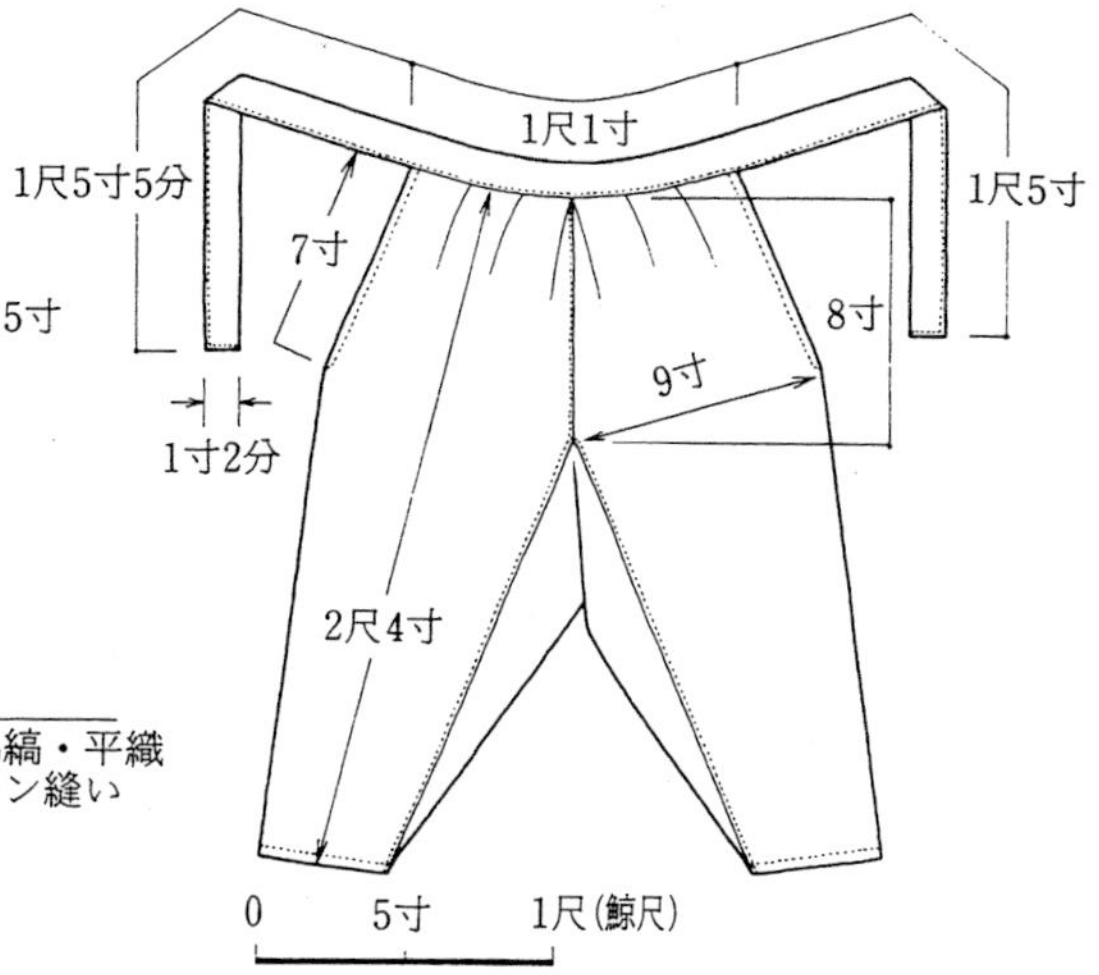
1尺1寸
1尺5寸5分
1尺5寸
7寸
8寸
9寸
1寸2分
2尺4寸
0
5寸
1尺(鯨尺)

▼木綿縞　縞割表

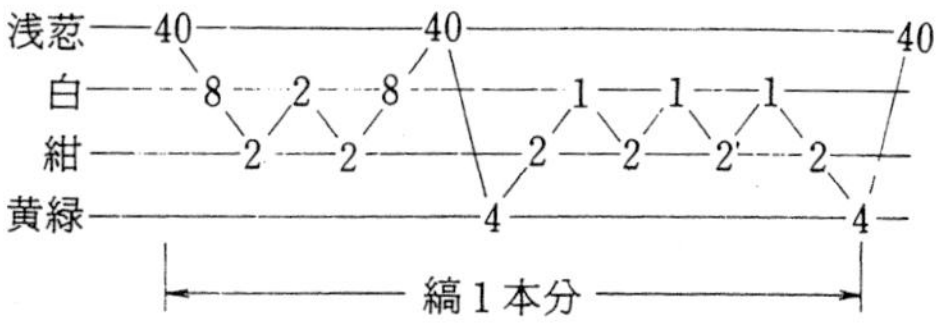
浅葱
白
紺
黄緑
40
8
2
1
4
縞1本分

▼裁断図

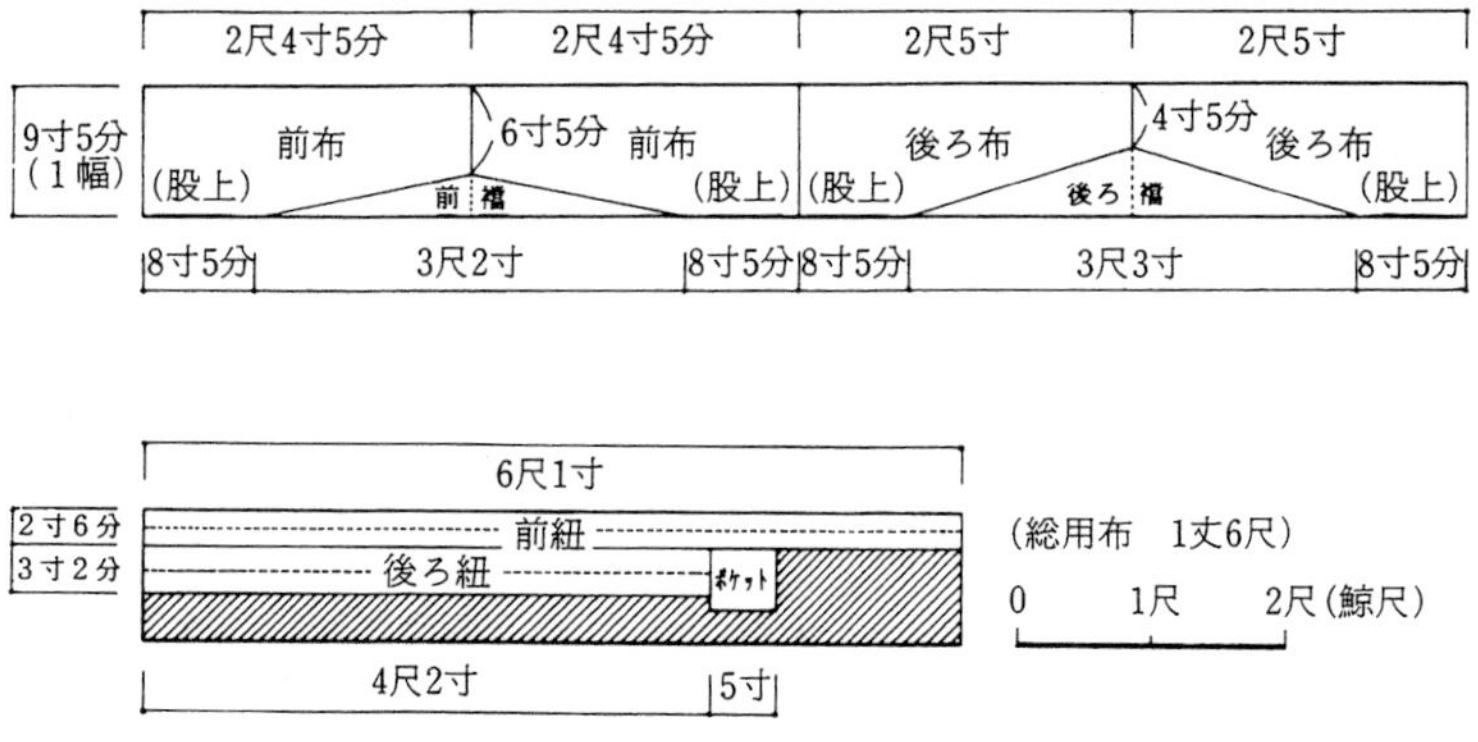
2尺4寸5分
2尺4寸5分
2尺5寸
2尺5寸
9寸5分
(1幅)
前布
(股上)
6寸5分
前布
(股上)
後ろ布
(股上)
4寸5分
後ろ布
(股上)
前 襠
後ろ 襠
8寸5分
3尺2寸
8寸5分
8寸5分
3尺3寸
8寸5分
6尺1寸
2寸6分
3寸2分
前紐
後ろ紐
ポケット
4尺2寸
5寸
(総用布　1丈6尺)
0
1尺
2尺(鯨尺)

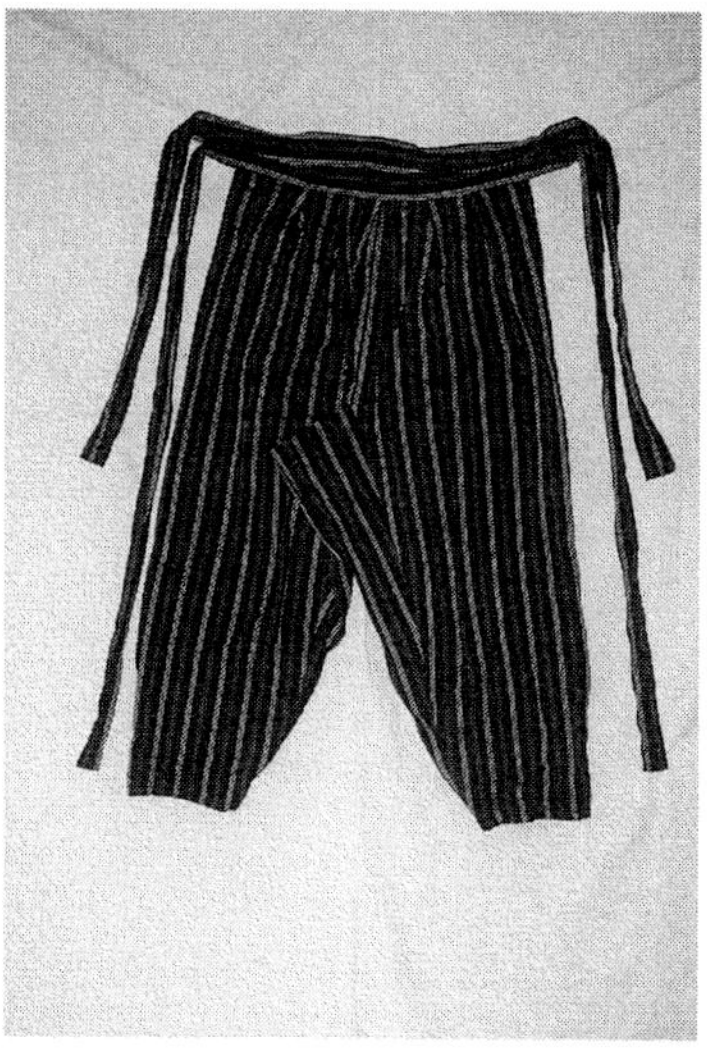

【図 1】 胴を紐で締める袴型のモンペ［江南町］

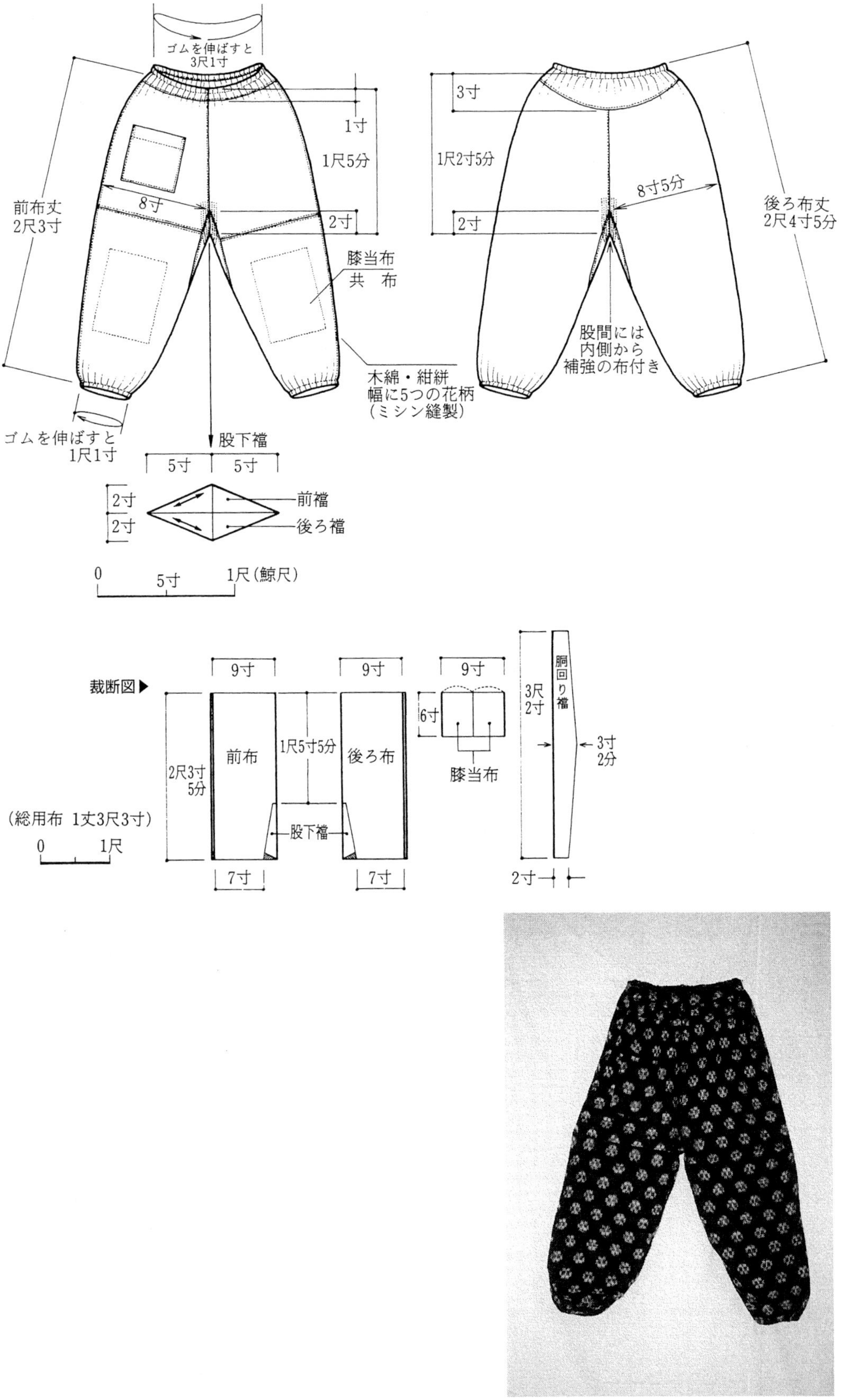

ゴムを伸ばすと
3尺1寸
1寸
1尺5分
8寸
2寸
前布丈
2尺3寸
膝当布
共 布
木綿・紺絣
幅に5つの花柄
(ミシン縫製)
ゴムを伸ばすと
1尺1寸
3寸
1尺2寸5分
8寸5分
2寸
後ろ布丈
2尺4寸5分
股間には
内側から
補強の布付き
股下襠
5寸
5寸
2寸
2寸
前襠
後ろ襠
0
5寸
1尺(鯨尺)
裁断図▶
9寸
9寸
9寸
6寸
3尺
2寸
胴回り襠
2尺3寸
5分
前布
1尺5寸5分
後ろ布
膝当布
3寸
2分
股下襠
(総用布 1丈3尺3寸)
0
1尺
7寸
7寸
2寸

【図2】胴と足首にゴムを入れたモンペ［江南町］

【標準服】

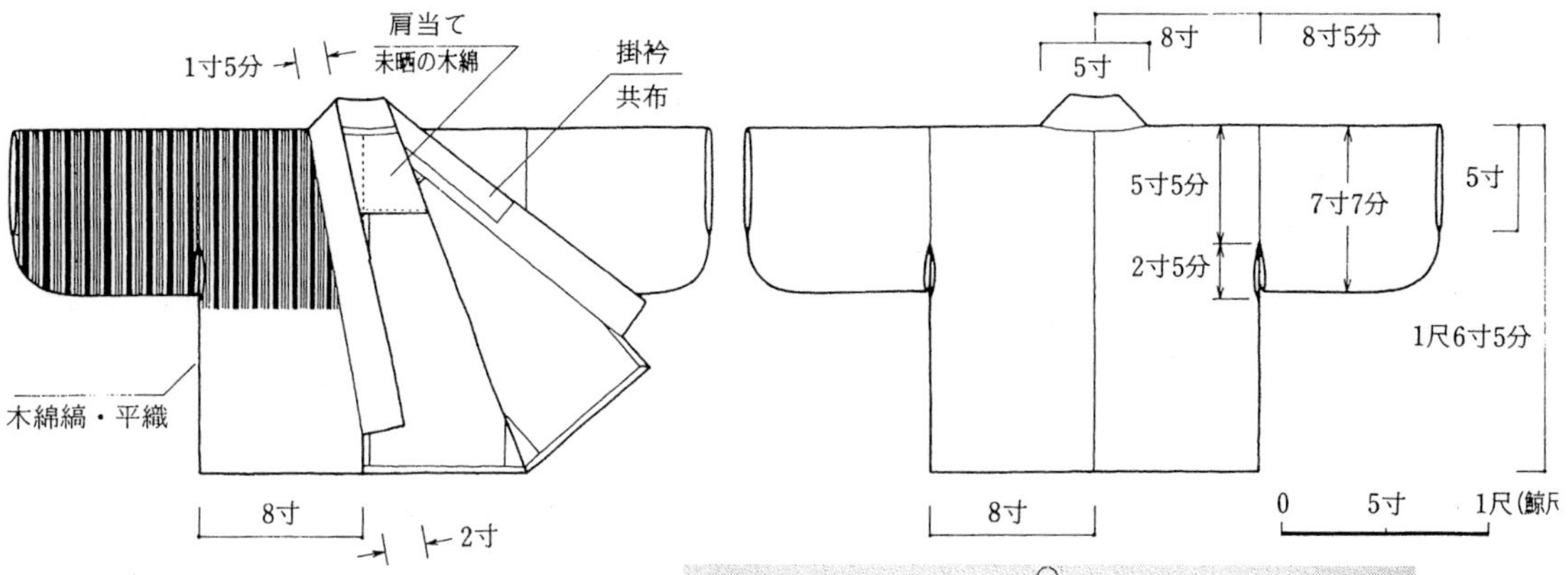
肩当て
未晒の木綿
1寸5分
掛衿
共布
木綿縞・平織
8寸
2寸
8寸
8寸5分
5寸
5寸5分
2寸5分
7寸7分
5寸
1尺6寸5分
8寸
0
5寸
1尺(鯨尺

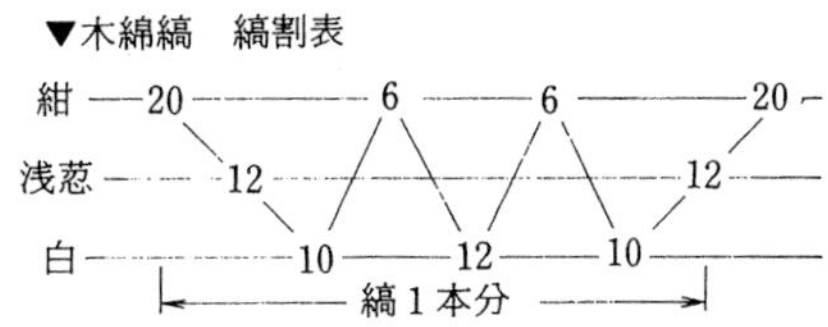
▼木綿縞　縞割表
紺 20 6 6 20
浅葱 12 12
白 10 12 10
縞1本分

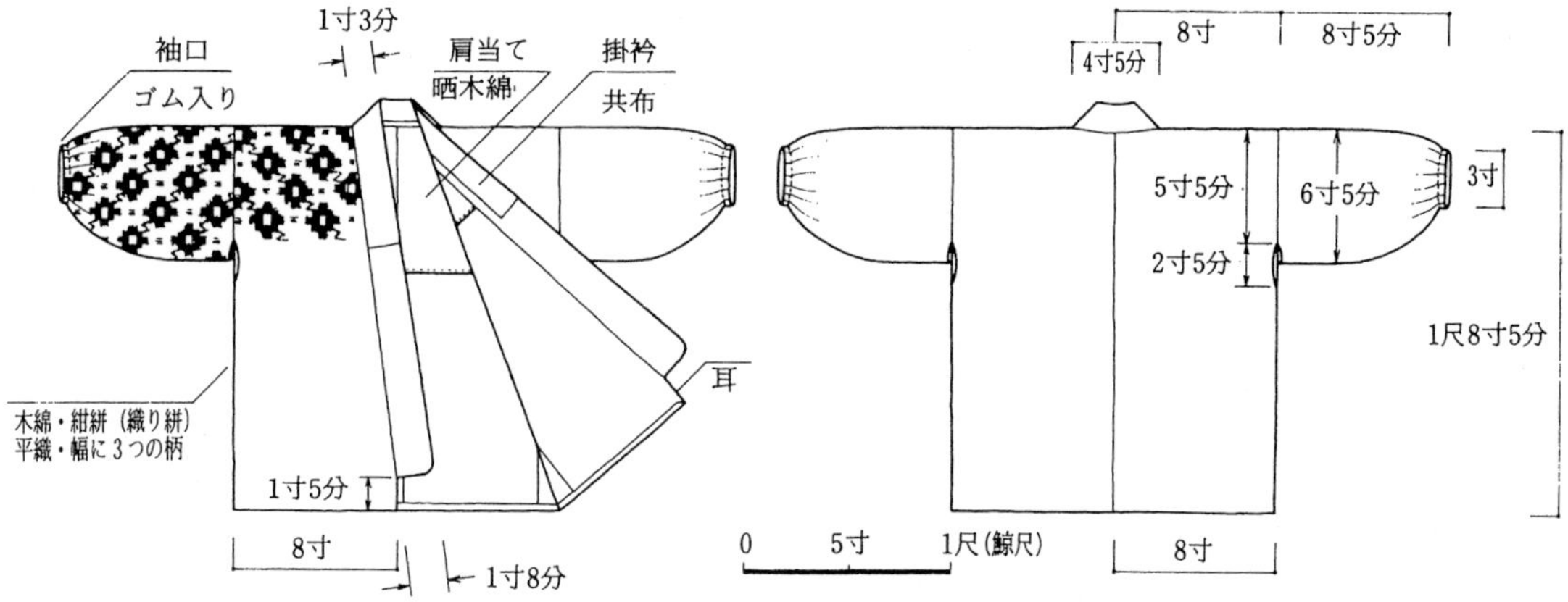
1寸3分
袖口
ゴム入り
肩当て
晒木綿
掛衿
共布
耳
木綿・紺絣（織り絣）
平織・幅に3つの柄
1寸5分
8寸
1寸8分
8寸
8寸5分
4寸5分
5寸5分
6寸5分
3寸
2寸5分
1尺8寸5分
0
5寸
1尺(鯨尺)
8寸

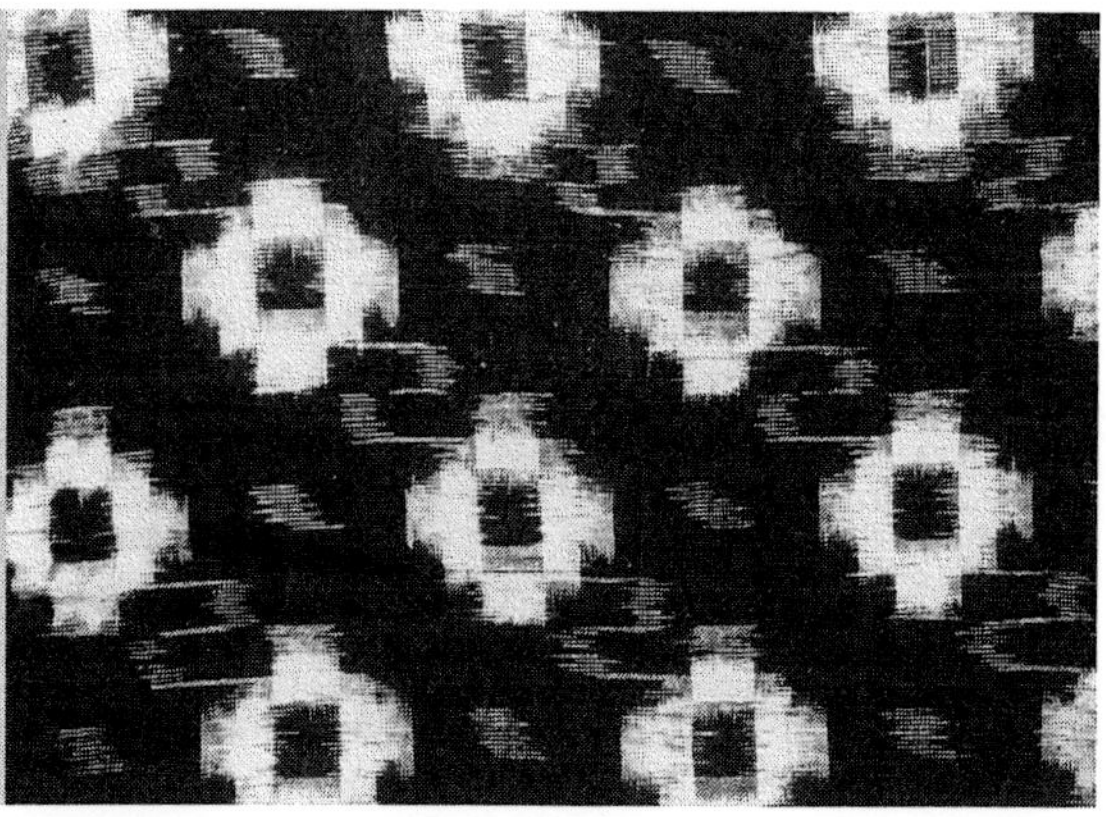

【図3—1】モンペに組み合わせるヒョウジュンフク［江南町］

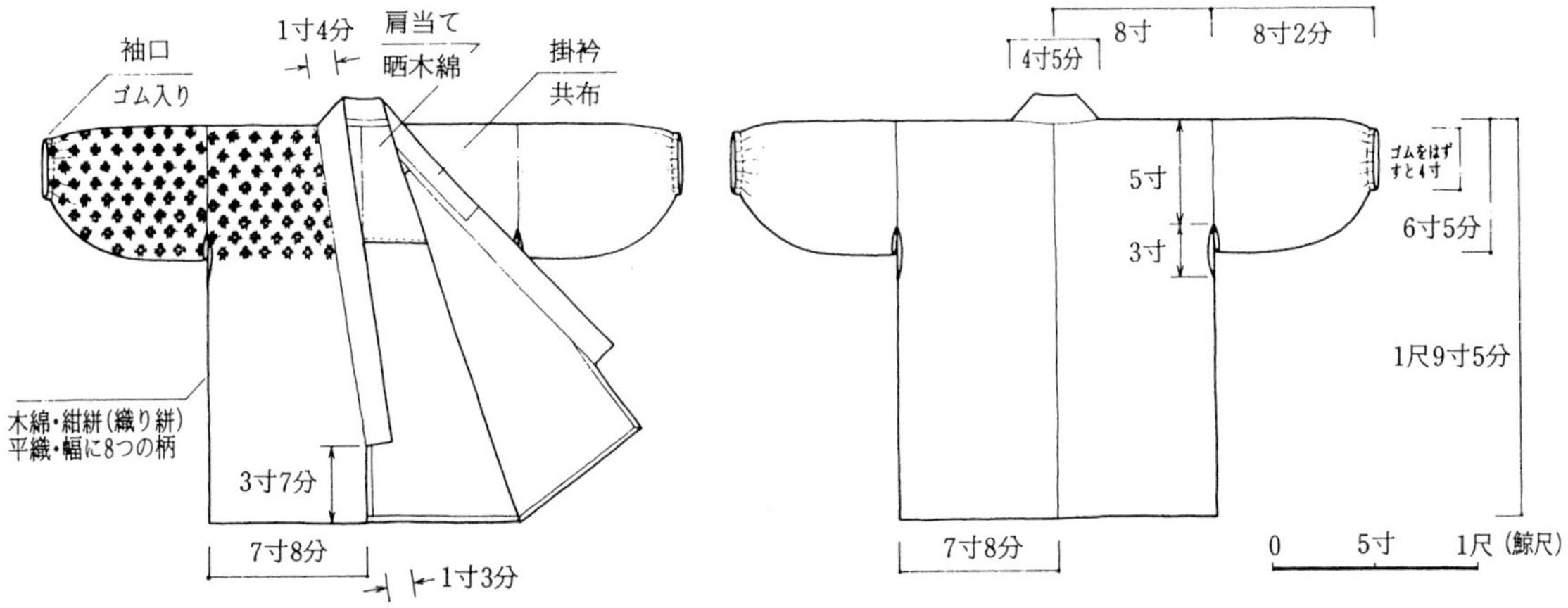
袖口
ゴム入り
1寸4分
肩当て
晒木綿
掛衿
共布
木綿・紺絣（織り絣）
平織・幅に8つの柄
3寸7分
7寸8分
1寸3分
8寸
8寸2分
4寸5分
ゴムをはずすと4寸
5寸
3寸
6寸5分
1尺9寸5分
7寸8分
0
5寸
1尺（鯨尺）

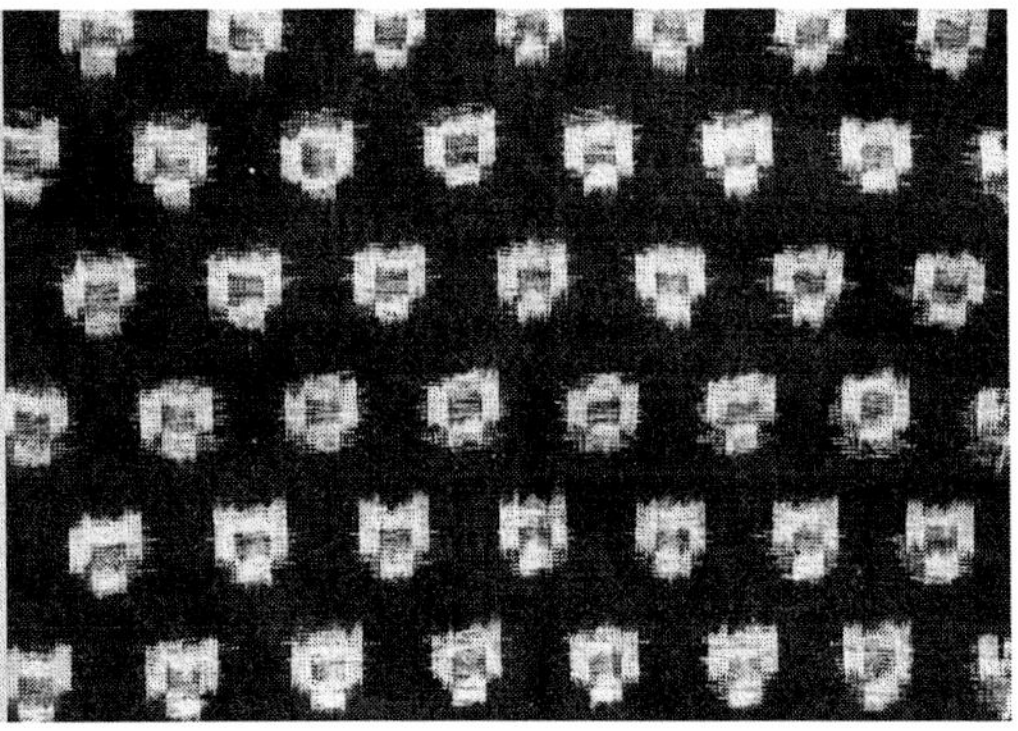

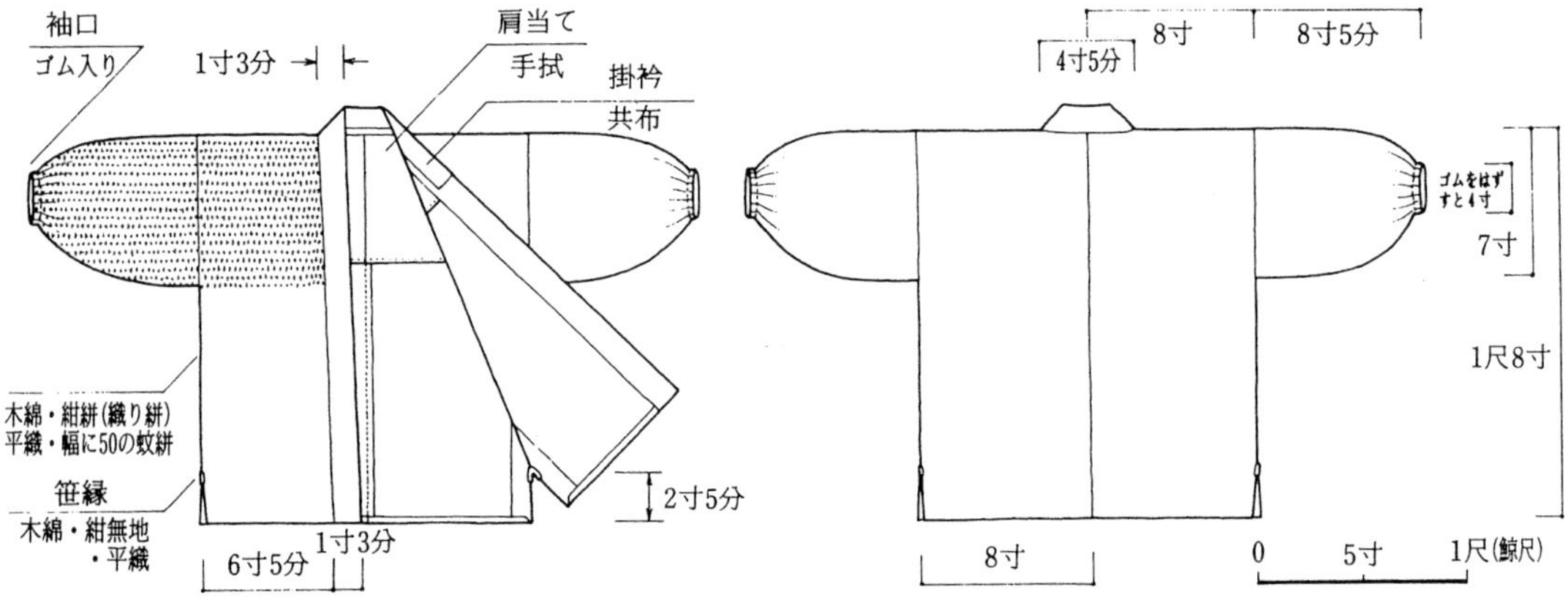
袖口
ゴム入り
1寸3分
肩当て
手拭
掛衿
共布
木綿・紺絣(織り絣)
平織・幅に50の蚊絣
笹縁
木綿・紺無地
・平織
6寸5分
1寸3分
2寸5分
8寸
8寸5分
4寸5分
ゴムをはずすと4寸
7寸
1尺8寸
8寸
0
5寸
1尺(鯨尺)

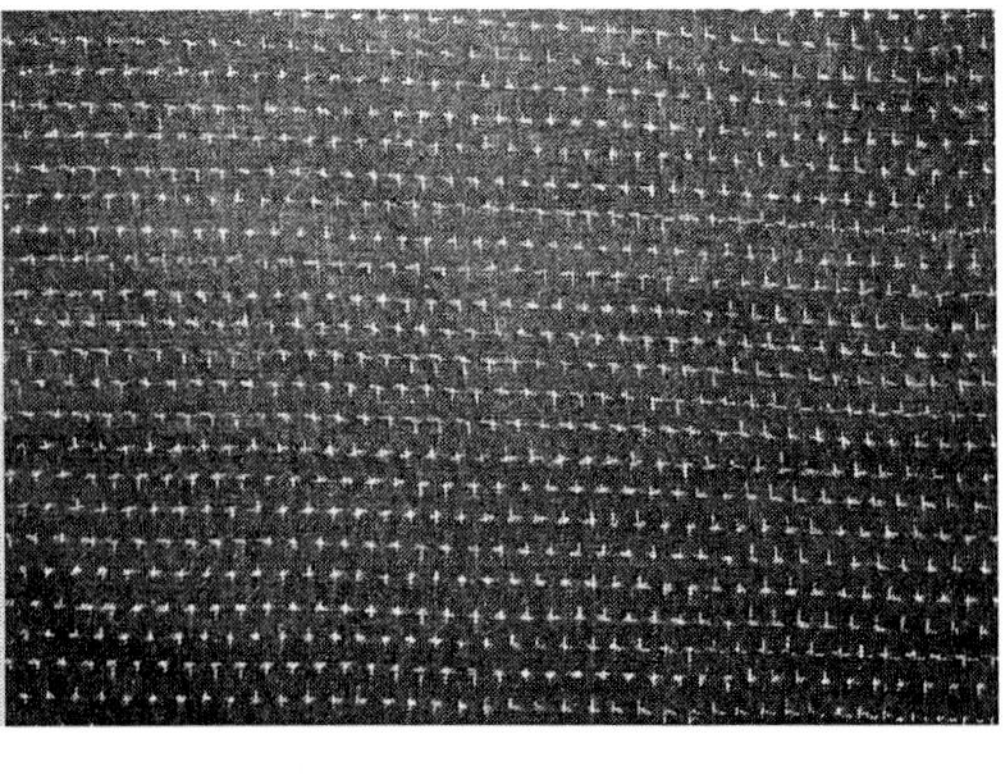

【図3―2】モンペに組み合わせるヒョウジュンフク［江南町］

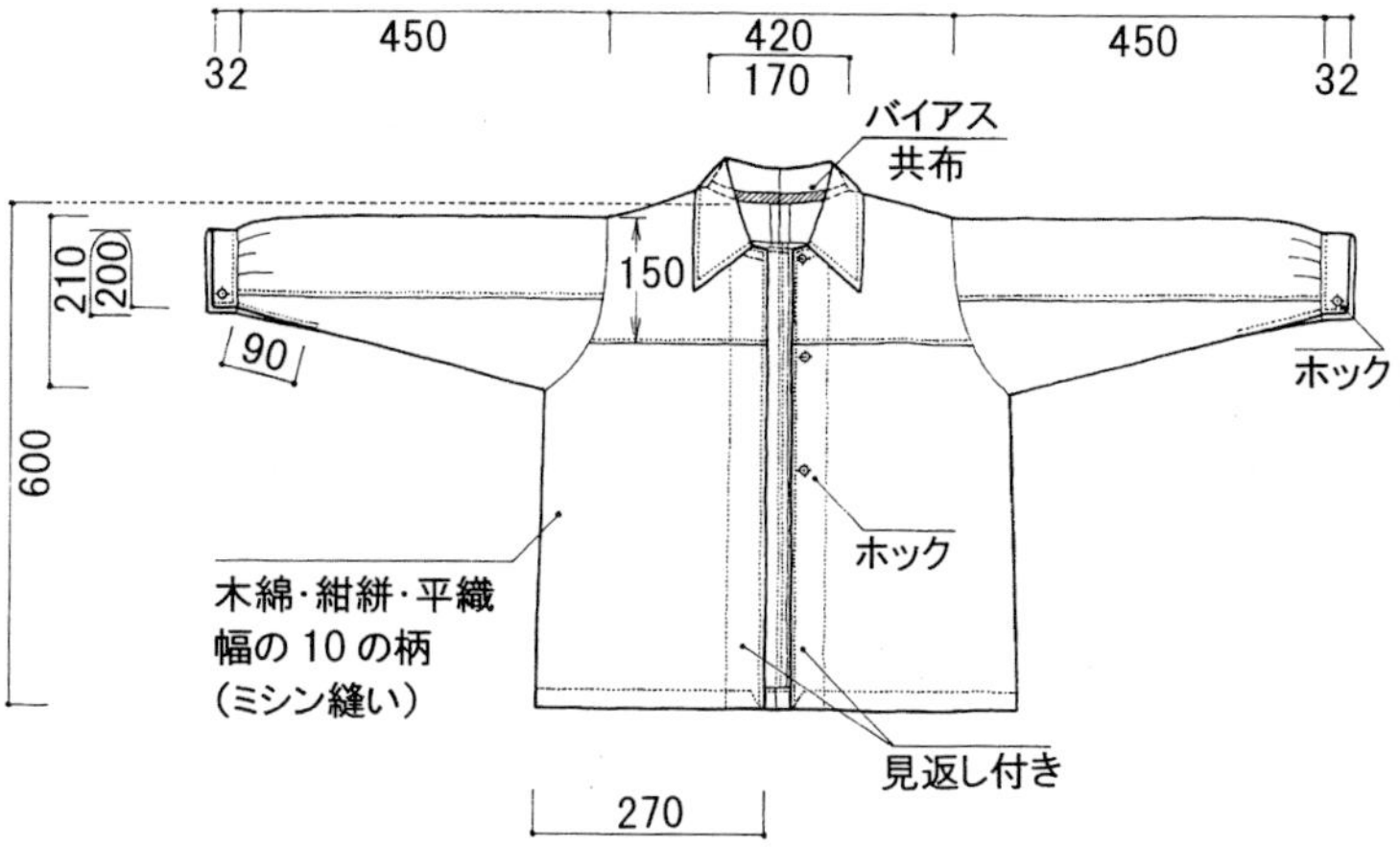
450
420
170
450
32
32
バイアス
共布
210
200
150
90
ホック
600
ホック
木綿·紺絣·平織
幅の 10 の柄
(ミシン縫い)
見返し付き
270

▲着用したようす

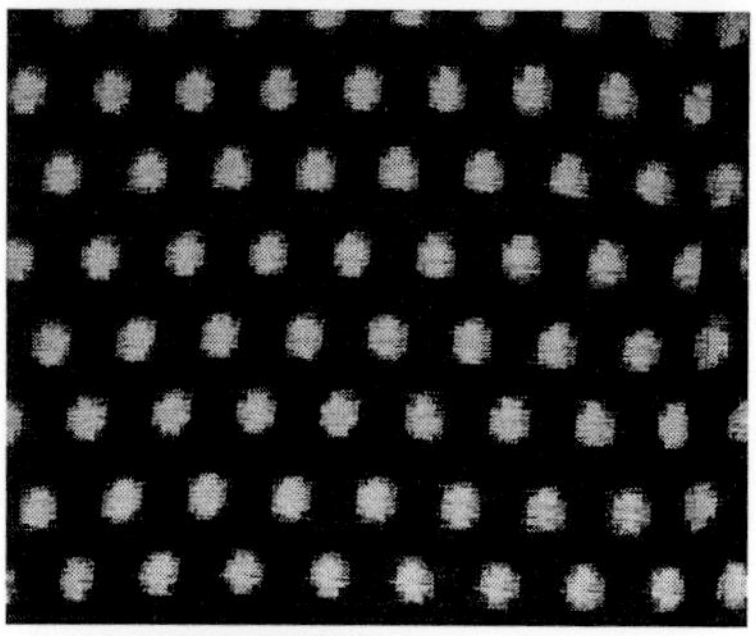
▲紺絣の布地拡大

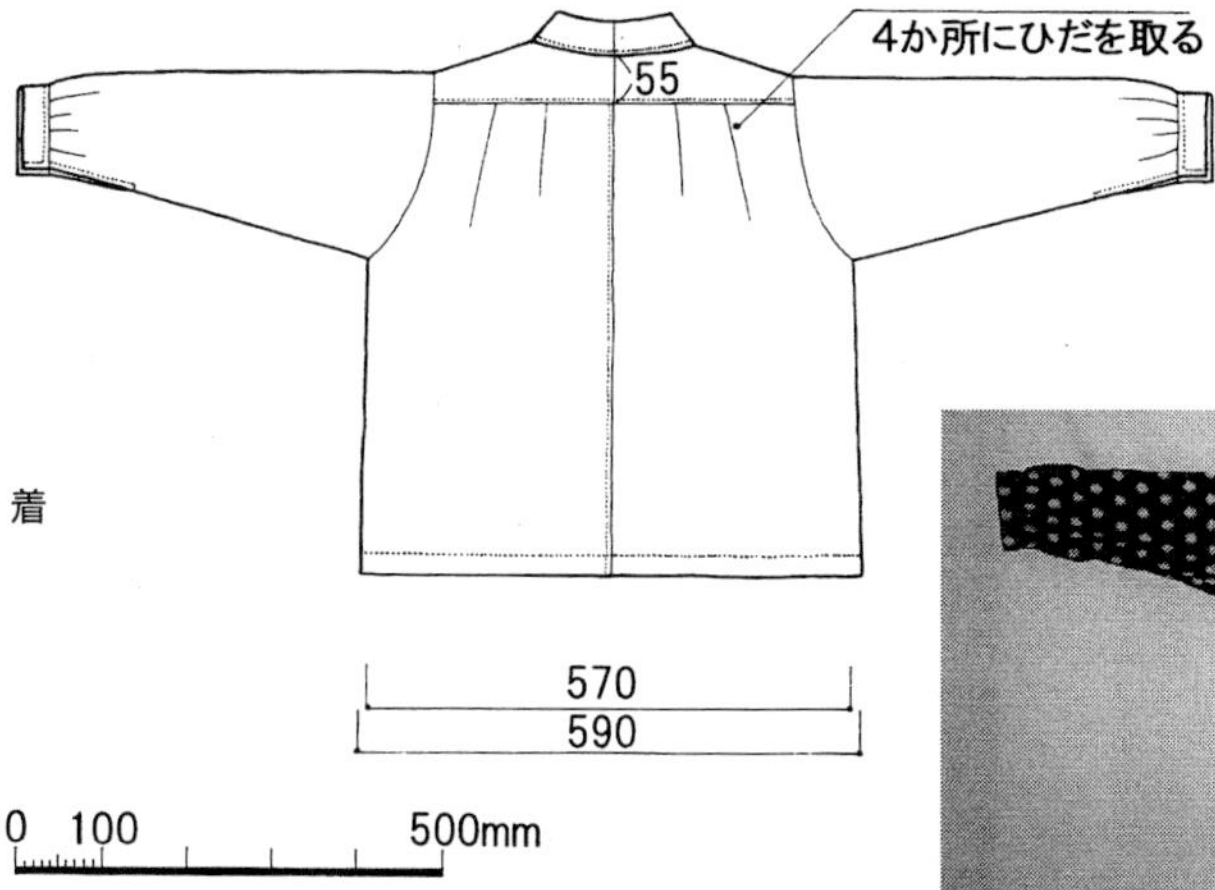
4か所にひだを取る
55
570
590
0 100 500mm

▲上　着

▼モンペ

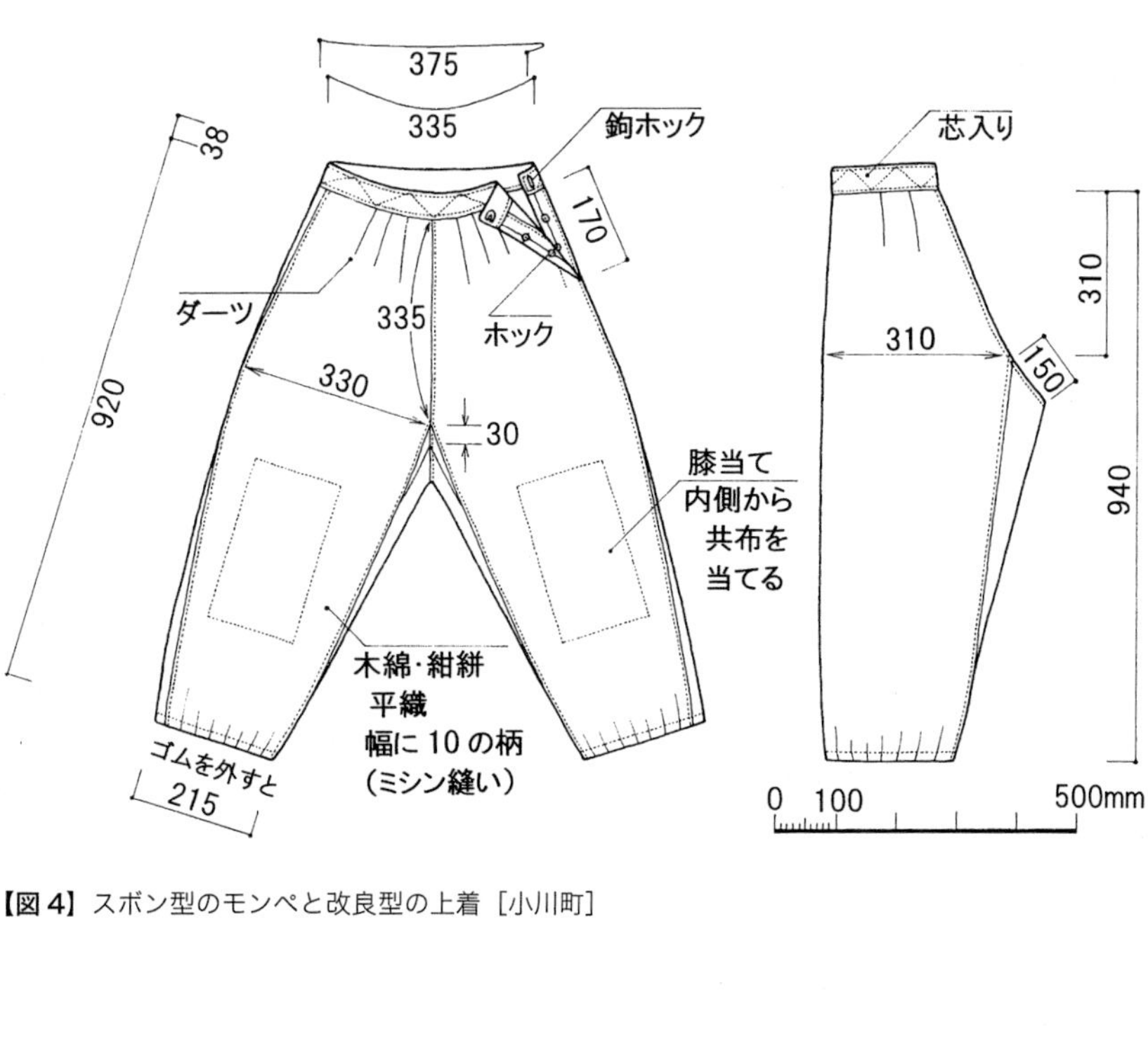
375
335
鉤ホック
38
170
ダーツ
335
ホック
920
330
30
膝当て
内側から
共布を
当てる
木綿·紺絣
平織
幅に 10 の柄
(ミシン縫い)
ゴムを外すと
215
芯入り
310
310
150
940
0 100 500mm

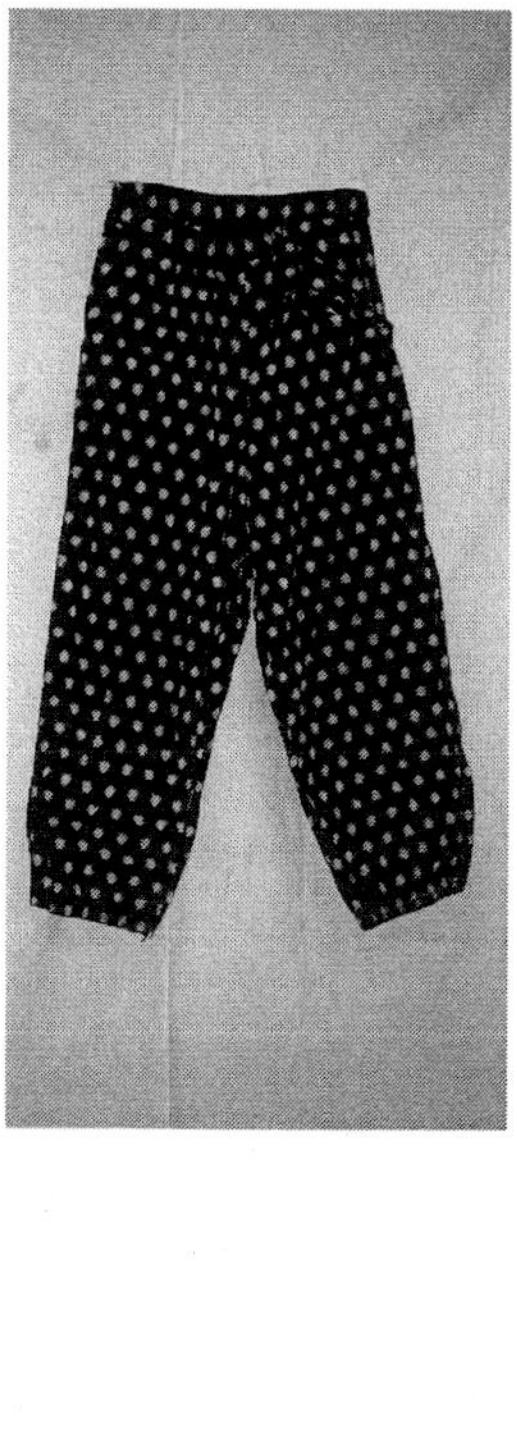

【図 4】スボン型のモンペと改良型の上着［小川町］

モンペは「後ろ美人」？

埼玉県内の女性たちにモンペを初めてはいたときの感想を問うと、多くが口を揃《そろ》えて「お尻が見えるので恥ずかしかった」という。それまでモモヒキをはいていた稲作地域の女性たちでさえ、同じ答えが返ってくる。

モモヒキとモンペは、いずれも下半身を覆《おお》う衣服である。それにもかかわらず、なぜモンペが恥ずかしいのか？　理由は、モモヒキが着物の下（内側）にはくものであるのに対して、モンペは着物の上（表側）にはくものだからである。つまり、モモヒキをはいたときには着物の裾《すそ》を出すので尻部が隠れるが、モンペは着物の裾を中に入れてはくので、尻部が露出する。これがモモヒキとモンペの大きな違いで、女性たちが恥ずかしがる原因はここにあった。

モンペは、山村や雪深い地方で用いられていた山袴《やまばかま》型の下衣《かい》を原型としており、埼玉県内においては、一部秩父山地をのぞいて第二次世界大戦中のモンペ以前に山袴型の下衣を用いた事例はない。したがって、着物の裾を中に入れて尻部を露出するのは、ほとんどの者がモンペで初体験をしたのである。

「角兵衛獅子《かくべえじし》みたいで格好《かっこう》悪い」

「念仏申しみたいな格好するな、と夫から怒られた」

「歩いているとお尻が気になって、気づくと手で隠していた」

出始めのモンペは、あまり評判が良いものとはいえなかったようだ。

しかし、はいてみれば便利なもの。「良いものができた」と次第に評判は高まり、たちまちのうちに普及を見る結果となったのである。それでも気になるのは「お尻」。所沢市のある女性は、次のように語る。

「長着《ながぎ》をほどいてモンペを仕立てるときには、前はつぎはきでもいい。前掛けで隠すことができるから。その代わり、後ろにはきれいな大きい布地を使う。お尻は隠せないものね」

モンペは「後ろ美人」なのである。（宮本）

【写真1】モンペ姿での稲運び［川里町］

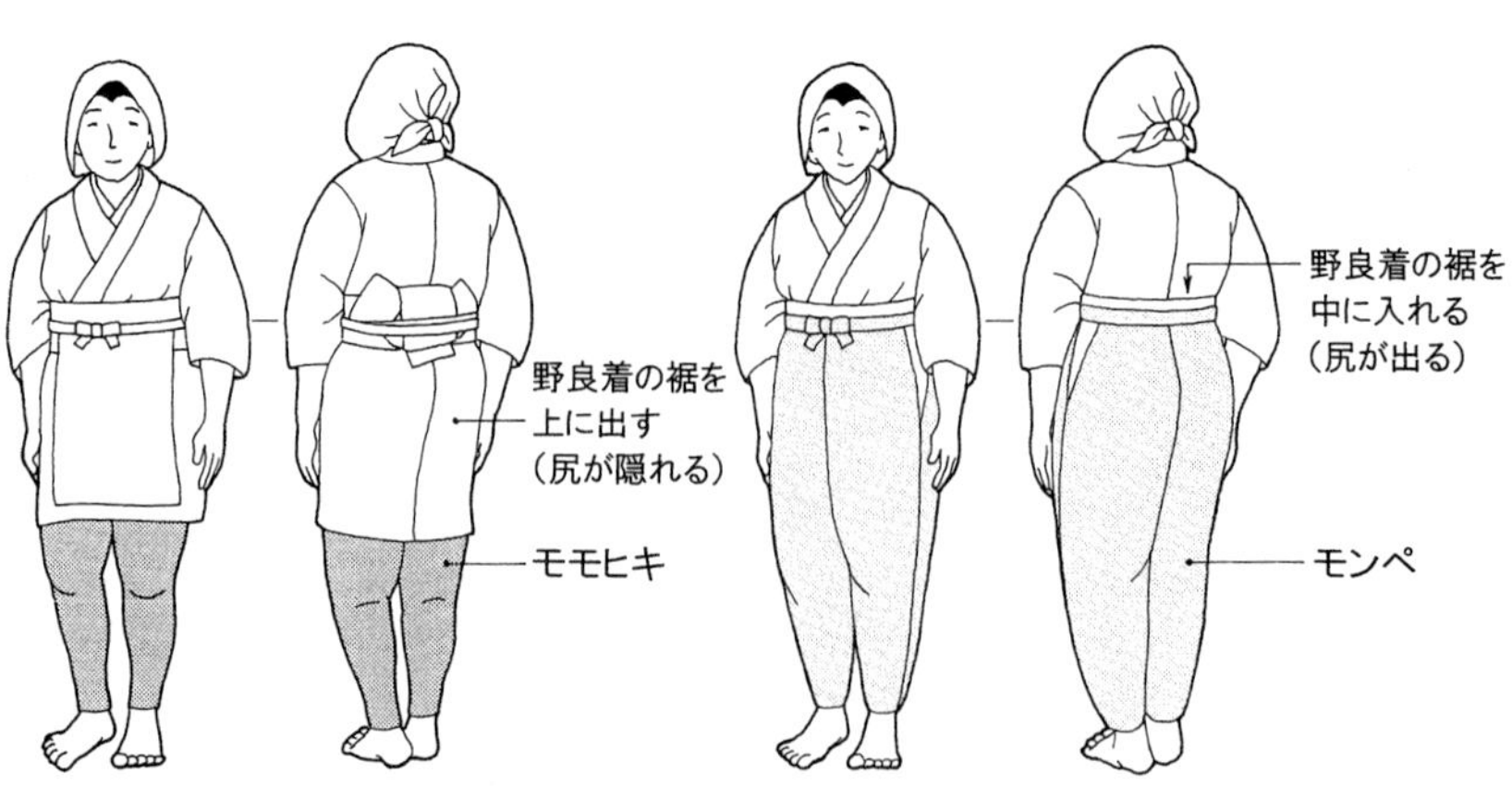
野良着の裾を上に出す（尻が隠れる）
モモヒキ
野良着の裾を中に入れる（尻が出る）
モンペ

【図1】裾を出すモモヒキ・裾を入れるモンペ

【❶米作り】

田植えに振る舞われた初夏の味

田植えに振る舞われた食事　機械化が進む以前の田植えは、ユイ（結い）あるいはテマガエ（手間替え）などと称して親戚や近所同士が助け合って共同で行われることが多く、田植えの当家では手伝いの者たちに食事を振る舞うのが習わしとされた。そのため、田植え期間中の主婦は、大勢の食事を賄《まかな》うために目の回る忙しさであった。

振る舞われる食事は、昼飯と晩飯、それに午前と午後のオチャの四食であり、朝飯はそれぞれの家ですませてくることが多かった。

田植えの日は、夜明けとともに早朝の五時頃から田んぼへ出て働き、午前一〇時頃には「一服すべやぁ」といって土手に上がって、茶を飲みながら軽い食事を取った。これを埼玉県内の広い地域でオチャといい、北埼玉地方ではコジハンともいう。

午前のオチャ　オチャにはたいてい握り飯が出され、これはコメノメシ（米の飯）と呼ばれる白米のごはんで握ったものであった。ごま塩や味噌をつけることもあれば、ショイメシ（醤油飯）と称して炊きたての熱いごはんに醤油をかけて握ることもあり、田植えの初日には赤飯の握り飯を出すところが多かった。握り飯には、漬物や野菜の煮物を添えた。漬物は食事につきものとされ、毎食必ず出されたものである。

田植えのごはんは「米の飯」　田植えのごはんは、コメノメシ（米の飯）というのが決まりであった。埼玉県内では、昭和三〇年代まで多くの家が大麦の混じった麦飯を常食としており、コメノメシは正月や盆、えびす講といった特別の日のごちそうでとされていた。したがって、田植えにコメノメシを食べるのは皆が大いに楽しみとするところだったのである。

昼飯は家に帰って食べることが多かったが、田んぼが遠い家では帰らずに土手で食べることもあった。

昼飯のおかず　昼飯には、ごはん・味噌汁・ジャガイモやインゲンなどの煮物・ニシンの煮つけ・ラッキョウやナスの油味噌・キュウリの塩もみなどが出された。ニシンは「田植え魚」とも呼ばれ、埼玉県内では地域を問わず広く用いられた。田植えが近づくと、カチンカチンに干された身欠《みが》きニシンを魚屋が売りに来たので、これを束《たば》ごと購入して米のとぎ汁に浸し、柔らかくしてから砂糖醤油や味噌で甘辛く煮つけた。ナスといっしょに煮ることもあり、こうするとニシンの煮汁がナスにしみておいしかったという。ニシンのほかには、カツオのなまり節を砂糖醤油で煮つけることもあった。こうした魚料理は、体力を消耗する田植えには何よりのごちそうであった。

午後のオチャ　午後は、三時から四時の間にオチャ休みを取った。午後のオチャには、午前と同様に握り飯を出す家が多かったが、品を変えてヤキモチを作る家もあった。ヤキモチは、タラシモチ、ヤキビンとも呼ばれ、小麦粉を水で溶いて炭酸を加え、焙烙《ほうろく》に流してホットケーキのように焼いたものである。ごはんが残っていれば、これを生地《きじ》に混ぜることもあった。味つけは、焼きあがったものに醤油をつけることもあれば、生地を溶く際に塩味をつけることもあり、土手で食べるには後者の方が手がべたつかず具合が良かったという。

ハンダイとオカモチ　オチャや昼飯を田んぼへ運ぶには、【図1】のような蓋《ふた》付きのハンダイ（飯台）が用いられ、これに握り飯やごはんを入れ、おかずの容器や食器とともに大きな籠《かご》で背負っていった。また、【写真2】のようなオカモチ（岡持）で運ぶこともあった。茶は、いちいち急須に湯を注ぐと面倒なので、鉄瓶《てつびん》あるいはヤカンに湯と茶葉を入れて提《さ》げていった。

ねぎらいの晩飯　一日の仕事を終えた後の晩飯には、ごはんやおかずのほかにねぎらいの酒も出された。おかずは昼飯とだいたい同じであるが、酒の肴《さかな》として天ぷらや焼き魚を付ける家が多く、これらをつまみながら冷や酒を飲んだ。また、冷蔵庫が普及してからは刺身を出す家も増えていった。天ぷらは、サツマイモ・インゲン・ニンジン・ゴボウ・シソの葉などの精進《しょうじん》揚《あ》げである。

サナブリ　田植えが終了すると、サナブリの祝が行われた。サナブリは本来田の神を送る儀礼であるが、埼玉県内では田植え終《じま》いの慰労的色彩も

【写真 1】田植え時の昼飯―昭和 41 年―［川里町］

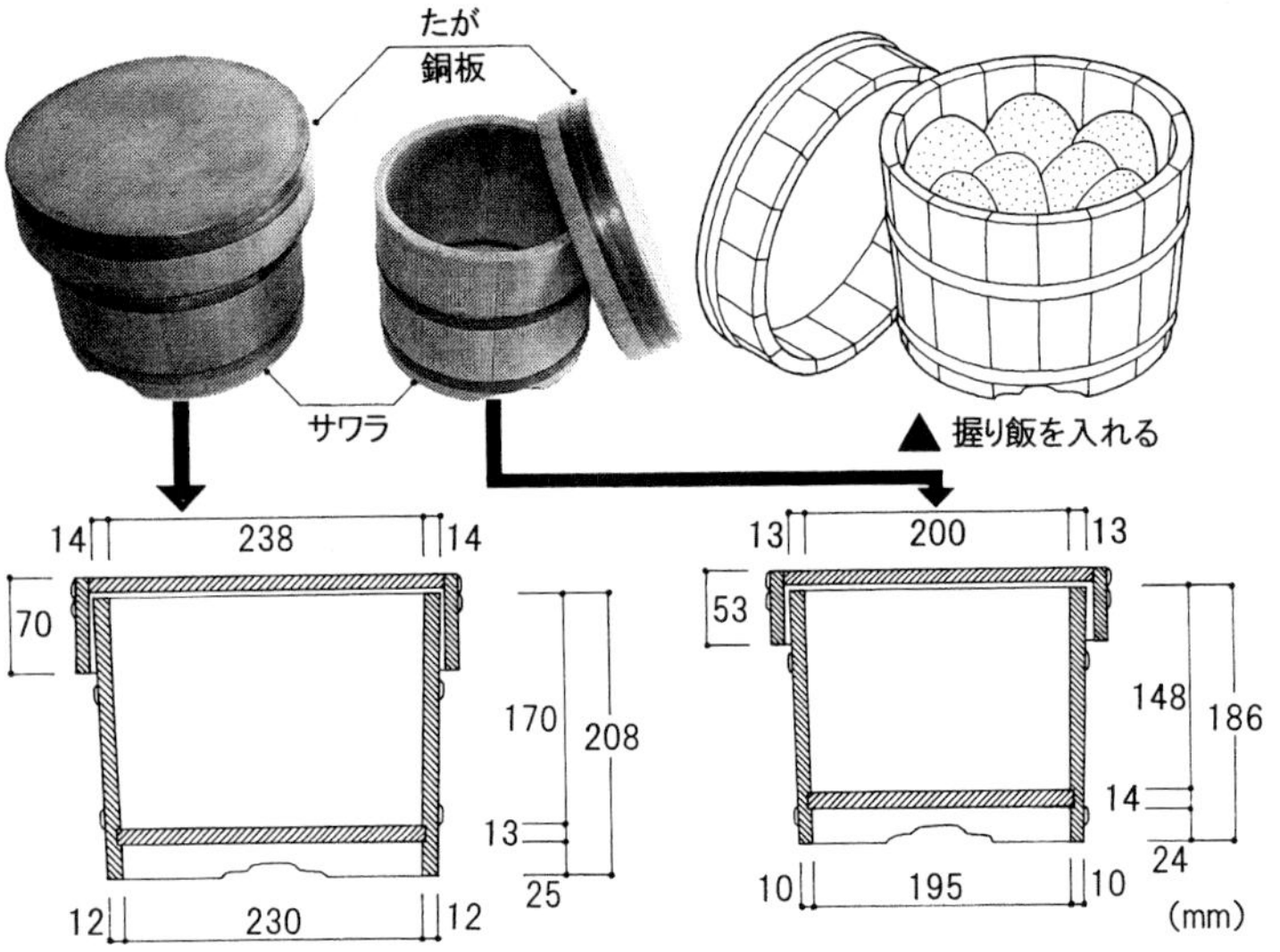
たが
銅板
サワラ
▲ 握り飯を入れる
14
238
14
70
170
208
13
25
12
230
12
13
200
13
53
148
186
14
24
10
195
10
(mm)

【図 1】カブセハンデエ［川里町］

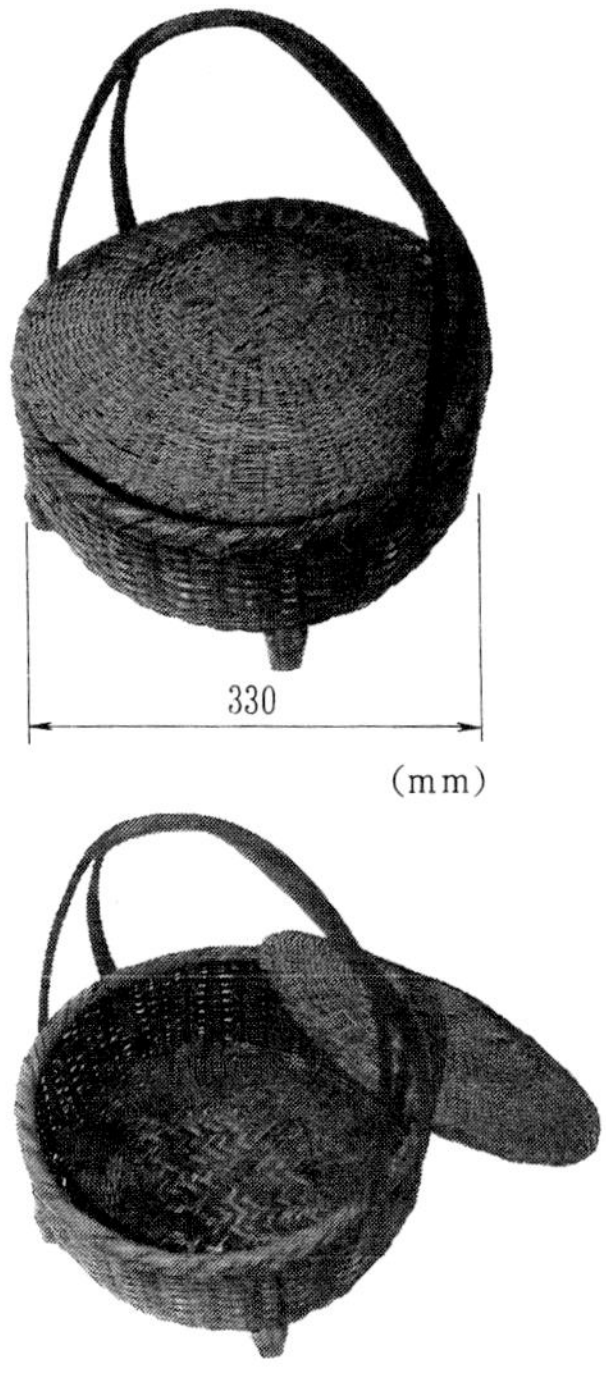
330
(mm)

【写真 2】オカモチ［小川町］

強く、当家では手伝いの者たちを招いて酒肴を振る舞い、その労をねぎらった。また、サナブリにはぼたもちを作るところが多く、これを苗とともにオカマサマやコウジンサマ（荒神様）に供えることで田植えの無事終了を感謝した。

サナブリの宴には、ぼたもち・天ぷら・魚の煮つけ・白あえ・ヨゴシ（ゴマヨゴシ）・キュウリの塩もみなどが出され、一同はこれらを肴に酒を飲んで田植えの終了を祝った。また、田植えに活躍した牛馬にもぼたもちが振る舞われ、マンガ（馬鍬）などの田植え用具もきれいに洗って、その前にぼたもちとお神酒《みき》が供えられた。人間だけでなく、ともに働いた牛馬や用具にも感謝の意を表したのである。

田植え後の仕事と農休み　こうして田植えという一大行事が終了した後も、農家はまだまだ気を抜くことができない。すでに刈り取ってある小麦が、その始末を待っているからである。梅雨《つゆ》が明け、真夏の太陽が照りつける中で小麦の脱穀調整は続けられる。また、この時期には草がどんどん伸びるので、田畑の草取りも欠かせない。田んぼでは、イチバンコ・ニバンコ・サンバンコと盆までに計三回の草取りが行われた。

七月上旬から下旬にかけて小麦の始末を終え、田の草のニバンコを取り終えると、農家はやっと一息をつくことができる。そこで、ノアガリ（農あがり）・ソウノアガリと称して二日から三日間の休みを取り、このとき嫁は実家に里帰りをして骨を休めた。

（宮本）

【写真 3】 オカマサマに苗を供える［川里町］

【写真 4】 田植え用具のマンガにぼたもちとお神酒を供える［川里町］

横畝《よこうね》から縦畝《たてうね》へ
——カルチベーターの恩恵

横畝の伝統　昔からの古い田んぼは、その一区画が形も大きさもさまざまであった。今では、このような田んぼを見る機会も少なくなったが、人力のみで田うないや整地、草取り、稲刈りを行っていた時代には、不整形な田んぼであってもそれほど不都合ではなかった。むしろ長い畝は作らず、短い畝が一般的で、それが理にかなっていた。水の管理もしやすく、また草取りなど、同じような姿勢で作業する場合、短い畝の方がすぐに畦《あぜ》にたどり着き、疲れない。

　このような一区画が不揃《ふぞろ》いの田んぼは、埼玉県の川里町の例では大正時代の初期から耕地整理（土地改良）が行われ、一区画が縦五四メートル、横一八メートル、面積にして一反（約三〇〇坪）の田んぼに整備されるようになった。このように区画が整備された田んぼの畝も従来の「東西の長い縦畝は禁物」の慣行が守られ、伝統的な短い横畝が採用されてきた。つまり、長方形の田んぼの短い方に畝（横畝）を作ってきた。

縦畝の短所　東西の縦畝が嫌われる理由は、秋の稲の収穫時期に北から東に向かって吹く強い風、いわゆる西風が吹き、縦畝ではこの西風が畝間にフッコム（吹込む）ため、稲は耐え切れず倒れてしまうからである。

　縦畝の場合、稲は倒れても寄りかかるものがなくネクジケ（根挫《くじ》け）といって根本から折れ、穂が地面につき穂発芽になる。穂から芽が出てしまうのである。穂発芽の稲は品質が落ちるのはいうまでもない。横畝であれば、稲は倒れても前列の稲に寄りかかって穂は地面に着かず、穂発芽の心配もない。

　長い間の生活の知恵から短い横畝がずっと採用されてきた。耕地整理前の不整形な田んぼの時代も稲が西風を受けて畝間に根から倒れるような畝作りは避けられてきた。

縦畝と機械化　「東西の長い畝（縦畝）は禁物」という畝作りの昔からの教えがくつがえされるのは、昭和二七年（一九五二）から使用されたズイムシ（ニカメイチュウ）駆除の農薬ホリドールの使用による。この農薬はハンドブラザーという機械を用い、長いホースを田んぼに引き込むので、これに便利な東西の長い縦畝が自然に作られるようになった。ちなみに、農薬ホリドールの普及により、反当たり約一俵増収になったといわれる。

　その後、田植え機やコンバインの普及により、今では長い東西の縦畝が当たり前になっている【写真1】。そのため稲の倒伏による穂発芽は防げないが、到伏した稲を刈る機械の部品もあるのだから近年の農機具の変わりようには驚かされる。

カルチベーターの普及　このように、稲の栽培で従来の長い伝統を破って短い横畝から東西に長い縦畝に変わった要因にはいくつかあるが、最初のきっかけとなったのはカルチベーター、通称カルチ【写真2】の普及である。この農具は畑作用の農具で、田の裏作の麦作りには牛に引かせて、畝立て・中耕《ちゅうこう》・土寄せ・除草用に活躍した優れものである。それまではすべて鍬《くわ》を使って人力で中耕・土寄せなどを行っていた。カルチの普及で人力から畜力《ちくりょく》に変わり、田んぼの麦作りがカルチ利用に便利な長い縦畝によって栽培されるようになる。それまでは鍬を担いで出かけ、朝から晩まで何日も鍬でのサク切りに明け暮れた。牛が引くカルチベーターの普及により能率は上がり、労力は大きく軽減された。これによって裏作の麦作りが飛躍的に進展した。

　カルチベーターが普及するのは、埼玉の稲作地帯では昭和二二、三年（一九四七、八）頃からである。当初は日徳産業製作の大砲の材料を再利用して作られたカルチベーターであった。

　最初の頃のカルチベーターの評価について「これでサクを切ったというのかい。もぐらが潜ったようだ」などと笑って採用しなかった人たちも、昭和二七年頃には佐々木式や片倉式の改良カルチを皆が導入するようになる。鍬《くわ》一本の人力で一日かけて行っていた仕事が一時間で終えるような効果があったといわれる。

　畜力によるカルチベーターは、その後約一〇年間「優れ物」として活躍するが、動力によるテーラーの出現により現役を終える。牛で引くカルチから、エンジンで引くカルチへと変化したのである。

（大舘）

【写真 1】東西に長い縦畝の田んぼ［川里町］

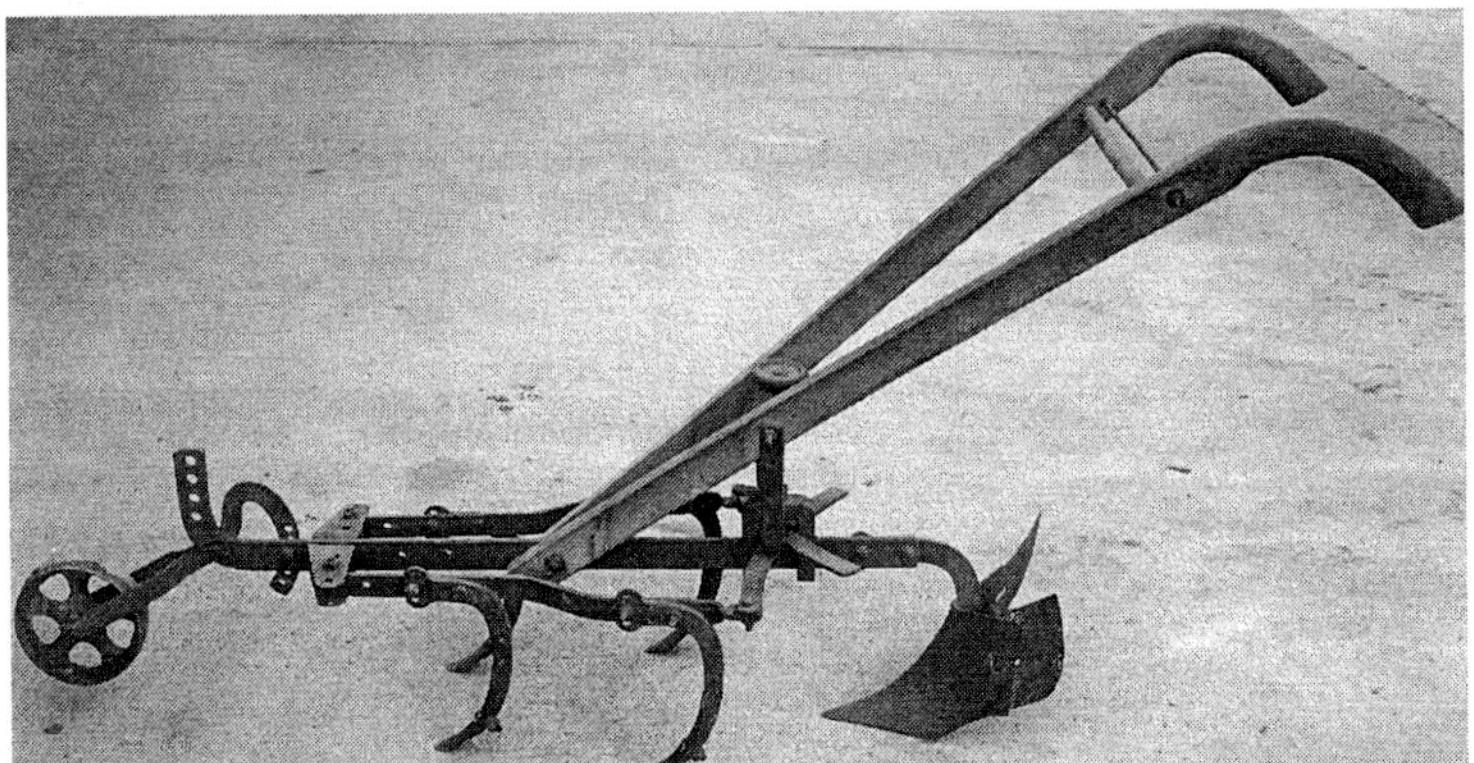

【写真 2】カルチベーター

【写真 3】棚田の稲刈り・稲運び—不整形な田んぼは、平野部では耕地整理によって姿を消し、丘陵・山間部の田に多く残っている—［皆野町］

【❶米作り】

湿田の稲刈り

米の力　日本に稲作技術が入ってこのかた、日本人は米作りに専念してきた。どんな劣悪な土地にも田んぼがひらけ、そういう風景を見ると米作りに対する執念のようなものを感じることがある。いつの時代も、食べてうまい米の評価は、いささかも揺るぎないものであった。そして、もっとうまい米を食べたい作りたいという欲望と努力によって、今日のようなうまい米を作り上げてきた。

　米作りの長い歴史を振り返って見ると、豊作を約束してくれる神への真摯《しんし》な祈りをはじめ、たゆまぬ栽培技術の改良など、米作りは日本の文化そのものであることに気づくのである。

湿田と摘田《つみた》　用排水の施設が整備される前の日本の田んぼは湿田が多かった。とりわけ、谷津田《やつだ》と呼ばれる台地や丘陵にはさまれた細長い田んぼは湿田《しつでん》が多く、ドブッタ・底抜け田んぼなどといわれ、一年中水が切れることがない。深田《ふかだ》のため、田の作業は地中深く埋められている松の丸太を伝わりながら行う。足を踏みはずすと腰までつかることもある。

　埼玉県の大宮台地周辺の田んぼもこのような湿田が多く、稲の栽培は田植えを行わず種籾《たねもみ》を直接本田《ほんでん》にまくツミタ（摘田）と呼ばれる栽培が広く行われていた。日本で有数の摘田密集地帯である。

　摘田と呼ばれる稲作法は、田植えによる移植栽培と違って少しの水で稲作が可能である。田植えのときのように一度に大量の水を必要としない。水は、もっぱら台地の裾《すそ》から湧き出す清水や雨水に依存する。そのため、台地や丘陵には雑木林が不可欠で、台地が開発されると湧水が止まり、摘田による稲作栽培ができなくなる。

摘田の稲刈り　稲作と畑作の行われる地域では、稲刈りは麦蒔《むぎま》きが終わってから行うことが一般的であった。早稲《わせ》は麦蒔き前に刈ることもあったが、麦蒔きの適期とされる一一月三日以降が普通である。一一月も半ば過ぎると田んぼに薄氷が張ることもあり、氷が解けるのを待って稲刈りを始めたこともある。

田舟　湿田の稲刈り【写真1・3】には、タブネ（田舟）が用いられる。鎌で刈り取った稲を田舟の上で束ねる。穂がぬれたり汚れたりしないようにするためである。

　田舟には、大きさや形が異なるものがある。引き縄がついて引っ張って使うものと、取っ手を押して前進させるものがある。経営規模の大きな農家では数艘の田舟を備えておいたが、田舟は高価なものでもあり、代用品のウシ【写真2・図1】を自製して用いることもあった。ウシは、樫《かし》の小枝に藁《わら》を敷き、割竹《わりだけ》でとめた簡単なもので、その年限りの道具である。このような田舟のほかに、湿田の稲刈りには、養蚕《ようさん》用具のキュウソウダイ（給桑台）に竹製のカイコカゴ（蚕籠）を乗せ、田舟代わりに使用したところもある。

田下駄《たげた》　湿田の稲刈りには田下駄が履かれた【写真4】。田んぼで下駄をはくとは、今の時代から見れば妙なことであるが、湿田の深田にはなくてはならない履物であった。田下駄の歴史は古く、今日の下駄の原形を田下駄に求めることができるのである。田下駄には、木製の下駄型の田下駄【写真6】と輪《わ》カンジキ型【写真4・5】のものがあり、地域によって使う田下駄は異なる。

　今日、稲刈りに、刈り取りと脱穀などの機能を兼ね備えたコンバインの活躍を見ると隔世《かくせい》の感があるが、昭和三〇年代までは、まだ田下駄を履いて鎌で稲刈りをしていた。昭和も遠くなりつつあり、その頃の人びとの暮らしぶりについての記憶もおぼつかなくなってきた。

（大舘）

【写真 1】湿田の稲刈り—稲を濡らさないように田舟が用いられる—［さいたま市・旧大宮市内］

【写真 2】ウシ［所沢市］

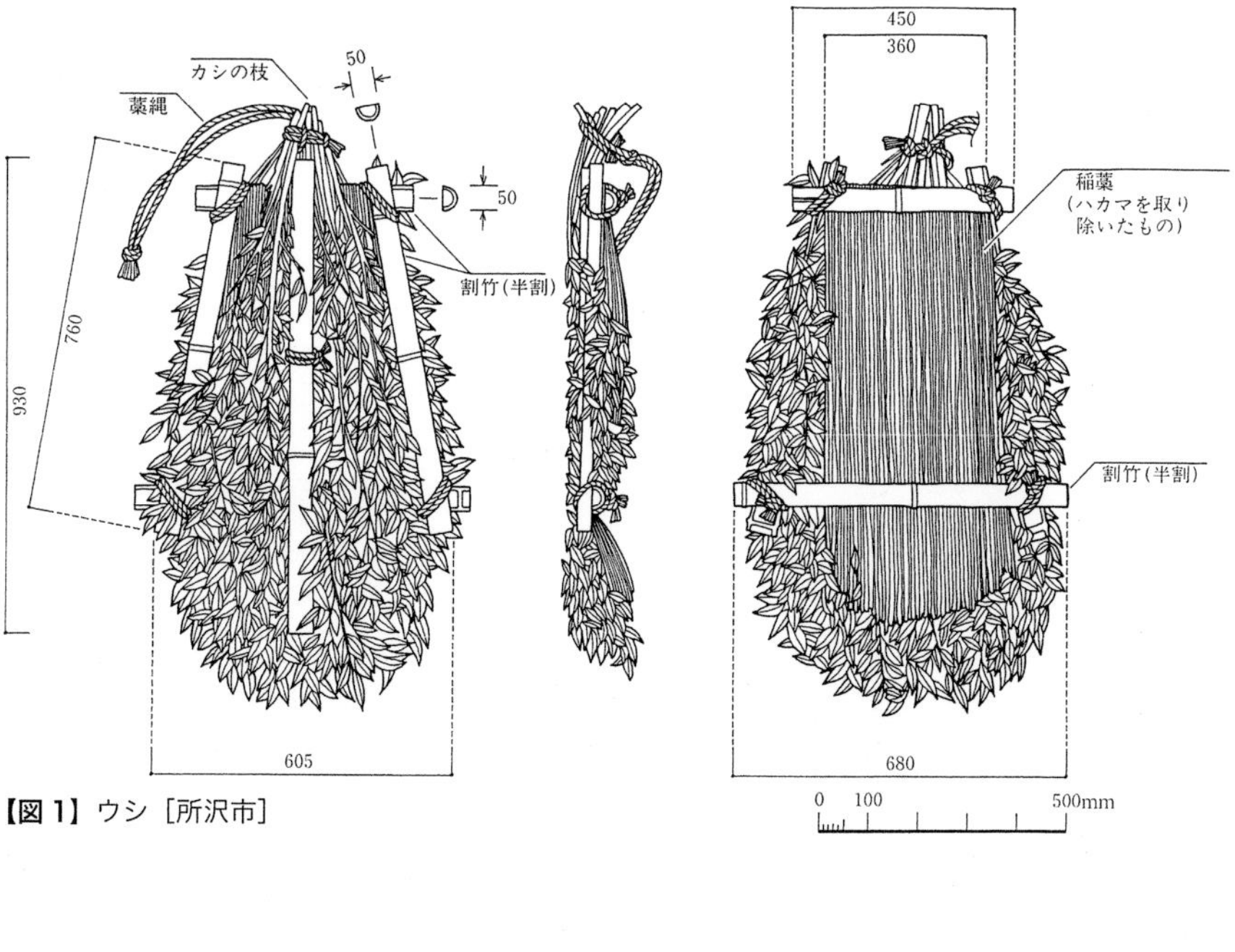

【図 1】ウシ［所沢市］

【写真 3】タブネ（田舟）を使った稲刈り―昭和 42 年―［所沢市］

【写真 5】カンジキ［桶川市］

【写真 4】カンジキを使用しての稲刈り［桶川市］

【写真 6】田下駄［さいたま市・旧大宮市内］

オオアシ（大足）

田植え前の田に草などを踏み込み、また田を平らにならすための代踏み用具である。出土品としては、静岡県の弥生時代の山木遺跡出土の大足がよく知られている。埼玉県では、古墳時代の池守遺跡から出土している。写真の大足は、越谷市および入間郡越生町で使用されていた大足である。越谷市で使用されていた大足は、長方形の枠の中央に鼻緒を付けた足板を渡し、横木の桟《さん》を渡したものである。枠の前に付いている縄を持ち上げて田の中を歩き、土の大きな塊を砕き田を平らにならす。山よりの越生町では、昭和の初め頃まで藤の若葉を山で採集し、それを乾燥させてムギカラ（麦幹《から》）と一緒にまき散らし、大足を履いて歩き土の中に踏み込んだという。藤の若葉が肥料として優れていたからである。

なお、藤の葉については、旧暦四月八日はフジゼック（藤節供）といい、山の神霊の宿る藤の葉を山から採取して家の入口や神棚に供える風習がある。藤の若葉を田に敷き込むのも、神霊を田に招くという考えもあったのかも知れない。（大館）

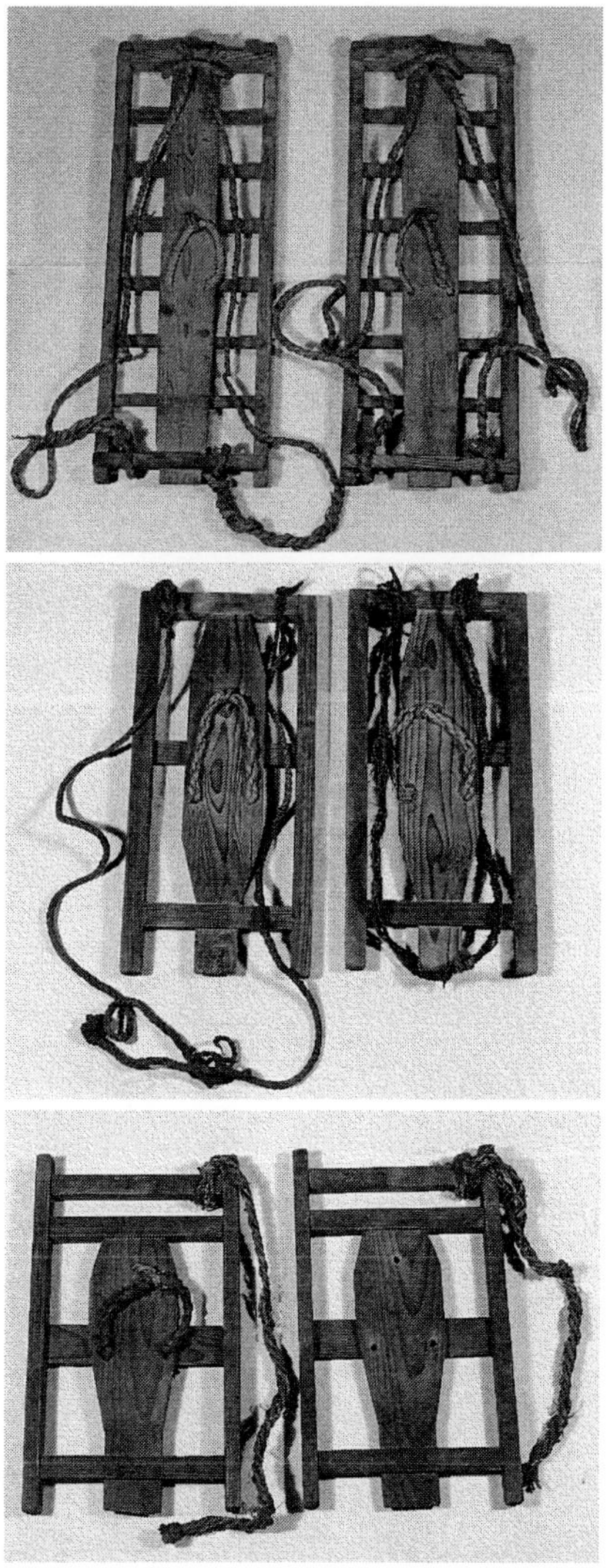

【写真1】オオアシ―上は越谷市、中・下は越生町―

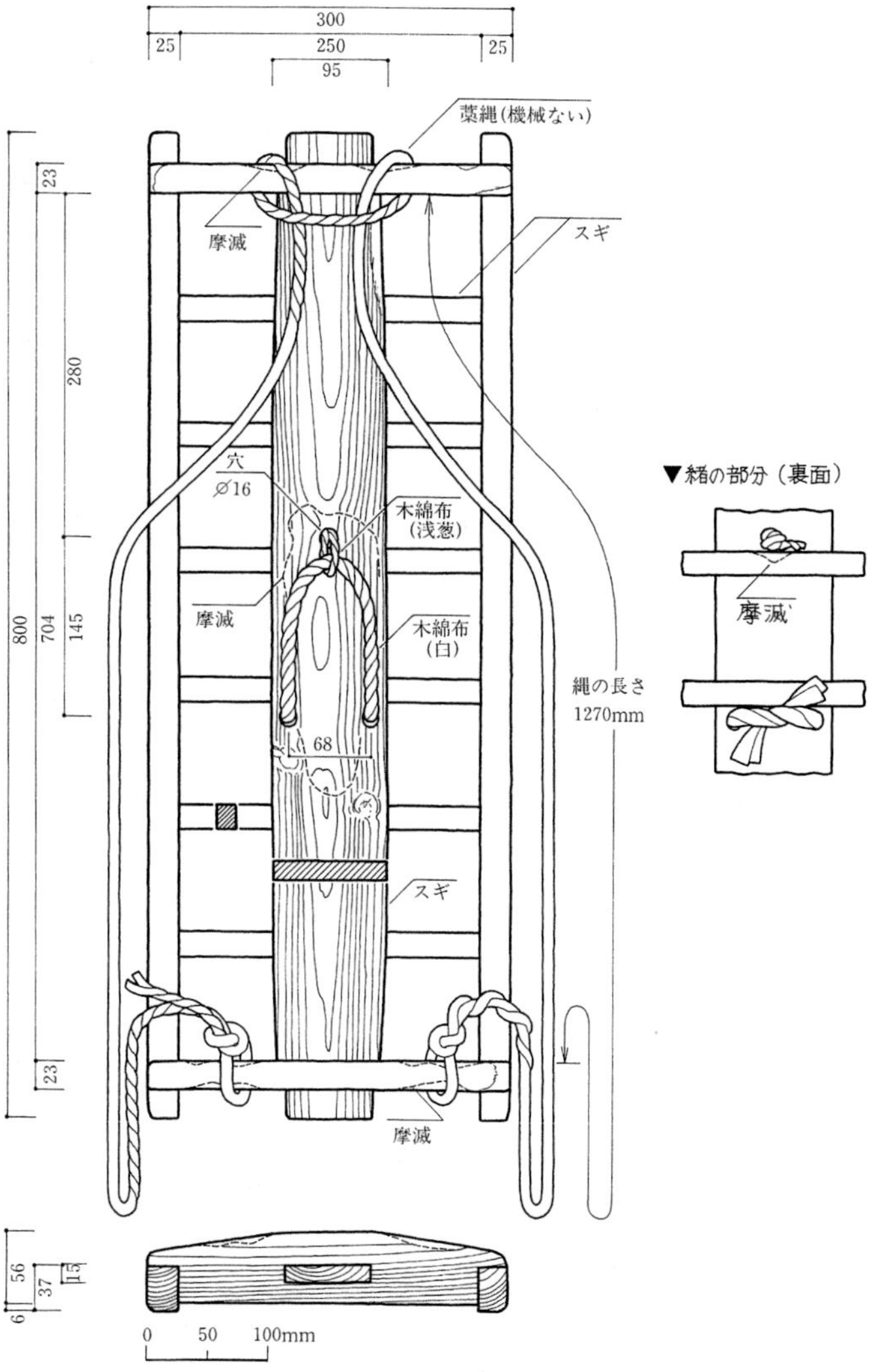

【図1】オオアシ［越谷市］

【❶米作り】

稲刈《か》りと自然乾燥

稲刈りの季節　稲作が機械化されてから、稲刈りの時期はずいぶん早くなった。田んぼに水苗代《みずなわしろ》を作って苗を育て田植えをする稲作では、水利や気候の関係で栽培期間が長く全体的に遅くなるのが普通である。また、畑作との関係で、サツマイモや陸稲《おかぼ》などを収穫して、麦蒔《ま》きがすんでから稲刈りを行うのが一般的であった。もちろん早稲《わせ》の場合は、麦蒔き前に稲刈りを済ませたこともある。

麦蒔きを終わらせると、稲刈りは一一月中旬頃になり、湿田の田んぼには薄氷が張ることもある。場所によっては田下駄《たげた》を履き、田舟《たぶね》を用いて稲刈りをする。

稲刈りは、コンバインが普及するまでは鎌を用いて、稲の根元から刈り取る方法が長く続いた。しかし、稲が日本に伝来してから長い間、稲刈りは石包丁《いしぼうちょう》やそれに似た鉄器によって、稲の穂首《ほくび》から切り落とす穂首刈りであった。奈良時代まではこの方法が一般的であったといわれる。この穂首刈りの方法は、今でも粟《あわ》の収穫方法として採用されている。

刈り取った稲は、自然乾燥させるのが古くからの方法である。自然乾燥の仕方で、多く取り入れられていたのは、稲架《はさ》による乾燥【写真1・2】と、田んぼの中に稲のボッチを作る乾燥方法【図1】である。

乾田での稲架による乾燥　稲架は、埼玉県内ではノロシ・ヤライ・ハンデなどといい、呼び名は地域によって異なる。田のクロ（畔《くろ》）や、乾田《かんでん》の場合は田んぼの中に竹や丸太、角材を三本用いて三脚にして立て、それにハンデボウなどという横棒を渡して稲束をかけ、自然乾燥させる。湿田で田んぼや畦《あぜ》に稲架を作れない土地では、家の周囲に作って乾燥させた。これをヤシキノロシ・ヤシキヤライなどと呼ぶ。

稲架に稲をかけると、米がふくらんで質が良くなると、昔から言い伝えている。埼玉県の北埼玉地方では、こうした米を「米がコウガハル・コガハル」という。しかし、稲架掛けは手間のかかる仕事で、稲作地帯では稲架掛け専門に稲束を作る人もいたほどである。機械乾燥をする今日、稲架のある風景を見る機会も少なくなった。

湿田でのボッチ刈り　田んぼの中に稲のボッチを作って自然乾燥させる方法は、湿田《しつでん》での古いやり方である。今では稲のボッチを見る機会もなく、また経験者も少なくなりつつある。

湿田での稲刈りは、ボッチガリという方法で行われた。刈った稲を束にして八把から一〇把くらいを一ボッチにして田の中に立てておく方法である。ボッチにする稲の束は、束の真ん中どころを縄で結《ゆわ》く。束の穂を上にして三束で三脚に立て、これを基準にして周りに立てかけていく方法で、その日に刈った分だけその日にボッチにする。

このボッチは、下手な人が作ると倒れてしまうことがある。そのため、あらかじめクワボウ（桑棒）で三脚を作っておき、それに稲束を立てかけてボッチを作った人もある。ボッチのまま長く田んぼに置く場合に有効な工夫である。

この稲のボッチはしばらくそのままにしておき、麦蒔きが終わって脱穀するときに家に運び、庭に積んでおく。一一月も半ば過ぎると雨も降らず、西風が吹いて稲も乾燥する。この時期、人々は稲の脱穀に明け暮れる。センバコキ（千歯扱《こ》き）や足踏《あしぶ》み輪転機（脱穀機）での脱穀は、多くの日数を要したのである。

やがて、日毎田んぼを西風が渡り、刈り取った稲の株から生えたひこばえが寒さに震える季節となる。

（大舘）

【写真 1】稲架の列［鳩山町］

【写真 2】稲架のある風景［都幾川村］

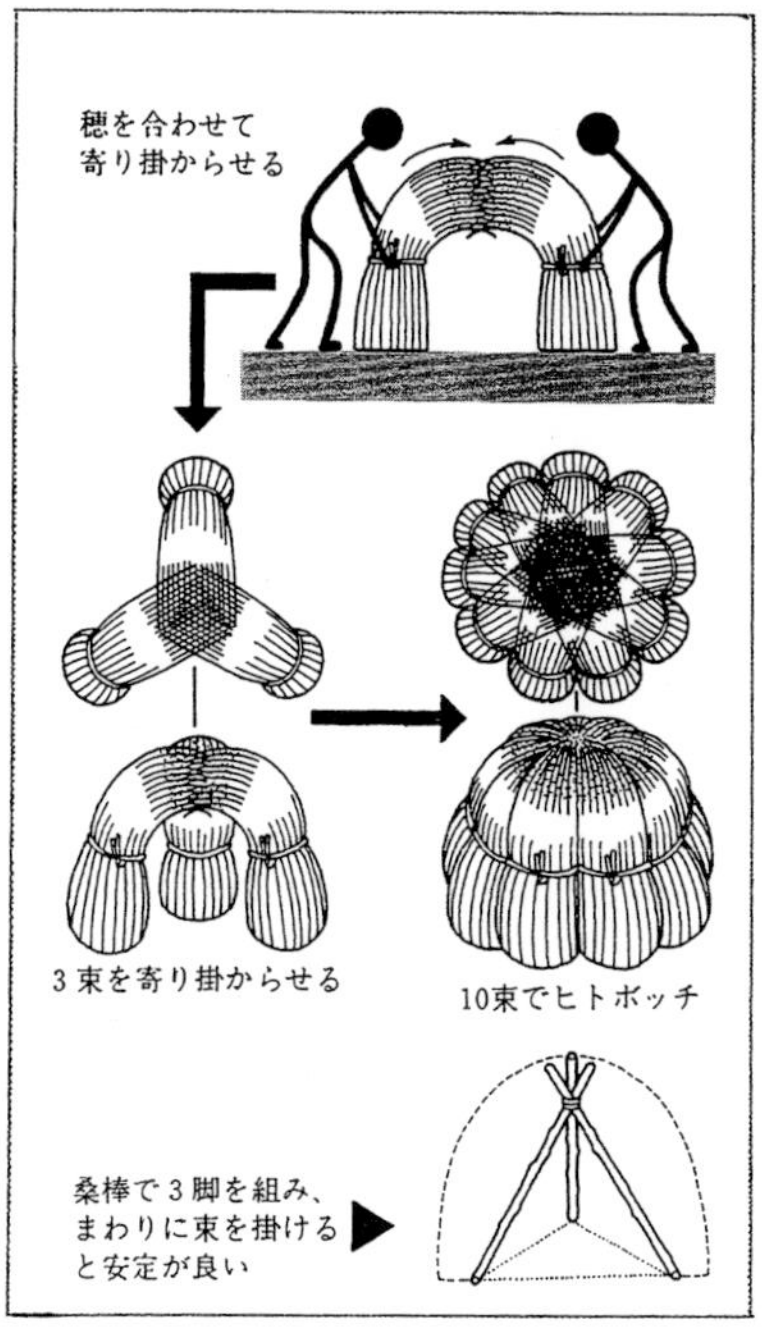
穂を合わせて
寄り掛からせる
3束を寄り掛からせる
10束でヒトボッチ
桑棒で3脚を組み、
まわりに束を掛ける
と安定が良い

【図 1】稲のボッチの作り方［川里町］

【❶米作り】

稲の脱穀
――センバコキ

昭和まで活躍したセンバコキ　稲の脱穀用具であるセンバコキ（千歯扱《こ》き）は通称コキといい、歯が鉄製と竹製のものがある。鉄製のものはカナゴキとも呼ばれ、江戸時代の元禄の頃から普及したといわれる。それから明治時代に至るまで、センバコキは長い間使われてきた。大正時代に入って足踏みの輪転機（脱穀機）が出現すると、センバコキは徐々に姿を消していくが、家によっては昭和六、七年（一九三一、二）頃までセンバコキで稲扱きをしていた。

稲の扱き方　センバコキは、長さ四〇センチほどの鉄片を三〇本くらい櫛《くし》の歯のように植えこんだ道具で、この歯で稲の穂をしごいて籾《もみ》を落とす【写真1、図1】。

　稲の小束の穂の部分を広げるようにして、穂束がセンバコキの歯全体に当たるように掛け、手前に引っ張るとブリッ、ブリッと、穂から籾が粒になって落ちる。なれている人は、穂を歯に合わせるのが早く、達者な人で一日八〇束から一〇〇束も扱く。一〇〇束はおおよそ五畝《せ》（約五アール）の田んぼから取れる稲束の数で、米にすると二俵《ひょう》半ほどの量である。ちなみに、一反当たり五俵の収穫は、昭和初年頃としてはよい方であった。

　当時、藁《わら》は貴重な資源で、藁が欲しいために稲扱きの手伝いをして、その見返りに藁をもらうという慣行があった。出来高で藁がもらえるので、そういう人は一生懸命扱いて一日一〇〇束は扱いたという。

センバコキの手入れ　この鉄製のセンバコキは、絶えず稲を引っかけて扱くため、三年も使うと歯が減り、歯と歯のすき間が広くなるので、コキヤ（扱屋）と呼ばれた商人に打ち直してもらう。行田市周辺には川越方面からやって来る「伊草のコキヤ」は技術がいいと、よく打ち直しを依頼したと伝えられている。コキヤは時々農家を回って新しいセンバコキの注文や修理の仕事をもらった。

　在地のコキヤのほかに、遠く若狭《わかさ》（福井県）の行商人から購入する家も行田市あたりでは結構あった。センバコキは、稲作地帯の農家では三、四挺は常備していた。

　稲扱きは、扱き手と藁を束ねるマルキヤ（まるき手）で行う。マルキヤはこれから稲扱きの仕事を覚える子どもの役割である。

ボッサラのチリ飛ばし　何日もかけて稲扱きが終わると、強い西風が吹くのを待って「ボッサラのチリ飛ばし」を行う。センバコキで扱いて粒にならなかったものとゴミの混ざったものを手で頭上から落とし、強い西風を当てて選別するのである。西風が吹くと、朝早く、寒い中をホッカブリ（頬被《ほおかぶ》り）をしてこの作業を行う。主として女性の仕事で、かつては西風の吹く日には、「ボッサラのチリ飛ばし」はどこでも見られた風景であった。

足踏み輪転機の出現　大正時代に入って足踏み輪転機（脱穀機。【写真2】）が現れるが、長くセンバコキになれていた人たちはセンバコキの方が仕事が早いといって、輪転機をすぐには導入しなかったという。

　輪転機の普及と相まって、早いところでは昭和初期から昭和七、八年（一九三二、三）にかけて共同で石油発動機と脱穀機を購入して動力による稲の脱穀が行われるようになっていった。しかし、その頃はまだ、センバコキも足踏み輪転機も地域や家によっては現役であった。

（大舘）

【写真 1】センバコキでの稲扱き［行田市］

人力による稲の脱穀・調整の工程

脱穀「イネコキ」
　センバコキ、足踏み輪転機
　↓
籾と籾付きの稲穂の選別
　モミブルイ（籾篩）
　↓
籾とゴミの選別「ボッサラのチリ飛ばし」
　ミ
　↓
シコウ（穂切れ）の脱穀「ボウチ」
　クルリボウ（フリボウ）
　↓
籾、ゴミの選別
　トウミ、モンブルイ
　↓
天日乾燥「モミホシ」
　ホシモノガエシ（ホシモノホシ）
　↓
籾の選別
　トウミ、モンブルイ
　↓
籾摺り
　カラウス（ドガラス）
　↓
玄米、籾殻の選別
　トウミ
　↓
籾と玄米の選別
　マンゴク
　↓　　　　→籾は再度カラウスへ
俵詰、俵装

【写真 2】足踏み輪転機―昭和 59 年―［飯能市］

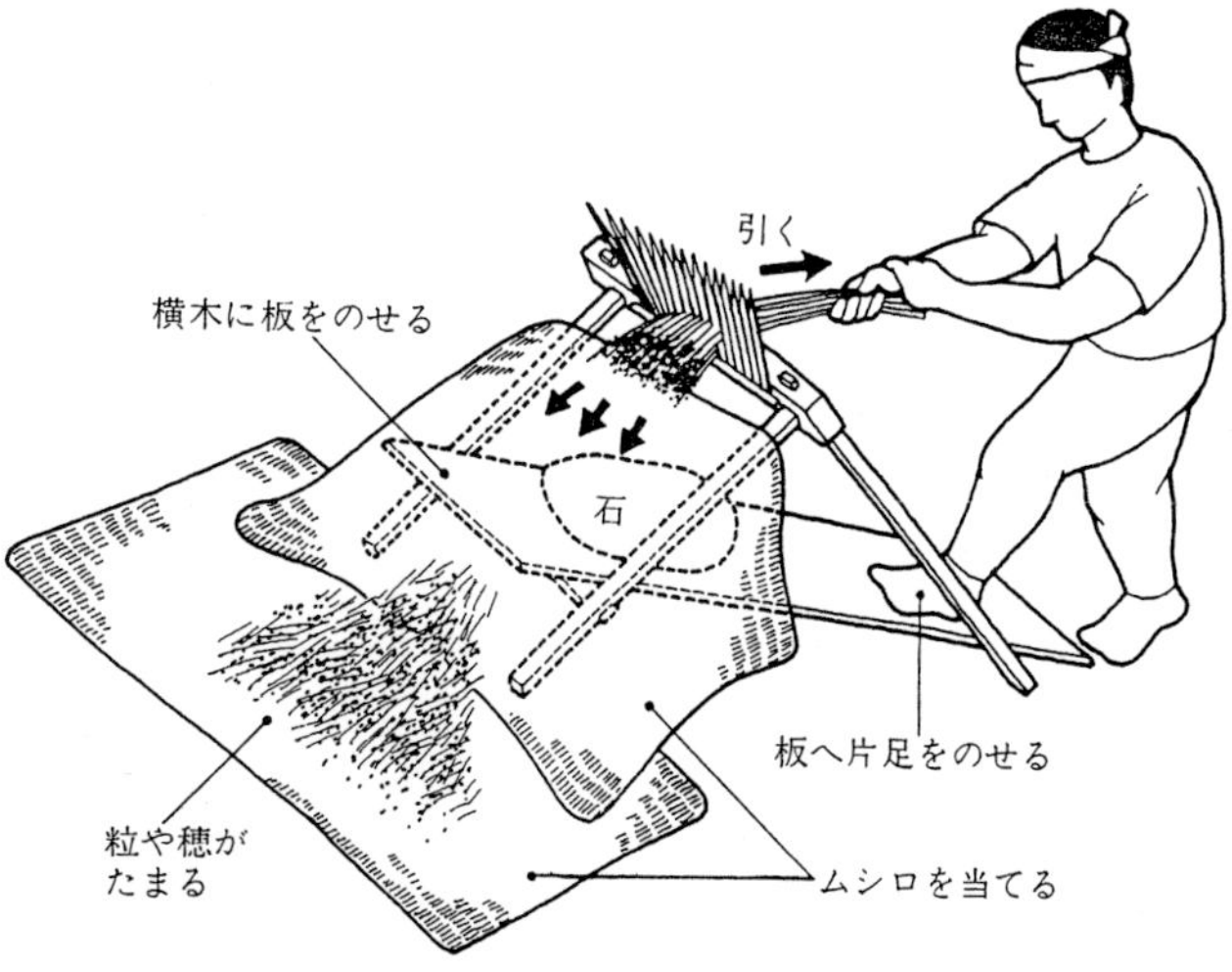
引く
横木に板をのせる
石
板へ片足をのせる
粒や穂がたまる
ムシロを当てる

【図 1】センバコキの使い方

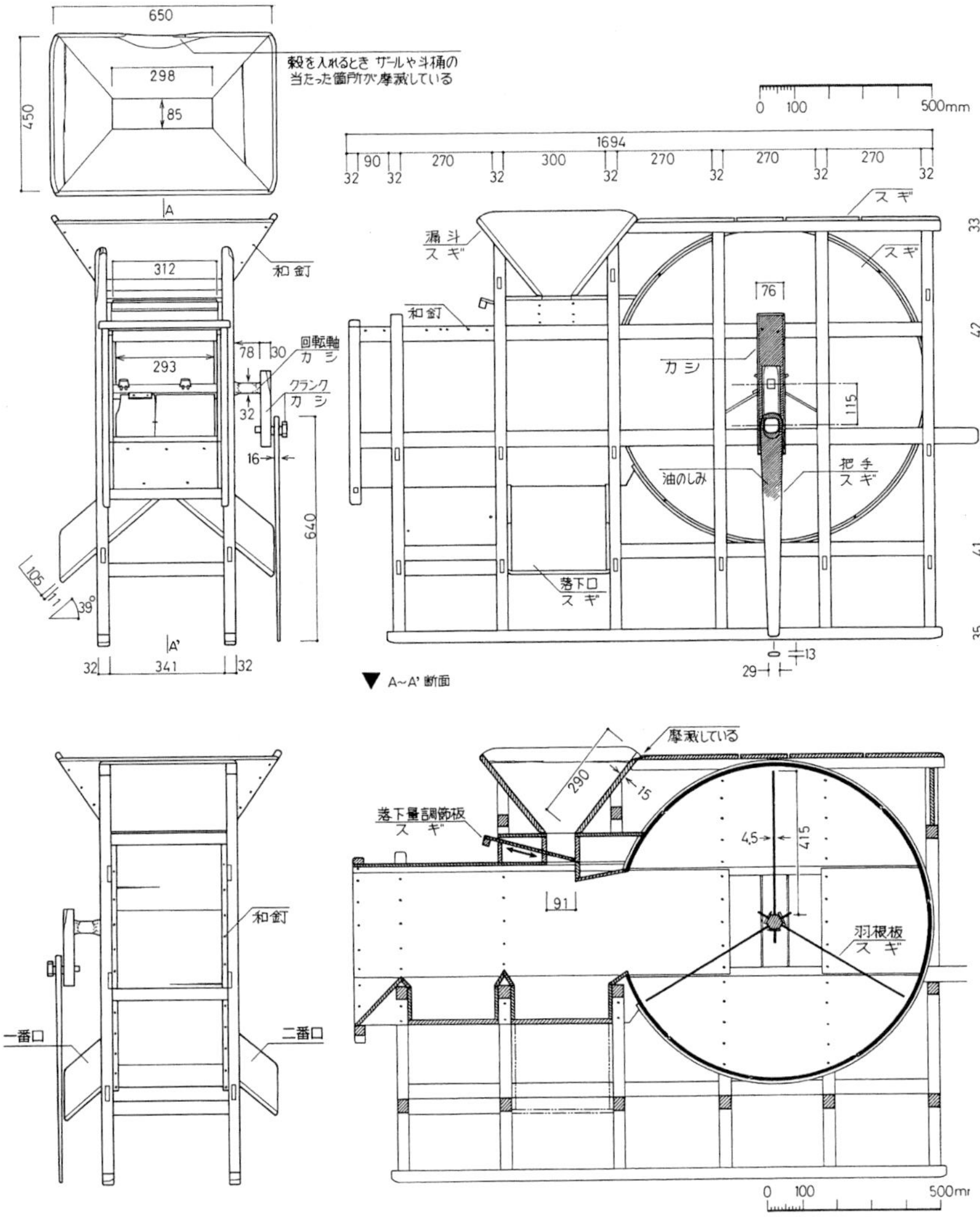

【図 2】トウミ（唐箕）［所沢市］

【写真 3】トウミ［所沢市］

脱穀した後の籾（もみ）とごみの選別は、フルイ（篩）やトウミを使って行われる。フルイは曲げ物に金網を張ったもので、籾とごみの混じったものを入れてフルイを揺り動かすことにより、籾は下に落ち、ごみは残って選り分けることができる。

トウミは、穀物を風選する道具である。風を起こす円形の太鼓部と、風を送る方形の胴部、穀物を入れてそこから落とす漏斗（じょうご）、風選したものを落とす落下口等からできている。落下口は2つあり、一番口、二番口などと呼ばれている。把手（とって）を回し風を送りながら穀物を落とすと、一番重いもの（籾）は一番口に、軽いもの（シイナやごみ）は二番口から落ちる。さらに軽いごみは胴部の開口部から外に出る仕組みになっている。

【写真 4】庭での乾燥ー脱穀後の籾は、一週間くらい莚で庭に干し、乾燥させる。ホシモノガエシで籾を広げる。莚に籾をひろげたり、夕方納屋などに取り込んだりする仕事を子どもたちも手伝わされたー［行田市］

【写真 6】マンゴク（万石）ーマンゴクは、センゴク（千石）ともいう。傾斜した金網の上へ麦や米を滑らせ、金網の目を潜らせることによって粒を選別する道具である。その構造は、金網をはめる傾斜台とそれを支える脚、麦や米を入れる漏斗からなり、漏斗へ麦や米を入れると、それが金網の上を滑り落ちるー

【写真 5】カラウスー籾摺りは、古くからカラウスと呼ばれる土製の臼が用いられていた。籠編みの中に苦汁《にがり》を混ぜた土を詰め、樫の歯を打ち込んだもので、上下の歯をかみ合わせて籾を除去する。

　操作は、カラウスの上部に取りつけた竹竿を二人で回し、少しずつ籾を穴から落とすと上下の歯で籾の皮がむける。一回ではすべて玄米になることはなく、唐箕にかけて籾殻を除去し、マンゴク（万石）に通して、玄米と籾に選別し、籾は再度カラウスにかけて玄米にする。このようにして三回カラウスにかけるとだいたい玄米になるが、少しくらい籾がのこっていても精米の過程で除去できるー

【❶米作り】稲の脱穀
——「ガーコン」から脱穀機へ

コキバシからセンバコキへ　稲の脱穀に用いる原初的な道具として、古くコキバシ(扱《こ》き箸《ばし》)という素朴な道具があった。文字通り、篠竹や割竹の二本の一端を紐《ひも》で結《ゆ》わえた箸状の道具で、これに稲穂を挟んで引き抜いて脱穀する方法である。一人がコキバシを持ち、一人が扱き手となって作業を行ったといわれる。これは稲を穂首《ほくび》で刈り取っていた時代の脱穀用具にふさわしい農具といえる。

センバコキ（千歯扱《こ》き）が発明されるのは、江戸時代の元禄年間（一六八八～一七〇四）といわれる。たくさんの歯を台に据《す》えたセンバコキは、「千把も扱ける（たくさん扱ける意）」脱穀用具として明治、大正、昭和時代の初期まで使用された。その後も経営規模の小さな農家では、大正時代に普及する足踏み輪転機を導入せず、人力によるセンバコキに依存した家もある。昭和二〇年（一九四五）以降もまれにセンバコキによる稲扱きを見かけることがあった。また、種籾《たねもみ》を取るための稲の脱穀には、機械による籾の損傷を防ぐためにセンバコキや足踏みの輪転機が第二次世界大戦以降も久しく採用されてきた。

足踏み輪転機　脱穀の機械化は、大正時代に普及する通称ガーコンと呼ばれる足踏み輪転機が最初である。機械化した脱穀機といっても人力によるもので、人が足で踏んで輪転機を回転させて脱穀するものである。回転する胴の部分にU字形の鉄線（歯）が一列に一〇本ほど、全体で一〇列取り付けてあり、胴が回転して稲穂がこの歯に当たり、粒になって落ちる。

輪転機を足で踏み胴を回転させると、輪転機がガーコン、ガーコン、ガーコンというようなり声のような音を発するが、この音から輪転機を別名ガーコンと呼ぶ。

足踏み輪転機での稲扱きは、普通二人で行う。稲作地帯で大人が二人で扱く場合には、二人が輪転機に向かって並んで立ち、交替で扱く。能率を上げるための扱き方で、一人が扱いて藁《わら》を後ろに捨てる間にもう一人の人が一回扱く分の稲を持って待っていて、すぐにガーコンに足を乗せ扱く体勢に入る。このようにして扱くと能率が上がり、小さいモーターの動力脱穀機で扱くのと大きな違いはなかったといわれる。

大人が一人で扱く場合は、大人が「扱き手」で子どもなどが稲を小分けにして扱き手に渡す「出し手」として手伝うのが一般的であった。

扱き方は、稲を力まかせに輪転機にかけると粒にならずミゴといって穂の下の茎《くき》が付いたまま切れて落ちたり、シコウといって穂の枝がついたまま切れてしまう。そうなると、あとの作業が大変である。上手に扱く方法は、稲束を広げるようにしながら、穂先の部分から静かに当てるようにするとよい。

輪転機での稲こきは、天気のいい日は庭でする家が多かったが、雨を心配して納屋で行う家もあった。輪転機の下に莚《むしろ》を敷き、籾が飛び散らないように戸板を輪転機の左右に立て、戸板の上に棒を二本渡して莚を掛けて周囲を囲った。

輪転機での仕事量は、一日で一反くらいの稲を脱穀することができた。センバコキでは、「一人前が一人五畝《せ》」といわれていたので、センバコキの倍の仕事量をこなすことができた。

しかし、当時、農家は新たに出現した足踏み輪転機に飛びついたかというと、一概にそうとはいえなかった。長く慣れ使用してきたセンバコキの良さも捨てがたいものがあった。つまり、センバコキでの稲扱きは、一日の仕事量から見ると輪転機に劣るが、扱いた後の作業が容易だというのである。センバコキで扱くと、プリン、プリンと粒になってよく落ちるので、その後のボーチ（芒《ぼう》打ち）の作業が楽になる。ボーチは、クルリボウ・フリボウなどと呼ぶ道具で粒にならない稲穂を打って粒に落とす骨の折れる作業である。

足踏み輪転機は、昭和五年（一九二七）頃に新型で能率がいいといわれた「実る式」が普及したが、それ以前には旧式の足踏み輪転機が採用されていた。

動力脱穀機　昭和八年頃には、早いところでは石油発動機による動力脱穀機が採用された。脱穀や籾摺《す》りが人力から動力に移行した時代である。最初は、何軒かで共同で購入して使用する方法が採られていた。初期の動力脱穀機は、輪転機が動力で作動するような単純な構造のものであったが、籾とゴミとに選別する機能を有していた。

昭和一二年（一九三七）に日中戦争が始まり、石油の規制が行われ配給になった。そのため、石油発動機の使用が難しくなった。しかし、昭和一五年頃からモーターが導入され、モーターによる脱穀に変わっていった。モーターによる半自動脱穀機は、第二次世界大戦後、昭和三〇年（一九五五）頃まで使用された。昭和三三年頃から自動脱穀機が導入され、コンバインが普及する昭和四五年頃までの一〇年間くらい現役をつとめた。

このような脱穀機の変遷は、稲作を中心とした農村の一例であり、変遷の仕方は地域や家により差異があることを明記しておかねばならない。なぜなら、近代的な農機具を必要としない家では、昭和四〇年代でもセンバコキで十分用を足したからである。

半自動脱穀機による脱穀は、最低三人は必要である。「扱き手」が二人で交互に扱き、扱いた藁を後ろに投げるので、藁を束ねる「藁まるき」が一人これに当たる。「藁まるき」は、主としてベテランの女性が担当する。一人の人が機械にかける束の四回分を一まるきにするが、同時に二人分の藁を次々処理するのである。

この脱穀機での仕事量は、三人で一日に二反分の稲を脱穀することができた。自動脱穀機による脱穀は、同じ厚さの稲を連続して機械に入れれば脱穀できる仕組みで、能率がよく二人で一日二反分の稲を扱くことができた。自動脱穀機が普及した最初の頃は、機械になれていなかったため機械に手をかまれて怪我をする人が出た。（大舘）

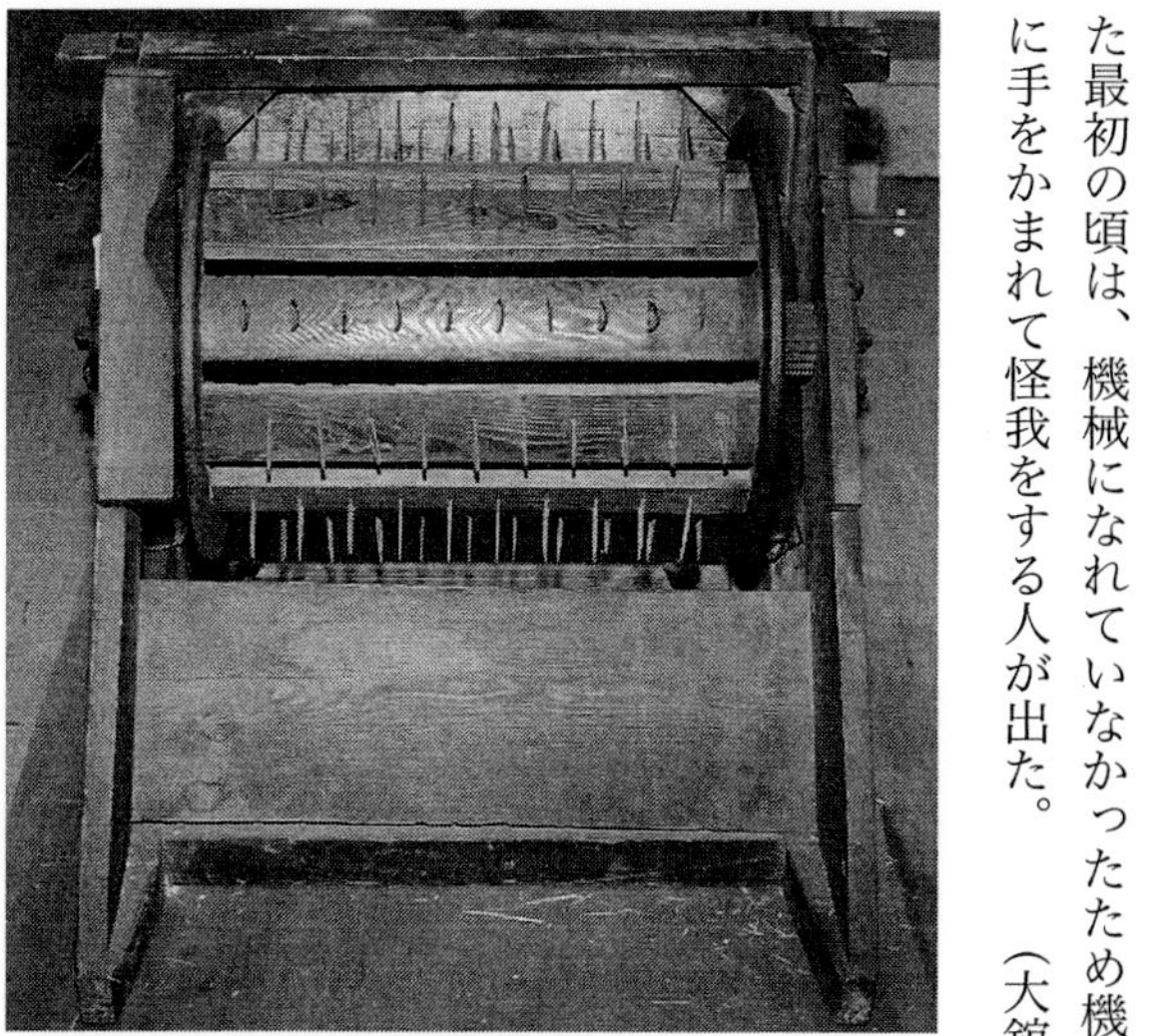
【写真1】古い形の足踏み輪転機

【写真2】チヨダ式の足踏み輪転機

【写真3】半自動脱穀機

【写真4】足踏み輪転機での麦の脱穀［飯能市］

【❶米作り】藁《わら》ボッチと藁の利用

多様な藁利用　田稲の副産物である藁は、今でこそほとんどがコンバインで裁断され、そのまま田んぼにすきこまれるが、かつては脱穀後に残った藁を用いて縄をなったり、俵《たわら》・筵《むしろ》・こも・草履《ぞうり》やテゴと呼ばれる運搬容器を作ったものである。また、藁は家庭用の燃料としても重宝され、稲作地域ではかまどに藁をくべて日常のごはんを炊いた。

　藁はボッチに積んで保管されたが、その積み方は用途によって異なる。ここでは、埼玉県庄和町の農家を例に、現在も行われている藁の積み方を紹介しよう。

セイロヅミ　縄をなうのに用いられる藁は、セイロヅミ（蒸籠積み）という方法で積まれる。セイロヅミは、立木の周囲へ井桁《いげた》状に藁を積んでいくもので、その形状が角型の蒸籠に似ていることからセイロヅミ、セイロボッチと呼ばれる。

　手順は、まず、藁の小束を四把まとめて縛り、これをさらに四把まとめて一六把の大束にし、この大束を屋敷林の立木に四方から当てて、ミゴを縛り付けながら時計回りに積んでいく【図1、写真1】。高さ七、八メートルで約一反分を積むことができ、大束ゆえに作業能率は上がる。ただし、積む際に大束の上へ「積み手」が乗り、立木に寄りかかりながら両足で藁を踏みつけるので、藁はつぶれて傷む。しかし、縄になうにはつぶれても差し支えないので、能率の上がるセイロヅミの方法が用いられた。

マルボッチ　俵編みや筵織りに用いられる藁は、マルボッチという方法で積まれる。これは、二握り分のクビリワラ（くびり藁）を田んぼへ円錐状に広げ、乾いたものを立木に縛り付けながら円筒状に積んでいく方法である【図2、写真2】。立木に吊《つ》るすようにして積んでいくことから、別名キヅルシ（木吊るし）とも呼ばれる。クビリワラを一把ずつ縛るので作業能率こそ劣るが、セイロヅミのように藁を踏みつぶすことがなく、傷ませずに保管することができる。したがって、俵や筵がきれいに仕上がる。

藁を積む立木　セイロヅミやマルボッチに用いられる立木は直径一〇センチメートルくらいのものが適当であり、屋敷林の中からそれを選んで、高いところまで枝を払っておく。また、適当な太さの木がない場合には、【図3】のように立木同士に横木《よこぎ》を渡し、その中央に直径一〇センチくらいの丸太を縛り付けて、丸太の周囲に藁を積んでいく。

積み手と出し手の呼吸　積む作業は藁の「積み手」と「出し手」の二人で行われ、夫婦であれば「積み手」を夫、「出し手」を妻がつとめる。藁は「あうん」の呼吸で手渡され、次々と積まれていく。そして、手が届かなくなると、鉤《かぎ》の付いたロープを「積み手」が下ろし、「出し手」がカギに藁束を引っ掛け、これを「積み手」が引き上げて積む。

　こうした藁ボッチは、かつて農村を歩くと方々で目にすることができ、晩秋から冬にかけての風物詩でもあった。現在は、藁工品の多くが新素材に取って代わられ、藁ボッチ作りや藁工品の製作技術も途絶えようとしている。

藁はリサイクルの優等生　藁は有機質の素材であり、藁工品は使用後も捨てられることなく腐らせて堆肥《たいひ》とされた。その再生にかかるエネルギーには、余分な経費は要らない。藁を落ち葉や生ゴミとともに積み、風呂の残り湯や雨水をかけることで自然に発酵させ、堆肥として大地に還元したのである。まさに、一〇〇パーセントのリサイクルといえる。ペットボトルやプラスチックトレイ再生に膨大な経費をかける現在のリサイクルは、リサイクルの名を語りつつも実はそれにかかるエネルギーを無謀に消費しているに過ぎないのかもしれない。

（宮本）

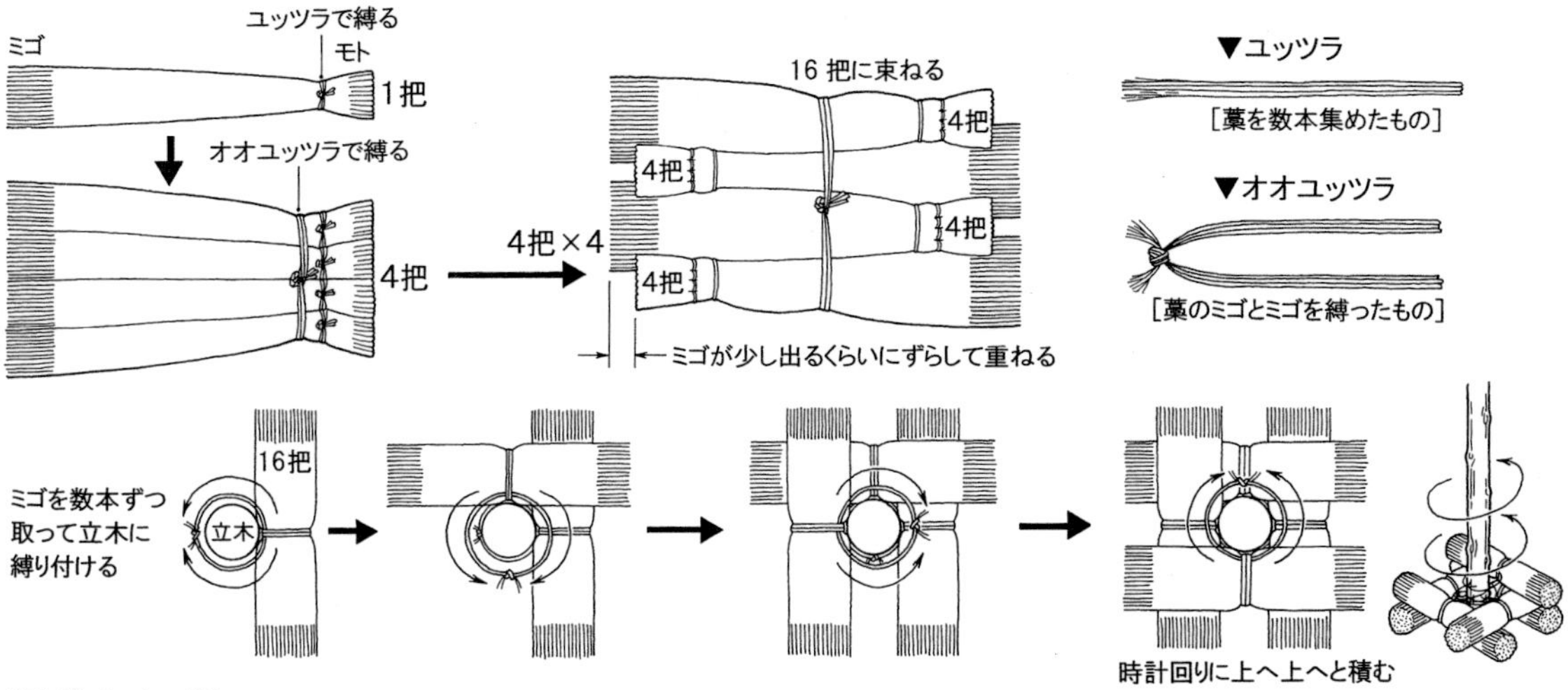
ユッツラで縛る
ミゴ
モト
1把
オオユッツラで縛る
4把
4把×4
16 把に束ねる
4把
ミゴが少し出るくらいにずらして重ねる
▼ユッツラ
［藁を数本集めたもの］
▼オオユッツラ
［藁のミゴとミゴを縛ったもの］
16把
立木
ミゴを数本ずつ取って立木に縛り付ける
時計回りに上へ上へと積む

【図 1】セイロヅミ

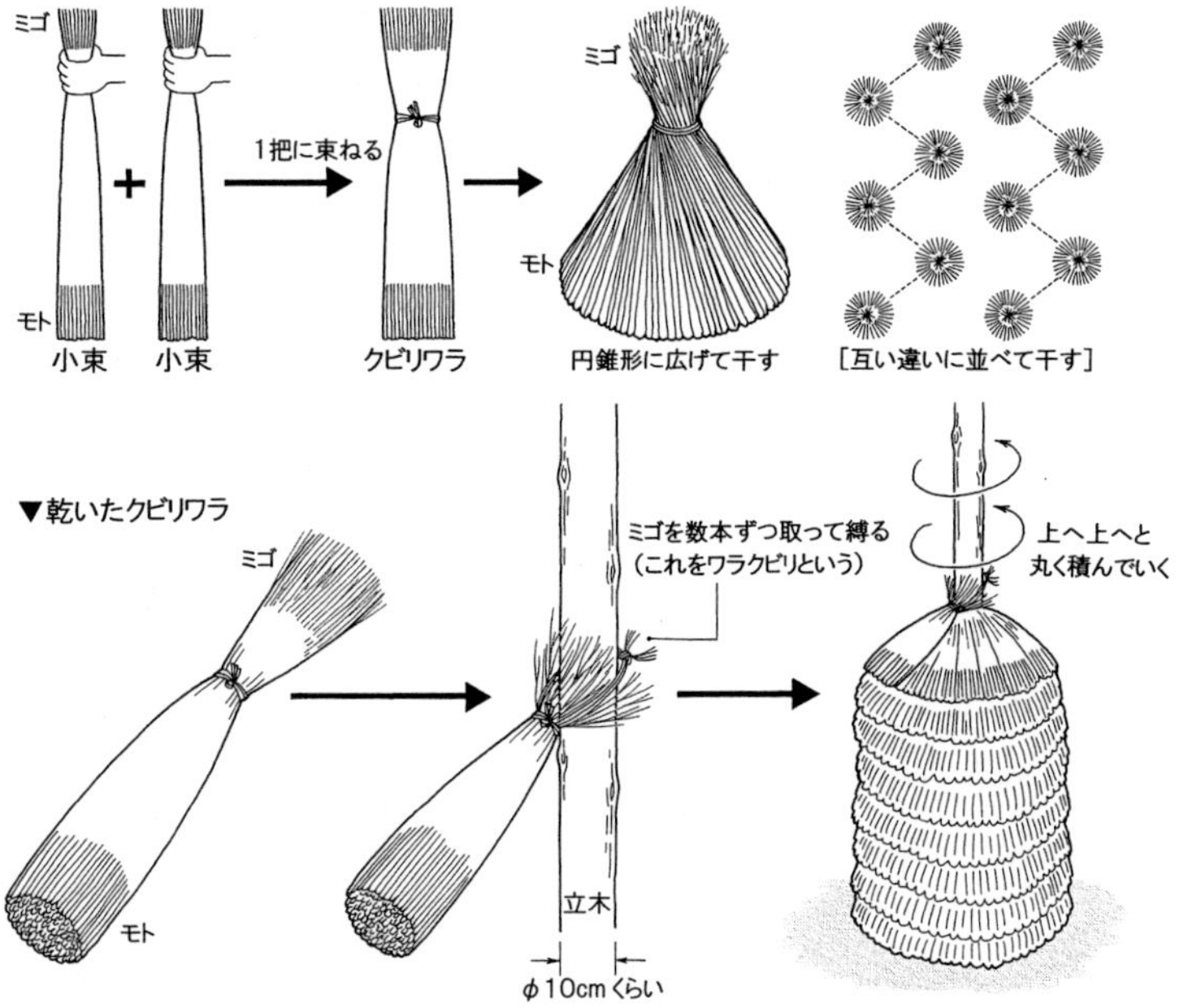
ミゴ
モト
小束
小束
1把に束ねる
クビリワラ
円錐形に広げて干す
［互い違いに並べて干す］
▼乾いたクビリワラ
ミゴを数本ずつ取って縛る（これをワラクビリという）
上へ上へと丸く積んでいく
立木
φ10cm くらい

【図 2】マルボッチ

【写真 1】セイロヅミ―藁のミゴを立木に縛りつける―［庄和町］

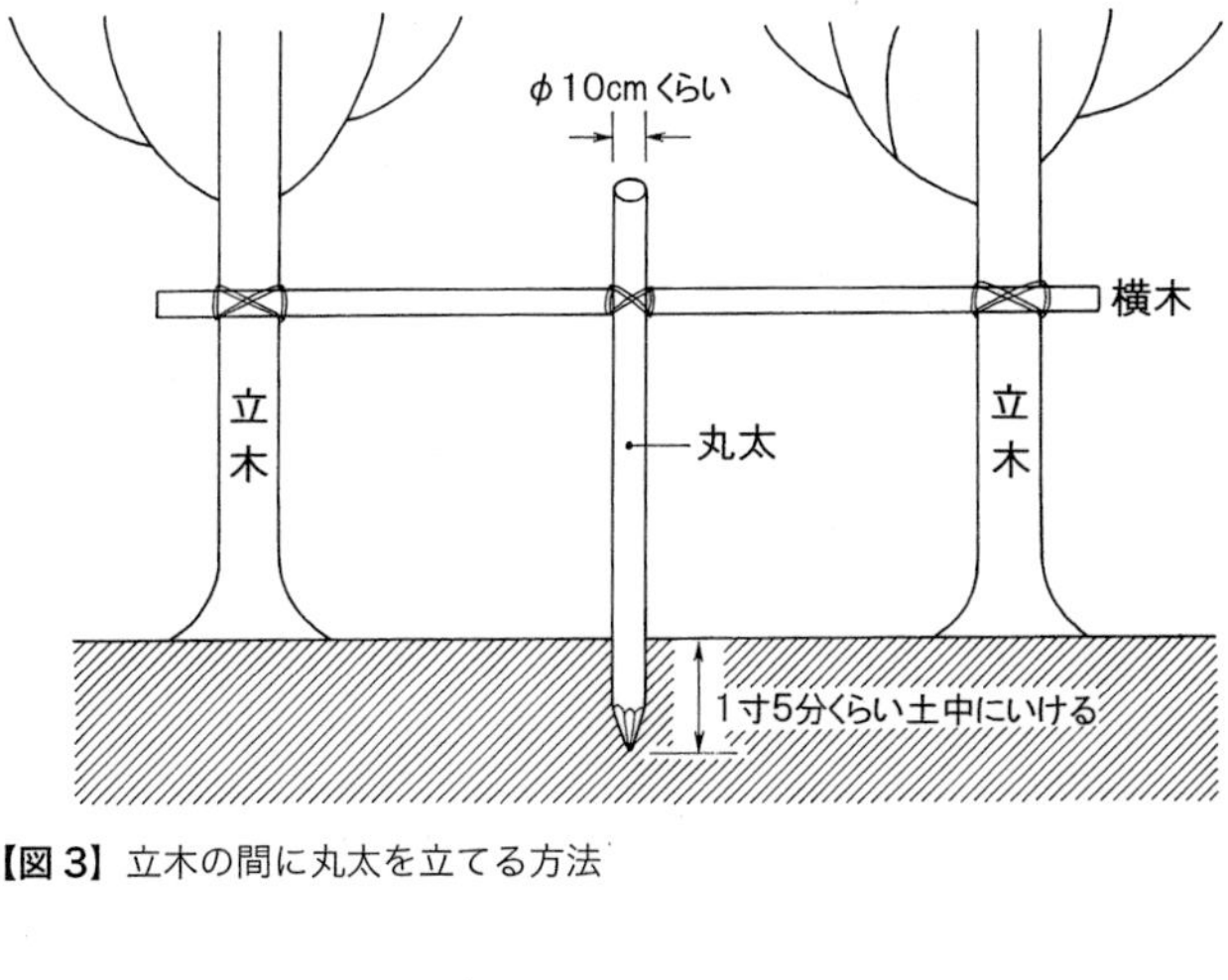
φ10cm くらい
横木
立木
丸太
立木
1寸5分くらい土中にいける

【図 3】立木の間に丸太を立てる方法

【写真 2】マルボッチ―木吊るし―［庄和町］

2 麦作り

【麦蒔きの季節】……127
【麦踏み】……130
【麦の土入れとフリコミジョレン】……132
【麦刈りの季節】……134
【麦の脱穀―麦扱き・麦打ち―】……140
＊大麦を食べる―①麦飯②コガシと麦茶　147
＊小麦を食べる―①うどん・ひもかわ・ツミッコ②まんじゅう　150

麦の生産工程（昭和10年頃の所沢市の事例）

生産工程／作業内容等	作業内容	時期	稲作・養蚕と年中行事
麦蒔き P.127		10月下旬～ 11月上旬	十三夜（10／13）
サク切り			
ツクテツミ	草木灰を混ぜたツクテ（堆肥をいう）を摘む。		
キンピ	堆肥の上に化学肥料（窒素、燐酸、カリ）を撒く。		
アイツチ	堆肥の上に土を少しかぶせる。		
タネヒカリ	麦の種をまく。		
ツチカケ	種に土を足でかける。		
ケブル	種を蒔いた土の上をチョコチョコ踏む。（大麦）		
サク切り（中耕） P.132	最初のサク切り。株の北側から土寄せをする。	12月中旬	恵比須講（11／20）
フルイコミ（土入れ） P.132	フルイコミ（フリコミジョレン）で麦の株に土を入れる。（1回目）	12月中旬	
麦踏み P.130	麦を踏む。（1回目）	12月中旬	正月の準備開始 冬至 スストリ（煤取り）、餅搗き （12／30）、大晦日 正月
追肥	化学肥料及び下肥	2月上旬	次郎の朔日（2／1） 節分
麦踏み P.130	麦を踏む。（2回目）	2月上旬	初午
サク切り（中耕） P.132	株の北側から土寄せをする。（2回目）	2月上旬	
フルイコミ（土入れ） P.132	麦の株に土を入れる。（2回目）	2月中旬	
麦踏み P.130	麦を踏む。（3回目）	2月中旬	

フルイコミ（土入れ）

麦踏《ふ》み

麦蒔《ま》き

作業	内容	時期	行事など
サク切り（中耕） P.132	株の南側から土寄せをする。（3回目）	3月上旬	女の節供（3／3）
フルイコミ（土入れ） P.132	麦の株に土を入れる。（3回目）	3月中旬	じゃが芋植え
サク切り（中耕）	シマイサク（マキサクともいう）で深耕にする。	3月下旬	彼岸
（イモ植え＝里芋）	（麦の株間に植える）	3月下旬	四月八日
（牛蒡の種まき）	（麦の株間にまく。元肥、あい土、播種）	4月下旬	田うない
			苗代の種振り、八十八夜 五月節供
（おかぼの種まき）	（麦の株間にまく。元肥、あい土、播種）	5月上旬	春蚕のハキタテ（→春蚕の上簇）
（薩摩さし）	（麦の株間に薩摩苗をさす）	5月中旬～下旬	茶摘み 茶作り ←
（薩摩肥）	（薩摩苗の根元にツクテ（堆肥）をおく）	5月下旬	
麦刈り（大麦） P.134	鎌で刈り、畑で2、3日乾燥させる	5月下旬	
（小麦）	鎌で刈る。刈りながら束にして畑に積んでおく。	6月上旬	春蚕の上簇 上簇祝い
麦上《あ》げ（大麦） P.134	畑で数日干して束にして家に運ぶ（荷車、ショイバシゴ、かつぐ）	5月下旬	
（小麦）	畑に積んでおいた束を家に運ぶ（同右）	6月上旬	
麦扱《こ》き（大麦） P.140	センバコキで穂首から落とす。	6月中旬～下旬	摘田の草取り

麦上《あ》げ

麦刈り

サク切り（中耕）

麦打ち（ボーチ） P.140	クルリボウで脱穀する。	6月中旬〜下旬	
天日乾燥	庭に広げて乾燥し、唐箕であおって選別する。	6月中旬〜下旬	
俵詰め、俵結い	俵に詰めて俵装する。	6月下旬	
麦扱き（小麦） P.140	センバコキで穂首から落とす。	6月中旬〜7月上旬	田植え（7／2頃の半夏を目安とする）
麦打ち（ボーチ） P.140	クルリボウで脱穀する。	6月中旬〜7月上旬	七夕
天日乾燥	庭に広げて乾燥し、唐箕であおって選別する。	7月上旬	
万石通し P.140	万石または小麦ブルイにかけて、粒とシイナに選別する。	7月上旬〜中旬	一番草
俵詰め、俵結い	俵に詰めて俵装する。	7月中旬〜下旬	盆（7／21・22・23）前に片付ける。 初秋蚕（7／25頃）

フルイにかける

麦打ち（小麦の脱穀。ムギウチサナ）

麦扱《こ》き（大麦の脱穀。センバコキ）

【❷麦作り】麦蒔《ま》きの季節

麦蒔きと自然暦《しぜんれき》　日本には、自然暦というものがある。動物や植物、海や星などの状況の変化によって自然の推移を察知し、農作業の種蒔《ま》きや収穫などのちょうど良い時期を知り、その作業を開始したり、種々の行事を行う風習がある。これを一般に自然暦などと呼んでいる。

埼玉県で古くから自然暦を採用してきたいい例として、麦蒔《むぎま》きの適期を知る自然暦がある。入間地方から比企地方、そして秩父地方の畑作地帯で広く採用されていた。麦が主要な作物であり、それだけ真剣に取り組んできたといえよう。麦蒔きのいい時期を逃さないように、自然の移ろいにはことのほか敏感であったのである。

麦のマキシン　麦蒔き【写真1・2】の最もいい時期をマキシン（蒔き旬）という。比企地方では、栗毛の馬が山（雑木林）に入って区別がつかない頃がマキシンとする伝承が多い。雑木林の紅葉の仕方と栗毛の馬を実にたくみに組み合わせている。

秩父地方では、毎年同じ山を見て山の木の葉が色づいて落ちる頃がマキシンというところや、山が半分くらい赤みがかかる頃というところがある。山間部では、標高や日向《ひなた》や日陰といった自然環境により異なる。したがって、同じムラの中でも適期を判断する自然の変化の状況は異なる。このように、山全体の紅葉の変化を見て麦蒔きの適期を判断する方法と、毎年同じカエデなどの一本の木を見て判断する方法がある。こうした暦代わりにする木は大切に扱われ、伐採することはなかった。

山の木々が教える麦蒔きのマキシンは、小麦より先に蒔く大麦で、かつては一一月三日の文化の日の頃であったという。ところが近年のヤマの木々の様子はどうであろうか。一一月にはまだ山の木々は青々として、ちらほら紅葉が始まる時期である。地球の温暖化で日本人の感性が生んだ自然暦も通用しない昨今である。

秋作物の後に蒔く　麦を蒔く畑は、陸稲《おかぼ》やサツマイモなどの秋作物を収穫した後の畑である。土の硬い畑では、エンガ（柄鍬）・ムグリなどと呼ばれる大型の鍬（一九九頁【写真1】）やマンノウで掘り起こし、堆肥《たいひ》やごみをたくさん敷き込んでうなう。土の大きな塊《かたまり》は、フリマンガ（二〇一頁【写真6〜9】）やツブテッコウシ（ツブテコワシ）・クレウチ・ヨツゴといった道具で砕いて整地する。人力による整地である。斜面地が多い畑では、人力による畑うないが昭和三〇年代まで続いた。

平坦な畑地が多いところでは、田うないと同じように牛にオンガ（大鍬）を引かせてうない、整地も田んぼのシロカキのように牛馬にマンガ（馬鍬）を付けて整地した。麦の土作りは麦の発芽に影響するので、整地作業は念入りに行う。人手を必要とする麦蒔きは家族総出の作業である。

条播《じょうは》と点播《てんぱ》　整地が終わると、サクキリクワでサク（種をまくための溝）を切る。サクには元肥《もとごえ》として堆肥をたくさん使う。麦作りに堆肥は不可欠であり、夏の間から麦蒔き用の堆肥作りを心がける。いい堆肥があっていい麦ができるのである。堆肥は、麦を蒔く前に入れるところと、麦の種を蒔いた上に堆肥をツム（摘む）といってまき、薄い土をかけるところがある。所沢市の筆者の家では、サクを切って堆肥を摘み、アイッチ（間土）を置いた上に種を蒔き、その上に足で土をかける。大麦の場合は、蒔いた後その上をケブル（チョコチョコ踏んで歩く）。

麦種の蒔き方には、条播と点播がある。条播は筋状に蒔く方法、点播は円形に蒔くボッチマキともいう蒔き方である。手で種をつまんで蒔くのが基本であるが、後に点播用のタネフリカゴ・タネフリザル（ハシュカゴすなわち播種籠。【図1】）や条播用の麦蒔き機【写真3、図2】が各種普及する。

埼玉県が日本有数の麦作県であったこの時期は、サツマ掘りと麦蒔きが月明かりを頼りに夜遅くまで行われていた。子どもの頃の筆者も夜遅くまで親の手伝いをして、何となく心の充実を覚えたことを今思い出している。

（大舘）

【写真 2】麦蒔き—昭和 57 年— [都幾川村]

【写真 1】麦蒔き—昭和 57 年— [皆野町]

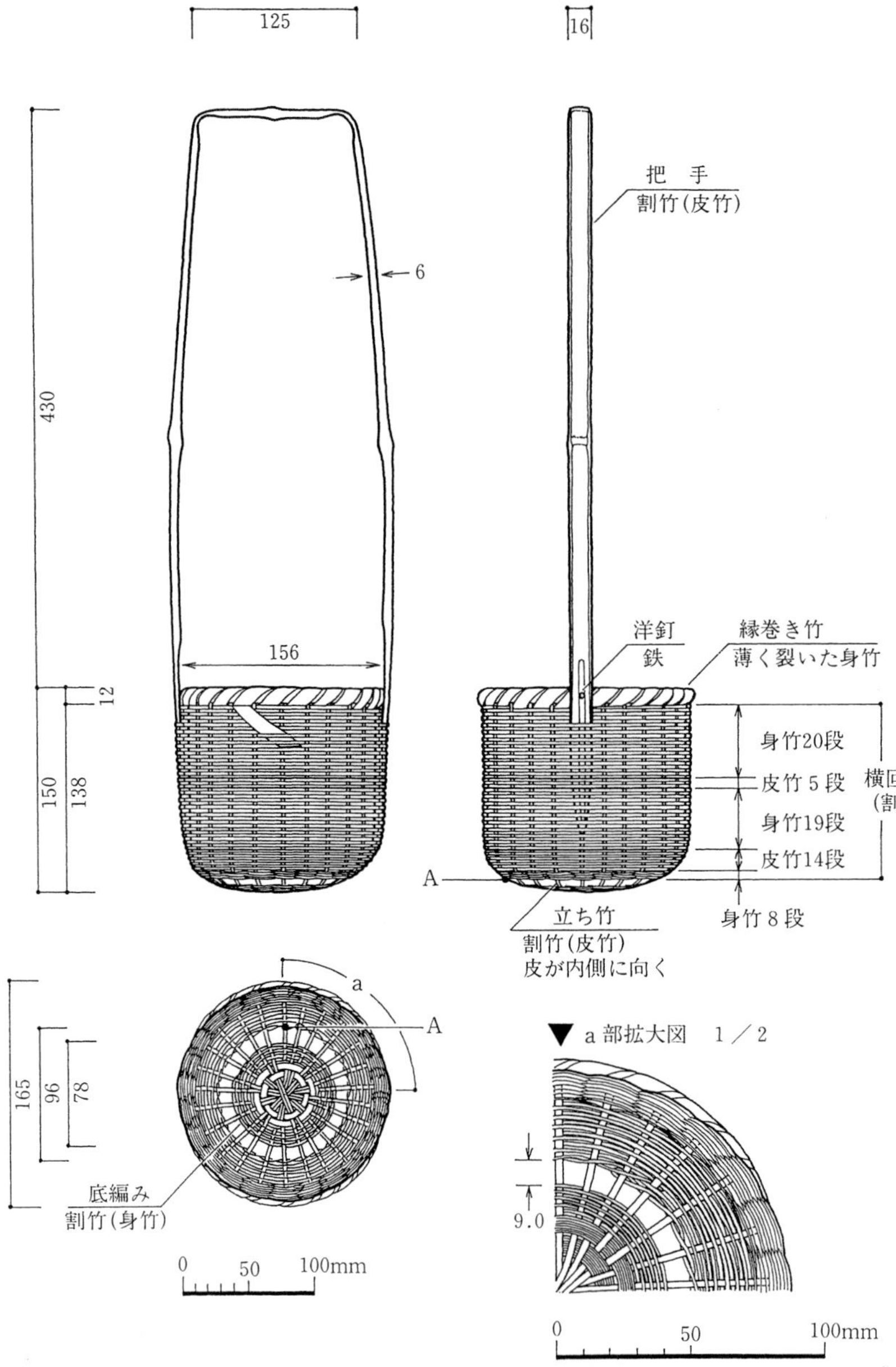
125
16
把　手
割竹(皮竹)
6
430
156
12
150
138
洋釘
鉄
縁巻き竹
薄く裂いた身竹
身竹20段
皮竹 5 段
横回し竹
(割竹)
身竹19段
皮竹14段
身竹 8 段
A
立ち竹
割竹(皮竹)
皮が内側に向く
a
A
165
96
78
底編み
割竹(身竹)
0　50　100mm
▼ a 部拡大図　1 ／ 2
9.0
0　50　100mm

【図 1】点播用のタネフリザル（埼玉県立さきたま資料館蔵）

【写真 3】ハシュキ（播種機）による麦蒔き―昭和 51 年―［嵐山町］

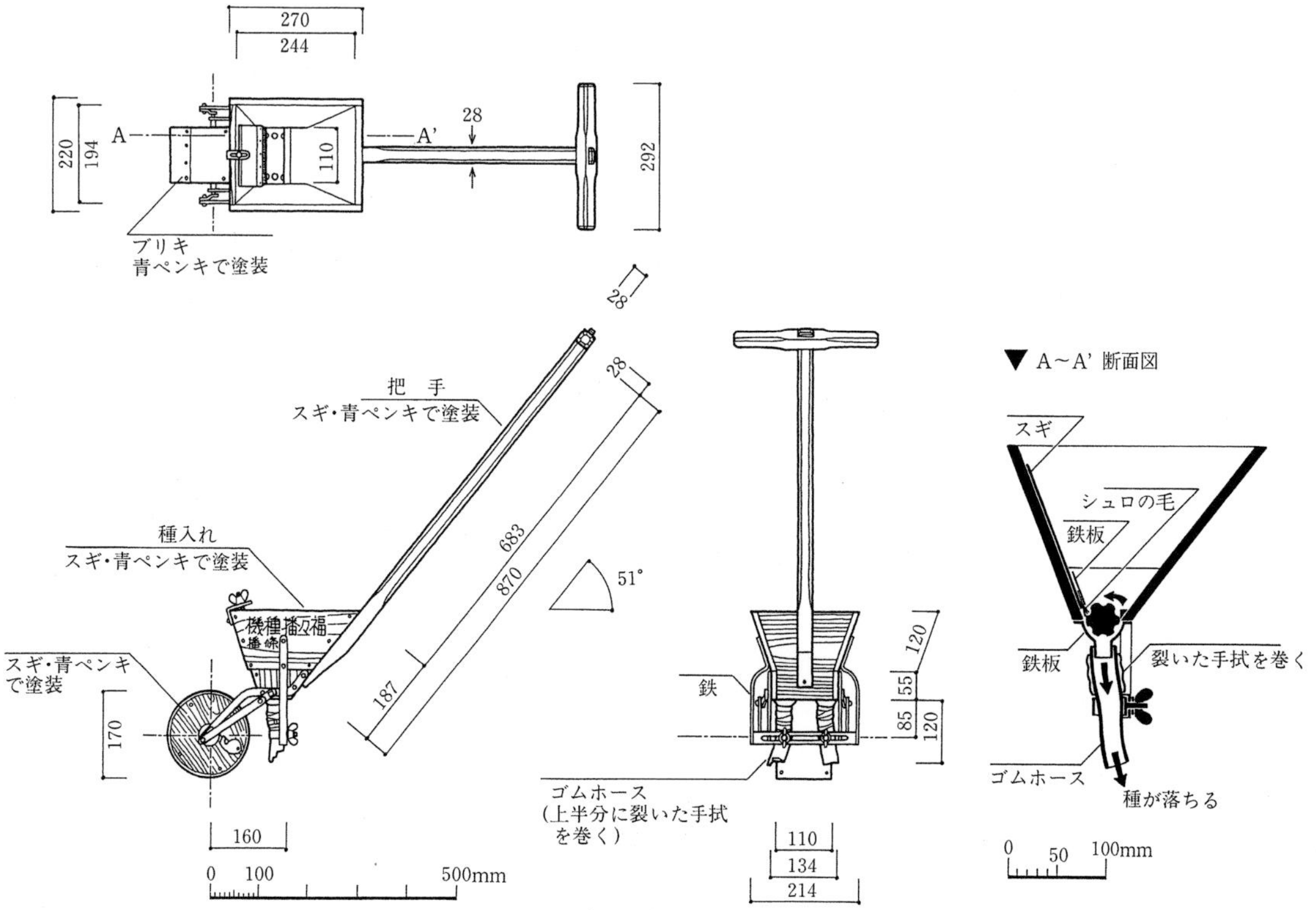

【図 2】条播用のハシュキ（播種機）（埼玉県立博物館蔵）

【❷麦作り】麦踏み

冬枯れの中の麦畑　立春も過ぎ、暦の上では春である。太陽の光りもいくぶん明るくなって、そちこちに春を見つける季節である。かつてこの季節には、まだ雑木林をはじめ自然の多くが冬枯れの中にあって、一面の麦畑がひと足先に青くなり、そのコントラストがつくるさやかな美しさがあった。麦の生産高において全国一を誇った埼玉県の春先の原風景である。

風除《よ》けの方法　秋に種を蒔《ま》いた麦は、寒さがきびしくなる中でか弱い芽を出し、霜柱や強い北風に耐えながら生長を続け冬を越す。土の軽い所沢市から三芳町にまたがる三富新田《さんとめしんでん》やその周辺では、強い北風から麦を守るために、麦のサクの北側に「風除け」を立てる。小麦のカラ（幹《から》）を二つ折にして、畑に穴をあけて穴に麦カラの折った部分を差し込み、上の方を扇形に開かせる。風で土が飛び、麦を埋めてしまうのを防ぐ工夫である。風の通り道のような畑の場合は、サクごとに「風除け」を立てることもあるが、普通は五サクから八サクおきに立てる。この「風除け」の麦カラを差し込む穴をあけるための、ジングイボウと呼ばれる棒がこの地域には伝えられている。七〇センチくらいの杉などの細い棒の先を削って尖らせ、T字型に把手《とって》を付けたもので、麦が作られた昭和四〇年（一九六五）頃まで使用された。

麦踏み　霜柱や強い北風で麦の根が浮くのを防ぐ「麦踏み」が、一二月から三月にかけて数回行われる。麦の根を丈夫にして「分けつ」といって根の茎の部分が枝分かれするのを促進させ、実ったときには倒れない効果がある。

一回目の麦踏みは、発芽して葉がフタッパ（二葉）かミッパ（三葉）になった一二月に行い、あとは翌年の三月頃までに数回行う。「麦は七回踏め」との言い伝えがあるが、実際は三、四回で済ますのが普通である。「一踏み一俵」との教訓で麦踏みを奨励したように、麦踏みによる増収の効果は大きかった。

重さが大切　麦踏みは、地下《じか》足袋などをはいて足で踏む【写真1・3】。寒いので綿入れの半纏《はんてん》などを着て、手ぬぐいで頬被《ほおかぶ》りなどをする。体重をかけて踏むと良いので、わざわざ赤ん坊をおぶって麦踏みをすることもあった。かつては、子どもも麦踏みを手伝ったが、子どもは体重が軽いのでボロッカゴなどを背負わせられて、目方を重くして麦踏みをしたところもある。麦踏みは、子どもが親と一緒になってできた仕事のひとつで、寒いけれど子どもは親の働く姿を直視できるいい経験であった。

麦踏みローラー　麦踏みも、昭和二〇年代の終わり頃には、「麦踏みローラー」なるもの【写真2】が出現する。鳥居型をした柄《え》にコンクリート製のローラーを付けたものである。麦の上を押して歩き、ローラーの石の重みで麦を鎮圧する方法である。また、所沢市では、麦の種を蒔いたあとの土の鎮圧に用いる木製のローラーの柄の部分に重しを置いたり、子どもを乗せたりして麦踏み用に使用した家もある。しかしこれは、広く一般に採用されたものではなかった。

麦を栽培する上で大切な作業であった麦踏みは、麦作りの減少とともに姿を消し、今では「麦踏み」という言葉そのものも死語になりつつある。今、麦踏みを経験した人、それを見た人も少なくなってきた。昭和もだんだん遠くなりつつある。

（大舘）

【写真1】麦踏み［嵐山町］

【写真 2】麦踏みローラーによる麦踏み—昭和 59 年—［嵐山町］

【写真 3】麦踏み［嵐山町］

【❷麦作り】麦の土入れとフリコミジョレン

春雪は俵《たわら》　二月半ばを過ぎると、麦畑の美しい季節になる。凍《い》てつく大地と木枯らしに耐えてきた麦が、春をいち早く察知し勢いよく生長を始めるからだ。生長期の麦は水分をたくさん必要とし、一雨ごとに著しく生長する。むかしから、農家の人が春になって降る雪を「春雪は俵だ」といって、水をたくさん含んだ春雪を歓迎するのもうなずける。

冬から春にかけて、「麦踏み」につづく麦の手入れとして、「サク切り」「土入《つちい》れ」などの作業がある。

サク切り　サク切りは中耕《ちゅうこう》ともいい、麦の作《さく》間《ま》を鍬《くわ》でさくって麦の根本へ土を寄せる作業【写真1】である。これによって麦の倒伏《とうふく》を防ぐことができる。サク切りは普通三回くらい行われ、一番ザク・二番ザク・三番ザクなどと呼び、三番ザクは三月下旬から四月に入ってから行われる。最後のサク切りはトメザク、あるいはマキサクなどといって深くサクを切り、これは麦の間作として植える里芋や陸稲《おかぼ》の播種《はしゅ》、サツマイモの苗を差すためのものである。

土入れ　土入れはフリコミ・フルイコミともいい、サク切り後にフリコミジョレン（フリコミ・フルイコミなどともいう）で麦の根元の土をすくい、麦の株の中にふるい込む作業【写真2・4】である。これによって麦の株が広がり、中まで日光が届き茎が丈夫になる。また、霜で浮いた根も活着する。土入れは二、三回行われ、子どもでもできる仕事なので麦をたくさん栽培していた時代には、寒い中、麦の土入れをする親子の姿がしばしば見かけられた。

フリコミジョレン　土入れの道具であるフリコミジョレンは、土をすくう部分は金網と鉄線でできており、柄《え》は杉や檜《ひのき》などの材を使ったものが多い。種類としては、柄のすげ方によって引いて土をすくい後退していく後進型【写真4・5、図2】と、押して土をすくい前進していく前進型【写真2、図1】があり、両者を畑の土の状態によって使い分けたりする。第二次世界大戦後には、ネジひとつで前進型にも後進型にもなり、麦の背丈に応じて角度が変えられる改良型のフリコミジョレンが考案されたが、土をすくう部分が太い鉄線でできていて重量があり、あまり便利なものではなかったようである。

フリコミジョレンでは、麦の根元のサク切りで寄せた土をすくい上げ、麦の株の上で揺《ゆ》すっていい土を株の中に落とす。土の大きな塊《かたまり》や雑草の根・ごみなどは下に落ちず網の上に残る仕組みである。農家にはフリコミジョレンが数挺備えられ、かつて大人も子どもも土入れにいそしんだ。なお、第二次世界大戦後にフリコミジョレンと異なる手動の「土入れ機」が出現したが、広く一般に普及するまでには至らなかった。　（大舘）

【写真1】サク切り―麦の間作を植えるために。麦刈りまでもうひと息。昭和59年4月―［嵐山町］

［参考文献］
埼玉県立歴史資料館『麦作りとその用具』一九八五
大舘勝治『田畑と雑木林の民俗』慶友社　一九九五

【写真 2】土入れ一前進型のフリコミジョレン。昭和 49 年一［飯能市］

【写真 3】前進型のフリコミジョレン

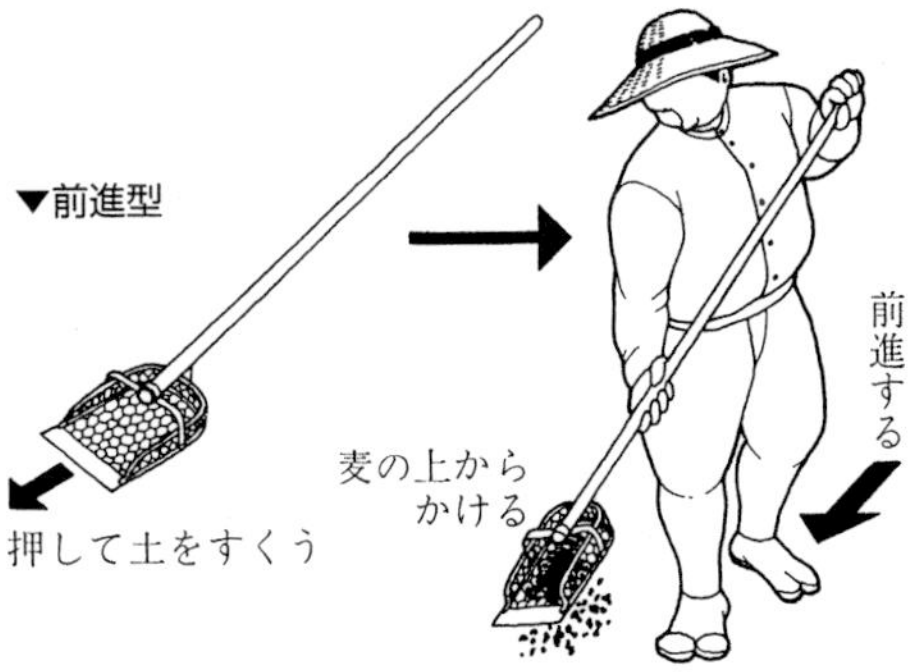
▼前進型
前進する
麦の上から
かける
押して土をすくう

【図 1】前進型のフリコミジョレン

【写真 4】後進型のフリコミジョレン

【写真 5】土入れ一後進型のフリコミジョレン一

▼後進型
後進する
手前に引いて
土をすくう
麦の上からかける

【図 2】後進型のフリコミジョレン

【❷麦作り】

麦刈《か》りの季節

麦刈りの頃　麦秋、麦刈り【写真1・2】の季節である。今まで青かった麦が急に色づき、夏が目に飛び込んでくる。色づいた麦畑は、夏を知らせる風景である。この時期は麦刈りに猫の手も借りたいほどの忙しさであった。しかも田植えと重なり、労働力が集中的に必要な時期である。

「麦は一七を刈れ」という。一七は若い年齢のたとえであり、完熟一歩手前のまだ少し青さの残っている麦を刈るのが良いとされる。大麦と小麦では、早く麦蒔《ま》きをする大麦は小麦より早く刈る。地域により多少異なるが、大麦は五月下旬から六月上旬にかけて刈り、小麦はそれより一〇日くらい遅れて刈る。

大麦は鎌で刈り、刈った後すぐに束ねず、数日畑で「横干し」にして乾燥させ、束ねて家に運ぶ。

小麦は、刈るそばから束ねて家に運ぶのが一般的である。

麦上げ　麦を畑から家に運ぶ作業を「麦上げ」といい、麦束を肩に担いで運んだり、ショイタ・ショイバシゴ【写真4】やヤリボウ【写真6】などの道具で運んだりする。遠距離を運ぶ場合は、古くは大八車《だいはちぐるま》や荷車《にぐるま》、ジグル（ネコグルマ【写真5】）、牛車《うしぐるま》、リヤカーなどが用いられてきた。

ヤリボウでの麦上げは、両端を尖らせた長い竹やエゴの木に麦束を刺して天秤棒《てんびんぼう》のように担いで運ぶ方法である。普通は、麦束を前後に一把ずつ刺して運ぶが、体力のある人で前後に二把ずつ刺して運ぶ人もいた。

ショイタは、背負って運ぶ道具【図1、写真7】で、ショイバシゴなどとも呼ばれる。ショイタには、麦束を三把から六把くらいつけて運んだといわれる。ショイタは、かつては日常的な運搬具で、麦束の運搬のほかにさまざまなものの運搬に使用されてきた。大きさも、実際に用いる人によって異なる場合があり、一軒の家で一人一人専用のショイタが用意されていた家もある。

大八車の麦束の積載量は一五把、リヤカーで一〇把、最もたくさん運べる牛車で二〇把から三〇把の麦束が運べる。

山地や丘陵地帯では、ジグル・ネコグルマと呼ばれる車輪が小さく、車体が低い荷車【写真5】が麦束の運搬にも用いられた。車体が低いので荷物の上げ下ろしに便利で、また頑丈にできているので、悪路の山道を走ることにも耐えられる。

リヤカーは、昭和時代に入って広く普及した運搬具で、車輪がタイヤで悪路にも強く、狭い道にも容易に入ることができ、小回りが利いた。動きも軽く労力も軽減されて、その時代の優れ物であった。

麦上げには、こうしたさまざまな道具が使用されてきたが、牛や馬が飼われていた時代には、麦束を牛や馬の荷鞍《にぐら》の左右に三把ずつ六把付けて運ぶ方法も行われていた。

山間で行われた穂焼き　このように、いろいろな運搬具を使って麦上げができるところはいいが、山間の地で畑が家から遠く麦束の搬出が困難なところでは、畑で「穂焼《ほや》き」による脱穀を行い、穂だけを運んで来る方法がとられていた。この穂焼きを両神村《りょうがみむら》ではムギヤキといい、昭和四〇年（一九六五）頃まで行われていた【写真10・11】。

ムギヤキは普通二人で行う。刈り取った麦をハデ（ハサ）にかけて乾燥させ、穂の部分に火をつけ、素早く振って穂を筵《むしろ》の上に落とす。焼いた麦は黒くはなるが、サナブチなどの脱穀作業が省ける利点もある。焼き落とした麦の穂は、ウマカゴなどで背負って家まで運ぶ。ムギヤキは、雨続きのシケル（湿りがちの）年には多くの家で行われた。

（大舘）

［参考文献］

埼玉県立歴史資料館『麦作りとその用具』一九八五
大舘勝治『田畑と雑木林の民俗』慶友社　一九九五

【写真 1】麦刈り［鳩山町］

【写真 2】麦を束ねる［鳩山町］

【写真 3】道具の手入れ―鎌をとぐ―［三芳町］

【写真 4】麦束の運搬―ショイタで麦束を運ぶ。昭和 59 年―［横瀬町］

【写真 5】麦束の運搬―山間地で使用されたモノグサグルマ（ジグル）。冬には薪を運ぶ。昭和 59 年 6 月―［横瀬村］

【写真 6】麦上げ―ヤリボウに麦束を刺して運ぶ―［北埼玉地方］

【写真 7】ショイタ［飯能市］

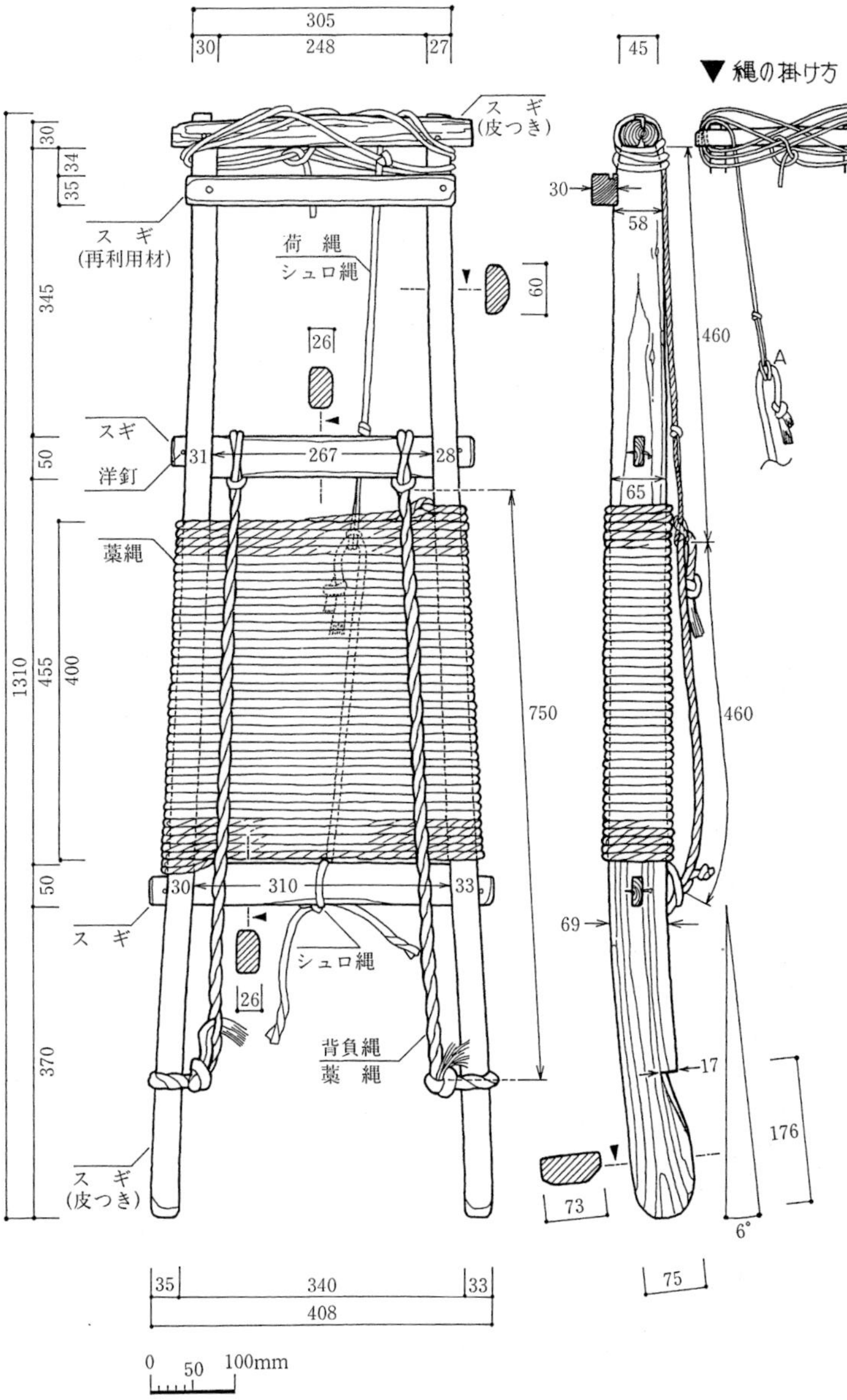

【図 1】ショイタの構造

【写真 8】麦束の収納—脱穀までの間、軒下に収納しておく。昭和 30 年代—［所沢市］

【写真 10】ムギヤキ（麦焼き）—焼いて、落ちた穂だけを持ち帰る。昭和 59 年 6 月—［両神村］

【写真 11】焼けて穂首から落ちた麦の穂

【写真 9】麦束の収納—軒下への収納。昭和 59 年 7 月—［小鹿野町］

【写真 12】 カリカケ―麦刈りに先立ち、地神にカリカケを供えて豊作を感謝する。昭和 59 年―［両神村］

【写真 13】 カリキリ―麦刈り後、カマをきれいに洗い、まんじゅう、うどん、お神酒を供えて、麦の収穫を感謝する。昭和 59 年―［三芳町］

【❷麦作り】

麦の脱穀

——麦扱き、麦打ち

暑いさなかの麦の脱穀　麦の脱穀作業は、梅雨のつかの間の晴れ間をぬって行う。この季節の晴れ間ほど暑さが身にこたえるときはない。そんな暑さの中で行われるのが麦の脱穀である。脱穀作業の中でも、麦の穂から粒に落とす麦打ち、麦ボーチ、麦コナシなどと呼ばれる作業はことさらたいへんであったと、体験者は口を揃《そろ》える。

機械化以前の麦の脱穀は、いくつかの作業手順を踏んで行われた。

麦扱き　まず最初に、麦扱きが行われる。麦扱きは、大正時代にガーコンと呼ばれる足踏み輪転機（脱穀機。【写真3】）が普及するまでは、主として大麦はセンバコキ（千歯扱き。【写真1】）で行われ、小麦はムギウチサナ（麦打ち台ともいう）などで行われてきた。また、地域によっては大麦も小麦もセンバコキを用いた。

センバコキの使用年代は、一般的には昭和初期までであるが、地域や家によってはその後もずっと使い続け、昭和二〇年代以降もまれに見ることができた。小さな農家では、輪転機や動力脱穀機の導入は必要なかったのである。また、センバコキの特殊な使い方として、稲の種籾《たねもみ》用の脱穀に近年まで使用されてきた。

センバコキには、歯が鉄片のもの【写真2】や、篠竹あるいは竹を割って歯にしたもの【写真1】がある。これらの歯を櫛《くし》状に植え込み、それで稲や麦の穂をしごいて実を落とす。稲の場合は、プリンプリンと扱けて籾になって落ちるが、大麦の場合はおおかた穂首《ほくび》から切れて落ちる。

歯が篠竹製のセンバコキは、麦扱きに使用された。自家製のものもあり、篠竹の先をはすに切ってとがらせてある。

歯が鉄製のセンバコキで麦扱き専用のものは、一般に歯と歯のすき間が稲用のものより広くできているが、稲麦両用のセンバコキも普及していた。

鉄製のセンバコキは、コキヤと呼ばれた商人から購入する。在地のコキヤから購入することもあったが、埼玉県行田市周辺では若狭（福井県）の行商人（コキヤ）から購入する家も少なからずあった。

センバコキは、三年も使用すると歯がすり減って、歯と歯のすき間が開いてしまうので、打ち直しに修理に出すか新調しなければならない。コキヤが農家を時々回って来るので、これに頼んだ。

クルリボウによる大麦の脱穀　大麦の場合、センバコキによる麦扱きでは、麦の穂首から落ちるだけで粒にはならないので、クルリボウ・フリボウなどと呼ばれる道具で打って芒《のぎ》を取り脱粒《だつりゅう》する【図1～5】。竿《さお》の先に棒や竹などが付き、それを回転軸で回転させ麦を打つ【図5】道具である。この作業を麦打ち・ボーチ・ムギコナシなどと呼んでいる。梅雨時の晴れ間を待っての作業で、庭一面に広げて日に当てた麦を何人かが向かい合ってまんべんなく打って実を落とす。猛暑の中の重労働、汗についた麦の芒のチクチクに悩まされての作業である。麦打ち歌（ボーチ歌）を歌って気分を紛らわし、作業の能率を上げる。

石製ムギコナシ　クルリボウ・フリボウに代わる道具として、大正時代頃から北埼玉地方をはじめ一部の地域で馬に引かせる石製のムギコナシが普及する。大きなローラー状の石に凹凸や螺旋《らせん》状の彫りを入れたもので、石をゴロゴロ転がして石の重みで麦の穂から粒を落とす。今でも農家の庭先などで見かけることがある。また、石製ムギコナシと同様の機能を持つメーカー製の麦打機も登場するが、それほど普及しなかった。

ムギウチサナによる小麦の脱穀　小麦の脱穀には、センバコキを使用した地域もあるが、専用の道具としてムギウチサナ【写真4・5】が使用された。四本の足の上に木枠《きわく》が載り、割竹が間隔を開けて簀《す》の子状に入っている。大小あり、大きいもので七人用、小さいもので二人用などがある。ひとつかみの麦束を穂の部分を広げるようにしてサナに三、四回打ちつけると、ほとんど粒になる。

センバコキやムギウチサナは、大正時代から昭和の初めにかけて普及する足踏み輪転機、その後間もなく輪転機に発動機をつけたような脱穀機の出現によって、徐々に片隅に追いやられていった。

（大舘）

【写真 1】篠竹製のセンバコキ

【写真 2】センバコキによる麦扱き（大麦）―昭和 59 年 7 月―［小鹿野町］

【写真 3】足踏み輪転機（脱穀機）による小麦の脱穀―昭和 59 年―［小鹿野町］

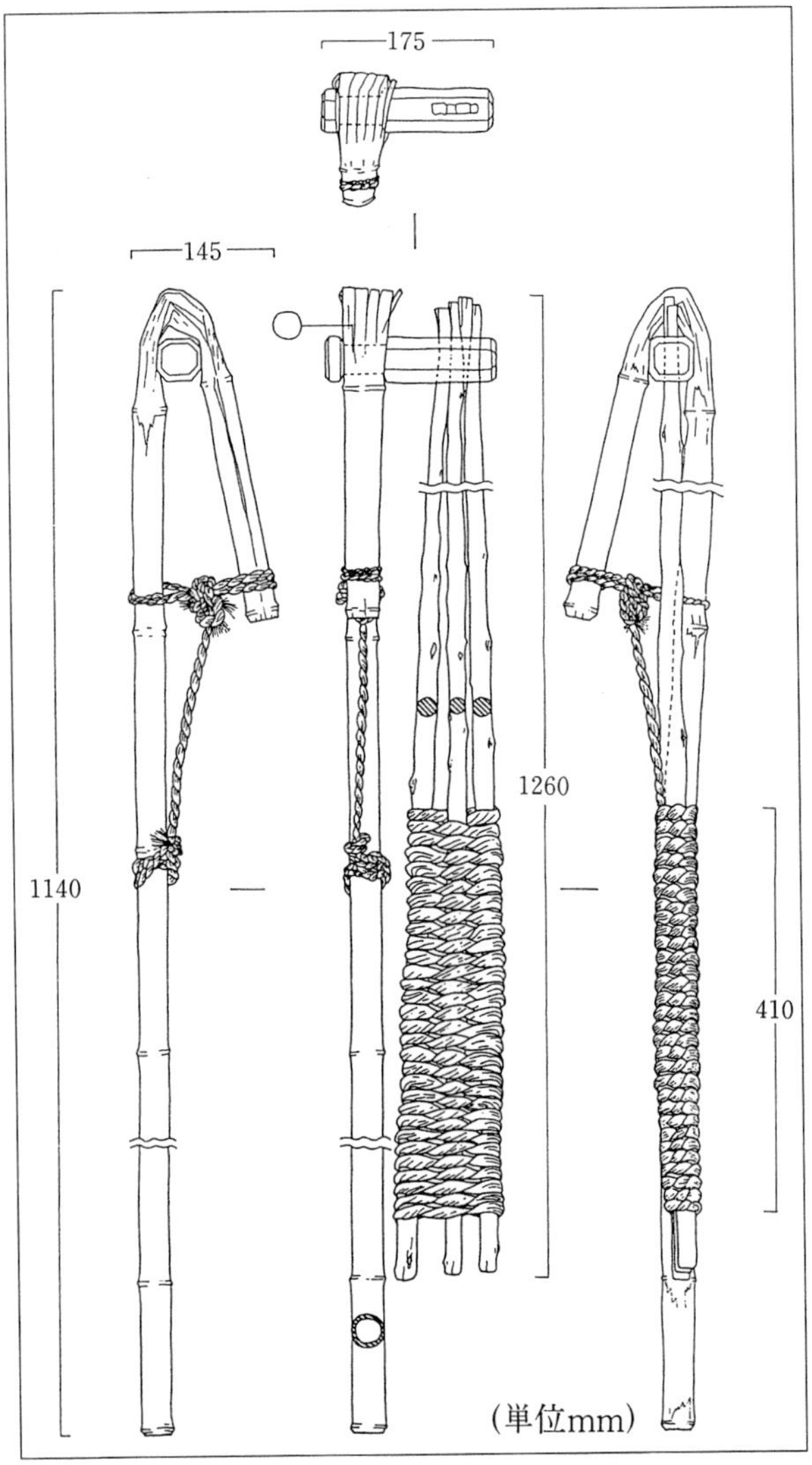

【図 2】クルリボウ（フリボウ）―回転棒がエゴの木に縄を編み込んだもの―

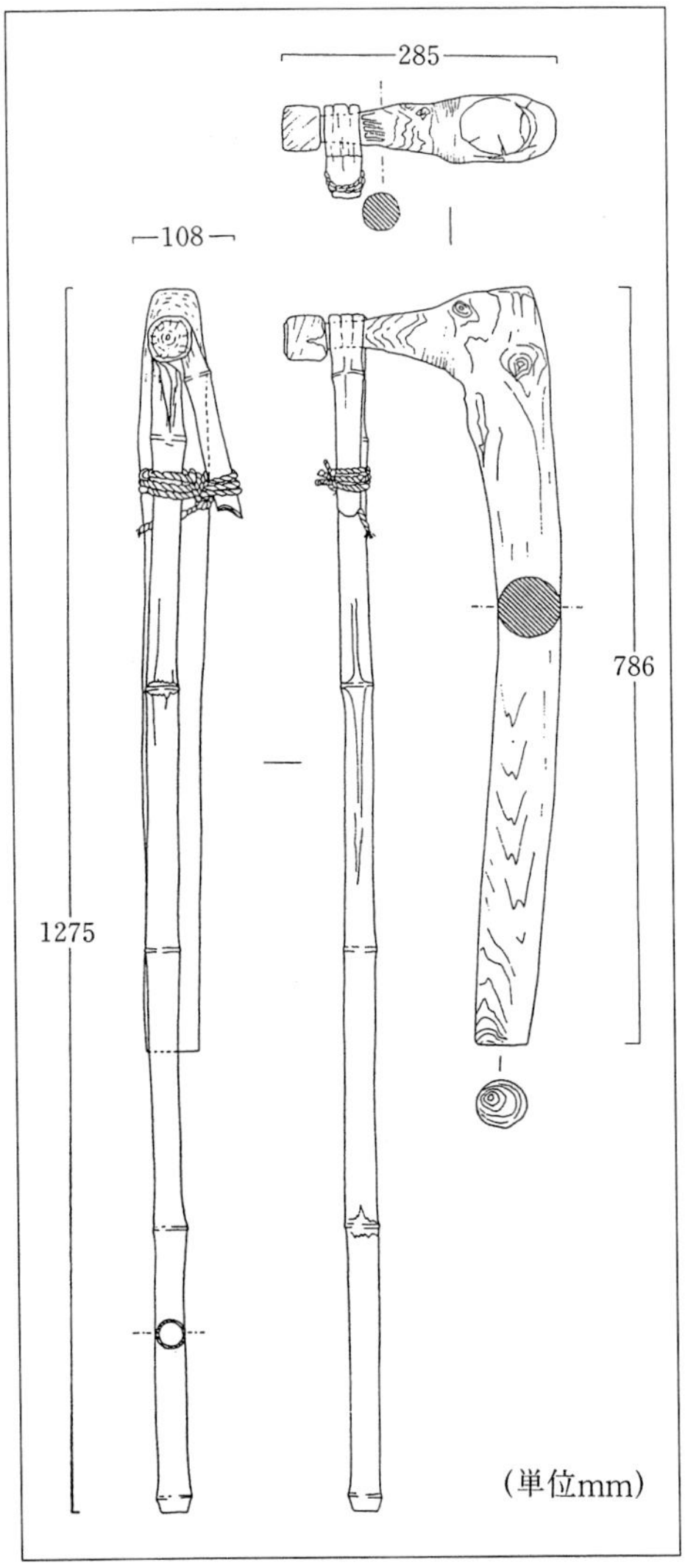

【図 1】クルリボウ（フリボウ）―回転棒が自然木製のもの―

【図 5】麦の脱粒作業「ボーチ」

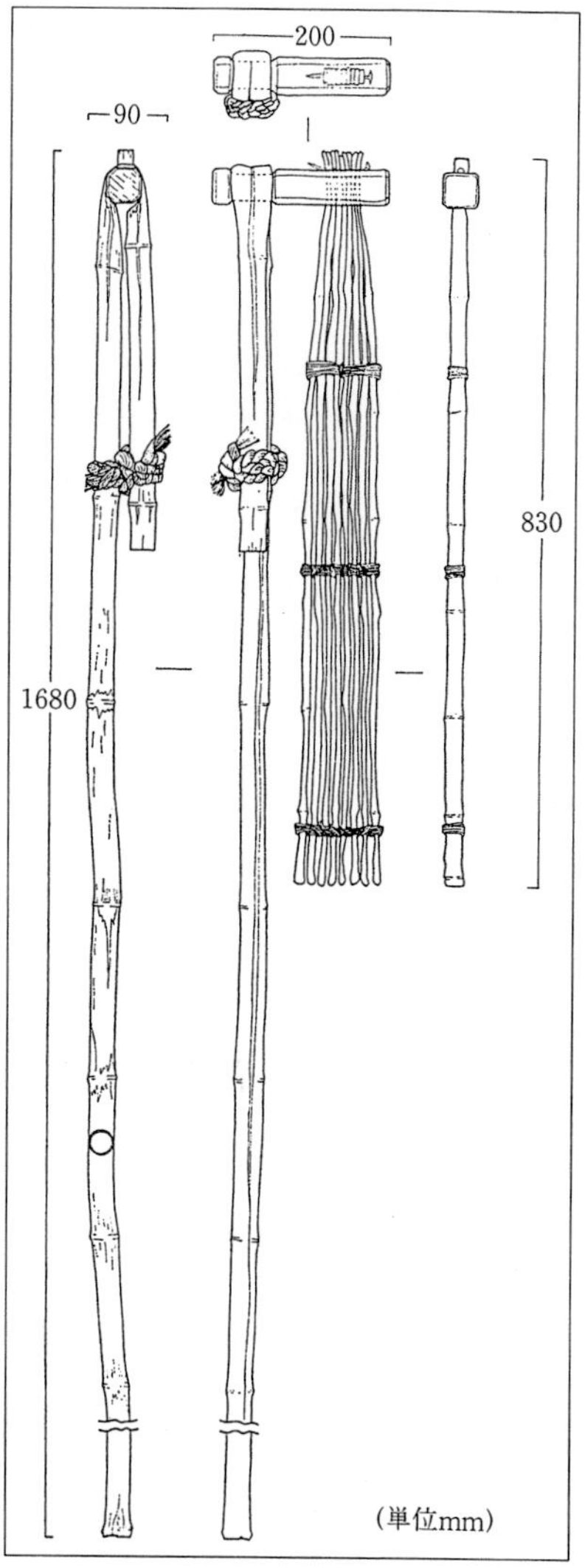

【図 3】クルリボウ（フリボウ）ー回転棒が割り竹製のものー

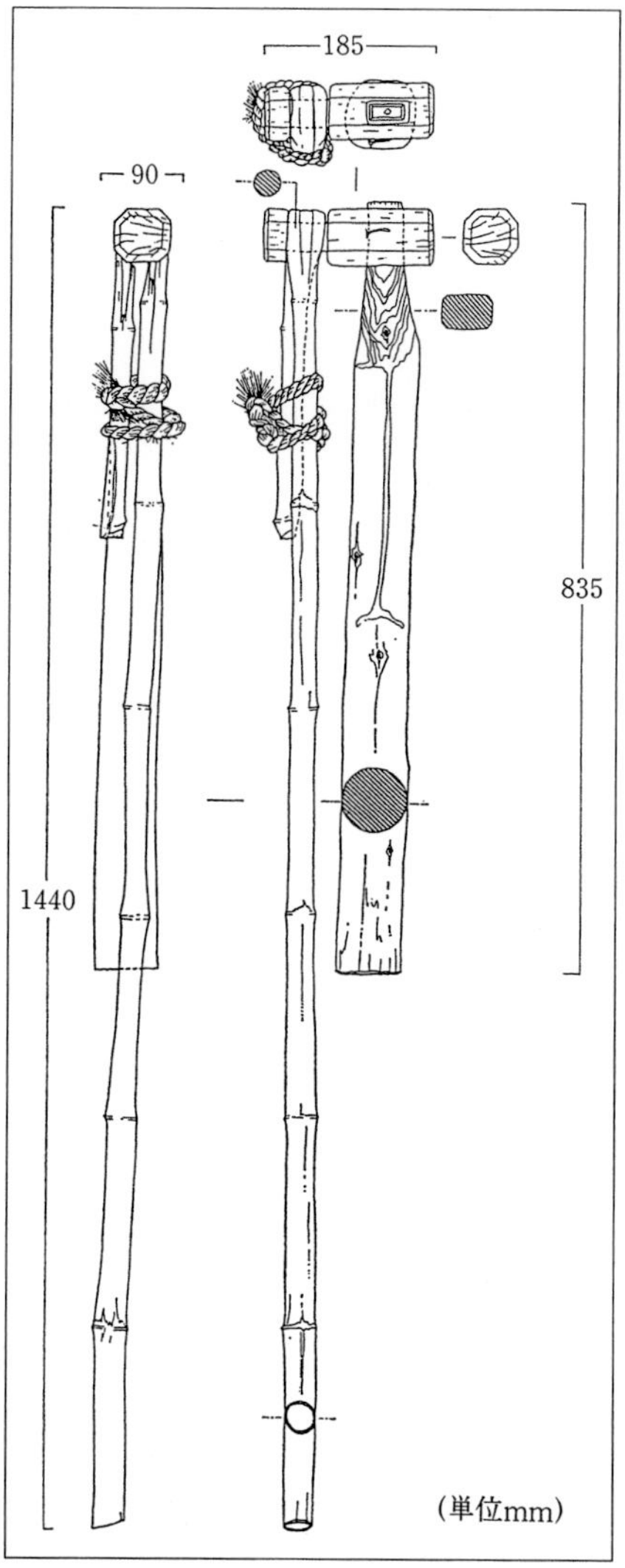

【図 4】クルリボウ（フリボウ）ー回転棒が丸太製のものー

大麦・小麦の脱穀・調整工程

〈大麦〉
脱穀「ムギコキ」
　センバコキ、足踏み輪転機
←
脱穀「ボーチ」
　クルリボウ・ムギコナシ（畜力）、麦打ち機（畜力）
←
籾、ゴミの選別
　オオムギドオシ（篩）
←
選別
　トウミ（ノギ、ゴミを除く）
←
乾燥（天日）
　ムシロ干し
←
麦搗き
　タチウス、ヂガラウス
←
ヒキワリ（石臼を用いる）、オシムギ（精米所で加工）にして粒のまま食べる

〈小麦〉
脱穀「ムギコキ、ムギウチ」
　ムギウチサナ（麦打ち台）、センバコキ、足踏み輪転機
←
脱穀「ボーチ」（ムギウチサナで脱穀した場合は省略）
　クルリボウ（フリボウ）
←
籾、ゴミの選別
　コムギドオシ（篩）
←
選別
　トウミ（ウス皮、ゴミを除く）
←
選別
　マンゴク（ウス皮の付いた小麦を除く）
←
乾燥（天日）
　ムシロ干し
←
粉に挽き、うどん、まんじゅうなどにして食べる

【写真 4】麦打ち―小麦の脱穀にはムギウチサナ（麦打ち台）が用いられた。埼玉県立さきたま資料館での再現風景―

【写真 5】麦打ち―ムギウチサナによる小麦の脱穀。昭和 59 年 7 月―［小鹿野町］

【写真 8】麦搗き一麦焼きで穂首から落とした麦を槌で粒に落とす。昭和 39 年 10 月一［大滝村］

【写真 9】フルイ一小麦を脱穀したあと実とゴミとを選別する金網のフルイ一［所沢市］

【写真 6】麦搗き一大麦をセンバコキで扱いたあと、ジガラウスで実に落とす。昭和 59 年一［小鹿野町］

【写真 7】フルイでの選別一昭和 59 年 7 月一［小鹿野町］

【写真10】麦搗きに用いるタチウスと竪杵［大滝村］

【写真11】麦搗きに用いるジガラウス［大滝村］

大麦を食べる①

——麦飯

常食から健康食へ　昔と今とで、その扱われ方が全く変わったものに大麦がある。

大麦の用途は、米と混ぜてごはんに炊《た》く、味噌を仕込む際に麹《こうじ》の材料とする、炒《い》って粉に碾《ひ》いてコガシにするなどがあるが、昔は何といっても米を食い延ばす目的でごはんに混ぜて炊くのが主たる用途であった。当時の大麦は、ごはんの中のいわば「邪魔者」的な存在であり、できれば除いて食べたいと願われていた。それが現在はどうか。健康食品と謳《うた》われ、米より高価なものさえある。かつての麦飯を知る世代の者は、こうした変化に驚きを隠せない。

埼玉県内において食生活の聞き取り調査を行うと、ほとんどの農家で昭和三〇年代まで麦飯を常食としていたことがわかる。田んぼの少ない畑作地域はもちろんのこと、水田稲作を主体とする地域においても同様の答えが返ってくる。理由は、米を節約することで現金収入を増やすよう努めたためである。農家の現金収入といえば、かつては米・麦・蚕《かいこ》が頼りであった。したがって、稲作地域の農家にあってもむやみに米を消費することは許されなかったのである。

ヒキワリからオシムギへ　麦飯に混ぜる大麦は、古くはヒキワリ（碾割）であった。ヒキワリは、殻《から》を剥《む》いた大麦を石臼《いしうす》【図1】で碾《ひ》いて細かく砕いたものである。中には、殻を剥いたままの丸麦《まるむぎ》を混ぜる家もあったが、丸麦は米といっしょに炊くと芯《しん》が残ってしまうので、前日の晩にゆでて笊《ざる》にあげておく必要がある。これでは手間がかかるので、多くの家ではヒキワリを用いていた。

大正末期から昭和初期には精米所に押し麦を作る機械が導入され、多くがヒキワリに代わって押し麦を用いるようになった。押し麦は、精白《せいはく》した大麦を加熱圧迫したもので、中央にスジがあり、これを指してフンドシと呼んだ。石臼で碾いたヒキワリに比べて舌ざわりや喉《のど》ごしがノメッコク（滑らかで）、そのぶん食が進むので、「経済を考えたら、ヒキワリの方がよかった」という者もある。

大麦と米の配合　大麦と米の配合は地域や家によって異なり、一般に畑作地域の方が稲作地域に比べて大麦の割合が高い。稲作地域が八分二分（米八分に大麦二分）・七分三分・六分四分と米が勝るのに対し、畑作地域では半混ぜの五分五分なら上等で、三分七分・二分八分と大麦が米をはるかに優る家も少なくなかった。また、稲作地域においても第二次世界大戦中から終戦後にかけての食糧難時代には米の供出を余儀なくされ、手元に残るわずかな米で大麦のたくさん入った麦飯を炊いたという。そのほか、サツマイモやジャガイモ、カボチャを混ぜた麦飯も炊かれ、農家の人々がいかに米の節約に努めていたかがわかる。

大麦は米より軽いため、炊きあがると表面に浮き上がる。そこで、子どもの弁当を詰める際には大麦を避けて米の部分を多めに詰めるようにした。これは、子どもが学校で恥ずかしい思いをせぬようにという親心である。また、家族の中でも家長をつとめる男性には米を多めにし、家によっては家長のごはんを別炊きにするところもあった。

常食としての麦飯の終息　麦飯が暮らしから消えていったのは、東京オリンピック開催の昭和三九年（一九六四）頃から四〇年代にかけてである。この時代は高度経済成長期で第三次産業が急速な発展を遂げ、東京に隣接する埼玉県の農村もその影響を大いに受けた。それまで一家揃《そろ》って農業に従事していた専業農家が、第三次産業従事者を有する兼業農家へと姿を変え、農家は農業収入に加えて給与収入も得られるようになったのである。また、首都圏への人口集中から新たな住宅の供給が必要となり、埼玉県内では宅地造成が進んで、その土木工事に農家の者が従事する例も少なくなかった。こうして「外の働き場」から現金収入を得られるようになった農家は、それまでのように農業収入に頼る必要性が低くなり、麦飯で米を食い延ばすことも次第に行われなくなったのである。

庄和町で農業を営む大正一三年（一九二四）生まれの男性は、次のように語る。

「東京オリンピックのあたりから庄和町でも宅地開発が進み、多くの谷津田《やつだ》が埋め立てられて分譲地と化していった。我が家の近くでも盛んに宅地造成が行われ、農家の者も土木工事の日雇いとして働きに出るようになった。それまで、収入といえば農作物に頼るしかなかったが、日雇いの収入が得られるようになるとその分ゆとりができ、田んぼの少ないノガタ（野方＝畑がちの地域）でも米を買って食べるようになった。したがって、麦飯はいつのまにか日常の食卓から消えていった」

　コメノメシ（米の飯）と呼ばれ、特別の日のごちそうとされていた白米飯は、こうして日常の食べ物となった。そして、現在では健康食品の見直しから再び麦飯に注目が集まっている。（宮本）

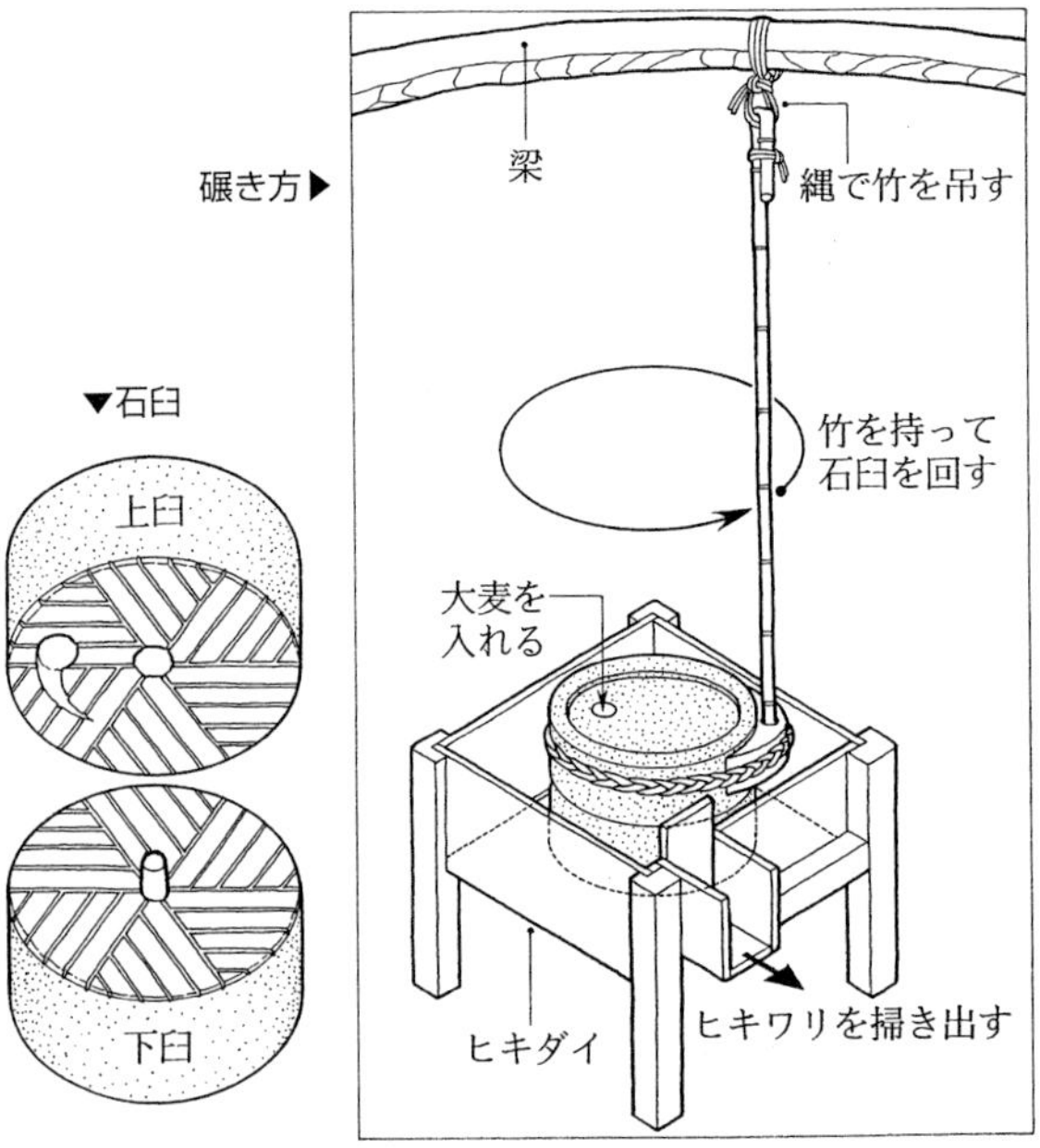

【図 1】石臼

【写真 1】ごはんを炊く釜［所沢市］

【写真 2】ごはんを炊くかまど［江南町］

大麦を食べる②
——コガシと麦茶

香ばしいコガシ　コガシは、大麦を焙烙《ほうろく》で炒《い》って臼《うす》で搗《つ》き、ノゲ（芒）や殻を取り除いてから粉に碾《ひ》いたもので、炒ることによって香ばしさを出す。かつては子どものおやつとしても馴染《なじ》み深いものであり、これを掌《て》に取ってなめると口中に甘味を含んだ香ばしさが広がった。砂糖を混ぜればなおおいしいが、砂糖は貴重品とされたので、たいていはコガシだけをなめていた。

埼玉県内には、正月の二〇日にハツカッコナ、ハツカッコガシなどと呼ばれる行事がある。これは、大麦のコガシを作って一升枡などに入れ、家の周りへぐるりと撒《ま》いて歩くもので、こうすると、家の中に蛇や魔物が入らないといわれた。コガシの香りで蛇や魔物を退散させる呪術的《じゅじゅつてき》儀礼《ぎれい》である。

甘い麦茶　大麦で作られる飲料に、麦茶がある。麦茶は麦湯とも呼ばれ、その飲用は煎茶《せんちゃ》の普及以前に遡《さかのぼ》るといわれている。江戸時代の文化文政期（一八〇四～三〇）には江戸の町に麦湯店ができ、麦茶の商売が成り立つようになった。そして、明治時代の中期には一般家庭でも作られるようになったのである。ただし、農村部への普及はそれよりはるかに遅れ、昭和時代に入ってもなお珍しい飲料とされていた。

所沢市に住む昭和二年（一九二七）生まれの男性は、麦茶初体験の味を鮮明に記憶している。それは、所沢飛行場でのことである。男性は幼少期に同校を見学に訪れ、そこで初めて麦茶をごちそうになった。ガラスのコップに注がれた温かい麦茶は砂糖の入った甘い飲み物で、それまでに経験したことのない味であった。コップの底には大麦の粒が沈んでおり、飲み終えた後にこれをつまんで食べると、ほのかな甘味が口に広がったという。そういえば、昔の麦茶は甘かった。昭和二九年（一九五四）生まれの筆者も、幼少期に母親が作ってくれた麦茶の甘かったことを記憶している。関西には飴湯《あめゆ》・冷やし飴・ニッキ水と呼ばれる甘味飲料があるが、麦茶もこれらと同様、もともとは甘い飲み物として親しまれていたのかもしれない。自らの記憶と合わせて、そんな思いを持った。

（宮本）

【写真1】大麦干し［所沢市］

小麦を食べる①
——うどん・ひもかわ・ツミッコ

畑作地域の日常食　麦作の盛んな埼玉県では、小麦を材料とするうどんがごはんと並ぶ主食として古くから親しまれていた。特に、台地や丘陵の畑作地域や秩父地方の山間部では、一日のうちの一食をうどんとし、これを晩飯に食べた。昼間は農作業が忙しくうどんを打っている暇はないので、一日の仕事を終えた晩にうどんを打ったのである。また、メントッケエ（麵《めん》取替え）といって自家の畑で取れた小麦を製麵所へ持っていき、その目方に見合う乾麵《かんめん》と取り替えることも行われた。

ハレのうどん　うどんには、大きく分けて「ハレの食べ方」と「日常の食べ方」がある。

ハレのうどんは行事や儀礼を伴う物日《ものび》に打たれるもので、埼玉県内では夏祭りの天王様や盆の「昼うどん」など夏の行事にはうどんが欠かせない。食べ方は、アゲメン、アゲウドンなどと称し、ゆでて水に晒《さら》してザルにあげたうどんを鰹節のダシが効いた醬油味のシタジにつけて食べる。シタジにはカテ（野菜）がつきものであり、夏にはゆでたナスやインゲンなどをカテに付ける。また、薬味に擂《す》りゴマと刻《きざ》みネギを添える。

日常のうどん　日常のうどんは、夏をのぞいてたいてい煮込みにされた。煮込みは、多くがヒモカワと称する幅の広いうどんで作られる。囲炉裏《いろり》があった時代には、囲炉裏の自在鉤に鍋を掛けてサトイモ、ジャガイモ、ダイコン、ニンジン、ネギなどの野菜を味噌か醬油味で煮込み、この中へ打ちたてのヒモカワを生のまま入れて煮込んだ。打ち粉ともども煮込むので腹持ちが良く、冬には体も温まった。また、残ったものを翌朝煮返すととろみが増してよりおいしく食べられたという。こうしたヒモカワの煮込みを、比企郡小川町や秩父市などではオッキリコミ、飯能市や入間郡名栗村ではウチイレという。オッキリコミは生地《きじ》を幅広く切りながら汁に放り込む、ウチイレは打ちたてを汁に入れるという意味であろう。

夏には、ゆでて水に晒《さら》したうどんをヒヤシル（冷汁）につけて食べた。ヒヤシルはゴマと味噌を擂り合わせて水で延べたもので、これに薄切りのキュウリを浮かべたものを、その様が筏《いかだ》に似ていることからイカダジル（筏汁）と呼ぶ。

ツミッコ　そのほか、うどんよりも手間のかからぬ方法にツミッコがあった。ツミッコは小麦粉の生地をちぎって野菜とともに煮込んだもので、ツミレッコ、ツメリッコとも呼ばれる。生地を伸ばしたり切ったりする手間が要らず、忙しいときには打ってつけであった。また、戦争中にはスイトンの名で救荒食《きゅうこうしょく》として広く食されたものである。

（宮本）

【表1】 うどんとヒモカワの違い［鳩山町Ａ家の例］

作り方＼麺の種類	ヒモカワ	うどん
塩	生地には塩を入れない ＊ヒモカワはそんなに長くないし、また、切れても差し支えないので、生地をこねる際に塩を入れない。 ＊醬油味で煮込むので、塩を入れるとシオジョッパクなってしまう。	生地に塩を入れる ＊うどんはゆでこぼすので、塩が入っていないと弾力が出ず、切れてしまう。 ＊塩がナカラ（かなり）入っていても、ゆでこぼす際に塩分が抜けるので、ちょうど良い味になる。
生地の硬さ	水の分量を多くして生地を緩めにする	ヒモカワより生地を硬めにする
生地の踏み方	生地を踏まなくても良い ＊踏んだ方が早く伸せるが、塩が利いておらず生地が柔らかいので踏まなくても伸ばせる。	必ず生地を踏む ＊塩が利いているため生地が硬く、踏むことで伸しやすくする。 ＊踏むことで、より弾力が出ておいしくなる。

▲▼メンパイタとメンボウでうどんを伸す

▲庖丁で切る　▼ゆでたうどんをスイノウであげる

【写真2】うどんを打つ［鳩山町］

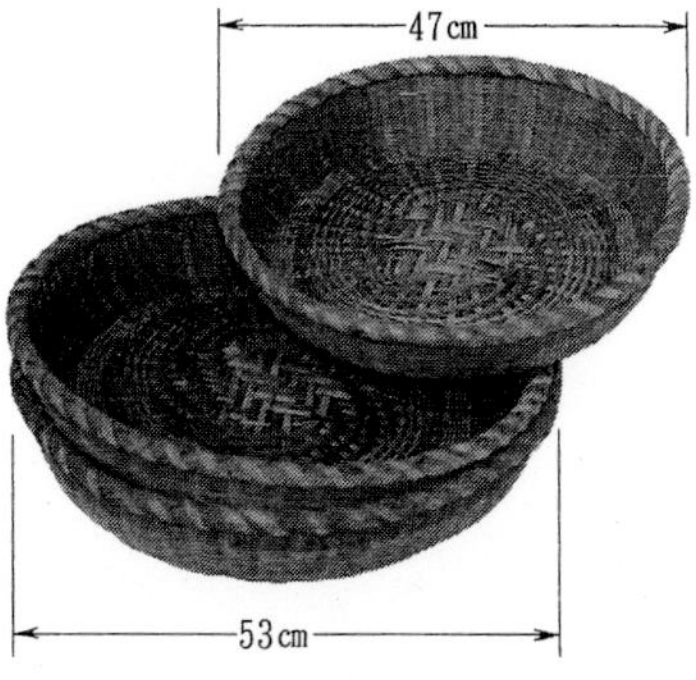
47cm
53cm

【写真3】うどんをあげるショウギ［小川町］

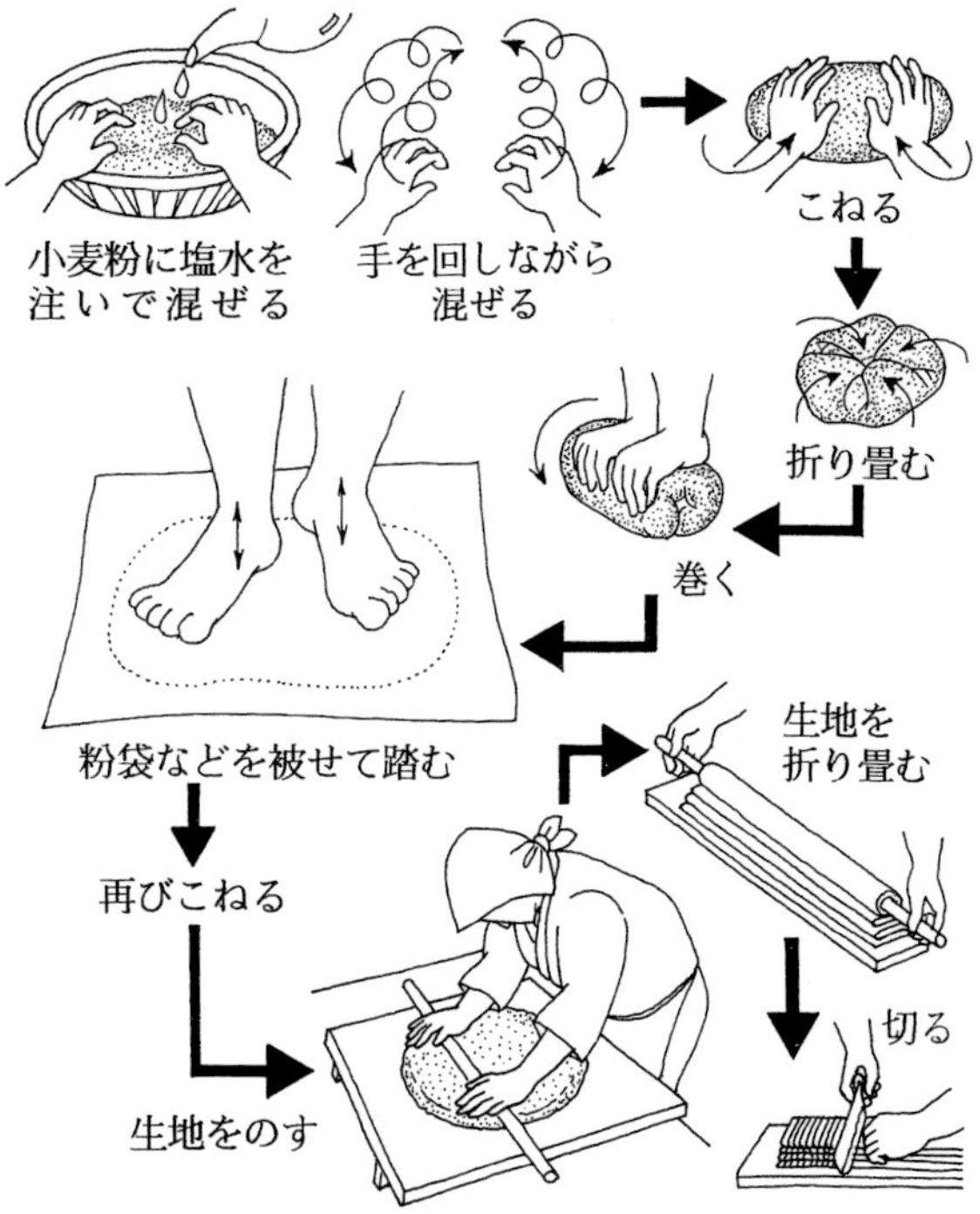
小麦粉に塩水を注いで混ぜる
手を回しながら混ぜる
こねる
折り畳む
巻く
粉袋などを被せて踏む
再びこねる
生地をのす
生地を折り畳む
切る

【図1】うどんの打ち方

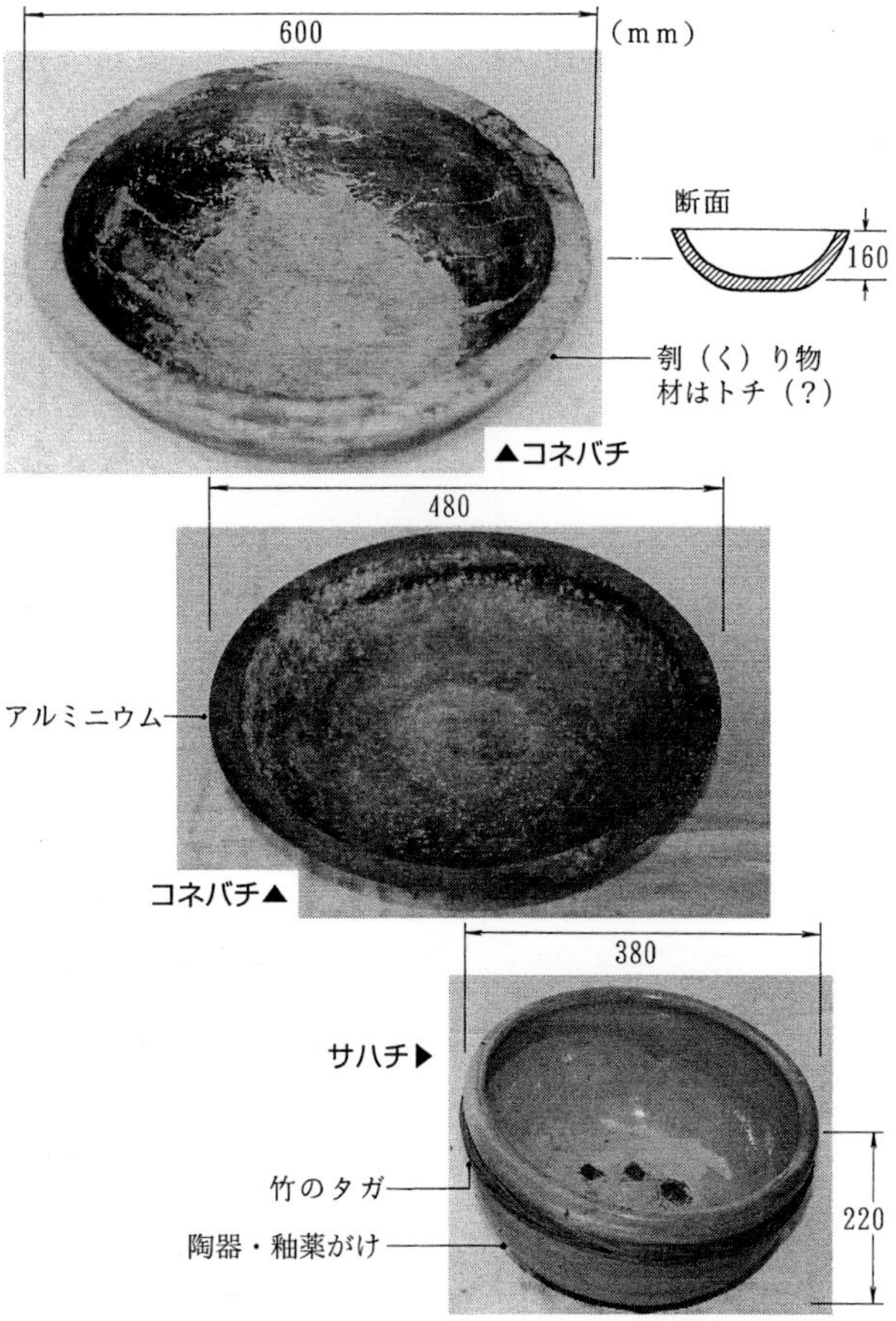
600
（mm）
断面
160
刳（く）り物
材はトチ（?）
▲コネバチ
480
アルミニウム
コネバチ▲
380
サハチ▶
竹のタガ
陶器・釉薬がけ
220

【写真1】うどん生地をこねるコネバチとサハチ［小川町］

小麦を食べる②
——まんじゅう

まんじゅうは、ノアガリ・天王様・七夕・盆など夏の行事によく作られるもので、秋の十五夜や十三夜にも、かつてはまんじゅうを作って月に供える家が多かった。

まんじゅうの作り方は、古くはゆでまんじゅう・うでまんじゅう・浮きまんじゅうと称し、小麦粉の生地《きじ》で餡《あん》を包んで熱湯でゆでるというものであった【写真1】。これは、ゆであがりこそ柔らかいが冷めると生地が硬くなり、子どもたちの評判はいまひとつ芳《かんば》しくなかった。また、生地が薄すぎたり、ゆでる途中で掻《か》き回しすぎると「腹切れ」を起こし、湯の中に餡が飛び散るので、浮いてくるまで静かに待ち、浮き上がったところを水嚢《すいのう》ですくった。

昭和三〇年代には、市販の重曹《じゅうそう》を混ぜて生地をこね、これで餡を包んで蒸《ふ》かす炭酸まんじゅうが主流となった。また、まんじゅうには、甘酒で生地をこねる酒まんじゅうもあり、比企郡小川町では、まんじゅう用の甘酒を指して「す」と呼ぶ。「す」の作り方は家によって異なり、茶碗一杯の麦麹《むぎこうじ》に同量のごはんと適量の水を混ぜて発酵させる家もあれば、米糀《こめこうじ》にごはんとぬるま湯を混ぜて発酵させる家もある。いずれも、仕込みにはスギの小桶が用いられ、これに布巾《ふきん》を被《かぶ》せて日向《ひなた》に置くと、晴天なら半日くらいで発酵が始まる。そして、ぷつぷつと音を立てて煮立つようになれば「す」のできあがりであり、これをミソコシザルで漉《こ》してから小麦粉に混ぜて生地をこねる。二〇分くらい寝かせて生地の表面に艶が出てきたら餡を包み【写真2、図1】、セエロ（蒸籠《せいろう》）で蒸かす。線香一本が燃え切るのを目安にセエロの蓋《ふた》を開けると、そこには「す」の香り高いまんじゅうができあがっている。（宮本）

【写真1】ゆでまんじゅう作り［小川町］

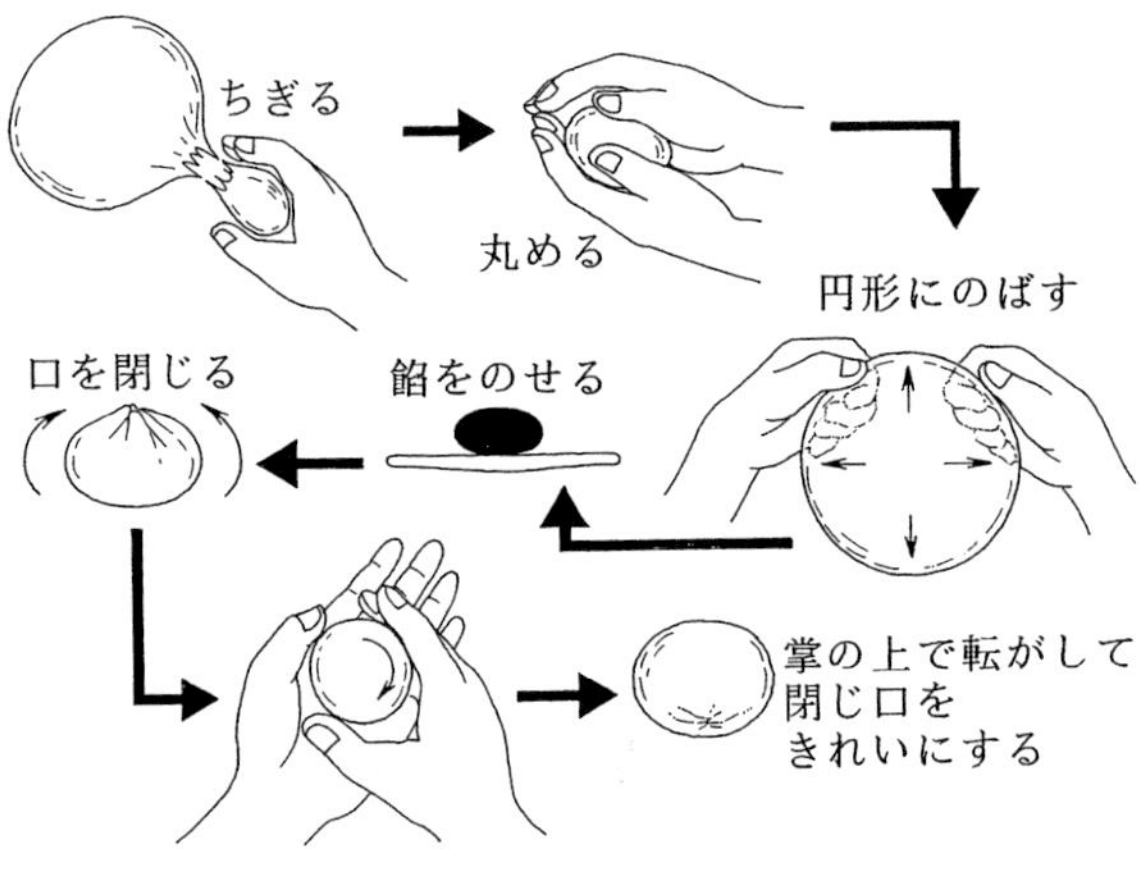
ちぎる
丸める
円形にのばす
餡をのせる
口を閉じる
掌の上で転がして
閉じ口を
きれいにする

【図1】まんじゅうの餡の包み方

【写真2】「す」まんじゅう作り［小川町］

3 サツマイモ作り

【❸サツマイモ作り】サツマ床と種芋《たねいも》伏せ

命をつないだサツマイモ　埼玉県はその形がよくサツマイモにたとえられる。それほどサツマイモの名産地でもある。サツマイモは、日本では主役としての位置を占めることはないが名脇役として日本人の食生活に貢献してきた。第二次世界大戦後、日本中が食糧に飢えていた時代には、多くの人がサツマイモによって命をつないだ。サツマイモの栽培農家には、食糧難に苦しむ人たちがサツマイモを求めて入れ替わり立ち替わり訪れ、普通なら食べることがない、苗を取った後の種芋やひげのような細いくず芋、果てはサツマの蔓《つる》まで求めていった。まさに命ごいに近い食糧調達の状態であった。わずかなサツマイモのくずを求めて県外からはるばる釜などを背負って物々交換に来たり、その技術のある者は農家の家族の散髪をしてその代償としてサツマイモを手に入れていくなど、サツマイモ様々の時代があった。

　サツマイモの栽培は、サツマドコ（サツマ床）と呼ばれる施設で苗を一定期間育成し、初夏にその苗を畑にさして芋を育てるやり方である。この技術の歴史については明らかではないが、青木昆《こん》陽《よう》による初めのころの栽培は、種芋をじかに畑に植える方法であったといわれている。

サツマ床作り　サツマドコは、一二月中旬から二月上旬にかけて日当たりのいい家の庭先などに作られる。大きさは作付け面積によって異なり、一間半×二間くらいのものから大きなもので三間×六間くらいまであり、いずれも長方形である。

　作り方は、一般的には四隅に杭《くい》を打ち、その間へさらに三尺おきに杭を打つ。杭を打ったらそれに沿って稲藁《いなわら》か陸稲藁《おかぼわら》を立て、割竹で挟んで高さ三尺ほどの囲いを作る。藁の先は編み込んでおく。屋根は、古くはカヤズやヨシズで覆ったが、現在はビニールなどが用いられる。

　床の材料には雑木林のクズ（落ち葉）が大量に用いられる。フミコミといってクズを入れては踏み、弾力が出るまでクズを入れては何回も踏み込む。そしてその上から下肥《しもごえ》をかけ、発酵熱で発芽促進を図るのである。クズの上には完熟した土状の堆肥《たいひ》を床土として入れ、種芋を伏せ込む。

種芋伏せ　種芋のフセコミは、春の彼岸《ひがん》の頃に行われる【写真1・2】。サツマ床の温度が華氏七〇度から八〇度になったところである。いい種芋を選び、芋の両端を少し包丁で切って床土へ伏せる。そしてジョウロでまんべんなく水をかけ、芋が隠れるくらい床土をかぶせる。その上にバカヌカと呼ぶ小麦殻を三寸から五寸くらい敷きつめる。

　種芋を伏せ込んだ後は、床の温度を一定に保つよう心がける。サツマイモは温度が高過ぎるとフケて腐り、低過ぎるとヒエグサレを起こす。寒暖計をサツマ床に差し込んでおき、温度が高過ぎるときには種芋の上に被《かぶ》せたバカヌカを剥《は》ぎ、低過ぎるようならバカヌカを厚くする。温度管理に神経を使う。

　種芋を伏せ込んでから二週間くらいで発芽し、天気がよければ日中は覆いをはずして日光を当て、節が短く強い苗を育てる。八十八夜《はちじゅうはちや》も過ぎると遅霜も降りなくなり、夜も覆いをはずしたままにしておく。苗取り【写真3】、苗さし【写真4】は、五月初旬から中旬にかけて行われる。こうした技術伝承は、基本的には今も変わることがない。

　筆者の住む所沢市でサツマイモが作り始められたのは、南永井の吉田家文書によると寛延《かんえん》四年（一七五一）のことで、先祖が苦労してサツマイモを上総国《かずさのくに》（千葉県）から購入してきたことがそこに記されている。青木昆陽が当時の飢饉《ききん》を憂いて享保二〇年（一七三五）幕府に進言して薩摩国から種芋を取り寄せて小石川養生所に植えてから一五、六年後のこと。しかし、サツマイモの栽培が埼玉県内に普及するのは、その後の文化・文政期（一八〇四～三〇）以降ともいわれている。

（大舘）

【写真 3】 苗取り一生長した苗をハサミなどで切り取る一

【写真 1】 種芋伏せ［鳩山町］

【写真 4】 サツマイモの苗さし

【写真 2】 種芋伏せ一芋が隠れるくらい床土を被せる一

【写真 5】 直幹法による苗の植え方［所沢市］

【❸サツマイモ作り】植え付けと管理

植え付けと管理　サツマドコに伏せた種芋《たねいも》は、一〇日から二週間で発芽し、八十八夜の頃には大きく生長する。この頃になると遅霜の恐れもなくなるので、夜も覆いをはずし、日中は日をよく当てて苗を強くする。

五月中旬、生長したサツマイモの苗を鋏《はさみ》で種芋の近くから切る「苗取り」【前ページ写真3】が行われる。

苗は、すぐに植えることはせず、一日くらいおいてから植え付ける。これをサツマサシ【前ページ写真4】などという。麦をたくさん作っていた頃は、麦刈りをする少し前の麦株の根元に堆肥《たいひ》をボッチに（点々と小山のように）置いて土を掛け、苗をさすのが一般的であった。

植え方には、直幹法《ちょっかんほう》【前ページ写真5】と舟底植えがあり、古くは舟底植えが主流であった。舟底植えは、苗を親指で土中に押し込んで茎の下方が横になるような植え方である。直幹法は、ビニール栽培の普及により行われるようになった。苗は、一反に三〇〇〇本くらいさすのが一般的である。

麦刈りが開始される五月下旬には苗は活着して、麦刈がすんだ畑は、一面サツマイモ畑に変化するのが畑作地帯の原風景である。麦をあまり作らなくなった今では、さら地に畝《うね》立てして苗をさしたり、近年は畝にビニールを敷いて苗をさす栽培法が目に付く。

サツマイモの栽培は、苗を植え付けた後に追肥と土寄せ、草取り、つる返し、つる立てなどの作業がある。六月中旬頃に米ぬか・麦ぬか・草木灰等のカリ肥料を追肥として施し、土寄せをする。いいサツマイモを作るために、昔から草木灰は欠かせなかった。

その後は、つるが畑全体に伸びきるまでは雑草が繁茂するので、草むしりの作業がある。いわゆる除草である。つるが伸びてつるの節の部分が地面に接触すると、節の部分から根が生え、そのままにしておくと小さな芋ができてしまう。そのため、つる返しといってつるを畝に沿って左右に分ける作業を除草をかねて行う。七月中旬の作業である。同じように九月上旬には「つる立て」といって、つるの節から出た根を地面から引き離す作業を除草をかねて行う。

さつま掘り　サツマイモの収穫【写真1】は、一般に「さつま掘り」といい、かつては一〇月中旬から下旬にかけて行われていた。サツマイモを栽培していた畑は、収穫が終わるとすぐに麦を蒔《ま》くので、麦蒔きのマキシン（麦蒔きの適期）が一一月三日頃であるので、遅くてもこの日までには終わらせておかねばならない。畑作地帯で作物を輪作栽培する地域では、この季節は大変忙しく大きな農家では人手を雇ってさつま掘りをした。

さつま掘りの順序として、最初に「つる刈り」をする。これは女性や子ども、年寄りの仕事である。サツマイモのつるを鎌で刈って畝と畝の間の溝に敷き、サツマイモを掘りながら畑にすき込む。後に作る麦の肥料になる。また、つるを家畜の飼料として保存する家もあった。

サツマイモを掘る道具は鍬《くわ》である。古くはヒラグワ（平鍬）【写真2】が用いられたが、大正時代からマドグワ（窓鍬）【写真5】やマンノウクワ（万能鍬）【写真3・4】が普及し、使われるようになった。マンノウクワには歯が三本あるサンボングワ（三本鍬）【写真3】や四本あるヨンホンクワ（四本鍬）【写真4】があった。大正時代から普及したこれらの鍬は、粘土質の畑では土が鍬に付かず、さつま掘りに適していた。

掘り方は、つる刈りした株近くに鍬を入れて土をあげ、次に根元の土を深くさらい、さらにサツマイモの下の土を深く引くと株は浮き上がり、掘り上げることができる。掘り上げたサツマイモは、数株を一緒にしてサツマイモのつるで束ねる。

（大舘）

［参考文献］
所沢市史編さん室『所沢の民具1』一九九二

【写真 1】さつま掘り―サツマイモのつるは、掘りながら埋めこまれ、後に作る作物の肥料となる―［所沢市］

【写真 2】ヒラグワ［所沢市］

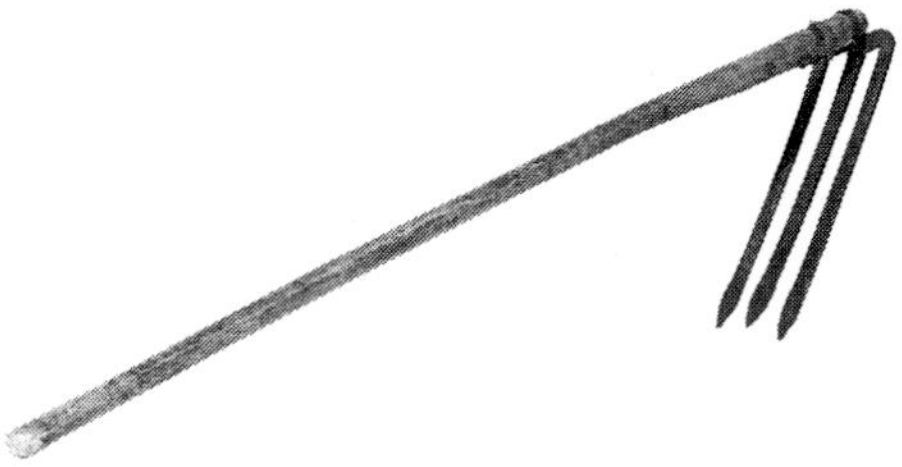

【写真 3】サンボングワ［比企郡］

【写真 4】ヨンホングワ

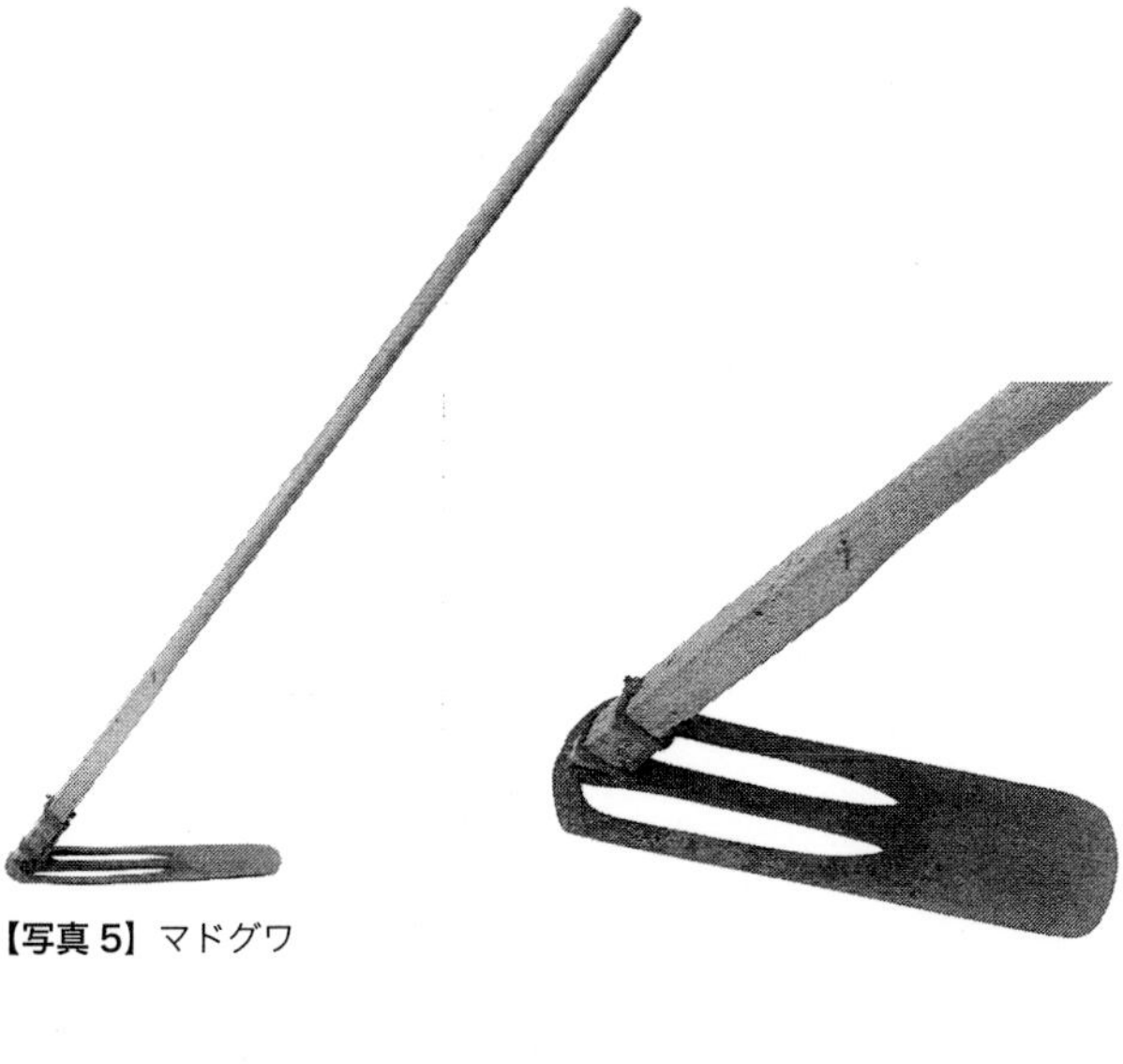

【写真 5】マドグワ

【❸サツマイモ作り】

サツマイモの運搬、貯蔵

運搬　掘り上げたサツマイモの運搬には、藁《わら》で編んだハンコ・テゴッタワラ【写真1・2】などという入れ物や、ヨマワリという竹製の大きな籠《かご》が用いられた。これらの入れ物にサツマイモを入れ、天秤棒《てんびんぼう》を使って畑から運び出される。また、モッコの一種でニナイモッコ【写真3】と呼ばれる縄を編んで作られた運搬具も広く使われた。

　畑が遠い場合は、リヤカーや荷車、牛車などにサツマイモの束を直接積んで運んだ。なお、リヤカーの普及は昭和時代に入ってからで、それまでは荷車が中心であった。リヤカーの使用は長く、昭和三〇年代まで使用した家が多い。

貯蔵　サツマイモは寒さに弱く、保存には特別な方法が用いられてきた。一般的な方法としては、アナグラ（穴蔵）と称する竪穴式《たてあなしき》の貯蔵穴【写真4】で保存された。この貯蔵穴は、畑の隅や庭先などに掘られ、開口部は方形で約一メートル、深さ三メートルほどで穴の底が広くなっている。多くは底の部分から横穴が掘られ、この部分にサツマイモが貯蔵される。気温の変化が少なく凍ることはなく、芋類の貯蔵に適している。

　アナグラへの人の出入りは梯子《はしご》が使われるが、サツマイモの出し入れには、縄に付けたカギにサツマイモの束をつるして下ろしたり上げたりした。したがって、この作業は二人で、穴の中・外に分かれて行った。

　サツマイモの貯蔵は、竪穴式のアナグラでの貯蔵のほか、イモブセ（芋伏せ）・ドブセ（土伏せ）などという方法も広く採用されていた。これは、地上から深さ一メートル、幅六〇センチくらいの長い横穴を掘り、底に麦幹《から》を敷き、穴の壁の部分にも麦幹を立て、サツマイモが直接土に触れないようにする。穴にサツマイモの束を二列、二段に並べる。一段目と二段目の間に麦幹を敷くが、この場合、穴の壁に立てた麦幹を内側に折り込む。

　サツマイモを並べ終わると土を厚くかけ、空気孔《あな》といって一握りの麦幹を束ねて差し込んでおく。このようにしてサツマイモを冬越しさせるが、必要なときは穴を掘って取り出し市場に出荷したりする。

収穫儀礼と予祝《よしゅく》儀礼　サツマイモの栽培が開始されたのは江戸時代で、栽培作物の中では比較的新しい作物である。サツマイモに関する儀礼は、十五夜と、さつま掘りが終了した時点のサツマッポリショウガツ（さつま掘り正月）と小正月の予祝儀礼に見られる。

　旧暦八月一五日の十五夜あるいは地域によっては新暦九月一五日に行われる十五夜の頃には、サツマイモは大きくなる。十五夜には、いくつか掘って初物を月に供える。

　入間地方東部や三富新田などでは、さつま掘りが終わるとサツマッポリショウガツが行われてきた。その日が統一されているところもあり、三富新田の中富地区では、二月正月を実施していた頃には一二月二一日・二二日・二三日がサツマッポリショウガツであった。「野上げの団子」などの御馳走を作り、収穫を祝った。

　一月一五日を中心とする小正月にはモノツクリが行われる。家の座敷にところせましと繭玉《まゆだま》団子が飾られるが、畑作地帯ではサツマイモの豊作を願って団子でサツマイモを作り、繭玉飾りに添えた家が多い。

　第二次世界大戦後の食糧難による飢餓《きが》の苦しみを救った食物としてサツマイモがある。この戦争をとおして、サツマイモさえあれば生きながらえることを体験してきた農家の人たちにとって、サツマイモの豊作を歳神様《としがみ》などにあつく祈願した時代もあった。

（大舘）

【写真 1】ハンコを天秤棒で担ぐ一昭和 46 年一［所沢市］

【写真 3】ニナイモッコ［皆野町］

【写真 2】テゴッタワラ［川口市］

【写真 4】アナグラ（穴蔵）一サツマイモを貯蔵する竪穴一［所沢市］

サツマイモは「食の助っ人」

救荒食《きゅうこうしょく》としてのサツマイモ　昭和ひとけた生まれの世代までは、サツマイモというと食糧難時代の救荒食を思い浮かべることであろう。第二次世界大戦中から終戦直後にかけての食糧難時代には、米や麦に代わる主食としてサツマイモで急場をしのいだ者が少なくなく、窮乏を極めるとサツマイモの蔓《つる》や苗を取ったあとの種芋《たねいも》でさえも食料として用いられた。サツマイモは痩《や》せ地での栽培も可能であり、食糧難時代には最も強力な「食の助っ人」として重宝されたのである。

おやつとしてのサツマイモ　また、食糧難に限らずサツマイモは農作業中のオチャ（お茶休みのおやつ）としても重宝され、台地や丘陵の畑作地域では「春にはジャガイモの塩っぷかし」「秋には蒸《ふ》かしたサツマイモ」がオチャの定番とされていた。また、狭山茶の産地として知られる所沢市・入間市・狭山市では、茶摘みのオチャにサツマイモの粉で作ったサツマダンゴを出す家が多く、傾斜地の畑にヤマ茶を栽培する入間郡名栗村でも、サツマダンゴは馴染《なじ》み深いオチャうけとされていた。

サツマダンゴの粉はサツマイモの切り干しを碾《ひ》いたもので、切り干し作りは空っ風が吹いて空気が乾燥する冬場に行われた。生のサツマイモを洗ってから薄い輪切りにし、莚《むしろ》やござに広げてカラカラになるまで乾燥させたものを、石臼《いしうす》で粉に碾く。これを湯でこね、一握りずつ取っては掌《てのひら》と指でぎゅっと握り、セエロ（蒸籠《せいろう》）で蒸かす。すると、それまで白茶色だったサツマ粉が、一気に真っ黒く変身する。表面には握った指の痕がつき、この形から名栗村ではサツマダンゴを指してニギリッコと呼んだ。サツマダンゴには、「サツマのアンコ」と称して生のサツマイモを切って入れたものもあり、これは割ると中から黄色いサツマイモの餡《あん》が顔を出して見た目にもおいしそうであった。また、小豆《あずき》の塩餡を入れたものは、サツマダンゴのほのかな甘さと餡の塩味が調和しておいしかったという。

乾燥芋　サツマイモのおやつには、乾燥芋もあった。これは、生のサツマイモの皮を剝《む》いてから短冊に切って蒸かし、これを莚やござに広げて乾燥させたものである。切り干しと同様、空っ風の吹く冬場に作られる。上手に粉を吹かせるには乾かしすぎないことが肝心であり、それには表面が乾いたところでいったん一斗缶《いっとかん》などに入れて密封し、ようすを見て再び半日くらい日に当て、冷えないうちに取り込んで密封する。こうすると、表面に粉が吹いておいしい乾燥芋ができあがる。

このように、サツマイモは主食から間食、救荒食に至るまで変幻自在の食材であり、その活躍ぶりは、まさに強力な「食の助っ人」といえよう。

（宮本）

【写真1】サツマイモの蒸かし籠と台［所沢市］

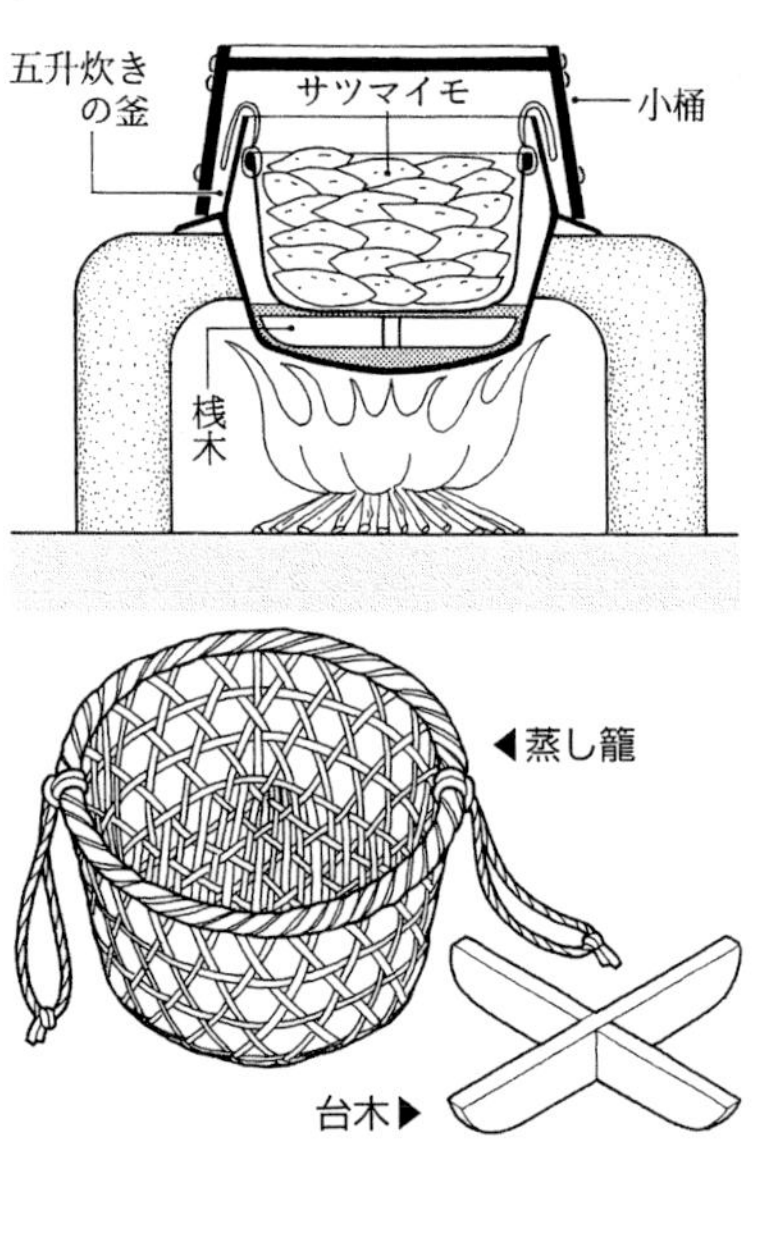

【図1】サツマイモの蒸かし方［小川町］

4 茶と蚕

【風薫り、茶摘みの季節】……162
【揉み出された銘茶の香り】……164
【桑芽吹き、蚕の季節】……170
【蚕の病気とその予防方法】……175
【一年順繰り桑仕立て】……176
【蚕の変身】……178
【繭の豊作を願って】……186
【繭の糸取りと絹織り】……188
＊真綿のちから　192

【❹茶と蚕《かいこ》】

風薫り、茶摘みの季節

農のはじまりと茶摘みの季節　五月二日は八十八夜。立春から数えて八十八日目に当たる。昔から「八十八夜の別れ霜《じも》」といわれるように、この時期には遅霜の心配もほとんどなくなり、農家では種播《ま》きに備えた農耕が開始される。また、茶の新芽が伸び、狭山茶を産する埼玉県入間地方の農家では茶摘みの適期を迎える。

自家用の畦畔茶《けいはんちゃ》から換金作物へ　狭山茶は、土止めや防風を目的に畦畔茶を植え、その葉を摘んで自家用の茶を作ったのがはじまりといわれている。丘陵地域にはアラクと呼ばれる傾斜地の畑が多く、そこでは畑の境や中間に茶の木を植えて土止めとした。また、台地では、小石混じりの軽い土が風に飛ばされるのを防ぐため茶の木を植えた。茶の木は、毎年刈り込むことで高木になるのを防ぎ、畑作物が日陰にならぬよう配慮された。こうした自家用の茶が、のちには換金作物として専用の茶園で栽培されるようになったのである。

手揉《ても》み製茶と機械製茶　所沢市においては、大正後期から昭和初期にかけて富岡地区で共同や個人の茶工場が設立され、機械を導入した製茶が開始されている。ただし、専用茶園や茶工場が増えるのは昭和三〇年代から四〇年代にかけてであり、それまでは畦畔茶による手揉み製茶が主流であった。

一家総出の茶摘み　茶摘みは昭和三〇年代まで多くが手摘みであり、八十八夜を目安に二、三日から一週間をかけて行われた。適期をのがすと葉が硬くなってしまうので、短期間に集中的な労働力が必要とされ、家族だけで手が足りない場合には摘み手を雇った。また、子どもも小学生になれば手伝いができるので、学校でもこの時期には一週間から一〇日の「お茶休み」が出され、茶農家の子どもは自家の茶園で、それ以外の子どもは親戚や近所の茶園へ手伝いに出かけた。

手摘みの方法は、左手で枝を押さえ、右手の親指と人差し指で新芽を挟んで一枚ずつ摘んでいく。摘んだ葉が右手一杯になるとザル【写真1】に入れ、さらに、ザルが一杯になると、ボロッカゴなどと呼ばれる大きな籠《かご》【写真2】にあけて、これを何杯もリヤカーに積んで運んだ。

摘み賃の支払い方　摘み賃は、茶葉の目方に応じて支払われた。計量は、午前一〇時、正午、午後三時、夕方の四回行われ、カケダイなどと呼ばれる平たい籠【図1】に茶葉を入れて、これを竿《さお》秤《ばかり》に掛けて目方を量《はか》った。そして、最終日までの目方を合計し、一貫目（三・七五キログラム）につきいくらで賃金を計算したのである。摘み賃には大人と子どもの差はない。摘んだ分だけ平等に支払われる。子どもは、大人とともに働いて賃金を得ることで労働の喜びを体験し、お茶休みが終わって学校に戻ると、互いに賃金の額を自慢しあったものである。

オチャ休み　茶摘みの楽しみに、午前と午後のオチャがあった。一枚ずつ葉を摘む作業は骨が折れるので、オチャ休みのひとときは誰もが心待ちにするところであり、大人も子どもも、来たての嫁さんも、皆が揃《そろ》って熱い茶をすすりながらジャガイモの塩っぷかしやサツマダンゴを食べた。そこには、初夏の風が快く吹いていた。

（宮本）

【写真 3】茶摘み風景［所沢市］

【写真 1】チャツミザル［所沢市］

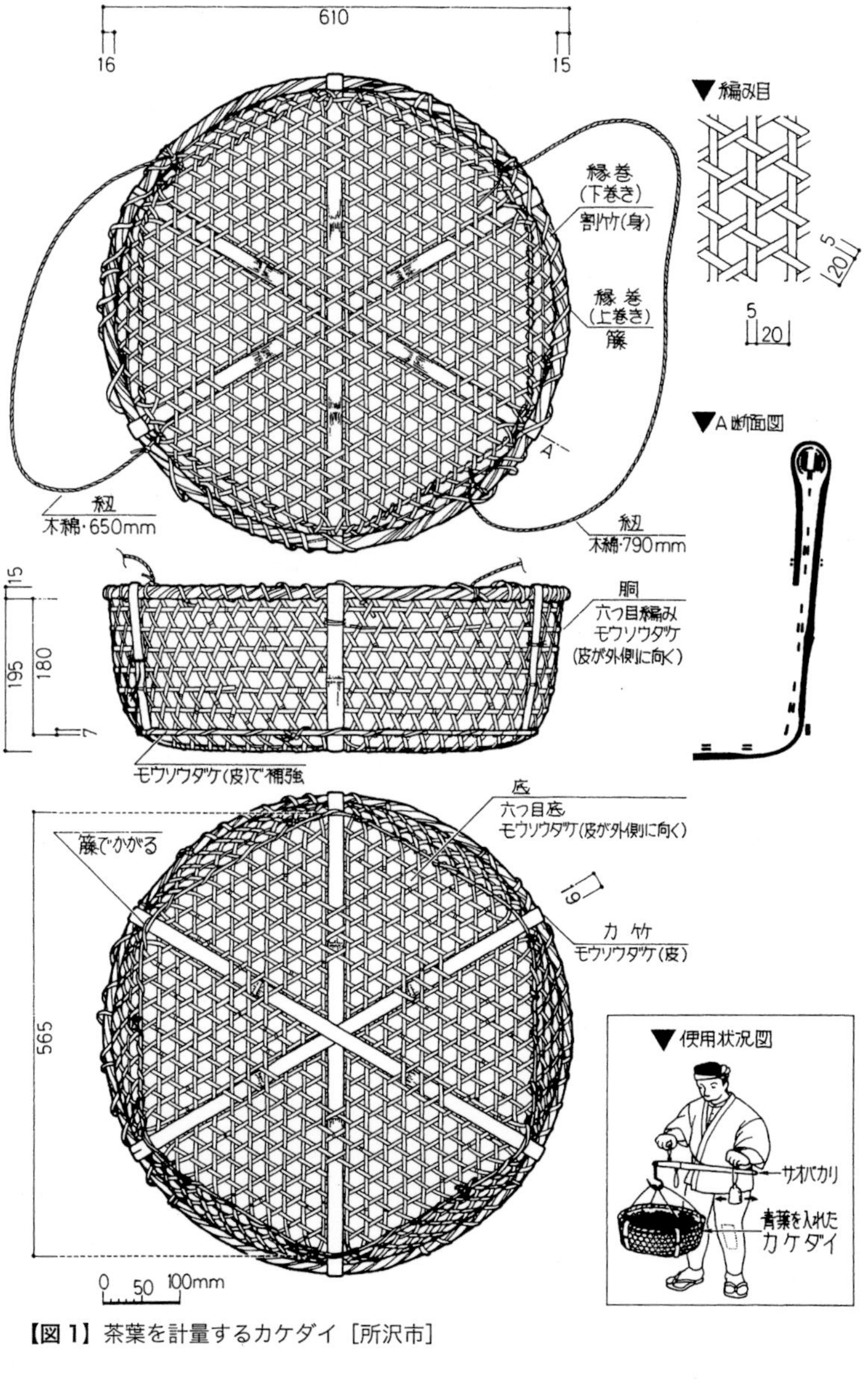

【図 1】茶葉を計量するカケダイ［所沢市］

【写真 2】ボロッカゴ［所沢市］

【❹茶と蚕《かいこ》】揉《も》み出された銘茶の香り

初夏の味わい　茶舗の店先に新茶ののぼりが立つと、初夏が近いことを感じる。針のように細く撚《よ》られた新茶に湯を注ぐと、たちまち黄緑色に染まり、同時に豊潤な香りが立つ。まさに、初夏の味わいである。

茶は、古くは手揉《ても》みの製法で作られ、男たちの手で力強くかつ優しく揉まれ、撚られて、針のように細く仕上げられた。狭山茶の産地として知られる所沢市においては、早いところで大正後期から昭和初期に製茶機械が導入されたが、広く普及を見るのは昭和三〇年代から四〇年代にかけてであり、それまでは多くが手揉みであった。

茶葉蒸《む》し　手揉み製茶は、「茶葉蒸し」「茶揉み」「選別」「火入れ」の四工程に大きく分けられ、茶葉蒸しは早朝の二時か三時頃から行われた。

チャゼエロと呼ばれる茶葉蒸し専用の蒸籠《せいろう》【図1】に青葉を入れ、湯を沸かした大釜《おおがま》に掛けて箸《はし》で掻《か》き回しながら蒸す。その加減が肝心であり、蒸し足りないと葉が赤く変色し、過ぎると粉茶や玉茶ができる原因になる。そこで、茶葉の絡《から》み具合を目安とし、茶葉が箸に絡みはじめたら直ちに釜から下ろすようにした。箸は、茶葉蒸し専用に作られたフォーク状のものが多く用いられ、これをテ、モクテ、ハシと呼んだ【図2】。

蒸しあがった茶葉は、釜の蓋《ふた》などにあけて団扇《うちわ》で仰ぎながらほぐし、さらにサマシカゴに入れて荒熱を取る。これを、焙炉《ほいろ》と助炭《じょたん》を用いて茶に仕上げていくのである。

焙炉　焙炉は三尺×六尺の土製で、母屋《おもや》の土間や物置に据《す》えられた。この中に藁灰《わらばい》を敷いて木炭と粗朶《そだ》を入れ、稲藁《いなわら》をのせてその穂先に点火する。火が熾《お》きたら上に鉄筋を数本並べ、鉄網、助炭をのせる【図3】。

助炭は木枠の底部に和紙を張ったもので、和紙はホイロガミと呼ばれて何枚も貼り合わせた厚いものが用いられた。ホイロガミを張った上からは、薄く溶いた小麦粉の糊《のり》を一面に引く。こうすることで強度を増し、同時に表面をノメッコク（滑らかに）して茶葉を揉みやすくするのである。

茶揉み　手揉みの工程は【写真1】のようで、まず葉打《はう》ちといって両手で茶葉を散らしたり助炭に打ち付けたりしながら乾かす。

次に、ダルマ転がしといって茶葉を塊《かたまり》にして転がしながら揉み、水分を取る。非常に力を要する作業である。これがすむと玉解《たまと》きといって塊をほぐし、両手で茶葉を揃《そろ》えて撚り込む。

ここでいったん茶葉を助炭から出してサマシカゴにあけ、その間に助炭の整備を行う。水を含ませた手拭《てぬぐい》で助炭に付着した茶渋《ちゃしぶ》を拭き取り、傷んだ部分に和紙を貼って補強をするのである。

こうして再び茶葉を助炭に入れ、両手を擦《こす》り合わせるようにして強く撚り込む。拝むしぐさに似ていることから、拝み撚りともいわれる。

仕上げはデングリとコクリの二方法があり、デングリは助炭に茶葉を擦《す》りつけながら両手で糸のように撚っていく。コクリは、コクリ板を助炭の枠に立て掛け、この上に茶葉を擦りつけながら撚る。こうして仕上がった茶を荒茶《あらちゃ》といい、生葉五貫目からは約一貫二〇〇匁の荒茶ができた。

選別と火入れ　荒茶の中には、粉茶《こなちゃ》や玉茶《たまちゃ》、茎《くき》茶《ちゃ》といった質の落ちるものが混じっている。そこで、これらを【図4・5・6】のような箕《み》や篩《ふるい》で選別し、質を均一にした上で火入れを行った。

火入れは、助炭に荒茶を入れ、ゆっくりと掻き回しながら全体に火を通す作業である。荒茶ができあがった直後と、それから数日ないし数十日後の二度に分けて行われ、火入れのすんだものを容器に詰めて問屋へ出荷した。

容器には古くは茶甕《ちゃがめ》【図7】が用いられたが、大正時代にはチャビツ（茶櫃）と呼ばれる木製の箱が普及し、これには【図8】のようなエンロとダビツがあった。エンロは、ダビツに比べてはるかに密閉性に優れ、茶の品質を落とさず保管することができる。そのため、現在も茶容器の主流となっている。

茶作り歌　このように、茶は多くの工程と手間をかけて作られる。手揉みの時代には茶師《ちゃし》と呼ばれる製茶職人が活躍をしたもので、茶師は茶作り歌を歌って調子を取りながら手揉みを行った。その歌詞の一部を紹介しよう。

狭山良いとこ　銘茶の香り
娘やりたや　婿欲しや
はぁー　撚り込め　撚り込め

（宮本）

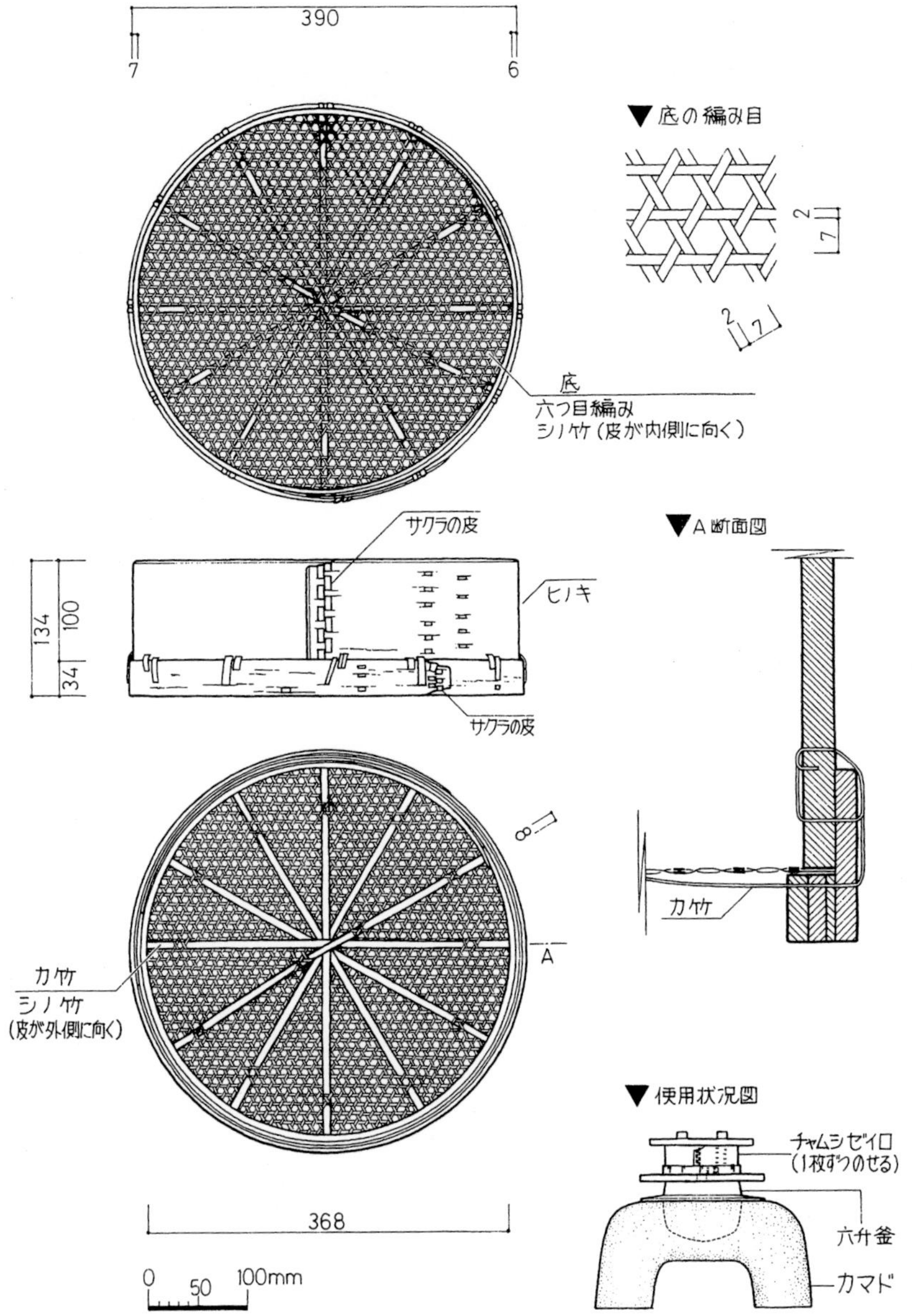
390
7
6
▼底の編み目
底
六つ目編み
シノダケ（皮が内側に向く）
サクラの皮
ヒノキ
134
100
34
サクラの皮
▼A断面図
カケ
シノダケ
（皮が外側に向く）
A
368
0 50 100mm
▼使用状況図
チャムシゼイロ
（1枚ずつのせる）
六升釜
カマド

【図1】チャゼエロ［所沢市］

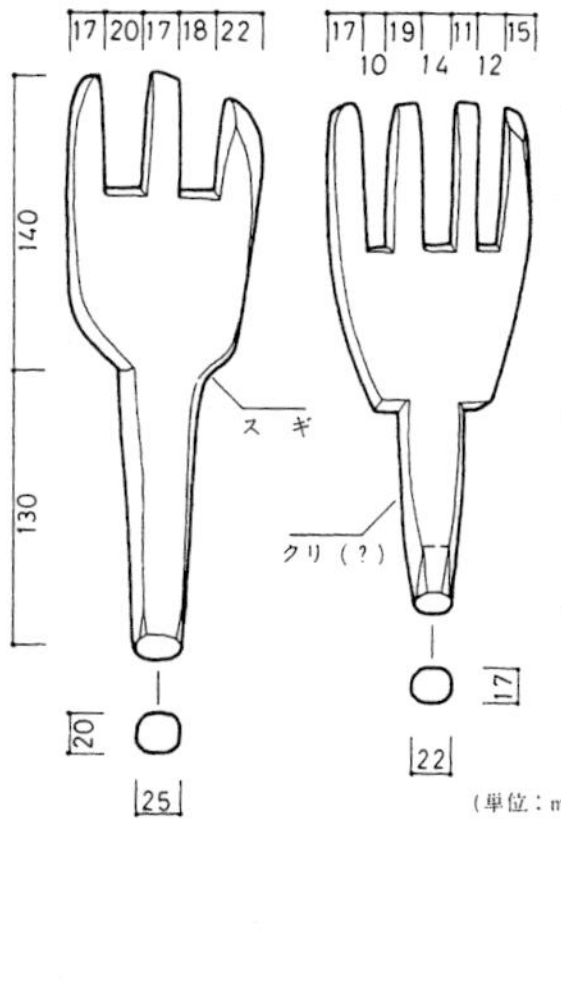
スギ
クリ（？）
（単位：mm）

【図2】テ［所沢市］

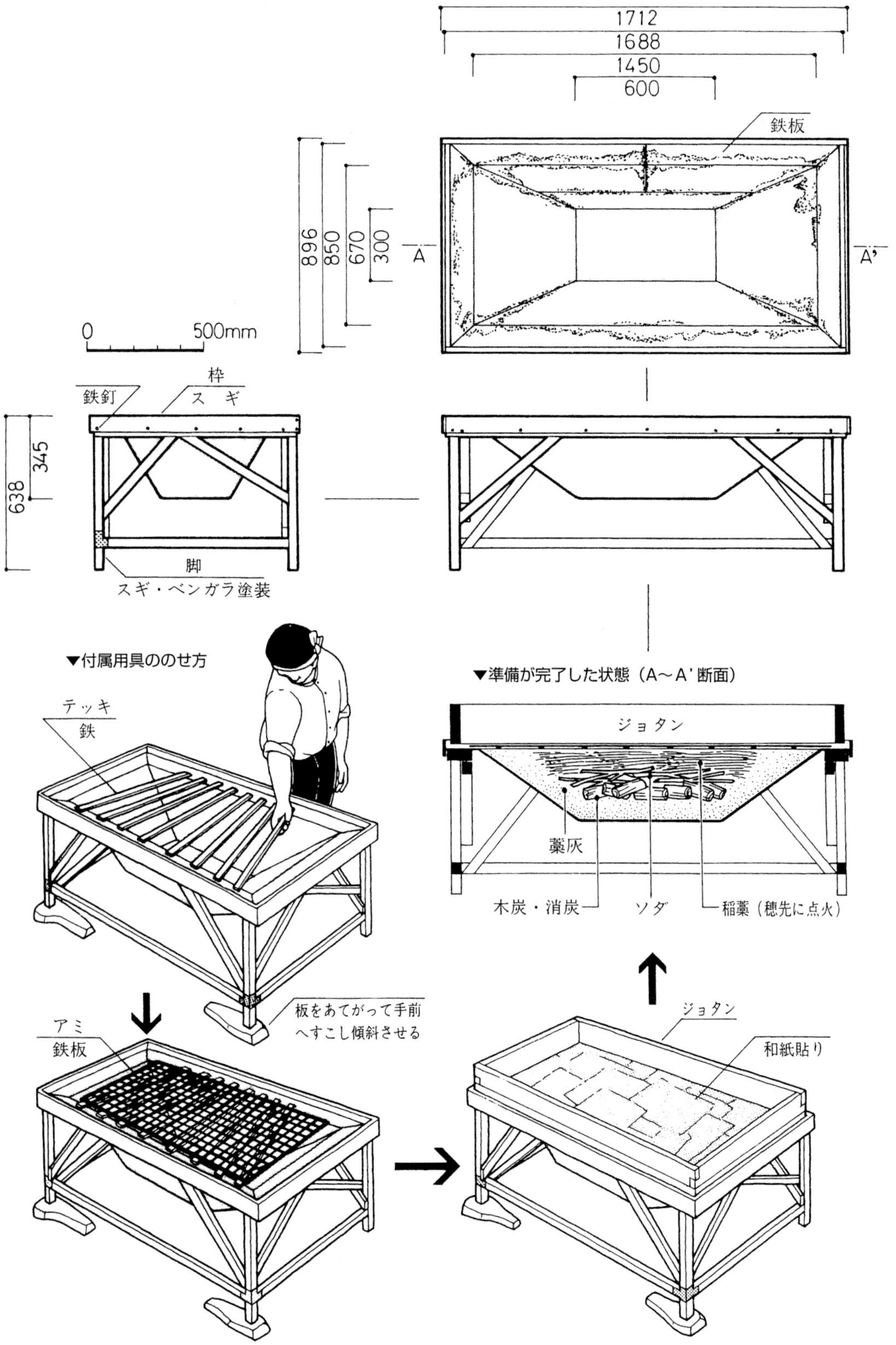
1712
1688
1450
600
鉄板
896
850
670
300
A
A'
0
500mm
枠
スギ
鉄釘
345
638
脚
スギ・ベンガラ塗装
▼付属用具ののせ方
テッキ
鉄
▼準備が完了した状態（A～A' 断面）
ジョタン
藁灰
木炭・消炭
ソダ
稲藁（穂先に点火）
板をあてがって手前
へすこし傾斜させる
アミ
鉄板
ジョタン
和紙貼り

【図 3】焙炉と助炭の設置方法［所沢市］

①ころもかけ

②葉打ち

③回転揉み

④より切り揉み

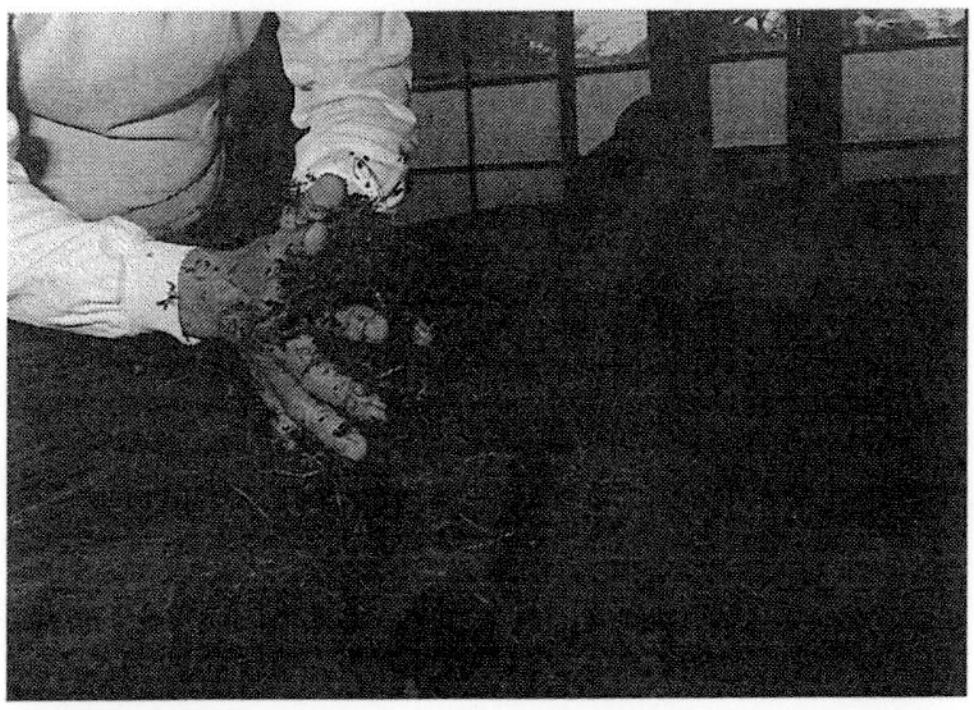

⑤葉揃い揉み

⑥一イ　デングリ

⑥一ロ　コクリイタを使った仕上げ揉み

⑦乾燥

【写真 1】 茶揉みの工程一山畑寿雄氏撮影一［所沢市］

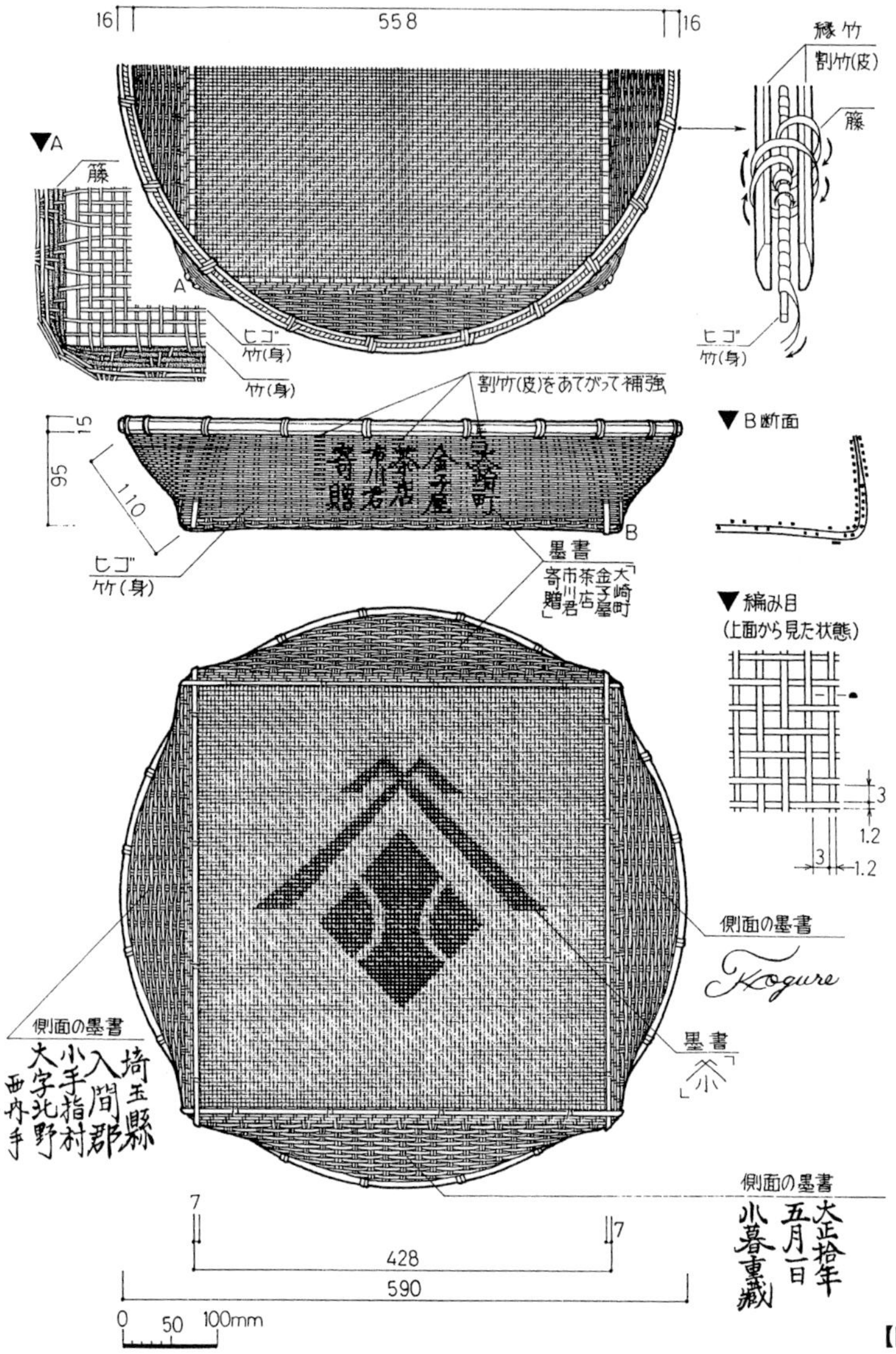
16
558
16
縁竹
割竹(皮)
籐
▼A
籐
A
ヒゴ
竹(身)
竹(身)
割竹(皮)をあてがって補強
▼B断面
15
95
110
B
ヒゴ
竹(身)
墨書
「大崎町 金子屋 茶古 市川君 寄贈」
▼編み目
(上面から見た状態)
3
1.2
3
1.2
側面の墨書
Kogure
墨書
側面の墨書
埼玉縣 入間郡 小手指村 大字北野 西丹手
側面の墨書
大正拾年 五月一日 小暮重藏
7
7
428
590
0 50 100mm

【図4】チャブルイ［所沢市］

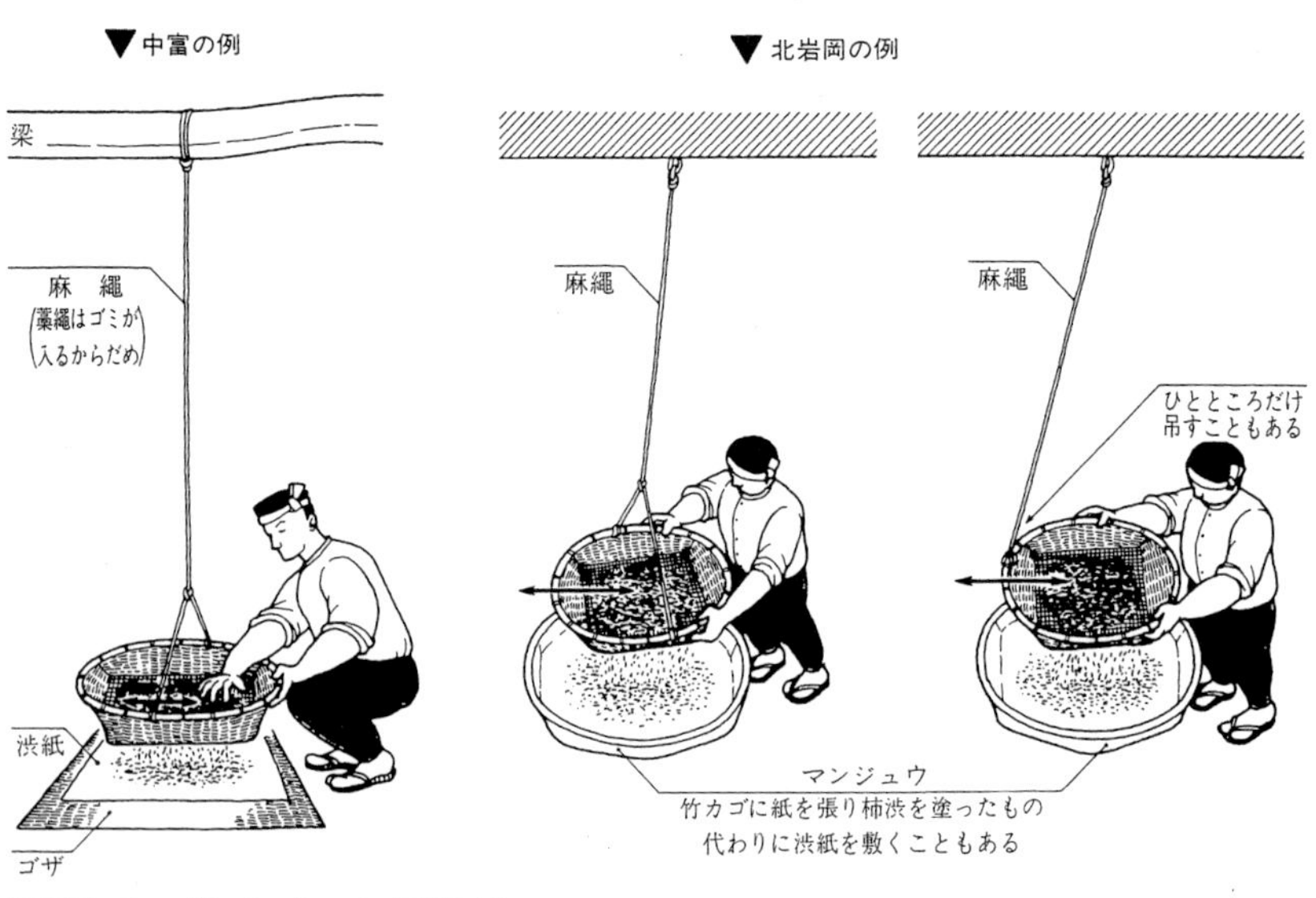
▼中富の例
▼北岩岡の例
梁
麻縄
(藁縄はゴミが入るからだめ)
渋紙
ゴザ
麻縄
麻縄
ひとところだけ
吊すこともある
マンジュウ
竹カゴに紙を張り柿渋を塗ったもの
代わりに渋紙を敷くこともある

【図5】チャブルイの使い方［所沢市］

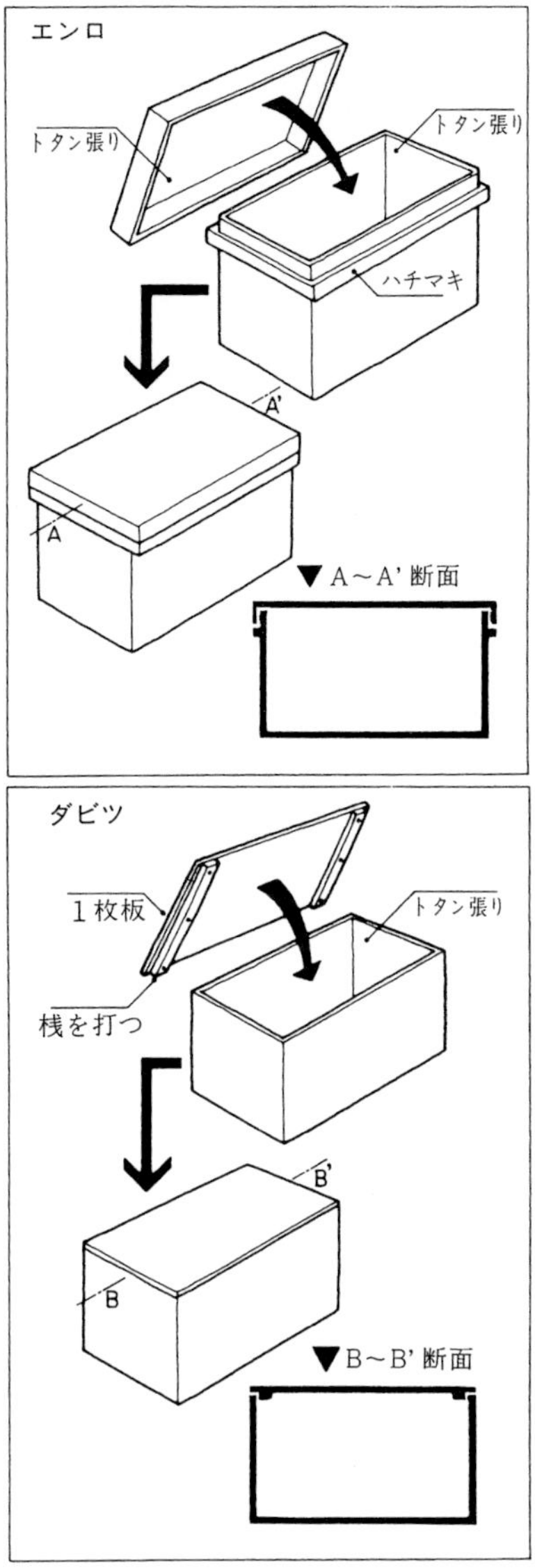
エンロ
トタン張り
トタン張り
ハチマキ
A'
A
▼A～A' 断面
ダビツ
1枚板
トタン張り
桟を打つ
B'
B
▼B～B' 断面

【図 8】チャビツの種類─エンロとダビツ─［所沢市］

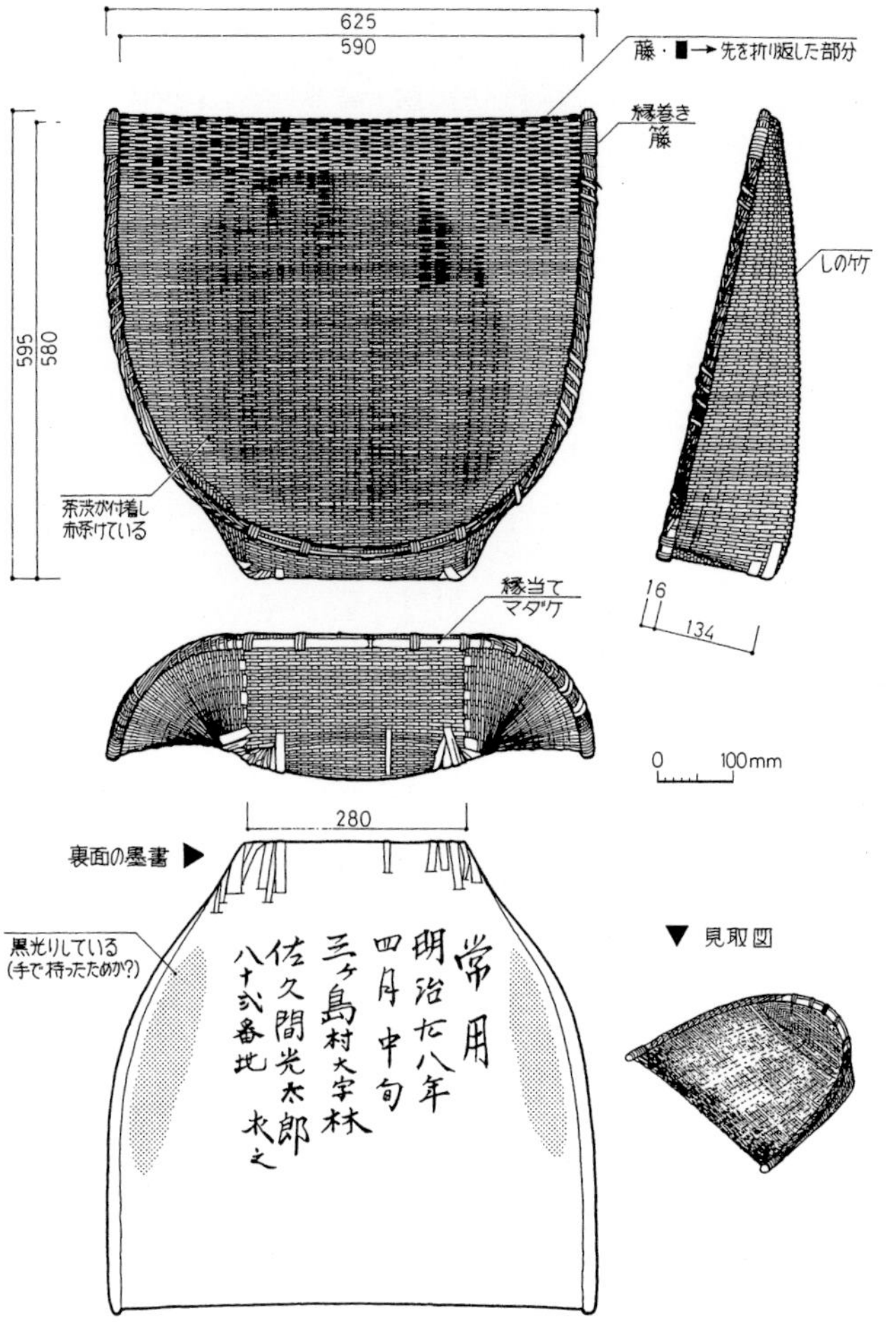
625
590
籐・■→先を折り返した部分
縁巻き
籐
595
580
茶渋が付着し
赤茶けている
しのダケ
縁当て
マダケ
16
134
0
100mm
280
裏面の墨書 ▶
黒光りしている
(手で持ったためか?)
常用
明治廿八年
四月中旬
三ヶ島村大字林
佐久間光太郎
八十弐番地 求之
▼ 見取図

【図 6】チャミ［所沢市］

▲蓋を閉めて和紙で密封する

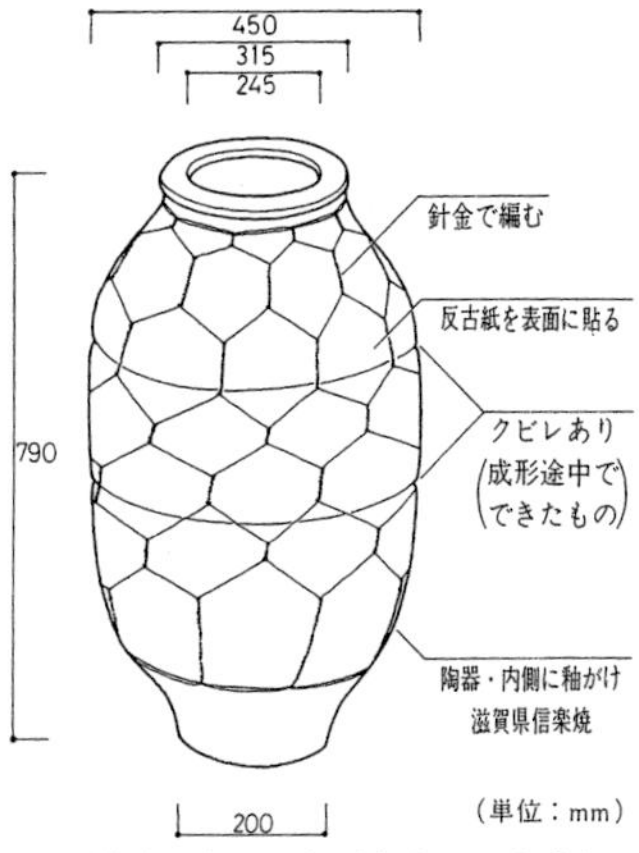
450
315
245
790
針金で編む
反古紙を表面に貼る
クビレあり
(成形途中で
できたもの)
陶器・内側に釉がけ
滋賀県信楽焼
(単位：mm)
200

▲針金を編んで甕が割れるのを防ぐ

【図 7】茶甕［所沢市］

【❹茶と蚕《かいこ》】

桑芽吹き、蚕の季節

お蚕《こ》さま 蚕は、古事記の神話にもその記述があるように、古くから日本人と縁の深い生きものである。

蚕を飼って繭《まゆ》を取る仕事を、養蚕《ようさん》という。埼玉県は、かつて群馬県や福島県に次いで全国第三位の収繭《しゅうけん》量を誇り、主要養蚕県として知られていた。農家の収入のうち繭の売上金が占める割合は高く、農家では蚕を「お蚕さま」と呼んで繭になるまで大切に育てたのである。また、女手のある家では繭から生糸《きいと》を取って糸繭商《いとまゆしょう》に売ったり、白生地を織って絹屋《きぬや》に売ったりもした。

蚕期《さんき》 蚕を飼う期間を、蚕期という。蚕期は、春蚕《はるご》・初秋蚕《しょしゅうさん》・晩秋蚕《ばんしゅうさん》の年三回が基本であるが、盛んな時代には春蚕と初秋蚕の間に夏蚕《なつご》、晩秋蚕のあとに晩々秋蚕《ばんばんしゅうさん》、さらに初冬蚕《しょとうさん》を加え、年に五回から六回飼う家も多かった。

養蚕の隆衰 養蚕が危機にさらされたのは、第二次世界大戦中から終戦直後にかけての食糧難時代である。当時は、食糧増産のために蚕の餌《えさ》となる桑《くわ》を掘り起こしてサツマイモや麦を栽培し、これによって養蚕は下火となって廃業する家も相次いだ。しかし、埼玉県西部の丘陵地域や秩父地方においては戦後再び盛んになり、昭和三〇年代から四〇年代には「百貫蚕《ひゃっかんがいこ》」と称して年間に一〇〇貫（約三七五キログラム）の繭を生産する農家も出現した。「百貫蚕」はさらに「一トン飼《がい》」へと発展し、年間に一トン（一〇〇〇キログラム）の繭を生産する農家には、「一トン優良養蚕家」の称号が贈られた。

こうした盛況ぶりに打撃を与えたのが、輸入の絹製品である。昭和五〇年代後期から六〇年代は、中国やブラジルから輸入される安価な絹製品に押され、国産品は売れ行き不振に陥《おちい》った。繭や生糸の値段は頭打ちとなり、人件費の高騰もあいまって、養蚕農家では採算の取れない状況が続いたのである。さらに、後継者不足が追い討ちをかけ、養蚕農家戸数は平成に入るとともに激減していった。埼玉県比企郡を例にとると、昭和六〇年（一九八五）に一六五三戸であった養蚕農家が平成一二年（二〇〇〇）には四三戸にまで減少し、その規模も著しく縮小されている。まさに先細りの現状で、埼玉県の伝統産業であった養蚕は消滅の危機に直面しているのである。

掃《は》き立《た》て 風薫《かお》る五月、子どもの日の頃は春蚕の掃き立ての最盛期であった。掃き立ては、孵化《ふか》した蚕に初めての桑づけをする作業であり、【図1】のように蚕が付着した種紙《たねがみ》に細かく刻んだ桑の葉を散らし、羽根で桑の葉ごと蚕座《さんざ》へ掃き下ろした。

蚕の成長 蚕が孵化することを、ハヤケルという。ハヤケタ直後の蚕は毛蚕《けご》と呼ばれ、体中が黒い産毛《うぶげ》で覆われている。その様が蟻《あり》に似ていることから蟻蚕《ぎさん》とも称され、蟻蚕は、その後四回の脱皮を繰り返しながら一齢《いちれい》・二齢《にれい》・三齢《さんれい》・四齢《よんれい》と成長し、白い蚕体へと変身する。そして、四回目の脱皮を終えて五齢《ごれい》になると、一週間から一〇日目には繭を作り始める。

蚕種《さんしゅ》 蚕の卵はタネと呼ばれ、種紙に産みつけられる。種紙一枚のタネの目方は一〇グラムであり、古くは一〇グラム一五〇〇〇粒のタネから約六、七貫目の繭が取れた。後に品種改良が進むと、一〇グラム二〇〇〇〇粒のタネから一〇～一二貫目の繭、さらに、一〇グラム二七〇〇〇粒のタネから約二〇貫目の繭が取れるようになった。種紙は種屋から購入され、種屋では蚕期が近づくと冷蔵保存をしておいた種紙に温湿度と光線を与え、孵化直前の状態にして農家へ販売した。農家では、種紙を炭火などで温めてタネを孵化させ、これを蚕座に掃き下ろし、棚に差して飼育したのである。

蚕座《さんざ》 蚕座は、竹製のカイコカゴ（蚕籠）に莚《むしろ》を敷いたもので、稚蚕《ちさん》のうちは莚の上に防湿性の蚕座紙《さんざし》を敷く。蚕籠には、三尺×三尺・三尺×四尺・二尺五寸×四尺・三尺×五尺といった種類があり、蚕の成長過程に合わせて使い分けられる【写真1】。このうち、稚蚕飼育には三尺籠《さんじゃくかご》と呼ばれる三尺×三尺のものが用いられ、江南町では稚蚕飼育をコバガイと称して、これに用いる三尺籠をコバガイカゴと呼んだ。また、蚕籠の呼称は地域によって異なり、埼葛地方ではエビラ、入間地方ではコノメの呼称が用いられた。ちなみに、

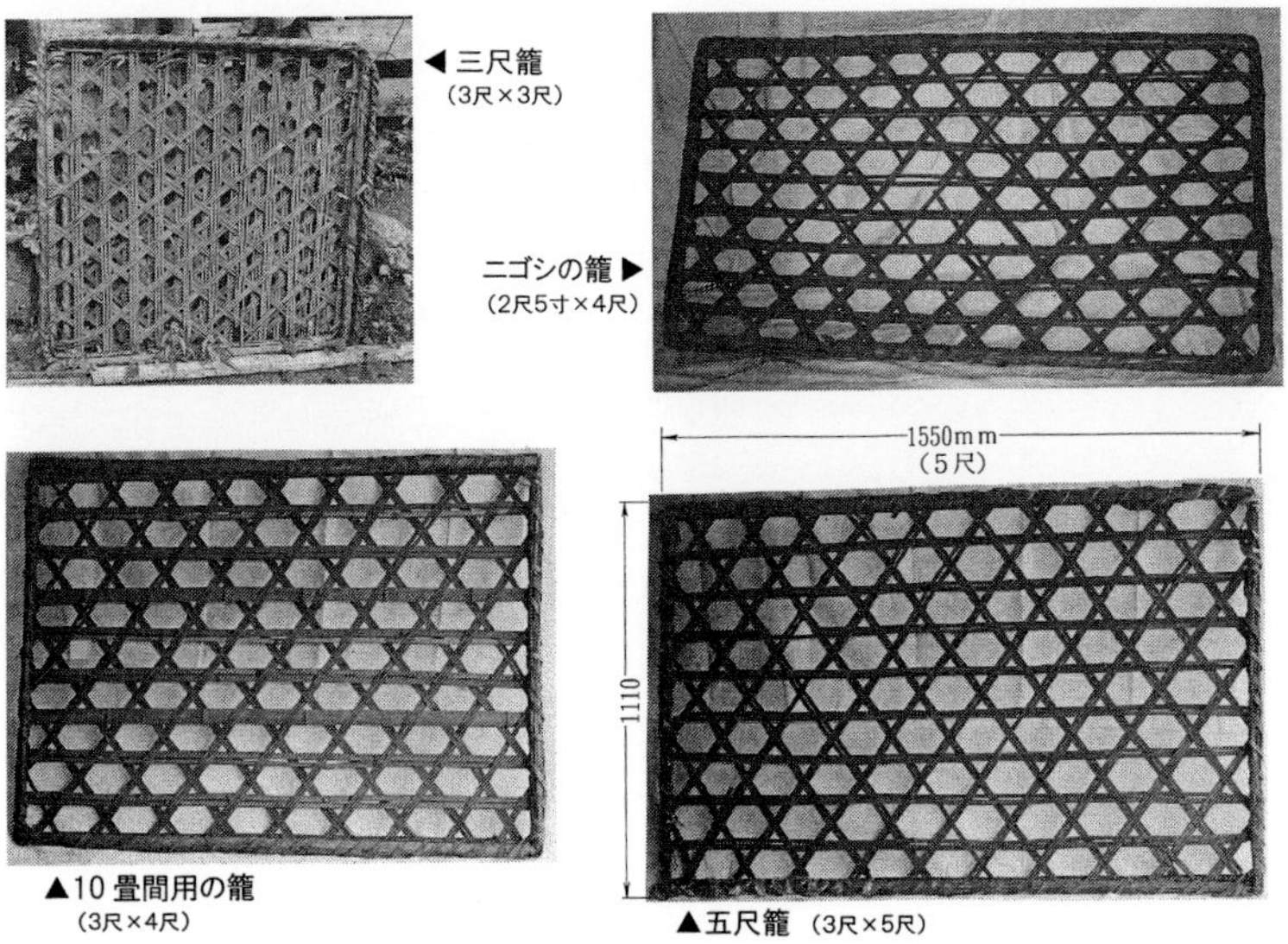
◀三尺籠
(3尺×3尺)
ニゴシの籠▶
(2尺5寸×4尺)
1550mm
(5尺)
1110
▲10 畳間用の籠
(3尺×4尺)
▲五尺籠 (3尺×5尺)

【写真１】カイコカゴ［小川町］

蚕座（竹のカゴに紙を敷く）

【図１】掃き立て

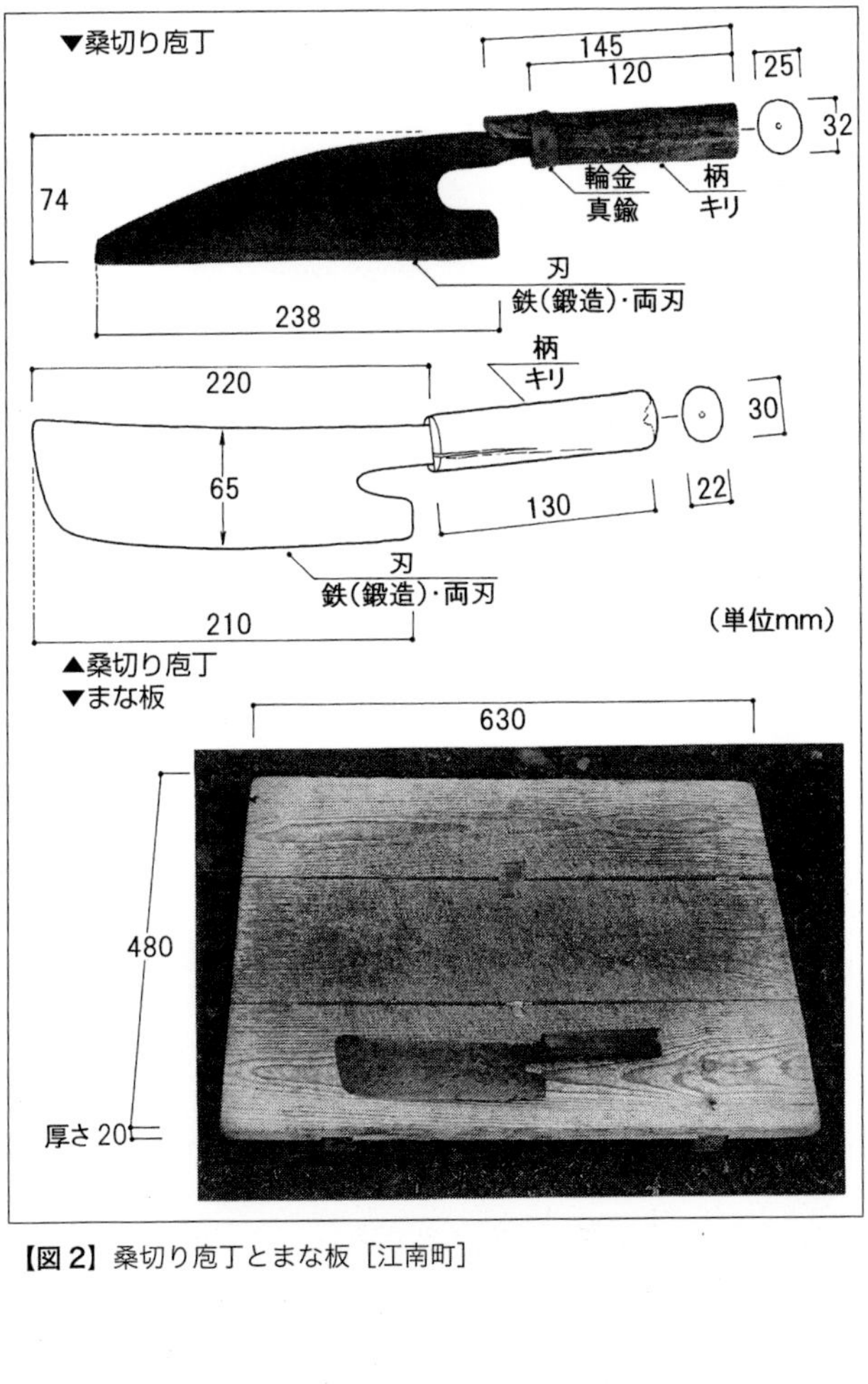
▼桑切り庖丁
145
120
25
32
74
輪金
真鍮
柄
キリ
刃
鉄(鍛造)・両刃
238
220
柄
キリ
30
65
130
22
刃
鉄(鍛造)・両刃
210
(単位mm)
▲桑切り庖丁
▼まな板
630
480
厚さ20

【図２】桑切り庖丁とまな板［江南町］

【写真２】給桑のようす［江南町］

コノメは比企地方においては蚕棚《かいこだな》の呼称とされる。

稚蚕飼育室と棚飼い　稚蚕飼育の蚕室《さんしつ》には古くは母屋の座敷が使われ、農家では、四月の暦が残り少なくなると蚕室の準備に追われた。座敷の畳を上げて莚を敷き、【図3】のような棚を一列ないし二列に組んで蚕籠を差し、障子《しょうじ》や襖《ふすま》の隙間を目張りしてホルマリン消毒を行い、室内の雑菌を除去する。また、飼育温度は摂氏二三度前後が適温とされるので、気温の低い時期には暖房が必要となる。暖房には練炭《れんたん》や炭火が用いられ、台地や丘陵地域では雑木の炭を火鉢に入れて室内に置いた。低地の稲作地域では、練炭《れんたん》を用いることが多かった。北埼玉郡川里町では養蚕組合員共同の練炭作りも行われ、JR高崎線の鴻巣駅に貨車で運び込まれる粉炭《ふんたん》を荷車で取りに行き、これを水で練って練炭型で成型した。作り終わると皆で酒を飲み、互いの労をねぎらったものである。そのほか、家によっては座敷の炉《ろ》に炭を起こし、この上にヤキヌカと称する籾殻《もみがら》の黒焼きを被せることもあった。

給桑《きゅうそう》　蚕には、朝昼晩と三度に分けて桑の葉を与える。稚蚕には、葉を庖丁【図2】で細かく切って与え、それはまるで自分の子どもを育てるような心遣いであった。座敷の棚は、天井に届くくらいまで高く組まれている。ここから一枚ずつ蚕籠を取り出しては桑の葉をのせ、再び棚に差す作業はたいへん手間がかかった。近年では、ビニールハウスを使った平飼いが普及し、給桑の労力は軽減されている【写真2】。

蚕に与える桑は新鮮であることが第一であり、しなびた桑の葉を与えると繭の品質に影響が出る。また、濡れ桑は禁物とされ、これを与えると蚕座が湿気を帯びて病気の原因になる。しかし、天気は気まぐれ。晴れる日もあれば降る日もあり、雨が降っても給桑を止めるわけにはいかない。そこで、雲行きが怪しい日には雨が落ちてくる前に桑摘みをすませ、葉がしなびないよう室《むろ》(桑の貯蔵庫)に囲っておいた。

蚕座の拡張と縁台《えんだい》飼い　座敷の棚では三齢までの蚕を飼育し、蚕座は蚕の成長に合わせて遂次拡張される。そして、三眠《さんみん》が明けて四齢の壮蚕《そうさん》になると、これを棚から出し、座敷をはじめとした母屋の部屋や土間、さらには下屋《げや》に縁台を組んで、この上に広げて飼育する【図4】。縁台は一段あるいは二段に組まれ、ここに五尺籠と称する三尺×五尺の蚕籠を並べた。縁台飼いの間、母屋はその大部分が「蚕の住まい」と化し、家族の寝室は隅の一室に制限された。また、縁台の間に布団を敷いて寝ることも多く、その枕元には蚕の桑を食べる音が夜ごと響いたという。四齢から五齢の壮蚕は、食欲も旺盛である。そのため、給桑の回数や一回の量も増加し、桑摘《くわつ》みは一家総出の仕事となった。

稚蚕共同飼育所　なお、昭和二〇年代後期から三〇年代にかけては各地に養蚕農業協同組合の稚蚕共同飼育所ができ、ここで二齢まで飼育した蚕を農家へ配るようになった。したがって、農家での掃き立てや稚蚕飼育は行われなくなった。

(宮本)

10段を1台とするコノメ

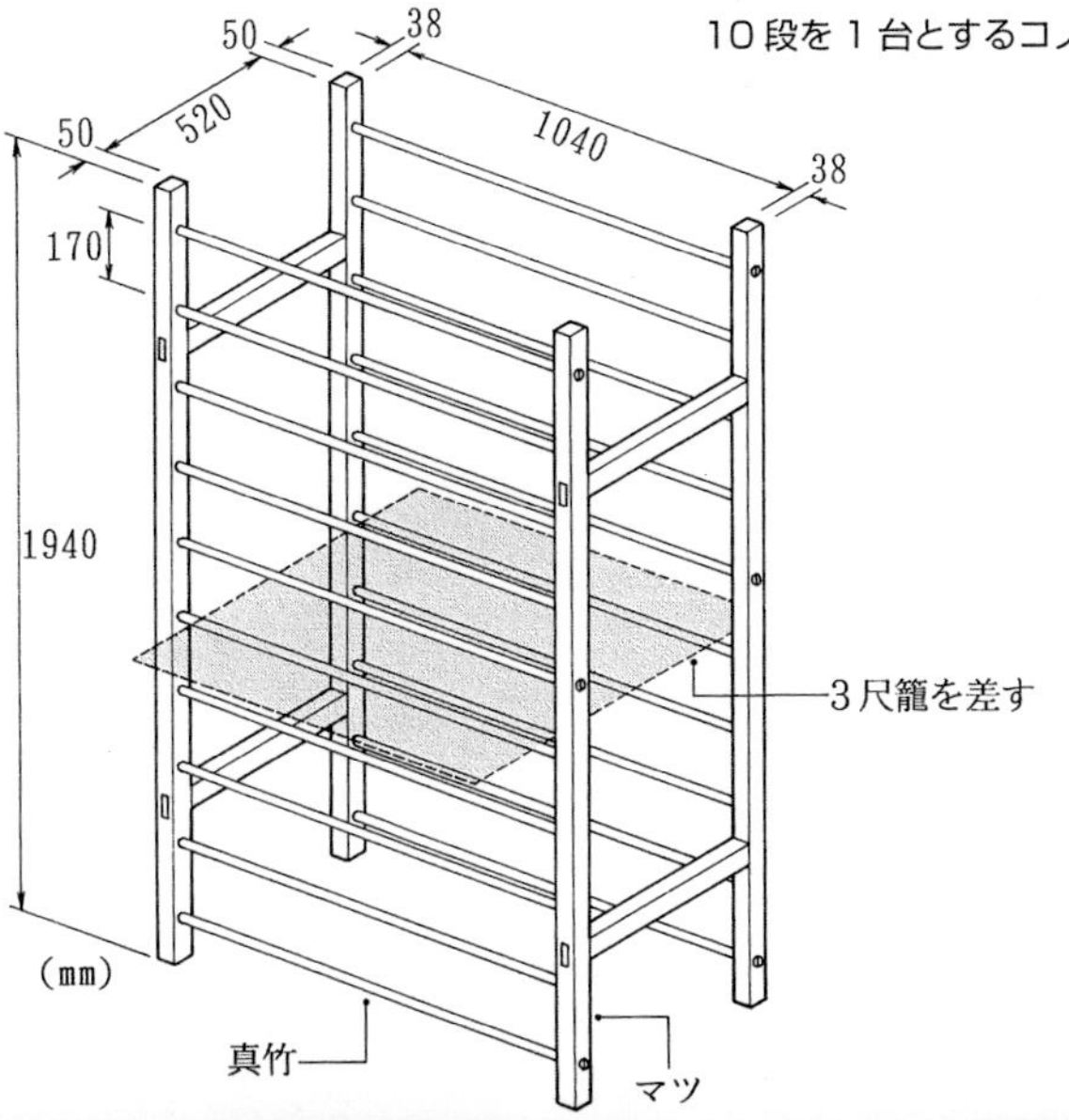
50
38
50
520
1040
38
170
1940
3尺籠を差す
(mm)
真竹
マツ

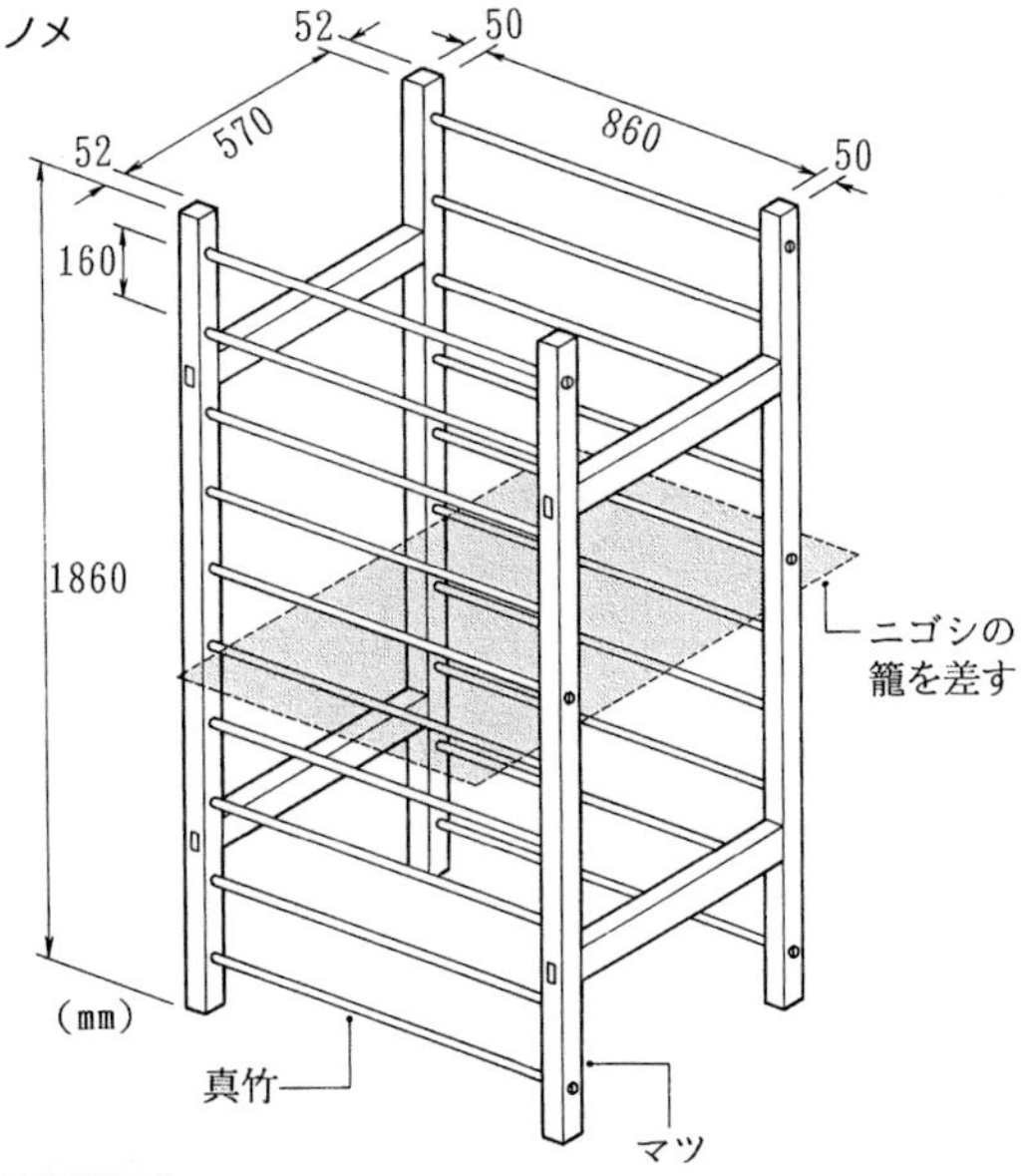
52
50
52
570
860
50
160
1860
ニゴシの
籠を差す
(mm)
真竹
マツ

▲10段を1台とするコノメ

▲組み立てて蚕籠を差した状態

10段を4列に組むコノメ

▲10段を4列に組むコノメ

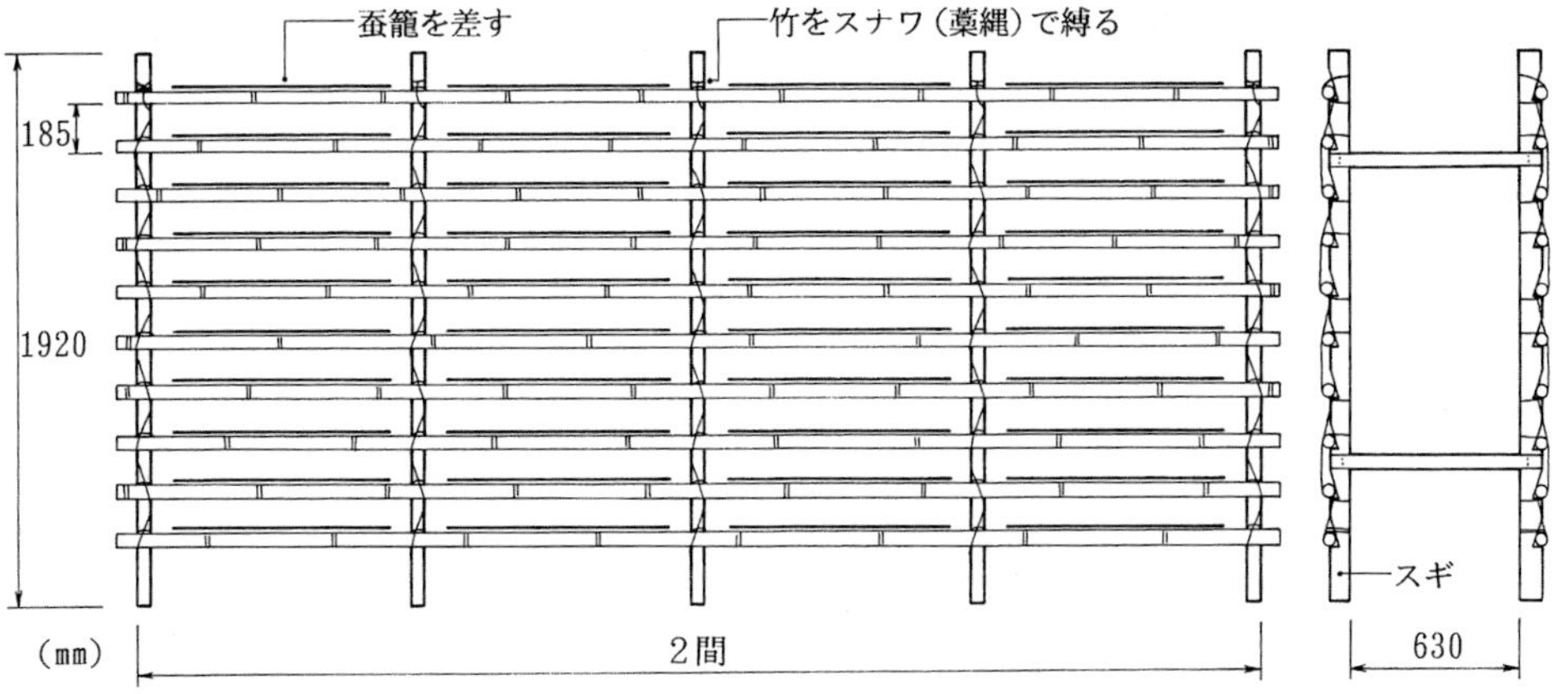
蚕籠を差す
竹をスナワ（藁縄）で縛る
185
1920
(mm)
2間
スギ
630

▼縄の掛け方

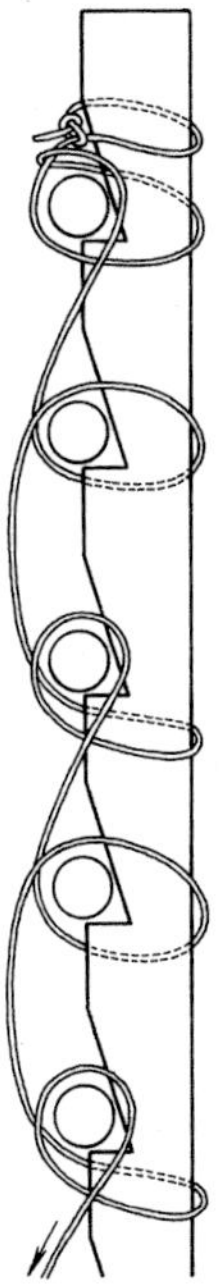

【図3】蚕棚の組み方［小川町］

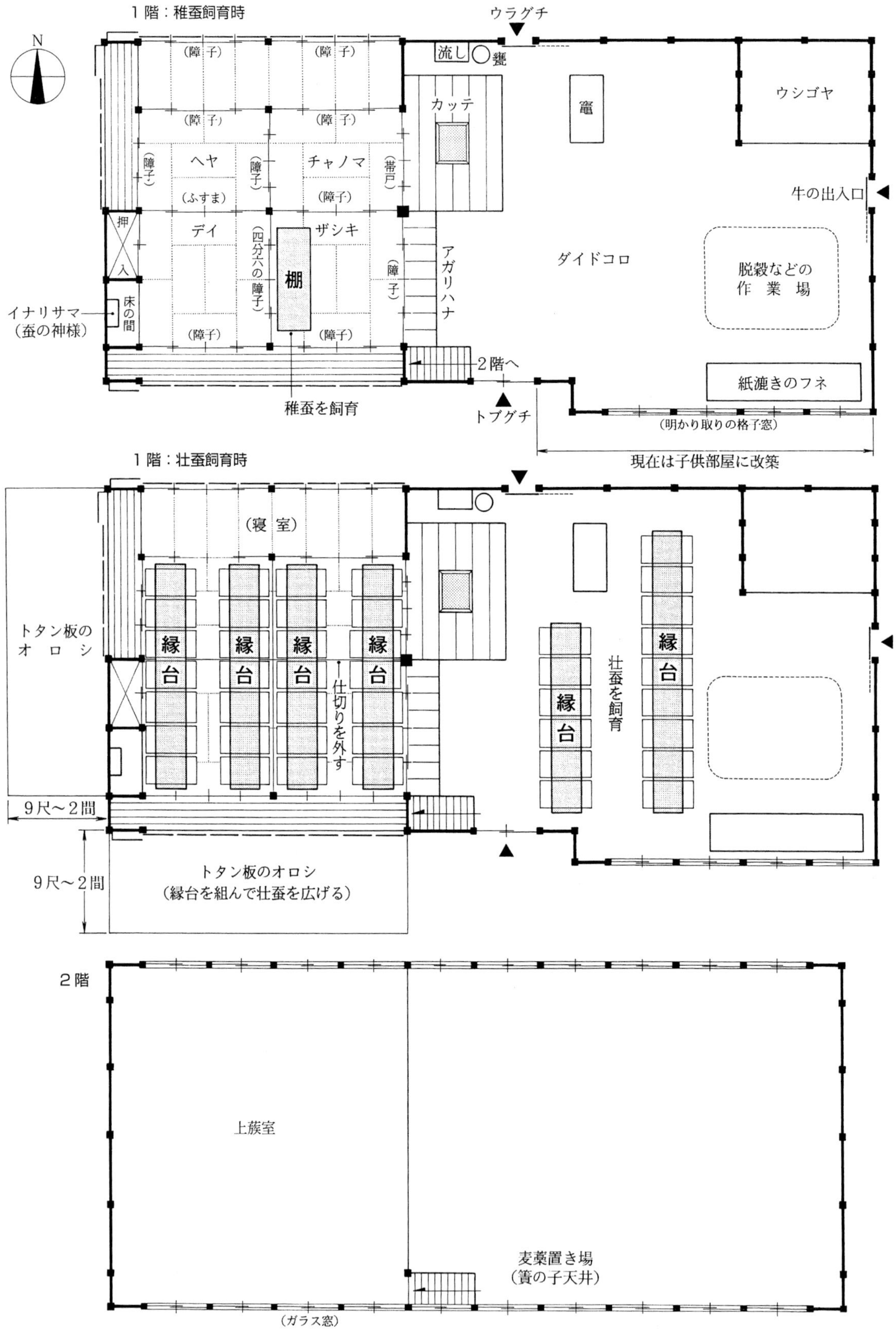

【図4】稚蚕飼育の棚と壮蚕飼育の縁台を設置する場所［小川町］

【❹茶と蚕《かいこ》】蚕の病気とその予防方法

蚕は、過度の湿気や桑《くわ》不足が原因で病気に罹《かか》ることが少なからずあり、病気が伝染すると繭《まゆ》の収量が激減して、農家にとっては死活問題となる。病気は稚蚕《ちさん》のうちに発生する率が高いが、五齢となって繭を作る直前に発生することもあり、手塩にかけて育てた蚕が死ぬのは農家にとって居たたまれない心境であった。

蚕の病気には、次のようなものがある。

＊空頭蚕《くうとうさん》　蚕の頭が赤くなり、桑を食べずに蚕座の隅に這い出して死ぬ病気。アカルゴ・アカアタマ・アタマスキなどと呼ばれる。

＊硬化病　蚕体が白く硬化して死ぬ病気。シラッコ・シロッコ・オシャリ・オシャレなどと呼ばれる。

＊軟化病　蚕体が軟化し、膿《うみ》を出して死ぬ病気で、膿病《のうびょう》ともいう。ウミッコと呼ばれ、悪臭を放つ。膿が桑の葉に付着し、この葉を食べた蚕が次々と同じ病気に罹るので、「一頭のウミッコが一〇〇頭に伝染する」といわれる。最も怖い病気である。

＊緑化病　蚕体がキュウリのような色になり、黴《かび》が生えて死ぬ病気。

＊起き縮み　脱皮時に皮が剝《む》けず、蚕体が縮んで死ぬ病気。

こうした病気はいずれも伝染性があり、蚕が全滅する危険もあった。

蚕の大敵は、何といっても湿気である。そこで、ウラ取り・コクソ取りなどと称して蚕座に溜まった蚕糞《こくそ》をまめに掃除し、同時にヤキヌカや石灰を撒《ま》いて蚕座《かいこざ》の乾燥に努めた。ヤキヌカは籾殻《もみがら》を黒焼きにしたもの【図1】で、これを給桑《きゅうそう》前に蚕座へ撒いた。また、眠中には石灰を振って蚕体を乾かした。そのほか、蚕室には温湿時計を吊《つ》るして常にその数値に目を配り、温湿度の高い夏季には風通しを良くしたり、周囲に葦簀《よしず》を立てて日光を遮《さえぎ》るなど「蚕の住環境」を快適に保つよう努めたものである。（宮本）

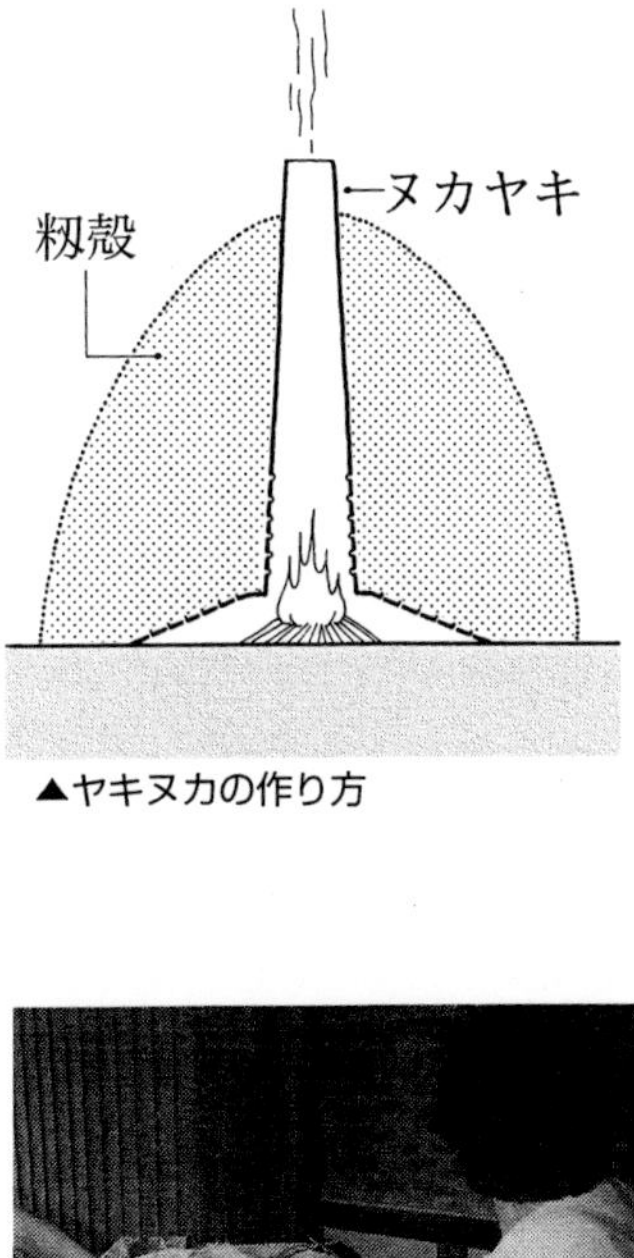

▲ヤキヌカの作り方

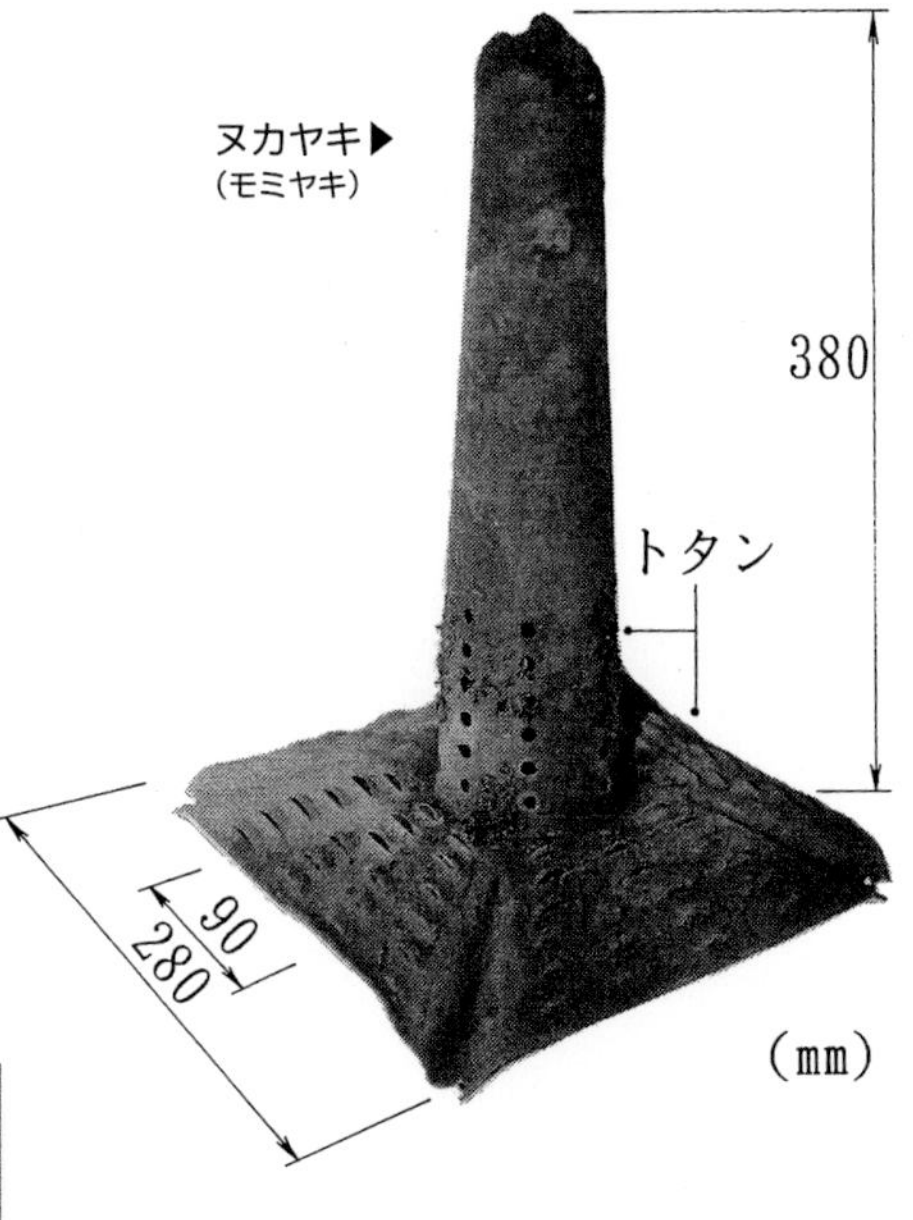

◀風呂桶にヤキヌカを貯蔵
▼

【図1】ヤキヌカの作り方［小川町］

【❹茶と蚕《かいこ》】一年順繰り桑《くわ》仕立て

桑を育てる畑をクワバラといい、桑は、一年の蚕期《さんき》をとどこおりなく賄《まかな》えるよう要領良く仕立てられた【図1】。

まず、春蚕《はるご》の桑は三月初旬にその枝を切り揃《そろ》え、ここから伸びた新芽を切って稚蚕《ちさん》に与える。そして、壮蚕《そうさん》になると株元から枝を切り、葉を扱《こ》いで与える。

夏蚕《なつご》や初秋蚕《しょしゅうさん》の桑は、三月初旬にカラギリと称して株元から枝を切り落としておく。そこから枝が伸び、夏にはたくさんの葉を付けるので、これを一枚ずつ摘んで与える。また、夏には、春蚕に切った桑からも枝葉が伸びるので、細めな枝を間引いてその葉を与える。

晩秋蚕《ばんしゅうさん》には、春蚕・夏蚕・初秋蚕の桑から生長した葉をツメで一枚ずつ摘んで与える【図2】。

晩秋蚕のあとに晩々秋蚕《ばんばんしゅうさん》を飼う場合は、晩秋蚕の際に枝の上方の葉を残しておき、これを晩々秋蚕に摘んで与える。初冬蚕まで飼うには、さらに残しておかねばならず、そのためにはある程度広い面積のクワバラが必要となる。しかし、初冬蚕の時期には霜が降り、残った桑の葉が霜枯れすることも少なくなかったという。（宮本）

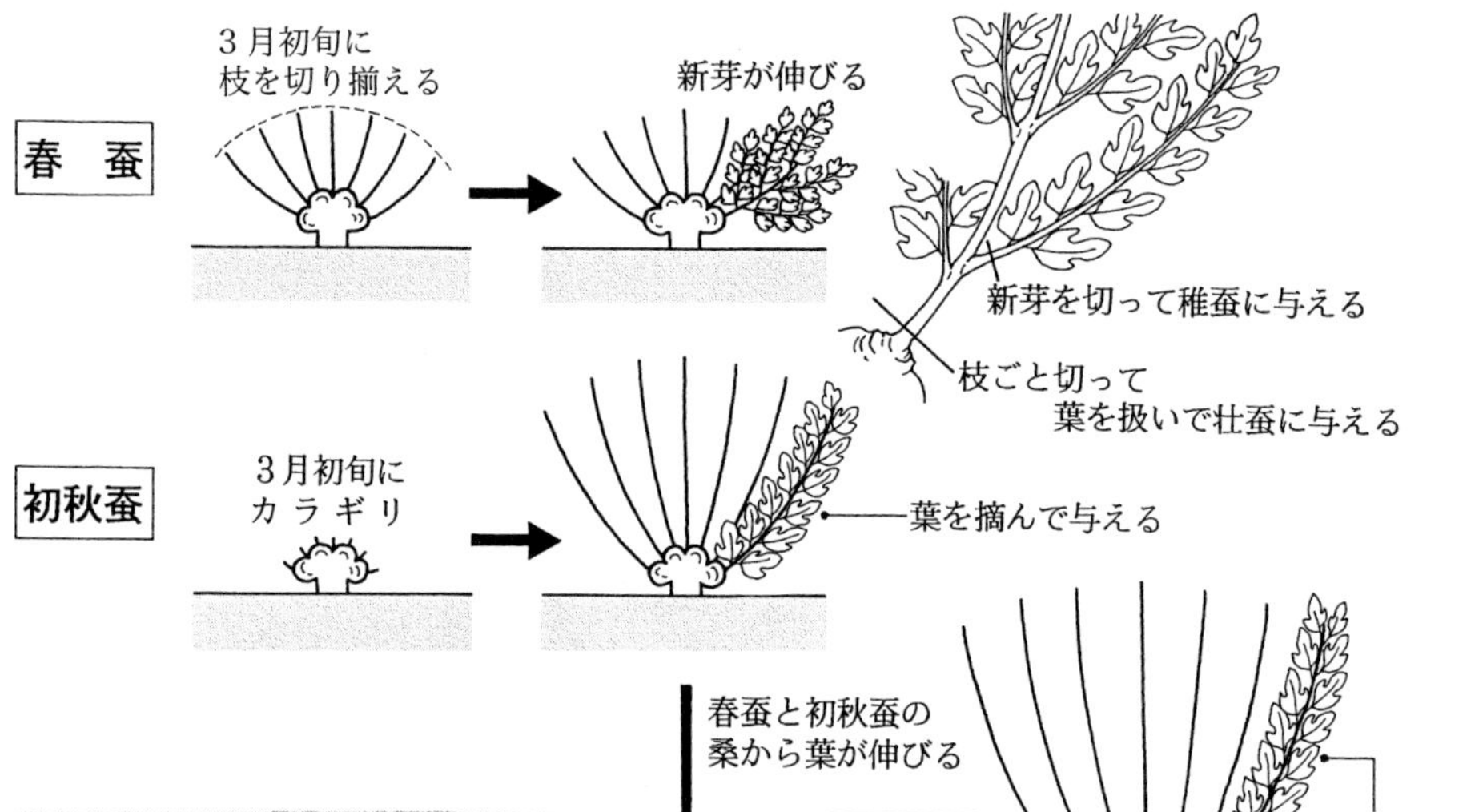
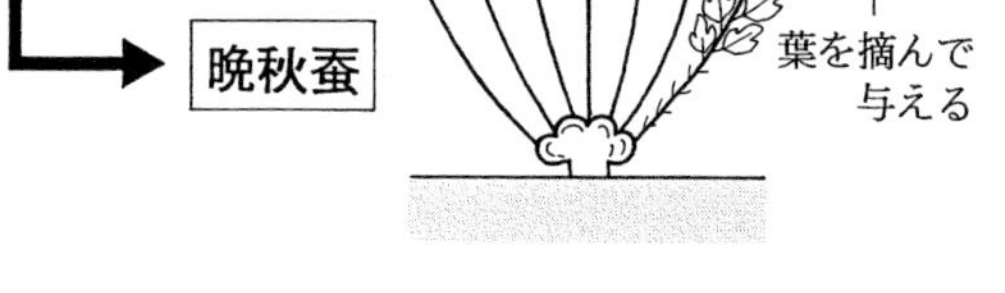

【図1】桑の仕立て方

【写真1】春に切り揃えた桑［小川町］

【写真3】新芽が伸びた春のクワバラ［所沢市］

【写真2】春にカラギリした桑［江南町］

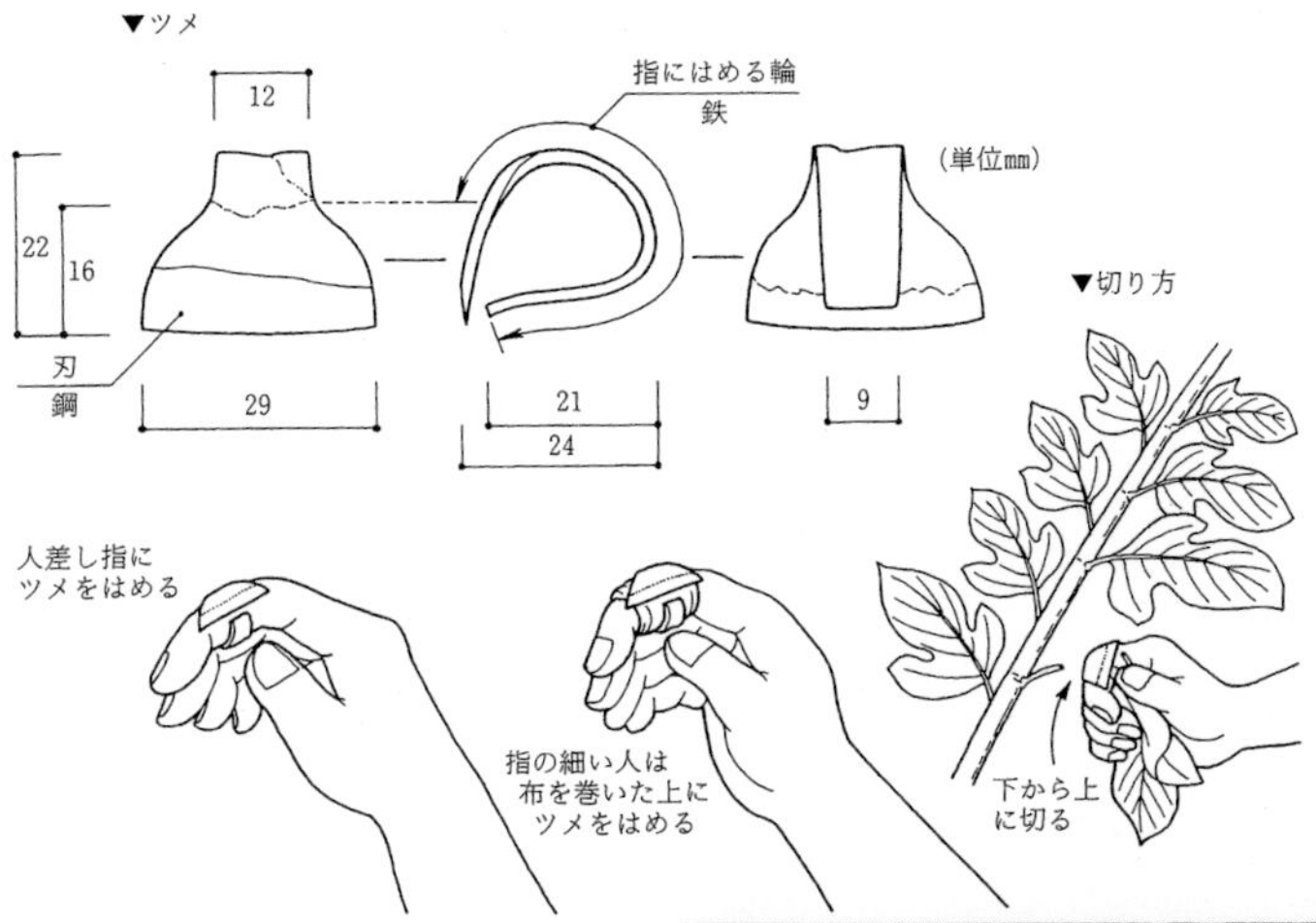
▼ツメ
12
22
16
刃
鋼
29
指にはめる輪
鉄
21
24
9
（単位mm）
▼切り方
人差し指に
ツメをはめる
指の細い人は
布を巻いた上に
ツメをはめる
下から上
に切る

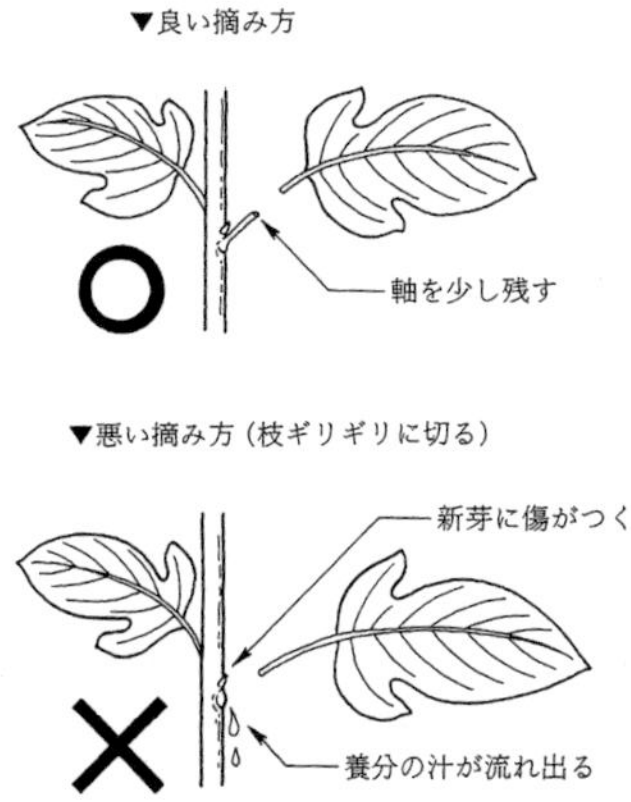
▼良い摘み方
軸を少し残す
▼悪い摘み方（枝ギリギリに切る）
新芽に傷がつく
養分の汁が流れ出る

軸を少し残して葉を摘む▶

【図 2】ツメで葉を摘む方法［江南町］

【写真 4】桑を運ぶザマカゴ［小川町］

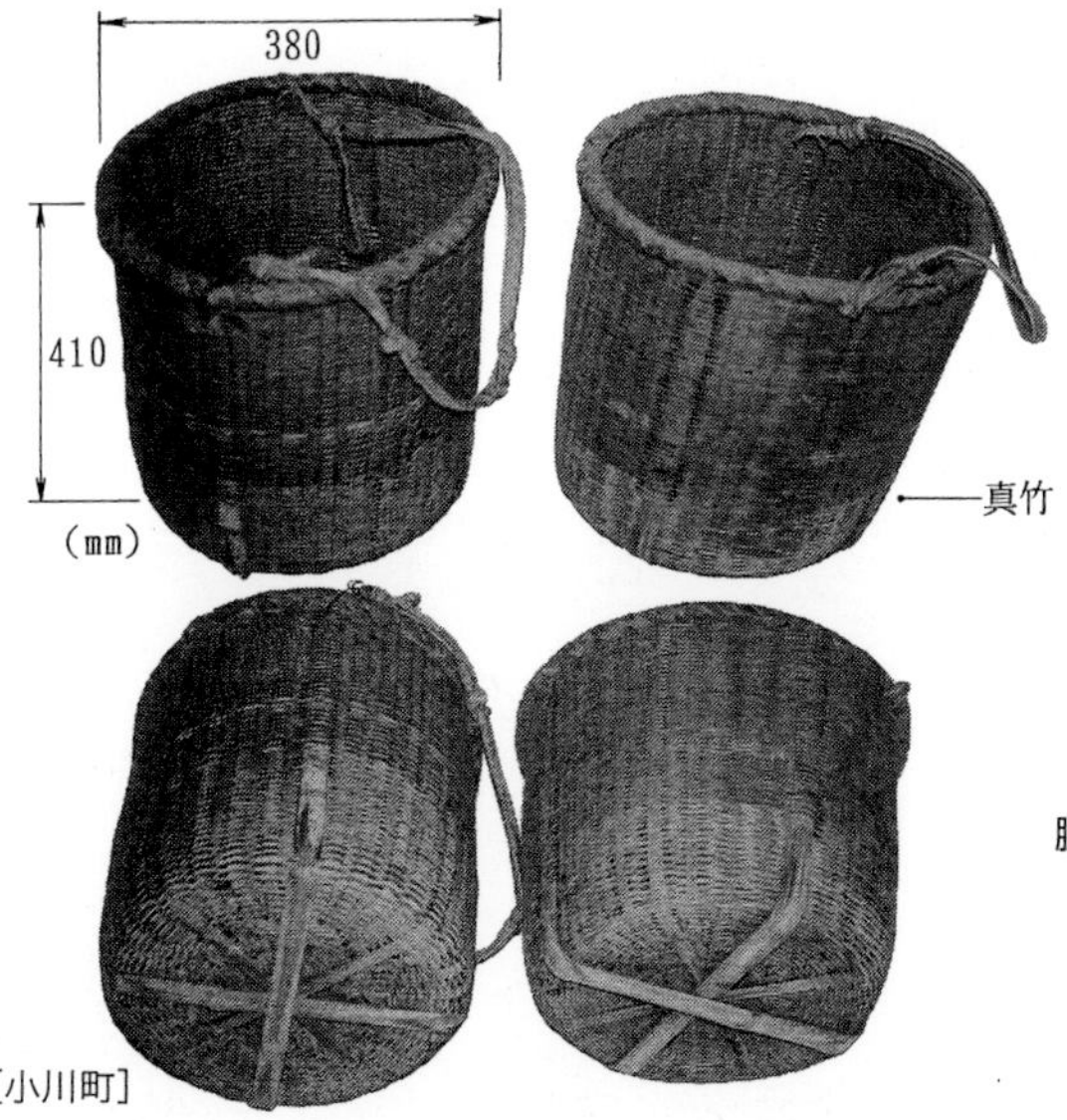
380
410
（mm）
真竹

◀肩から提げる
腰に括り付ける▶

【図 3】桑摘みザルとその使い方［小川町］

【❹茶と蚕《かいこ》】

蚕の変身

蚕の変身　蚕は、「初眠《しょみん》」「二眠《にみん》」「三眠《さんみん》」「四《し》眠《みん》」と四回の脱皮を繰り返しながら一齢《いちれい》から五齢《ごれい》まで成長し、五齢の一週間から一〇日目には熟《じゅく》蚕《さん》となって繭《まゆ》を作り始める。それまでの所要日数は二三日から二五日であり、その間体重は一万倍にまで増加する。

孵化《ふか》した直後の蚕は、毛蚕《けご》あるいは蟻蚕《ぎさん》と呼ばれて体中を黒い産毛《うぶげ》に覆《おお》われており、その風貌からはとても白い虫を想像することはできない。ところが、脱皮後には白い蚕体《さんたい》が現れ、二齢、三齢と体長はどんどん伸びて、五齢には六、七センチに達する。その変身ぶりは見事なものである。そして、最後には最も華麗なる「繭への変身」が待っている。

上蔟《じょうぞく》　熟蚕は、体が飴色《あめいろ》を帯びて透《す》き通《とお》り、頭をもたげて糸を吐く兆候を見せる。この状態をシキリ、ヒキリといい、これを拾ってマブシに移す。マブシは繭を作る床《とこ》であり、ここに蚕を上げる上蔟の作業を埼玉県内ではオコアゲという。

上蔟には古くは母屋《おもや》が使われ、母屋は座敷からダイドコロの土間までがマブシを差した棚で一杯になった。また、カイコヤ造りと称して二階に上蔟室を設ける家【写真1】では、土間から梯子《はしご》を掛けて二階へマブシを上げた。さらに、母屋や物置の軒《のき》にオロシ（庇《ひさし》）を張り出し、その下にもマブシを広げたので、まさに家中が「繭製造所」さながらの状況となった。

マブシの変遷　マブシの形態は、時代とともに変化を見せてきた。古くはフナマブシと称し、莚《むしろ》の四隅を縛って舟形にしたものへ雑木の枝を並べ、枝の隙間に蚕を散らして繭を作らせた。後には、稲藁《いなわら》をジグザグに折って山形に広げたワラマブシが使われるようになり【図2―1・2―2】、さらに改良マブシ【図3】を経て、昭和三〇年代には回転マブシが普及した。回転マブシは、ボール紙の枠一〇枚を十文字の木枠にはめたもので、この中に蚕を散らして針金で天井から吊《つ》るす。蚕は、上へ上へと這《は》い上がる習性を持つので、枠の上方に蚕が集中すると枠は蚕の重みでクルッと回転する。すると、蚕は再び這い上がり、何度も回転を繰り返すうちにそれぞれの枡目に落ち着いて繭を作りはじめる【写真2】。枡一目には蚕が一頭ずつ収まるので、玉繭《たままゆ》はできにくい。これが回転マブシの最大の長所であった。それまでは、二頭の蚕で玉繭を作ることが少なからずあり、玉繭は屑繭《くずまゆ》として扱われるので売っても安い値段でしか引き取られなかった。したがって、玉繭のできにくい回転マブシの出現は、農家に大きな収入増をもたらしたのである。

上蔟終了の祝い　上蔟は一時期に手間を集中させるので、飼育量の多い家ではよそから手伝いを頼んだ。そして、無事上蔟を終えるとホッと一息をついたものである。小川町では上蔟後にオコアゲ休みを取り、アンビン餅《もち》やうどんを食べてその労をねぎらったという。

繭掻《か》きと選別　上蔟後の蚕は、首を8の字に動かしながら巧みに糸を吐き、四、五日で繭を作り上げる。さらに、四、五日後には蛹《さなぎ》になるので、これを待って上蔟後一〇日から一一日目に繭掻きが行われた【図4】。掻き取った繭は毛羽《けば》取り機《き》【写真3】に掛けて表面の毛羽を取り除き、これを選別してから上繭のみを布袋に詰め、製糸会社へ出荷した。選別は入念に行われた。理由は、上繭の中にわずかな屑繭が混じっていても、出荷後の検査で等級を落とされてしまうからである。屑繭には、玉繭・薄皮繭《うすかわまゆ》・汚《よご》れ繭《まゆ》などがあり、これらは自家用の絹織《きぬお》りに用いられた。また、農家に回ってくる屑繭買いに売られることもあった。

繭出《まゆだ》し　繭の出荷を繭出しといい、春蚕《はるご》の繭出しは六月中旬、初秋蚕《しょしゅうご》は八月二五日頃、晩秋蚕《ばんしゅうさん》は一〇月初旬であった。春蚕の繭出しがすむと、麦刈《か》り、田植え、麦の脱穀調整と農作業が休みなく続き、農家は一年で最も多忙な時期を迎えるのである。

（宮本）

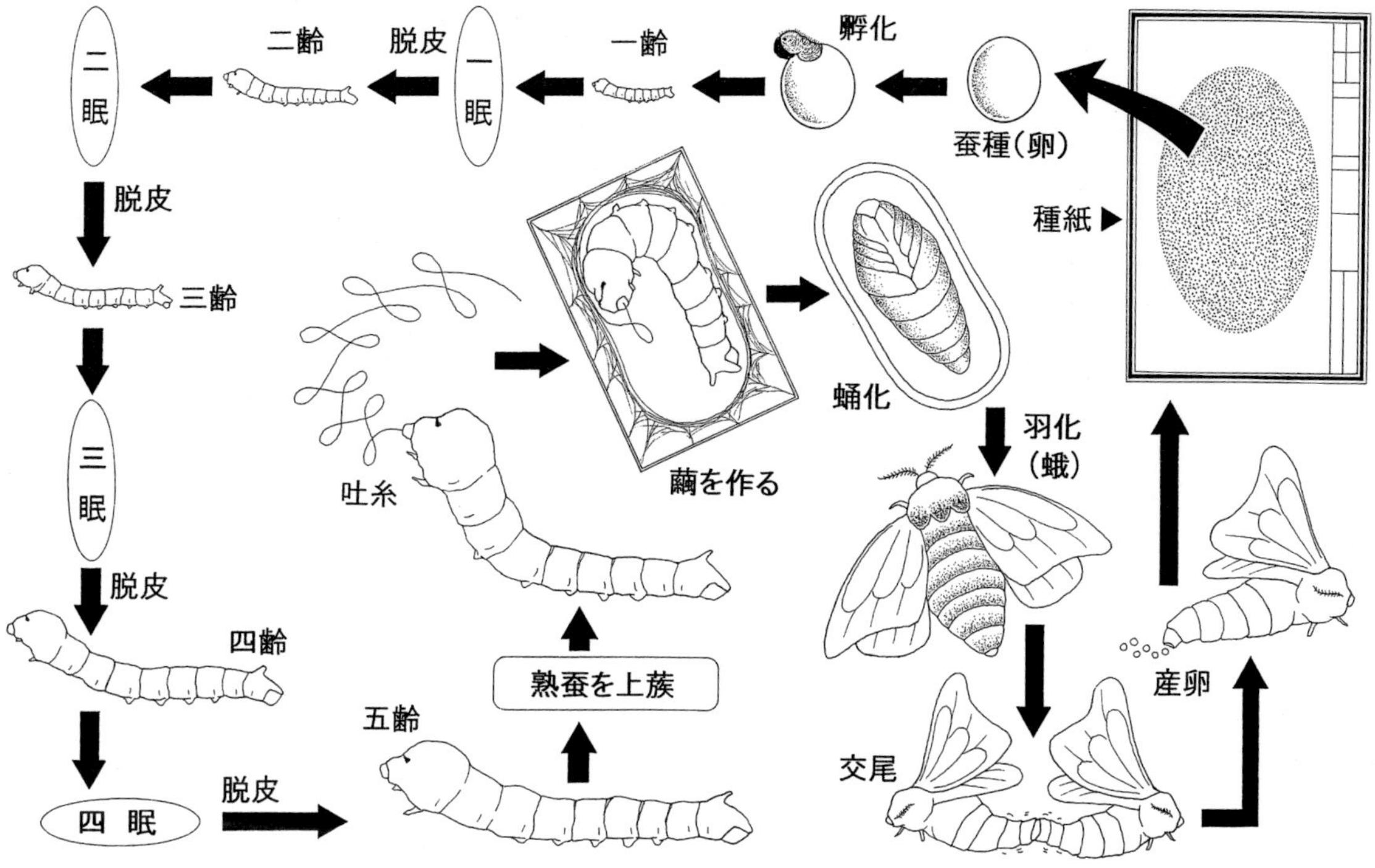

【図 1】蚕の一生

【写真 1】カイコヤ造りの農家［小川町］

◀マブシ折り機

台に「三寸五分山」のスタンプあり

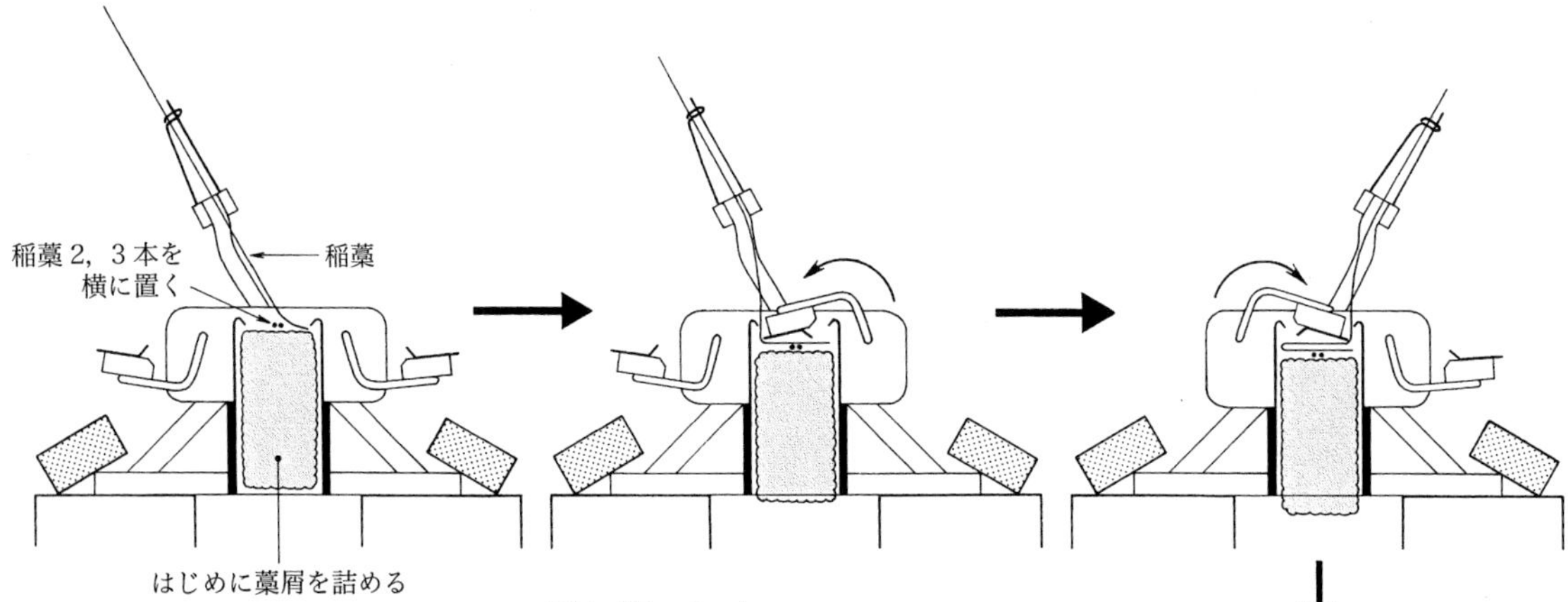
稲藁2，3本を
横に置く
稲藁
はじめに藁屑を詰める

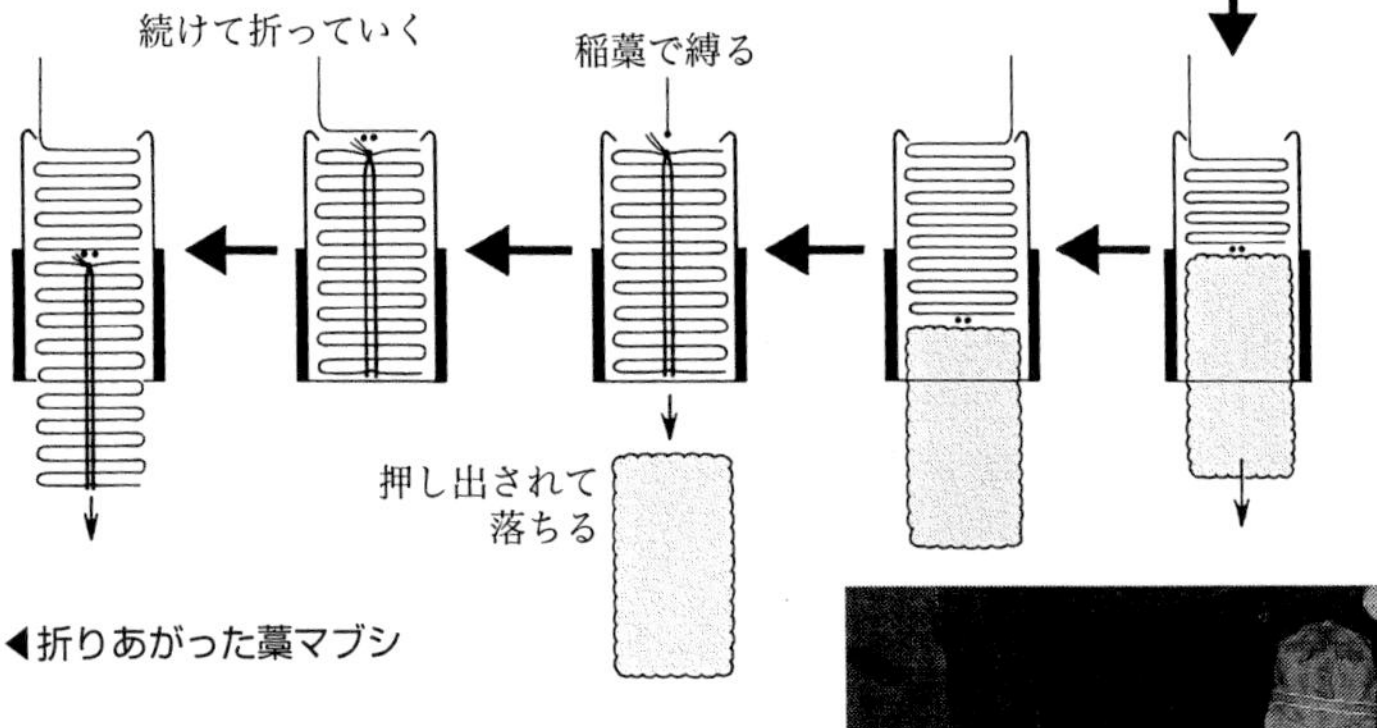
続けて折っていく
稲藁で縛る
押し出されて
落ちる

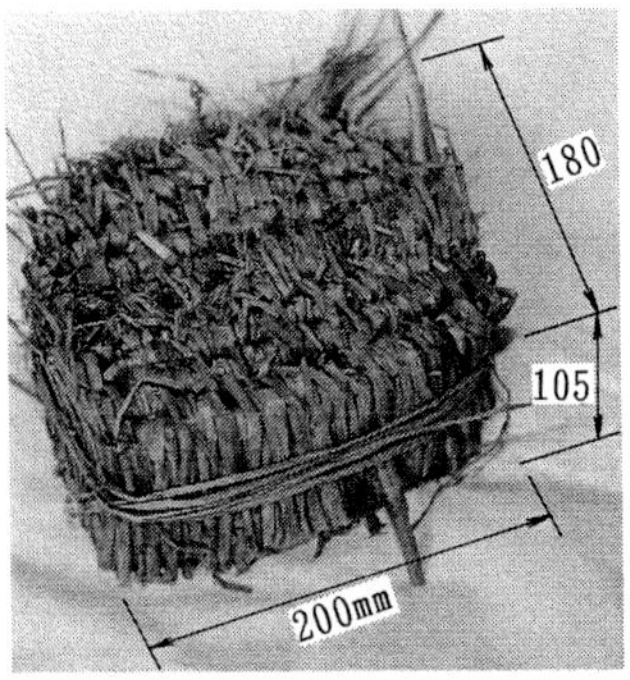
180
105
200mm

◀折りあがった藁マブシ

折るようす▶

▼稲藁で縛った状態

【図2―1】ワラマブシの作り方［小川町］

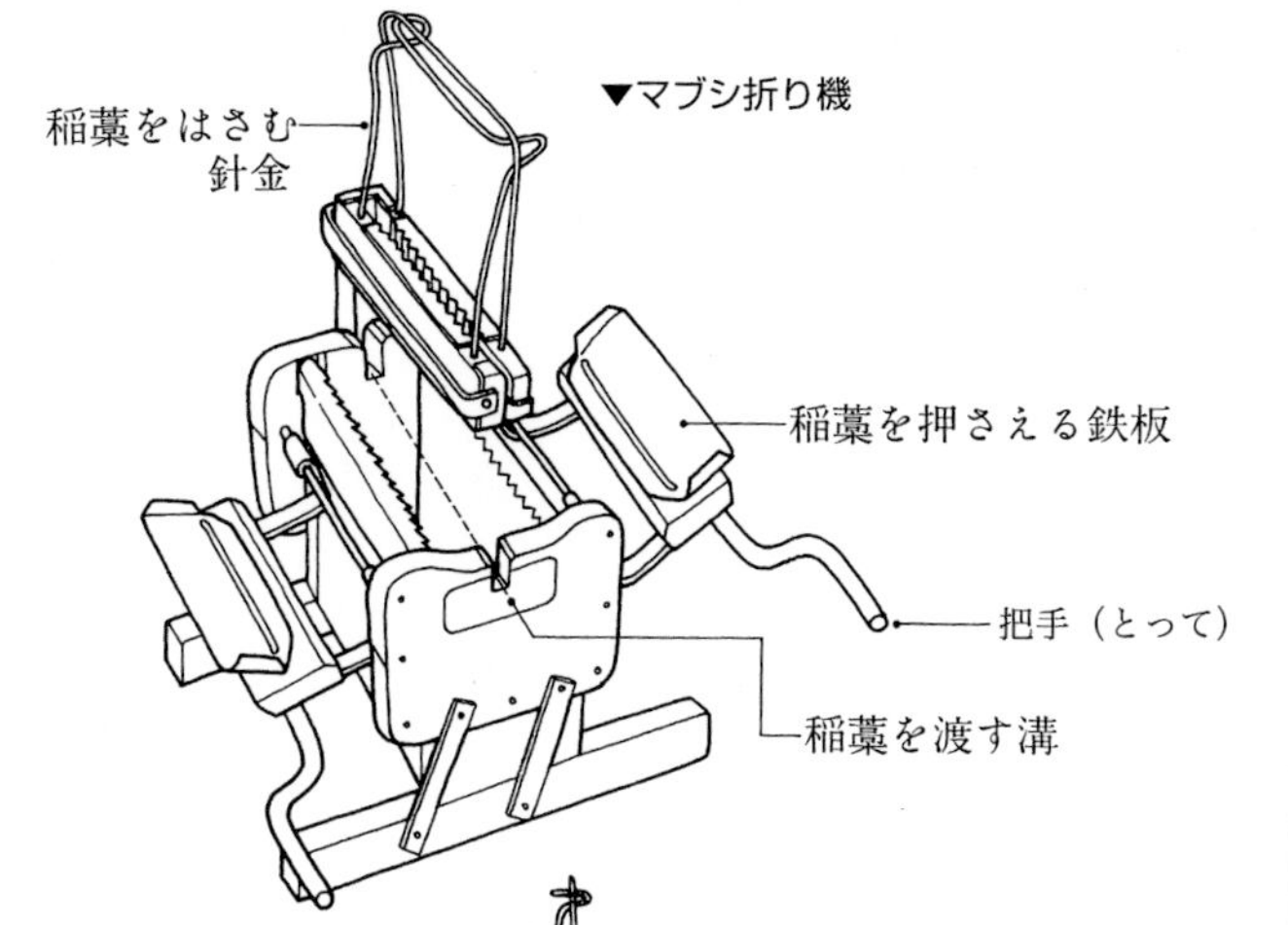
▼マブシ折り機
稲藁をはさむ
針金
稲藁を押さえる鉄板
把手（とって）
稲藁を渡す溝

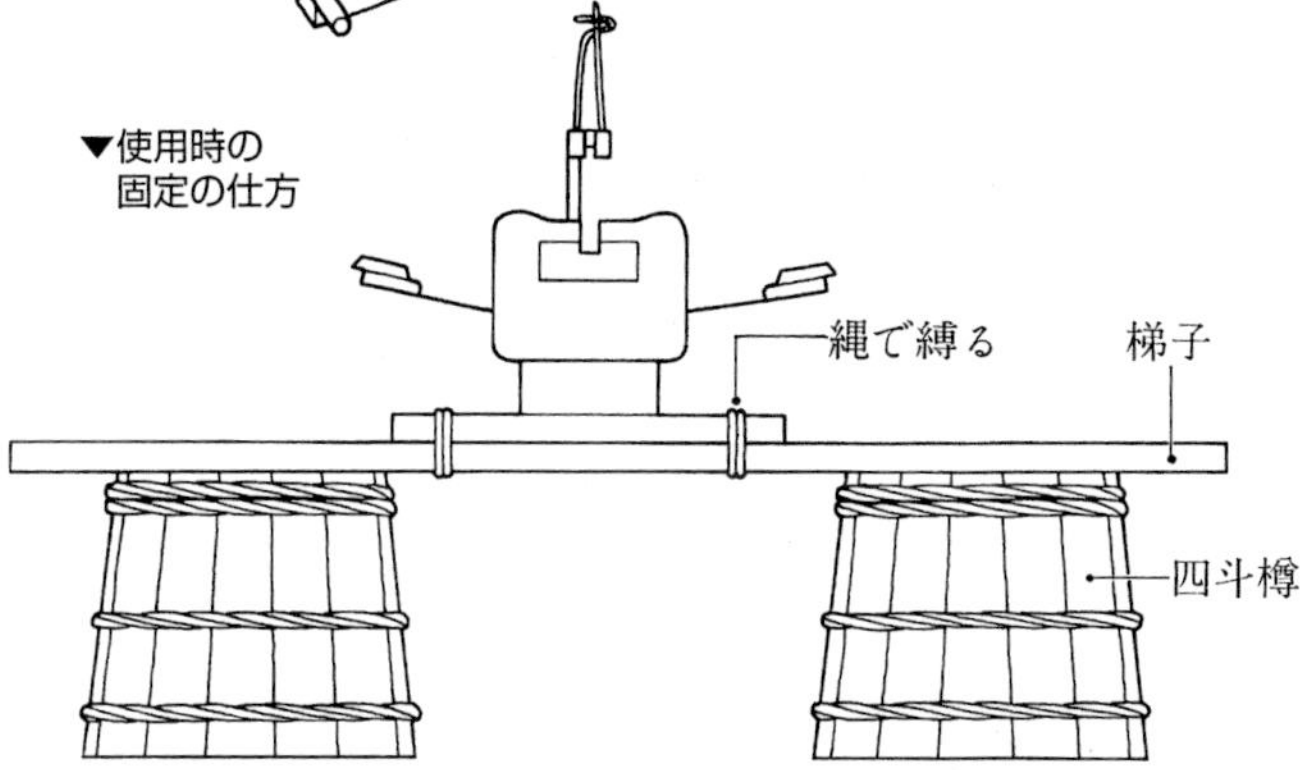
▼使用時の
固定の仕方
縄で縛る
梯子
四斗樽

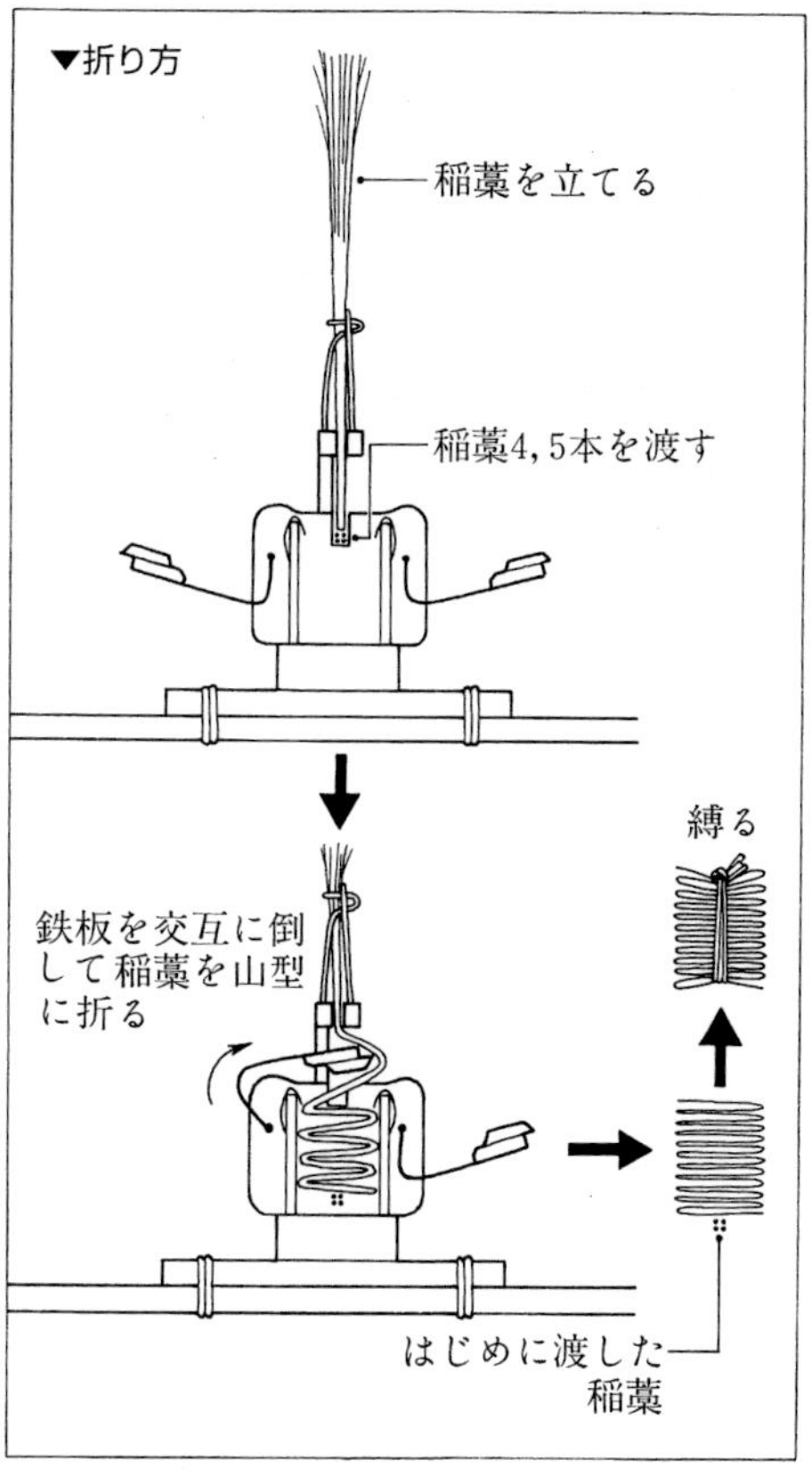
▼折り方
稲藁を立てる
稲藁4，5本を渡す
縛る
鉄板を交互に倒
して稲藁を山型
に折る
はじめに渡した
稲藁

マブシを▶
折るようす

【図 2―2】 ワラマブシの作り方［川里町］

▼改良マブシ編み機

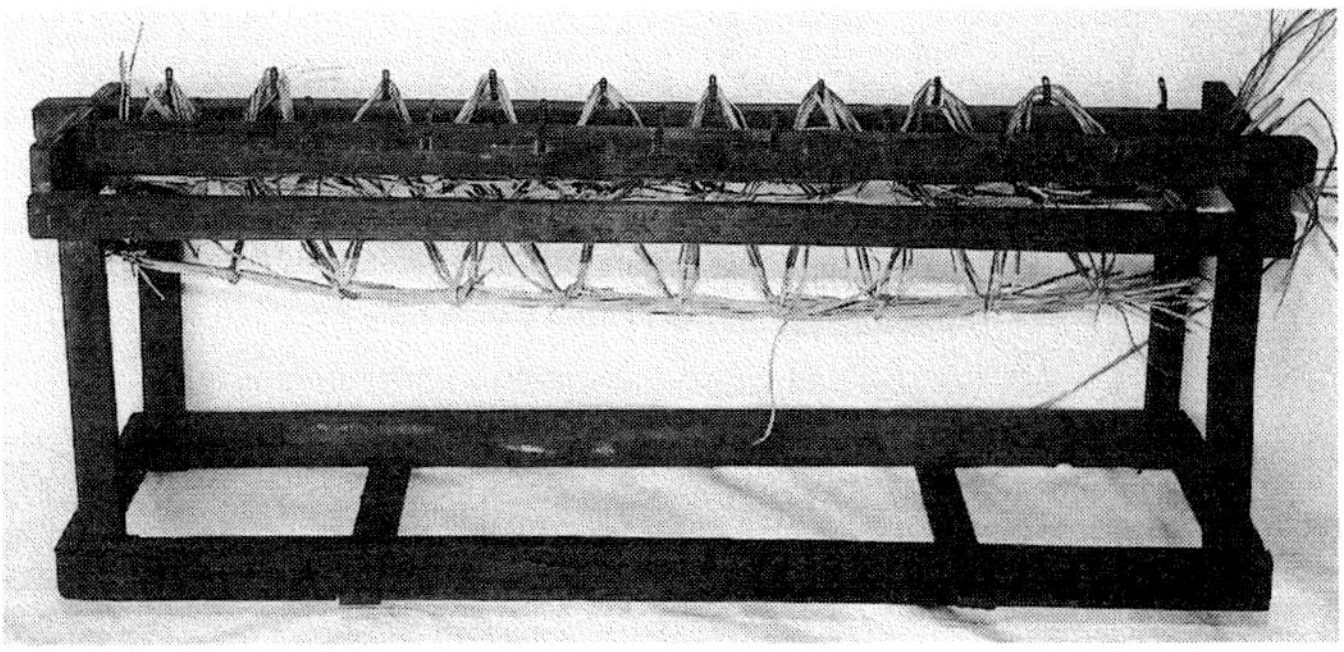

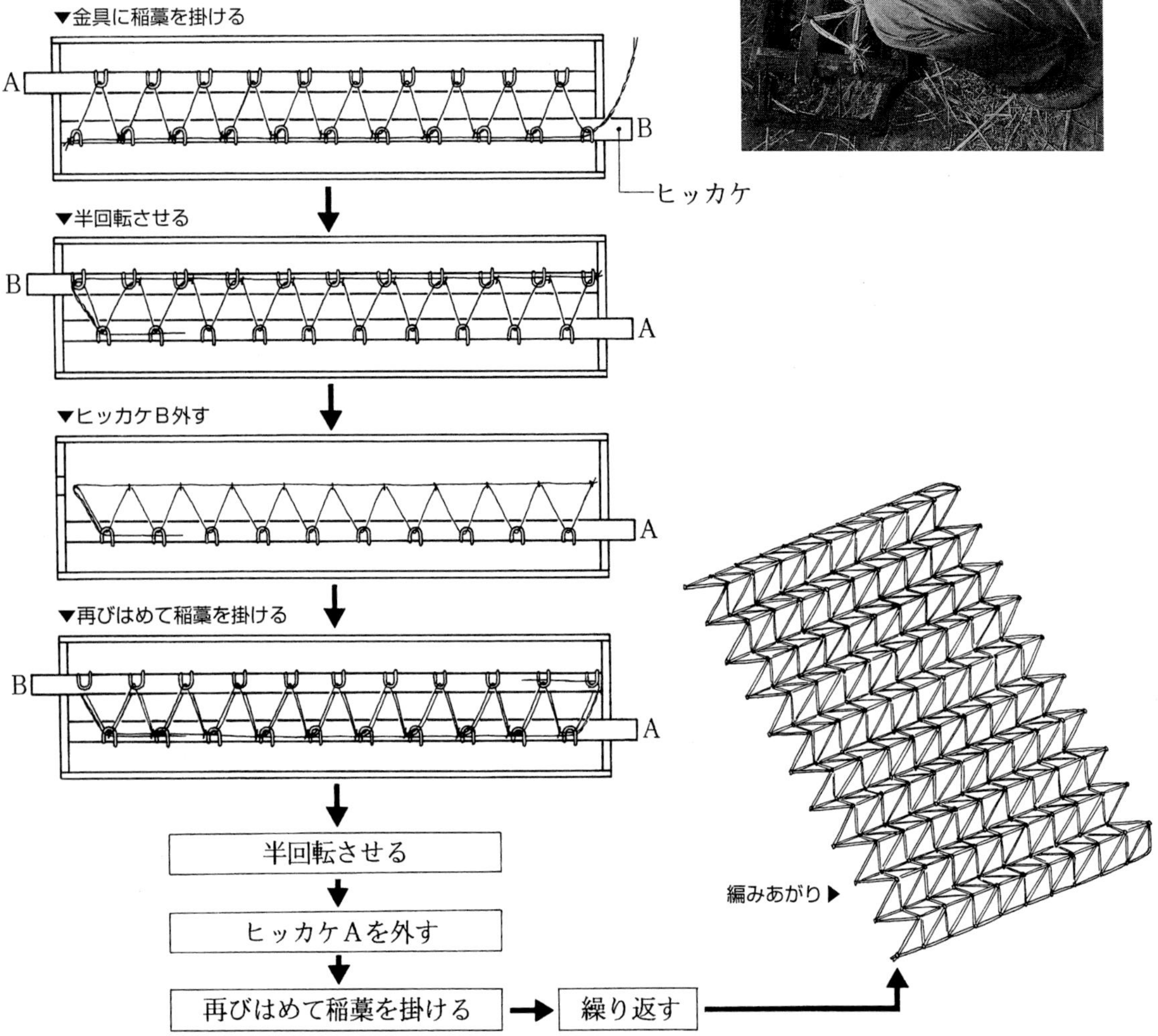
▼金具に稲藁を掛ける
A
B
ヒッカケ
▼半回転させる
B
A
▼ヒッカケB外す
A
▼再びはめて稲藁を掛ける
B
A
半回転させる
ヒッカケAを外す
再びはめて稲藁を掛ける
繰り返す
編みあがり▶

【図 3】 改良マブシの作り方［小川町］

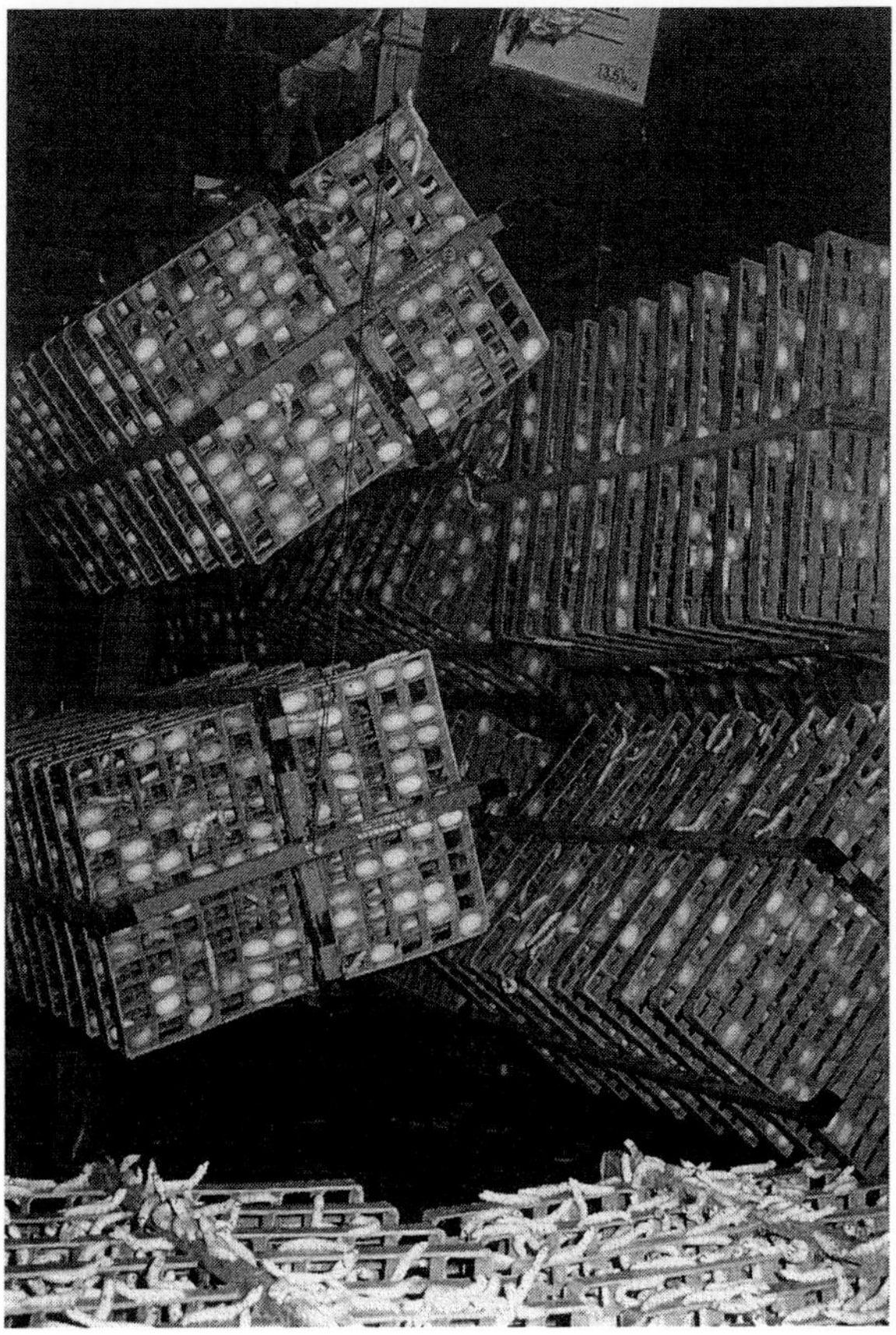

【写真 2】回転マブシを使った上蔟［所沢市］

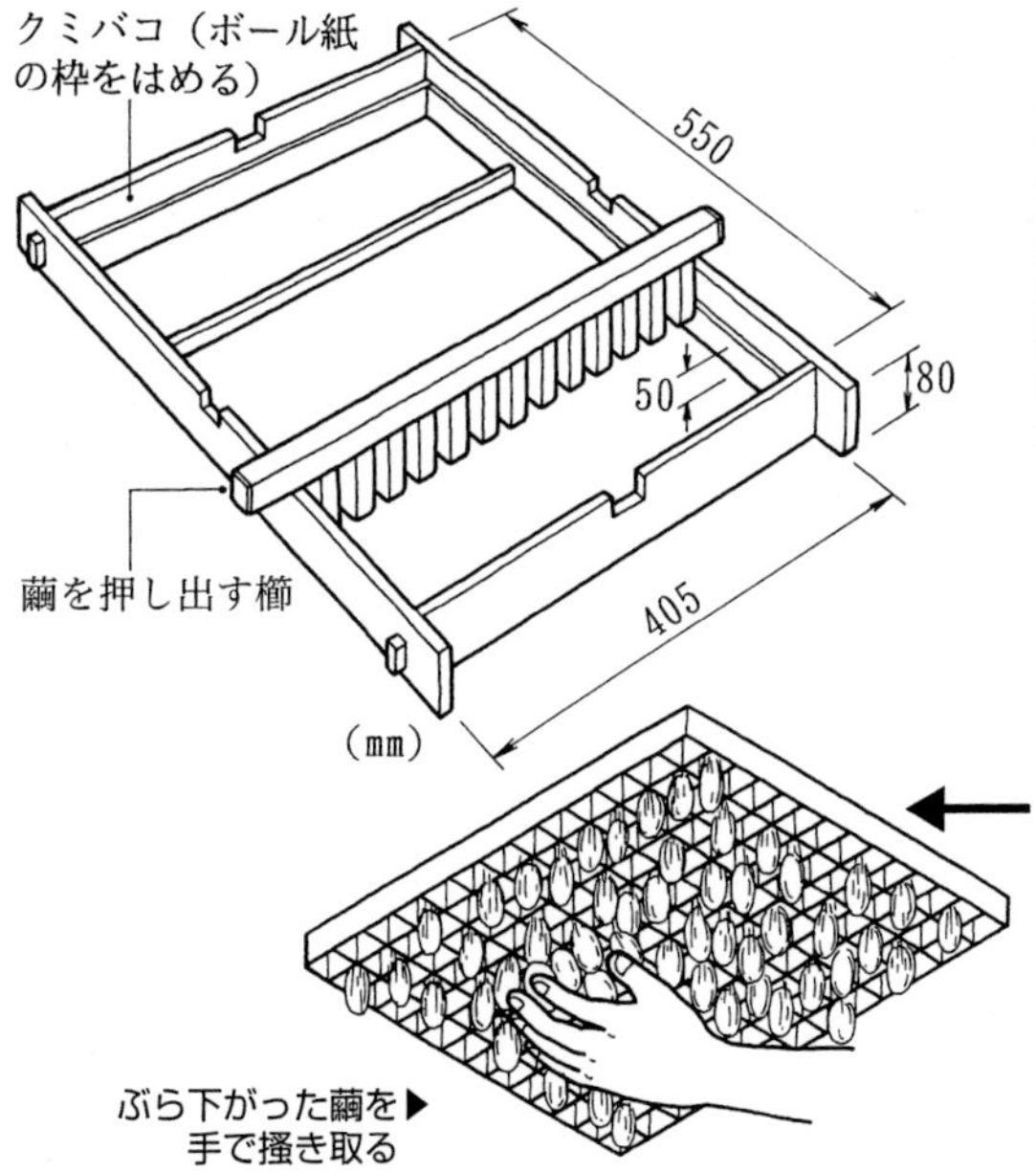
クミバコ（ボール紙
の枠をはめる）
550
80
50
繭を押し出す櫛
405
（mm）
ぶら下がった繭を▶
手で掻き取る

▲櫛で繭を押し出す

【図 4】回転マブシの繭掻き［小川町］

◀手回し式
（昭和8年）
手回し式▶
（昭和30年代）
繭毛羽取機
有限会社越南製作所 新潟縣
▲商標
◀足踏み式（昭和40年代）
商標▶
新案願六六六三
八幡式毛羽取機

【写真3】毛羽取り機［小川町］

【写真4】毛羽取りのようす—昭和42年頃—［江南町］

◀母屋の２階で毛羽取りを行う
（電動式の毛羽取り機を使用）

毛羽取りをしながら屑繭を拾い出し▶
左脇に置いた紙袋に入れる

◀毛羽取りした繭を広げる

【写真５】 毛羽取りのようす―平成６年頃―［江南町］

【写真６】 繭の選別―平成６年頃―［江南町］

【❹茶と蚕《かいこ》】繭《まゆ》の豊作を願って

蚕は「お天気虫」　蚕は、「天の虫」と書かれるとおり「お天気虫」であり、天候や温度・湿度の影響を受けやすい。そのため、暑い季節や天候不順の時期には病気が出やすく、収入に大きな影響を及ぼすことも少なくなかった。

一年の蚕期《さんき》では、春蚕《はるご》が最も病気が出にくい。春蚕は五月五日頃に掃《は》き立てを行い、五月末から六月初旬に上蔟《じょうぞく》、六月一二、三日から中旬にかけて繭出《まゆだ》しとなる。この時期は比較的天候が安定しており、温暖かつ低湿度なので蚕が健康に育つのである。それに対し、初秋蚕《しょしゅうさん》は七月二〇日前後に掃き立て、八月上旬から中旬に上蔟、二〇日から二五日頃に繭出しとなるので、高温多湿の時期にかかり、蚕の病気が出やすい。また、晩秋《ばんしゅう》蚕《さん》は八月二四、五日に掃き立て、九月二〇日頃に上蔟、月末に繭出しとなり、この時期は台風の到来によって湿度が上がるので、やはり病気が出やすい。昔から「味噌汁と晩秋蚕は当たったためしがない」といわれるように、収繭量《しゅうけんりょう》は芳《かんば》しくなかったのである。

繭の豊作祈願　蚕の収入は農家にとって大きな位置を占めるものであり、これが失われることは身上《しんしょう》を危うくする恐れすらあった。そのため、農家では毎年春蚕が始まる前に社寺へ参拝して蚕祈禱《かいこぎとう》を受け、「養蚕倍盛」「養蚕守護」などと書かれた御札《おふだ》を蚕室《さんしつ》に貼って繭の豊作を願った【写真1】。また、蚕には鼠《ねずみ》が大敵なので、鼠避《よ》けの御札や猫の姿を描いた御札を貼る家も多かった。

埼玉県内で養蚕の御札を出す社寺には、東松山市の箭弓稲荷《やきゅういなり》神社、同市の上岡《かみおか》観音、秩父市の秩父神社、秩父郡大滝村の三峰神社、長瀞町の宝登《ほど》山《さん》神社、皆野町の大日神社、比企郡小川町の四津《よつ》山《やま》神社、妻沼町の聖天院などがある。このうち大日神社と四津山神社の御札は猫の姿を木版刷りにしたものであり、大日神社の社殿には「猫石」なる猫をかたどった石も祀《まつ》られている。猫は鼠を退治するので、昔から養蚕との縁が深く、「猫のいるところで蚕を飼えば当たる」ともいわれていた。

蚕影《こかげ》神社　茨城県筑波山麓の蚕影神社は、天竺《てんじく》の国から流れついた金色姫伝説に基づく養蚕神を祀る神社で、埼玉県内でも信仰する家が多い。児玉郡神川町の金鑽《かなさな》神社と上里町の大光寺には蚕影神社が分祀されており、金鑽神社では毎年四月中旬の蚕糸祭に児玉郡内の養蚕指導者が集まって蚕祈禱が行われる。また、大光寺の縁日にはかつて蚕具市が開かれ、多くの養蚕農家がその年に使う蚕具を購入したという。比企郡小川町の木呂子地区では山頂に蚕影神社をまつり、現在も毎年四月にお日待ちを行っている。お日待ちではテングダンゴ（天狗団子）と称する白団子を作り、これを参拝者に配る。

オシラ講と女あそび　ところで、蚕の世話は古くから女性が中心となって行うものとされていた。そのため、埼玉県の入間地方や比企地方においては女性たちによる蚕のお日待《ひま》ちが行われ、これを「オシラ講」とか「女あそび」と呼んだ。お日待ちでは宿となった家へ養蚕農家の女性たちが集まり、養蚕神の掛軸《かけじく》を吊《つ》るして供え物を献じ、砂糖団子と称する甘い小豆餡《あずきあん》をからめた団子や餡ころ餅《もち》などを食べながら蚕の情報交換をして互いの親睦を深めた。坂戸市赤尾下組では正月一五日（古くは二五日）にオシラ講が行われ、これは繭の豊作祈願とともに新年会を兼ねたものであった。また、小川町の女あそびは四月の下里観音縁日に合わせて行われることから観音講の意味合いが強いが、時期が春蚕の掃き立て前であることから、その年の養蚕の無事を願う気持ちも込められていたことが察せられる。いずれにしても、女性は外出の機会が少なかったので、誰に気兼ねすることなく堂々と出かけられるお日待ちは皆の楽しみとするところであった。

オキヌサン信仰　大正末期から昭和初期には、埼玉県の西北部から群馬県の一部にかけてオキヌサンの信仰が広まった。オキヌサンは女性の姿をかたどった神様で、養蚕が忙しいときには留守番や手伝いをしてくれるといわれる。形態は、トウモロコシの皮や和紙で島田髷《しまだまげ》や丸髷《まるまげ》の形を作って頭とし、縞《しま》や絣《かすり》などのきれで着物を着せたものが多い【写真2】。また、【図1】のように紙を折って顔と髪を描いた簡単なものもある。毎年春蚕の掃き立て前にはオキヌサンの入った笈《おい》が回ってくるので、家に到着すると昨年借りたオキヌサンに新しく作ったオキヌサンを一体添えて返し、再び別のオキヌサンを借りて、これを台所などに祀る。そして、朝晩に茶やごはんを供え、繭の豊作を祈ったのである。また、蚕の眠中に団子や餅などのカワリモノを供えるところもあり、無事に繭が取れたあかつきにはその御礼として赤飯などを供えた。

（宮本）

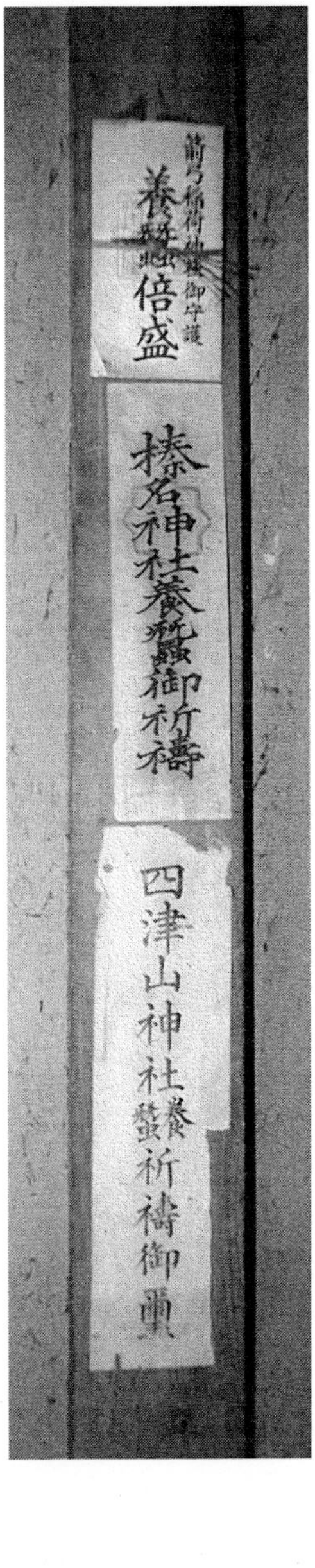

【写真 1】 蚕室の柱に貼られた蚕祈禱の御札［江南町］

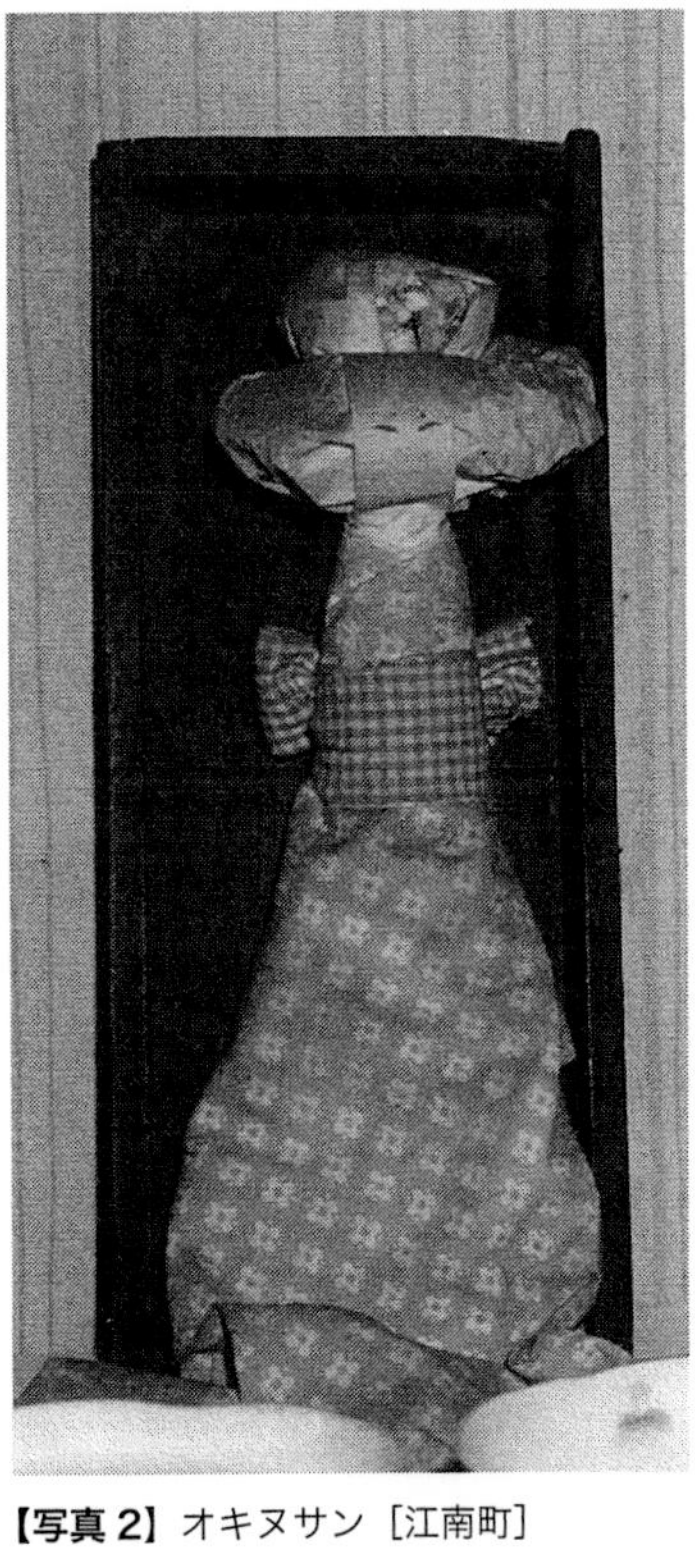
【写真 2】 オキヌサン［江南町］

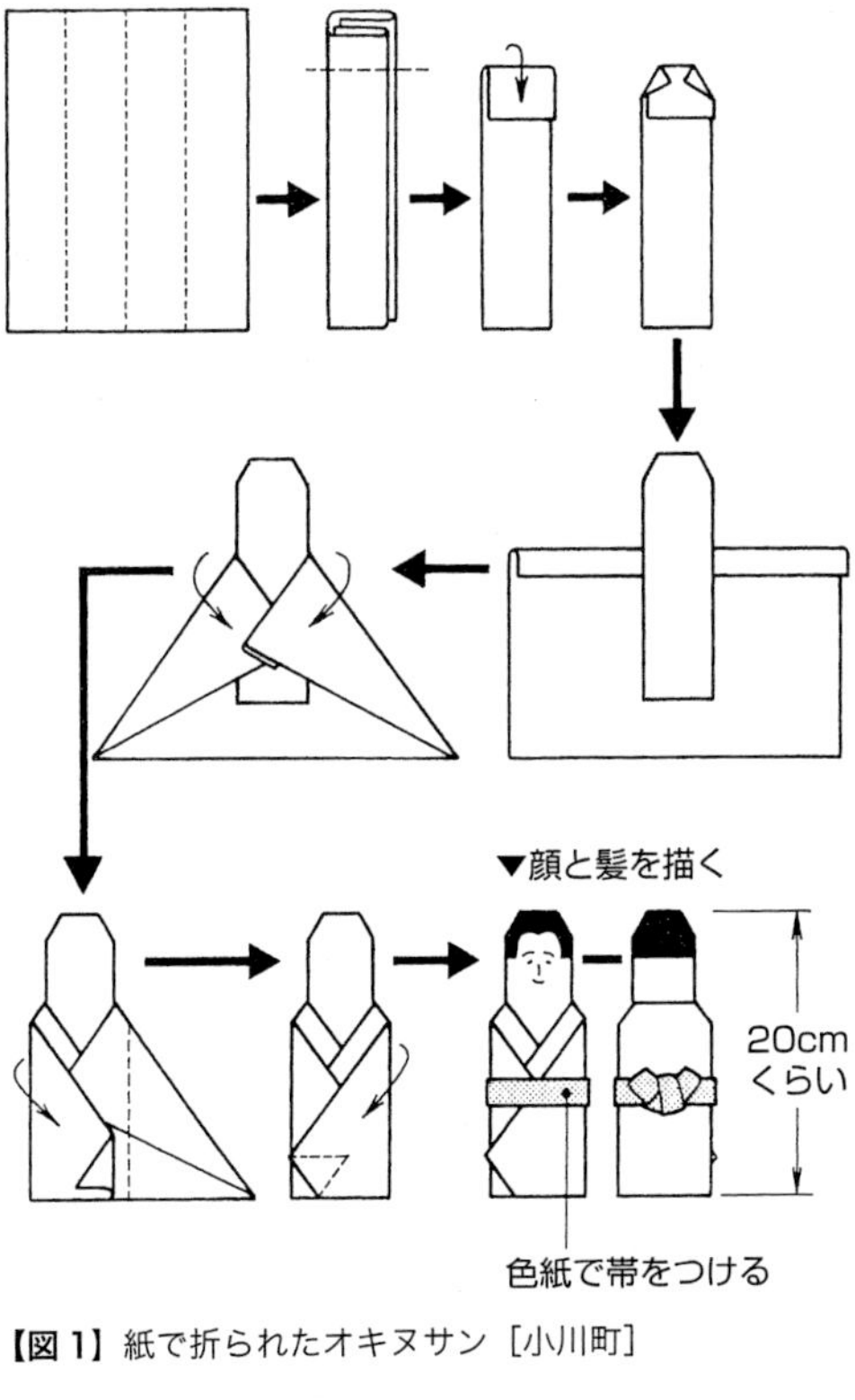

【図 1】 紙で折られたオキヌサン［小川町］

【❹茶と蚕《かいこ》】繭《まゆ》の糸取りと絹織り

自家用となる屑繭《くず》　養蚕農家では、繭のうちジョウマイ（上繭）と呼ばれる上質な繭のみを製糸会社へ出荷し、残った屑繭を自家用の絹織りに用いた。屑繭には、タマンマイと呼ばれる二頭の蚕が作った大粒の玉繭《たま》、ビショ繭と呼ばれる汚れ繭、吐糸《とし》が不十分な薄皮繭などがあり、これらは売っても安い値段でしか引き取られない。そこで、家で糸に引き、絹布を織ってよそゆきを仕立てるのに用いたのである。

糸取り　繭から糸を取るには、まず、七輪《しちりん》に鉄鍋を掛けて湯を沸かし、この中で繭を煮る。鉄鍋には、内側にホウロウをひいた糸取り専用のものがあり、これは繭の滑りが良く、鉄分で湯が汚れる心配もないので具合が良かった。繭が煮えて表面に浮き上がると、これをモロコシの小箒《こぼうき》や菜箸《さいばし》で突ついて糸口を出す。

はじめに引き出される繭の表面の糸は、太くて硬く、所沢市から東京都旧多摩郡にまたがる狭山丘陵では、これを指してシケイトと呼ぶ。シケイトは、ウシクビと称する台に掛けた六角形の糸枠に巻き取られる【図1】。

しばらく巻いて内側の細い糸が出てきたら、今度はザグリ（座繰り）の糸枠に巻いていく。【写真1】のようなザグリの取っ手を左手で回し、右手の指で糸に撚《よ》りを掛け、同時に右手を水平に振りながら糸枠全体へ平らに糸を巻くのである。取っ手を回す左手と糸を振る右手のリズムを合わせ、なおかつ右手の指先で撚りを掛けながら太さの均一な糸を取るには、熟練の技術が必要とされた。

昭和初期には、【図2】のような手振り付きのザグリが普及した。これは、繭から引き出した糸を真鍮《しんちゅう》製のツヅミへ8の字に絡《から》め、その先を手振りに掛けて糸枠へ結び付ける。こうして取っ手を回すと、同時に手振りが左右に動き、手の操作なくして平らに糸を巻くことができる。また、ツヅミに絡めることで撚りが掛かるので、熟練者でなくとも比較的容易に糸取りができるようになった。

糸の太さは織られる絹布によって異なり、縮《ちり》緬《めん》・壁縮緬《かべちりめん》・羽二重《はぶたえ》を織るには五、六粒から八粒くらいの繭で細い糸を取った。また、平絹《ひらぎぬ》・紬《つむぎ》・斜子《ななこ》を織るには一〇粒から一二、三粒を一本に取り、紬はこれをさらに二本撚り合わせて太くした。

生糸の精錬と染色　繭から取った糸は、生糸《きいと》と呼ばれる。生糸は、その表面を硬蛋白質《こうたんぱくしつ》のセリシンで覆《おお》われており、これをアルカリ性の液で精練することによって光沢のある絹糸とする。家で精練を行うのは紬の縞《しま》を織る場合であり、その際には、ゴマ茎の灰や藁灰《わらばい》から取った灰汁《あく》で生糸を煮てセリシンを除去し、これを草木や科学染料で染めた。草木の染料として広く知られるのは、藍《あい》である。藍染めは紺屋《こうや》で行われ、藍で染めた紺糸は縞の地糸として用いられた。地糸の間には白糸や色糸を組み合わせて配し、性別や年齢に合わせたさまざまな縞をこしらえた。色糸を染めるには草木や科学染料が用いられ、クチナシの実では黄色、クルミの果皮では赤茶色、茶殻では黄土色や茶色を染めた。

縮緬・壁縮緬・羽二重・平絹・斜子はいずれも後染めであり、生糸で白生地を織ってから、これを紺屋で柄物《がらもの》や無地に染めてもらった。したがって、精練も紺屋で行われた。このうちの平絹は、自家用として最も多く織られた絹布であり、埼玉県内でキヌといえばこの平絹を指す。平絹の柄染めはキヌゾメと呼ばれ、かつてはこれで仕立てたよそゆきの着物を嫁入りに何枚も持参したものである。

縮緬と壁縮緬　縮緬を織るには、生糸を撚り屋に頼んで左撚りと右撚りの強撚糸《きょうねんし》に加工してもらい、これをそれぞれ別の杼《ひ》に入れ、一往復ずつ交互に織り込むことで皺《しわ》を生じさせた。また、皺の細かい一越《ひとこし》縮緬や小浜《こはま》縮緬、夏物の絽《ろ》縮緬は織るのに技術を要するので、機屋《はたや》に繭や生糸を託して織りから染めまでを一貫して頼んだ。壁縮緬はカベと呼ばれ、これは強撚糸に細い無撚《むねん》糸を絡めた壁糸を緯《よこ》に織り込んだものである【写真3】。壁糸の加工は、撚り屋に頼んだ。縮緬に比べて皺が粗《あら》く、風合いに劣る感は否めないが、一本の杼で織れることから能率が上る。したがって、自家用としては縮緬よりも多く織られ、ダンカベ（段壁）と称して壁糸と無撚糸を数段ずつ交互に織り込むこともあった【写真4】。

フトリ　玉繭は二頭の蚕で作られるため、それぞれの吐く糸が絡み合って節ができる。したがって、糸も凹凸の節《ふし》を持つ太いものであり、これを指して玉糸あるいは節糸という。経糸《たていと》にすると節が筬《おさ》の目に引っ掛かるので、タマヨコと称してもっぱら緯糸《よこいと》とされ、これを織り込んだ布地はフトリ（太織）と呼ばれる。糸のうちに染めて縞に織ることもあれば、白生地に織って柄物や無地に染めることもあり、縞はフトリジマ・フトリッチマと呼ばれてちょいちょい着の袷《あわせ》長着《ながぎ》や半纏《はんてん》、布団側などに仕立てられた【写真5・6】。また、柄に染めたフトリ【写真7】は女物の袷長着、無地は裏地とされ、中には白生地のままを帯芯《しん》として利用する者もあった。堅牢なゆえに、その用途は広かったのである。

なお、フトリは、節のある太い糸、あるいはその糸で織られた布地を意味することから、玉繭の糸に限らず繭の表面のシケイトを指してフトリと呼ぶこともある。シケイトは、溜まると縞に織って布団側とされることが多かった。

（宮本）

【図1】ウシクビとザグリで糸取りをするようす

【焼印】

合	請	
字	建	小
大		川
塚	磯	上

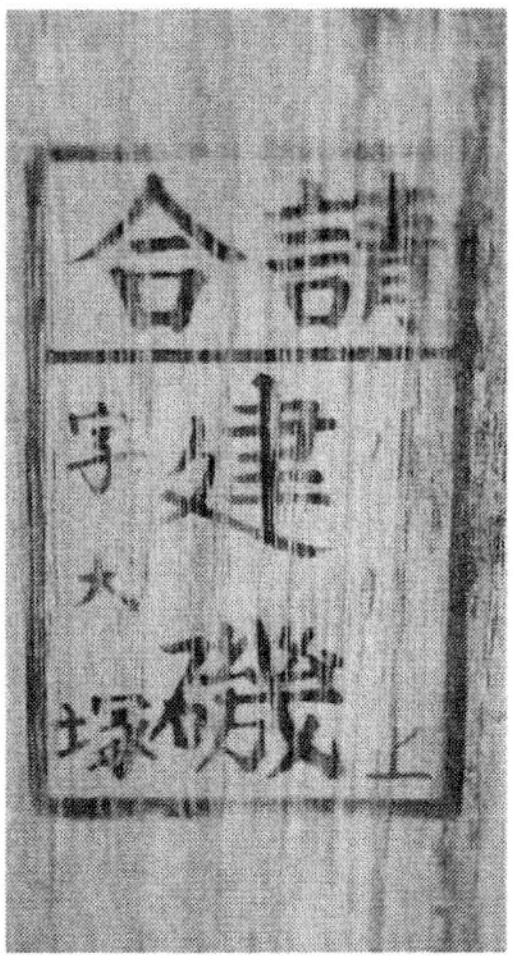

【写真1】ザグリ［小川町］

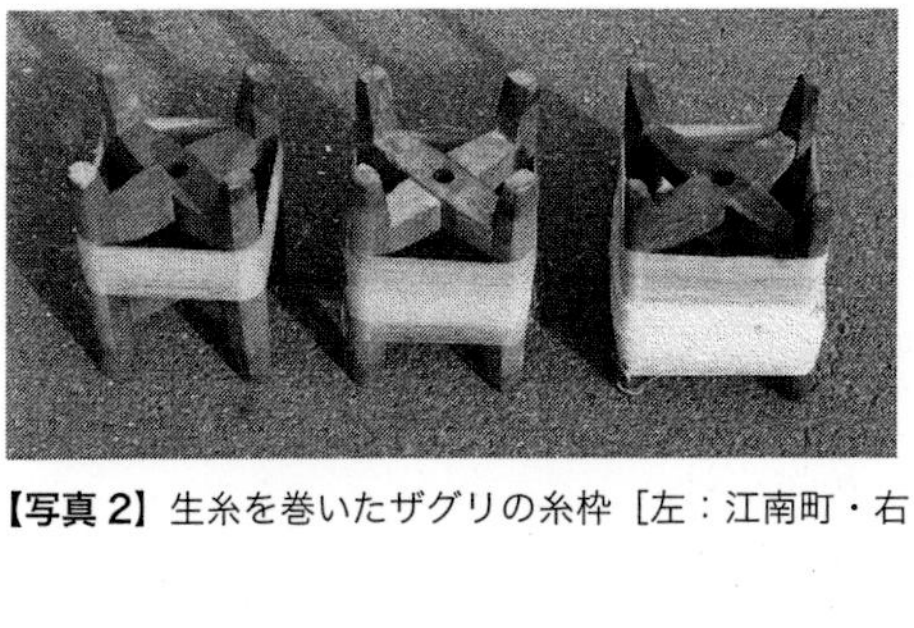

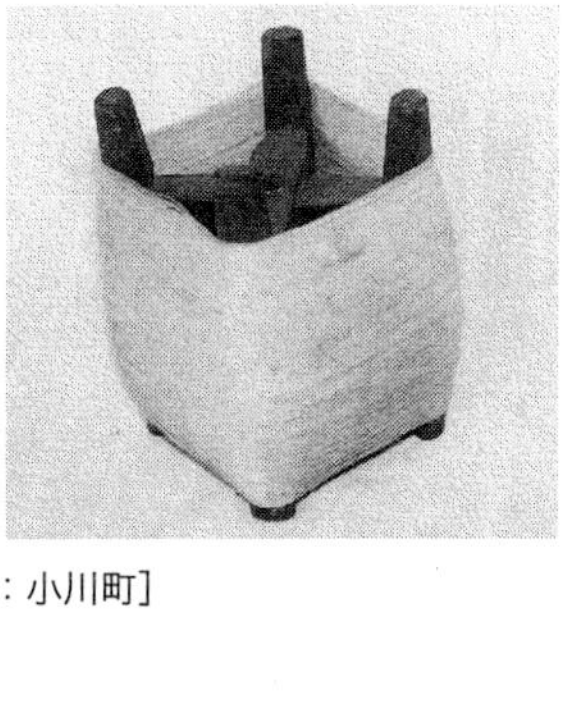

【写真2】生糸を巻いたザグリの糸枠［左：江南町・右：小川町］

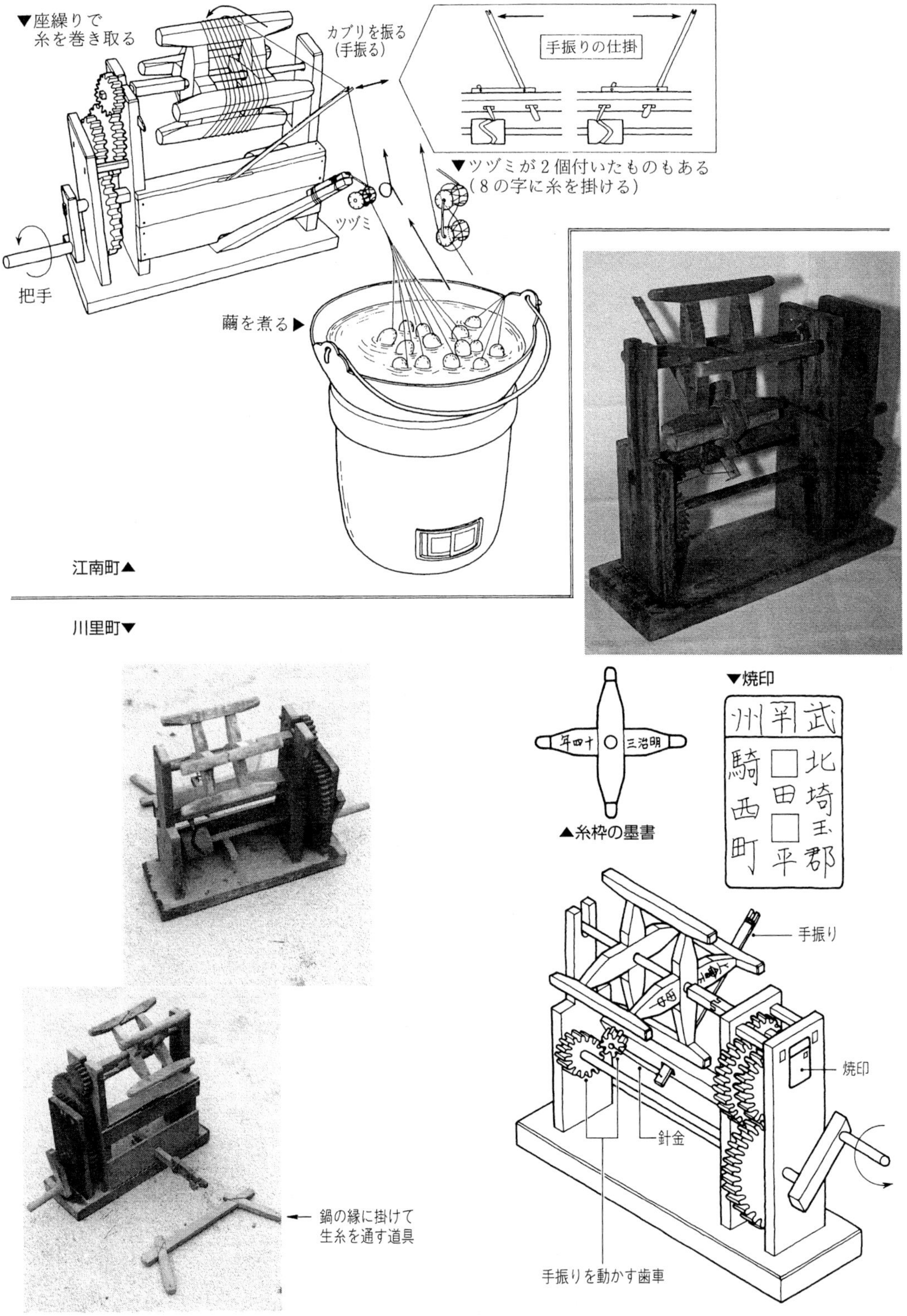
▼座繰りで
糸を巻き取る
カブリを振る
(手振る)
手振りの仕掛
▼ツヅミが2個付いたものもある
(8の字に糸を掛ける)
ツヅミ
把手
繭を煮る▶
江南町▲
川里町▼
▼焼印
▲糸枠の墨書
手振り
焼印
針金
手振りを動かす歯車
鍋の縁に掛けて
生糸を通す道具

【図2】手振り付きのザグリ［江南町・川里町］

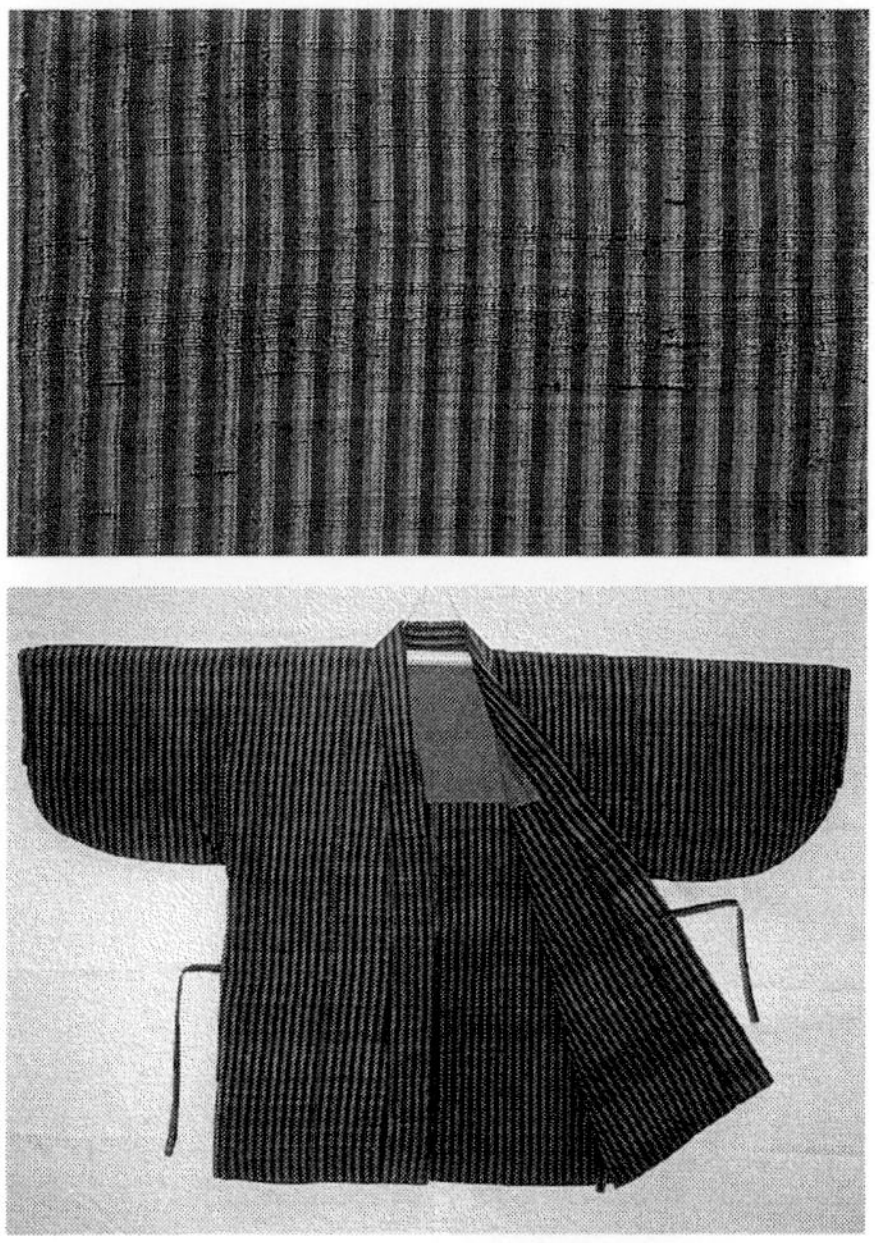

【写真 5】フトリジマの綿入れ半纏［鳩山町］

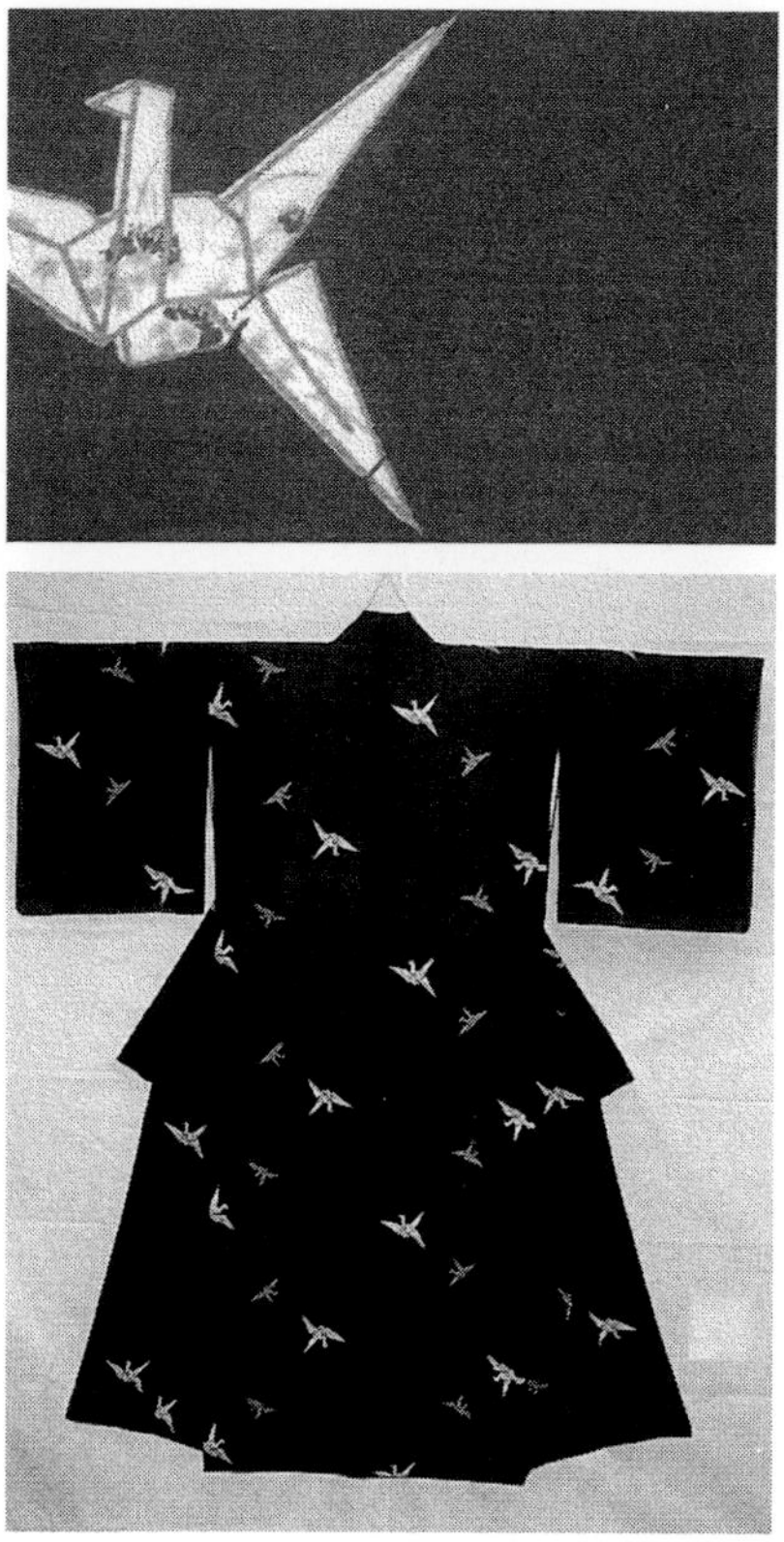

【写真 3】カベの袷長着［鳩山町］

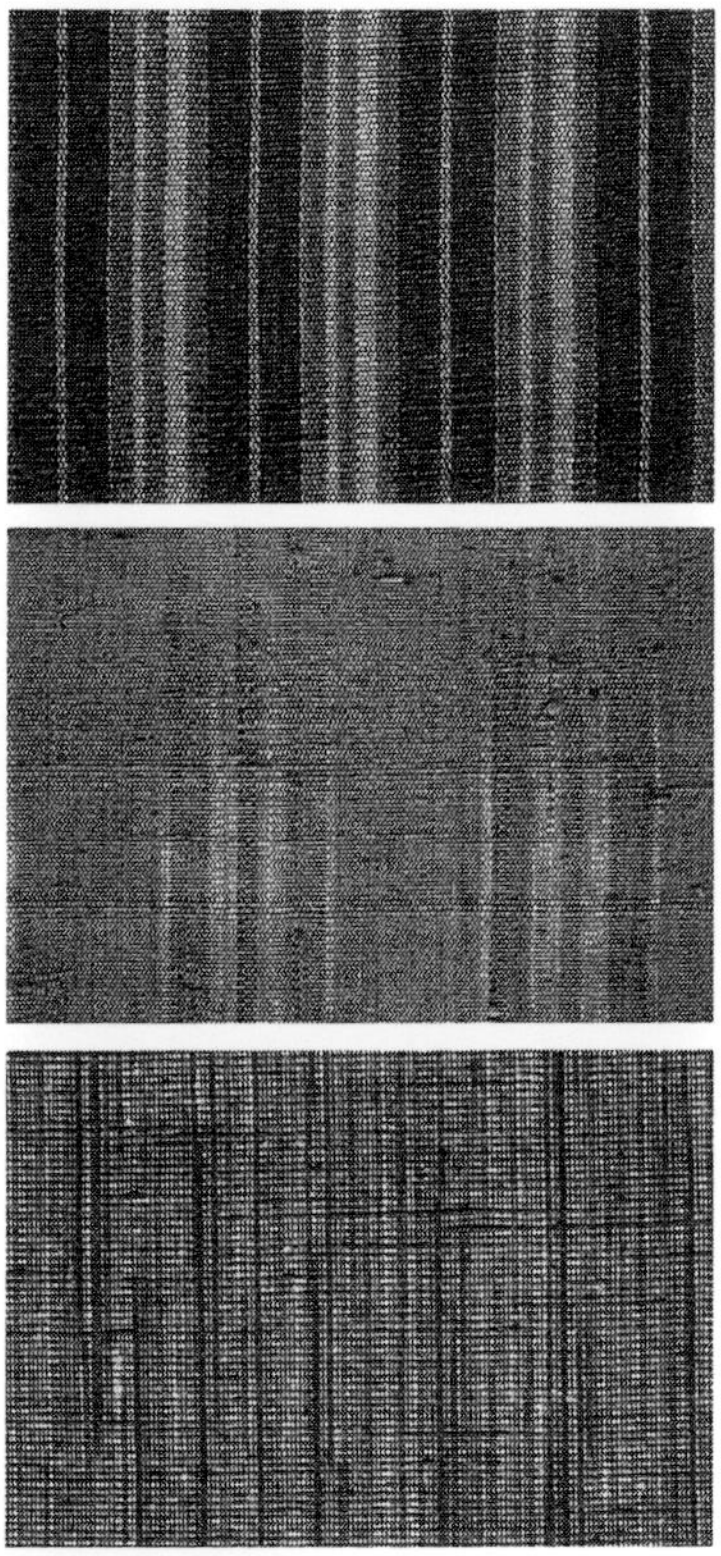

【写真 6】フトリジマのいろいろ［鳩山町］

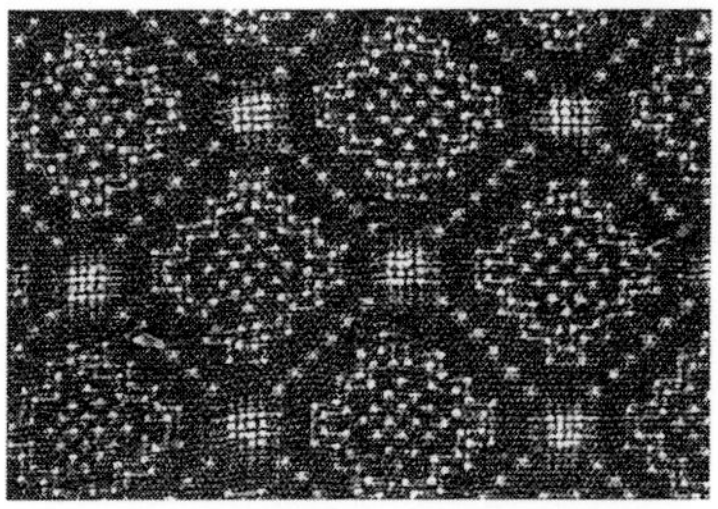

【写真 7】柄に染めたフトリ［鳩山町］

【写真 4】ダンカベの袷長着［鳩山町］

真綿《まわた》のちから

玉繭《たままゆ》からの真綿作り　玉繭は、糸に引いて絹布《けんぷ》に織られるほか真綿にもされた。真綿を作るには、玉繭を重曹《じゅうそう》入りの湯で煮て柔らかくし、蛹《さなぎ》を取り除いてから木枠《きわく》や手の指あるいは手桶《ておけ》の取っ手などに引っ掛けて伸ばす【図1】。玉繭五、六粒で一枚の真綿とし、これを乾かした後に重ねて保存しておいた。家によってはレンガに引っ掛けて伸ばすこともあり、レンガは水を吸収しやすいので乾くのが早く、重宝であったという。真綿を乾かすには【写真1】のような黒瓦質《くろがしつ》の真綿掛けも用いられ、これは上面に被《かぶ》せた真綿を炭火で温めて乾燥させるものである。

真綿の用途　真綿は、半纏《はんてん》や夜具《やぐ》などに木綿の中綿を入れる際、その上下に薄く延ばして当てられた。真綿には粘りがあるので、これを当てることで中綿がずれるのを防いだのである。また、棒状に成形して裾《すそ》や袖口《そでぐち》のふき綿ともされた。そのほか、真綿を重ねて腰当や背中当てを作ることもあり、これは防寒衣として重宝された。

所沢市では、第二次世界大戦中から終戦直後の衣料不足時代に真綿のチョッキが流行した。これは、真綿をモール状の太糸に伸ばして前身頃《まえみごろ》二枚と後《うし》ろ身頃《みごろ》一枚を織り、それぞれを真綿の太糸で縫い合わせたものである【図2】。考案者は不明であるが、在庫の繭の有効利用法として口伝えでその製作方法が伝授されていったという。同形のチョッキは飯能市にも存在しており、入間地方における広い伝播が想像される。

真綿の呪力《じゅりょく》　真綿の儀礼的な用い方もあった。真綿は魔除《よ》けの呪力を有するとされ、所沢市では、産婆が新生児の頭に真綿を巻いて成長の無事を願う儀礼がある。また、婚礼で花嫁が被るワタボウシも、古くは真綿で作られたという。（宮本）

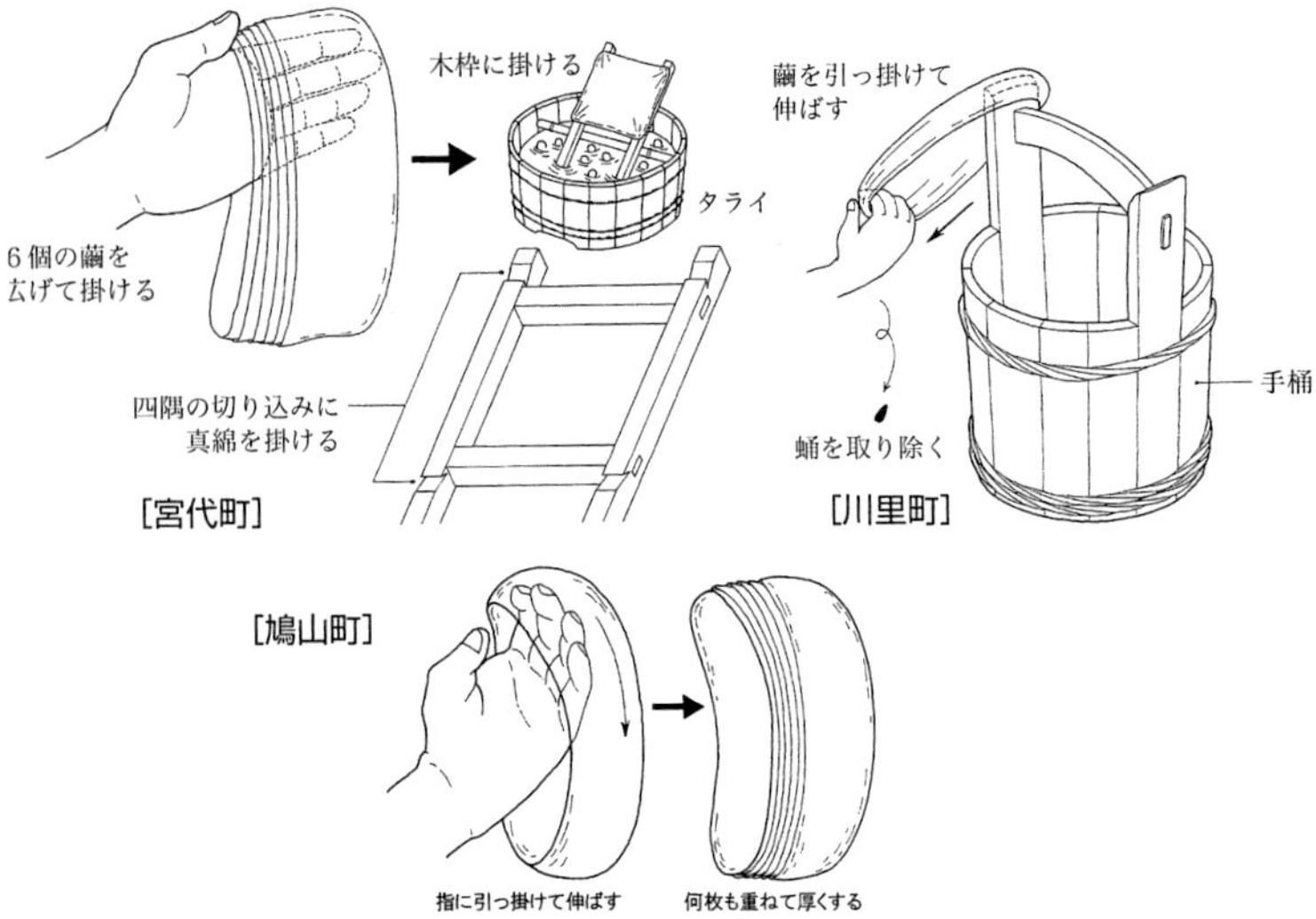

【図1】真綿の作り方

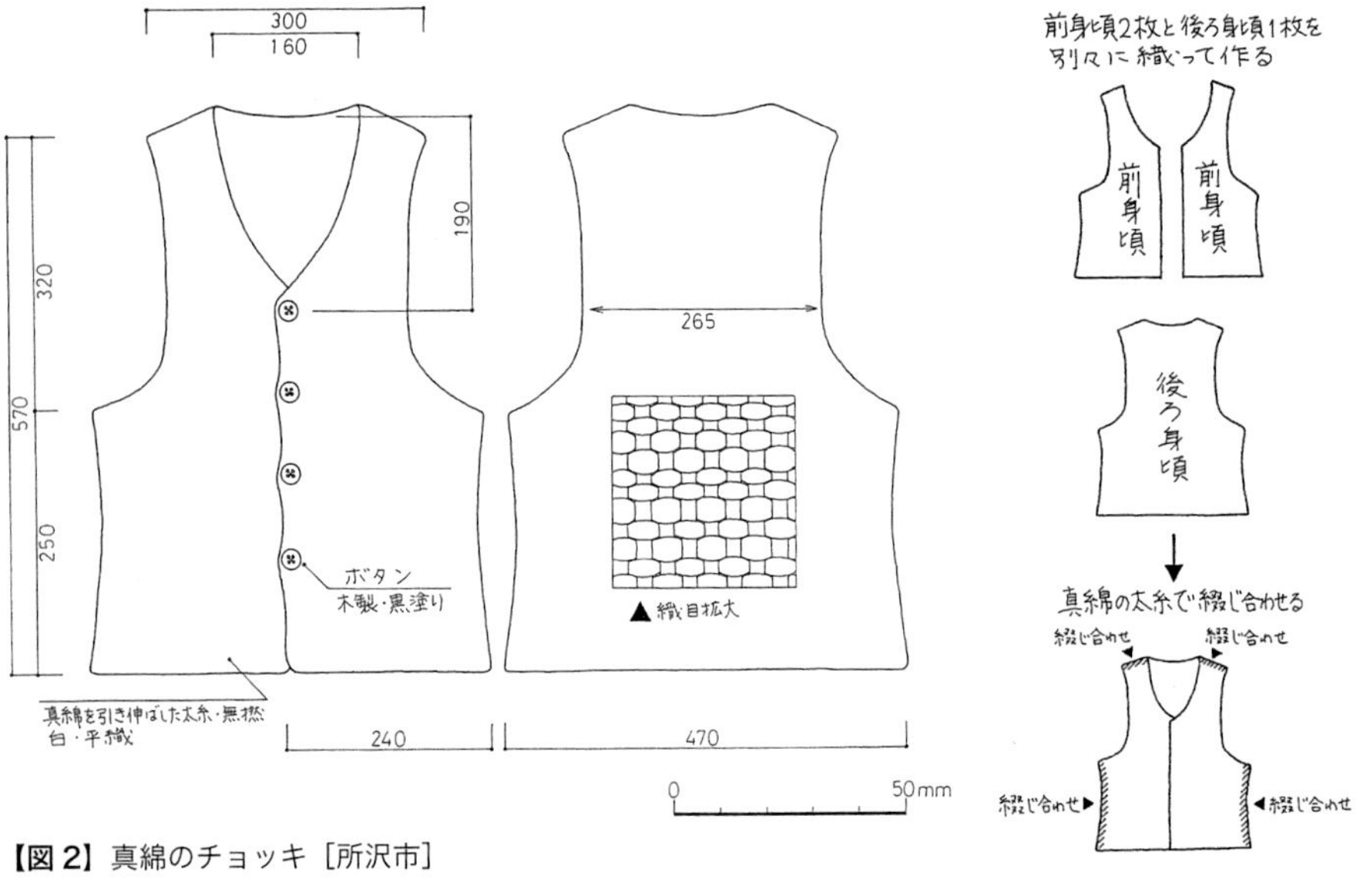

【図2】真綿のチョッキ［所沢市］

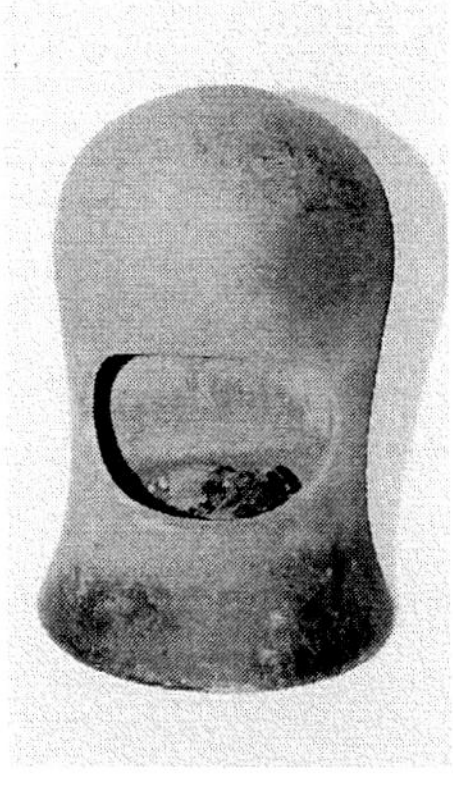
【写真1】真綿掛け（宮代町郷土資料館蔵）

5 昔の農具と今の農具

【牛馬と暮らした日々】……194
【牛馬もつらかった】……196
【古い農具はでかくて重い】……198

【❺昔の農具と今の農具】

牛馬と暮らした日々

耕耘機《こううんき》の普及と農法の変化　私たちの生活の歴史を振り返ってみると、牛馬を家族の一員のように大切にしてきた時代はそんなに遠い昔のことではないことに気づく。昭和三〇年代の中頃までは、農家は牛馬に頼って農業を営んできた【写真1】。人力で行う農業と牛馬の力に依存する畜力《ちくりょく》農業が機械化以前の日本の農業であった。

昭和の一〇年代中頃までは、牛より馬が多く飼われ農耕などに使われていたが、戦争で多くの馬が必要になり軍馬徴発によって農家は馬を手放した。このとき馬一頭が四四五円の高値で売れたと、埼玉県のある農家の古老は今でもはっきり覚えている。その頃の田んぼ一反が五〇〇円くらいであったというから、それに近い値がついたのである。

牛馬が農家から姿を消していくのは、昭和三〇年代半ばの耕耘機の普及からである。この時代は、農耕などには馬より牛が使われていたのであるが、農家は牛を売ってテーラーを導入するようになっていった。

牛馬が姿を消し、農業に機械が導入された昭和三〇年代は、日本農業のルネッサンスの時代である。それは、日本の農法を根底から変えたからである。牛馬を飼育していたときには、毎朝餌《えさ》にする藁《わら》をケイバキリ（カイバキリ＝飼葉切り）といってオシギリ（押し切り）で切って与え、夏期には早朝、誰よりも早く起きて草刈りのいい場所を確保し、餌にする草を刈る。子どもや若者の日課であった。

牛馬とともに消えた堆肥《たいひ》　こうした牛馬を飼育する労力から解放されたが、牛馬によって作られるウマヤゴエ（厩肥）やウシゴエが取れなくなり、化学肥料優先の農業へと転換されていった。ウマヤゴエやウシゴエは堆肥の素になった。毎日、小屋の中へ麦からや藁・落ち葉などを入れて牛馬に踏ませ、一週間もすると糞尿とよく混じっていいウマヤゴエが取れる。これをコイトリマンノウやフォークで取り出し、モッコで堆肥舎に運び積んでおくと発酵していい堆肥ができる。ある農家の古老から、「昔は藁一本も無駄にしなかった」という話を聞いたが、藁や落ち葉は堆肥や灰にして、また土に返した。堆肥を入れた畑や田んぼは地力があり、いい作物ができるのである。

牛馬への想い　農家にとって大切な牛馬は、家族の一員のように扱われてきた。馬小屋も母屋の台所の片隅などが普通で、いつも目が届き、冬の寒さをしのげるところであった。牛馬の健康に気を遣い、健康祈願には馬頭《ばとう》観音を信仰してきた。埼玉県東松山市にある上岡観音《かみおかかんのん》の二月一九日の縁日【写真2】には、馬を着飾ってお参りし、絵馬を求めて来る習わしがあった。かつて馬小屋の柱には、上岡観音で求めてきた馬の安全を願う絵馬が掛けられ、馬への思いやりが見られた。こうした馬への思いやりは、田植えが終わった後のサナブリの儀礼にも見られ、御馳走のうどんやぼた餅《もち》を馬にも与え、田植えのシロカキなどの労をねぎらった。

しかし、馬は高価なものであったからどこの家にもいたわけではなく、数軒で共有する方法も多く取られていた。この方法をウマユイ（馬結い）とかウマヨリエなどと呼ぶところもある。この場合、馬を二軒で共有することを「二本足持ち」あるいは「二本足」といい、四軒で共有することを「一本足持ち」「一本足」などといった。また、貸し出し用の多くの馬を所有していたバクロウから一日いくらで借りる家もあった。

このように、農業を営む上で馬や牛といい関係を持ちながら生活してきた長い歴史がある。

（大舘）

【写真 1】安政４年絵馬［行田市］一江戸時代には、馬が運搬に利用されていたことがわかるが、明治以降、農耕馬が広く普及していった一

【写真 2】上岡観音縁日の絵馬市［東松山市］

【写真 3】タウナイに使われる馬［行田市］

【❺昔の農具と今の農具】

牛馬もつらかった

機械化が生活を変えた　昭和三〇年代半ばの耕《こう》耘機《うんき》の普及は、日本の農業をはじめとして日々の暮らしを大きく変えていく。その半面、牛馬耕《ぎゅうばこう》の斜陽化は急で、多くの牛馬はリストラの憂《う》き目に遭《あ》い、牛馬と共存してきた生活の歴史は終わる。

　牛馬は、農耕や脱穀・調製、運送など、さまざまな分野で活躍してきた。現代生活に不可欠の機械や自動車の役割を担ってきた割に、人々はその恩恵を忘れつつある。牛馬のことだけでなく、最も大切であるはずの人々の生活の歴史や民俗文化は忘れられることも早く、記録にとどめることやそれらを民俗教育として若い世代に教える機会も少ない。もう昭和時代の暮らしぶりさえ記憶がおぼつかなくなっている。

オンガ　さて、動力のテーラーが普及する前の畜力《ちくりょく》農耕は、オンガと呼ばれる大きな犂《すき》【写真1】が明治時代から用いられていた。オンガとは、「大鍬《おおぐわ》」すなわち「大きな鍬」の意であるが、実際は牛馬に引かせて田んぼや畑を耕す犂である。鉄製の犂先で地中を切り進み、ヘラの部分で土の塊《かたまり》を反転させる仕組み。明治時代から大正時代にかけて普及したオンガは、大型で重量がある。「一人で担げれば一人前」といわれたように成人男子がやっと担げるような大型の農具である。このような大きな農具を引く牛馬もさぞかし重かったろう。

　明治時代から大正時代にかけて普及した大型の犂―大鍬は、場所によりテッポウとも呼ばれた。このオンガは在地産で、器用な人は杉で自作し、鉄製の犂先を金物屋から購入して付けた。また、大工に依頼して作ってもらうこともあった。

改良オンガ　大正時代には、このオンガを改良したメーカー製の改良型の改良犂《すき》【写真2】が普及し、馬耕《ばこう》が本格化する。在地産のオンガと比べ小型化し、軽量で性能が良い。「単用犂《たんようすき》」といって土の塊を一方方向にしか返せなかったものから、「両用犂《りょうようすき》」といってヘラの向きを変えることによって両方向に土の塊を返すことができる犂が普及した。こうしたメーカー製の犂は「改良オンガ」と呼ばれ、大正時代から昭和三〇年代のテーラーの普及まで広く採用された。「日《ひ》の本号《もとごう》」「高北式」「松山式」といった犂が多くの家で備えられ、まさに馬耕の時代が長く続いた。

石製ムギコナシ　この時代、麦の脱穀や稲の籾《もみ》摺《す》りなどにも牛馬が使われ、麦の脱穀には畜力による石製ムギコナシ【写真3】が一部の地域で採用された。これは、大きなローラー型の石を牛馬に引かせて石の重みで麦を粒に落とすもの。大正時代に普及したもので、埼玉県の例では北埼玉郡や南埼玉郡、大里郡、北葛飾郡などの大きな農家で導入された。足踏み輪転機（脱穀機）で脱穀した麦を庭一面に広げて干し、よく乾燥した麦の上を牛馬がひくムギコナシを回転させて、穂についている麦の粒を落とす。真夏の暑いさなかの、牛馬も人もたいへんな作業。それまでの人力によるクルリボウやフリボウを使っての麦打ちを、この時代牛馬の力に依存した。牛馬もきっとつらかった。

（大舘）

【写真 1】 オンガ（大鍬）─明治末期か大正末期に、小川町の金物店から歯先を購入し、自分の家の山の木を使って自家で作ったもの。田んぼや大きい畑で使ったという─［東秩父村］

【写真 2】 改良オンガ「日の本号」

【写真 3】 ムギコナシ［行田市］

【❺昔の農具と今の農具】

古い農具はでかくて重い

小型化する農具　今日私たちが使用する機械類の中には、大型のものから小型・軽量化へと進歩の足取りをたどってきたものが多い。特に精密機器の小型化などは日本人の得意としてきた分野である。

農具においても、おおむね古い農具ほど大きく、時代とともに小型・軽量化してきたものが多い。こうした変化の傾向は特に大正時代に入って見られ、この時代は道具の種類も多くなってくる。しかし、農具全体から見ればその変化は遅速で、古代の農具がそのまま昭和の時代まで使われているようなものも結構ある。

エンガとマンノウ　田畑を人力で耕す基本農具として、エンガ（柄鍬《えぐわ》）【写真1・3・4】とマンノウ（万能）がある。マンノウは、田んぼと畑の両方に使われるが、エンガは畑うないのみに使われる。このほか、山野の開墾や桑《くわ》畑の桑の根掘りなどに、古くから使われてきたクロクワと呼ぶ重厚な鍬がある。江戸時代には、新田開発などにもっぱら使われてきたものである。

エンガは「柄鍬」の意であり、文字通り二メートルを超える長い柄が付き、中には二メートル四〇センチくらいの柄がついているものもある。秩父地方ではインガとも呼ばれるが、ムグリと呼ぶところが多い。ムグル（潜ぐる）・モグルという、「地中に入り込む」という意味から付けられた呼称である。エンガという呼称は、この農具の形態を的確にとらえた呼称であり、ムグリという呼称は機能面の特色をよくとらえている。「土を深く耕すことができる鍬」との賛辞が感じられる。

エンガの形態と使い方　エンガは、長い柄が欅《けやき》や桜の板でできたヘラ（エンガ板）にすげられ、ヘラの先にエンガッカネという刃が付けられる【写真5】。エンガの本体は大工や棒屋《ぼうや》職人に作ってもらい、刃を金物屋で購入して自分ですげることが多い。後にエンガを農機具店で購入することもできるようになった。

エンガで畑をうなうことをエンガフミ（柄鍬踏み）という。手で長い柄の上部と中央部を握り、足をヘラの踏み板にかけて体重を利用して踏み込み、ヘラが地中に深く入ったところで柄を下に押すと刃先が上がって土が掘り起こされる。そしてエンガを横に倒すと土の塊がひっくり返る。つまり、天地返しができるのである。

このように、土を返しながら後ずさりしていく方法が多く採用されていた。

うない方　うない方は、ヒラウナイとオオウネという二つのうない方がある。ヒラウナイは、左右どちらか一方向に土を返していく方法である。

オオウネは、左右に土を返して畑全体に大きな畝《うね》をいくつも作り、そのまましばらく置いて溝に堆肥《たいひ》を入れてから高くなっている畝をエンガで掘り起こす方法である。これは、仕事に余裕のある場合のていねいなうない方である。

エンガは、大型の農具であるが深くうなえ、長い柄をてこに天地返しが完全にできるので堆肥をうない込むのに優れている。堆肥を用いた有機農業に適した農具といえよう。しかし、一人前の男性で一日四、五畝《せ》をうなうのが精一杯で、労力や能率面から新しい農具へと転換されていく。

エンガに代わって早い地域や家では、昭和一〇年代にマンノウや畜力犂《ちくりょくすき》に変わり、遅くまで使用していたところでは昭和三〇年代までエンガに依存した。その時代には、耕耘機《こううんき》が出現してエンガはもちろんのことマンノウも犂も物置に置かれたままとなり、機械の導入が適さない山間の地でも人力による小型・軽量化した改良エンガ【写真2】が普及していった。（大舘）

［参考文献］
埼玉県立歴史資料館『麦作りとその用具』一九八五

【写真 1】エンガフミーエンガを踏み込むー［行田市］

【写真 2】二挺並んだ改良エンガー昭和 59 年ー［小鹿野町］

【写真 3】エンガ―昭和 59 年―［皆野町］

【写真 4】エンガ

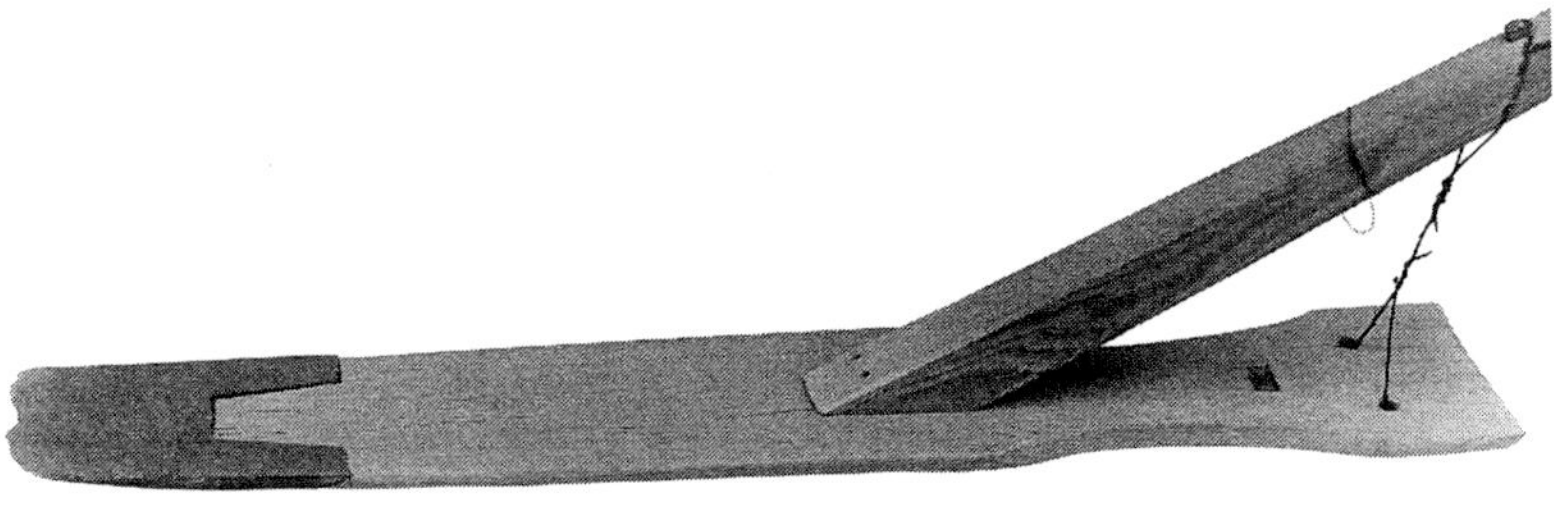

【写真 5】エンガ（部分）

エンガで畑をうなったあと、大きな土の塊を砕いて細かくし、畑を平らにする。これには、地域によりいろいろな道具が用いられるが、広く一般に用いられた道具にフリマンガ（振り馬鍬）がある。

フリマンガは、鳥居型をした柄の両側を持って左右に振り、土の塊を砕く一人用のフリマンガと、二人で用いるフリマンガがある。二人用のフリマンガは、俗に「夫婦マンガ」と呼ばれる。大正時代から普及し、一人用のフリマンガで、一日五、六畝の畑を整地することができた。

【写真 7】二人用のフリマンガ―昭和 59 年―［皆野町］

【写真 6】一人用のフリマンガ―昭和 60 年―［嵐山町］

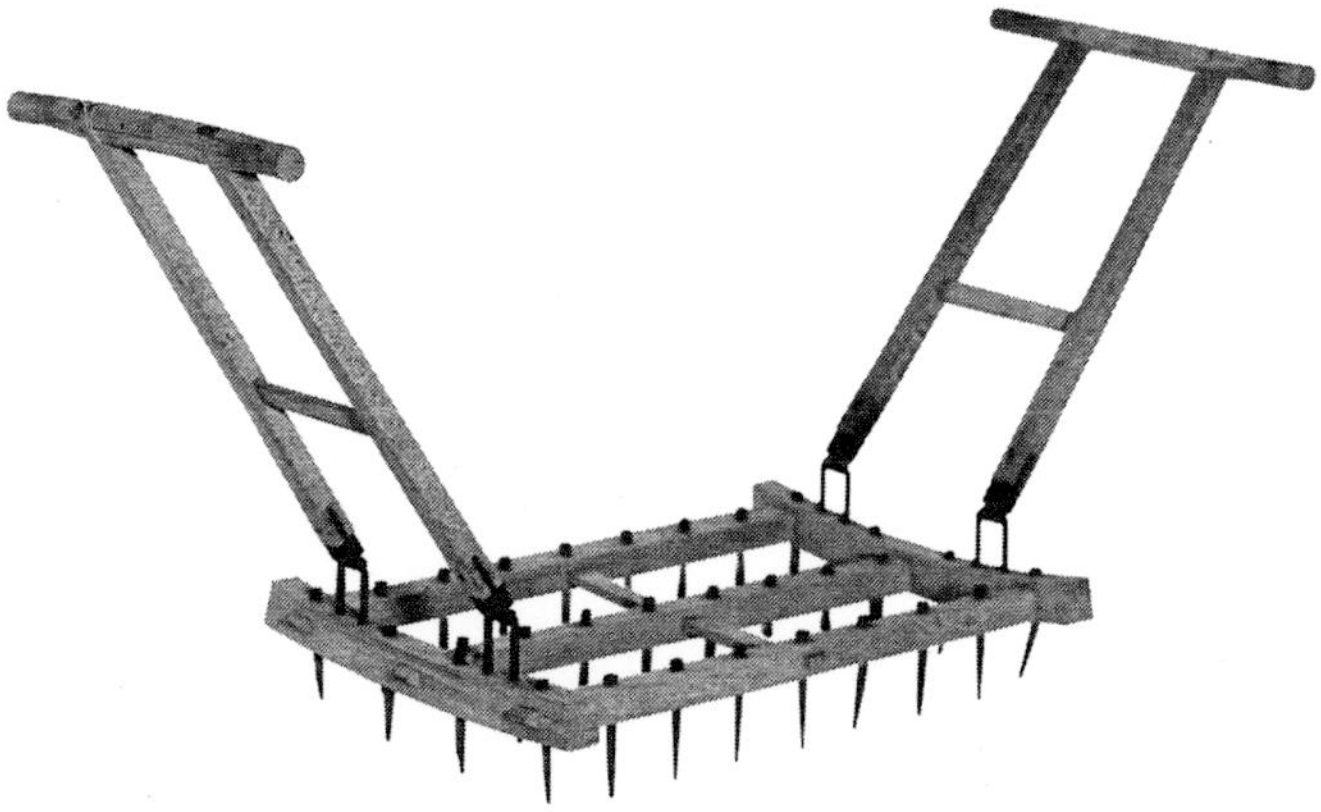

【写真 9】フリマンガ（二人用）

【写真 8】フリマンガ（一人用）

6 雑木林の恵み

【クズハキ・木の葉ハキ・シバハキ】……204
【落ち葉の恵み】……206
【里山（雑木林）の利用】……208
【炭焼きの時代】……212
【炭材の確保と炭の出荷】……214
【シロケシとクロケシの製法】……216

【❻雑木林の恵み】クズハキ・木の葉ハキ・シバハキ

落ち葉掃きの呼び方　ヤマの落ち葉を燃料や堆《たい》肥《ひ》を作るために熊手を使って掃く作業を、今は「落ち葉掃き」といい、この言葉が共通語になりつつある。しかし、埼玉県内でも入間地方では「クズハキ」といい、比企地方では「木の葉ハキ」という。また、松の落ち葉を掃くことを別に「クズギハキ」という。そして秩父地方では「シバハキ」という。比企地方では落ち葉を保存する施設を「木の葉宿」【図1】と風情のある呼び名を用いるなど、落ち葉掃きに関する呼称には地域的な特色がある。共通語が優勢な昨今、こうした地域の言葉を大切にしたいものである。

クズハキの手順　ここでは、筆者が親しんできたクズハキの呼称を用いる。クズハキは、一二月頃から二月頃にかけて雪が降る前に行うのが良い。クズハキをする前に下刈り《したがり》・根刈り《ねがり》などといって篠《しの》や下草《したくさ》を鎌で刈る作業がある【写真1】。同時に枯れ枝などを取り除いてクズハキをしやすくする。下刈りした篠や下草などはボヤともいい、いい燃料になる。ヤマを所有しない家では、落ち葉を無料で掃かせてもらう条件として、このボヤをヤマ主に半分渡す慣行が比企地方にはあった。この慣行をカリワケ（刈り分け）という。かつてサツマ床や苗床を大規模に作っていたところでは、落ち葉を大量に必要としたので、このような方法で掃かせてもらった。ヤマがきれいになるので、山主も喜んでこの慣行を受け入れた。ヤマの維持管理には、山主とヤマ仕事に従事する人たちの相互扶助の関係が随所に見られる。

ヤマの落ち葉は、コナラ・クヌギが主体で松葉などが混在する。コナラやクヌギは薪《まき》や炭の良質な木材でカタギ（堅木）と呼ばれる。これらの落ち葉は燃料として囲炉裏《いろり》などで用いられてきたほか、有機農業を営む堆肥の材料となる。コナラの葉はクヌギより厚手で、堆肥にしたときに減量しないので良いという。

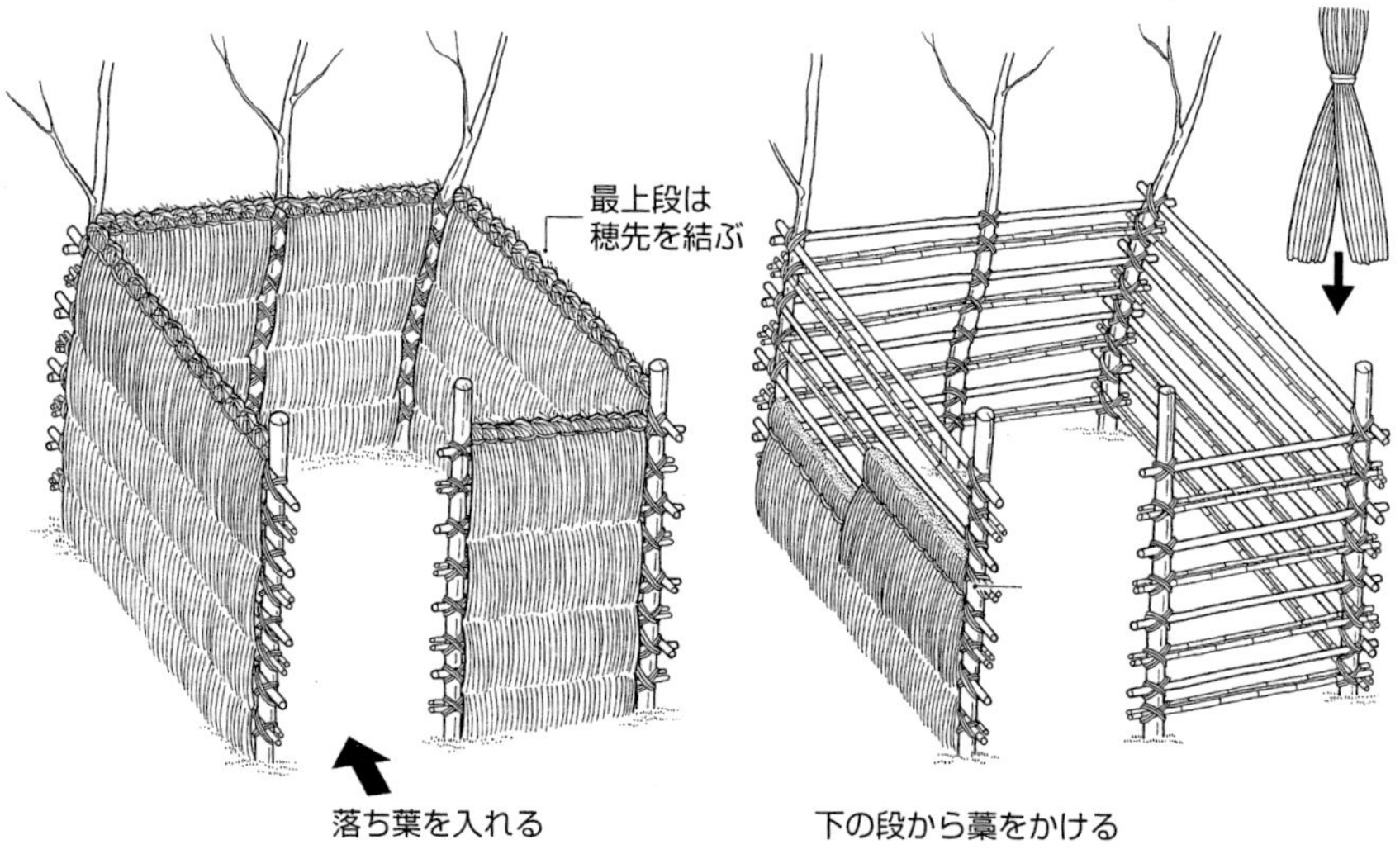
最上段は
穂先を結ぶ
落ち葉を入れる
下の段から藁をかける
【図1】木の葉宿一間口奥行は2～3間。高さは約2m一

掃き方と籠詰め　クズハキには熊手を用いる【写真2】。傾斜のあるヤマでは、上から下へ掃き降ろし、掃きためて籠《かご》に詰める。平坦地ではところどころに掃きためて籠に詰める。この籠は、竹製の目の大きな籠で比企地方ではコノハッカゴ・キハキカゴなどといい、入間地方ではハチホンバサミなどと呼んでいる。籠に落ち葉をふんづめて【写真3・4】、最後に口の部分により多くの落ち葉を詰めるためにクチヅメ（口詰め）という詰め方をする。この口詰めを比企地方ではタテといい、厚く固く重ね合わせた落ち葉の塊《かたまり》を四つか五つ詰め、最後にクサビといって同じような落ち葉の塊を強く押し込む。こうすると、大量の落ち葉が籠に詰まり、縄を掛けなくても落ちない。今では、籠のほかに箱枠を使って落ち葉の大きな塊を作り、落ち葉だけを家に運ぶ方法もとられている【写真5】。

クズハキの効果　クズハキの済んだヤマは、まだ冬のさなかというのに青々とした地面が顔を出す。こうして手入れの行き届いた雑木林には、春にはわらびやぜんまいが姿を現し、秋にはさまざまな茸《きのこ》が採れ、四季折々の味覚を楽しむことができるのである。

（大舘）

【写真 1】クズハキ前の下刈り—下草などを刈り、クズハキをしやすくする—

【写真 2】クズハキ

【写真 3】クズハキカゴに落ち葉を詰めこむ

【写真 4】クズハキカゴに落ち葉を詰めこむ

【写真 5】箱枠に詰めて落ち葉のかたまりを作り、縄で結く

【❻ 雑木林の恵み】
落ち葉の恵み

クズハキの季節　クズハキは、一二月から一月にかけて、雪の降る前に行われてきた【写真3】。雪の降る前の落ち葉はよく燃えるので、雪がまだ降らないうちにクズハキを済ませ、それから正月を迎えるという生活が久しく続けられてきた。したがって、ヤマ（雑木林）のある地域では、一二月はクズハキでたいへん忙しかった。かつて正月を二月正月で行っていた時代には、一月に入ってもクズハキができたので、ゆとりをもって正月を迎えることができたのである。

燃料として　落ち葉は燃料として、また堆肥《たいひ》を作る材料としてなくてはならないものであった。燃料としては、食べ物の煮炊きにガスや電気が広く一般に普及する昭和三〇年代まで利用されてきた。たいがいの農家には囲炉裏《いろり》【写真1】があり、囲炉裏の燃料として落ち葉は不可欠なものであった。囲炉裏の自在鉤《じざいかぎ》に鉄瓶《てつびん》をかけて湯を沸かし、鍋をかけてオツケ（味噌汁のこと）や時には「煮込みうどん」を作り、また冬期には暖をとる燃料として落ち葉を燃やしてきた。囲炉裏で燃やすのは落ち葉やソダなどで、コナラやクヌギなどカタギ（堅木）のいい薪《まき》を燃すのはぜいたくなのである。かつて囲炉裏は、家族だんらんや接客の場として、今の応接間の機能を兼ね備えていた。

囲炉裏で燃やす落ち葉は、主としてコナラやクヌギと松の落ち葉である。松の落ち葉はよく燃え、火力があるので燃料としては落ち葉の中でも別格である。松の落ち葉はヌスットバキ（盗人掃き）といって盗まれることもあり、ヌスットバキされそうなヤマには麦藁《むぎわら》をヤマ一面にまいて防いだ。麦藁の混じる落ち葉を所有していると、ヌスットバキした落ち葉と世間から見られたからである。

肥料として　囲炉裏や竈《かまど》で落ち葉を燃やすと良質の灰が大量にできる。この灰は貴重な肥料として屋外に備えられた甕《かめ》などに一時的に保存し、安全を確かめてから俵《たわら》や叺《かます》に詰めて小屋などに保存される。

埼玉名産のおいしいサツマイモを作るには、特にこの灰が必要なのである。また灰は、堆肥に混ぜていろいろな作物の元肥《もとごえ》にも使われる。人類が火を覚えてから落ち葉や木々を燃やして灰を作り、それをまた畑にまいて農作物を栽培してきた有機農業の伝統がある。今、ダイオキシンの問題で、家で草木を燃やすこともままならず、まして や幼稚園の落ち葉を焚《た》いての焼き芋作りのイベントや、正月の歳神様《としがみさま》を送るとされるドウロクジン焼き（ドンド焼き）まで中止のニュースが一時流された。しかし、こうしたニュースは、落ち葉や山の木々を燃やして自然な生活をしてきた人類の長い歴史と文化を振り返ってみれば、少しおかしな話であることに気づくのである。

【写真1】熊手が供えられた秋の恵比須講―この熊手でクズハキが行われる―［江南町］

山の再生のために　今、多くの雑木林は高齢化し、落ち葉は掃かれず荒廃している。山の再生のためには、コナラやクヌギなどの樹木を計画的に伐採して萌芽更新を図ることである。また、山の下刈りをして落ち葉を掃き、山をきれいにしておくことが必要である。そうして、以前のように落ち葉を掃いて堆肥作りを積極的に行い、落ち葉を燃やした灰を混ぜ、農作物の肥料とする農業を推進し、山と人との関係をとりもどすことである。

（大舘）

【写真 2】囲炉裏のある生活（昭和 30 年代）―［所沢市］

囲炉裏の周りには莚（むしろ）が、莚の上にはござが敷いてある。冬期にはここで暖をとり、鉄瓶（てつびん）で湯を沸かし、オツケも煮る。また、ホーロクをかけて餅を焼いたり、灰の上に脚のついたアミを置いて餅やさつま芋を焼いて食べる。鉄瓶や鍋をかけるための自在鉤（じざいかぎ）が二本設置されていた。

囲炉裏の枠はマッコという。マッコはかたい木で作られているので、キセル（煙管）でたたいてもへこまない。

囲炉裏の上の方にはオカマサマが祀（まつ）られている。天井から板の棚がさげられていて、太い注連縄（しめなわ）が張られ、注連縄に八丁注連が一本さげられている。棚には、五、六寸の藁（わら）を束ねたものに幣束（へいそく）を立てている。

【写真 4】クズハキカゴ［所沢市］

【写真 3】クズハキ［所沢市］

【❻雑木林の恵み】

里山（雑木林）の利用

ヤマと木種《きだね》　以前、埼玉県比企地域において、長い間山仕事の元締めとして「ヤマを買い」（実際は木を買う）、薪《まき》を作って販売し、また自ら炭を焼いて生計を立てていた方から話をたびたびお聞きした。その方の山に対する愛情とそこで働く誇りにすっかり魅せられ、足繁く訪ねたのであった。

　雑木林は普通「ヤマ（山）」と呼ぶ。「里山」とか「雑木林」「クヌギヤマ」などとあらたまって呼ぶことはない。山には、薪や炭に適したコナラやクヌギをはじめ、赤松・桜・エゴの木など、さまざまな木が生えている。これをヤマで働く人たちは「木種」という。「木種がいい」とか「木種が悪い」といい、コナラやクヌギの多い山は「木種がいい山」である。コナラやクヌギは堅木《かたぎ》といい、別格である。

　赤松は雑木と異なり、販売先は川口市の鋳物《いもの》工場や小川町や深谷市の瓦屋《かわらや》に向けられ、また佃煮や納豆などを包む経木《へぎ》として利用された。かつて比企郡滑川町月輪は、つとに知られた経木の生産地であった。

薪炭《しんたん》材　薪炭に必要なコナラやクヌギを供給する雑木林は、人の手によって育成された林である。薪炭材のコナラやクヌギは、用材の杉や檜《ひのき》と比べると伐期が短く、植樹ではなく萌芽によって更新される。つまり、一〇年から一五年くらい生長した木を、ヤマで働く人の言葉を借りて言えば「十年ぼき」とか「十五年ぼき」といって切り、切り口から新芽をふかせ、この新芽を大事に育てるのである。一〇年で切れるヤマは木の生長のいい価値のある山でオビトキヤマ（帯解き山）などと呼ばれる。帯解きとは、子どもの七歳の祝いであり、それに近い年齢のヤマとのたとえである。

老いていく里山　一〇年から一五年くらい生長した木は、人にたとえれば青年期であり、木にも勢いがあり、いい芽を吹かせることができる。これを山で働く人は「芽吹きがいい」という。今、雑木林の木々は相当高齢化が進み、萌芽更新は難産かもしれない。それでも山の木々を間伐ではなく面で伐採して新芽を吹かせ、雑木林を再生していくことが必要である。

　雑木林を観察してみると、高齢化した木は、生きるための競争が激しく少しでも木障《こさ》（木陰《こかげ》）になると枯れていくことが多いようだ。このように自然淘汰が進むと、生き延びる木はあっても木々の間隔があき、本来の雑木林の姿ではなくなる。木々が密生していることを「木足が近い」といってその価値を認めた。ヤマで働く人たちの評価が雑木林の本来の姿なのである。ちなみに、一反（約三〇〇坪）の山から産出される薪は、標準のヤマで三〇〇把、枝は二〇〇把といわれる。

伐採のしかた　木の伐採時期は、原則として山の木が紅葉してから春の彼岸までの期間で、彼岸を過ぎてから切ると「芽吹き」が悪い。彼岸が木を切ることができる境目で、「彼岸分かれ」という言葉が使われる。したがって、薪作りが彼岸過ぎまでかかりそうなときには、あらかじめ彼岸前に「根切り」といって木を伐採しておく。つまり、彼岸前に木を根元から切って倒しておき、薪にするための切り詰め（玉切り）は、彼岸過ぎに行うなどの工夫をしてきた。

　「根切り」する位置も大切である。高い位置で切ると、新芽は強い風に当たって折れてしまう。地面に近い位置で切るのが原則で、その位置を「新芽分かれに切る」という表現をする。新芽を丈夫に生長させるための切り方である。

　このように、雑木林の木を大切に育てるための原則がいくつもあり、山を愛し、山で働く人たちはその原則を忠実に守ってきた。それを怠れば山の神の逆鱗《げきりん》に触れ、山で命を落とすことさえあると信じてきた。今、こうした山の民俗を振り返って山の保全につとめたいものである。（大舘）

［参考文献］
大舘勝治『田畑と雑木林の民俗』慶友社　一九九五

【写真 1】マサカリでネバリ（根張り）を取り、ウケを掘る

【写真 2】マキノコでネギリ（根切り）を行う

【写真 3】ヤ（矢）を打ち込んで切り口を広げる

【写真 4】倒木

【写真 5】玉切る

【写真 6】薪作りと「枝まるき」といって薪にならない枝の部分を束ねる― ［以上嵐山町］

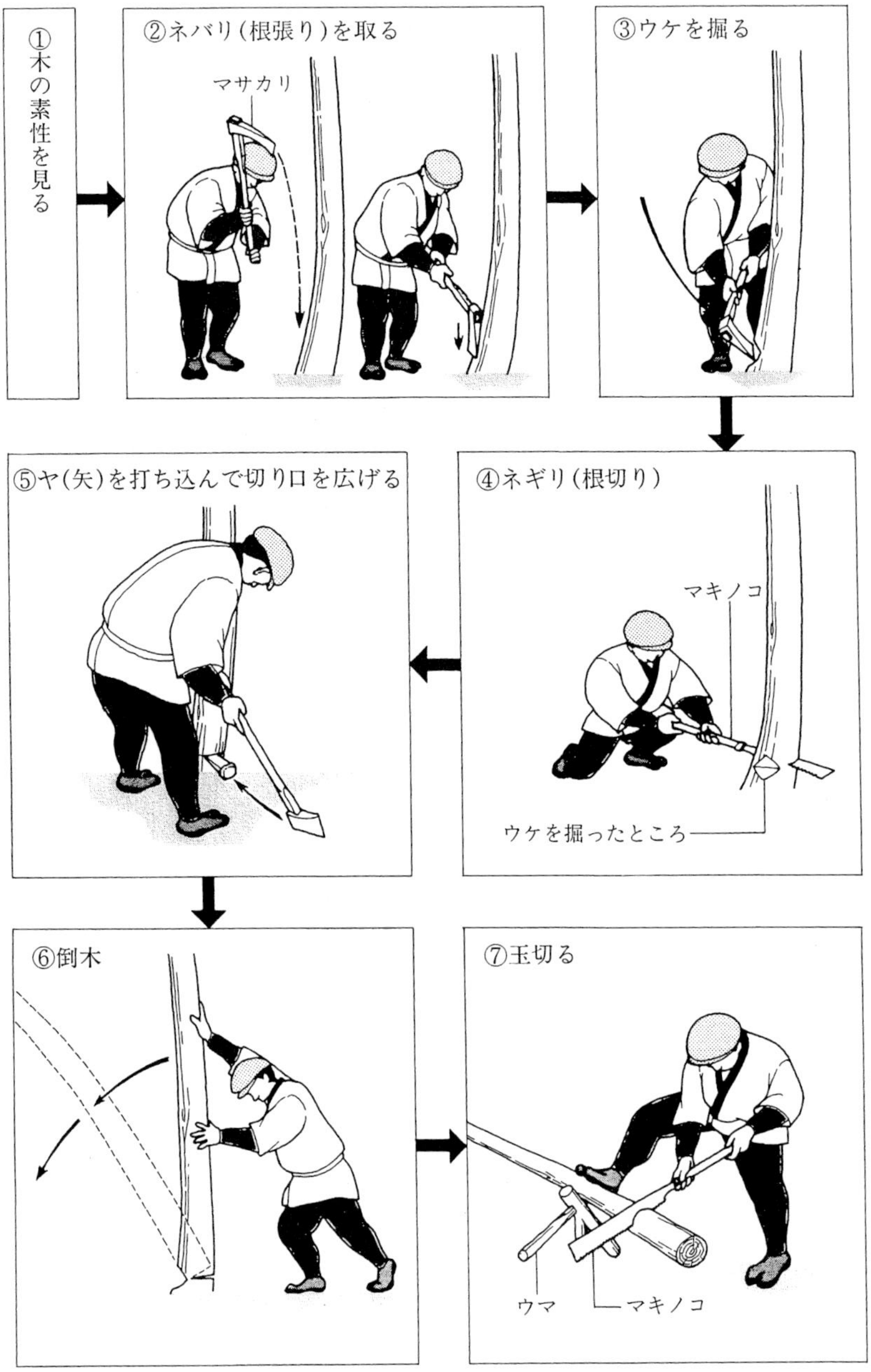
①木の素性を見る
②ネバリ（根張り）を取る
マサカリ
③ウケを掘る
④ネギリ（根切り）
マキノコ
ウケを掘ったところ
⑤ヤ（矢）を打ち込んで切り口を広げる
⑥倒木
⑦玉切る
ウマ
マキノコ

【図 1】木の伐採

【写真 7】マキノコの目立て［嵐山町］

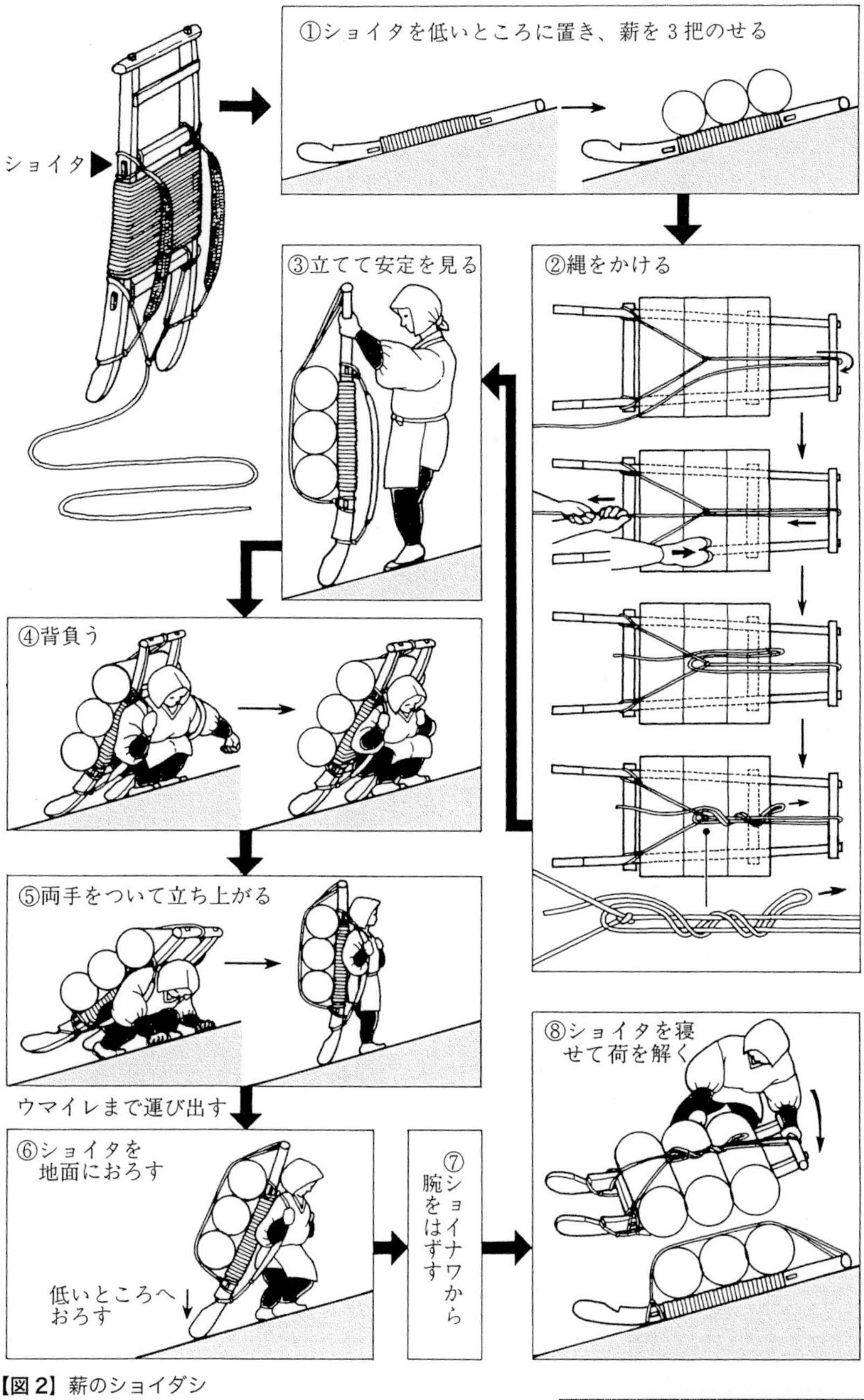
ショイタ
①ショイタを低いところに置き、薪を3把のせる
②縄をかける
③立てて安定を見る
④背負う
⑤両手をついて立ち上がる
ウマイレまで運び出す
⑥ショイタを地面におろす
低いところへおろす
⑦ショイナワから腕をはずす
⑧ショイタを寝せて荷を解く

【図 2】 薪のショイダシ

【写真 8】 薪のショイダシ［嵐山町］

【❻雑木林の恵み】
炭焼きの時代

石油、電気以前のこと　食物の煮炊《た》きや暖房に石油やプロパンガス・電気が広く一般に導入されるのは、第二次世界大戦後の昭和三〇年以降のことである。それまでは、薪《まき》や炭・そだ（木の枝のこと）・藁《わら》などが燃料の中心であった。

　古来、火は日常生活において最も大切なものであった。火を熾《おこ》すことが難しかった時代にあっては、年間をとおして火種を絶やすことはなかった。火種を絶やさないように火種を管理するのは、主婦の大切な役目であったといわれる。

　燃料を大切にした時代には、食物の煮炊きに燃やして残ったオキ（燠《おき》。薪などの燃えさし）は、消し壺に入れて「消し炭」を作り、再利用した。この炭は、コンロなどの燃料として用いるほか、炬燵《こたつ》や行火《あんか》の火として使われる。火が熾りやすく、ちょっと使うには便利な燃料であった。こうした一かけらの「消し炭《けずみ》」をも再利用する生活は、昭和三〇年代くらいまで久しく続けられてきた。

炭焼き　雑木林のコナラやクヌギを炭焼き窯《がま》【写真1】で作る炭は、主として商品として生産されたものである。炭焼きが盛んに行われていたのは、第二次世界大戦直後までで、その後昭和三〇年代を境に急激に減少する。最盛期には、ほとんど全戸で炭焼きを行っていた山間の地域もあったほどである。今でもわずかではあるが、埼玉県の入間や比企・秩父地方では、炭焼きが行われている。

　炭焼きは、それを専業としていた家もあるが、多くは冬期に農間余業《のうかんよぎょう》として行われてきた。炭は農家にとって、農閑期《のうかんき》の大切な収入源の一つで長く農家経営を補完してきた。農業のかたわら炭焼きを行うのは、一二月から翌年の五月頃にかけてであるが、原木の伐採は彼岸までに行うのが原則である。炭材は、コナラやクヌギが中心で、これらはカタギ（堅木）といって良質の炭が焼ける。カタギに対してエゴやソロ、栗はゾウ・ゾウキ（雑木）と呼ばれ、いい炭は焼けない。

経営形態　炭焼きの経営形態としては、いくつかの形がある。一つは、山持ちが自分の山の木を切って焼く方法がある。二つには、山主からヤマ（実際は木）を買って焼く方法がある。三つには、元締が山主からヤマを買ってヤキコ（焼き子）を雇って炭を焼く方法がある。この場合、「一俵いくら」でヤキコに賃金が支払われる。元締を中心とする労働組織（共同体）は、薪炭林における薪作りにも見られる。

　薪作りの場合は、元締が山主から木を買い、木を切って薪を作る山師が枝をまるき（束ね）、シヨイダシ（背負い出し）の人たちを雇って商品としての薪を作る。

窯の設置場所　炭焼き窯は、今では家の近くに常設されているのをよく見かける。かつては原木のある山中に作るのが普通で、そのつど窯を作っては炭を焼くのが一般的であった。窯を作るところをカマバといい、傾斜地が利用される。傾斜地は、土を掘り込むだけで済むからである。また、カマバとしてふさわしい条件として、原木を集めやすいところ、水の便が良いところ、南向きで北風が当たらないところ、炭の搬出に便利なところなどがあげられる。

炭焼きの方法　一般的には、炭窯を用いて焼くシロケシ（白炭）とクロケシ（黒炭）の二つの方法がよく知られている。

　炭の質は、シロケシはクロケシより硬く、叩くと金属音のような音を発する。火の熾りは悪いが、いったん火がつくと火力があり、火持ちがする。かつて養蚕が盛んなころ、蚕室《さんしつ》の暖房の火鉢《ひばち》にはこのシロケシが多く用いられた。古くは、炭焼きはシロケシが主流であったが、昭和時代に入って県の林産物検査所の指導などもあり、クロケシが普及していった。

（大舘）

［参考文献］
大舘勝治『田畑と雑木林の民俗』慶友社　一九九五

【写真 1】炭焼き窯［飯能市］

【写真 2】炭材の薪割り［嵐山町］

【❻ 雑木林の恵み】

炭材の確保と炭の出荷

炭材の確保　炭焼きの材料や燃料の薪《まき》をつくるコナラやクヌギは、彼岸までに切っておかねばならない。炭焼きは普通一二月から五月くらいまで行われるので、「根切り」（伐採）は彼岸前に済ませておく必要がある。木の「根切り」は「新芽分かれに切る」といって、地上に近いところで切るのが良いとされる。高いところで切ると風などで新芽が折れてしまうことがある。ところが、炭焼きにヤマ（木）を売ると、「根っこまで低く切られちゃう」と言われたほど、低いところから切ったという。鋸《のこぎり》で低い株のところから切ると、切るのに手間がかかるが炭にしたとき量が出る。手間賃が安かった時代にはこの方が得策であった。

このような切り方をした木は、「シバ付きの炭材」といい、また木の格好から「長靴をはいたようだ」とか「まるでラッキョウのようだ」などと豊かな表現をする。

炭俵《すみだわら》編み　炭の出荷は、古くは炭俵であった。米や麦が稲藁《いなわら》で編んだ俵が使用されたのに対し、炭俵は茅《かや》で編んだ俵である。炭焼きが盛んに行われていたころは、秋の麦蒔《ま》きが終わると一斉に茅刈《が》りが始まる。茅刈りは男性の仕事であるが、俵編みに必要な縄ないと俵編みはオンナシ（女衆）

【写真 1】炭俵用のカヤ刈り［皆野町］

【写真 2】炭俵用のカヤの運搬

【写真 3】炭俵編み［皆野町］

の冬場の仕事であったといわれる。特に縄ないは夜なべ仕事で、囲炉裏《いろり》で暖をとりながら翌日の俵編みに必要な縄を編む。この縄は細い縄で、手でチョリンチョリンとなったといわれる。囲炉裏の周りは、夜遅くまで暖かい。

俵編みは、日中、日当たりがいいところで行われる。「俵編み台」と呼ばれる素朴な道具を使って編む。炭は、この炭俵に詰められ、各地に出荷される。

炭俵の運搬　人力の場合はもっぱらショイタ（背負い板）が使われる。ショイタに男性なら炭俵を三、四俵付けて道のいいところまで運び出す。ショイタは薪を運び出すときにも使われ、山仕事には不可欠の道具である。かつて農山村では、ショイタのない生活は考えられなかったほどの優れものである。

ムラの炭焼き風景　炭焼きは、冬から春にかけて主に農閑期の仕事として行われ、農家の生活をうるおしてきた。炭の消費量が多い東京に隣接する埼玉県は、炭焼きは特に盛んで、最盛期のころは炭焼き窯《がま》の煙がそちこちにのぼっていた。その煙が、風のない日は山里あたりに棚引き、ムラは静寂な空気に包まれる。昭和三〇年（一九五五）頃までの「炭焼きのムラ」の原風景である。それ以後、炭焼きは激減していった。

（大舘）

［参考文献］
埼玉県立歴史資料館『農間余業とその用具』一九八七

【写真 4】 炭俵（角俵）詰め一口と底にアテイタをあて、角形にして炭俵を詰める一［皆野町］

【写真 5】 棒秤で 4 貫目を量る

【写真 6】 炭俵に縄をかける

【写真 7】 炭俵の角俵（左）と丸俵

【❻ 雑木林の恵み】

シロケシとクロケシの製法

二つの炭焼き法　炭焼きの方法には、シロケシ（白炭）とクロケシ（黒炭）の二つの方法がよく知られている。シロケシとクロケシの違いは、シロケシは赤々と焼けている炭を窯《かま》から掃《は》き出し、ゴバイと呼ぶ灰をかけて消すのに対し、クロケシは窯の中で焼けた炭を消す。両者には、消し方に根本的な違いがある。

シロケシ　シロケシによる炭焼きは、焼けた炭をイブリという道具で窯口へ掃《は》きだし、真っ赤な炭をハサミでカマニワ（窯庭）に運びゴバイをかける。燃えている炭にゴバイをかけて酸素を遮断し火を消すのである。慣れてる作業とはいえ緊張の走る一瞬である。ゴバイは、灰へ炭素の屑粉《くずこ》を混ぜ、少量の水を加え湿らせたもの。

三、四〇分後、ゴバイの中から出来たての炭を取り出す。窯の中で約一二〇〇度といわれる温度で精練されたシロズミの誕生である。炭はある程度の長さにそろえるが、決まった長さがあるわけではない。切断には鋸《のこぎり》は使用せず、両手で膝《ひざ》などに当てて割る方法である。したがって、切り口はそろわない。

窯から焼けた炭を取り出すと、休む間もなくまだ火の残る焼けた窯へ炭材を詰め込む。熱い窯の中へ炭材のコナラやクヌギをタテマタという道具で押し込み、奥から順に立てかける。熟練を要する作業である。こうして炭材の詰め込みが終わると窯口をふさぎ、タキグチへ焚《た》き付けのソダを入れて点火する。窯の温度が八〇度になると、炭材に火が点き燃焼する。炭材の燃焼と精練の時間は、炭材によって異なるが一日以上は優にかかる。その間、窯の中の様子は炎や煙の色、におい、煙の流れなどによって判断する。長年の炭焼きの熟練者のみが知る知識である。

クロケシ　次に、クロケシ（黒炭）の焼き方について触れてみよう。

炭は炭焼き窯で焼かれるが、炭焼きを開始したら炭窯を空にしておくことはない。炭を出して空にしておくと凍《こお》って窯が崩れてしまう恐れがある。「今日、炭出しした」といえば、次の炭焼き用の炭材を窯にくべる作業を意味する。

炭窯は、主として粘土質の土にシトリ（水気）を加え、土を固めるために少量の石灰とセメントを加えて作られる。大きさは、炭の需要によって異なるが筆者が見たものは、奥行きが二・四メートル、幅は広いところで二メートルくらいである。奥が広く、炭材をくべる入口近くがすぼまり、壺を横にしたような形である。五〇センチほどの狭い開口部から炭材をくべる。

窯の天井までの高さは一メートル以上あり、ここに長さ七五センチほどのコナラやクヌギの炭材を隙間なく立ち並べる。背をかがめての作業である。炭材は、太さ一五センチくらいまではそのまま用いるが、それ以上のものは四つ割りにして用いる。太い炭材は炭になったとき砕けやすく、硬い良い炭にならないといわれている。山の木を一〇年から一五年周期に切るのもうなずける。

丸い天井と炭材との隙間には「乗せ木」をびっしり詰める。乗せ木に着火した火は、炭材の上から下へ火を回す重要な役割を果たすのである。

こうして炭材の詰め込みが終わると、焚《た》き口へタキツケ（焚き付け）を置いて着火し、窯内の温度を上げるために絶えず焚き口から風を送る。タキツケの補給をしながら、やがて窯の煙突の温度が摂氏八〇度になると、焚き口へ土管を入れて周りを土でふさぐ。

炭材に着火、窯内の温度が上昇する。白い煙が途切れなくたなびき、やがて煙は「青ゲム（煙）」になる。窯口をふさぎクド（煙出し）を止める。煙が窯内の様子を伝える。

炭が焼けるまで二昼夜から二昼夜半かかり、炭の取り出しにはさらに四、五日かかる。窯の口を開けるときが、期待と不安の緊張が走る瞬間である。

（大舘）

［参考文献］

埼玉県立歴史資料館『農間余業とその用具』一九八七

【写真 1】シロケシの取り出し［嵐山町］

【写真 2】炭窯から取り出した真赤な炭にゴバイをかける

【写真 4】炭を玉切る［皆野町］

【写真 3】クロケシを窯から出す［皆野町］

第三章　暮らしの原風景

1 農家の住まい

【農家の屋敷取り】……222
【母屋の間取りと使い方】……226
＊食事の場と座 233
＊箱膳とちゃぶ台 236
＊夜具と寝間着 237
【台所と水まわり】……239
＊釜小屋・味噌小屋・炊き場 244
【住まいの火―煮炊きの火・暖房の火・明かりの火―】……247
【女性が描く住まいの動線】……250
【涼、いろいろ】……256
【「涼」の蚊帳、「暖」の紙帳】……258

【❶農家の住まい】

農家の屋敷取り

基本は江戸時代　農家の屋敷の構成は、地域や村の成立した時代、あるいは家が造られた時代によっても異なる。また、地域の生業形態によってもずいぶん異なることは言うまでもない。

今日伝えられている農家の屋敷は、太閤検地↓徳川検地によって成立したと言われる。小農民の自立により形成されたものが大半とされる。徳川幕府は自立した農民経営の維持のために、寛永末から慶安期に緻密な農政を展開する。この頃、川越藩主松平伊豆守信綱は自領の農民に対して、

一　小百姓にいたるまで便所を作り、溜桶《ためおけ》を設置して肥《こえ》を大切に蓄え、また毎日、庭の掃除を行い、はきだめを灰に焼き、肥をつくらねばならない。

一　馬小屋で馬に踏ませた土を掘り起こして肥料とし、馬小屋には新しい土を入れて、また踏ませて畑に運びなさい。馬小屋の土を畑に入れるときは雨降りに行うのがよい。それは肥汁が他人の畑に移らず、自分の畑のために効率がよい。

などと細かに指示している。「馬小屋に新しい土を入れる」とは、近年のクズ（落ち葉のこと）や麦カラ（幹《から》）や稲藁《いなわら》を入れたやり方と異なるところである。

こうした幕府や川越藩の指導が農家の屋敷構えに大きな影響を与えてきたと思われるが、次に所沢市域に昭和三八年（一九六三）まで存在したある農家の屋敷構えについて概観してみよう。

O家の母屋は、狭山丘陵の北麓の台地に南南東に向いて建てられている【図1】。母屋の裏には公道が通り、公道と屋敷の境には、クネと称す生け垣がある。主として樫《かし》の生け垣である。生け垣の所々には樫と欅《けやき》の大木があり、冬季の強い北風を遮断していた。第二次世界大戦中は、樫の大木は船などの材として供出を余儀なくされた。

生け垣は、東側と西側の屋敷境にもあり、西側は隣家との境をつくり、隣家と行き交う通路が開けられていた。母屋の南面は垣根がなく、広い庭を通って前畑に続く。生け垣の修復はクネユイと

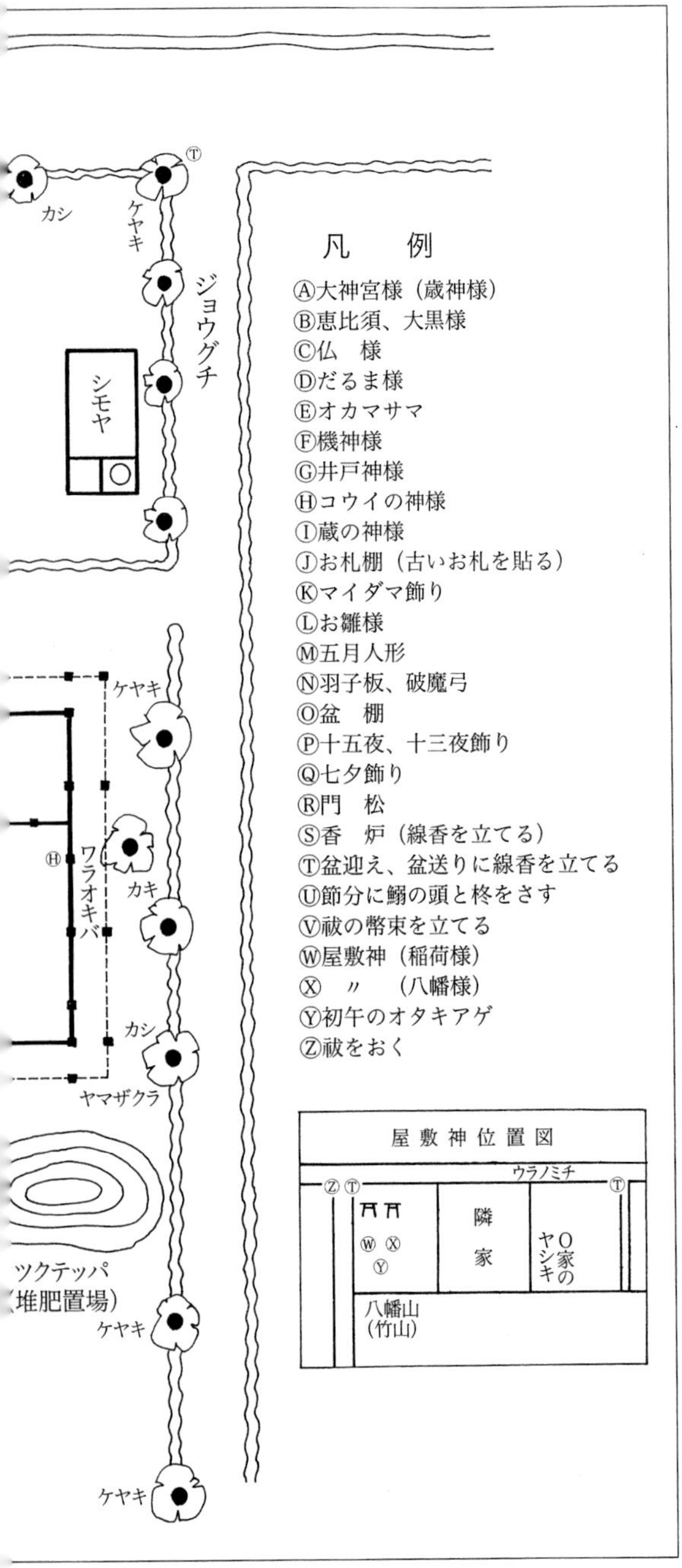

カシ
ケヤキ
Ⓣ
ジョウグチ
シモヤ
凡　例
Ⓐ大神宮様（歳神様）
Ⓑ恵比須、大黒様
Ⓒ仏　様
Ⓓだるま様
Ⓔオカマサマ
Ⓕ機神様
Ⓖ井戸神様
Ⓗコウイの神様
Ⓘ蔵の神様
Ⓙお札棚（古いお札を貼る）
Ⓚマイダマ飾り
Ⓛお雛様
Ⓜ五月人形
Ⓝ羽子板、破魔弓
Ⓞ盆　棚
Ⓟ十五夜、十三夜飾り
Ⓠ七夕飾り
Ⓡ門　松
Ⓢ香　炉（線香を立てる）
Ⓣ盆迎え、盆送りに線香を立てる
Ⓤ節分に鰯の頭と柊をさす
Ⓥ祓の幣束を立てる
Ⓦ屋敷神（稲荷様）
Ⓧ　〃　（八幡様）
Ⓨ初午のオタキアゲ
Ⓩ祓をおく
ケヤキ
Ⓗ
ワラオキバ
カキ
カシ
ヤマザクラ
ツクテッパ
（堆肥置場）
ケヤキ
ケヤキ
屋敷神位置図
ウラノミチ
Ⓩ Ⓣ
Ⓦ Ⓧ Ⓨ
隣家
O家のヤシキ
八幡山
（竹山）

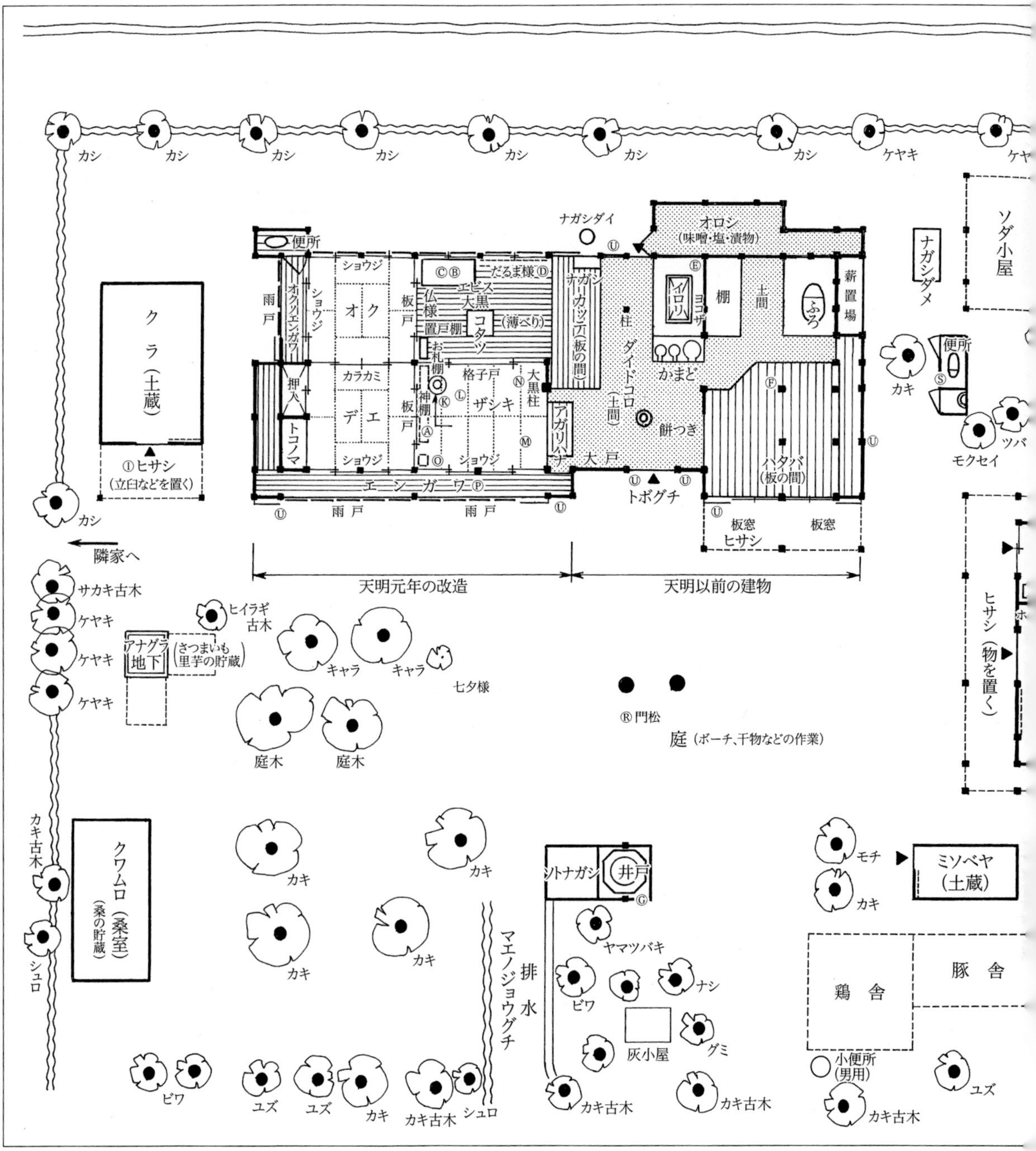

【図１】家の屋敷配置と母屋の間取り

【写真1】母屋

いって正月前に行う習わしである。

取り付け道　ウラノミチと称する公道から屋敷に通じる道は、ジョウグチ（常口）と呼ばれている。他地域ではケイド（垣内）と呼んでいるところが多い。ジョウグチは、裏と前の二か所あり、荷車やリヤカーが通れる広さである。

母屋　母屋は間口八間、奥行四・五間の広さを持つ。創建時は明らかではないが、建物の半分は天明元年（一七八一）に改造したとする墨書銘があり、後の半分はそれ以前の創建と考えられる。屋根型は入母屋造《いりもやづく》りで、煙を出す気管があがっている。軒は低い。屋根材は、麦カラとカヤで、麦カラ七、カヤ三のマゼブキ、すなわち混合葺《ぶ》きである。カヤは押さえ程度に使い、麦カラを三かわ並べ、その上にカヤを一かわ並べ、ホコダケを渡して縄で締める。

間取り　玄関をトボグチという。トボグチを入ると広い土間があり、ダイドコないしはダイドコロと呼ぶ。土製のオオカマド一基と手製の移動可能なヘッツイが二基がある。オオカマドは、茶の青葉を蒸したり、醤油造りの大豆を煮たり、餅《もち》つきの際糯米《もちごめ》をふかすなどに使われる。ダイドコロの奥に囲炉裏《いろり》がある。鉄瓶《てつびん》で湯を沸かしたり、つる鍋を掛けてオツケ（味噌汁のこと）を煮たり、冬季には暖を取る。客も招く場所でもある。

土間に隣接して機場《はたば》がある。大正末期まで木綿織物が織られた。南面に明かり取りの窓がある。この空間は後に養蚕の蚕室に使われた。

風呂は家の北側にあり、薄暗いところである。スイホロといい、古くは木の桶で、その後、昭和二二、三年（一九四七、八）頃にゴエモンブロが採用された。燃料は藁《わら》やクズッパ（落ち葉のこと）、木の小枝、農作物のカラ（幹）などである。

土間のダイドコロからザシキ（座敷）に上がるためにおかれた可動式の縁台をアガリハナと呼ぶ。土間とザシキの段差があり、上がり下りを容易にするためである。アガリハナは接客にも使われる。

ザシキは、一〇畳の広さを持ち、床（床畳《とこだたみ》）入りの部屋である。養蚕が行われる五月から一〇月までは床を上げて板の間となり、蚕室として使われる。また、客間として年四、五回使われる。神棚があり、小正月に繭玉《まゆだま》飾りが行われ、盆には盆棚が設置される部屋である。

デエは、ザシキと板戸をへだてて庭に面した八畳の部屋である。床が入り、床の間がある。祖父母の部屋として使われてきた。ザシキと同様に養蚕時には蚕室になる。

【写真2】前のジョウグチから見たO家

オクは、デエの北側の部屋で唐《から》紙《かみ》で仕切られている。八畳の床入りの部屋で夫婦の部屋として使われ、お産もこの部屋で行われた。

カッテ（勝手）は、板張りで、北側に木製の流しがあり、脇に水《みず》甕《がめ》を備える。食事作りが行われ、食事もこの部屋で行われる。古くは箱膳が用いられた。また、カッテ続きに大広間があり、オキトダナ（置き戸棚）が置かれ、戸棚の中にはカッテ道具が収納されるほか、恵比須・大黒が祀《まつ》られている。

付属施設　母屋のほかに付属施設としてコーイと呼ぶ納屋、蔵、穴蔵、桑室《くわむろ》、井戸、味噌部屋、下《しも》屋《や》、便所、灰小屋、粗朶《そだ》小屋などがある。

コーイは、母屋の東側に建てられ、間口四・五間、奥行二間の広さを持つ。内部は二室に仕切られ、両室とも土間で物置場として、あるいは作業場として様々な仕事に使われる。稲束や麦束、さつまいも、米や麦の一時的な収納場としての機能を持ち、人力によるセンバコキや足踏み輪転機での稲扱《こ》きや麦扱きが行われ、籾摺《もみす》りなどの作業もコーイで行われた。また、養蚕の時季には蚕室として使われ、製茶の時季にはホイロで手もみ茶が作られた。

蔵は、母家の西側に建てられ、間口二間、奥行き二間半の土蔵造りである。貴重品などの保管に使用。穴蔵は大正五、六年（一九一六、七）頃に桑の葉を貯蔵するために作ったもの。三尺×二尺間口で、深さ一丈（十尺）の竪穴。室の温度が一定しているため冬季にサツマイモや里芋の保存に使われた。桑室は、昭和の初めに桑の葉の貯蔵のために作られた。穴蔵が桑の葉の出し入れに不便なためであった。間口一間、奥行三間、深さ三尺で屋根は当初は杉皮葺きであった。井戸は車井戸で深井戸である。味噌部屋は土蔵造りで、間口一間、奥行一間半。味噌をたきこんだ樽、醤油を作る諸味、塩を保管する施設である。下屋は、戸もないような便所であった。昭和初期に下屋に替えて小屋のある便所を作った。灰小屋は、囲炉裏や風呂、ヘッツイなどでできる草木灰を貯蔵しておく施設。粗朶小屋は掘立小屋で、食物の煮炊きに必要な燃料を保管する施設であった。

屋敷林　屋敷内の樹木は日常生活と深く関わっていて趣味で植えられたものと少し違う。樫や欅は燃料源として大切なものであった。毎年少しずつ枝おろしをしては薪《まき》や粗朶を作り、落ち葉は囲炉裏などの燃料として用いられた。また、柿や柚《ゆ》子《ず》などの果樹を食料のために植えた。また、棕櫚《しゅろ》縄を作るための棕櫚の木があり、榊《さかき》や柊《ひいらぎ》は年中《ねんちゅう》行事に使うために植えられていた。

（大舘）

【❶農家の住まい】

母屋の間取りと使い方

農家の屋敷　家族が住まう建物を、オモヤ（母屋・主屋）あるいはホンヤ（本屋）と呼ぶ。

農家の屋敷には、母屋を中心に物置（納屋）・蔵・木小屋・味噌小屋（味噌蔵）・肥料小屋・灰小屋・便所・井戸などの付属施設が配置されており、屋敷の北側から西側にかけてはヤマと呼ばれる屋敷林がある。屋敷林は、北西の季節風を遮《さえぎ》る防風林の役目を果たすとともに家庭用燃料としても利用され、その樹種はケヤキを中心にエノキ・コナラなどの照葉樹が多い。また、スギや孟宗《もうそう》竹《ちく》、真竹《まだけ》も見られる。近接する屋敷の境には、カシグネと称する背高のカシの垣根を設ける家が多く、これは、風除《よ》けの効果とともに常緑樹のカシの葉が火を鎮《しず》めることから火災の延焼を食い止める役目も担う。

母屋の間取り　埼玉県内の農家の母屋は、ダイドコロと呼ばれる土間と床上部分で構成されており、出入口は土間に設けられていて、表の出入口をトボグチ・トブグチ・トボォ、裏の出入口をセドグチ・ウラグチ、カッテグチなどと呼ぶ。土間と床上部分の位置関係は、内部から表の出入口に向かって右側に床上部分、左側に土間を配置する家とその反対の家があり、前者を「右住まい」あるいは「右勝手」、後者を「左住まい」「左勝手」という。埼玉県内では「右住まい」の家が圧倒的に多い【図1】。

床上部分の間取りは、いわゆる田の字型と呼ばれる整形四間取り形式【図2】が多く、これは広間型間取り【図3】の発展形で幕末から明治時代にかけて主流となった。また、豪農や旧名主の家には表側三間、裏側三間の整形六間取り形式が見られ、これは一九世紀以降に建てられたものである。

奥州街道を中心とした埼玉県東部から東北部にかけての水田地域には、ツノヤ（角屋）・マガリヤ（曲がり屋）・マガリザシキ（曲がり座敷）などと呼ばれる鉤《かぎ》型の農家が濃密に分布する。また、同形の農家は荒川以西の武蔵野台地や比企郡、大里郡にも散在しており、ごくわずかではあるが秩父地方にも見ることができる。母屋の一部が前方あるいは後方に突き出ており、これがツッケボウ（突っかい棒）となって補強の役目を果たすといわれる。前方に突き出たものを「前ヅノ」、後方に突き出たものを「後ろヅノ」と呼び、前者はウマヤ、後者は隠居部屋や納戸、寝室にされることが多い【図4】。

このように、母屋の間取りは時代や地域、家格によって異なるが、いずれの場合も「食事・団欒」「休息・睡眠」「接客」「収納」といった母屋の基本的機能は満たされていた。人々は、間取りに応じた使い勝手を工夫し、必要とあれば増築を施しながら機能を充足させ、暮らしやすさを追い求めてきたのである。

ここでは、北埼玉郡川里町の二軒の農家を取り上げ、間取り図をもとにそれぞれの使い方を紹介する【図5〜7】。

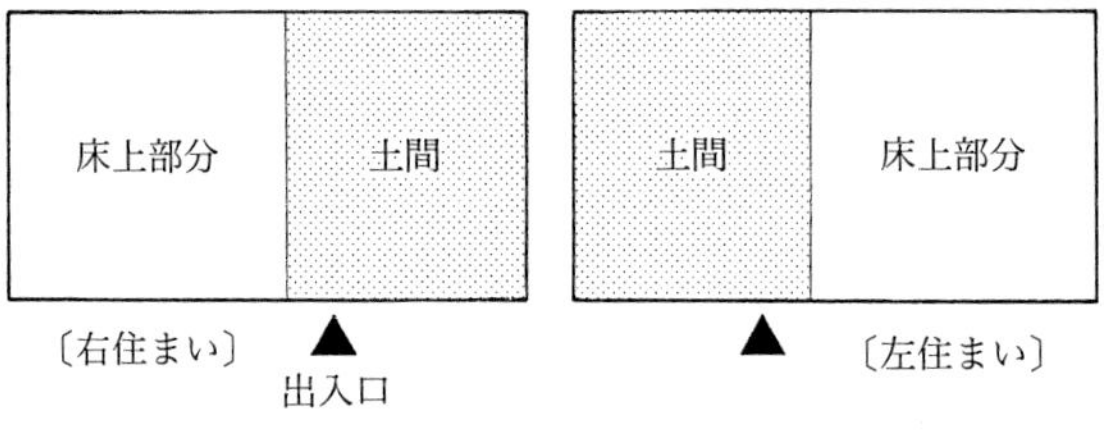
床上部分
土間
〔右住まい〕
出入口
土間
床上部分
〔左住まい〕

【図1】右住まいと左住まい

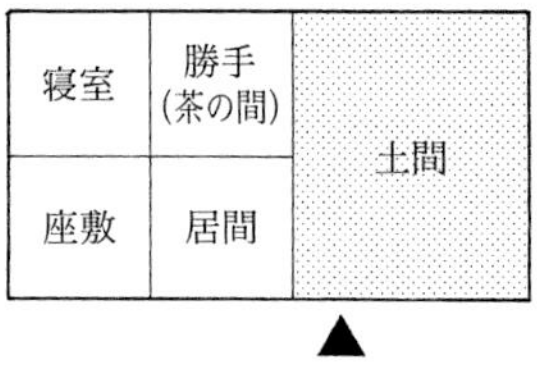
寝室
勝手
(茶の間)
座敷
居間
土間

【図2】整形四間取り（田の字型）

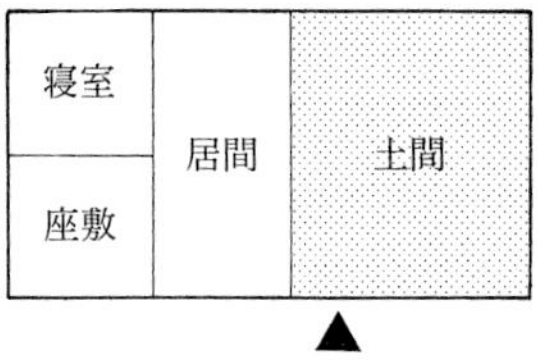
寝室
座敷
居間
土間

【図3】広間型間取り

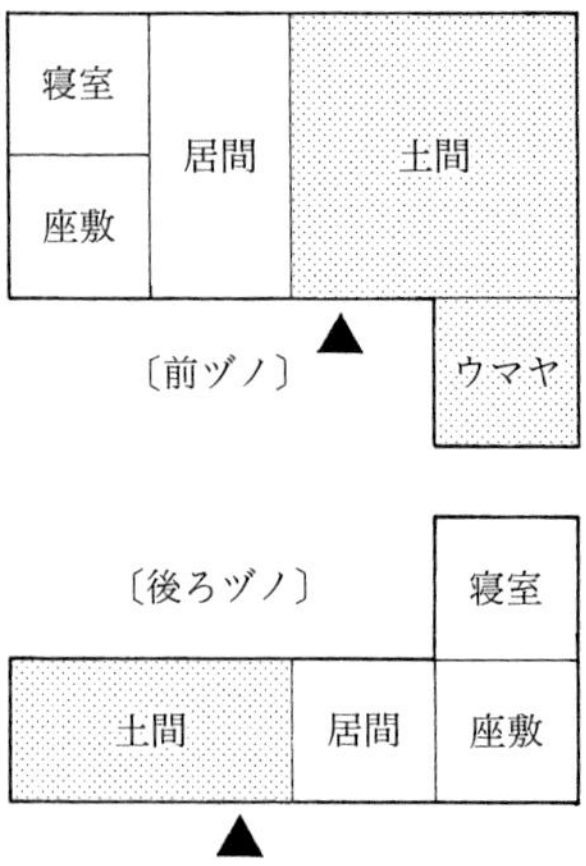
寝室
座敷
居間
土間
〔前ヅノ〕
ウマヤ
〔後ろヅノ〕
寝室
土間
居間
座敷

【図4】鉤型間取り（ツノヤ）

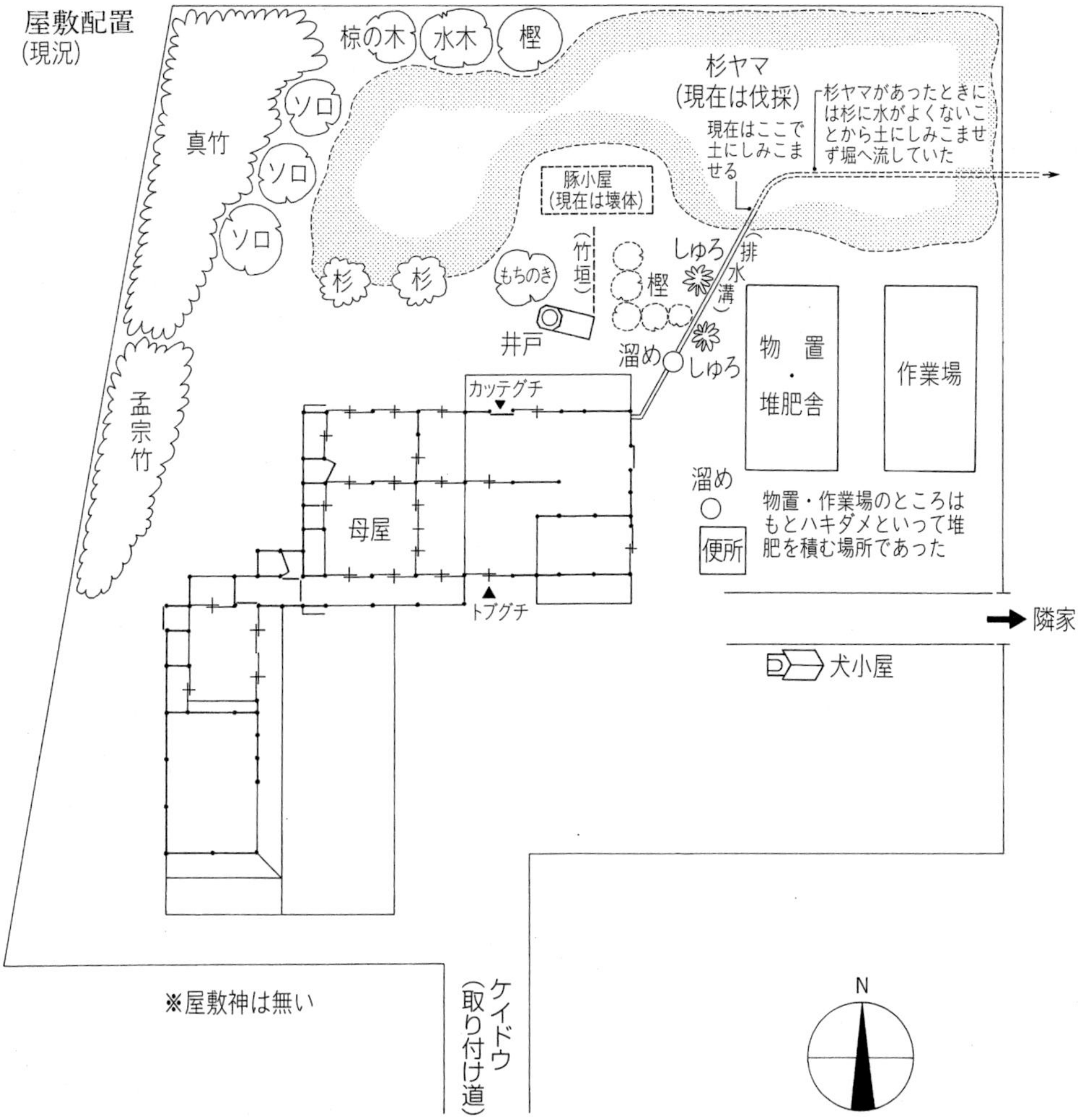

屋敷配置
（現況）
椋の木
水木
樫
杉ヤマ
（現在は伐採）
杉ヤマがあったときには杉に水がよくないことから土にしみこませず堀へ流していた
現在はここで土にしみこませる
真竹
ソロ
ソロ
ソロ
豚小屋
（現在は壊体）
（竹垣）
もちのき
杉
杉
樫
しゅろ
（排水溝）
しゅろ
井戸
溜め
物置・堆肥舎
作業場
カッテグチ
母屋
トブグチ
孟宗竹
溜め
便所
物置・作業場のところはもとハキダメといって堆肥を積む場所であった
隣家へ
犬小屋
※屋敷神は無い
ケイドウ
（取り付け道）
N

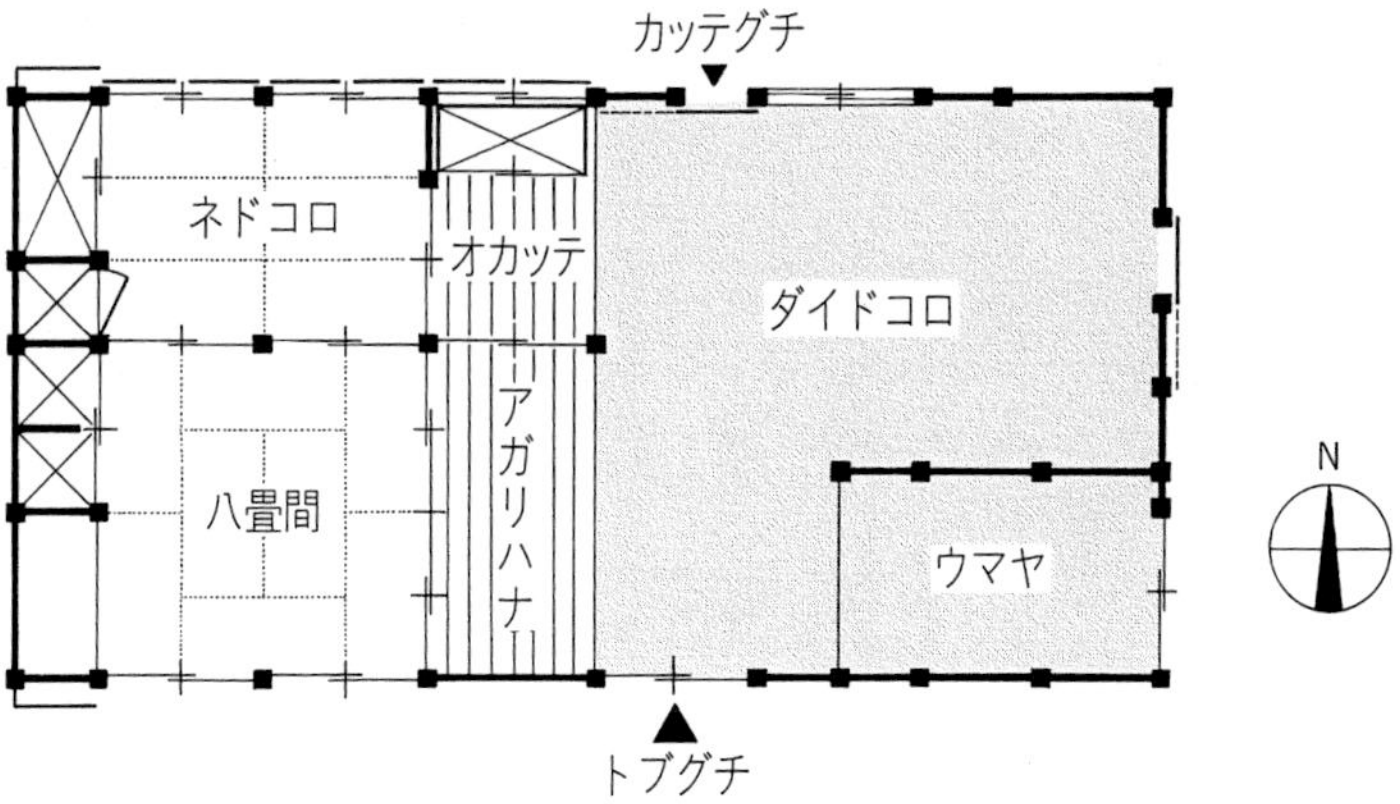

移築当時の間取り
（明治40年ごろ行田より移築）
カッテグチ
ネドコロ
オカッテ
ダイドコロ
アガリハナ
八畳間
ウマヤ
トブグチ
N

【図 5】 A家の屋敷配置と移築当時の母屋の間取り［川里町］

1　A家の母屋

広間型の間取り　【図5・6】に示したA家は広間型の間取りである。A家のS氏（大正一〇年生まれ）が語るところによれば、A家の母屋は明治四〇年（一九〇七）頃に行田市より移築されたもので、正確な年代こそ不明であるが幕末から明治初期にかけての建立と伝えられている。移築当時の間取りは、ダイドコロ・板の間・八畳間・六畳のネドコロで構成されており、ダイドコロの東南角にはウマヤが設けられていた。板の間は、途中を障子で仕切ってアガリハナとオカッテに分割されるが、古くは一間続きであったと推測される。

間取りの変遷　母屋の増築が行われたのは、昭和一六年（一九三一）にS氏が嫁いだときである。【図6―1】のように、縁側を西側へ延長して南側に六畳のネドコロを増築し、ここを若夫婦の寝室とした。また、ネドコロの先にはキゴヤ（木小屋）を設け、ここでカラスヒキなどの農作業が行われた。カラスヒキとは、唐臼《からうす》を用いた籾《もみ》摺《す》りの作業である。旧来の母屋は、六畳のネドコロを年寄り夫婦の寝室とし、表側に面した八畳間を客間として使用した。また、蚕期には八畳間に棚を組んで稚蚕《ちさん》飼育室とした。

オカッテは日常の食事の場であり、ここに家族が集まって食事を取った。嫁は土間に置いたコシカケに腰掛け、オカッテを向いて食べたものである。

アガリハナには、古くはキリゴタツと称する囲《い》炉《ろ》裏《り》が切られていたが、S氏が嫁いだときにはこれを板でふさぎ、ガマの敷物を敷いた上にドロヒバチ（泥火鉢）が置かれていた。アガリハナは、腰掛けて休息を取ったり気軽な客を接待するのに使われ、その端にシマダイと称する縁台を置くことで広く使う工夫もなされた。シマダイは洪水時に食料を水から守る役目も果たした。大水が出て浸水の危険があるときにはシマダイを床上に上げ、この上に味噌・醤油・米などをのせたのである。

ダイドコロには古くは仕切りがなかったが、S氏が嫁いだときには中央に壁と障子の仕切りを設け、その裏側にかまどや炉を設置して日々の煮炊きを行った。かまどは、カマダンと呼ばれた。東側の出入口近くには風呂桶が据えられ、そのそばにカケザオを下げて、ここに脱いだ着物や手拭《てぬぐい》を掛けた。

トブグチを入ったところには二階への上がり口があり、ここに梯子《はしご》を掛けて二階へ上がった。二階には、草屋根を葺《ふ》くための麦カラ（幹）を収納した。

ウマヤでは、S氏が嫁いだ当時馬は飼われていなかった。馬は隣家との共同使用であり、隣家で飼われていたのである。ウマヤの裏には、味噌樽を置いた。

平成九年（一九九七）現在の間取りは【図6―2】に示すとおりであり、基本的な間取りは変わらないがダイドコロの裏にカマバを増築したことが注目すべき点といえる。カマバには、増築当初こそ旧来のカマダンと炉を設置したが、後にガスレンジや電気炊飯器が導入されると不要になったカマダンと炉を取り壊し、その場所に冷蔵庫を置いた。ただし、取り壊した後も、火伏せの神様である三峰神社の御札はカマダンのあった場所に貼られている。

ダイドコロの仕切りから表側の部分には、昭和四五年（一九七〇）にコンクリートを打った。その際には、ウマヤの南側を半間広げてガラス戸を取り付け、ウマヤにもコンクリートを打って物置に改装した。トブグチを入ったところにはテーブルとソファが置かれ、ここで気軽な客の接待を行うようになった。

そのほか、板の間であったオカッテとアガリハナには畳が敷かれた。

2　T家の母屋

田の字型の間取り　【図7】に示したT家は、いわゆる田の字型と呼ばれる整形四間取り形式の母屋である。T家のH氏（大正一五年生まれ）によれば、母屋の正確な建立年代は不明であるが明治時代に建てられたものであるという。

母屋は、トブグチを入るとダイドコロの土間が広がり、その北東角にウマヤがある。ダイドコロでは脱穀や籾摺り、石臼での粉碾《ひ》き、俵編み・縄ない・むしろ織りといった藁《わら》仕事を行った。また、東南側に明かり取りの窓を設け、その内側にホイロ（焙炉）を設置してオチャコセ（茶拵《ごしら》え）

①S氏が嫁いだ昭和16年当時の間取り

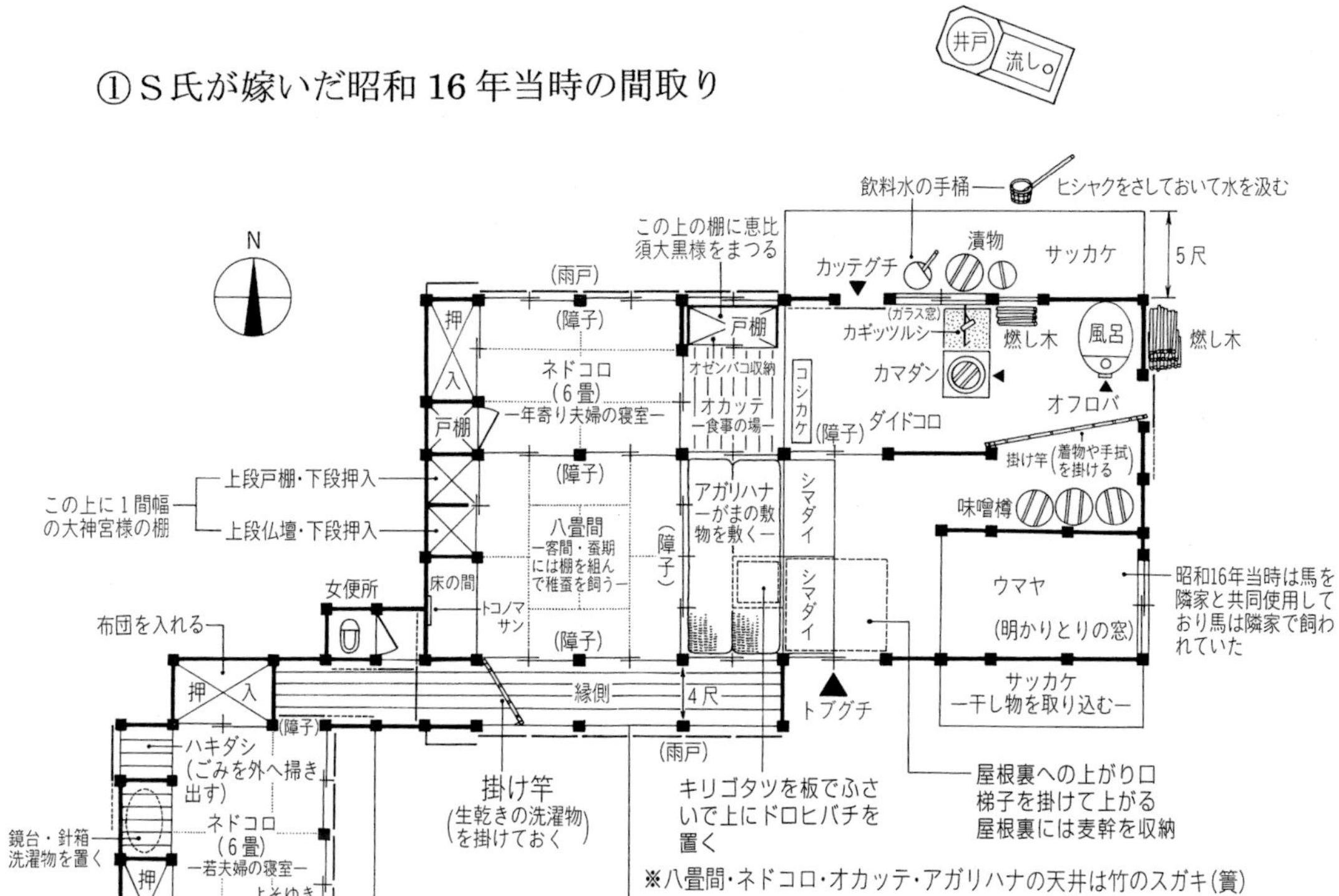
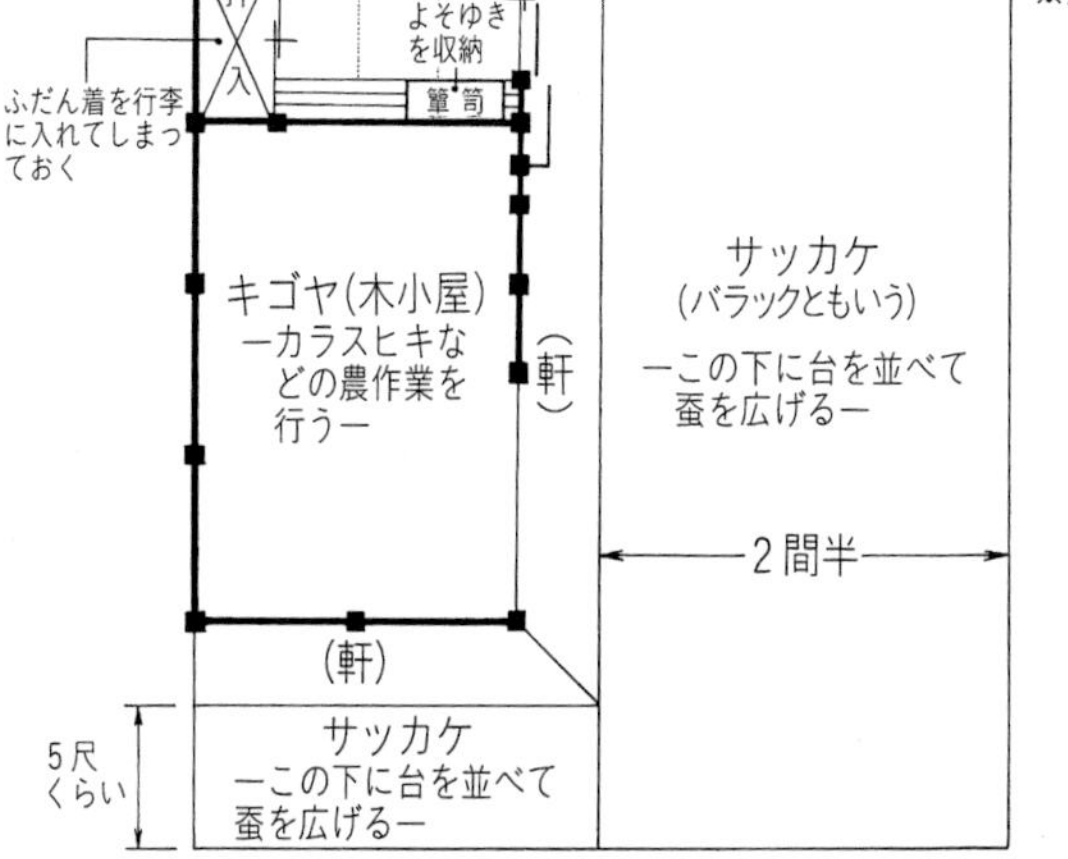
井戸
流し
N
飲料水の手桶
ヒシャクをさしておいて水を汲む
この上の棚に恵比須大黒様をまつる
(雨戸)
漬物
サッカケ
5尺
カッテグチ
押入
(障子)
戸棚
(ガラス窓)
カギッツルシ
燃し木
風呂
燃し木
ネドコロ
(6畳)
ー年寄り夫婦の寝室ー
オゼンバコ収納
オカッテ
ー食事の場ー
コシカケ
カマダン
オフロバ
戸棚
(障子)
ダイドコロ
上段戸棚・下段押入
この上に1間幅の大神宮様の棚
上段仏壇・下段押入
(障子)
八畳間
ー客間・蚕期には棚を組んで稚蚕を飼うー
(障子)
アガリハナ
ーがまの敷物を敷くー
シマダイ
掛け竿(着物や手拭を掛ける)
味噌樽
女便所
床の間
トコノマサン
シマダイ
ウマヤ
(明かりとりの窓)
昭和16年当時は馬を隣家と共同使用しており馬は隣家で飼われていた
布団を入れる
(障子)
押入
縁側
4尺
トブグチ
サッカケ
ー干し物を取り込むー
(障子)
(雨戸)
ハキダシ
(ごみを外へ掃き出す)
掛け竿
(生乾きの洗濯物を掛けておく)
キリゴタツを板でふさいで上にドロヒバチを置く
屋根裏への上がり口
梯子を掛けて上がる
屋根裏には麦幹を収納
鏡台・針箱
洗濯物を置く
ネドコロ
(6畳)
ー若夫婦の寝室ー
よそゆきを収納
押入
ふだん着を行李に入れてしまっておく
簞笥
キゴヤ(木小屋)
ーカラスヒキなどの農作業を行うー
(軒)
サッカケ
(バラックともいう)
ーこの下に台を並べて蚕を広げるー
2間半
(軒)
5尺くらい
サッカケ
ーこの下に台を並べて蚕を広げるー

※八畳間・ネドコロ・オカッテ・アガリハナの天井は竹のスガキ(簀)

▼母屋正面

▼八畳間

▼ダイドコロの梁

【図6ー1】 A家の間取りの変遷①［川里町］

②平成9年現在の間取り

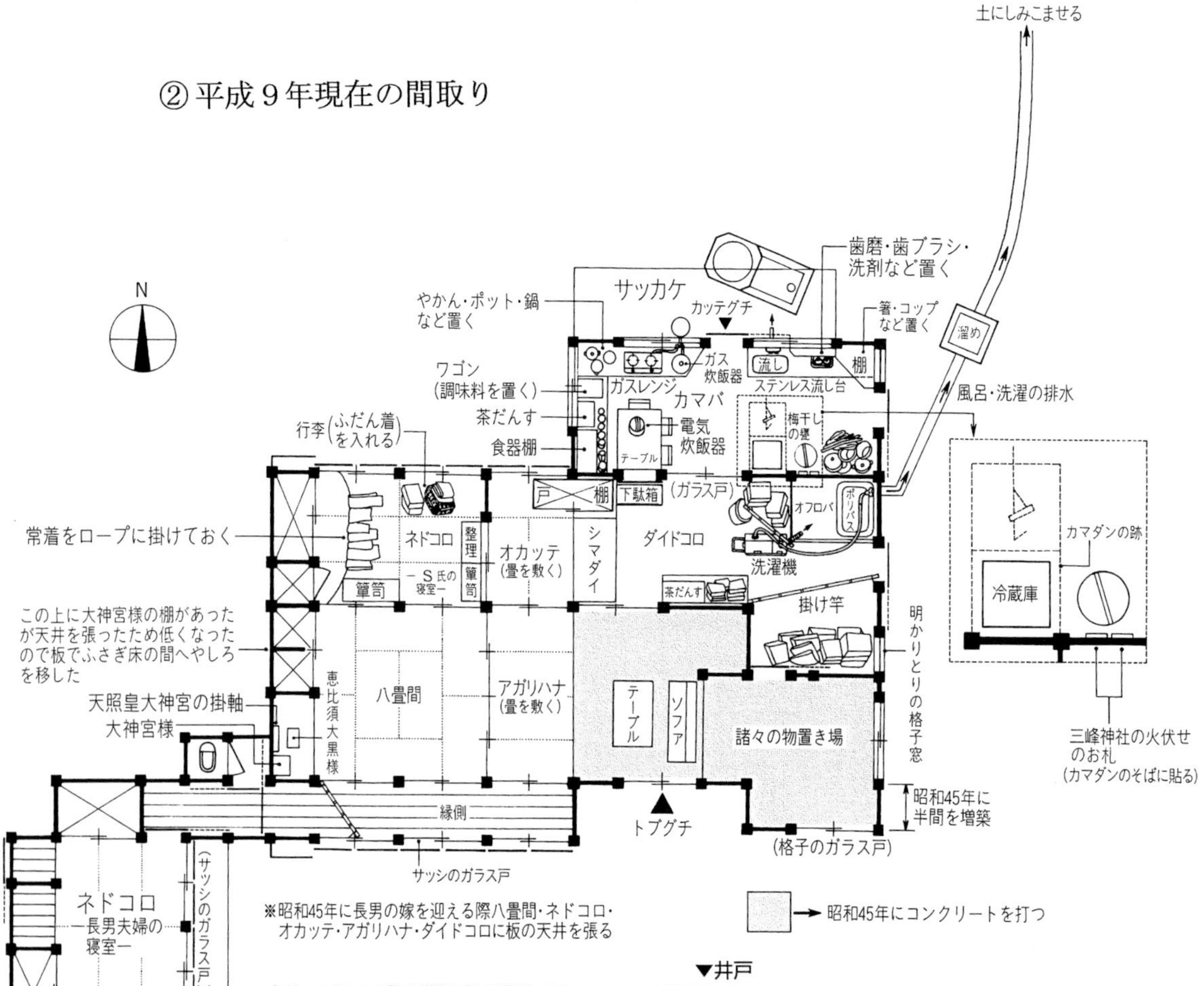
ネドコロの上に2階を増築し孫の部屋とする
※終戦後カマバを増築し昭和45年に石の流しを据える。平成2年にステンレス流し台に変える
物置

▼井戸

▼増築したカマバ

▼風呂水・洗濯水の溜め

【図6―2】 A家の間取りの変遷②［川里町］

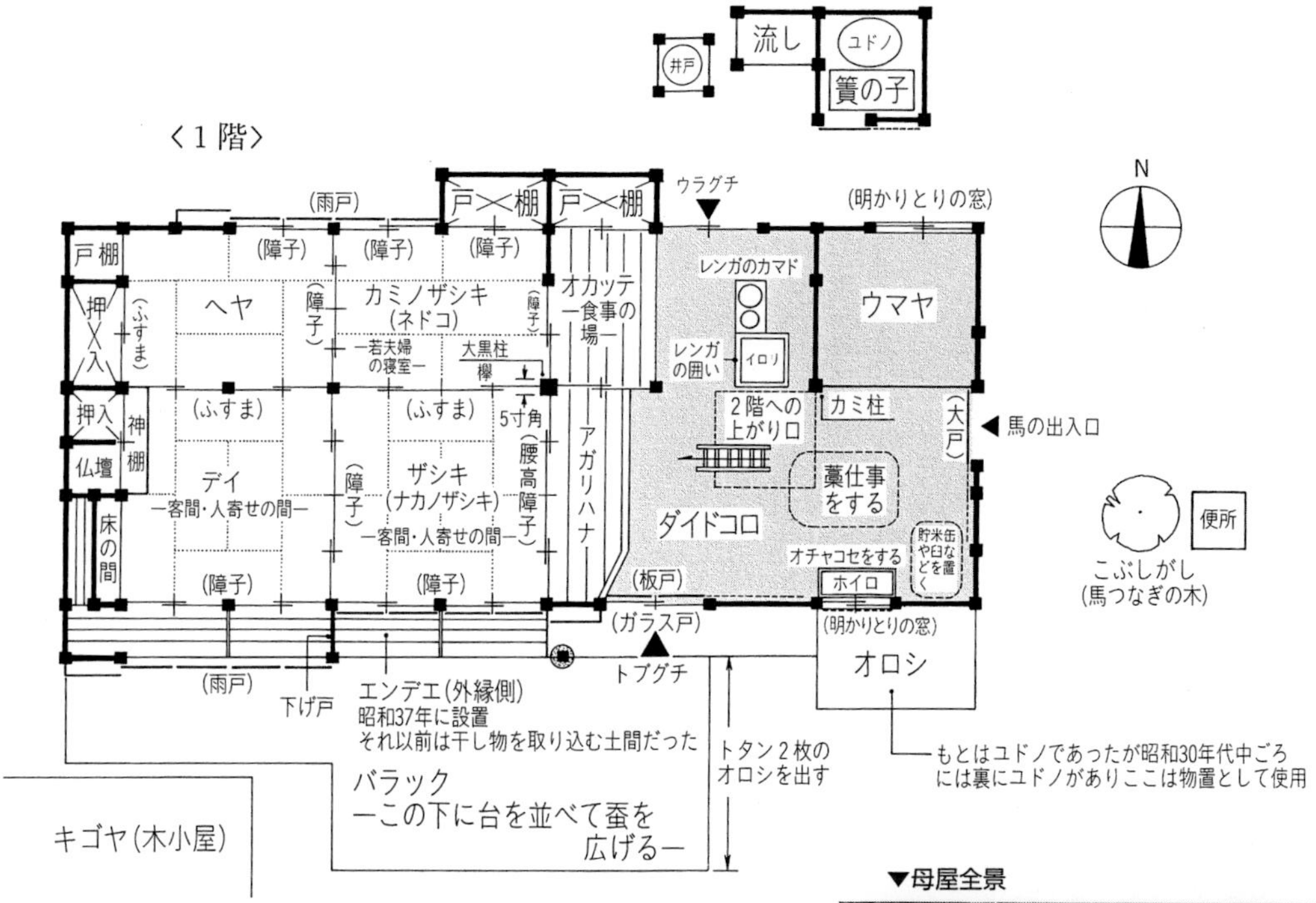

▼母屋全景

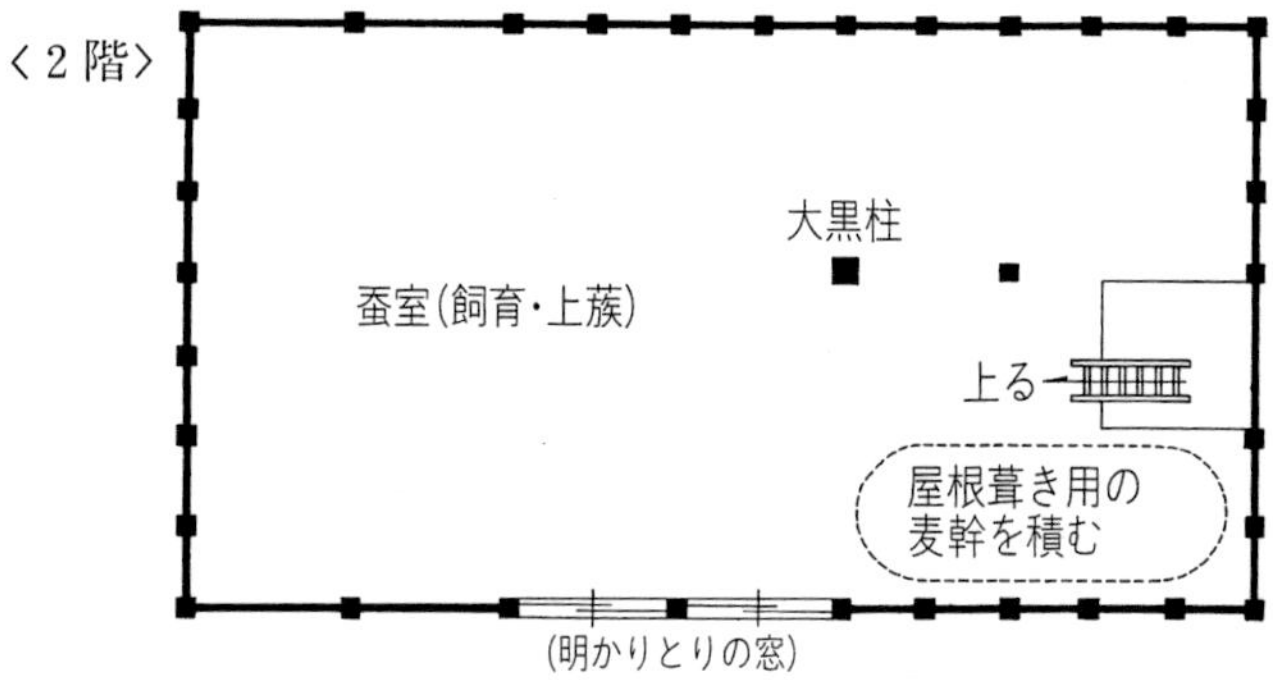

▼馬の出入り口

◀エンデエ
(軒下の梯子は屋根葺きに使用するもの)

▼2階への上がり口

【図7】 T家の間取り［川里町］

を行った。中央には二階への上がり口があり、ここに梯子を掛けて二階へ上がった。二階は蚕室になっており、ここで蚕の飼育や上蔟《じょうぞく》を行った。また、二階の隅には草屋根を葺くための麦カラを積んでおいた。

ダイドコロの奥にはレンガのかまどとイロリが設置され、ここで日々の煮炊きが行われた。また、ウラグチを出たところには井戸とユドノ（湯殿）があり、ユドノに併設された流しでは洗い物が行われた。ユドノは、古くはダイドコロの東南角にオロシを張り出し、その下に設けられていたが、昭和三〇年代中頃には裏側に別棟のユドノが建てられた。

ダイドコロに隣接した板の間は、障子の仕切りで表側のアガリハナと裏側のオカッテに分割され、オカッテは日常の食事の場とされた。

畳の間の使い方　板の間に続く畳の間は、表側がザシキ（ナカノザシキ）とデイ（出居）の二間、裏側がカミノザシキとデイの二間の四間取りである。

表側のザシキとデイは仕切りを外すと一六畳敷きの大広間となり、結婚式や葬式の際にはここに大勢の客を寄せた。また、蚕期にはザシキの畳を上げて莚《むしろ》を敷き、ここに棚を組んで稚蚕を飼育した。蚕は成長に伴って広い蚕座が必要となるので、壮蚕期には隣のデイにも棚を組み、二間続きで蚕を広げたものである。

裏側のカミノザシキはオクノザシキとも呼ばれ、寝室とする場合にはネドコ・ネドコロと呼んだ。T家では、H氏が嫁いだ当時カミノザシキを若夫婦の寝室としていた。

ヘヤは、母屋の最も奥に位置する採光の乏しい部屋であり、ここでお産が行われた。お産の汚れ物を洗った水は、ヘヤの床板を外してその下に流し、ノチザンはトブグチの際《きわ》に埋めた。

縁側とバラック　縁側は、古くはデイの前だけに付いており、ザシキの前は麦などの干し物の取り込み場となっていた。ところが、H氏の長男が新生児のとき、ザシキから這《は》い出した拍子に誤って転落し、けがをするという事件が起きた。そこで、昭和三七年（一九六二）にザシキの前にも外縁側を設置したのである。外縁側は、エンデエと呼ばれる。

蚕期には、エンデエから縁側にかけての前方にトタン二枚でオロシを張り、ここをバラックと称して蚕の飼育場所とした。

農家の間取りの大変化　以上、川里町の二軒の農家について母屋の間取りと使い方を紹介したが、こうした農家の間取りに大きな変化が生じたのは昭和四〇年代の高度経済成長期から五〇年代にかけてのことである。この時代には農家の改築や建て替えが進み、その際に土間を廃して、代わりに応接間や子ども部屋を設ける家が増えた。土間は脱穀調整や藁仕事を行う場であり、蚕期には棚を組んで蚕を飼育する場ともなる。そのため、広い空間が確保されていたが、機械化が進んだことで脱穀調整が別棟の作業場へと移り、併せて蚕の飼育にも別棟の蚕室が使われるようになり、梱包具の変化に伴って藁仕事も行われなくなったことから縮小化されていったのである。また、かつての間取りには中廊下がなく、部屋同士が仕切りひとつで隣接していたので、仕切りを外せばそこは大広間となり、結婚式や葬式には大勢の客を寄せることができた。いわば、多目的な使い勝手の間取りだったのである。しかし、反面プライバシーに欠ける面があり、長男が嫁をもらうのを機に中廊下を有する各部屋独立型の間取りに変える家も少なくなかった。中廊下のない間取りは移動の際に部屋から部屋を横切らねばならず、朝一番に起床する主婦は家族を起こさぬよう気を遣ったものだという。

なお、多目的な間取りから単機能の独立型間取りへの変化には、結婚式や葬式が式場や斎場へと移り、自宅での人寄せが不要になったことも少なからず影響を及ぼしているといえよう。（宮本）

食事の場と座

食事の場　農家では、土間に隣接する板の間をカッテ・オカッテなどと呼び、ここを日常の食事の場としていた。主婦は、土間に設置されたかまどでごはんや煮物を炊き、かまどの脇の炉で味噌汁を作り、湯を沸かして茶を入れ、漬物を桶から出し、これらをカッテへと運んだのである。

カッテの中央には釜《かま》敷きと鍋敷きが置かれ、その上にごはんの釜と味噌汁の鍋をのせ、周囲に家族が座った。また、カッテに囲炉裏《いろり》のある家では、囲炉裏を囲んで家族が座った。第二次世界大戦前までは多くの家が食事に箱膳を使用しており、家族は銘々の箱膳を前に姿勢を正して食事を取ったものである。

家族の座　家族が座る場所は決まっており、家長の座はカッテの一番奥で、ここをヨコザ、カミザ、あるいはダンナザシキなどと呼んだ。南向きの母屋では、カッテの奥に座る家長は東向きとなり、それゆえ古くから「ダンナガタは東向き」といわれてきたのである。

嫁の座は、家長とは反対の最も土間に近い場所であり、ここを指して埼玉県小川町ではキジリと呼んだ。キジリは、焚《た》き木を入れる箱の呼称でもある。嫁は囲炉裏の火を管理する役目を担い、土間に置かれたキジリから焚き木を取っては囲炉裏にくべたことから座の呼称もキジリとなったのであろう。

家長と嫁以外の座は家族構成によって異なり、【図1】のように一様ではない。人数が多くカッテに座り切れない場合は、障子を開けて隣の部屋に年寄りが座ることもあった。また、土間に長椅子を置き、ここに嫁や使用人がカッテを向いて腰掛ける家もあった。

盛りつけと作法　盛りつけは主婦の役目であり、主婦は家長から順にごはん・味噌汁・おかずを盛りつけた。漬物はまとめて丼や皿に盛られ、これを取り回しにした。

ごはんは、釜から直《じか》に盛られることが多く、残ったごはんをオハチ【写真1】に移し、これを昼飯に食べた。ごはんは、朝のうちに昼飯の分までをまとめて炊いたので、夏には蒸《む》れて腐ることのないよう、オハチの蓋《ふた》を竹製のものに取り替えたり、【写真2】のような竹ザルのマツウラに移して通気性を良くした。また、ごはんの上には布巾《ふきん》を被せ、これでしずくを吸い取るようにした。囲炉裏の自在鉤に掛けた鍋から味噌汁や煮物を

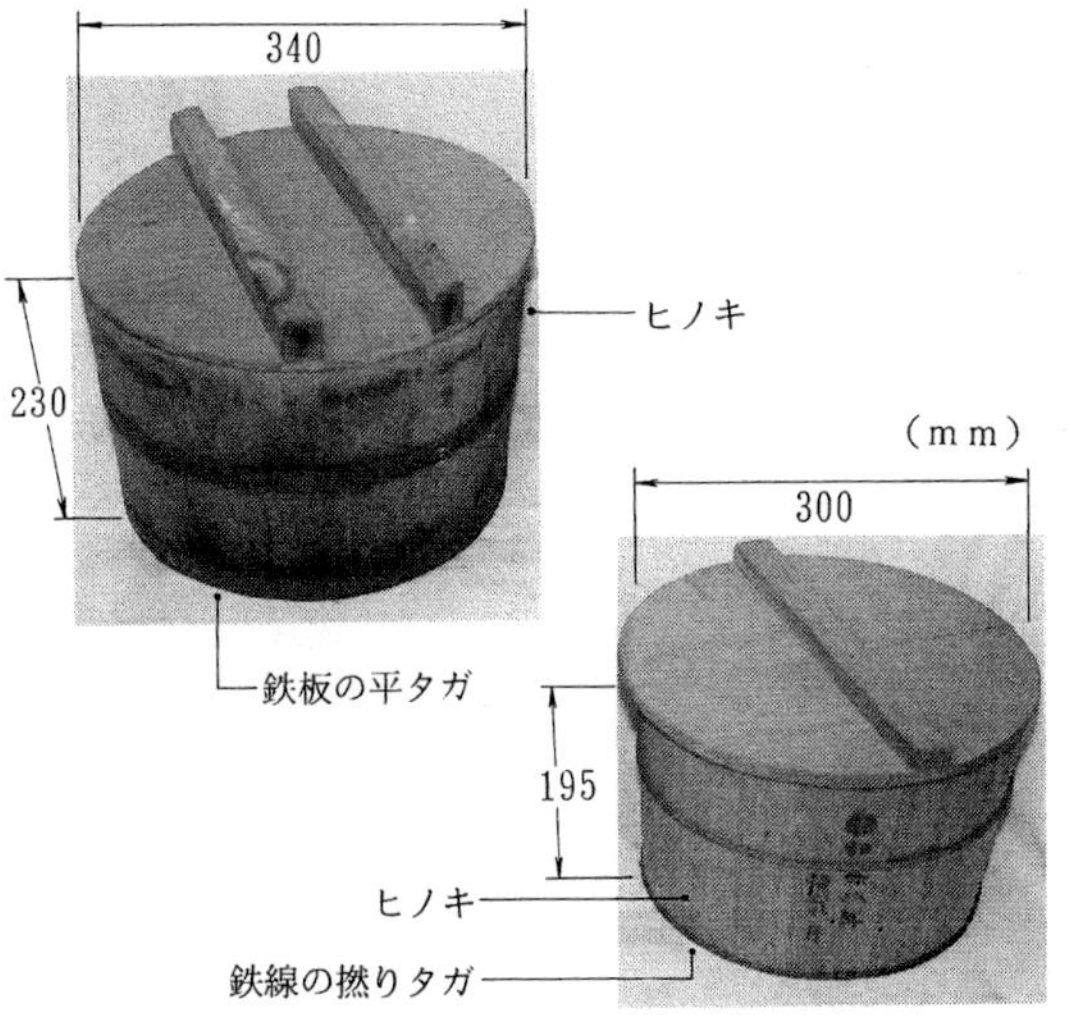

【写真1】オハチ［小川町］

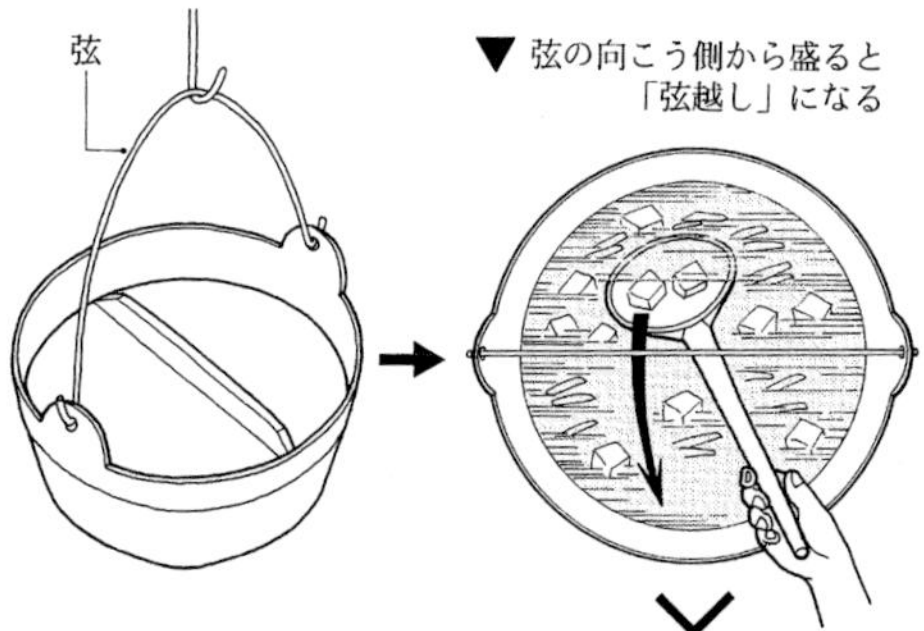

【図2】弦越しのタブー

【写真2】マツウラ［所沢市］

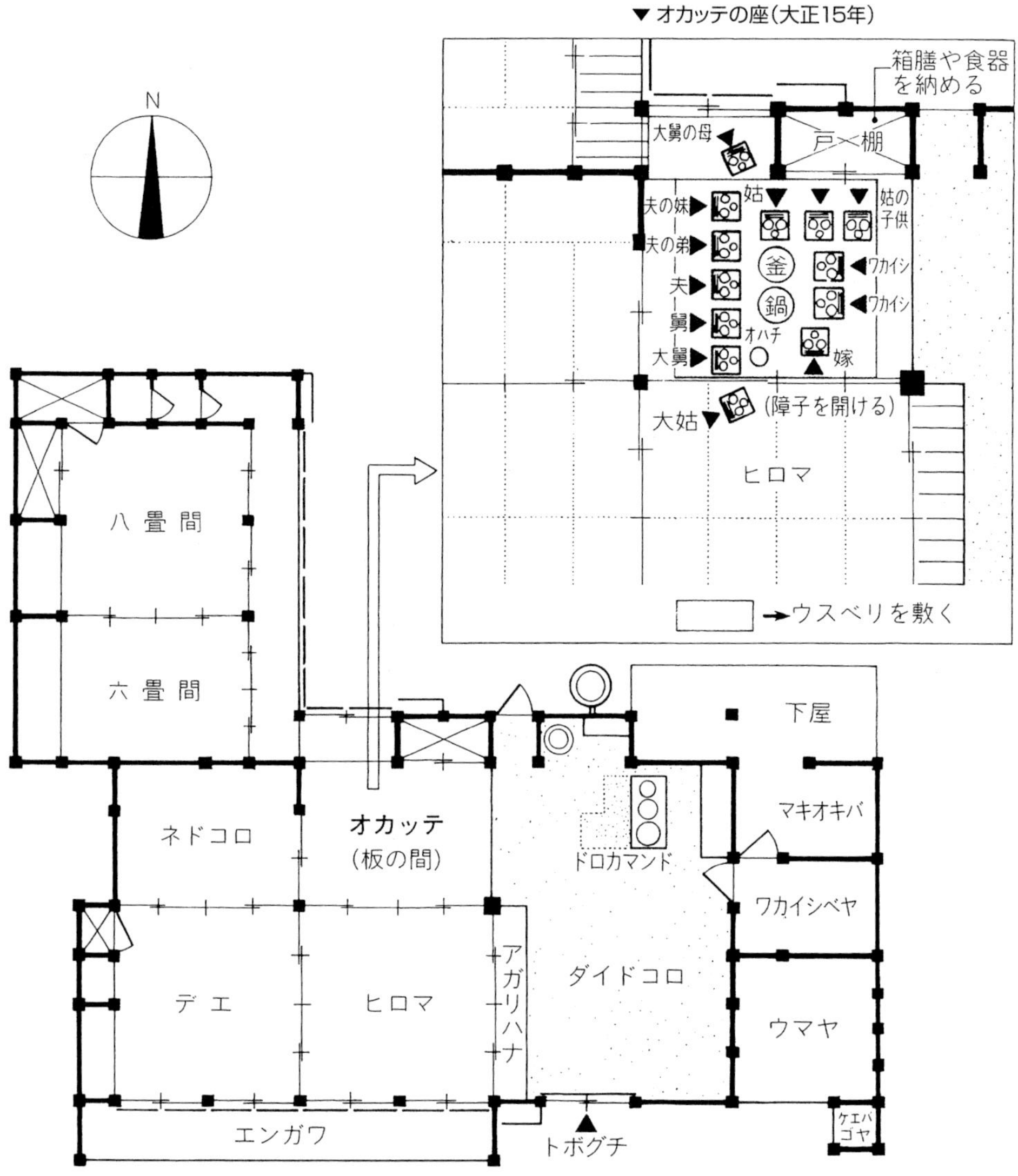
▼オカッテの座(大正15年)
箱膳や食器を納める
戸 棚
大舅の母
姑
姑の子供
夫の妹
夫の弟
夫
舅
大舅
釜
鍋
オハチ
ワカイシ
ワカイシ
嫁
大姑
(障子を開ける)
ヒロマ
ウスベリを敷く
N
八畳間
六畳間
ネドコロ
オカッテ
(板の間)
下屋
マキオキバ
ドロカマンド
ワカイシベヤ
ダイドコロ
アガリハナ
デエ
ヒロマ
ウマヤ
エンガワ
トボグチ
ケエバゴヤ

【図1―1】オカッテでの食事の座［大利根町］

盛りつける際には、弦越し【図2】はいけないといわれ、必ず弦の手前から盛るように心掛けた。

ダイニングキッチンへの変化　ところで、農家では朝起きると直ちに野良着に着替え、風呂に入るまでの一日の大半を野良着で過ごすので、食事は土足のまま取れる方が便利である。そこで、第二次世界大戦後にはカッテでの食事に変わって【図3】のようにダイドコロにテーブルを置き、土足のまま椅子に腰掛けて食事を取る家が増えていった。これは、ダイニングキッチンの走りともいえよう。

（宮本）

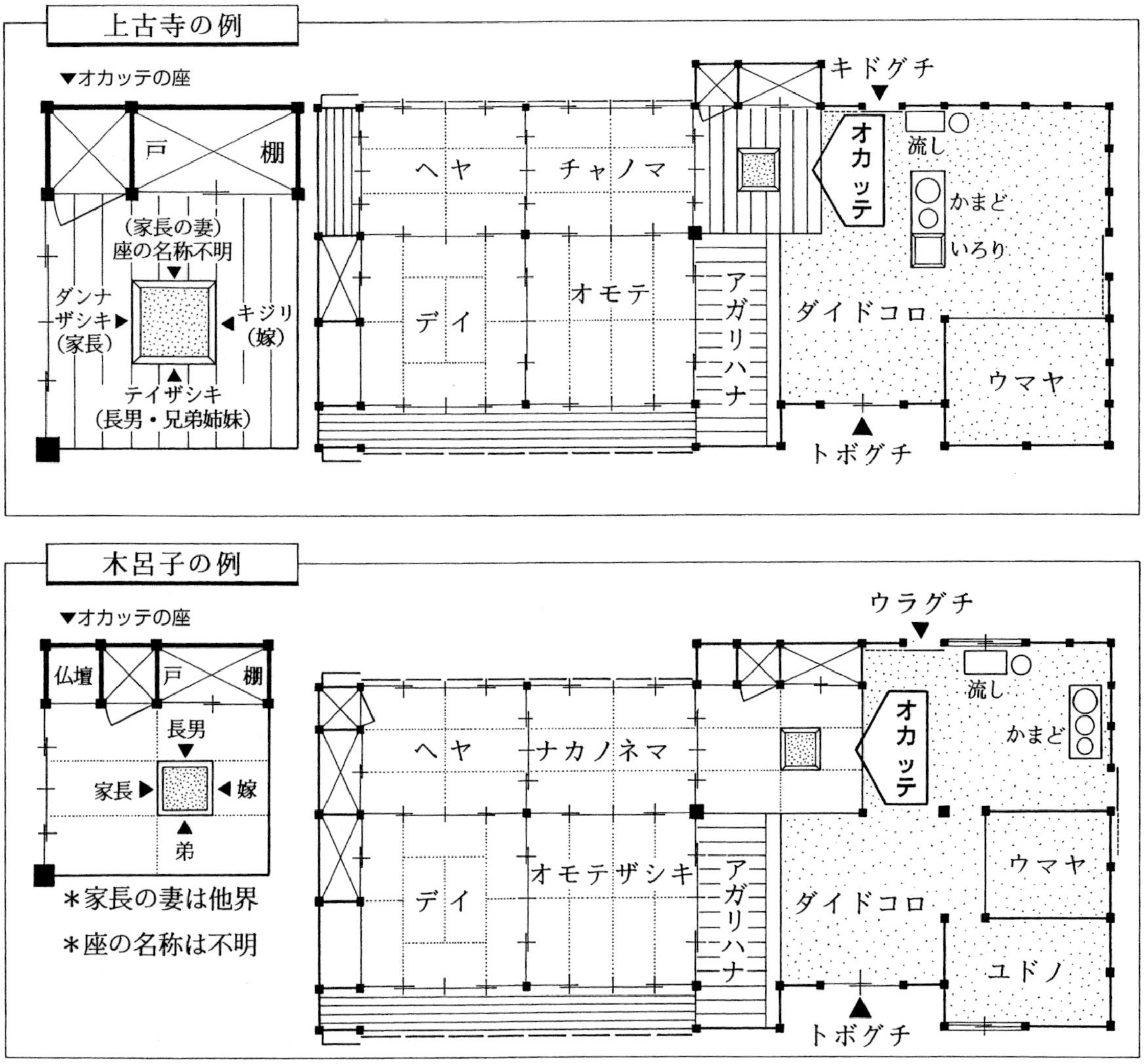
上古寺の例
▼オカッテの座
戸
棚
(家長の妻)
座の名称不明
ダンナ
ザシキ▶
(家長)
◀キジリ
(嫁)
▲
テイザシキ
(長男・兄弟姉妹)
キドグチ
ヘヤ
チャノマ
オカッテ
流し
かまど
いろり
デイ
オモテ
アガリハナ
ダイドコロ
ウマヤ
トボグチ
木呂子の例
▼オカッテの座
仏壇
戸
棚
長男
家長▶
◀嫁
弟
*家長の妻は他界
*座の名称は不明
ウラグチ
ヘヤ
ナカノネマ
オカッテ
流し
かまど
デイ
オモテザシキ
アガリハナ
ダイドコロ
ウマヤ
ユドノ
トボグチ

【図1―2】オカッテでの食事の座［小川町］

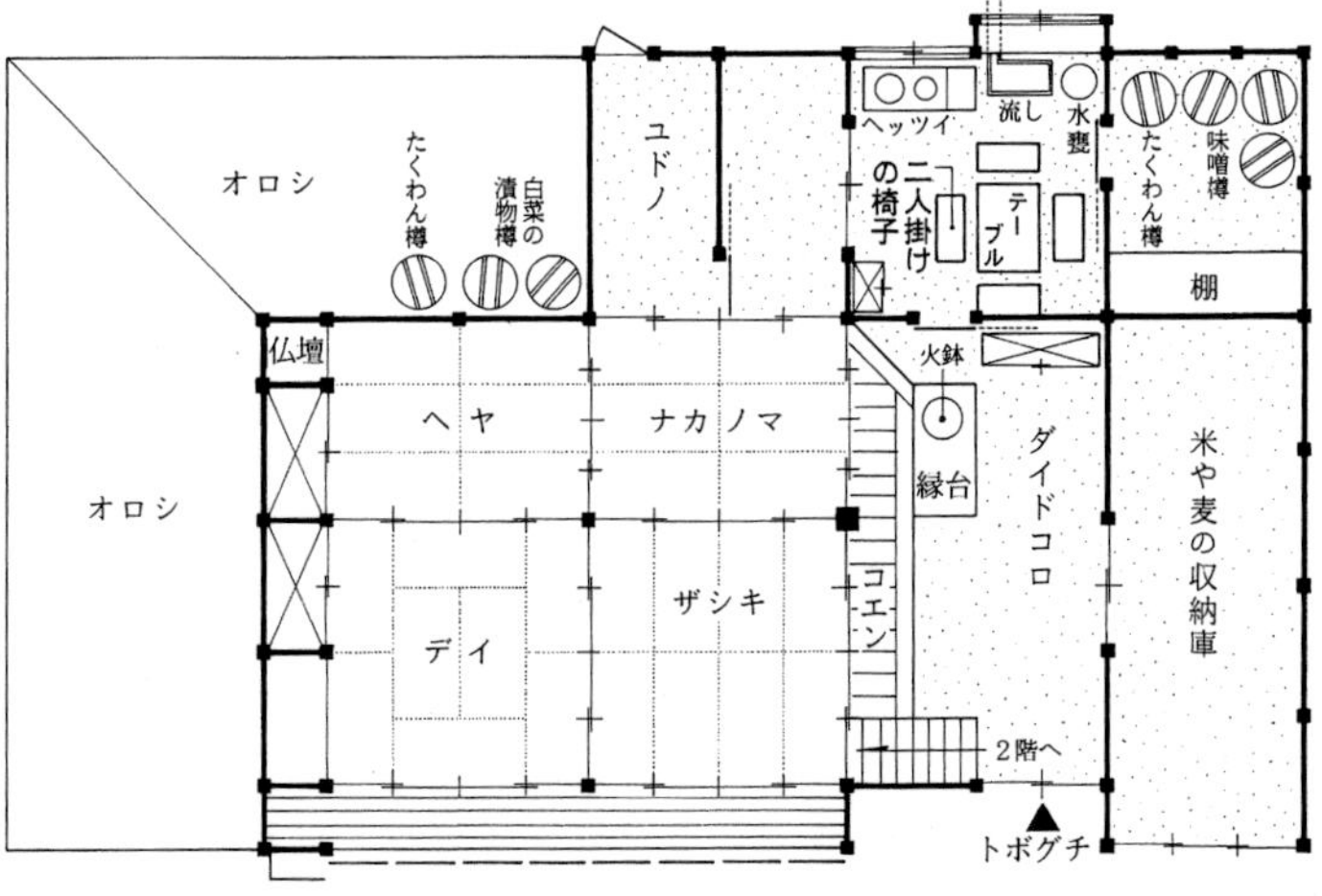
オロシ
たくわん樽
白菜の漬物樽
ユドノ
ヘッツイ
流し
水甕
二人掛けの椅子
テーブル
たくわん樽
味噌樽
棚
仏壇
ヘヤ
ナカノマ
火鉢
縁台
ダイドコロ
米や麦の収納庫
オロシ
デイ
ザシキ
コエン
2階へ
トボグチ

【図3】テーブルを使った食事［小川町］

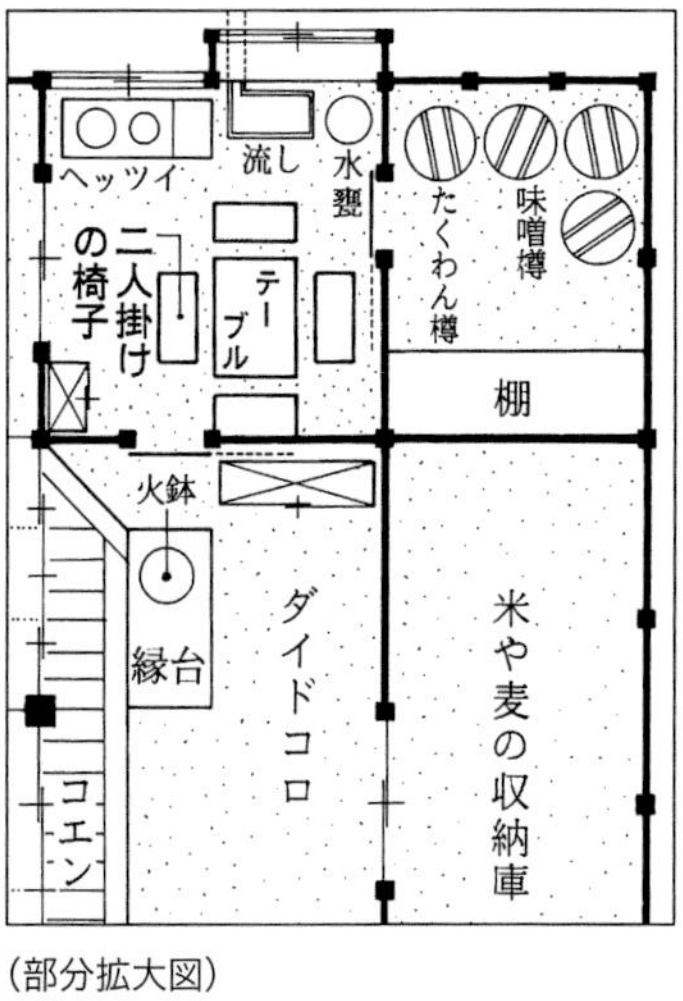
ヘッツイ
流し
水甕
たくわん樽
味噌樽
二人掛けの椅子
テーブル
棚
火鉢
縁台
ダイドコロ
米や麦の収納庫
コエン

(部分拡大図)

箱膳とちゃぶ台

箱膳　日常の食事には、古くは箱膳が使われた。箱膳は家族が銘々に所有するもので、この中に茶碗・汁椀・小皿・箸《はし》を収めておき、食事時には箱を裏返してその上に食器をのせた【図1・写真1】。

箱膳には男性用・女性用・子ども用があり、子どもは小学校入学を機に自分用の箱膳を買い与えられた。それまでは母親の箱膳に食器や箸を入れてもらったのである。家長の箱膳には引き出し付きのものもあり、この中に財布や通帳・印鑑といった貴重品を入れた。

箱膳からちゃぶ台へ　箱膳に代わって日常の食事にちゃぶ台が使われるようになったのは、埼玉県内の農村部においてはそう古いことではない。多くが、第二次世界大戦後の昭和二〇年代である。

ちゃぶ台は、卓袱《しっぽく》料理と称する中国料理を食するテーブルにその端を発し、これを畳敷きの座敷でも使用できるよう脚の短い座卓に改良したものである。明治の文明開化とともに「ひとつの食卓を皆で囲む」という西洋の文化がもたらされ、併せて民主主義や生活改善の動きもあり、ちゃぶ台はそのシンボルとなって明治三〇年代には都市部を中心に広く普及した。しかし、農村部での普及はそれよりはるかに遅く、昭和時代に入っても旧来の箱膳を使用する家が圧倒的に多かったのである。

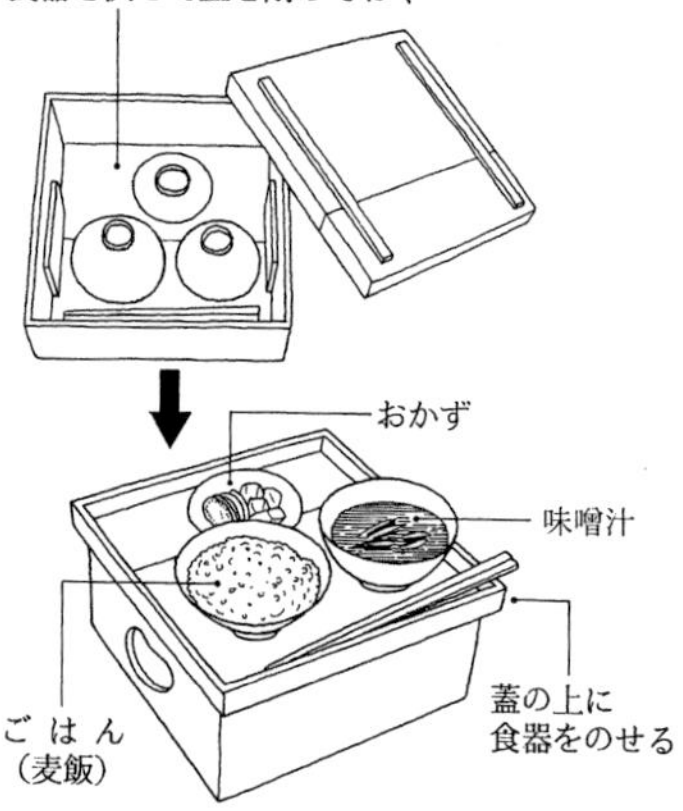
食器を伏せて蓋を閉めておく

【図1】 箱膳の使い方

【写真1】 箱膳［小川町］

埼玉県内の農村部で聞き取り調査を行うと、箱膳を廃止した理由として不衛生さを挙げる者が多い。箱膳で食事を取っていた時代には、食べ終わると茶碗や汁椀に茶または白湯を注いで飲み干し、そのまま箱膳に伏せて戸棚にしまっていた。洗うのは一週間に一度か一か月に二、三度くらいで、天気の良い日に井戸や堀の洗い場に持っていって箱膳と食器を洗い、天日《てんぴ》に干した。こうした習慣を真っ先に嫌ったのは、軍隊帰りの男性であった。軍隊では食器を食事のたびに洗うので、洗わない箱膳が何とも不衛生に感じられたのである。そこで、箱膳の廃止を提案し、これを機にちゃぶ台に変えた家が少なくなかった。

【写真2】 ちゃぶ台［所沢市］

【写真3】 ちゃぶ台での食事—昭和30年—［宮代町］

ちゃぶ台には方形と円形【写真2】があり、脚は固定式と折り畳み式がある。折り畳み式のちゃぶ台は、使わないときには部屋の隅に収納できる便利さがあり、広く普及した。【写真3】は方形のちゃぶ台を囲んで食事を取る風景であるが、主婦が銚子で酒を注いでいるようすが見られ、来客を接待するひとコマであることがわかる。昭和三〇年（一九五五）という、「ちょっと昔」の懐かしい風景である。

（宮本）

［参考文献］小泉和子編『ちゃぶ台の昭和』河出書房新社　二〇〇二

夜具と寝間着

嫁入りに持参された寝具　就寝時に用いられる寝具は嫁入り道具の一つとされ、かつては女性の多くが四布《よの》あるいは五布《いつの》の掛布団と三布《みの》の敷布団、夜具、枕を一組として、これを二組持参したものである。また、ふだん用の木綿布団と客用の銘仙布団をそれぞれ二組ずつ持参する者もおり、布団拵《ごしら》えにも多大な手間と費用がかかった。寝具の収納具には古くは長持が用いられたが、昭和初期には上下二段の夜具箪笥（夜具戸棚）が普及した。

夜具　夜具は、【写真1】のような着物の形をした寝具で、夜着《よぎ》とも呼ばれ、中には分厚い綿が入っている。袖で肩を覆うことができるので寒い時期に重宝され、これを小型化した掻巻《かいまき》は現在も寝具店で既製品が売られている。

こうした夜具は、いったい何を原型として作られたものであろうか。また、寝間着との関わりはあるのだろうか。そんなことを少々考えてみたい。

瀬川清子著『きもの』（一九四八）によれば、昭和九年（一九三四）頃の東北地方においては板の間の寝室に藁《わら》を敷き詰め、藁床に莚《むしろ》や茣蓙《ござ》を敷いて万年床とする家が相当数あり、寝る際には常着を脱いで体にまとっていた。これが古風な寝姿であったという。就寝専用の寝間着を持たぬ時代には、常着がそのまま寝間着となり、同時に掛布団の役目をも果たしていたのである。また、岩手県鹿角郡では木綿布を重ねて綴《と》じたユブスマ、秋田県仙北郡ではぼろ布や苧屑《おくず》、ガマの穂、鳥の羽根などを入れたヨブスマが用いられており、これらはいずれも夜衾《よぶすま》で、夜の寒さをしのぐ就寝時専用の被《かぶ》り着物であった。形態は常着よりもやや大きめであるが、夜具ほど巨大ではない。瀬川氏は同書の中で、「昔、着物をそのまゝ夜の衣にした古風が、ヨブスマ・夜着・掻巻きなどに筋を引いて残って居るのである。」と述べている。つまり、常着を脱いで体にまとっていた風習が後に就寝時専用のヨブスマへと発展し、これが巨大化して分厚い綿の入った夜着すなわち夜具に発展したと解されるのである。綿入れの布団が普及する以前には着物が布団の役目を兼ね、こうした時代が長く続いていたことを東北地方の事例は物語っている。

寝巻きと寝間着　では、埼玉県内においてはどうであろうか。大正時代から昭和初期に嫁いだ話者から話を聞くと、ほとんどの者が綿入れの掛布団と敷布団を夜具とともに持参しており、着物が布団を兼ねた事例はない。ただし、寝間着については、それを用いずふだん着を脱いで体にかけて寝たという話が少なからず得られる。特に、夏には浴衣《ゆかた》一枚をかけて寝ることが多く、寝間着のない時代がそう古いことでないのがわかる。また、明治生まれの話者の中には夜具を指してネマキと

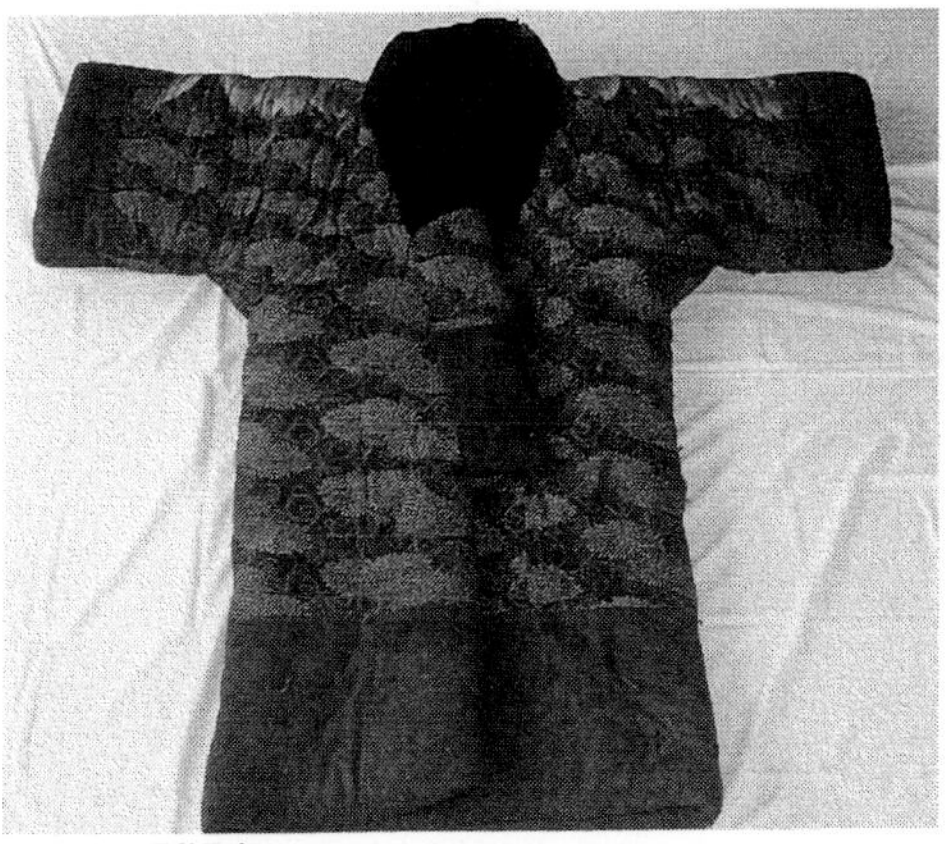
▲所沢市

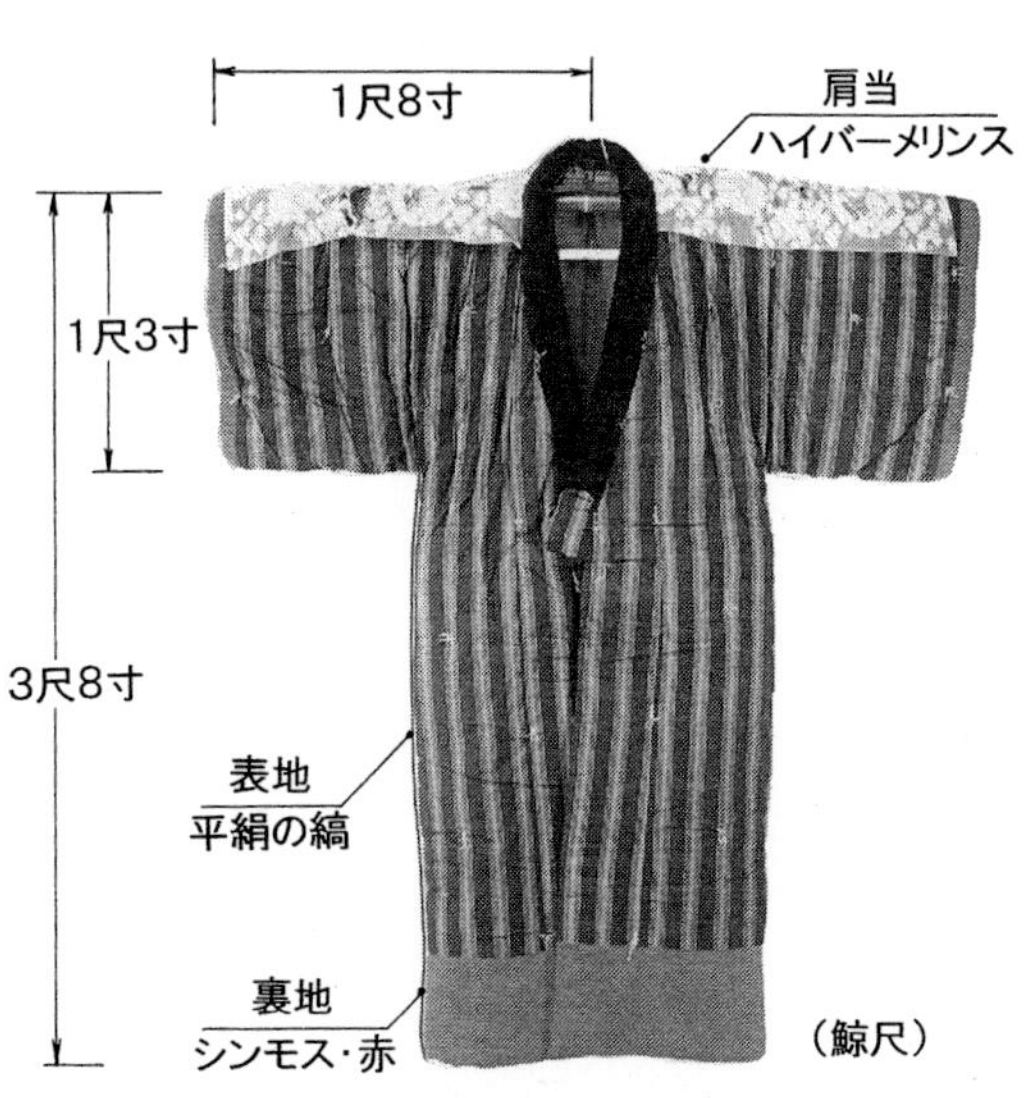
1尺8寸
肩当
ハイバーメリンス
1尺3寸
3尺8寸
表地
平絹の縞
裏地
シンモス・赤
（鯨尺）
江南町▶

【写真1】夜具［所沢市・江南町］

呼ぶ者もおり、寝る際には夜具の袖を体に巻き込むようにしたという。つまり、ネマキは「寝巻き」であり、これが就寝時専用に作られた唯一の着物であって、常にはふだん着を「寝巻き」に兼用していたのである。また、独立した寝間着を用いる場合も、それは着古した木綿の着物や浴衣が格下げされたものであり、寝間着としてあらためて縫われたわけではなかった。

第二次世界大戦後、物資が豊かになって浴衣の寝間着やネルの寝間着が普及するまでは、埼玉県内でも専用の寝間着のない時代が長いこと続いていたのである。

ここで、寝間着について、古老からの貴重な教示を紹介したい。

「今の者は、寝間着を着て平気で起きている。昔は、寝間着を着てだらだら起きてるもんじゃないといわれた。寝間着姿で起きていることはだらしないとされた。だから、ネドコロに入って寝る直前にはじめて寝間着に着替えたものである。それまでは、人に見られても恥ずかしくないふだん着を着ていた。」

考えさせられることばである。

（宮本）

［参考文献］　瀬川清子著『きもの』六人社　一九四八

【写真２】夜具地［大利根町］

【写真３】掻巻や布団を干す［大利根町］

【❶ 農家の住まい】

台所と水まわり

煮炊きの場と設備　農家には、ダイドコロと称する広い土間があり、その奥にはかまどや炉が設置されて、ここで日々の煮炊きが行われた【図1】。

かまどは、古くはドロカマド・ドロカマンド・ドロベッツイなどと称して粘土で築かれていたが【写真1】、後にレンガやコンクリートのかまどが普及し、表面にタイルを張った見栄えの良いものも登場した【写真2】。また、昭和一〇年代から二〇年代には、稲作地域を中心にヌカカマド・ヌカカマンド・アラヌカクドなどと呼ばれる籾殻《もみがら》を燃料とする鋳物《いもの》の移動式かまど【写真3】が普及した。これは、炊く量に応じた籾殻をくべておけばそれが燃え尽きる頃にはごはんが炊きあがるので、つきっきりで火力を調整する手間が省け、主婦にとってはありがたいものであった。

かまどの上方にはオカマサマ・コウジンサマ（荒神様）と呼ばれる火伏せの神様が祀《まつ》られ【写真4】、一〇月と一一月の晦日《みそか》には団子やぼたもちが供えられた。

かまどの脇には、土間を泥やレンガで囲って炉を設ける家が多く、これをイロリ・ヒジロとも呼んだ。炉にはカギッツルシと呼ばれる自在鉤を一本ないし二本下げ、その先に鍋を掛けて味噌汁を煮たり鉄瓶《てつびん》を掛けて湯を沸かしたりした【図2】。

かまどや炉が設置された空間はカマバ・ヒジロなどと呼ばれ、埼玉県東部の埼葛地方ではヒジロの呼称が広く用いられる。ヒジロは火地炉であり、土間に切られた炉を意味する。これが煮炊きの場の呼称ともなっているのは、ヒジロでの煮炊きがかまどの普及以前から行われてきた古い形式であることを物語っているといえよう。

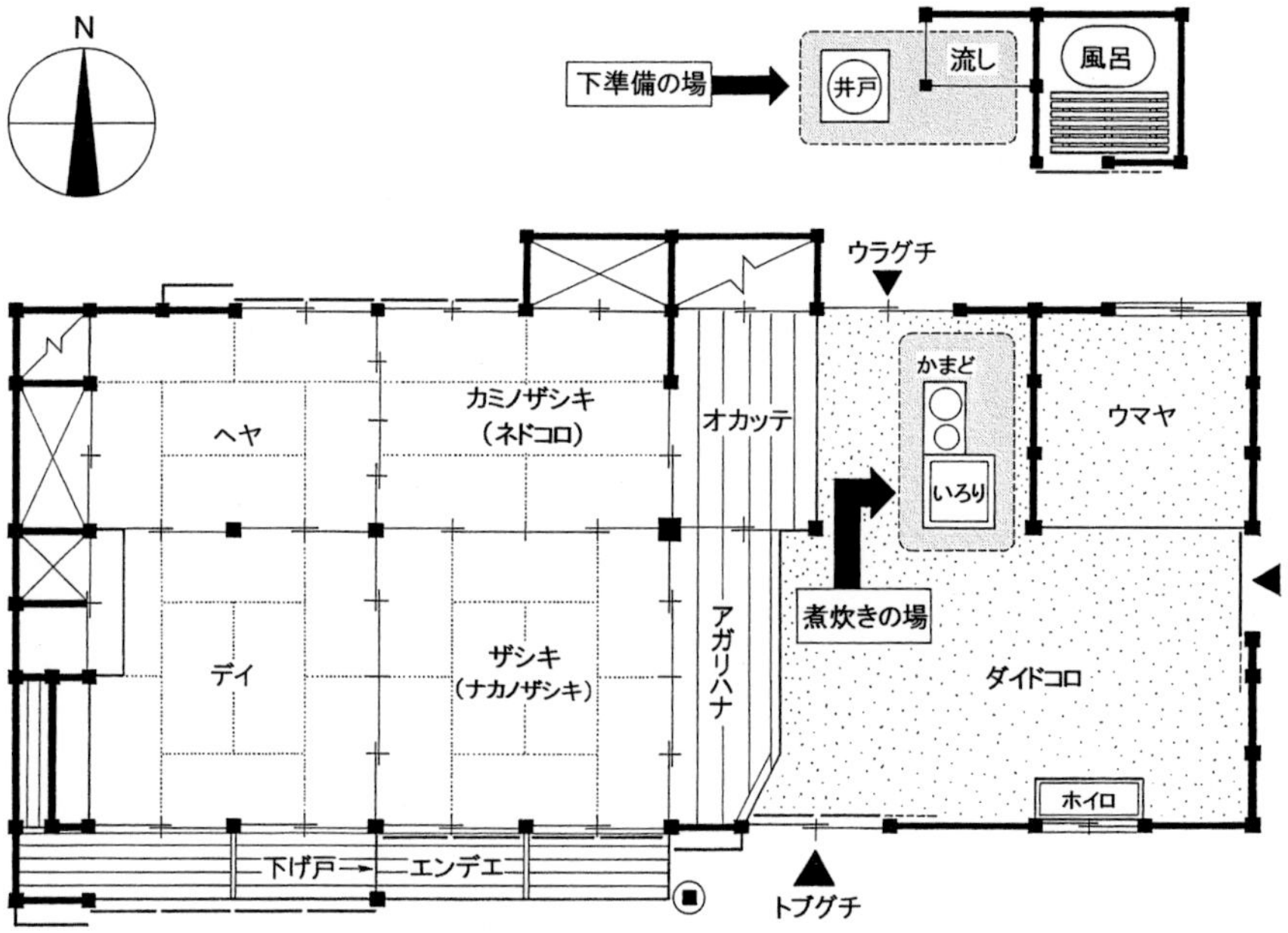

【図1】母屋の間取りと煮炊きの場［川里町］

【写真1】泥のヘッツイと釜［所沢市］

【写真 3】ヌカカマド［大利根町］

【写真 2】タイル張りのかまど［宮代町］

【写真 4】かまどの上に祀られたオカマサマ［大利根町］

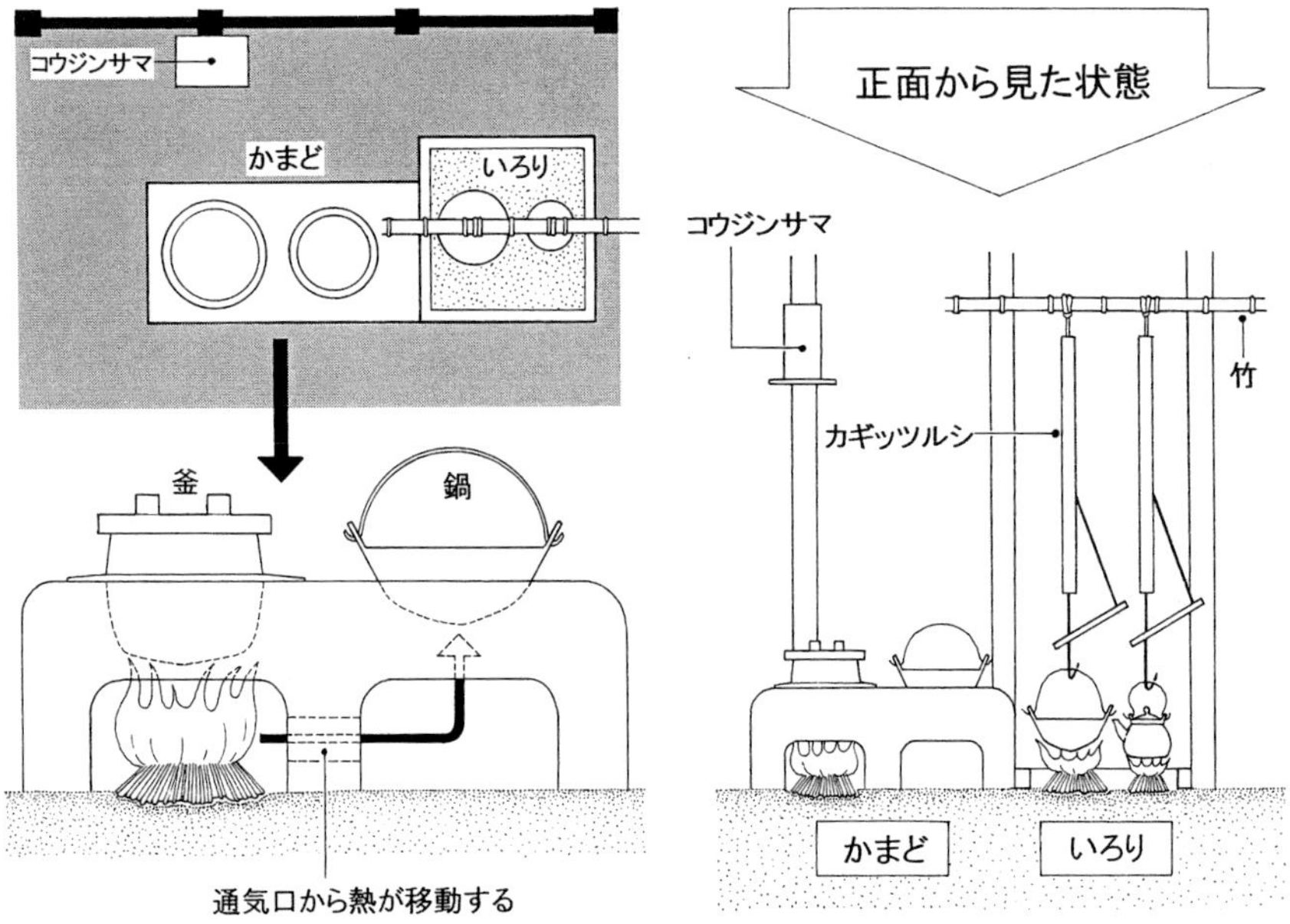
コウジンサマ
かまど
いろり
釜
鍋
通気口から熱が移動する
正面から見た状態
コウジンサマ
竹
カギッツルシ
かまど
いろり

【図 2】かまどといろり［川里町］

水まわり　主婦は、「火どころ」であるかまどや炉を中心に、屋外の井戸やカッテの板の間を行き来しながら食事の支度を行った。井戸は水まわりの拠点であり、ここで野菜洗いや米とぎといった下拵《したごしら》えをすませた上で屋内での煮炊きにかかったのである。屋内には流し【図3】が設置され、その脇には飲料水を入れた水がめ【図4】が置かれていたが、水がめの水は煮汁の調合や茶を入れるための湯沸かし、あるいは少量の食器洗いに使用されるものであり、野菜洗いや米とぎ、鍋釜洗いといった「大水使い」は井戸の流しで行われた。水がめの水を満たすには、井戸水を手桶に汲《く》み、これを何度も往復して運ばなければならない。むやみに使えば水汲みの回数が増え、それだけ余分な労力がかかる。そこで、「大水使い」を井戸の流しで行い、少しでも労力を軽減させるよう努めたのである。また、昭和初期までは屋内に流しを設置せず、水使いはすべて井戸の流しで行う家も少なくなかった。屋根のない井戸では、雨が降れば傘を差しての作業となる。また、寒風の吹く冬季には、米をとぐ手が凍るように冷たくなったという。

山の湧水の利用　丘陵地域や山間部では、山の湧水を樋《とい》で引いて飲料水や生活用水とする家が多かった。【図5】は、埼玉県小川町の農家における山の湧水の引き方とその使い方を示したものである。これに見るように、水が落ちるところには三段の水槽が設けられ、上段の「上の池」ではゴミを沈殿させ、きれいになった水を「中の池」に落とし、ここから飲料水を汲んだ。さらに、「下の池」では食器や鍋釜を洗い、水中に落ちた残飯をコイに食べさせた。「下の池」から落ちた水は土中の土管を伝って前庭の池へと至るが、途中にポンプを設置して風呂桶と紙漉《かみす》き場に水を揚げた。小川町は「細川紙」で知られる和紙の産地であり、紙漉きには水が欠かせないのである。前庭の池に溜まった水では洗濯を行い、その排水は土管を伝って川へと落ちた。

湧水の堀が家のそばを流れるところでは、堀に石や丸太で堰《せき》を築いて水を溜め、ここを水汲み場として、米とぎや洗い物もここで行われた。水汲み場へは石段が築かれ、水汲みを担う主婦は石段を何度も上り下りしながら水を運んだ。その労力は多大なものであったという。（宮本）

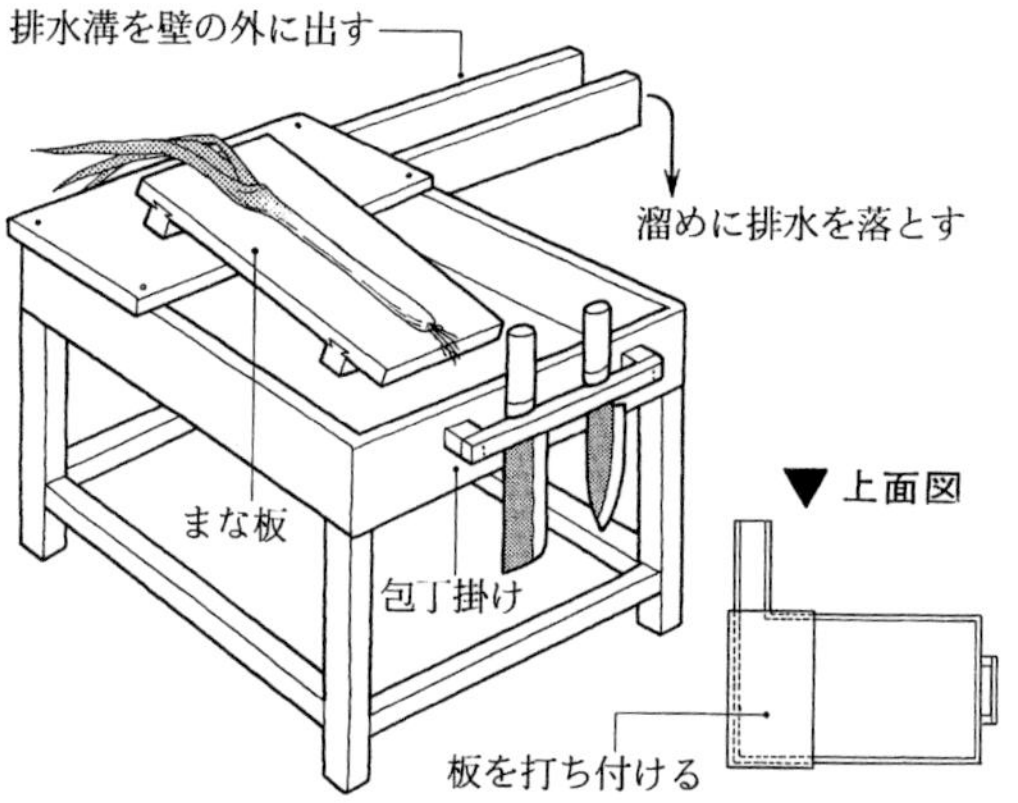
排水溝を壁の外に出す
溜めに排水を落とす
まな板
包丁掛け
▼上面図
板を打ち付ける

【図3】木製の流し

▼所沢市　　▼小川町

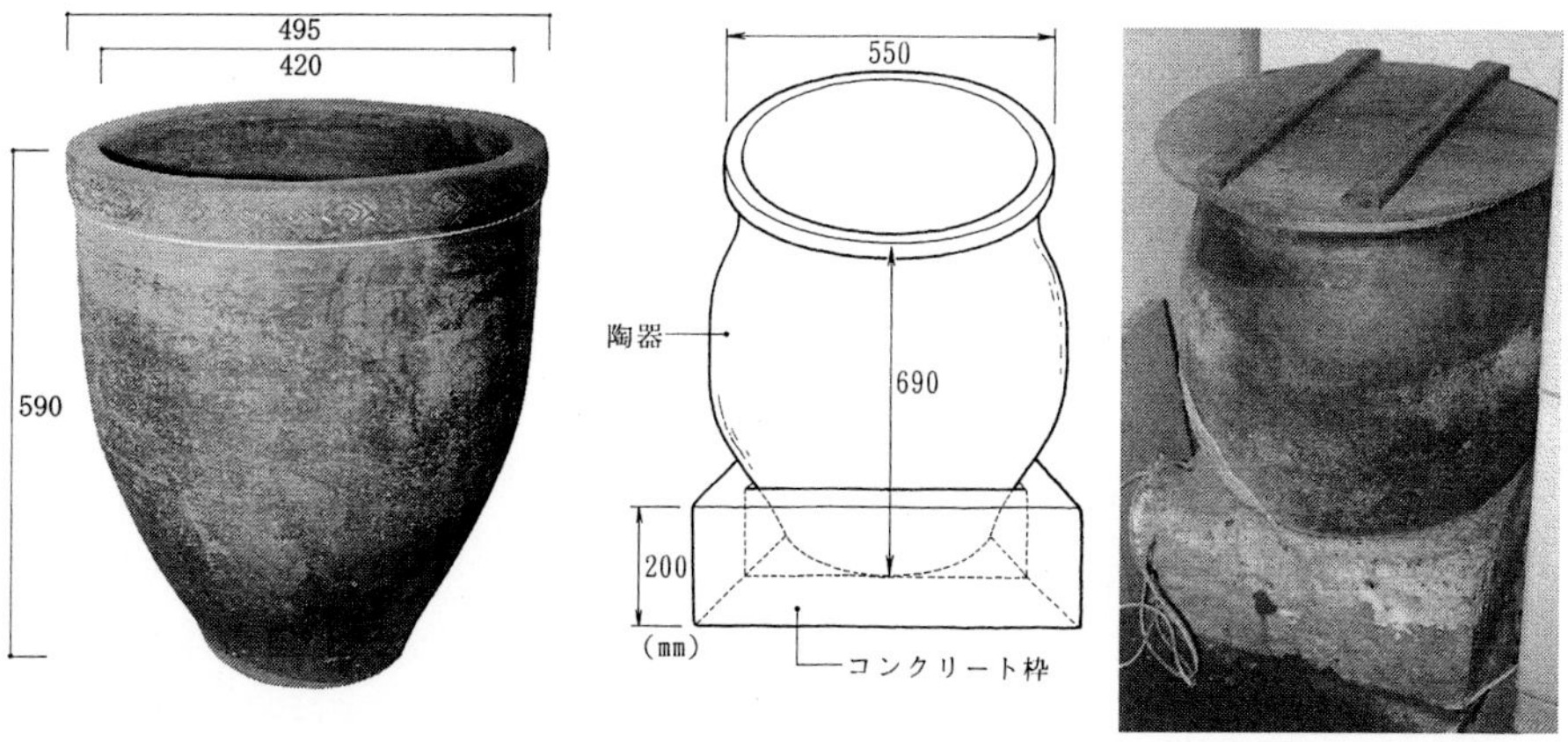
495
420
590
550
陶器
690
200
(mm)
コンクリート枠

【図4】水がめ［所沢市・小川町］

小川町上古寺 KS 家の例

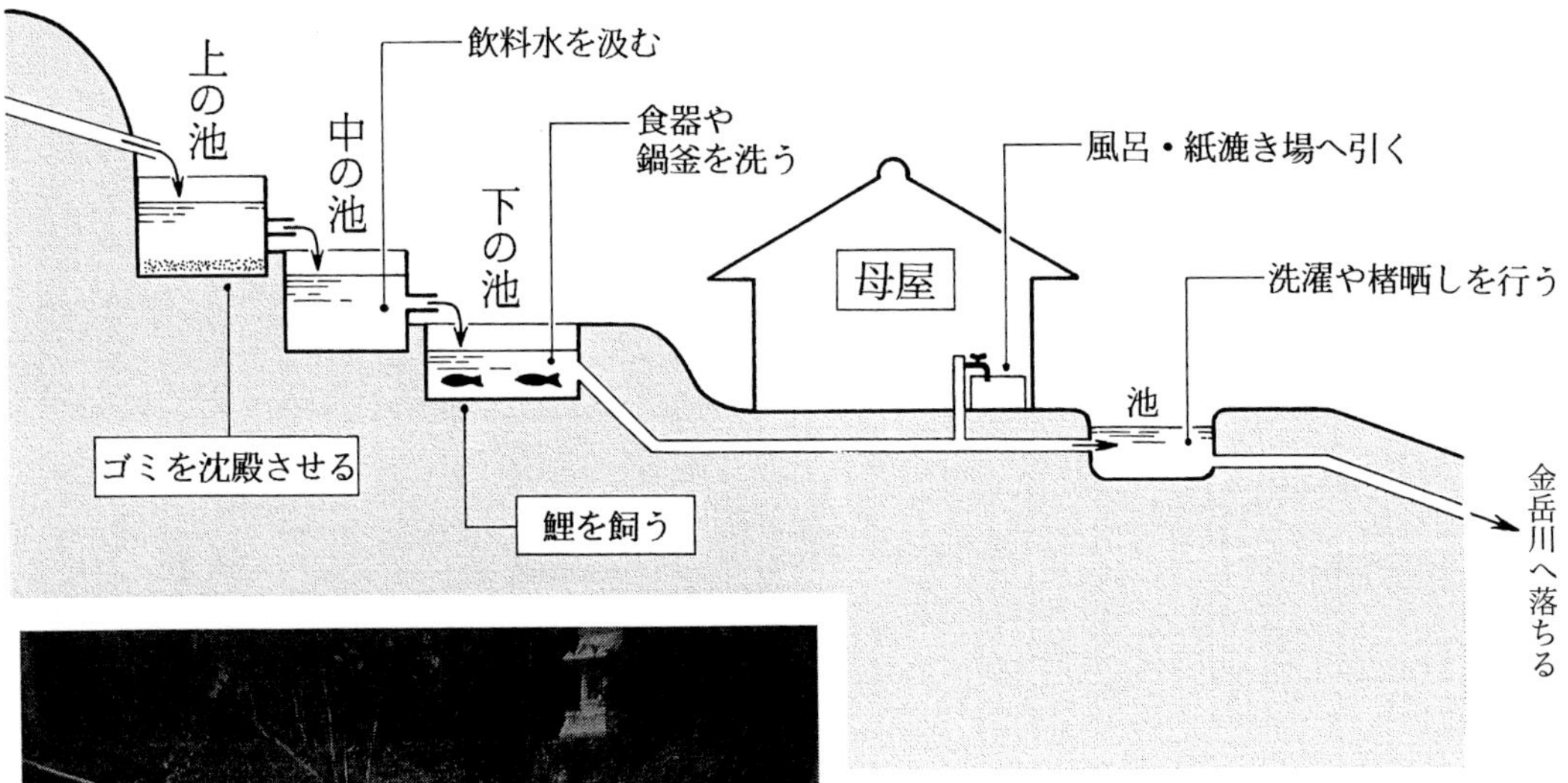
上の池
中の池
下の池
飲料水を汲む
食器や
鍋釜を洗う
風呂・紙漉き場へ引く
母屋
洗濯や楮晒しを行う
池
ゴミを沈殿させる
鯉を飼う
金岳川へ落ちる

◀水槽

現在は２段目（中の池）の水を
動力ポンプで台所へ揚げている

中の池
下の池
上の池

背面から見た水槽▶

【図５】山の湧水の引き方と使い方［小川町］

小川町上古寺 KY 家の例

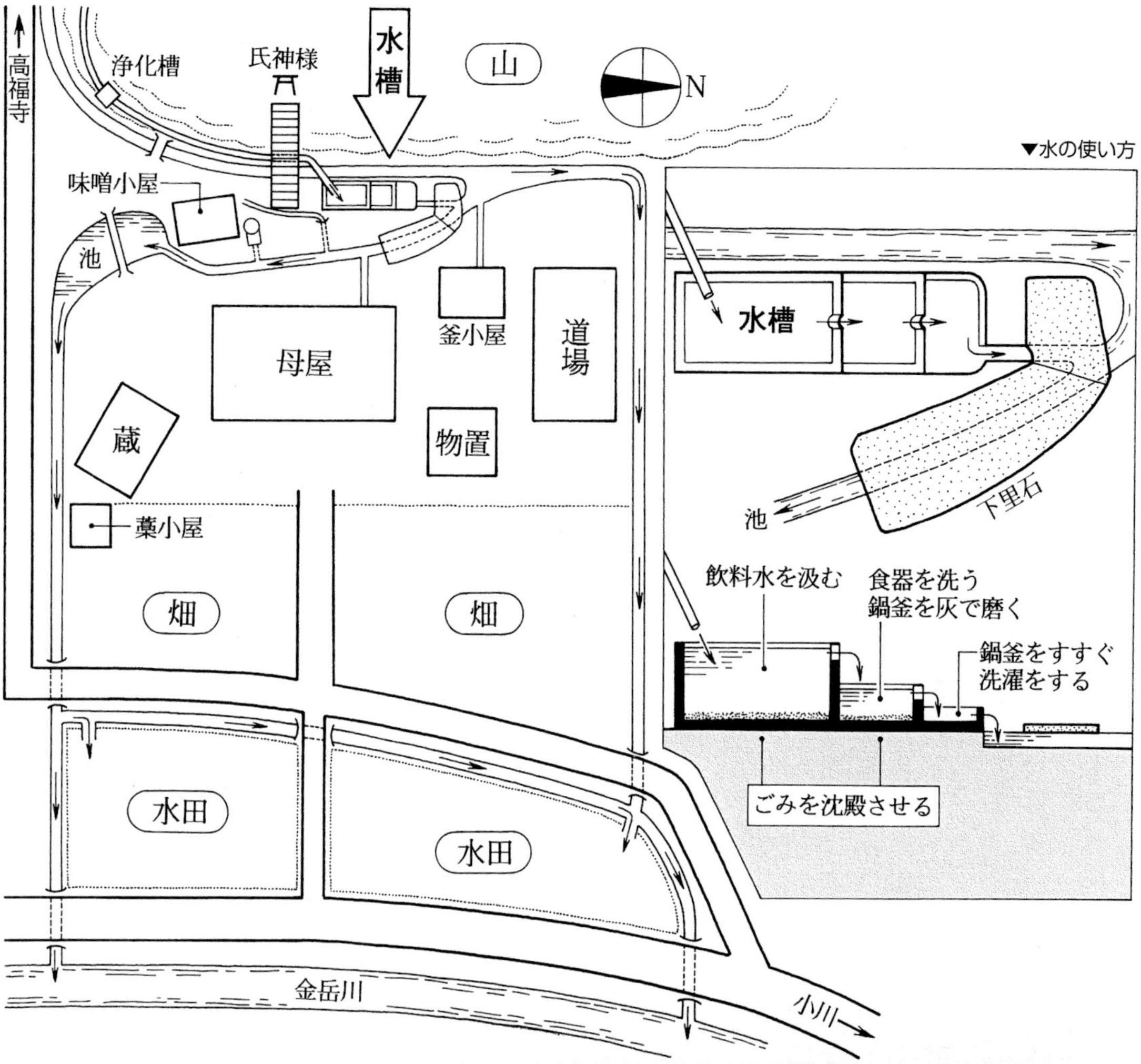
高福寺
浄化槽
氏神様
水槽
山
N
味噌小屋
池
釜小屋
道場
母屋
蔵
物置
藁小屋
畑
畑
水田
水田
金岳川
小川
▼水の使い方
水槽
池
下里石
飲料水を汲む
食器を洗う
鍋釜を灰で磨く
鍋釜をすすぐ
洗濯をする
ごみを沈殿させる

水槽▶
（現在は使われていない）

釜《かま》小屋・味噌小屋・炊き場

大人数の食事を賄《まかな》う家では、母屋のダイドコロのほかに別棟の煮炊きの場を設けるところもあった。

釜小屋　埼玉県小川町のK家は屋敷内に道場を有し、明治時代まで地元の青少年に武術の指導を行っていた。K家にはつねに大勢の修業生が集まり、その食事を賄う女中も雇われていた。また、名士の家柄から人づきあいが広く、祝儀不祝儀ともなれば大勢の客が訪れた。そのため、母屋のかまどだけでは煮炊きが間に合わず、別棟の釜小屋を建ててかまどを設置し、さまざまな台所用具を揃《そろ》えて、ここで食事作りを行ったのである。

味噌小屋　大人数の食事を賄うには、味噌・醤油・漬物が大量に必要となる。そこで、釜小屋に併せて別棟の味噌小屋も建て、ここに味噌樽や醤油樽、漬物桶をたくさん貯蔵しておいた。味噌小屋は台所用具の収納場所ともなり、棚には釜・蒸《せい》籠《ろう》・サハチ・お櫃《ひつ》などが収められた。また、味噌小屋の脇には井戸があり、井戸の流しで洗った台所用具は軒下の棚に伏せて水切りされた。

現在は釜小屋・味噌小屋ともに使用されていないが、設備や用具は残されており、往時のようすをうかがうことができる【図1・2】。

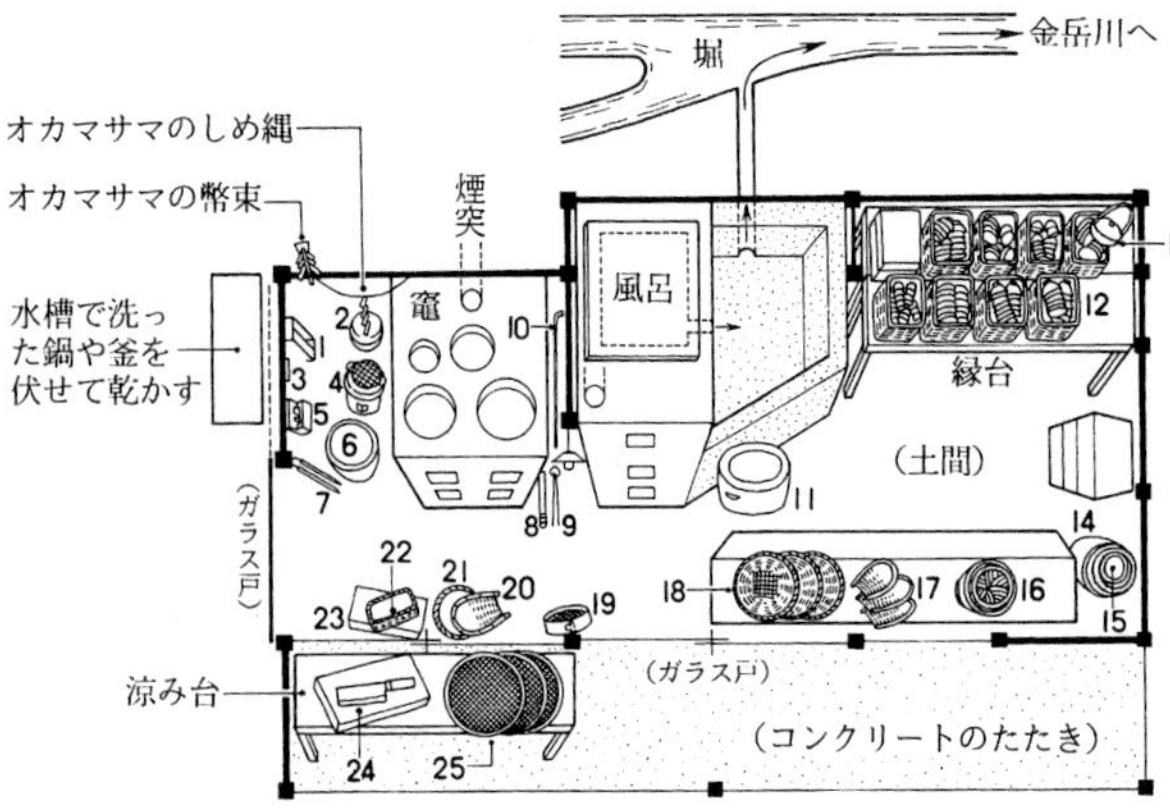
金岳川へ
堀
オカマサマのしめ縄
オカマサマの幣束
煙突
竈
風呂
縁台
水槽で洗った鍋や釜を伏せて乾かす
(土間)
(ガラス戸)
(ガラス戸)
涼み台
(コンクリートのたたき)
1
2
3
4
5
6
7
8
9
10
11
12
13
14
15
16
17
18
19
20
21
22
23
24
25

1；テッキ
2；火消し壷
3；火の用心のおふだ
4；金網と七輪
5；マッチ・つけ木入れ
6；梅干し甕
7；竹の菜箸
8；火吹き竹
9；火箸
10；灰掻き出し
11；臼
12；食器を入れたプラスチック籠
13；オカモチ
14；甕
15；サハチ
16；すり鉢
17；ショウギ
18；メンアゲショウギ
19；テブルイ
20；ショウギ
21；籠
22；籠
23；木箱
24；庖丁とまな板
25；干し物籠

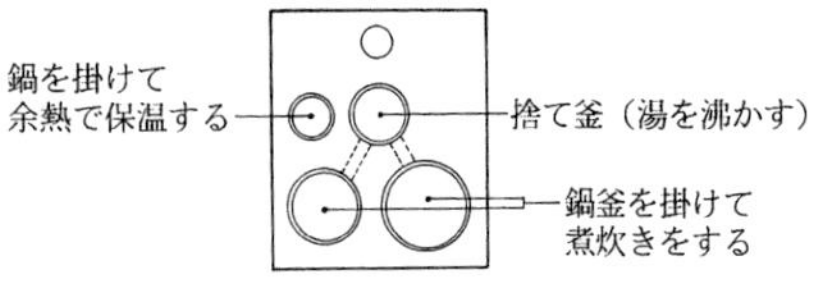
鍋を掛けて余熱で保温する
捨て釜（湯を沸かす）
鍋釜を掛けて煮炊きをする
▲竈

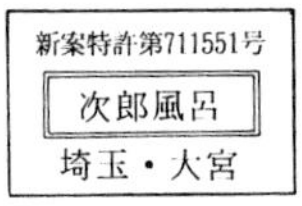
新案特許第711551号
次郎風呂
埼玉・大宮
▲風呂の商標

◀正面

かまど▶

側面▶

【図1】釜小屋［小川町］

炊き場　母屋を火災から守る目的で、煮炊きの場を別棟とする家もあった。埼玉県大利根町には、タキバ・タキダシバと呼ばれる別棟の炊き場を有する家が多く、ここにはかまどや流しが設置され、併せてうどんを打つためのシマダイも置かれた。また、炊き場を母屋の一角に突き出して設ける家も多く、【図3】に示したシタのオカッテは、かつて母屋の一角にあったものを母屋の建て替えの際に切り離し、別棟としたものである。その内部には、かまど・流し・ガスレンジ・茶箪笥・うどんのぶち台などが揃えられ、現在も物日《ものび》や来客時のうどん打ちやカワリモノ作りに使われている。カワリモノは、ふだんの食事とは異なるごちそうを意味することばである。（宮本）

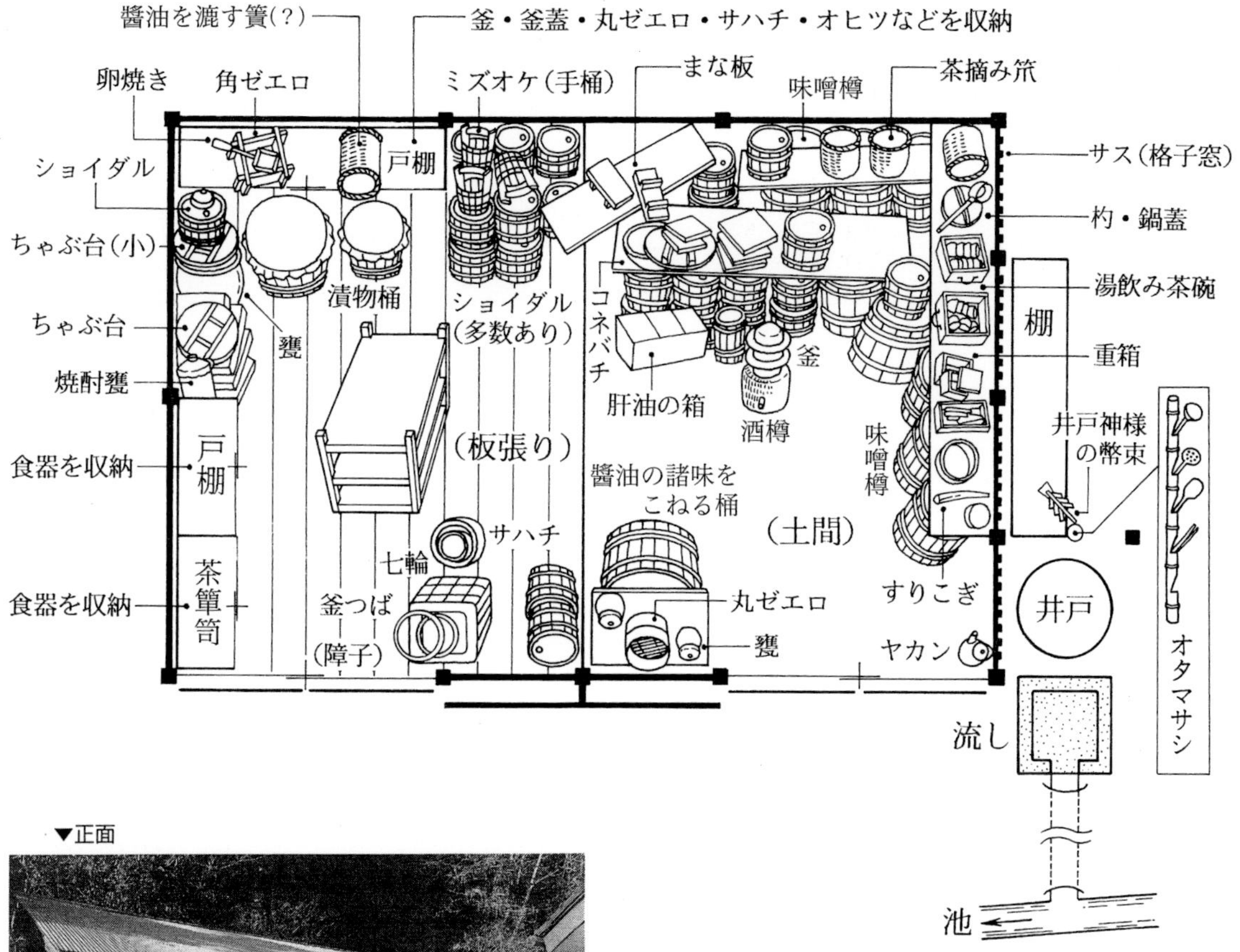
醤油を漉す簀(?)
釜・釜蓋・丸ゼエロ・サハチ・オヒツなどを収納
卵焼き
角ゼエロ
ミズオケ(手桶)
まな板
味噌樽
茶摘み笊
ショイダル
戸棚
サス(格子窓)
杓・鍋蓋
ちゃぶ台(小)
湯飲み茶碗
漬物桶
ショイダル
(多数あり)
コネバチ
棚
ちゃぶ台
甕
釜
重箱
焼酎甕
肝油の箱
酒樽
戸棚
井戸神様の幣束
食器を収納
(板張り)
味噌樽
醤油の諸味をこねる桶
(土間)
茶箪笥
七輪
サハチ
食器を収納
釜つば
(障子)
丸ゼエロ
すりこぎ
井戸
甕
ヤカン
オタマサシ
流し
池

▼正面

▼戸棚が置かれた一角

▼味噌樽などが並ぶ

味噌・醤油・漬物といった
塩気のものを置く場所には
イキ抜きのサスが必要
サス（格子窓）

【図 2】味噌小屋［小川町］

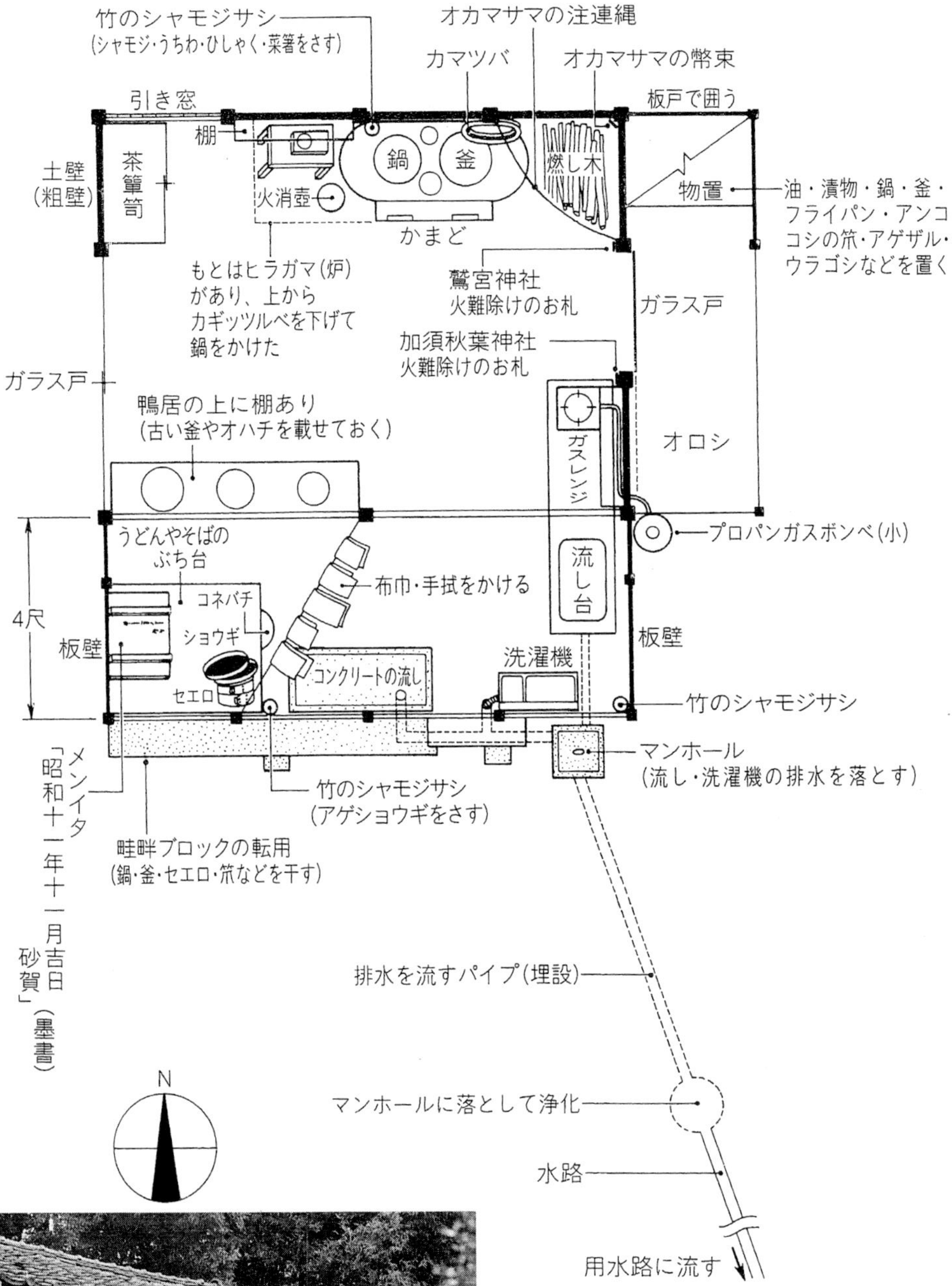
竹のシャモジサシ
(シャモジ・うちわ・ひしゃく・菜箸をさす)
オカマサマの注連縄
カマツバ
オカマサマの幣束
引き窓
板戸で囲う
棚
土壁
(粗壁)
茶簞笥
鍋
釜
燃し木
物置
油・漬物・鍋・釜・
フライパン・アンコ
コシの笊・アゲザル・
ウラゴシなどを置く
火消壺
かまど
もとはヒラガマ(炉)
があり、上から
カギッツルベを下げて
鍋をかけた
鷲宮神社
火難除けのお札
ガラス戸
加須秋葉神社
火難除けのお札
ガラス戸
鴨居の上に棚あり
(古い釜やオハチを載せておく)
ガスレンジ
オロシ
プロパンガスボンベ(小)
うどんやそばの
ぶち台
布巾・手拭をかける
流し台
コネバチ
4尺
ショウギ
板壁
板壁
セエロ
コンクリートの流し
洗濯機
竹のシャモジサシ
マンホール
(流し・洗濯機の排水を落とす)
メンイタ
「昭和十一年十一月吉日 砂賀」(墨書)
竹のシャモジサシ
(アゲショウギをさす)
畦畔ブロックの転用
(鍋・釜・セエロ・笊などを干す)
排水を流すパイプ(埋設)
N
マンホールに落として浄化
水路
用水路に流す

▲シタのオカッテ外観

【図3】シタのオカッテ［大利根町］

【❶ 農家の住まい】

住まいの火

——煮炊きの火・暖房の火・明かりの火

住まいの火どころ　現在の住まいで、火の燃える光景を見ることは稀《まれ》である。趣味に暖炉をしつらえる家は別として、一般の家ではガスレンジの炎と冬季のストーブの炎が唯一の「火どころ」といえるであろう。しかし、最近では暖房にエアコンやパネルヒーター、ホットカーペットなどが用いられ、調理器具にもＩＨクッキングヒーターなるものが登場し、「火どころ」のない暮らしが年々増えつつある。

かつての農家では、屋内で常に火が燃えていた。ダイドコロのかまどや炉、カッテの囲炉裏《いろり》、アガリハナや座敷の火鉢、風呂、そして、ランプの明かりや神棚・仏壇の灯明と、家中のそこかしこで炎を見ることができたのである。

煮炊きの火　ダイドコロのかまどでは日々の煮炊きが行われ、ここに釜《かま》を掛けてごはんを炊いた。また、かまどの脇には炉を設ける家が多く、炉のカギッツルシに鍋を掛けて味噌汁を煮たり鉄《てつ》瓶《びん》を掛けて湯を沸かしたりした。

かまどや炉の燃料には、水田の多い稲作地域では稲藁《いなわら》や小麦藁、台地・丘陵の畑作地域や山間部ではモシキ（燃し木）や落ち葉が用いられた。モシキには、薪《まき》・ボヤ・カレッコがあり、質の良いクヌギやナラの薪は風呂の燃料とされる。そこで、かまどや炉には主としてボヤやカレッコをくべた。ボヤとは薪を切る際に払い落とした枝で、薪切りの仕事を行った際には「結い荷」と称してボヤをもらえる特権もあった。カレッコはスギやヒノキの枯れ枝で、これは山主の許可なしで自由に拾うことができた。しかし、やはり他所《よそ》の山へ入るのは気が引けるもので、カレッコ拾いは早朝に行われることが多かったという。

落ち葉にはマツゴクと称する松の落ち葉と雑木のクズがあり、マツゴクは嵩《かさ》張らず火力が強いので重宝された。

モシキや落ち葉は冬の間に一年分を調達し、これを物置の下屋や屋敷内の木小屋に貯蔵しておいた【写真1】。また、西川材の植林が盛んな入間郡名栗村では、一日の山仕事を終えると山中の枯れ木をコシノコで切り、これを「夕荷」と称して家へ持ち帰った。枯れ木は勘定に入らないので、山仕事を行う者の特権として無料でもらうことができたのである。

養蚕を行う家では、蚕に与えた桑の枝が大量に出るので、これを乾かしておいて燃料に用いた。桑の枝は、クワデ・クワゼ・クワゼッポネ・クワボウなどと呼ばれる。

風呂の燃料には、薪が用いられた。薪は、クヌギやナラの硬木が良い。マツの薪は火力こそ強いが油煙が多く出るので、薪としては扱いにくいものであった。また、埼玉県東部の庄和町では農道沿いにハンノキを植え、これを切って薪に用いた。ハンノキは成長が早いので、切ることで逐次更新させたのである。現在は、農道の拡幅や舗装工事によってハンノキの並木は姿を消したが、かつては燃料に用いるとともに秋には横木を渡して稲架《はさ》としても利用され、重宝されたものだという。

暖房の火　暖を取るための火は、カッテに切られた囲炉裏がその中心であった。囲炉裏には【写真2】のようなカギッツルシを下げ、その先に鉄瓶を掛けて常時湯を沸かした。そして、気軽な客

【写真1】物置に積まれた枝や落ち葉［川越市］

が来ると鉄瓶の湯を急須に注ぎ、茶を入れて出したものである。

持ち運びのできる暖房具には、火鉢があった。火鉢には、長火鉢・角火鉢【写真3】・丸火鉢があり、これらをアガリハナや座敷に置いて寒さに凍える手を暖めた。火鉢の灰には熾《おき》を入れ、その上に五徳を置いて鉄瓶を掛け、湯を沸かしておいたものである。囲炉裏や火鉢の鉄瓶から立ち昇る湯気は、暖かさを醸し出すと同時に室内の過度な乾燥を防ぐ役目も果たしていた。また、婚礼や葬式といった人寄せでは、客の間に【写真4】のような小型の火鉢を置き、客はこれで手を暖めるとともにたばこの灰皿としても利用した。

こたつは、古くはネコヒバチ・ネコアンカなどと呼ばれる黒瓦質の火鉢【図1】に熾を入れ、これを木製の櫓《やぐら》に納め、上から布団を被せて使用するものであった。移動可能で主として座敷に置かれ、寒い日には布団に足を入れて暖めたものである。こたつの櫓は三五センチから四〇センチ四方

【写真2】囲炉裏に下げたカギッツルシ［所沢市］

【写真4】人寄せ時に使用する火鉢［所沢市］

【写真3】角火鉢［所沢市］

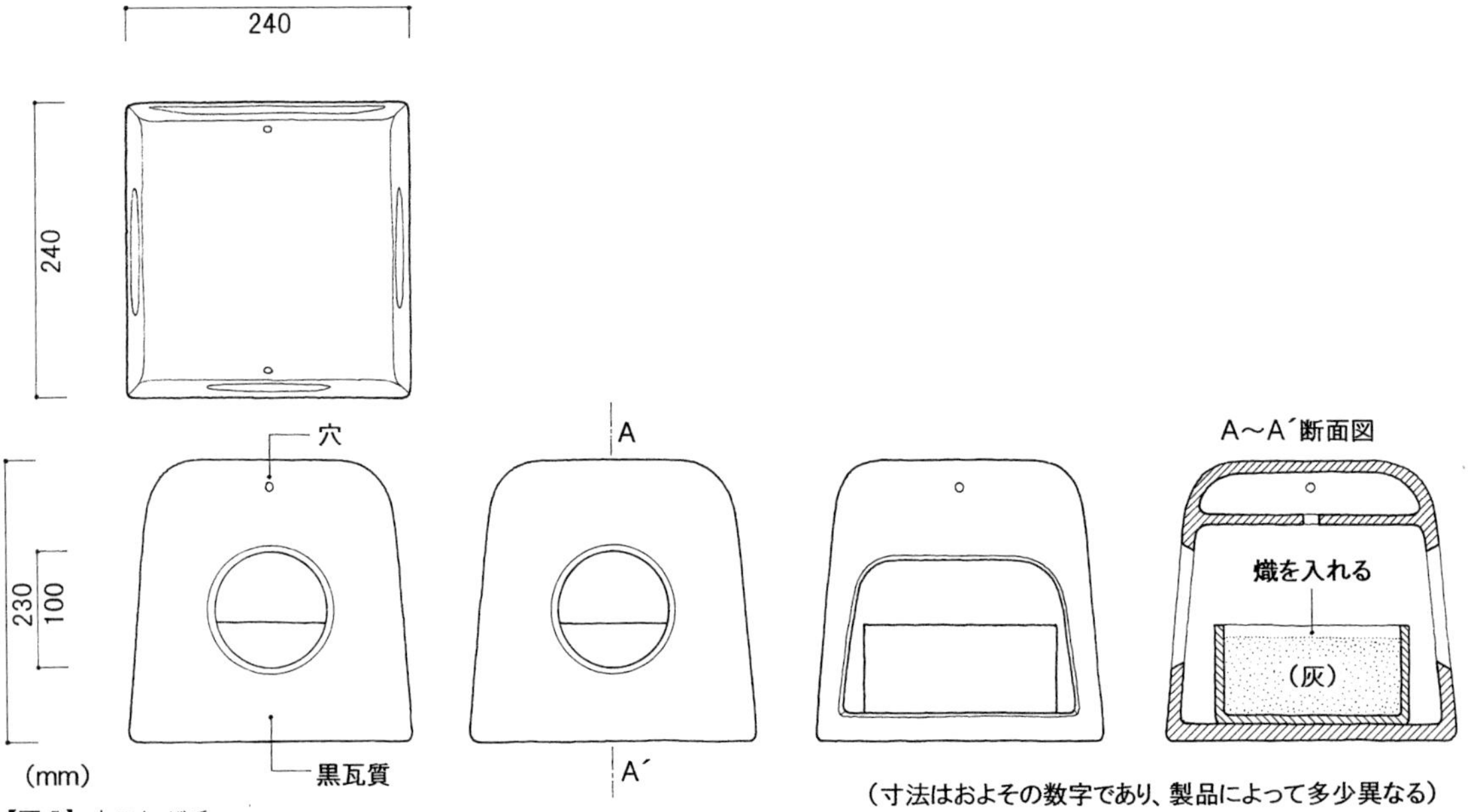

（寸法はおよその数字であり、製品によって多少異なる）
【図1】ネコヒバチ

くらいで、極めて小さい。したがって、食卓を兼ねることはできず、機能はあくまで暖房のみであった。

こたつが食卓を兼ねるようになったのは、掘りごたつが普及してからのことである。その掘りごたつは、囲炉裏の改造によって生まれた。農家ではカッテの板の間を食事の場としており、そこには囲炉裏のある家が多く、家族は囲炉裏を囲んで銘々の箱膳で食事を取っていた。しかし、第二次世界大戦後には箱膳が廃止される傾向となり、それに伴って箱膳に代わる食卓が必要となった。そこで、囲炉裏に櫓をはめ、掘りごたつに改造する家が増えたのである。囲炉裏の大きさは三尺四方（約九〇センチ四方）であり、これなら食卓として十分に使用できる。その上、足を下ろすことができるので姿勢も楽である。こうして掘りごたつは瞬く間に普及し、家族団欒の中心となる「火どころ」として囲炉裏に代わる主役の座に着いた。

就寝時の暖房具には湯たんぽがあったが、これを使うのは年寄りや病人に限られていた。古老曰《いわ》く、「若い元気な者は、布団に入れば数分で体が温まってくる。だから、湯たんぽは要らなかった」

湯たんぽは、古くは陶器でできた蒲鉾《かまぼこ》型のものが用いられ、これに熱湯を入れて布を巻き、布団に入れた。後には、ブリキでできた楕円形の湯たんぽが普及した。

明かりの火　屋内を照らす明かりも、古くは炎に頼っていた。その代表的なものがランプである。埼玉県内では多くのところで大正時代から昭和初期にかけて電灯が引かれたが、遅いところでは昭和二〇年代初期までランプ生活を余儀なくされていた。

ランプは、【写真５】のように油壺・芯《しん》・ガラスのホヤ・笠・弦《つる》で一組となり、油壺に差した芯に点火をするとホヤの内部で炎が燃える。芯は布製で、その幅によって三分芯・五分芯・八分芯があり、日常にはだいたい三分芯か五分芯が使われた。ランプを吊《つ》るす場所は、家族が食事を取るカッテと表側に面した座敷の二か所程度であり、ダイドコロでの食事の賄《まかな》いは常に薄暗い中で行われた。田植え時に夜明け前から朝飯の支度を行う際には、カッテのランプをダイドコロに近い位置へ吊るし替えたものである。ただし、かまどの火が燃えるとこれが明かりの役目を果たすので、ランプを必要とするのは点火をするまでであった。

【写真 5】 ランプ［所沢市］

ランプのホヤ磨きは、子どもの日課であった。ホヤの内部には油煙が付着し、これを放っておくと明るさが落ちるだけでなく油の無駄遣いにもなる。そこで、毎日夕方にはぼろ布でホヤの内部を磨いた。子どもが行う理由は、手が小さくホヤの内部へ楽に入るからである。

寝室や客間は常には明かりがなく、寝室では来客時にのみ【写真６】のような行灯《あんどん》を置いた。行灯には灯明皿を置き、その上に油を注いで灯心をのせ、点火した。寝室は文字通り寝るための場所なので明かりは不要であり、そこへ行くまでは手《て》燭《しょく》に蠟燭《ろうそく》を立てたり手に蠟燭を持って足元を照らすが、着けば蠟燭を吹き消し、すぐに布団に入って寝たものである。ただし、赤ん坊のいる者は夜中にオムツの取り替えが必要となるので、枕元にマメランプを置き、これで手元を照らした。マメランプは小型の置きランプで、別棟の風呂場でも用いられた。

（宮本）

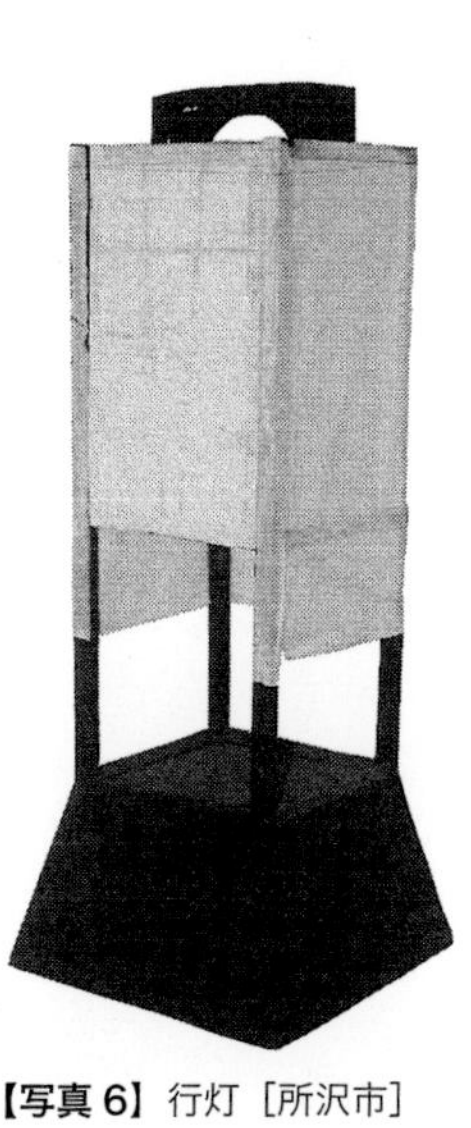
【写真 6】 行灯［所沢市］

【❶農家の住まい】

女性が描く住まいの動線

「一家の身上はカカで持つ」といわれ、衣服や日々の食事を滞りなく賄《まかな》い、住まいを清潔かつ機能的に保ち、一家が快適な暮らしを送れるようマネージメントすることは主婦の役目とされてきた。その主婦の一日の動きとは、どのようなものであったのだろうか。

ここでは、埼玉県大利根町の農家O家を取り上げ、O家の主婦C氏が住まいの中で描く動線を朝・昼・晩に分けて紹介する。時代は、明治四〇年（一九〇七）生まれのC氏が嫁いだ大正一五年（一九二六）を対象とした。当時は、屋外の井戸から水を汲《く》み、土間のかまどに稲藁《いなわら》や小麦藁をくべてごはんを炊き、板の間のオカッテで箱膳を使って食事を取っていた。C氏の動線は、屋内のダイドコロやオカッテを中心に井戸や灰小屋、便所といった屋外へも及び、その範囲が現在と比べてはるかに広かったことがわかる。

1　朝―起床から農作業に出かけるまで

起床　O家の母屋の間取りは【図1】のようであり、C氏が嫁いだ当時は離れの六畳間をC氏と夫の寝室としていた。ここが若夫婦のネドコロだったのである。起床時間は季節によって異なり、田植え時分は午前三時過ぎに起きて朝飯を食べ、四時半にサイレンがなる頃には田んぼに出ていた。サイレンは、加須市か古河市から聞こえてきたものと思われる。起床に際しては、時計をあてにすることはなかった。ダイドコロとヒロマには柱時計があったが、それを見ずともお天道《てんとう》様が上がろうとする頃には自然に目が覚めたのである。

布団の片付けと着替え　起きると、まず布団を「柏餅《かしわもち》」にしてネドコロの隅に置いた。「柏餅」とは、布団を二つ折りにすることである。時には干すこともあったが、農繁期は忙しいのでその回数は少なかった。

布団を片づけると肌襦袢《はだじゅばん》と腰巻姿でオカッテへ行き、その隅に吊《つ》るしたカケザオ（掛け竿）から着物・半幅帯・前掛を取って身支度を調えた。髪をきちんと結っている暇はないので、後ろで簡単に束ね、手拭《てぬぐい》を被《かぶ》って間に合わせた。着物は木綿の絣《かすり》や縞《しま》で、これは家着と野良着を兼ねたものであった。

雨戸開けと用便　身支度を調えたら、まず、縁側の雨戸を開け、オカッテを通ってダイドコロの土間に下り、裏口から外便所へ行って用を足した。便所は離れの奥にもあったが、そこへ行くには大舅《おおじゅうと》たちのネドコロである八畳間の前を通らねばならない。そのため、気を遣って外便所を使用したのである。

用を足したらその足で井戸へ行き、顔を洗った。

灰の掻《か》き出し　洗顔がすむとダイドコロで朝飯の支度をはじめるが、その前にドロカマンド（泥かまど）の灰を掻っぱき出す作業があった。ドロカマンドには稲藁や小麦藁あるいはクワボウと称する桑の枝をくべるので、一日煮炊きを行うとこれらの灰が一杯に溜まる。そこで、毎朝それを掻

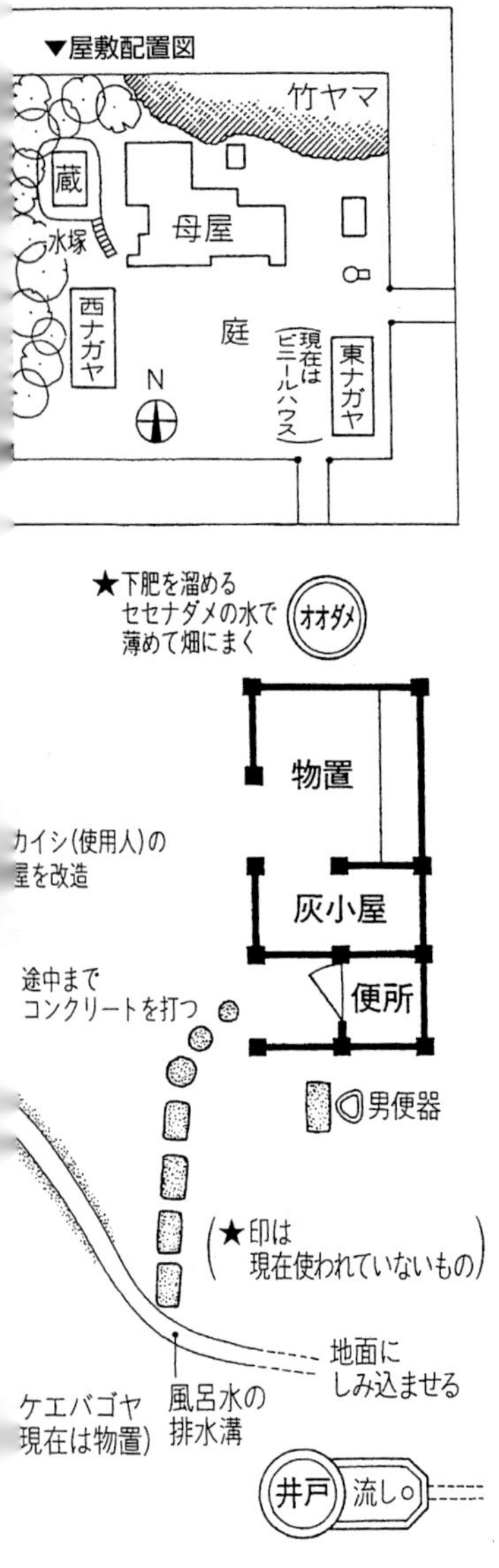

▼屋敷配置図
竹ヤマ
蔵
母屋
水塚
西ナガヤ
庭
現在はビニールハウス
東ナガヤ
N
★下肥を溜める
セセナダメの水で
薄めて畑にまく
オオダメ
物置
カイシ(使用人)の
屋を改造
灰小屋
便所
途中まで
コンクリートを打つ
男便器
★印は
現在使われていないもの
地面に
しみ込ませる
ケエバゴヤ
現在は物置)
風呂水の
排水溝
井戸
流し

【写真１】O家の母屋

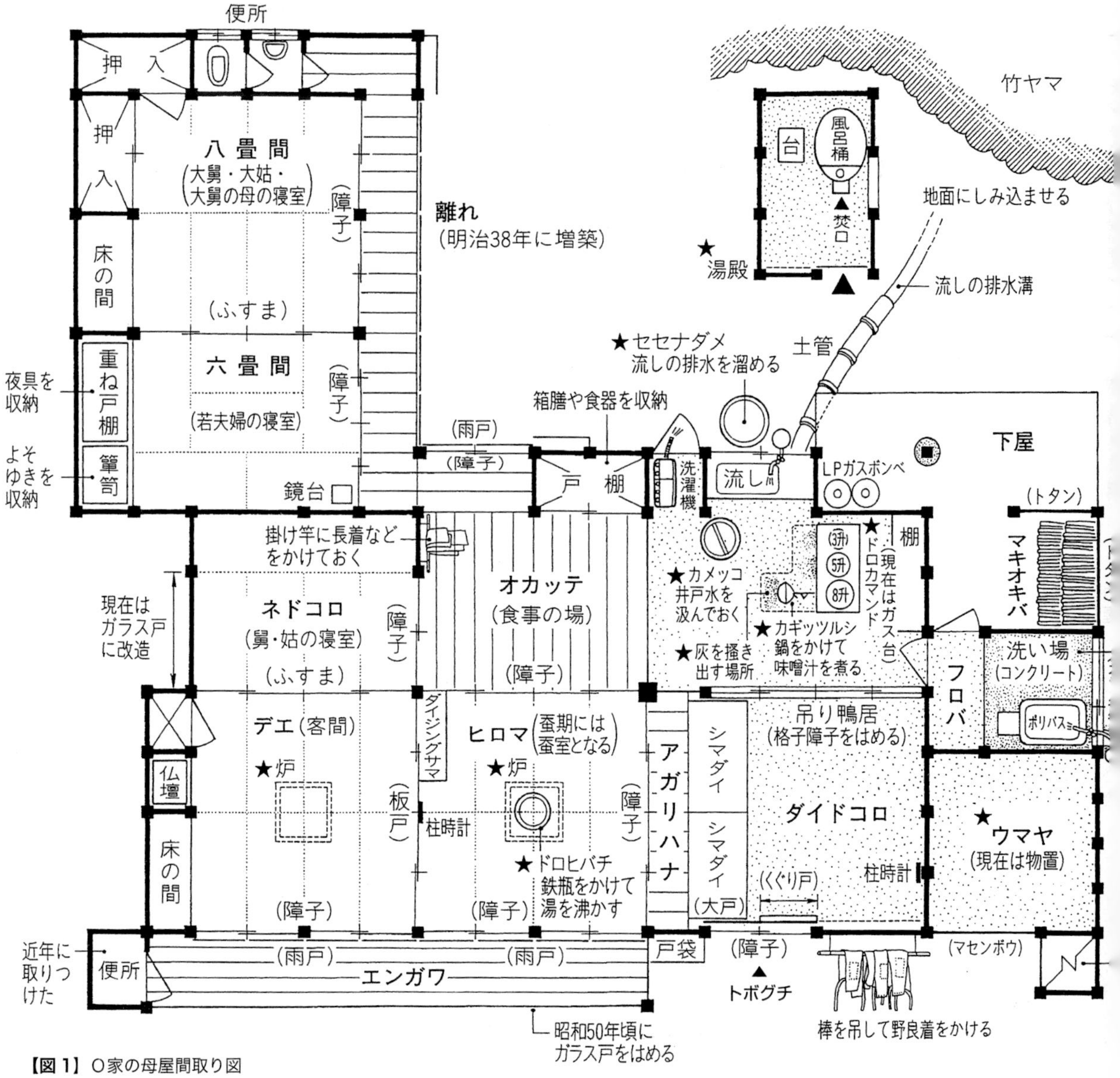

【図１】O家の母屋間取り図

き出したのである。灰は、万が一火の気が残っていると火災の原因となるので、いったん二斗ザルに入れて屋外に置き、夕方になってから灰小屋に収納した。

朝飯の支度　灰の掻き出しが終わるとドロカマンドに火を起こし、釜《かま》を掛けてごはんを炊いた。古くは、就寝前に囲炉裏《いろり》の熾《おき》に灰を被せてタネ（火種）を残し、翌朝これに付け木を当てて点火したものであるが、大正一五年にはすでにマッチが普及していたのでタネを残す必要はなかった。ただし、当時のマッチは貴重品であったため、付け木を併用して節約に努めたものである。

ドロカマンドには焚口《たきぐち》が三つあり、向かって左から三升炊き・五升炊き・八升炊きの釜を掛けた。このうち、日常に使用するのは三升炊きと五升炊きで、八升炊きは冬場に「馬のカイ（粥《かゆ》）」と称する米のとぎ水を沸かしたり、味噌を仕込む際大豆を煮るのに使用された。

朝には、朝飯と昼飯二食分のごはんを炊いた。三升炊きでは米だけのごはん（白米飯）を一升炊き、これは年寄りと子どもたちの弁当用であった。五升炊きでは麦飯を二升五合炊いた。

ドロカマンドでごはんを炊く一方、その脇の炉に下がっているカギッツルシにツルノナベ（弦鍋）を掛けて味噌汁を煮た。燃料は稲藁や小麦藁である。また、ドロカマンドの焚口の前にもカギッツルシを下げ、ここに茶釜を掛けて焚口からはみ出す火で湯を沸かし、コビシャク（小柄杓）で汲んで茶を入れた。

ごはんが炊きあがるとこれをオハチに移し、空いた釜に水を張ってドロカマンドに掛けておいた。こうしておくとごはん粒が剝《は》がれやすく、洗うときに便利だからである。そして、ナガヤ（納屋）の漬物樽からコウコ（漬物）を出し、これで朝飯の支度が調った。

掃除　朝飯の支度がすむと、家の掃除を行った。箒《ほうき》で縁側から埃《ほこり》を掃き出し、続いて縁側や板の間の雑巾がけをする。また、三日に一度は雑巾を硬く絞って板戸や柱を磨いた。こうして嫁が掃除をしていると、家族が次々と起床してきた。

朝飯　掃除がすむと、ごはんのオハチ・味噌汁・コウコをオカッテの中央に置き、その周りに家族が座って銘々の箱膳で食事を取った。味噌汁は鍋ごと鍋敷の上に置かれ、これを主婦が盛り分けた。

赤ん坊がいるときには、急いで食事をすませてから乳を飲ませた。また、その時間がなければ赤ん坊を膝《ひざ》にのせて帯で体に縛り付け、食事をしながら乳を飲ませたものである。

野良支度　朝飯がすむと、野良仕事の支度を調えて田畑へ出かけた。朝飯の後には後片付けは要らない。銘々が自分の食器を箱膳に入れて戸棚に収めるので、洗う手間が要らないのである。したがって、直ちに田畑へ出かけることができた。

野良支度を調えるのは、トボグチの外で行われた。トボグチを出たところにはオロシがあり、その下に棒を下げて野良着を掛けておいたので、ここからモモヒキを取ってはき、着物を尻はしょりし、腕にテッコをはめて野良支度を調えた。履物はなく、田畑へは裸足で出かけた。

2　昼―昼に帰って午後の農作業に出かけるまで

昼飯　昼飯の支度は、留守居がいなければ嫁が農作業から帰って行うが、O家では留守居の姑《しゅうとめ》が支度をしてくれた。ただし、ごはんは朝のうちに昼飯の分まで炊いておくので、支度といってもおかずを作るだけである。おかずはたいてい旬野菜の料理で、農繁期の初夏から夏にかけてはジャガイモやトウナス（カボチャ）の煮物がよく作られた。また、夏にはゴマジルをごはんにかけて食べることが多かった。ゴマジルは、ゴマと味噌を擂《す》り合わせた中にキュウリの薄切りを混ぜたもので、これを冷たい井戸水でゆるめてごはんにかける。暑い夏にはとてもおいしく、食が進んだものである。

昼飯は農作業の途中に食べるので、オカッテには上がらず、土間のシマダイに腰を掛けてオカッテの端に箱膳を置き、土足のままで食べた。

昼休みの仕事　昼飯がすんだ後も、嫁はゆっくり休んではいられなかった。皆が茶を飲んで一服をしている間にアライマテ（洗い物）をし、鍋釜を磨き、併せて洗濯もしなければならないからである。

朝のうちに水を張っておいた釜や鍋を井戸へ持っていって洗い、さらに、藁のタワシに灰をつけて磨く。鍋は口縁から内側にかけて、釜は鍔《つば》から口縁そして内側にかけてを十分に磨き、終わると

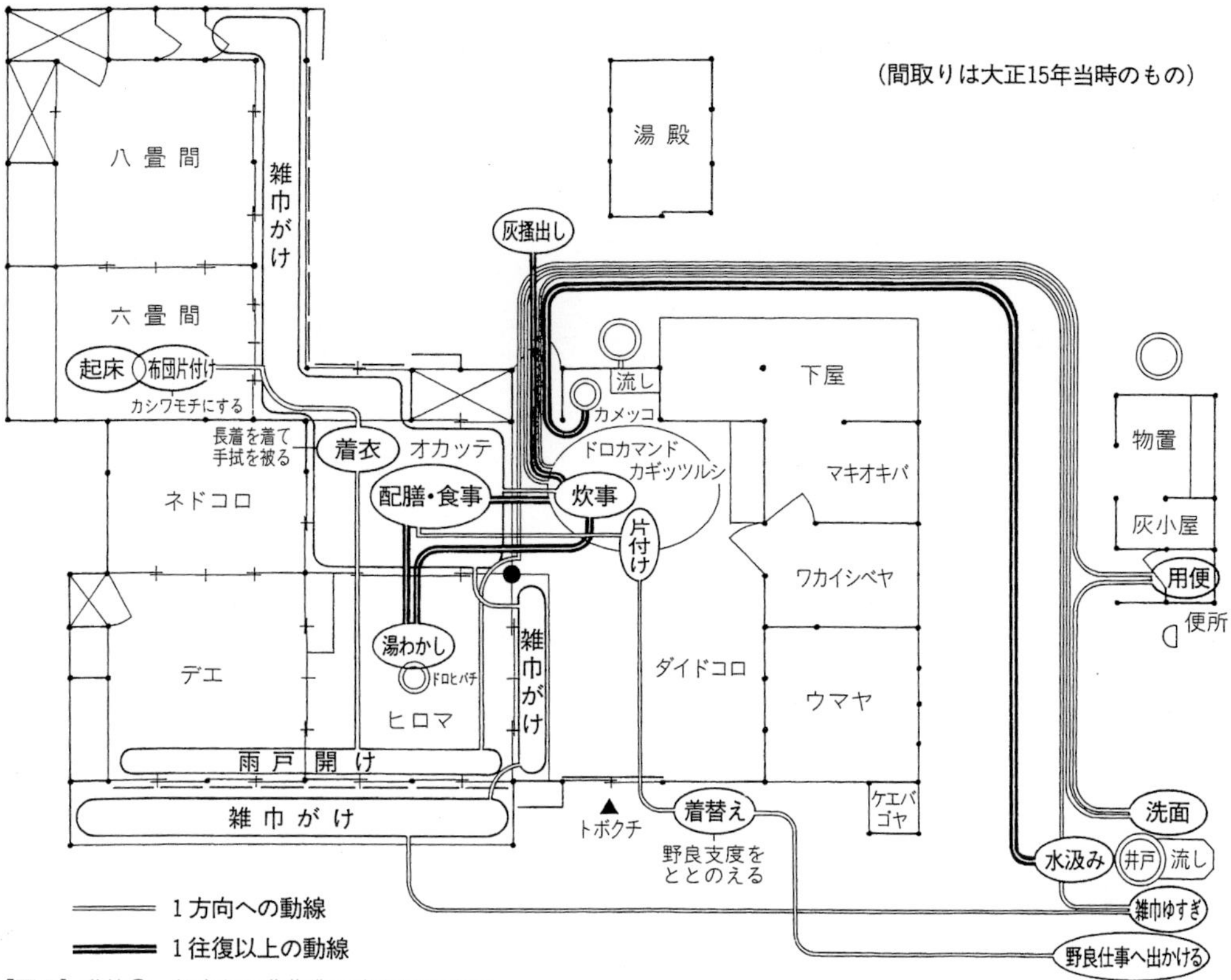

【図1】動線①—起床から農作業に出かけるまで—

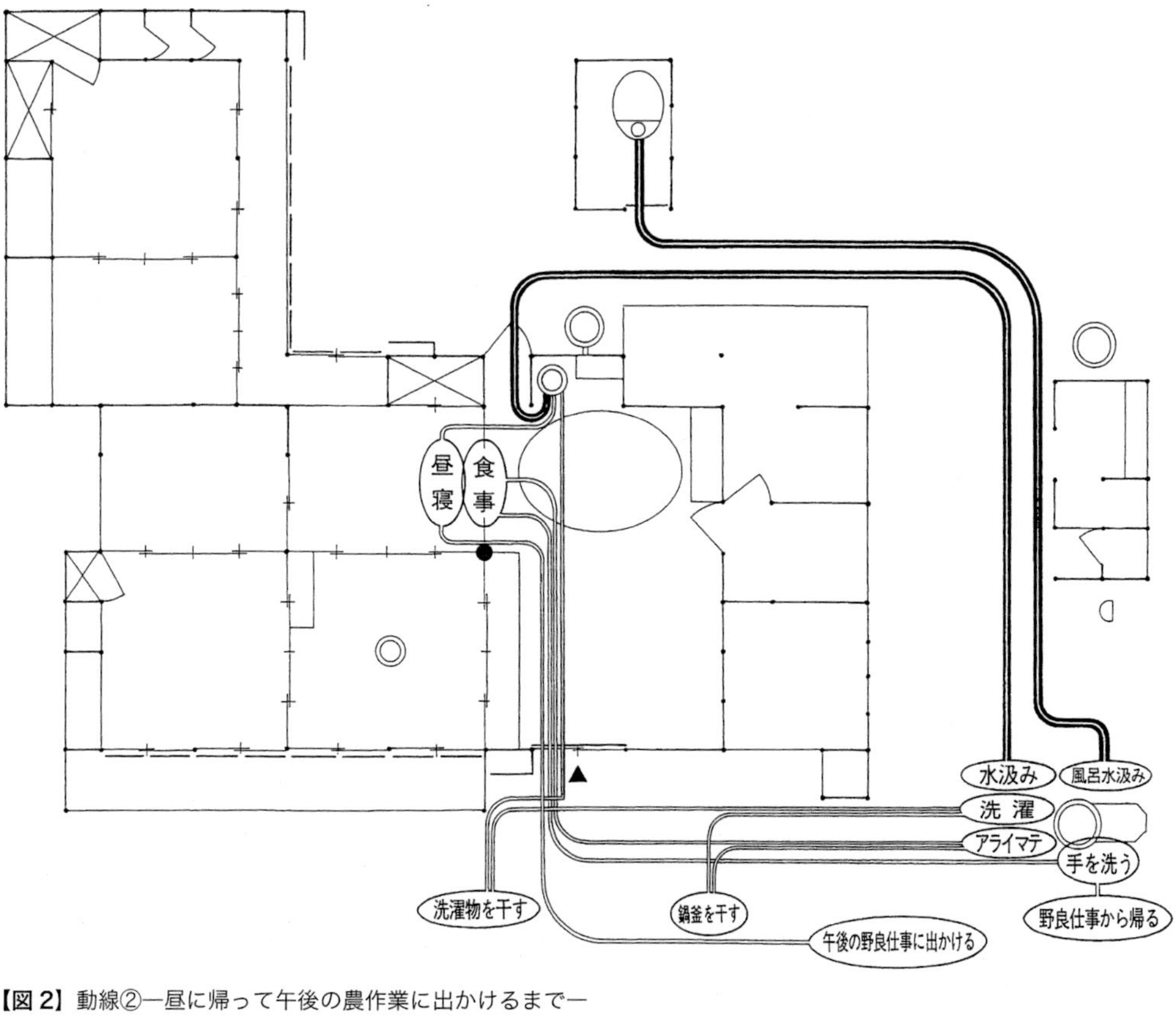

【図2】動線②—昼に帰って午後の農作業に出かけるまで—

庭の置石の上にオッタテテ（立てて）天日《てんぴ》干しをした。こうした鍋釜磨きは日課であった。また、月に一度は鍋釜の尻に付着した煤《すす》を竹串で掻っぱき落とした。

　昼休みに行う洗濯は、主として子どものオシメであった。野良着は毎日洗わなくてもよいが、オシメは毎日洗わないと替えが不足してしまう。そこで、鍋釜磨きが終わると井戸の流しにタライを持っていってオシメを洗い、これを庭の物干し竿《ざお》に干した。

　風呂の水汲みも昼休みの仕事であった。井戸から八升入りの大バケツで水を汲んでは二杯ずつ提げて湯殿の風呂桶まで運び、六回くらい往復をして風呂桶一杯に満たした。O家には留守居の姑がいたので、水を汲んでおけば夕方には姑が湯を沸かしておいてくれた。風呂の燃料には、自家の屋敷林から伐り出した薪《まき》や桑の根っこが用いられた。また、流しの脇に置かれたカメッコ（水がめ）の水は、特にいつ汲むということはなく、少なくなると逐次汲み足した。

昼寝と午後の農作業　夏は、日差しが最も強い午後の一時間ほどを昼寝の時間に充《あ》て、三時頃に再び田畑へ出かけて日没まで働いた。

サンマータイムと農家の動き　昭和二〇年代初期には、「サンマータイム」（サマータイム）が実施された。サンマータイムは、夏季に限って時計を一時間進ませるというもので、それまでの午前一一時が正午となる。これは、農家にとってまことに具合の悪いものであった。一一時に昼飯を食べたのでは、そのあと昼寝をしてから田畑へ出ても日差しが強く、暑くて仕事にならない。また、田畑には時計がないので、日没まで働く農家にとっては一時間早いも遅いも何ら関係がない。農家の動きはお天道様次第なので、時計を基準にはできないのである。したがって、サンマータイム実施期間中もそれに合わせて行動を取ることはなかった。

3　晩—夕方に帰って寝るまで

農作業からの帰宅　日が沈んであたりが薄暗くなると、一日の農作業を終えて田畑から上がり、家路についた。田んぼの仕事ではモモヒキが泥だらけになるので、家の近くの用水路でモモヒキを脱いで洗い、男性は褌《ふんどし》一丁、女性は腰巻と着物の裾を下ろして家に帰った。また、腰切りのノラジバンを着るようになってからは、腰巻を出して帰った。

　家に着くと濡れたモモヒキを縁側の軒下の竿に掛け、トボグチから家の中へ入った。着物は風呂に入るまでそのまま着続け、腰切りのノラジバンの場合はその上からモンペをはいた。

夕飯　夕飯はヨメシといい、O家では留守居の姑が支度をしてくれた。留守居がいない場合は嫁が帰ってから行うので、その分食べる時間が遅くなった。

　ヨメシには麦飯を二升炊き、これを年寄りも含めて全員で食べた。一食で食べ切るので、朝のようにオハチに移すことはせず釜から直《じか》に盛った。麦飯の配合は米六分に大麦四分である。おかずはトウナスやジャガイモの煮物が多かったが、六月から七月にかけての最も忙しい時期にはときどきニシンの味噌煮を作り、これを食べて体力をつけた。

朝飯の下準備　ヨメシがすむと釜を洗って翌朝の米を入れ、井戸へ持っていってといで水を張り、これをドロカマンドに掛けて炊くばかりに準備を整えておいた。また、味噌汁の鍋に水を張り、味噌を溶き入れてカギッツルシに掛け、翌朝には具を刻んで入れればすむようにしておいた。味噌は自家製で、四斗樽に何本も仕込まれており、そのうちの一本を流しのそばに置いた。

風呂番　朝飯の下準備がすむと、嫁は風呂番に専念した。風呂の順番は嫁が終《しま》い湯と決まっていたので、自分の順番が来るまではつきっきりで風呂番をつとめたのである。風呂に入っている者へ「湯加減はいかがですか」と聞き、ぬるいようであれば薪をくべ、熱いようなら井戸水を汲んで入れた。

　また、かつては風呂のない家が多く、あっても毎晩沸かさず近所へもらい風呂に行った。O家にも多いときには一〇人くらいが集まり、順番を待つ間にはヒロマで茶を飲みながらオダを上げていたものである。

入浴　風呂へ入るときには、オカッテで着物を脱いでカケザオに掛け、肌襦袢と腰巻姿で土間に下りて裏口から湯殿へ行った。そして、湯殿のカケザオに肌襦袢と腰巻を脱いで掛け、湯に入っ

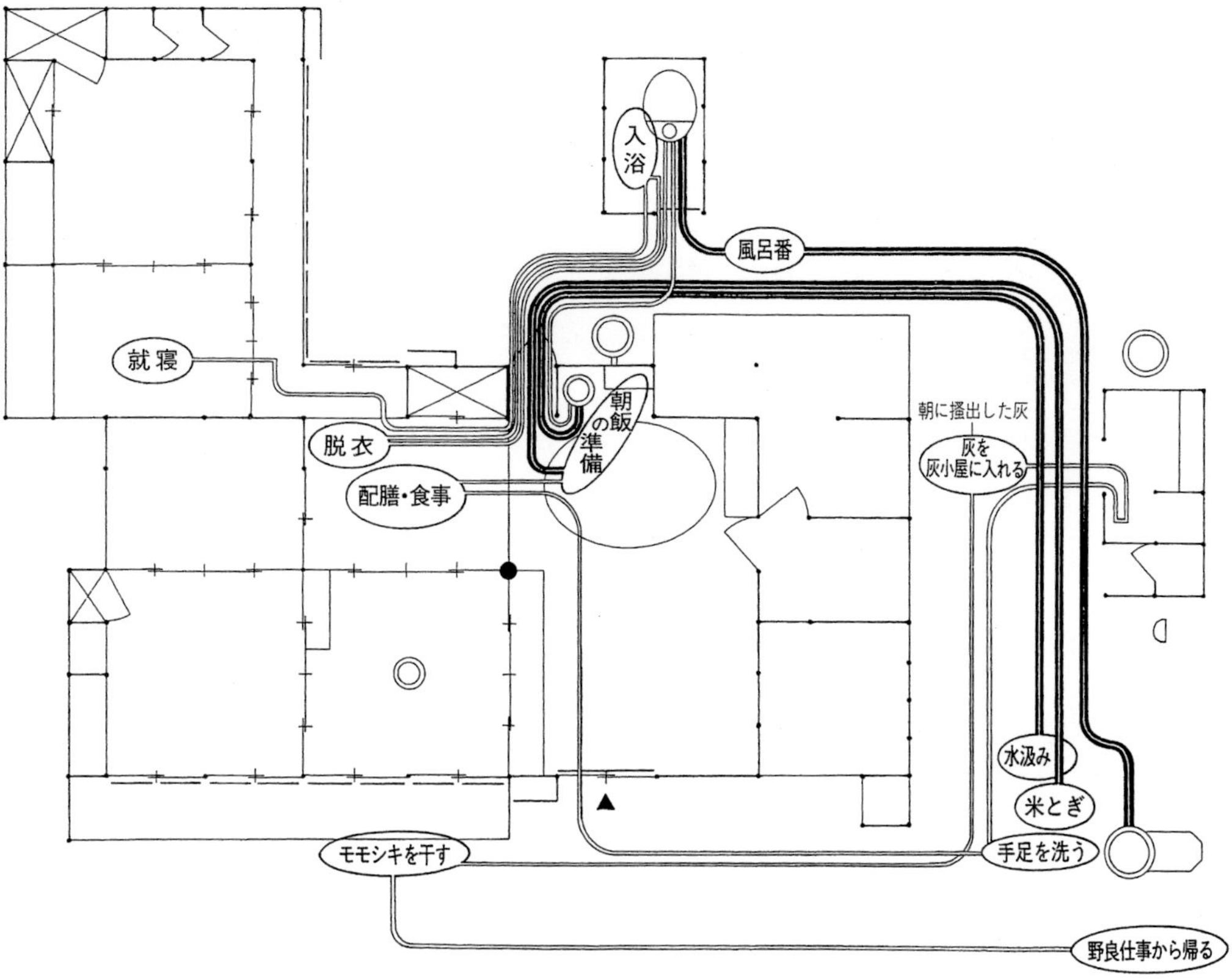

【図 3】 動線②—夕方に帰って寝るまで—

た。

湯殿には排水設備がなく、体を洗った湯をその場に流すことができなかったので、湯に入って手拭で体をこすった。そのため、湯は嫁が入る頃には垢《あか》で汚れていた。幸い、湯殿にはマメランプの明かりがひとつしかなく、薄暗い中で汚れも目立たなかった。しかし、翌日明るくなって見るとその汚さにタマゲタ（驚いた）ものである。

就寝　湯から上がると手拭で体を拭き、その場で肌襦袢と腰巻を身に付けて寝室へ行った。そして、「柏餅」にしてあった布団を広げて敷き、眠りについた。農繁期は朝が早いので夜なべ仕事はせず、風呂から上がると直ちに寝たものである。夜なべ仕事は、秋の彼岸過ぎから冬にかけての日の短い期間に行われた。（宮本）

【❶農家の住まい】
涼、いろいろ

梅雨が明けて夏の土用に入ると気温は一気に上昇し、日差しも一段と強くなる。盛夏のはじまりである。暑さは立秋を過ぎてもなかなか納まらず、秋の彼岸頃まで残暑に悩まされることが多い。

焼けるようなアスファルトの道路、家屋や電車や自動車から排出される熱風、そして、少なくなった木陰——現代の暮らしに涼を求めるのはいささかむずかしいようである。では、「ちょっと昔」の農村に目を移してみよう。そこには、暮らしのそこかしこに涼を見つけることができた。

住まいの涼　茅《かや》や麦カラで葺《ふ》かれた草屋根の農家は、いずれも屋根裏が高く、トボグチから一歩土間に入ると、ひんやりとした涼しさが感じられる。また、夏には雨戸の代わりにオニゴオシと称する太い格子《こうし》戸を閉める家もあり、これは今でいう網戸のようなものであった。

夏の風物詩といえば、蚊帳《かや》がある。寝苦しい夜には雨戸や障子の一部を開けて風を通し、室内に蚊帳を吊《つ》ってその中で寝た。農家の間取りは、表側二間に裏側二間という田の字型形式が多く、これは仕切りの障子や襖《ふすま》を開ければ開放的な広間となる。そこで、暑い時期には北側と南側の障子を開け、室内に風を通した。オカッテやザシキで昼寝をしていると、「新聞紙が部屋の隅まで飛んで行く」ほどに風が通り、何とも気持ちが良かったという。

日除けにはヨシズ（葦簀）が用いられた。ヨシズには二間幅と六尺幅があり、母屋の軒端《のきば》には二間幅のヨシズを立てて日差しを遮《さえぎ》った。また、六尺幅のヨシズは吊るして使われ、不要なときにはクルクルと巻き上げて結んでおいた。ヨシズは中川流域に自生する葦を材料に編まれたもので、三郷市など埼玉県南部地域において生産が盛んであった。現在も荒物屋などで購入することができるが、これを立て掛けた風景を目にする機会は年々少なくなっている。

ヨシズのほかヘチマやヒョウタン、アサガオといった蔓《つる》性の植物を軒端に這《は》わせる家も多く、これらは日除けと同時に見た目にも涼しさを感じさせるものである。

【写真 1】庭の水撒き［所沢市］

【写真 2】風鈴売り一昭和 43 年一［所沢市］

日差しの強い日には、手桶やバケツに井戸水を汲《く》んで庭に撒《ま》き、焼けつく地面を潤した【写真1】。また、風呂の残り湯があれば、これも残さずに撒いた。

音色で感じる涼　涼の演出で忘れてはならないものに、風鈴がある。南部鉄やガラスの風鈴が奏でる音色は、何とも涼しさを感じさせる。座敷に通された客は、家人の扇ぐ団扇《うちわ》の風に吹かれつつ背に風鈴の音色を聞き、しばし暑さを忘れたものである。

所沢市のマチ場には、昭和四〇年代に【写真2】のような風鈴売りが来ていた。その涼しげな音色に誘われ、思わず外に出て路上で談笑する人々も少なくなかった。写真からは、さまざまな風鈴の音色が聞こえてくるようである。

涼を呼ぶ食べ物　涼を呼ぶ食べ物といえば、ヒヤシル（冷や汁）が頭に浮かぶ。ヒヤシルはゴマと味噌を擂《す》り合わせてキュウリの薄切りや刻んだシソの葉などを混ぜ、水でのべたものである。これに、冷水で晒《さら》した手打ちうどんをつけて食べる。ツルツルと喉越《のど》しの良いうどんに冷や汁が絡《から》まる食感は何ともいえぬおいしさで、まさに夏を代表するごちそうといえる。また、冷やしたスイカやかき氷も、夏には嬉しい食べ物である。冷蔵庫がない時代、スイカは縄で井戸の中に吊るして冷やされた。冷蔵庫は、早い家で昭和二〇年代に【写真3】のような氷で冷やすタイプが導入されたが、一般に普及するのは昭和三〇年代中期から後期にかけてのことであり、この時代、いわゆる「三種の神器」のひとつとして電気冷蔵庫が農村部にも広く導入された。それ以前は井戸が冷蔵庫の役割を果たしており、スイカのほかうどんやまんじゅうなどが残ったときも、これらをザルに入れて井戸に吊るしておいた。井戸水は深井戸ほど年間の温度差が小さく、およそ一三度に保たれる。そのため夏は冷たく、水面より少し上がったところに食品を吊るしておけば、ほどよく冷やすことができたのである。

【写真 3】氷で冷やす冷蔵庫［所沢市］

　かき氷はコオリミズ（氷水）と呼ばれ、手回しの氷掻き機でシャリシャリと掻いた氷にイチゴ味の赤いシロップをかけた。子どもたちは夏祭りに小遣いをもらうと、連れ立って氷水を食べに行ったものである。また、ノアガリや盆に里帰りをする嫁にとっても氷水は楽しみのひとつであり、実家で小遣いをもらって婚家へ戻る際には、途中の茶店に立ち寄って氷水を食べ、喉の渇きを潤したという。

　涼を呼ぶ装い　装いにも、さまざまな涼を呼ぶ工夫がなされた。よそゆきの着物は、絽《ろ》・明《あか》石縮《しちぢみ》・麻といった見た目にも涼しく肌触りの良い素材で仕立てられ、男性は麻の白絣《がすり》の単物にパナマ帽やカンカン帽を被《かぶ》り、女性は絽や明石縮の単物に日傘を差すのがおしゃれな装いとされた。【写真4】は大正一二年（一九二三）に撮影されたもので、二人の少女が単物の着物を尻はしょりし、日傘を差して橋の上にたたずんでいる。川面のせせらぎも功を奏して、いかにも涼しげなひとコマである。

　このように、住まいから食べ物、装いまで、「ちょっと昔」の暮らしには涼を呼ぶものがいろいろとあった。とかくクーラーに頼りがちな現代人であるが、暑いときこそその中に小さな涼を見つけ、楽しむゆとりを持ちたいものである。

（宮本）

【写真 4】涼しげな装い—大正 12 年—［小川町］

【❶農家の住まい】

「涼」の蚊帳《かや》、「暖」の紙帳《しちょう》

蚊帳の用途と歴史　蚊帳は、夏の寝室に吊《つ》るして蚊の侵入を防ぐものであり、昭和四〇年代までは多くの家で使用されていた。しかし、網戸の普及に伴って次第にその役目を終え、現在では押入や物置にしまい込まれて日の目を見ないものがほとんどである。

蚊帳は古くは蚊屋と書かれ、上流階級が用いるものとされていた。奈良時代初期に編纂された『播磨風土記』には、応神天皇が巡行した飾磨郡賀野《かや》の里の地名について、「品太《ほむだ》の天皇《すめらみこと》、巡り行でまし時、此処《ここ》に殿《との》を造り、仍《より》て蚊屋を張りたまひき」と、その由来を記している。また、蚊帳の形状を知る資料としては鎌倉時代の絵巻物『春日権現験記絵』が最も古く、これには内部が透けて見える蚊帳の中に尼僧の寝る姿が描かれている。侍女は蚊帳の外に寝ていることから、蚊帳は身分の高い者だけが用いるものであったことがわかる。

内部が透けて見える蚊帳地とは絹の絽《ろ》や紗《しゃ》の織物であり、これらは着物一枚でも高価なことから蚊帳一張を作るに至っては相当の金額が必要であったことがうかがわれる。後には、私たちがよく知るところの麻蚊帳ができ、江戸時代にはこれが

【写真 1】 蚊帳を吊るしたようす［富士見市立難波田城資料館提供］

庶民の間に広まったといわれる。江戸時代に発展した蚊帳の産地には、奈良・越前（福井県）・近江（滋賀県）があり、中でも近江で生産される「近江蚊帳」は大量に売り広められ、全国にその名を知られるようになった。

蚊帳の形状と素材　蚊帳の形状は、並幅の布地を縫い合わせて長辺と短辺を作り、その上に天井布を付けて角に縁布を縫い付けたものである。部屋の広さに応じて四畳半、六畳、八畳などのサイズがあり、夫婦用として二畳や三畳も作られた。縁布は赤色が多く、四隅に吊り手の緒と金輪を付けて長押《なげし》から吊るした。布地は、刈安《かりやす》や藍《あい》の植物染料を用いて緑色に染めたものが多かったが、白く晒《さら》して藍でぼかし染めにしたものもあり、これは見た目にも涼しさを醸し出した。

麻蚊帳に関しては、雷が鳴るとこの中に逃げ込んだという経験を持つ者も少なくないであろう。これは麻の呪力を信じたもので、科学的な根拠はない。

そのほか、蚊帳には小型で開閉式の母衣蚊帳《ほろがや》もあり、これは子どもが昼寝をする上に広げられた。

こうした蚊帳はいずれも風通しが良く、涼を呼ぶ夏の寝具として馴染《なじ》み深いものであった。

紙帳の用途と歴史　一方、蚊帳には和紙で作られたものもあり、これを紙帳という。紙帳は本来、麻蚊帳と同じく蚊の侵入を防ぐための寝具とされ、江戸時代初期から使われていた。紙であることから、風流を好む者が墨画などを描いて楽しんだりしたという。しかし、麻蚊帳の普及によって寝具の座を奪われ、その後は蚕室の暖房具など別の用途で生きていくことになったのである。

蚕室と紙帳　孵化《ふか》した蚕を座敷で飼育するには、隙間《すきま》を目張りしてホルマリン消毒を施し、さらに紙帳を吊るして火鉢や炉で暖房をする。紙帳で囲うと暖かい空気が逃げず、なおかつ適度な通気性があるので湿気が籠《こも》らず、蚕室を良好な環境に保つことができた。埼玉県内では比企郡およびそれに隣接する大里郡に紙帳を使用する家が多く、これは、比企郡の小川町が和紙の産地であることにも関係していると考えられる。

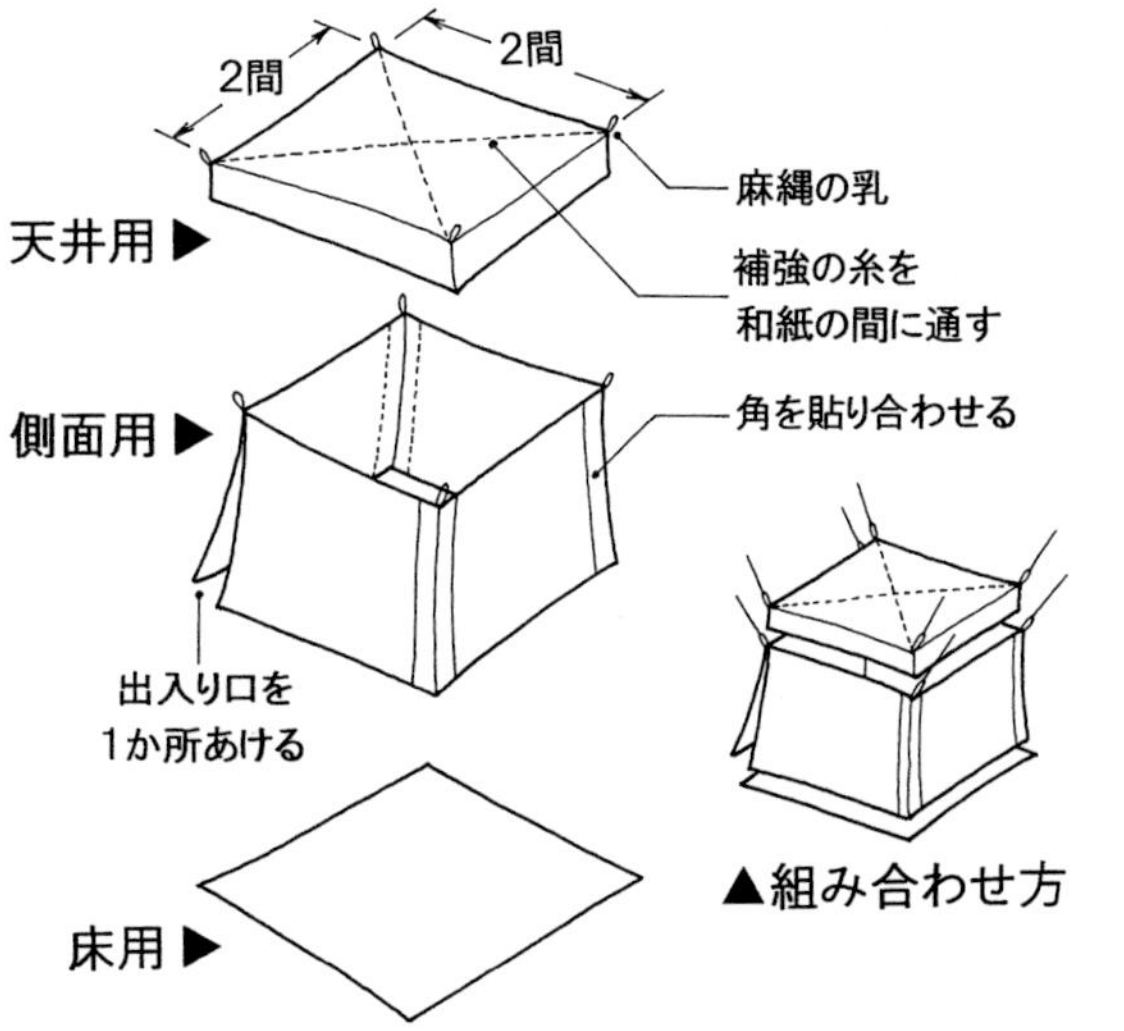
2間
2間
麻縄の乳
天井用▶
補強の糸を
和紙の間に通す
側面用▶
角を貼り合わせる
出入り口を
1か所あける
床用▶
▲組み合わせ方
【図1】八畳用の紙帳

蠟燭《ろうそく》作りと紙帳　紙帳は、蠟燭作りにもなくてはならぬ用具であった。福島県の会津地方では製蠟の工程で紙帳を使用し、広さ八畳くらいの紙帳を吊るした中で漆《うるし》の実を搗《つ》いて蠟粉と殻とに分けた。この際の紙帳は、蠟粉が外部に飛び散るのを防ぐ役目を果たしたという。また、蠟づけと称して溶かした生蠟を燈芯の周りに巻いていく作業では、冷風があたると蠟にひび割れができるので、このときにも紙帳を吊るし、内部に七輪やコンロを置いて暖房をした。

麻蚊帳が「涼」の民具であるのに対し、紙帳は「暖」の民具といえるものである。（宮本）

［参考文献］
秋山忠彌『ヴィジュアル〈もの〉と日本人の文化誌』雄山閣　一九九七
佐々木長生「シチョウ（紙帳）について」『民具マンスリー　第25巻7号』神奈川大学日本常民文化研究所　一九九三

2 農家のごちそうと伝えたい食の知恵

【農家の年中行事と食ごよみ】……262
【食事に見る暮らしのメリハリ】……265
【農休みと天王様】……269
【夏のごちそうと生盆の行事】……271
【暦を彩る折節の餅】……275
【人寄せの膳と膳椀組】……277
＊食器容器のすぐれもの「折箱」280
【手前味噌】……282
【一番搾りの香ばしさ】……285
【からっ風の恵み】……287

【❷農家のごちそうと伝えたい食の知恵】

農家の年中《ねんちゅう》行事と食ごよみ

季節とこよみ　年中行事は、正月や盆行事のように毎年同じ時期や時季に繰り返し行われてきた周期伝承である。行事の内容は、地域や家によって多少異なるが、その日がやってくると普段とは違うカワリモン（変わり物—御馳走）を作って神仏に供え、家族も同じ物をいただき静かに過ごす神祭りの日である。この日をモノビ（物日）とかアソビヒ（遊び日）などと呼んでいる。

　年中行事は、一年をとおして生活の折り目折り目に行われている。かつて日本は農業国であったから特に農業との関係が深く、主として農業の生産過程の折り目折り目に行われてきた。

　暦が私たちの日常生活に定着してからは、多くの年中行事は暦の上にきちっと位置づけられて行われてきた。暦は、古くは旧暦（太陰太陽暦）が採用され、年中行事は旧暦で行われてきた。明治五年（一八七二）に暦の改正が行われ、西洋暦が採用されるようになったが、以後も年中行事は旧暦を踏襲したり、また旧暦の日取りに近い、新暦の月遅れで行ってきた。旧暦が農業を中心とした生活のサイクルや自然環境に適していたからである。

　年中行事は神仏の祭りの日である。この日は、普段と違った御馳走を作って神仏に供え、人も同じ物を食べて作物の豊作を祈り感謝し、また家族の健康を祈り健康を感謝するなど、労働から離れて静かに過ごす日である。

　神仏への供え物、そして家族で食べる御馳走は年中行事によって異なる。しかし、それぞれの年中行事の供え物は、毎年変わるものではなく、古くから同じ物が供えられ、家族で食べられてきた。年中行事の供え物の御馳走が大きく変化するのは昭和四〇年代以降で、日本の経済が高度に成長する時代である。食生活が豊かになり、餅《もち》やぼたもち、まんじゅう、うどん、おこわ（赤飯のこと）などが御馳走でなくなった。また生産活動や精神生活の変化もあって、伝統的な御馳走や畑で取れた初物を供える習慣も、今ではだいぶ希薄になっている。

　年中行事の日に作られ、神仏に供えられる御馳走は、その地域の栽培作物と密接な関係を持つ食べ物である。したがって、稲作地帯か畑作地帯かによっても年中行事の供え物に大きな差異が認められる。次に、年中行事の正月と盆の御馳走について、埼玉県内の事例から通覧してみよう。

正月　正月の御馳走は、今では当たり前のように餅の入った雑煮になっているが、よくよく尋ねてみると、正月三が日は餅を食べないという地域が案外多い。歳神様《としがみ》にオソナエの鏡餅は供えても、家族はうどんやイモズイモノ（芋吸物）を食べる地域や家がある。三が日、特に朝うどんを食べる地域は畑作地帯に多く見られる。深谷市では「うどん縁起」という言葉があって正月や祝いのときには、うどんが食べられる。イモズイモノは、里芋と大根を煮付けた吸い物で山間地帯で多く食べられる。入間郡名栗村では多くの家がイモズイモノであり、餅はイモズイモノを作った汁に入れて食べたり、焼いて食べる。このほか、蕎麦《そば》や米の御飯に山芋という事例も散見する。

　小《こ》正月は、一月一五日を中心とする正月でモノツクリなど農業に関するさまざまな儀礼が見られる。一五日の朝にはかつてはどこの家でも小豆粥《あずきがゆ》が作られた。この小豆粥を煮る釜《かま》は田んぼに見立てられ、この粥をカユカキボウ（粥掻き棒）で掻き回すときに「一粒万倍」などと唱えごとを言う。そして小豆粥を食べるとき、どんなに熱くてもフーフー吹いて食べてはならぬと戒められてきた。吹いて食べると、苗代《なわしろ》に種籾《たねもみ》を振るときや田植えのときに風が吹いて、種籾が均一に蒔《ま》けず、田植えをした後「浮き苗」ができるという。小正月の小豆粥を食べるに当たって、これから行われる稲作の苗代作りや田植えがうまくいくことを願っている。

盆　盆は、旧暦七月一五日を中心とする祖霊祭である。今日では新暦で行うところと、新暦の月遅れの八月一五日を中心に行うところなどがあるが、旧盆に近い後者で行うところが多い。盆棚が座敷や縁側に作られる。棚に先祖の位牌が並べられ、花や水、季節の野菜、果物などが供えられる。棚の周囲には掛け軸などが掛けられ、前面の茅《ちがや》で編んだ縄にはインゲンやホオヅキなどが下げられる。また、棚の下、一段低いところに無縁仏を迎える家が多い。一三日は迎え盆で祖霊を迎え、一六日が送り盆で祖霊を送る。その間、一三日の「迎え団子」やタラシヤキが供えられ、期間中は行田地方で「朝はぼたもち、昼間はメンコ（うどん）、夜は米の飯に唐茄子《とうなす》汁よ」と歌われたように、三度三度同じものを食べるのが習わしであった。唐茄子汁は、カボチャに糸昆布を入れて煮付けたものである。他地域でもぼたもちのほかに「ゆでまんじゅう」や「すまんじゅう」が加わるくらいで大きな変化はない。一六日は送り盆で茄子やキュウリで馬を作り、土産団子・送り団子・送りまんじゅうなどが盆棚に供えられる。

祖霊に供えられるうどんやまんじゅうは新しく取れた小麦粉で作られ、ぼたもちの小豆餡《あん》は「盆小豆」と呼ばれる早稲《わせ》の取り立ての小豆である。盆棚の野菜類もその時期に畑で取れた物が供えられる。

このように、年中行事に作られるカワリモンは、毎年同じ物を作って神仏に供え、家族でいただくというものであった。その食材は、その地域で古くから栽培されている重要な作物である。次に、主な年中行事に作られる御馳走を一覧表で概観してみよう。

（大舘）

埼玉の伝統的行事食 —年中行事と儀礼食—

期日	行事	行事食	行事の要素
1・1	○正月	•若水 •お供え餅 •雑煮・イモズイモノ •うどん（うどん正月） •小豆粥・とろろ御飯	•歳神をまつる。（歳神棚） •雑煮は年男が作る。 •お供え餅を供える。 •初詣・年始回り •里芋・大根を重視する。
2	○鍬入れ（カダテ）		•畑や田んぼを三サクほどさくり、供えた松竹を立て、餅・オサゴ（米）をまき、お神酒を供える。
4	○棚さがし	•おじや	•三が日供えたものをオジヤにして食べる。
7	○七草	•七草粥（ナズナを重視）（セリ・ナズナ・ゴギョウ・ハコベラ・ホトケノザ・スズナ・スズシロ）	•「七草ナズナ、唐土の鳥が渡らぬうちにストトントン」の唱え言あり。
11	○蔵開き	•お供え餅の雑煮	•蔵を開け、供え物をする。
15	○小正月	•繭玉・餅花 •小豆粥（粥掻き棒・メズラバシ・ハラミバシを用いる）	•繭玉飾り・餅花飾りをする。 •削り花・ミニチュアの農道具を飾る。 •成り木責め「なるかならねえか、ならなきゃぶっ切るぞ」 •粥占い •「粟穂・稗穂ぶらぶら」の行事
20	○恵比須講 ○二十日正月	•小豆飯 •白い御飯 •けんちん汁 •ムギコガシ	•座敷に恵比須・大黒の神像を飾り、てんこ盛り（高盛り）小豆飯・けんちん汁・尾頭付き・桝・財布・柚子・生きた鮒などを供える。 •馬のハヨナワ（引き綱）を作る。
2・1	○二郎の朔日	•アワゴメシ・アワップカシ（粟の赤飯） •赤飯	•月遅れの正月、仕事を休む。
3（4）	○節分	•白い御飯・けんちん汁 •ヤカガシ・豆・鰯 •福茶に柚子の味噌漬け（冬至柚子）	•豆まき •ヤカガシを焼く。唾を付け「稲の虫もジリジリ、粟の虫もジリジリ」等の唱え言。・柊とヤカガシを家の入口にさす。
8	○八日節供（目籠節供）	•御飯・小豆粥 •けんちん汁 •ヤキビン	•目籠を立てる。 •ねぎ・グミノ木を燃して悪臭を発散する。
初午（11）	○初午	•赤飯・目刺し •スミツカリ（シミツカリ） •十六繭玉（団子）	•蚕神が降りてくる。 •稲荷講、稲荷に供え物。オタキアゲ。 •オシラ講 •子どもたちのオコモリ。
3・3	○三月節供（桃の節供）	•小豆飯・御飯・うどん •粥 •草餅・菱餅・蛤・甘酒	•雛壇を飾る。 •オヒナゲエ（お雛粥）の行事（小鹿野町） •子どもの無事成長を祈る。

18～24	○彼岸	・「後先団子に中ぼたもち」 ・「迎え団子に土産団子」 ・草餅（入り）・まんじゅう ・おこわ（赤飯）	・墓参り ・念仏講による彼岸念仏
4・8	○四月八日 卯月八日 藤節供	・餅 ・草餅 ・甘茶	・藤を山から採取し、家の入口に飾る。 ・家の回りに甘茶をまく。 ・花御堂を飾り、誕生仏に甘茶を捧げる（灌仏会）
5・5	○五月節供 端午の節供	・かしわ餅 ・草餅 ・ツトッコ・ツツッコ ・菖蒲酒	・幟・鯉幟を立てる。 ・五月人形を飾る。 ・菖蒲湯に入る。菖蒲酒を飲む。 ・菖蒲・蓬を神に供え、屋根を葺く（フキゴモリ）
6・1	○ケツアブリ ノゲイブシ	・まんじゅう・うどん	・「朝まんじゅうに昼うどんの日」「一日まんじゅう」 ・まんじゅう節供 ・家の門口で小麦ピール（小麦殻）を燃し、尻をあぶる。
15	○天王様 祇園祭	・まんじゅう・うどん ・イガマンジュウ ・きゅうり	・祇園祭、神輿の巡幸。 ・牛頭天王をまつる。 ・天王様の神紋トモエがきゅうりの切り口に似ている。
7・7 8・7	○七夕	・まんじゅう・うどん ・イガマンジュウ ・おこわ・アワップカシ	・七夕飾りをする。 ・真菰（まこも）で七夕馬を作る。 ・ネブタの木を七夕飾りに添える。 ・ネブタで目をこすり、川に流す。早朝、川で水浴びをする。 ・墓掃除をする。
8・13～16	○盆	・「朝はぼたもち、昼間はメンコ、夜は米の飯にトウナスジルよ」 ※トウナスジル＝カボチャに糸コンブの入った汁物 ・タラシヤキ ・アズキボウトウ・ネジ	・盆棚を設け、祖霊をまつる。無縁仏をまつる。 ・迎え盆、送り盆 ・盆花、野菜果物を供える。 ・田見せ・野回り
9・1 旧8・1	○八朔の節・生姜節供	・生姜 ・おこわ（赤飯）	・嫁が生姜を持って里帰りをする。お返しに箕をいただいてくる。「しょうが（生姜）ない嫁だが、み（箕）返してくれ」の意。
9・9	○オクンチ	・おこわ（赤飯）	・神社におこわを供える。オコモリ
旧8・15 9・15	○十五夜 芋名月（西） 豆名月（東北）	・団子・まんじゅう ・農作物（さつまいも・里芋・ごぼう・かぼちゃなど） ・果物（柿・栗・梨など）	・月にすすき・シオンの花やその他の供え物をする。 ・子どもたちのマンジュウツリ ・里芋を重視する。
9・20～26	○彼岸	・ぼたもち	・墓参り

10・13	○十三夜	・十五夜に同じ、供え物の数が異なる	・十三夜飾り行う。
10・31	○オカマサマ 荒神様	・団子（36個） ・ぼたもち（南埼玉郡）	・オカマサマが出雲に縁結びの旅に立つ。 ・36人の子どもがいるので36個の団子を土産に持つ。 ・団子による縁結びの占い。
旧10・9 初亥の日	○亥の子	・ぼたもち ・ドジョウガユ	・稲の収穫儀礼（西日本で盛んな行事、十日夜の行事と混在） ・新米のぼたもちを神に供える。
旧10・10	○トーカンヤ（十日夜）	・「トーカンヤトーカンヤ、朝ソバキリに昼団子、ヨーメシ食ったらひっぱたけ」 ・「十日のぼたもち生でもいい」	・稲の収穫儀礼 ・大根の年取り（収穫儀礼） ・子どもたちの藁鉄砲の行事
11・15	○オカマサマの中帰り・中通い	・小豆粥 ・おこわ（赤飯） ・団子	・オカマサマが留守の様子を見に来る（中帰り）。
15	○帯解き	・おこわ（赤飯）・餅	・氏神参詣・引きずり餅（餅搗き踊り）
11・20	○恵比須講	・小豆飯・白い御飯（新米） ・けんちん汁 ・尾頭付き ・海老大根・里芋の煮付け ・柚子・柿餅（香煎に熟し柿を入れて餅状にする）	・恵比須・大黒を座敷に飾り、てんこ盛の御飯、けんちん汁・尾頭付き・柚子・柿餅などの食品、枡・お金・新品の熊手などを供える。カケブナと称す生きた鮒も上げる。 ・供えたものに値段をつけて頂く。 ・熊手を供える。（クズハキ用）
12・1	○カワビタリ・カビタリ（川浸り）	・カワビタリ・カワッピタリ餅を搗く。 ・小豆ものを食べるとよい（汁粉・ぼたもち・大福餅・小豆飯・小豆ぼうとうなど）	・水神様に供える。 ・川で水を浴びる。 ・小豆ものを作ってまつりをしないと、河童や蛇の祟りがある。
12・8	○八日節供 目籠節供	・2月8日に同じ	
12・21	○冬至	・柚子 ・「冬至柚子、冬至とうなす冬至こんにゃく」 ・小豆粥・けんちん汁	・柚子を神に供え、食す。 ・柚子湯に入る。 ・柚子を縁の下に入れる。水入りの竹筒を囲炉裏の自在鉤につるす。屋敷の四隅に水を置く（火難除け） ・柚子を味噌漬けにして、節分の福茶の茶請けにする。 ・囲炉裏で菊の葉を燃す。臭気を出す。
12・31	○大晦日	・そば・うどん ・御飯 ・ミタマノメシ	・大祓い（人形流し） ・幣束でミソカッパライ（晦日祓い）をする。

【❷農家のごちそうと伝えたい食の知恵】

食事に見る暮らしのメリハリ

物日《ものび》のカワリモノ　「現代は、毎日が物日のようだ」。多くの古老がそう語る。

物日とは農事暦《のうじれき》の節目の休日で、この日には年《ねん》中《ちゅう》行事や農耕儀礼が伴われ、農家ではふだんとは異なるごちそうを作って食べた。ごちそうはカワリモノと呼ばれ、【図1】に見るように粳米《うるちまい》を材料としたものには白米飯・五目飯・寿司・団子・粉餅、糯米《もちごめ》を材料としたものには赤飯・餅・ぼたもち、小麦を材料としたものにはうどんやまんじゅうがある。また、そばは冬の常食ともされるが、年越しや正月にはカワリモノとして食される。

白米飯と正月料理　米だけで炊かれた白米飯は「米の飯」と呼ばれ、カワリモノの代表格とされた。昭和三〇年代以前の農家では日常に大麦の混じった麦飯を食べており、白米飯を食べられるのは、正月・盆・オクンチ・えびす講などの年中行事や田植えといった特別の日に限られていた。したがって、白米飯はごちそうであり、重労働の田植えでは白米飯を食べられることが何よりの楽しみであったという。

年越しから正月にかけては、埼玉県内の多くの家で白米飯が炊かれた。現在では年越しといえばそばが一般的であるが、かつては白米飯を炊き、これに煮しめなどのおかずをつけた。また、埼玉県比企郡の小川町には、年越しの白米飯にイワシ一匹をつけるという風習もあった。

正月の三が日は、晩に白米飯を炊く家が多かった。朝には雑煮を作るが、秩父地方や台地・丘陵の畑作地域ではうどんやそばを打ったり、イモズイモノ（芋吸物）と称してサトイモまたはヤツガシライモとダイコンの吸物を作り、これらを家中の神様に供えてから家族で食べたものである。

晩の白米飯には、塩ジャケ（鮭）の切り身を焼いておかずにつけることが多かった。塩ジャケは歳暮鮭と称して暮れに贈られたもので、これを縄でダイドコロの土間に吊《つ》るしておき、正月のおかずとした。塩ジャケの腹には大量の塩が詰まっているので、長期間の保存ができる。そこで、たくさんある家では田植えまで保存をし、これを用水堀の流れ水に浸けて塩抜きをしてから焼いて食べた。

正月料理には、昆布巻き・煮しめ・ごまめ・数の子・きんぴら・黒豆・紅白なますなどがあり、埼玉県比企地方ではこれらに加えてユズ巻きも作られた。ユズ巻きは、生干しにした薄切りのダイコンでユズの皮を包み、これをいったん干してから水で戻して甘酢に浸けたものである。

オクンチの赤飯と煮しめ　九月九日の重陽《ちょうよう》の節供をハツグンチ、一九日をナカノクンチ、二九日をシマイノクンチといい、これらを総称してオクンチ・クンチという。埼玉県内では月遅れでオクンチが祝われ、この日には祭礼も伴われる。また、埼玉県入間地方や比企地方ではナカノクンチをお日待《ひま》ちとし、前日の宵グンチには親戚や兄弟姉妹が集まり、夜通し積もる話に花を咲かせた。嫁は実家へ泊まりに行って久々に家族水入らずの時を過ごしたもので、比企郡小川町では、着物を尻はしょりにして実家へ急ぐ嫁の姿をオクンチバショリといった。

オクンチには赤飯と煮しめがつきものとされる。赤飯は、前年の糯米を用いて作られた。かつての稲刈りはオクンチを過ぎてから本格的に始められたので、オクンチに新米を用いることが叶《かな》わなかったのである。しかし、中には、オイソギマイ（お急ぎ米）・オクンチマイ（おくんち米）と称してオクンチ前に慌《あわ》てて稲刈りを行う家もあり、これは米の備蓄に欠く証しで恥ずかしいこととされた。

煮しめは、サトイモ・ニンジン・ダイコン・ゴボウ・こんにゃくを醤油味で煮たもので、比企郡小川町ではこれらの具を小さく切って煮汁を多くするのを特徴とする【写真1】。また、小川町の山間に位置する腰越地区には「オクンチに一人一丁の豆腐を食べる」といって煮しめに必ず豆腐を入れる風習があり、これは、かつて豆腐がごちそうであったことを物語っている。

新米のありがたみ　秋に新米が収穫され、その脱穀調整がすべて終わると、農家ではシノッパライ・シノバライ・カラスッパタキなどと称して休みを取り、新米で白米飯を炊いて祝った。また、

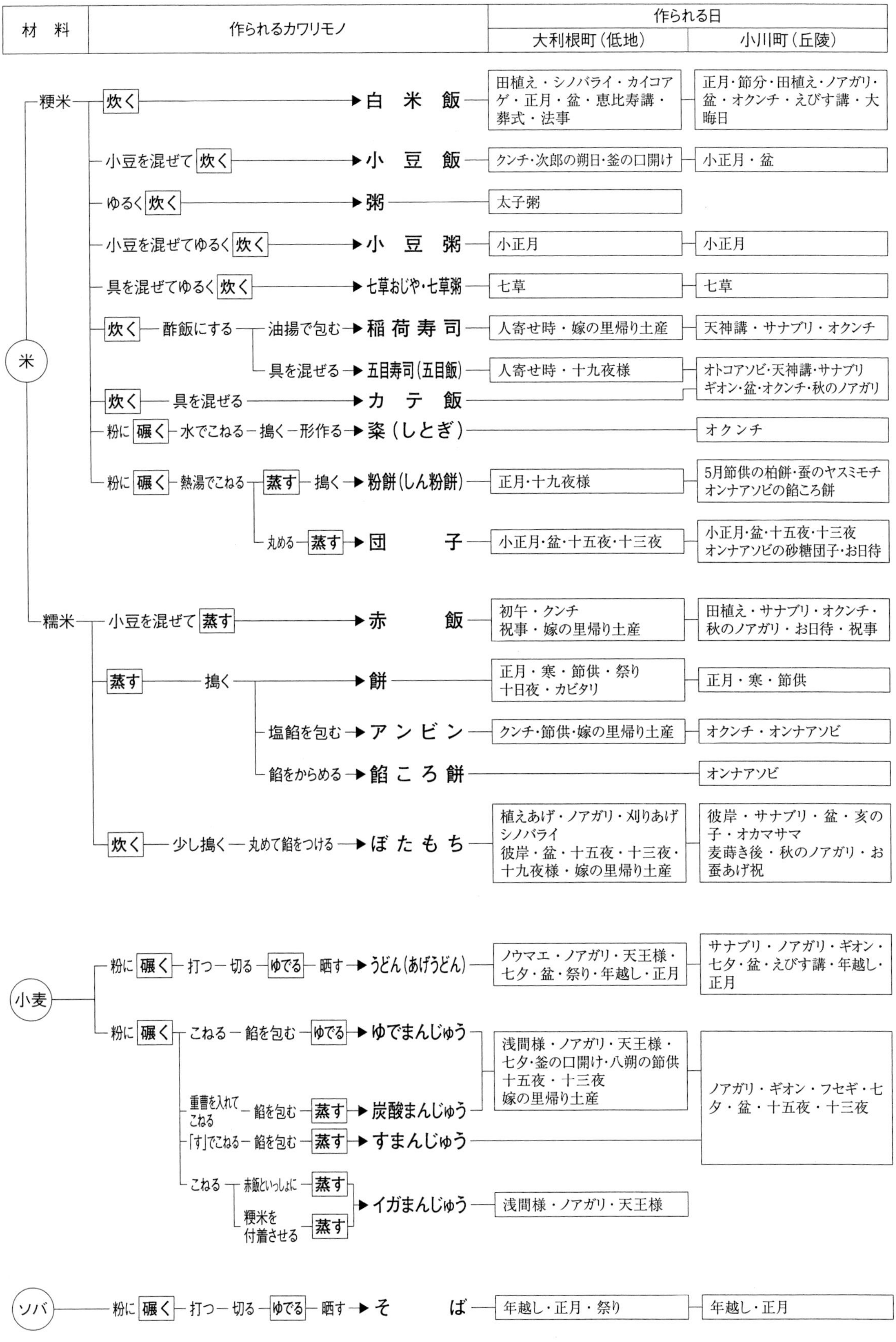
材料
作られるカワリモノ
作られる日
大利根町（低地）
小川町（丘陵）
米
糠米
炊く
白米飯
田植え・シノバライ・カイコアゲ・正月・盆・恵比寿講・葬式・法事
正月・節分・田植え・ノアガリ・盆・オクンチ・えびす講・大晦日
小豆を混ぜて 炊く
小豆飯
クンチ・次郎の朔日・釜の口開け
小正月・盆
ゆるく 炊く
粥
太子粥
小豆を混ぜてゆるく 炊く
小豆粥
小正月
小正月
具を混ぜてゆるく 炊く
七草おじや・七草粥
七草
七草
炊く 酢飯にする 油揚で包む
稲荷寿司
人寄せ時・嫁の里帰り土産
天神講・サナブリ・オクンチ
具を混ぜる
五目寿司（五目飯）
人寄せ時・十九夜様
オトコアソビ・天神講・サナブリ
ギオン・盆・オクンチ・秋のノアガリ
炊く 具を混ぜる
カテ飯
粉に 碾く 水でこねる 搗く 形作る
粢（しとぎ）
オクンチ
粉に 碾く 熱湯でこねる 蒸す 搗く
粉餅（しん粉餅）
正月・十九夜様
5月節供の柏餅・蚕のヤスミモチ
オンナアソビの餡ころ餅
丸める 蒸す
団子
小正月・盆・十五夜・十三夜
小正月・盆・十五夜・十三夜
オンナアソビの砂糖団子・お日待
糯米
小豆を混ぜて 蒸す
赤飯
初午・クンチ
祝事・嫁の里帰り土産
田植え・サナブリ・オクンチ・秋のノアガリ・お日待・祝事
蒸す 搗く
餅
正月・寒・節供・祭り
十日夜・カビタリ
正月・寒・節供
塩餡を包む
アンビン
クンチ・節供・嫁の里帰り土産
オクンチ・オンナアソビ
餡をからめる
餡ころ餅
オンナアソビ
炊く 少し搗く 丸めて餡をつける
ぼたもち
植えあげ・ノアガリ・刈りあげ
シノバライ
彼岸・盆・十五夜・十三夜・十九夜様・嫁の里帰り土産
彼岸・サナブリ・盆・亥の子・オカマサマ
麦蒔き後・秋のノアガリ・お蚕あげ祝
小麦
粉に 碾く 打つ 切る ゆでる 晒す
うどん（あげうどん）
ノウマエ・ノアガリ・天王様・七夕・盆・祭り・年越し・正月
サナブリ・ノアガリ・ギオン・七夕・盆・えびす講・年越し・正月
粉に 碾く こねる 餡を包む ゆでる
ゆでまんじゅう
重曹を入れてこねる 餡を包む 蒸す
炭酸まんじゅう
浅間様・ノアガリ・天王様・七夕・釜の口開け・八朔の節供
十五夜・十三夜
嫁の里帰り土産
「す」でこねる 餡を包む 蒸す
すまんじゅう
ノアガリ・ギオン・フセギ・七夕・盆・十五夜・十三夜
こねる 赤飯といっしょに 蒸す
粳米を付着させる 蒸す
イガまんじゅう
浅間様・ノアガリ・天王様
ソバ
粉に 碾く 打つ 切る ゆでる 晒す
そば
年越し・正月・祭り
年越し・正月

【図1】農家でつくられるカワリモノ

◀煮しめ

◀オハチに入れた赤飯

【写真 1】オクンチの赤飯と煮しめ［小川町］

▲えびす講のまつり方

▲朝の膳の供え方

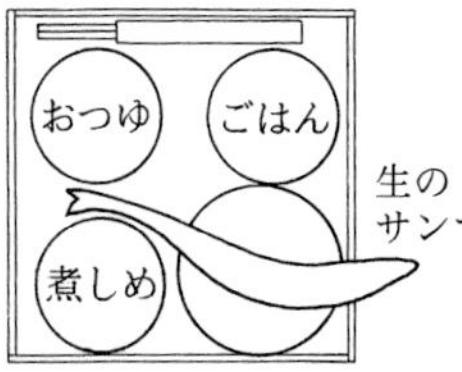

【写真 2】えびす講の供え膳［小川町］

ぼたもちを作る家も多く、人々は収穫の無事を感謝しつつ新米を心ゆくまで味わったものである。

一一月二〇日のえびす講には新米で白米飯を炊き、これをサンマ・煮しめ・けんちん汁などとともに膳にのせて恵比寿様と大黒様に供え【写真2】、家族も食べた。また、埼玉県入間地方では粳米に小豆を混ぜた小豆飯を炊く家もあり、いずれも茶碗にてんこ盛りにして感謝の意を込めたものである。えびす講は正月の二〇日にも行われ、このときも同様に白米飯や小豆飯が供えられた。

初午《はつうま》の赤飯とスミツカレ　立春を過ぎて最初の午の日を初午といい、この日には赤飯を蒸かして稲荷様に供える。また、埼玉県東部の埼葛地方から北埼玉地方ではスミツカレ・スミツカリと呼ばれるダイコンと豆（大豆）の煮物を作り、これを赤飯とともに藁《わら》ツトに入れて稲荷様に供える。スミツカレは埼玉県東部から栃木県にかけて分布する初午の郷土料理で、埼玉県内での作り方は、節分の残り豆を枡《ます》の底などで擦《す》って皮を取り除き、これを粗《あら》くおろしたダイコンといっしょに醤油味で煮る。ダイコンをおろすには、【図2】のようなスミツカレツキが使われる。栃木県では、塩ジャケの頭を何度も水を取り替えながら柔らかくなるまで煮込み、これに節分の残り豆・粗くおろしたダイコン・ニンジン・酒粕を入れるが、埼玉県のスミツカレはダイコンと豆のみのシンプルなもので、家によってニンジンや油揚を加える程度である。また、北葛飾郡庄和町では、粗くおろしたダイコンと豆の酢の物をスミツカレと呼び、醤油味で煮たものをニツカレと呼んで区別している。これは、スミツカレがもともと酢漬けであったことを物語っているともいえよう。

おかずのカワリモノ　主食のカワリモノが白米飯・赤飯・ぼたもち・餅・うどんなどであるのに対し、副食のカワリモノには煮魚・焼き魚・天ぷら・豆腐などがあり、なかでも主役となるのは魚料理であった。

日常のおかずは自家製の野菜を材料とする漬物・煮物・おひたしといったものが中心で、他に麹《こうじ》と刻みナスを混ぜて発酵させたオナメや大豆味噌、佃煮《つくだに》などの常備菜をつけた。魚は、ときどきメザシを買ってつければ上等であり、他には河川や用水路で捕れる川魚を囲炉裏《いろり》の火であぶって保存し、逐次焼いたり煮つけにして食べる程度であった。したがって、ニシンの味噌煮、生利節《なまりぶし》とナスの煮つけ、イカの煮つけ、サバの味噌煮、サンマの塩焼き、焼きジャケ（鮭）といった「海の魚」の料理はごちそうとされ、物日や人寄せ時以外にはめったに食べられなかったのである。

天ぷらや豆腐も、かつては特別の日のごちそうとされた。

天ぷらには、たくさんの油を使用する。油は、自家で栽培された菜種や大豆を油屋で搾《しぼ》ってもらったもので、これを一年間大切に使用した。そのため、油をたくさん消費する天ぷらはお日待ちなど大勢の客が集まるときのごちそうとされ、日常に作られることは少なかったのである。人寄せ時には、サツマイモ・インゲン・ニンジン・ゴボウ・ナス・シソなどの精進揚げを中心にネギと干しエビのかき揚げなどが作られ、これらを盛りつけたようすは見た目にも華やかなことから「千両役者」とも呼ばれた。

豆腐は、今でこそ日常の味噌汁につきものであるが、かつては「豆腐汁は葬式でもないと食えない」といわれ、豆腐入りの味噌汁はごちそうとされていた。また、埼玉県小川町には、前述したようにオクンチに一人一丁の豆腐を食べる風習があり、オクンチが近づくとその年の秋に収穫した大豆を豆腐屋に持っていって家族分の豆腐を作ってもらった。新物の大豆で作られた豆腐はまさに旬の味であり、オクンチの煮しめを彩るごちそうとされたのである。

暮らしのメリハリ　このように、かつての食生活には日常と特別の日のメリハリがあり、質素な日常の食事があるからこそ特別の日のごちそうがよりおいしくありがたく感じられた。また、そこから感謝の気持ちが生まれ、家族の絆《きずな》もより深いものとなった。

現在は「米の飯」はもちろんのこと、おかずも魚料理や油料理が常に食卓に上り、毎日がごちそうの連続である。しかし、はたしてそれが豊かな暮らしといえるのだろうか。

私たちの暮らしは、日常のケ（褻）と特別の日のハレ（晴）が繰り返されることで永いこと営まれてきた。私たちはケの日常の折節にハレを喜び祝い、そこでエネルギーを蓄えることで再びケに戻ってからも健康で豊かな日々を送ることができる。そのためにも、ハレを感じるメリハリのある食生活が望まれるところである。

（宮本）

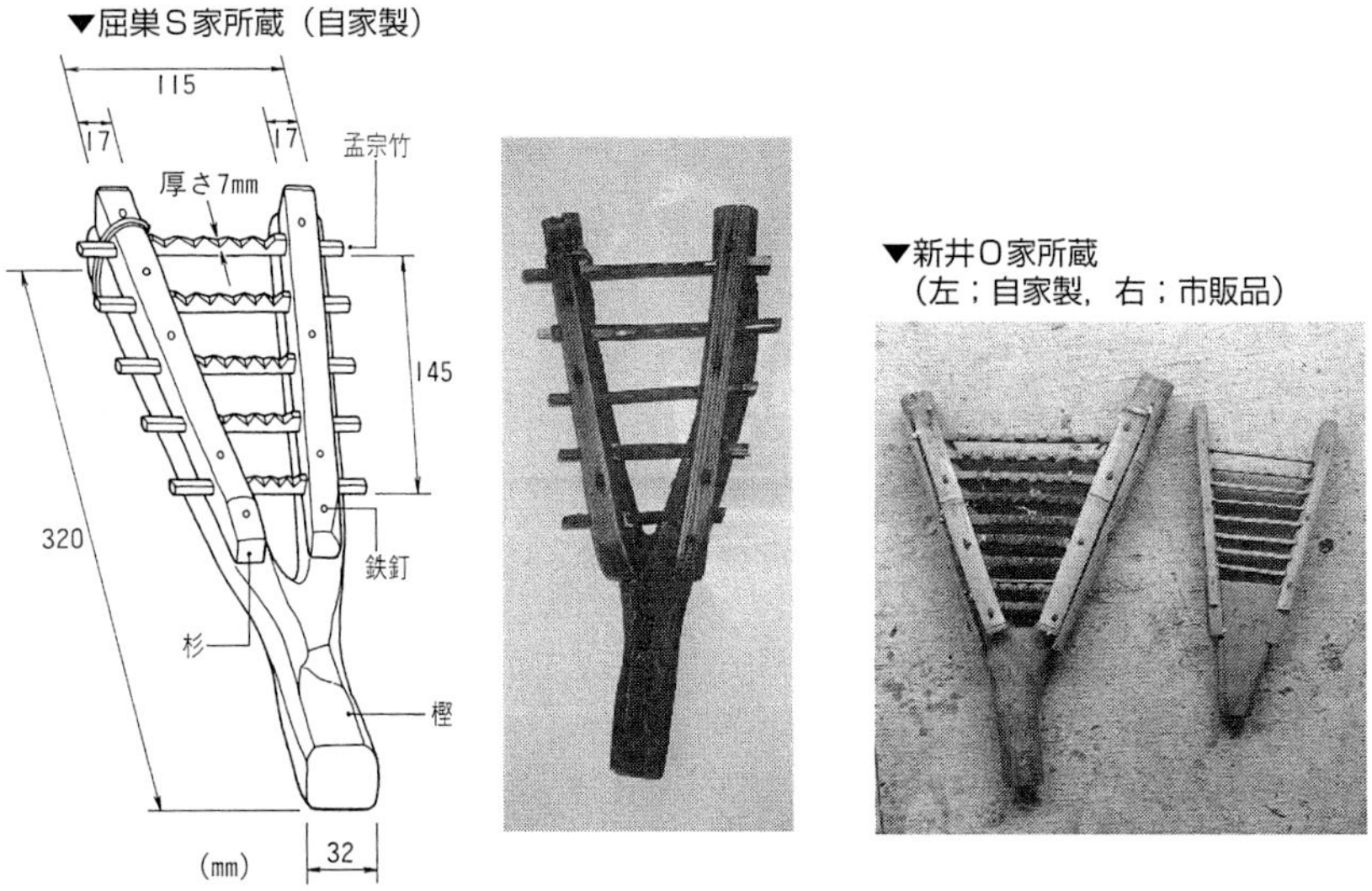

【図2】スミツカレツキ［川里町］

【❷農家のごちそうと伝えたい食の知恵】

農休みと天王様

ノアガリと天王様　春蚕《はるご》の繭《まゆ》出し、麦刈り、田植え、そして、麦の脱穀調整と、六月から七月にかけての農家は息つく暇もない忙しさであった。照りつける太陽のもとで汗を流しながら麦を打ち、選別をして莚《むしろ》に広げ、干す。入道雲がもくもくと立ち上がって雷雨の気配がすれば、庭一面に並べた麦を大急ぎで取り込む。その一方で、「一番草」「二番草」「三番草」と三回にわたって田んぼの草を取り、併せて畑作物の手入れをする。いずれも炎天下での作業である。夏の農家は連日が太陽との戦いであり、体力も著しく消耗した。そこで、麦の始末が一段落をし、田んぼの二番草取りも終了すると、七月中旬から下旬にかけて二日ないし三日間の農休日を取った。これをノアガリという。

ノアガリの間には、各地で天王様が行われる。天王様はギオン（祇園）とも呼ばれ、京都八坂神社系の夏祭りである。祭神は牛頭《ごず》天王で、これを祀《まつ》る神社は幕末まで天王社・祇園社などと称されたが、明治時代の神仏分離以後は八坂神社・八雲神社などに改称され、祭神もスサノオノミコトとなった。

牛頭天王は災厄をもたらす荒ぶる神であるが、ひとたび味方につけることで疫病除《よ》けの神となると信じられてきた。そこで、疫病が流行しやすい夏に祭りを行い、疫病退散を願ったのである。また、稲作地域では稲の病害虫を駆除する虫追いの意味も込められていた。祭りでは、大人御輿《みこし》や子ども御輿が出て地区内を練り歩き、獅子舞がその先祓《ばら》いをつとめるところもある。また、秩父神社の川瀬祭りでは、禊《みそぎ》と称して御輿を川の中に引き入れ、もみ合う所作が伴われる。

天王様の食べ物　天王様には、「朝まんじゅうに昼うどん」「うどんギオン」といわれるように各家庭でまんじゅうやうどんが作られ、来客にも振る舞われた。取れ立ての小麦を粉に碾《ひ》き、これで作ったまんじゅうやうどんは格別な味わいであり、それまでの農作業の労がねぎらわれたという。また、天王様には初物のキュウリを供える風習もあり、埼玉県南埼玉郡の宮代町では、キュウリに家族全員の名前と年齢を刻み、これを川に流すと水難に遭《あ》わないという伝承がある。

まんじゅう作り　まんじゅうは、古くはゆでまんじゅうと称して小麦粉の生地で餡《あん》を包み、沸騰した湯の中でゆでたものであった。しかし、これはゆであがりこそ柔らかいが、冷めると直《じき》に生地が硬くなり、子どもたちの評判はいまひとつ良くない。そのため、昭和三〇年代には、重曹《じゅうそう》を混ぜた生地で餡を包んで蒸かす炭酸まんじゅうが主流となった。一方、甘酒で生地をこねる酒まんじゅうも作られ、埼玉県比企郡の小川町では、まんじゅう用の甘酒を指して「す」と呼び、できあがったまんじゅうを「すまんじゅう」と呼ぶ。「す」は、米糀《こうじ》にごはんとぬるま湯を混ぜて発酵させたもので、これをミソコシザルで漉《こ》してから小麦粉に混ぜて生地をこね、餡を包んで蒸籠《せいろう》で蒸かす。

まんじゅう講　比企郡小川町の木呂子地区では、「まんじゅう講」と称してギオンの前日に女性たちが年回りのヤド（宿）に集まり、まんじゅう作りを行う【写真2】。作られるまんじゅうは、古くはゆでまんじゅうであったが、現在は食べる分を「すまんじゅう」にし、神様に供える分だけゆでまんじゅうを作っている。

まんじゅう講では、夕方にまんじゅうができあがると持ち帰る分を重箱に詰め、残りを女性たちで食べる。天ぷらや豆腐の澄まし汁も作られ、これらをおかずにまんじゅうを食べながら夕餉《ゆうげ》のひとときを過ごすのである。以前には男性たちも集まり、てんぷらを肴に酒を飲んだという。

イガまんじゅう　イガまんじゅうは、北埼玉郡を中心とした東部低地の水田地域で作られるノアガリの郷土食である。小麦粉の生地で餡を包み、これを赤飯の中に入れていっしょに蒸かしたもので、まんじゅうの周囲に付着した赤飯が栗のイガのように見えることからイガまんじゅうの呼称がつけられた【写真1】。（宮本）

【写真1】イガまんじゅう［川里町］

餡を丸める

ゆでまんじゅうを作る

ゆでまんじゅう

すまんじゅうを作る

すを漉す

セエロで蒸す

すまんじゅう

饅頭ができあがって晩飯となる

【写真 2】 まんじゅう講［小川町］

【❷農家のごちそうと伝えたい食の知恵】

夏のごちそうと生盆《しょうぼん》の行事

まんじゅうとうどん　天王様・七夕・盆など、夏の行事には小麦粉で作ったまんじゅうやうどんがつきものである。

　埼玉県内においては、七夕を月遅れの八月七日に行うところがほとんどであり、この日には願い事を書いた短冊を笹に下げて飾り、その前にスイカ・キュウリ・ナスなど夏の収穫物とともに朝にまんじゅう、夕方にうどんを供える【写真2】。また、埼玉県東部の埼葛地方や北埼玉地方では、七夕飾りの前にマコモの馬一対を供え、その前に台を据えてまんじゅうやうどんを供える【写真1】。

ごちそうの「昼うどん」　うどんは日常食としても広く食され、かつての畑作地域では晩飯にうどんやヒモカワを打って、これらを野菜と煮込んで食べる家が多かった。こうした日常のうどんと異なり、特別の日に作られる「昼うどん」はごちそうであった。

　昼うどんは、アゲウドン・アゲメンなどと称して打ちたてのうどんをゆでて水に晒《さら》し、これをザルにあげてシタジにつけて食べる【写真3】。かつて日常の昼飯はたいていが朝の残りごはんであり、昼うどんは贅沢な食べ物であった。したがって、来客にこれを振る舞うのは何よりのもてなしとされたのである。

　うどんのシタジは、椎茸や鰹節のダシが効いた醤油味のつゆで、これを温めて出すこともあれば冷やして出すこともあり、温かいシタジには油揚を入れることが多かった。また、鶏肉の肉団子を入れたシタジを作ることもあった。かつて農家では卵を産ませる目的で鶏を飼うことが多く、卵を産まなくなった廃鶏を絞めて肉と骨に分け、調理して食べた。肉団子は、その際に出る骨で作られた。骨には肉がこびりついているので、これを鉈《なた》で細かく叩《たた》き、小麦粉のつなぎを混ぜて団子に丸めたのである。肉団子の入ったシタジは、こくがあってとてもおいしかったという。

　シタジにはカテ（糧）と薬味を添え、夏にはナスやインゲンのゆでたものをカテとした。薬味は、刻みネギと擂《す》りゴマが定番で、夏はこれに刻みミョウガを加えた。

　夏のアゲウドンは、ヒヤシル（冷や汁）につけて食べることも多かった。ヒヤシルはゴマジルとも呼ばれ、ゴマと味噌を擂り合わせた中に薄切りのキュウリや刻んだシソの葉、ネギ、タデの実な

【写真1】七夕飾りと供え物―七夕飾りとマコモの馬の前にまんじゅうとうどんを供える―［川里町］

【写真 2】七夕飾りと供え物［鳩山町］

【写真 3】七夕の「昼うどん」［川里町］

▲朝ぼたもち

▲昼うどん

【写真 4】盆の「朝ぼたもち」と「昼うどん」［鳩山町］

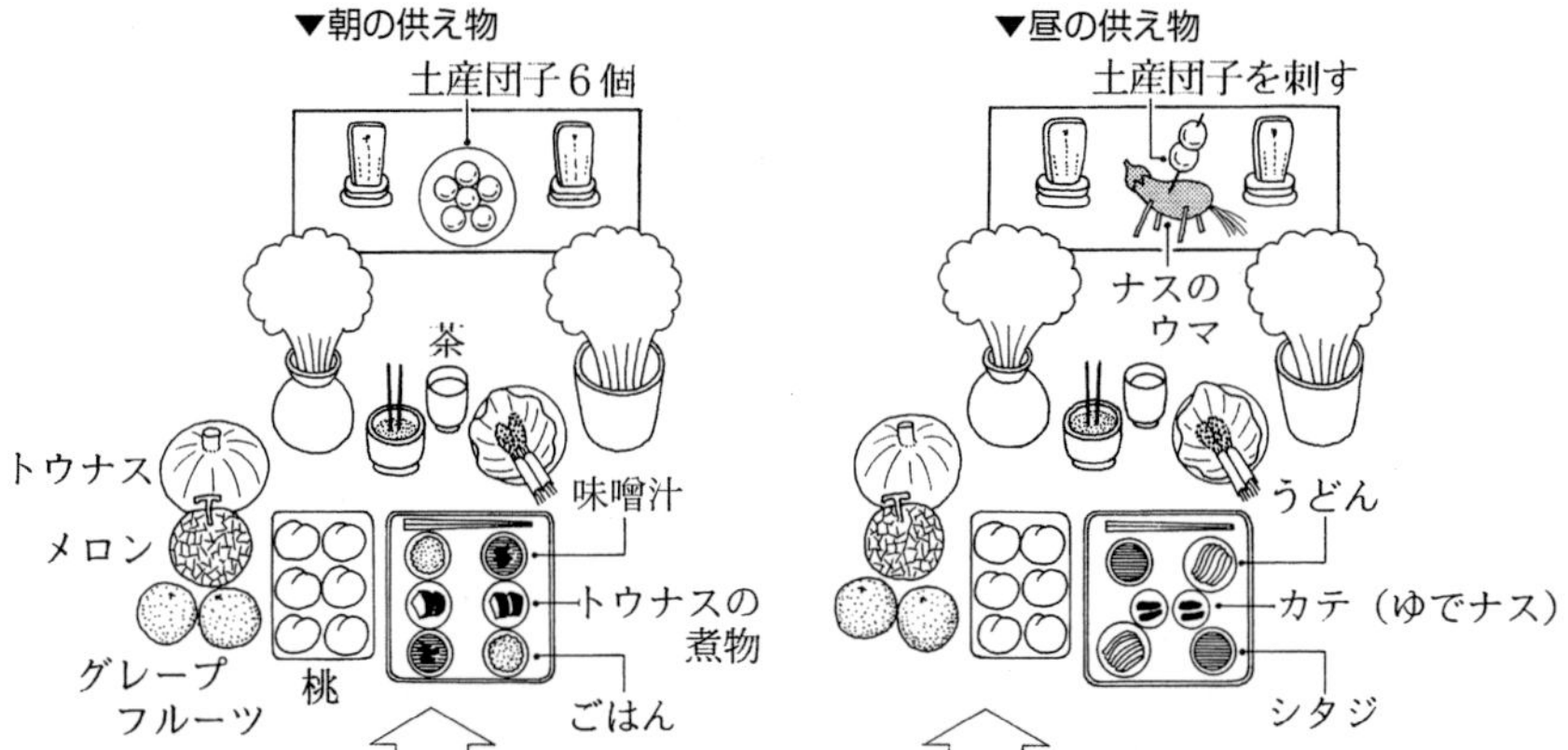
▼朝の供え物
土産団子 6 個
茶
トウナス
味噌汁
メロン
トウナスの
煮物
グレープ
フルーツ
桃
ごはん
膳
▼昼の供え物
土産団子を刺す
ナスの
ウマ
うどん
カテ（ゆでナス）
シタジ
膳

朝と昼の供え膳

盆棚

【図 1】送り盆の供え物［小川町］

どを混ぜ、水でのべたものである。これを冷えた麦飯にかけてもおいしかった。ただし、ヒヤシルはあくまで家族内の食べ物であり、来客のもてなしには醤油味のシタジを出すのが礼儀とされたという。

▲ナスの馬にヒモカワやうどんのショイナワをかける

◀辻の庚申塔で送り火を焚き、ナスの馬を供える

【写真5】ショイナワを掛けたナスの馬［所沢市］

盆の食べ物　「朝ぼたもちに、昼メンコ、晩は米の飯にトウナス汁よ」　これは、北埼玉郡川里町の新井地区でかつて歌われた盆踊り唄の一節である。この唄のとおり、埼玉県内では、盆の期間中の食べ物として「朝ぼたもち」「昼うどん」「晩の米の飯」が定番とされ、これらを盆棚に供えてから家族で食べた【写真4】。また、家によっては、「ご先祖様が飽きないように」と、朝にぼたもちとまんじゅうを日替わりで作るところもあった。送り盆の日には、朝と昼に膳を供えて午後に先祖を送る家が多く、供物にはミヤゲダンゴ（土産団子）と称する白団子が添えられた【図1】。また、盆棚の縄にはうどんやヒモカワを掛け、これをショイナワ（背負い縄）と称した。ショイナワは先祖が帰る際に供物を馬に背負わせるためのもので、門口や辻《つじ》で送り火を焚《た》いて先祖を送ると、そこにナスの馬を置いてショイナワを掛けた【写真5】。

生盆の振る舞い　第二次世界大戦前までは、夏のノアガリや盆に嫁が里帰りをする際、収穫したての小麦を粉に碾《ひ》いて手土産とする風習が埼玉県内の各地に見られた。嫁は、実家に帰ると持参した小麦粉でうどんを打ち、まんじゅうを作って両親に振る舞ったのである。

この行事は生きている者に感謝するイキミタマ（生御霊）の習俗であり、ショウボン（生盆）、イキボン（生き盆）、ボンレイ（盆礼）、ボンセイボ（盆歳暮）などと呼ばれる。また、初物の小麦粉を持参することから県南地方ではコナバツと呼ばれ、東松山市や比企郡吉見町にはナベカリの呼称もある。ナベカリは、実家の鍋やかまどを借りる鍋借りの意と解される。

生盆単物　嫁入りしてはじめての夏には、婚家から単物の着物が贈られ、嫁はこれを着て生盆の里帰りをした。単物の着物はショウボンビテエモン（生盆単物）、ショウボンギモン（生盆着物）、ショウボンカタビラ（生盆帷子）、ヨメカタビラ（嫁帷子）などと呼ばれ、絽《ろ》や銘仙、メリンスなどで仕立てられた。大里郡江南町には、古くは麻の帷子を贈ったという伝承もある。また、ふだんにも着られるようにと浴衣《ゆかた》を贈る家もあり、昭和一〇年代にはジョーゼットの単物が流行した。いずれにしても、その多くは仕立て上がりの着物を贈られたが、反物を贈られて嫁が自分で着物に仕立てた例も少なからずあり、なかには「これで機《はた》を織って着物を作りなさい」と糸を渡される者もあったという。

大里郡岡部町では、嫁入りした夏に姑《しゅうとめ》が着物を仕立てて嫁へ贈ることをキセハジメ（着せ初め）といい、嫁はこれを着て里帰りをした。そして、戻る際には母親が仕立てた着物を着用し、これをキセジマイ（着せ終い）といった。キセハジメ、キセジマイのことばには、これを区切りに嫁は婚家の人間になるという意味が込められていたといえよう。

（宮本）

【❷農家のごちそうと伝えたい食の知恵】

暦を彩る折節《おりふし》の餅《もち》

折節に搗《つ》かれる餅　暮れには正月餅、年が明けて小正月には若餅、春が来て桃の節供には菱餅や草餅、四月八日の花祭りには草餅、若葉萌える端《たん》午《ご》の節供には柏餅と、冬から初夏にかけては折節にたびたび餅が搗かれた【写真1】。また、夏の盛りには、天王様や八月一日の釜《かま》の口開け、七夕などに餅を搗くところもあり、土用に搗く餅は土用餅と呼ばれた。秋から冬にかけては、九月一日の八朔《はっさく》の節供・二百十日・オクンチ・亥の子や十《とう》日夜《かんや》・一二月一日のカワビタリ（川浸り）などに餅が搗かれ、中でもオクンチに作られる塩餡《あん》入りのアンビン餅は、埼玉県東部の水田地域から北埼玉・大里地方、比企地方の広い範囲で目にすることができる。

餅は、日常生活の節目となるハレの日のごちそうであると同時に、神に供え、神と共食する神聖な食べ物とされてきた。特に、正月のお供え餅は魂のシンボルとされ、これを撤下《てっか》後に食べることで一年間歳神《としがみ》様の霊威が授かると信じられていたのである。

粉餅　餅には、糯米《もちごめ》を蒸して搗いたもののほか、粳米《うるちまい》の粉を熱湯でこね、これを蒸して搗いた粉餅がある。草餅や柏餅は粉餅であり、草餅は、蒸しあがったところへ細かく刻んだヨモギを混ぜて緑色に搗きあげる。粉に碾《ひ》く粳米は、主として脱穀の過程で出た屑《くず》米が用いられた。

粉餅は糯米の餅ほど粘り気が強くなく、歯の弱い者でも容易に嚙める。そのため、年寄りには喜ばれたという。

節供の餅　節供の餅は、桃の節供の菱餅と端午の節供の柏餅がよく知られるところであり、子どもが初節供を迎えた家では、これらを祝品の贈り主へお返しとして届けるのが習わしとされた。

【写真1】暮れの餅搗き［名栗村］

菱餅は、糯米を蒸して赤、白、緑三色の餅を搗き、これらを菱形に切ったものである。赤は食紅、緑はヨモギで色をつける。三色を重ねて雛飾りの前に供えるが、家によっては白と緑の二色を重ねるところもある。また、雛飾りには菱餅とともに雛料理の膳が供えられ、埼玉県鳩山町では小豆飯・煮しめ・けんちん汁を漬物とともに膳にのせて供える【写真2】。漬物はタクワンを用いることが多い。

柏餅は、前述したように粳米の粉で作られる粉餅であり、これに餡を入れて柏の葉で包む。

農村部では、桃の節供を四月三日、端午の節供を六月五日と、ともに月遅れで祝うところが多い。これは、農作業が機械化される以前に二月正月と称して月遅れで正月を祝った名残であるが、月遅れの方がヨモギや柏の葉が十分に成長するので、草餅や柏餅を作るには都合が良いという。

オクンチのアンビン餅 オクンチには、アンビン・アンビンモチと呼ばれる塩餡入りの餅を作り、これを重箱に詰めてお日待《ひま》ちの招待客への手土産とした【写真3】。現在では、塩餡の代わりに砂糖入りの甘い餡を作る家や、塩餡と砂糖餡の両方を作る家などさまざまであるが、「アンビンは塩餡に限る」といって、旧来の作り方を継承する家も少なくない。塩餡入りのアンビン餅は、固くなると焼いて砂糖醤油をつけて食べるとおいしい。また、油で揚げても良い。砂糖餡ではできないアレンジが利くのである。

かつては、お日待ちの時期ともなると、親戚同士で盛んにアンビン餅の贈答が交わされた。また、嫁は実家のお日待ちにアンビン餅を持って里帰りをするのが習わしとされ、夕暮れが迫るころにはアンビン餅の重箱を片手に実家へ向かう嫁の姿を方々で目にしたものである。

女性の寄り合いと餅 そのほか、埼玉県比企郡や大里郡にはオシラ講やオンナアソビ（女遊び）と称する女性たちの寄り合いがあり、ここでも餅が搗かれた。餅は、あんころ餅やアンビン餅にされ、これにけんちん汁やこんにゃくの白あえを添えた。外出する機会の少ない女性たちにとって、餅を食べながら談笑するひとときは貴重な情報交換の場ともなっていたのである。

（宮本）

【写真2】雛飾りに供えた菱餅と雛料理の膳［鳩山町］

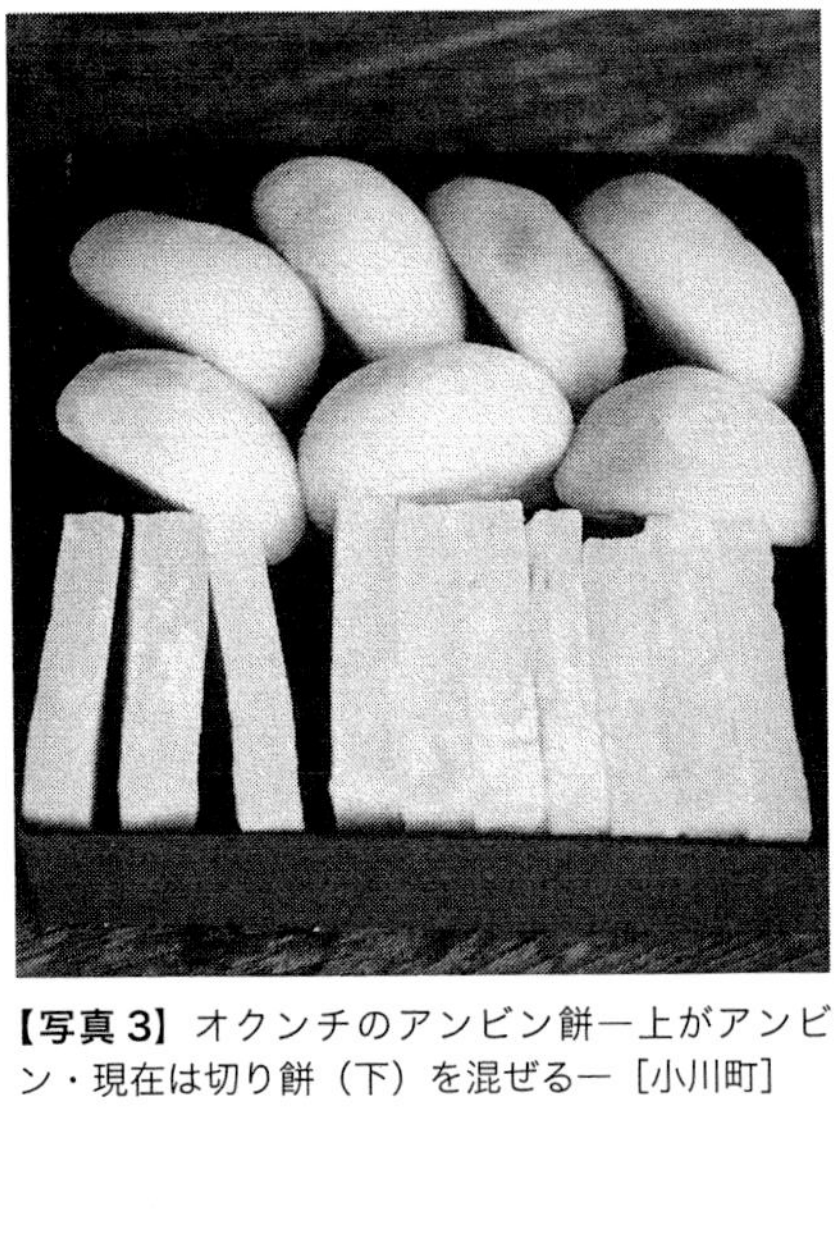

【写真3】オクンチのアンビン餅―上がアンビン・現在は切り餅（下）を混ぜる―［小川町］

【❷農家のごちそうと伝えたい食の知恵】

人寄せの膳と膳椀組

現在では、結婚式はもちろんのこと葬式も斎場で行われることが多く、祝儀不祝儀の人寄せに自宅を使う例は極めて少ない。

昭和三〇年代までは結婚式や葬式のほとんどが自宅で行われ、その際には組合の者が手伝いに出て諸道具のしつらえから料理作りまでの一切を受け持った。

結婚式の膳　結婚式の料理作りでは、料理番が采配を振るい、お勝手番と称する組合の女衆がそれを手伝った。料理番は、組合の中の料理上手な者を頼むこともあったが、多くは商売の仕出屋を頼んでおり、吸物・焼き魚・煮魚・刺身・酢の物などの料理や引出物とする折詰を仕出屋に作ってもらった。折詰には、鯛の塩焼き・巻きイカ・エビ・竹輪・蒲鉾《かまぼこ》・煮しめ・ヨセモノの羊羹・きんとんなどを彩り良く詰め合わせた。また、天ぷら・ゴマヨゴシ（ゴマあえ）・きんぴら・煮しめは組合の女衆の手で作られ、宴の最後に出されるうどんは組合内の「うどん名人」によって打たれた。

当日は、ダイドコロの土間に幅一間から一間半の膳棚が組まれ、ここに膳組みされた料理を次々と並べて、給仕が座敷の客席へと運んだ。給仕をつとめるのは、組合の女衆の中でも若い嫁である。

結婚式の膳には漆塗《うるしぬ》りの高脚《たかあし》膳か会席膳が用いられ、宴のはじまりにはこれに吸物をのせて出した。吸物は、白身魚や蒲鉾の澄まし汁、トリズイモノと称する鶏肉の澄まし汁で、トリズイモノには二つ割りのゆで卵を入れた。吸物椀は朱塗りの蓋《ふた》付きで、蓋には松竹梅や鶴などの文様が描かれていた。

吸物が出されて仲人の挨拶がすむと、酒の肴となる料理が次々と運ばれ、膳の上一杯にのせられていく。吸物は、花嫁がお色直しに立つたび取り替えられ、宴は大いに盛り上がる。そして、終《しま》いにはうどんとシタジが出され、嫁が客の一人一人に茶の接待をし、これで宴はお開きとなった。

葬式の膳　葬式では、葬式組がその一切を取り仕切り、料理もすべて葬式組の女衆によって作られた。

埋葬後に出される葬式の本膳には、黒塗りのオヤワン（親椀）・シルワン（汁椀）・ヒラ（平）・ツボ（壺）が用いられ、これらを総称して御器《ごき》という【図1】。御器をのせる膳は黒塗りの猫脚膳か会席膳で、時代が下るほど会席膳を用いるところが多くなった。盛りつける料理は、【図2・3】のように葬式組によって異なるが、オヤワンのごはん、シルワンの豆腐汁・ヒラのガンモドキの煮つけは多くの葬式組に共通するものである。ごはんは、一膳飯をホトケメシ（仏飯）といって嫌い、必ずおかわりするものとされた。また、葬式組によってはごはんの代わりにうどんを出すところもあり、その場合はオヤワンにうどん、陶器の猪口《ちょこ》にシタジを盛った。

膳椀類の貸し借りと膳椀組　人寄せ時に用いる膳椀類は一度にたくさんの枚数が必要であり、これを一軒で揃《そろ》えることは難しい。そこで、多くは本家やダイジン（大尽）と呼ばれる大きな農家から不足分を借用したもので、中には、近所同士で同じものを数枚ずつ所有し、互いに貸し借りをするところもあった。

膳椀組で共同の膳椀類を揃えるところも、各地に見られた。埼玉県比企郡の小川町では、「日待《ひま》ち組」と称してお日待ちをともに行う家同士で膳椀組を作り、黒塗りの御器や膳、座布団などを揃えた。また、北埼玉郡大利根町ではコウチ（耕地）と呼ばれる集落単位で共同の膳椀類を所有し、欠折《かけおり》ゴウチにおいては若連がシバヤ（芝居）を演じた際の収益で三〇組の膳椀類を揃えた。ここでは、貸し出す際に低料金の使用料を取り、これを積み立てて補修の費用に当てたという。入間郡名栗村では湯の沢中組で共同の膳椀類三〇組を所有し、ここでは黒塗りの御器や高脚膳に加えて、小皿・中皿・猪口・大皿・朱塗りの飯台・角樽・三々九度の杯・雄蝶雌蝶の銚子に至るまで、祝儀不祝儀の用具一切を揃えていた。

（宮本）

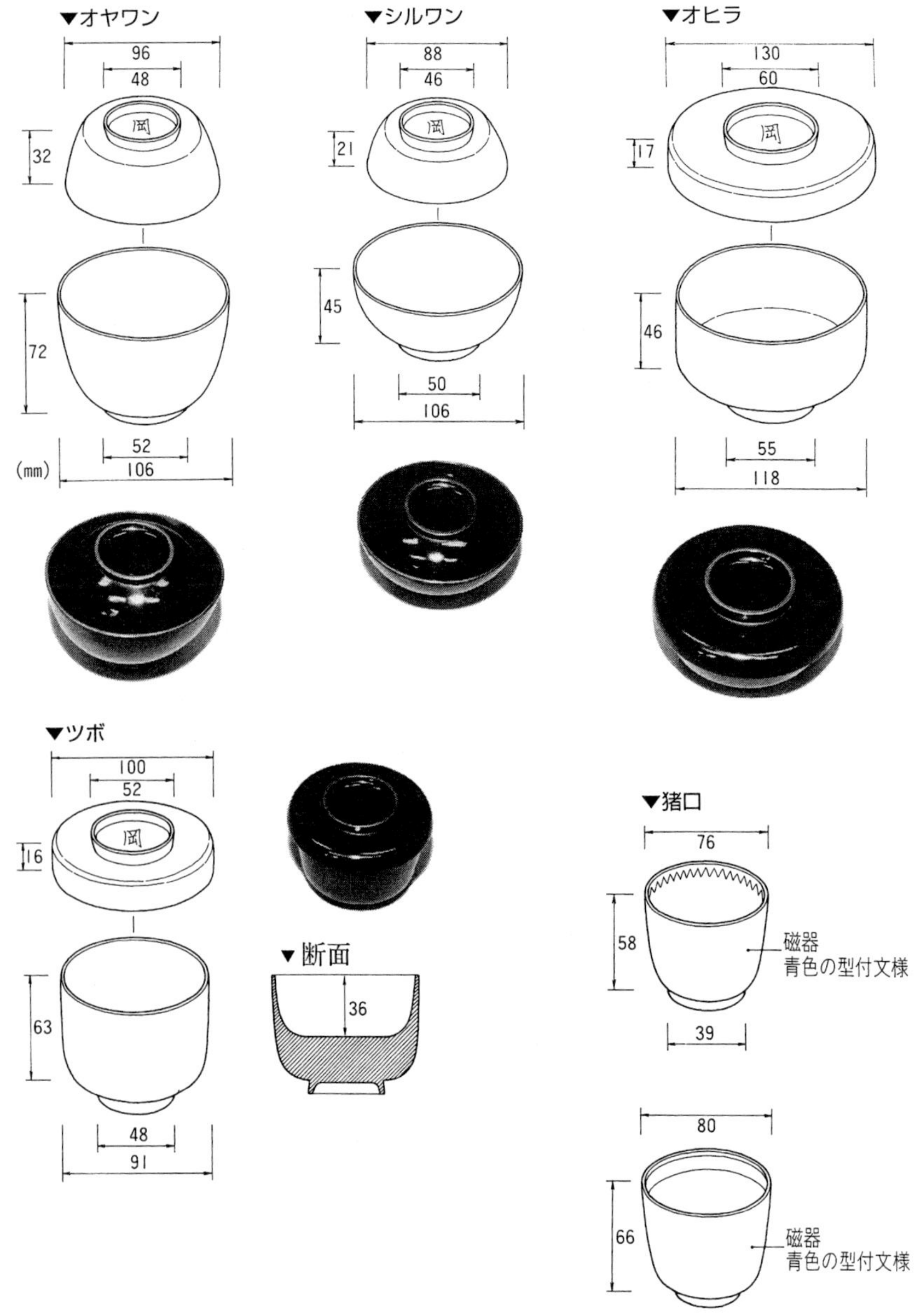
▼オヤワン
96
48
32
72
52
(mm)
106
▼シルワン
88
46
21
45
50
106
▼オヒラ
130
60
17
46
55
118
▼ツボ
100
52
16
63
48
91
▼断面
36
▼猪口
76
58
磁器
青色の型付文様
39
80
66
磁器
青色の型付文様

【図 1】黒漆塗りの御器と猪口［川里町］

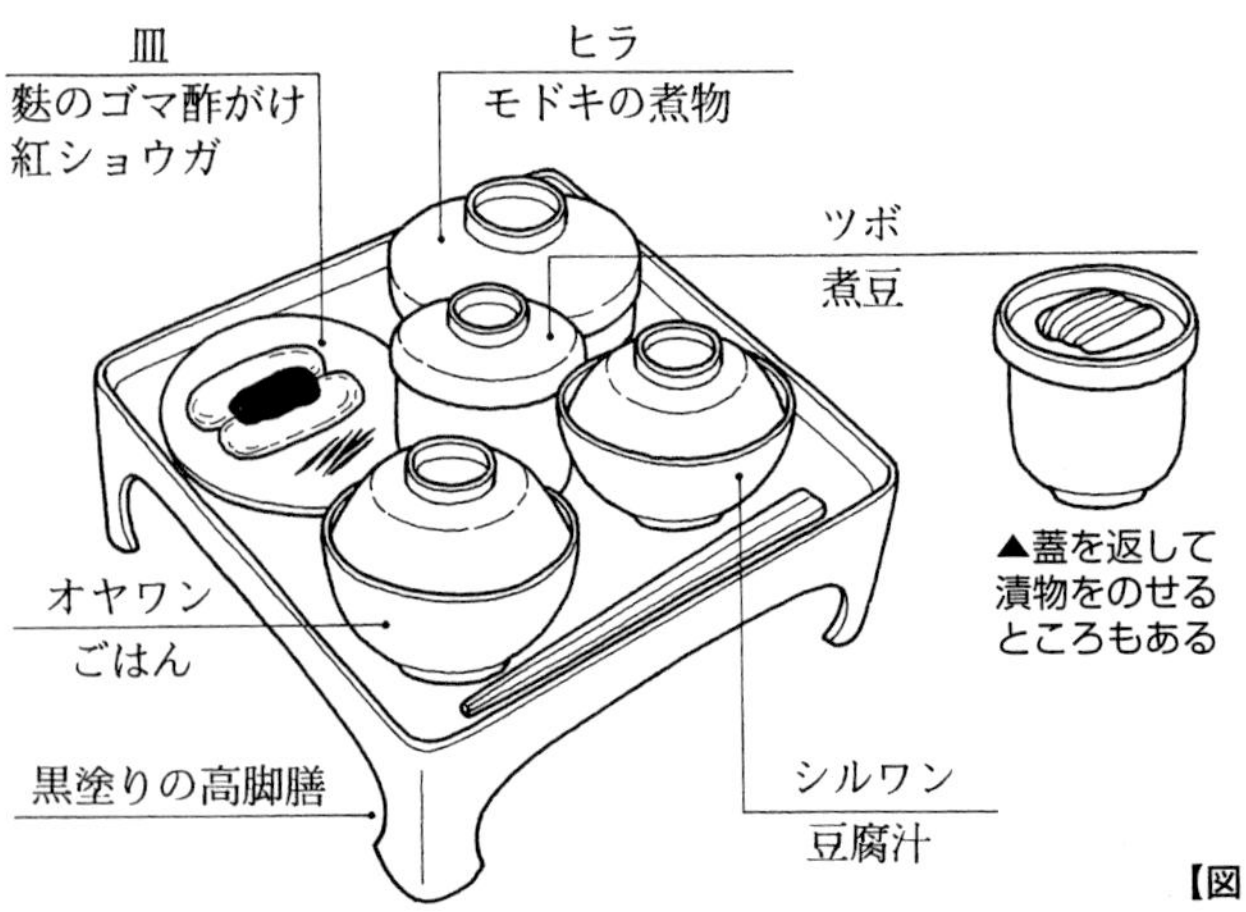
皿
麩のゴマ酢がけ
紅ショウガ
ヒラ
モドキの煮物
ツボ
煮豆
▲蓋を返して
漬物をのせる
ところもある
オヤワン
ごはん
黒塗りの高脚膳
シルワン
豆腐汁

【図 2】葬式の本膳［小川町］

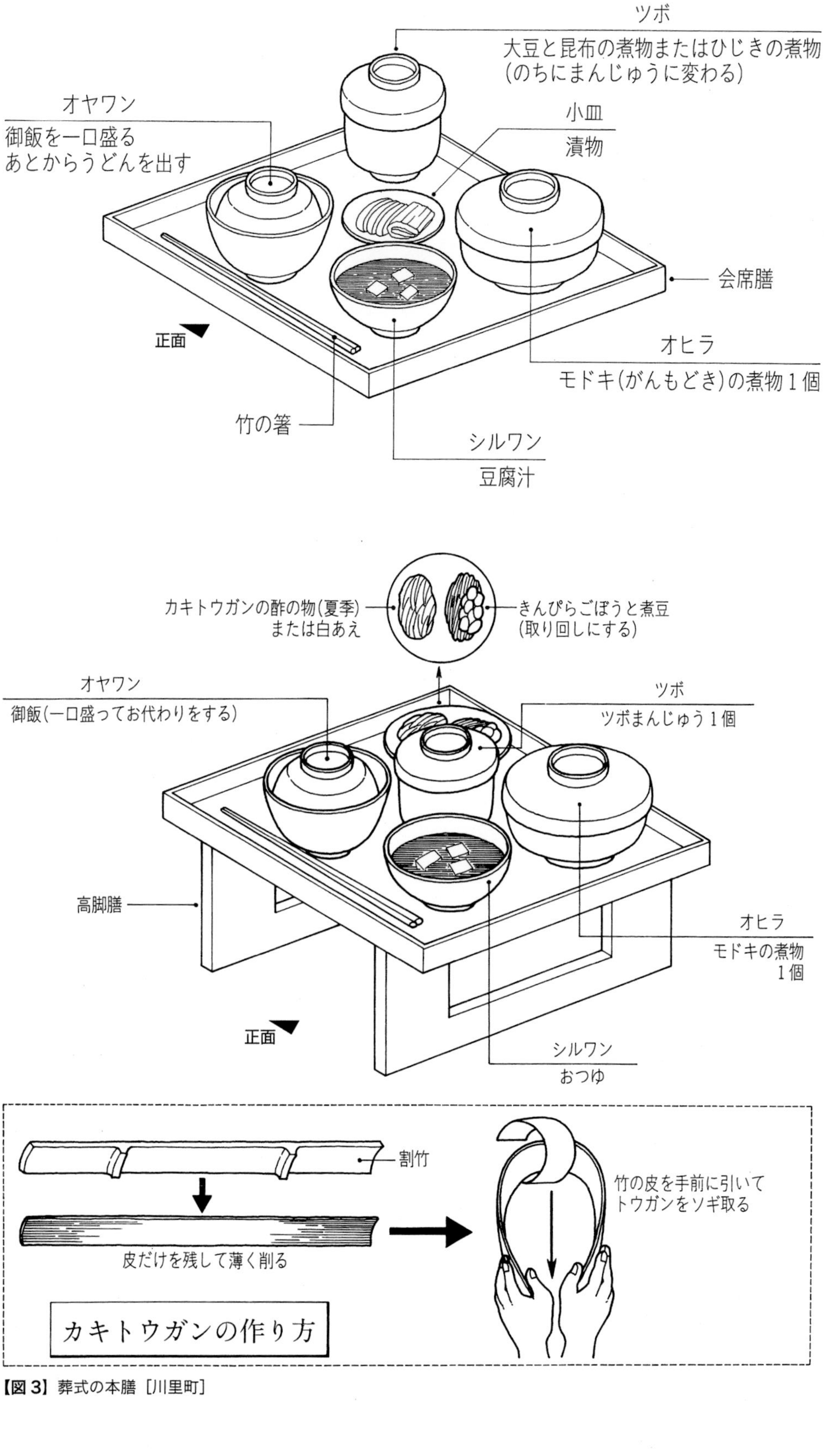
ツボ
大豆と昆布の煮物またはひじきの煮物
(のちにまんじゅうに変わる)
オヤワン
御飯を一口盛る
あとからうどんを出す
小皿
漬物
会席膳
正面
オヒラ
モドキ(がんもどき)の煮物１個
竹の箸
シルワン
豆腐汁
カキトウガンの酢の物(夏季)
または白あえ
きんぴらごぼうと煮豆
(取り回しにする)
オヤワン
御飯(一口盛ってお代わりをする)
ツボ
ツボまんじゅう１個
高脚膳
オヒラ
モドキの煮物
１個
正面
シルワン
おつゆ
割竹
竹の皮を手前に引いて
トウガンをソギ取る
皮だけを残して薄く削る
カキトウガンの作り方

【図3】葬式の本膳［川里町］

食品容器のすぐれもの「折箱」

折箱は、使い捨ての食品容器として暮らしのさまざまな場面で用いられてきた。特に、祝儀や不祝儀には欠かせぬものであり、かつて農家で行われた結婚式では、鯛の塩焼きや羊羹などを折箱に詰めて引出物とした【図1】。また、法事に折詰を付ける家もあった【図2】。

ここでは、すぐれものの食品容器として重宝される折箱について紹介しよう。

折箱の種類と形態　折箱は、木具屋《きぐや》と呼ばれる職人の手で作られ、これには弁当折をはじめ赤飯折、寿司折、料理折、菓子折、佃煮折などさまざまな種類がある。また、ガワと呼ばれる側面の角《かど》は、【図3】に見るように直角・角切《すみきり》・角丸《かどまる》があり、祝儀には角が立つのを嫌って角切や角丸を用いることが多い。

折箱の材料と製作法　宮代町で現在も折箱製作を続ける木具屋職人は、材料に北海道産のエゾ松と本州産の地松を用いており、エゾ松の柾目《まさめ》は経《きょう》木《ぎ》に削ってガワや底の材とされる。また、本州産の地松は木目《もくめ》が粗《あら》いので、板目に挽《ひ》いて蓋《ふた》とされる。

エゾ松の経木は、厚さを一〇〇枚で四寸とし、一枚は四厘（約一・二ミリ）となる。削る際には経験と勘が必要とされ、カンナの刃の研ぎ方や出し方、材への当て方が完璧でないと、微妙な誤差が生じて片薄の経木になってしまうという。削った経木は一〇枚くらいを重ねて吊《つ》るし、乾燥させてから澱粉糊で二枚ずつ貼り合わせる。折箱の大きさや中身の重さによっては、三枚ないし四枚を貼り合わせることもある。糊が乾いたら、ガリ取りと称して角となる四か所に溝を切り、この部分

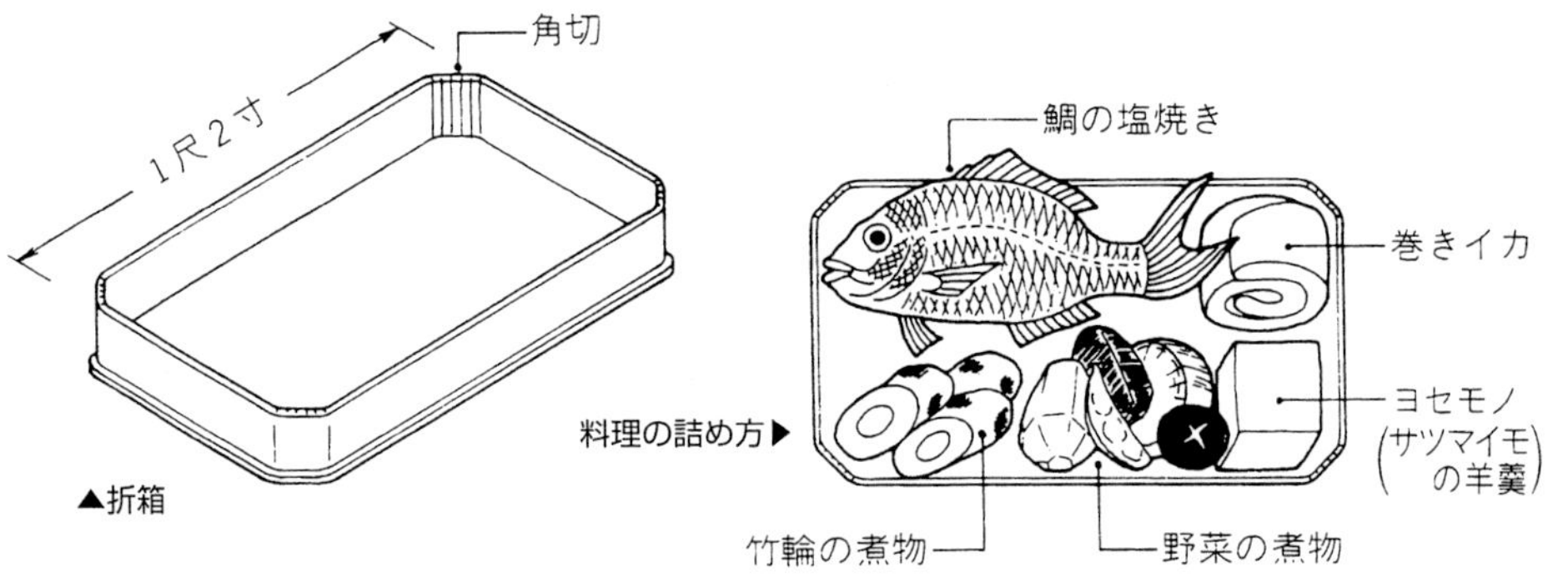

【図1】婚礼の折詰―大正15年［大利根町ＯＣ家の例］―

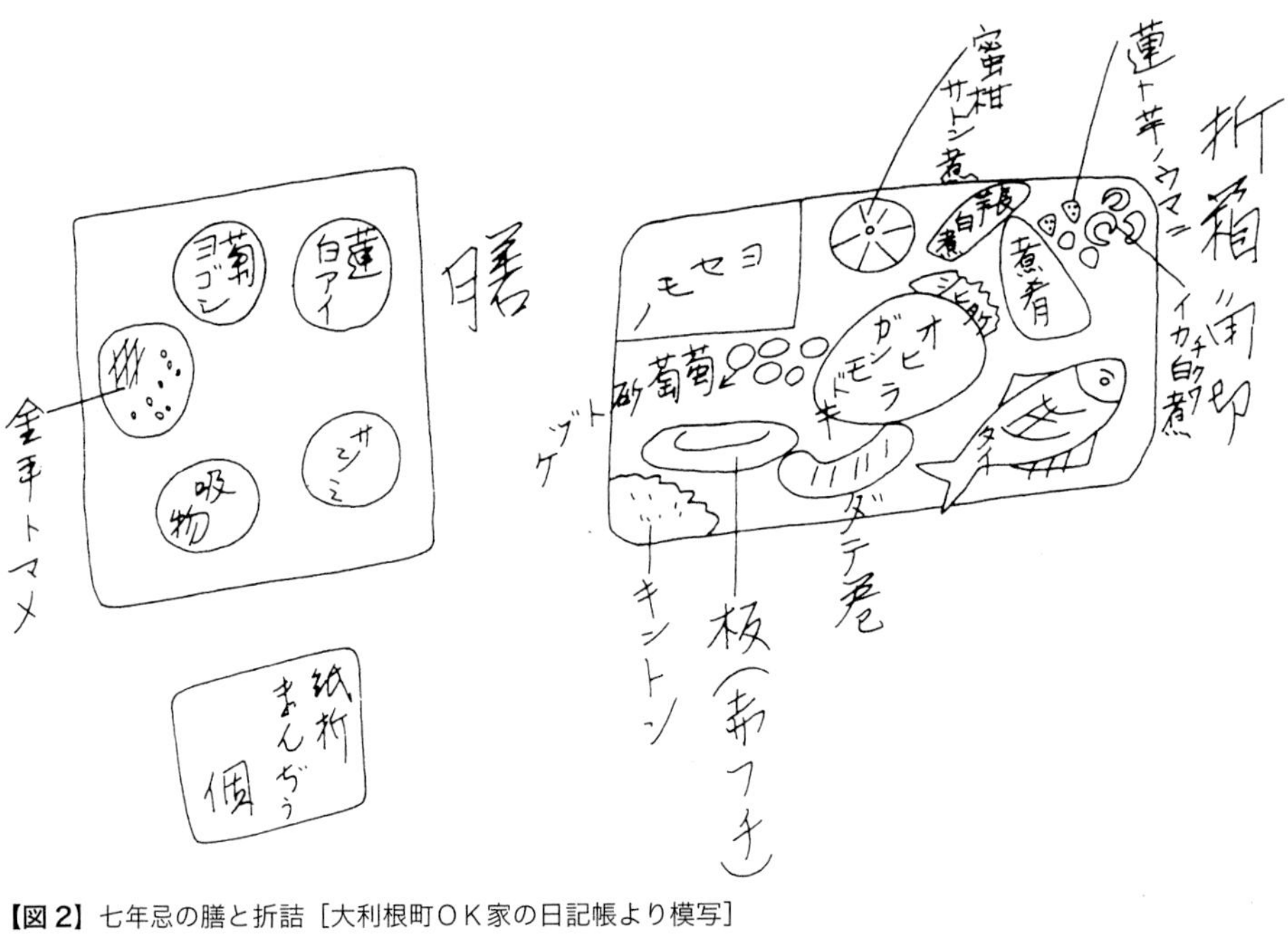

【図2】七年忌の膳と折詰［大利根町ＯＫ家の日記帳より模写］

を曲げて合わせ目を接着する。これで四角いガワができ、続いて、【写真1】のようにガワの小口に糊をつけ、底の経木を貼ると折箱が完成する。

折箱の糊づけには、粳米《うるちまい》で作った澱粉糊が用いられる。澱粉糊は今でこそ購入品であるが、かつては木具屋職人が自ら作っており、土鍋で糊飯《のりめし》を炊いて、これをベラボウと称するヘラで粘り気が出るまで十分に練った。土鍋を用いるのは、鉄鍋であると米の芯《しん》が残って滑らかな糊ができないからである。炊きあがった糊飯は、土鍋ごと毛布に包んで藁《わら》製のオヒツイレ（お櫃入れ）に入れ、半日くらい保温をしてから糊に練った。糊飯はとても滑らかで食べても十分においしく、子どもは糊飯のおすそ分けを食べるのを楽しみにしていたという。

折箱は「すぐれもの」 近年では、経木の柾目を印刷した紙製の「折箱もどき」が出回り、折箱の需要は減って、これを製作する木具屋職人の数もめっきり少なくなった。しかし、紙製の「折箱もどき」は水分が内側にこもり、食品の味を落とすばかりか腐敗も早める。これに対して、折箱の経木は通気性に富み、適度な水分を吸収して外へ逃がす。したがって、食品の味を落とさず腐敗も防げる。

使い捨て容器という点では、現在のパックの原形ともいえる折箱であるが、パックとは比較にならない「すぐれもの」である。

（宮本）

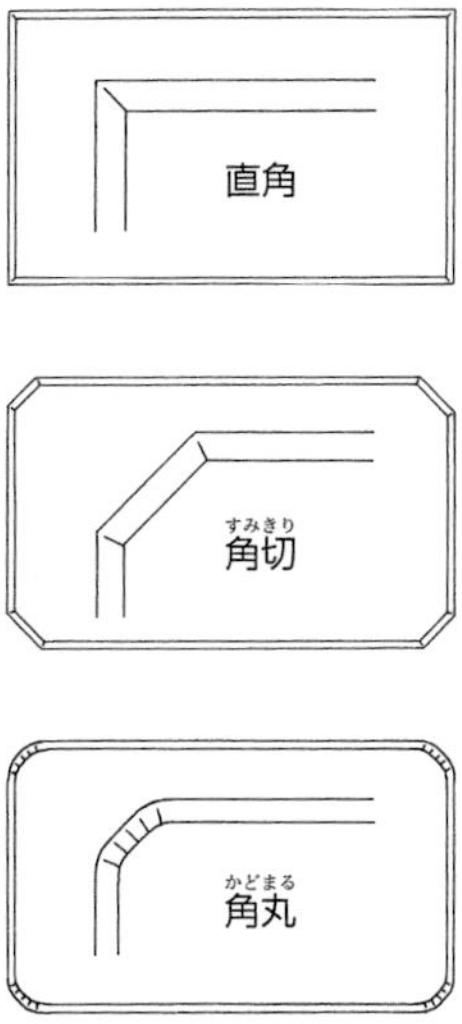

【図3】折箱の角の形態

【写真1】折箱作り［宮代町］

【❷農家のごちそうと伝えたい食の知恵】

手前味噌

手前味噌の復活　味噌は、「手前味噌」といわれるようにそれぞれの家で作られたものであり、家ごとのオリジナルな味が伝承されてきた。味噌汁を飲むと我が家に帰った気分になるのも、そのためである。昭和三〇年代から四〇年代には市販品が出回るようになり、これに伴って家庭での味噌作りは衰退したが、近年では自然食品ブームも相俟《あいま》って添加物を使用しない自家製の味噌作りが復活している。ただし、かつて作られた味噌は大麦の麹《こうじ》を用いた麦味噌であったが、近年復活した味噌は、そのほとんどが米糀《こうじ》を用いた米味噌である。

味噌を仕込む時期　味噌の仕込みは、大豆収穫後の秋に行われる。あまり寒くなると麹の発酵が鈍るので、遅くとも一一月の中頃までにすませることが必要である。

麦味噌の仕込み方　大麦の麹を作るには、大麦を搗《つ》いて皮を剥《は》がしたものをセエロ（蒸籠）で蒸し、これをコウジバコ（麹箱）に移して人肌程度に冷ます。ここに麹のタネ（菌）を振り、両手で十分に混ぜてから箱の中央へボッチ（塊）にし、上から莚《むしろ》を被《かぶ》せて寝かせるのである。コウジバコを置く土間には藁《わら》を敷いて保温をし、温度の上がり方が鈍いようであれば周囲に湯たんぽを当てて温めた。こうして一晩くらい置くと熱が出てくるので、そうしたらボッチを平らに広げて表面に指で筋をつけ、熱を分散させる。さらに、一週間ほど寝かせると発酵が進み、黄色い花が咲いて麹ができあがった。

麹ができると、庭にかまどを築いて大釜《おおがま》を据え、薪《まき》をくべて大豆を煮る。一晩中火を絶やさずに煮続けると、大豆は指で潰れるくらいまで柔らかくなる。これを臼《うす》と杵《きね》で搗《つ》いて潰し、アメミズと称する大豆の煮汁を加えて硬さを調整する。適当な硬さになったところで麹・塩とともに桶に入れ、大きなシャクシ（杓子）で混ぜ合わせる。これは力の要る作業で、男性が猿股《さるまた》一丁で桶に入り、素足で踏み付けながら混ぜることもあった。十分に混ざったら、【写真1】のようなシトダル（四斗樽）へ一握りずつ叩《たた》き付けるように入れていく。叩き付けることで空気を遮断し、雑菌の侵入を防ぐのである。こうして全部を四斗樽に移したら表面に油紙を被せ、蓋《ふた》を締めて密閉する。

塩の分量は、大豆一斗五升（煮た状態で二斗）、大麦一斗五升（麹の状態で二斗）に対して八升から一斗とし、長持ちをさせるにはトジオ（斗塩）と称して一斗の塩を混ぜた。また、仕込む際にはその中にダイコン、ナス、キュウリなどの野菜を漬け込んだ。

味噌の口開け　仕込んだ味噌は、ダイドコロの北側や物置の奥に設けられた味噌部屋に保管され、三年後に口開けされた。三年間熟成させた味噌は、塩が枯れて赤い色になっている。また、中に漬け込んだダイコンなどの野菜は、飴《あめ》色の味噌漬けとなった。

現代の味噌作り　前述したように、近年復活した味噌作りは、そのほとんどが米糀を用いたものである。

米糀を作るには、セエロで蒸かした粳米《うるちまい》にタネ（菌）を振り、十分に混ぜてからコウジバコに小分けし、寝かせて発酵させる。寝かせる際には、乾燥防止のため表面に蒸しタオルを被せることもある【写真2】。また、安定した温度で発酵を進めるには、育苗機を利用するのが便利であるという。

【写真1】 四斗樽［小川町］

糀ができると、これに柔らかく煮て潰した大豆と塩を加えて十分に混ぜる。硬さの調整にはアメミズが用いられる。大豆を潰すには、電動の餅《もち》搗き機を利用する者が多い。また、塩の分量は、大豆一斗・米一斗に対して四升、大豆三升・米三升に対して約一升三合、大豆と糀を合わせた目方の約一割など家によって異なるが、いずれも昔に比べて減塩の傾向となっている。

味噌作りを共同で行うところもある。味噌作りには、粳米を蒸かすセエロやそれを掛けるかまど、コウジバコ、大豆を煮るオオガマなどを準備しなければならず、同時に糀を寝かせる場所も必要となる。これらを一軒の家で賄《まかな》うのは容易なことではない。そこで、条件の整う家がヤド（宿）となり、そこに近所や親戚の者たちが集まって共同で味噌作りを行うのである【写真3】。

ミソマメを届ける風習　埼玉県南埼玉郡の宮代町には、味噌を仕込む日に隣近所へミソマメ（味噌豆）を届ける風習があった。ミソマメとは煮あがった大豆のことで、これを重箱に詰めて届けると、その家からも味噌を仕込む日には同じくミソマメが届けられた。ミソマメは砂糖醤油で煮て食べることが多かったが、香ばしいのでそのまま食べてもおいしかったという。

（宮本）

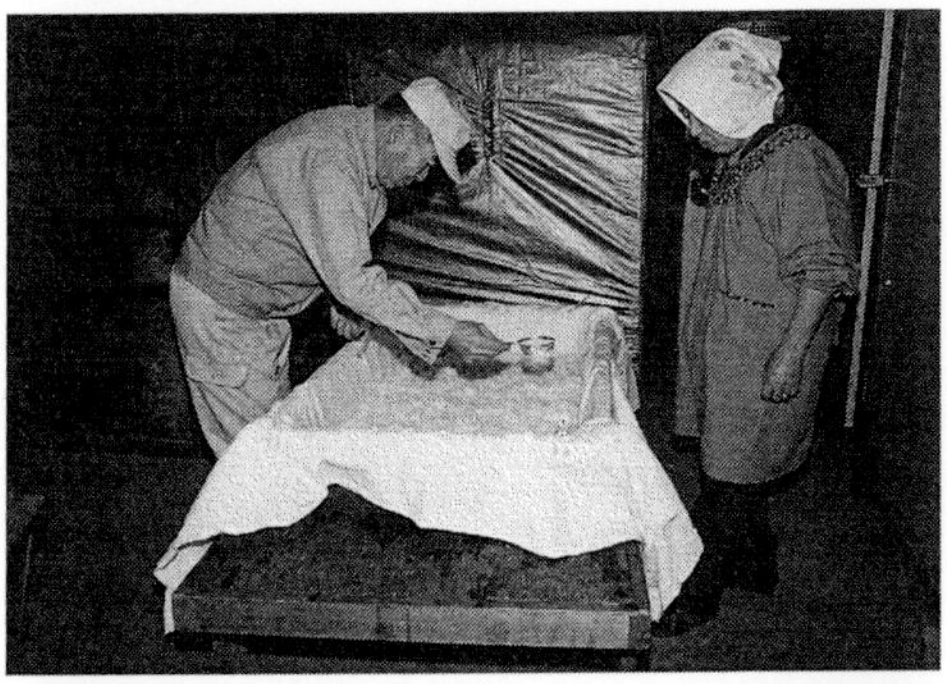

◀蒸した粳米にタネ（菌）を振る

▼３回くらい切り返して十分に混ぜる

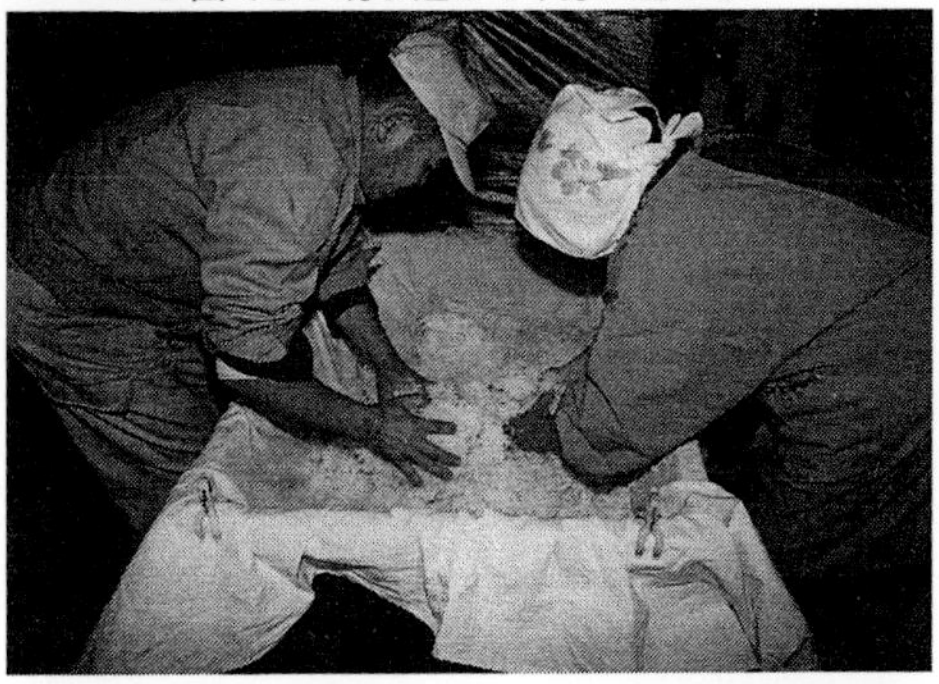

▲コウジバコに小分けする

▲蒸しタオルを被せて寝かせ、発酵させる

【写真２】米糀作り［宮代町］

◀煮あがった大豆を
スイノウですくう

▲左；大豆を煮る
右；粳米を蒸す

蒸した粳米を
コウジバコに広げる▶

◀タネ(菌)を振って
混ぜる

▼寝かせると糀ができあがる

仕込む▶

【写真 3】 共同での味噌作り［小川町］

【❷農家のごちそうと伝えたい食の知恵】

一番搾《しぼ》りの香ばしさ

醤油はごちそう　味噌とともに、醤油もかつては家々で作られていた。ただし、「手前味噌」のようなわけにはいかず、麹作りから諸味《もろみ》の仕込み、醤油搾り、仕上げの火入れに至るまで醤油屋を頼まなければならなかった。したがって、経費がかかり、醤油は味噌に比べて高級な調味料とされたのである。

醤油作りが盛んに行われたのは、第二次世界大戦前までであった。ただし、終戦直後の食料難時代には、近所の五軒から一〇軒くらいが共同で道具を揃《そろ》え、材料を持ち寄って醤油作りを行ったところもある。

醤油の仕込み方　醤油の仕込みは大豆収穫後の秋から翌年の春にかけて行われ、その半年後には醤油搾りが行われた。

醤油には小麦の麹《こうじ》が用いられ、仕込みの一〇日ほど前には醤油屋が麹を作りに来た。小麦を焙烙《ほうろく》で炒ってから石臼《いしうす》で碾《ひ》き、一方では大釜《おおがま》で大豆を煮る。そして、煮あがった大豆を莚《むしろ》に広げて人肌程度に冷まし、ここに小麦の碾割《ひきわり》を混ぜて麹のタネ（菌）を振る。両手で十分に混ぜ合わせたら上から莚を被《かぶ》せ、土間に寝かせる。土間には、保温のための藁《わら》を二〇～三〇センチの厚さに敷いた。

翌日には、再び醤油屋が来て温度の具合を確かめ、高いようであれば莚をまくって外気を入れ、低いようなら湯たんぽで保温をした。こうして約一週間寝かせると、黄花が咲いて麹ができあがる。

麹ができたら、五斗から六斗ほども入る大きな樽に麹と塩と水を入れ、十分に混ぜて諸味を仕込む。これをダイドコロの土間に置き、毎日攪拌《かくはん》を繰り返した。攪拌することで全体がむらなく発酵

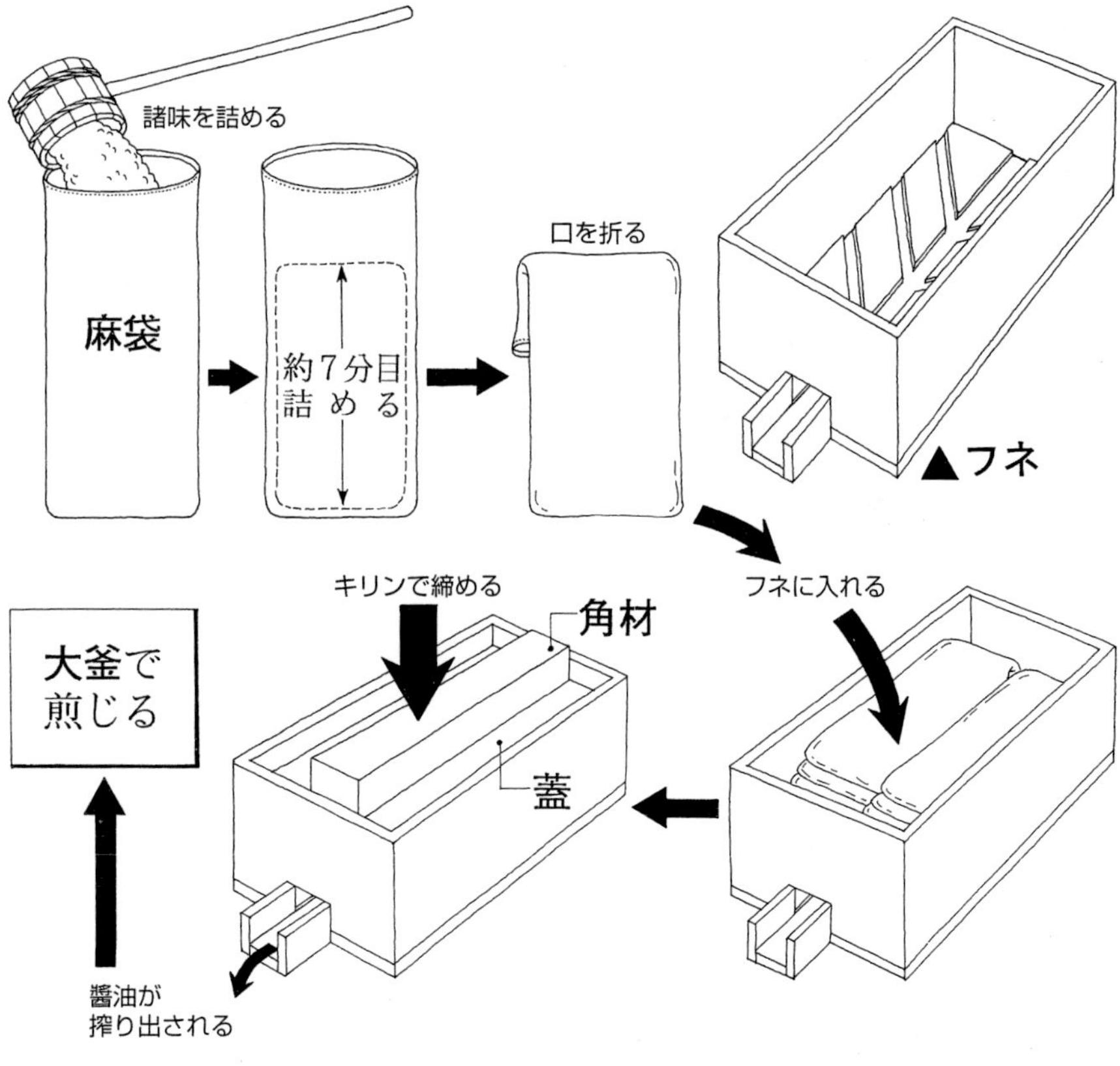

【図1】醤油搾りの手順

し、おいしい醤油ができるのである。

醤油搾り　諸味を仕込んで半年後には、醤油屋が道具持参で搾りに来た。【図1】のように長柄《ながえ》の杓《しゃく》で諸味をすくって麻袋に詰め、これをフネ【写真1】に重ねて入れ、蓋《ふた》をのせて角材で押さえ、キリンで締めて圧力をかける。すると、フネの口から醤油が搾り出されてくる。最初に出るのが一番搾りで、これは主として冠婚葬祭の人寄せ時や来客時のごちそうを作るのに用いられた。次いで二番を搾り、これは日常用とされた。また、家によっては一番と二番を混ぜて使うこともあった。

仕上げの火入れ　搾った醤油は、仕上げに大釜で煎《せん》じて火入れを行う。この際にカラメルを加えると、味にこくとまろやかさが出た。煎じる途中では表面に泡が浮くので、これをすくって桶に入れる。泡も無駄にはせず、冷めたところでダイコンを漬け込むとおいしい泡漬けができた。

　火入れのすんだ醤油は、【写真2】のようなショイダル（醤油樽）に小分けして保管された。ショイダルの容量は八升から一斗で、大豆二斗と小麦二斗からはショイダル約七本の醤油ができた。これでだいたい一年分が賄《まかな》えたという。

　醤油作りが盛んな時代には、醤油屋が農家を一軒ずつ順に回っては醤油搾りを行ったので、隣から醤油を煎じる香りが漂ってくると明日は自分の家に来ることがわかったものである。醤油屋は、地元をはじめ近隣の村々におり、いずれも農家が副業として行うものであった。埼玉県比企郡の小川町には、隣接する都幾川村や東秩父村、玉川村から醤油屋が来ていたという。

（宮本）

【写真1】醤油搾りに用いるフネ—昭和22年新調—［宮代町］

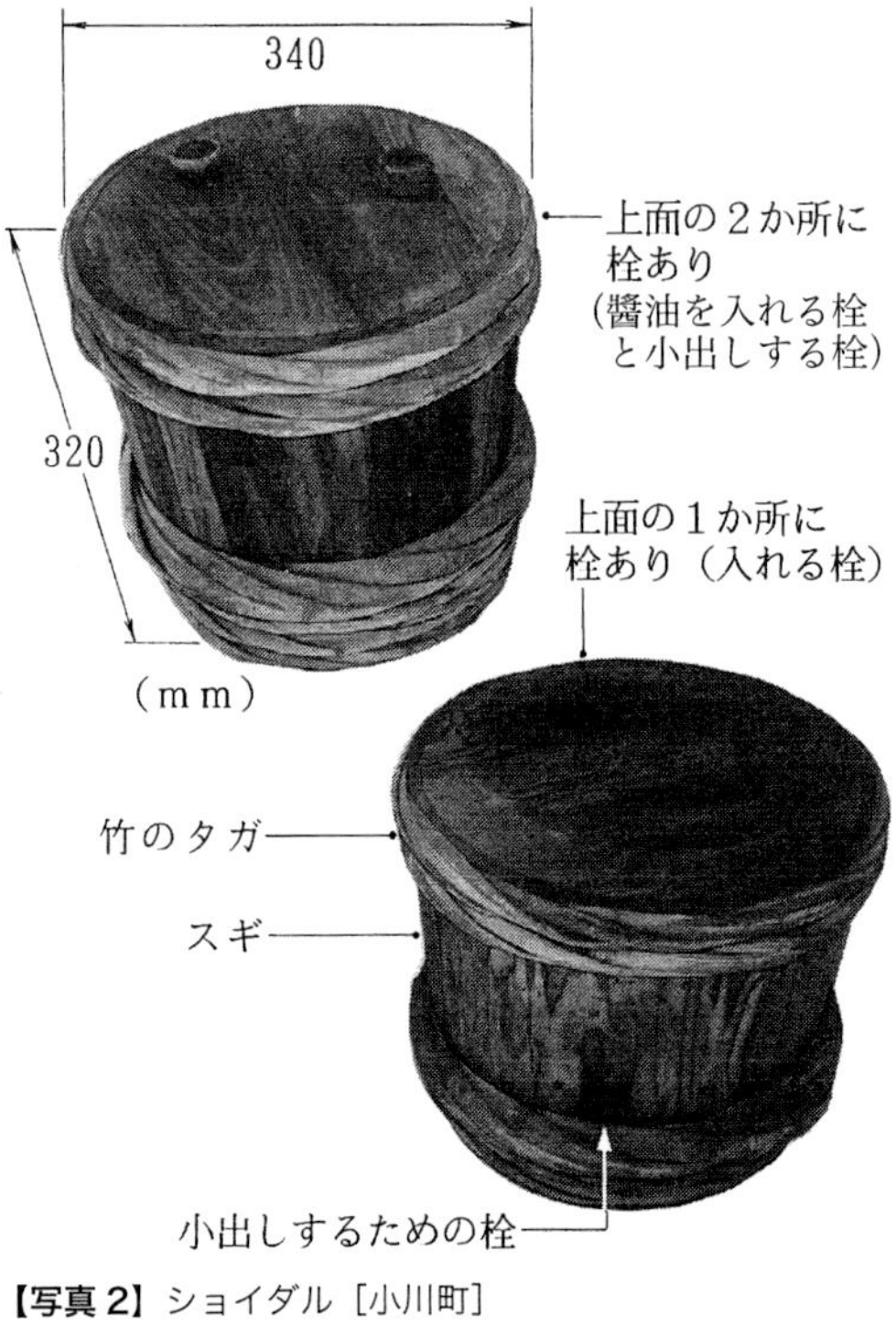
340
320
（mm）
上面の２か所に栓あり（醤油を入れる栓と小出しする栓）
上面の１か所に栓あり（入れる栓）
竹のタガ
スギ
小出しするための栓

【写真2】ショイダル［小川町］

【❷農家のごちそうと伝えたい食の知恵】

からっ風の恵み

関東名物「からっ風」　関東地方には、晩秋から冬にかけて北西から冷たい季節風が吹き下ろす。俗にいう「からっ風」である。農家では、屋敷周りにケヤキやカシなどの屋敷林を設け、これでからっ風から家を守った。屋敷林は、薪《まき》に切って燃料とされるほか、からっ風を避ける防風林の役目も果たしていたのである。

　からっ風が吹くと寒さがいっそう身にしみ、猫ではないがついつい日だまりが恋しくなる。しかし、このからっ風、嫌われ者とばかりはいえない。からっ風がもたらす寒気と乾いた空気は、保存食作りに欠かせないものなのである。

　ここでは、からっ風の恵みを受けた保存食をいくつか紹介しよう。

タクワンと白菜漬け　まず、日常のおかずや茶請けとして馴染《なじ》み深いものに、タクワン（沢庵）がある。

　タクワン作りは晩秋に行われる。収穫したダイコンを乾燥した寒さのもとで干し【写真1】、水分が抜けてしんなりと曲がるようになったら糠《ぬか》と塩を振りながら樽に漬け込むのである。その際、甘味づけに柿の皮を入れる家も多い。口開けは年明け後で、かつては四斗《しと》樽一杯に漬けたタクワンをその年の秋まで食べ続けたものである。

　タクワンを漬ける時期には、併せて白菜の塩漬けも作られる。白菜は、陰干しをしてから漬けると甘味が増す。また、漬ける際には風味づけに昆布やユズの皮、カビ防止に唐辛子を入れる家が多い。漬けて三日から一週間たつと水が上がって食べられるが、かつてはたくさん漬けて春まで食べたもので、月日がたって酸っぱくなったものは塩抜きをしてから油で炒めて食べた。ただし、秋葉様（秋葉神社）を信仰する家では、秋葉様が油炒めを嫌うことから煮て食べたという伝承もある。

切り干しダイコン　切り干しダイコンは、生のダイコンを短冊切りや千切りにし、これを紐《ひも》で吊《つ》るしたり新聞紙やザルに広げて干したものである【写真2・3】。水分がなくなるまで十分に干すことが肝心であり、水分を飛ばすには乾燥した空気と寒風が不可欠となる。長期間の保存ができるので、逐次水に浸《つ》けて戻しては煮物などに調理され、野菜の途切れる時期には重宝された。

寒晒《かんざら》しの米の粉　団子の材料となる粳米《うるちまい》の粉は、寒の時期に碾《ひ》けといわれる。洗った米を寒風に晒すことをカンザラシ（寒晒し）といい、こうして碾いた粉は一年間虫がつかずに保存できるからである。

乾燥芋とサツマ団子　おやつに重宝される乾燥芋は、蒸したサツマイモを薄く切ってむしろに並べ、干したものである。寒風に当たったサツマイモはしんなりとして甘味が増し、これをむしろに包んで数日間置くと、表面に真っ白い粉《こ》が吹いておいしい乾燥芋ができあがる。

【写真1】タクワン用のダイコン干し［小川町］

【写真 2】切り干しダイコン作り［所沢市］

▲短冊切り　　千切り▶

【写真 3】切り干しダイコン作り［小川町］

また、サツマイモでは切り干しも作られた。切り干しは生のサツマイモを薄く切り、寒風に晒して水分がなくなるまで干したものである。これを粉に碾いて生地にこね、輪切りのサツマイモを包んで蒸すとサツマ団子ができる。狭山茶の産地である埼玉県所沢市では、茶摘みのおやつといえばサツマ団子が定番であったという。

アラレとカキモチ　アラレやカキモチは手軽なおやつとして重宝され、これらは正月餅を搗《つ》く際に作られることが多かった。

アラレは、伸し餅の切れ端を賽《さい》の目に切って干したもので、これを焙烙《ほうろく》で炒って食べる。焙烙は、古くはドロボウロクと称する素焼きのものが用いられたが、後に鉄製のカネボウロクが普及した【図1】。

カキモチは、白餅や豆餅、海苔《のり》餅を蒲鉾《かまぼこ》状に成形し、これを薄く切って干したものである。また、伸《の》し餅を短冊状に切ったものもある【写真4】。焼いたり油で揚げて食べ、その際に膨らむよう擂《す》ったヤマイモや重曹《じゅうそう》を入れることが多い。こうしたカキモチやアラレは、いずれも乾燥した寒さのもとで干すことにより、一年間カビを生やさずに保存することができた。

イモガラ　イモガラは、ヤツガシライモの赤い茎【写真5】を乾燥させたものである。秋にヤツガシライモを収穫するとその茎を束ねて干し、一週間ほどたって生乾きになったところで表皮を剝《む》く。そして、さらに乾いた空気のもとで干し続け、水分を十分に飛ばす【写真6】。これを保存しておき、逐次水に浸けて戻してから醤油味の煮物に調理する。その際に油揚を加えると、味にこくが出ておいしくなる。また、いったん油で炒めてから煮ることもある。

干し納豆　北関東の栃木県や茨城県では、寒の時期に干し納豆作りが行われた。塩を振った納豆を二晩くらい寝かせてから寒風のもとで干し、ポロポロとほぐれる程度になったら小麦粉を振る。これを一升瓶などに入れて保存し、茶請けとしたり納豆茶漬けにして食べた。

　こうした保存食の数々は、からっ風を味方につけた先人の知恵の結晶といえよう。そこからは、日本人と季節との「味なつきあい」が見えてくる。

（宮本）

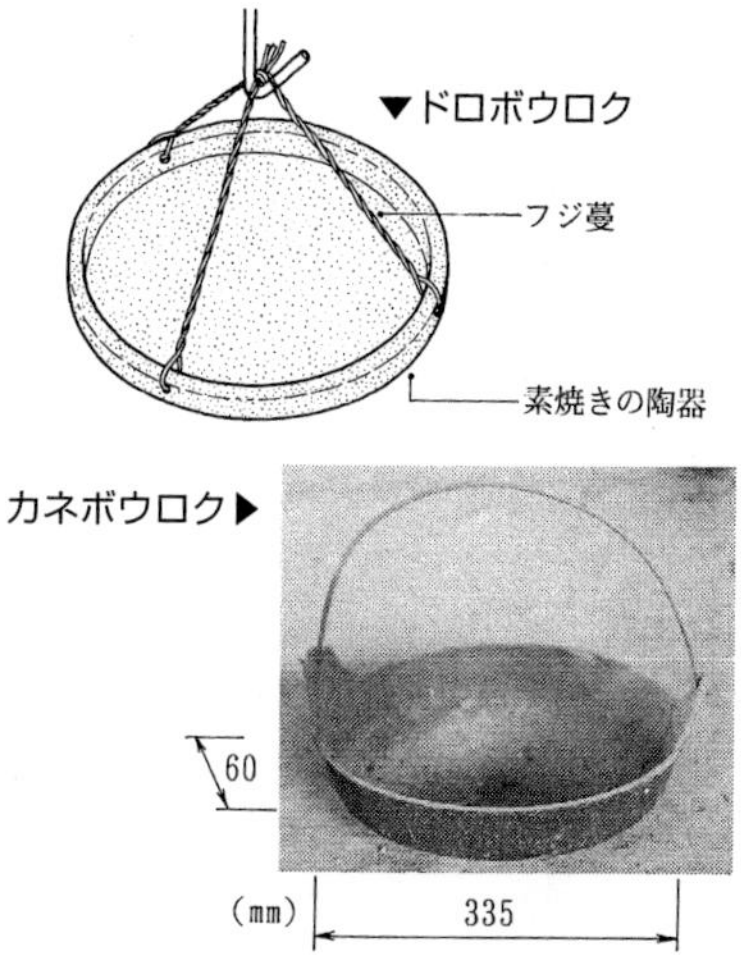

【図 1】ドロボウロクとカネボウロク［小川町］

【写真 4】カキモチ［大利根町］

【写真 6】イモガラ干し［小川町］

【写真 5】ヤツガシライモの茎［名栗村］

3 暮らしのアルバム

【運動会―味覚・服装・にぎわいの記憶―】……292
【水は生命の源】……294
【恵みの雨よ降れ】……297
【洗い、磨き、汚れを落とす】……300
【着物の虫干しと布団ごしらえ】……302
【髪形は口ほどにモノをいう】……303

【❸暮らしのアルバム】運動会

――味覚・服装・にぎわいの記憶

運動会のにぎわい　秋は、「読書の秋」「芸術の秋」「食欲の秋」とさまざまに形容されるが、とりわけ子どもたちにとって楽しみなのは「スポーツの秋」であろう。

「スポーツの秋」といえば、運動会。現在は初夏に実施する学校も増えているが、かつては秋の行事として馴染《なじ》み深いものであり、子どもたちはてるてる坊主を作って晴れることを願ったものである。

秋空の下、色とりどりの万国旗がはためく中で数々の競技に火花を散らし、昼休みには家族とともに手作りの弁当に舌鼓を打つ。稲荷《いなり》寿司・ゆで卵・栗・梨などを重箱いっぱいに詰めた弁当は、子どもたちの何よりの楽しみであった。

かつての運動会は、生徒やその家族のみならず、地元の青年団や婦人会も参加してにぎやかに行われた。競技は地区対抗で、地区ごとに応援席が設けられ、その飾り付けにも工夫が凝《こ》らされた。また、応援合戦も華々しく、青年団が女装をして皆を沸かせる一幕もあったという。優勝すると青年団を中心に皆が地区内へ繰り出し、太鼓を打ち鳴らしながらパレードをする光景も見られた。運動会は学校だけの行事ではなく、村や町をあげての一大行事だったのである。

紋付袴《もんつきはかま》の運動会　運動会の服装を見ると、明治時代までは着物と袴が着用されていた。埼玉県所沢市に住む明治三三年（一九〇〇）生まれの女性は、所沢尋常《じんじょう》高等小学校の運動会に紋付の着物と袴姿で参加し、着物の袖に襷《たすき》を掛けて提灯《ちょうちん》競走を行ったという。提灯競走とは、手に提げた提灯の火を消さずに走る競走である。当時の運動会は、その服装からも祭りの要素が強かったことがうかがわれる。

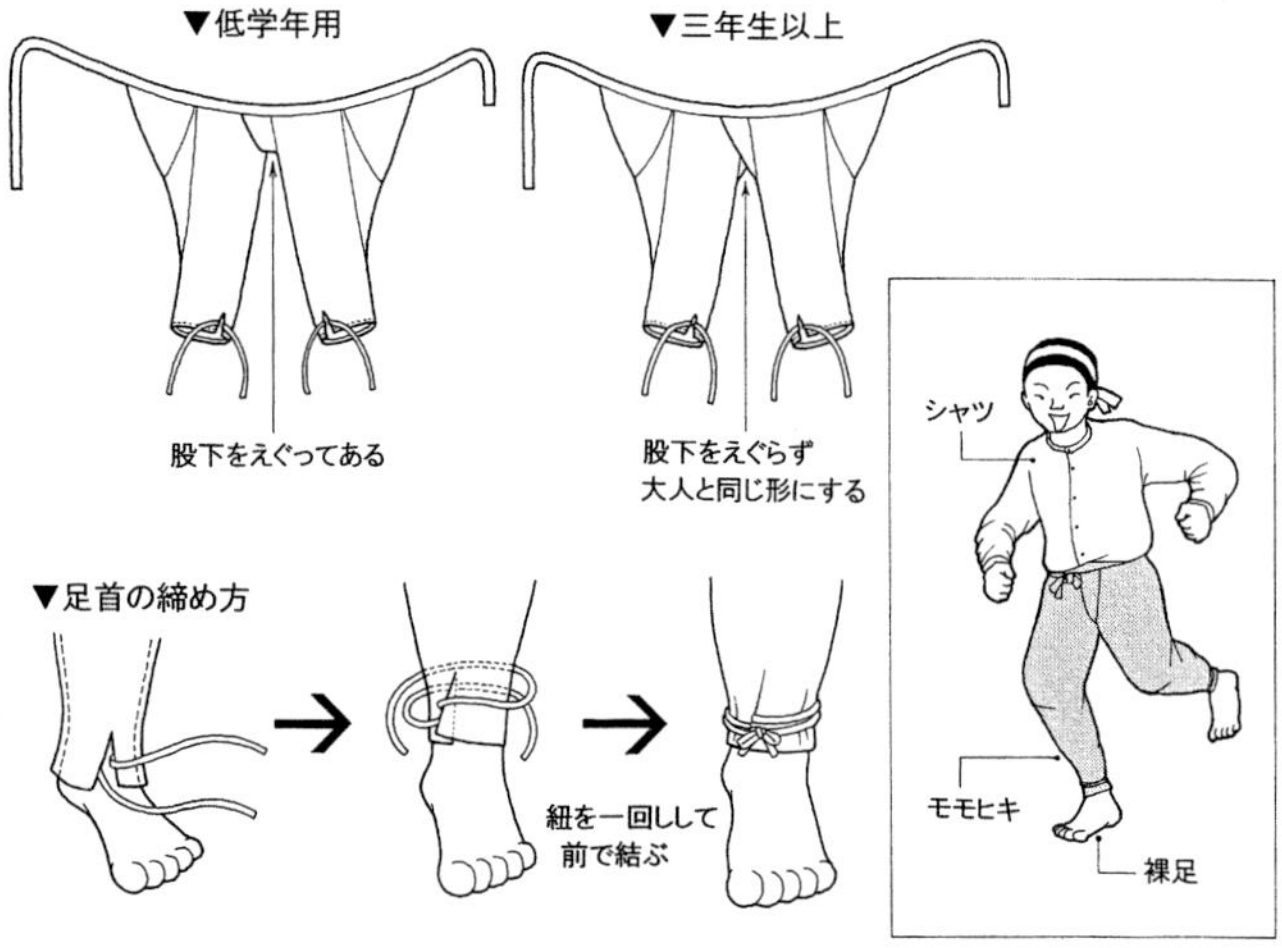
▼低学年用
▼三年生以上
股下をえぐってある
股下をえぐらず
大人と同じ形にする
▼足首の締め方
紐を一回しして
前で結ぶ
シャツ
モモヒキ
裸足
【図1】男子のモモヒキ［所沢市］

体操着　体操着が普及するのは、多くが昭和時代に入ってからである。大正時代には、男子がシャツにモモヒキを着用し、女子は着物のおはしょり姿で運動を行った。男子のシャツは木綿の縞《しま》や白無地で仕立てられ、所沢市では軍隊縞と称する白地に浅葱《あさぎ》色の縞が流行したという。また、モモヒキは大人が農作業に着用する紺モモヒキと同じ形態で、これを小さめに仕立てたものであった【図1】。女子は、着物のおはしょりをたくさんとって裾を膝丈《ひざたけ》くらいまで短くし、これをジンジンバショリともいった【図2】。

学校によっては、いち早く体操着を取り入れたところもある。所沢市においては、大正八年（一九一九）にジバンとパンツ、大正末期にカンタンフクを女子の体操着として導入する学校があったという【図3】。このうちのジバンとパンツは、体育に熱心な教諭がその着用を提唱し、仕立て屋

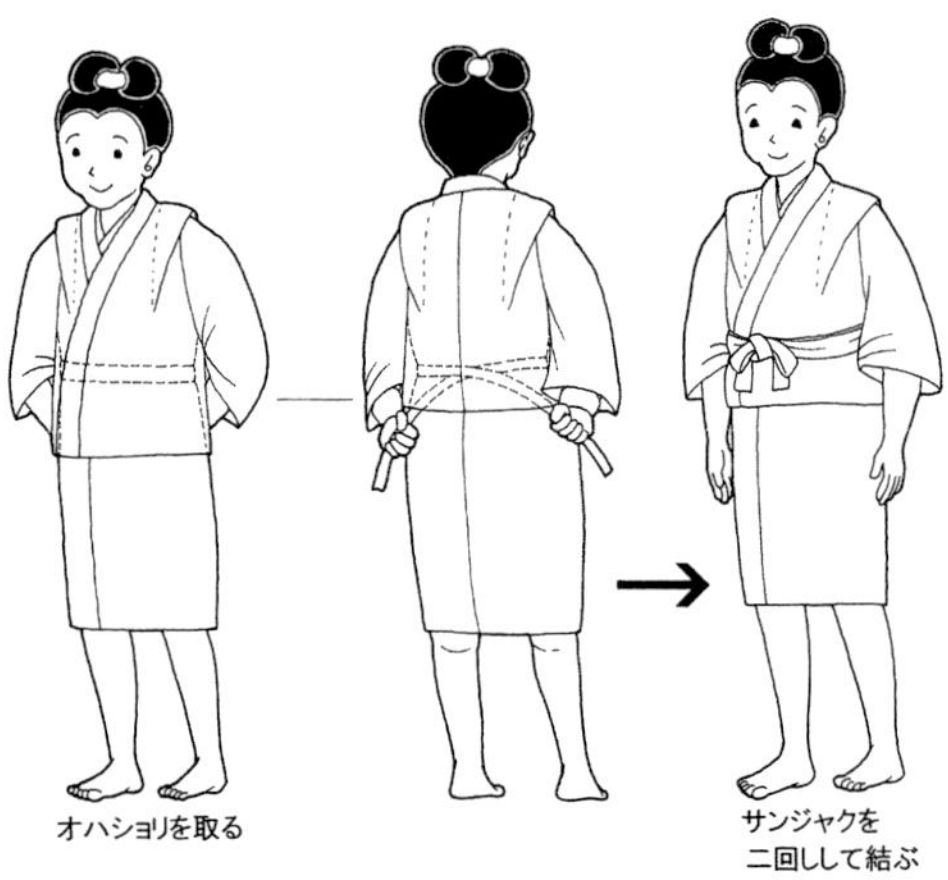
オハショリを取る
サンジャクを
二回しして結ぶ
【図2】着物のジンジンバショリ［所沢市］

に特別注文をして作らせたものである。

昭和時代に入ると、男子のあいだではランニングシャツと半ズボン、女子のあいだでは天竺木綿《てんじくもめん》の開襟ブラウスとスカートが体操着として普及した。また、女子のスカートは後に提灯ブルマーへと変わっていった。

男子のランニングシャツと半ズボン【写真1】、女子のブラウスと提灯ブルマーは、第二次世界大戦後もしばらく用いられ、体操着として馴染み深いものとなったのである。

運動帽　男子は、アカジャッポと呼ばれるツバのない半円形の運動帽を被《かぶ》り、これは、表が赤木綿地に白線、裏が白木綿地に黒線入りであった【図4】。大正時代には広く普及し、足袋屋や洋品店で売られていたという。

【写真1】小学校の運動会―昭和30年頃―［所沢市］

運動時の履物《はきもの》　運動時の履物には特に専用のものがなく、古くなった上足袋を下ろして履いたり、あるいは裸足で運動を行っていた。

ハダシタビと呼ばれる運動足袋が用いられるようになったのは、大正中期以降のことである。これは、【図5】のように白木綿の足袋底にズックを張ったもので、終戦後に運動靴が普及するまで長いこと用いられた。

こうして見ると、運動会はその行い方も服装も、時代とともにずいぶんと変化をしてきたのがわかる。現代は、ビデオカメラを片手に我が子を追う両親の姿をよく目にするが、運動会を楽しみにする子どもや家族の気持ちは今も昔も変わらないようである。

（宮本）

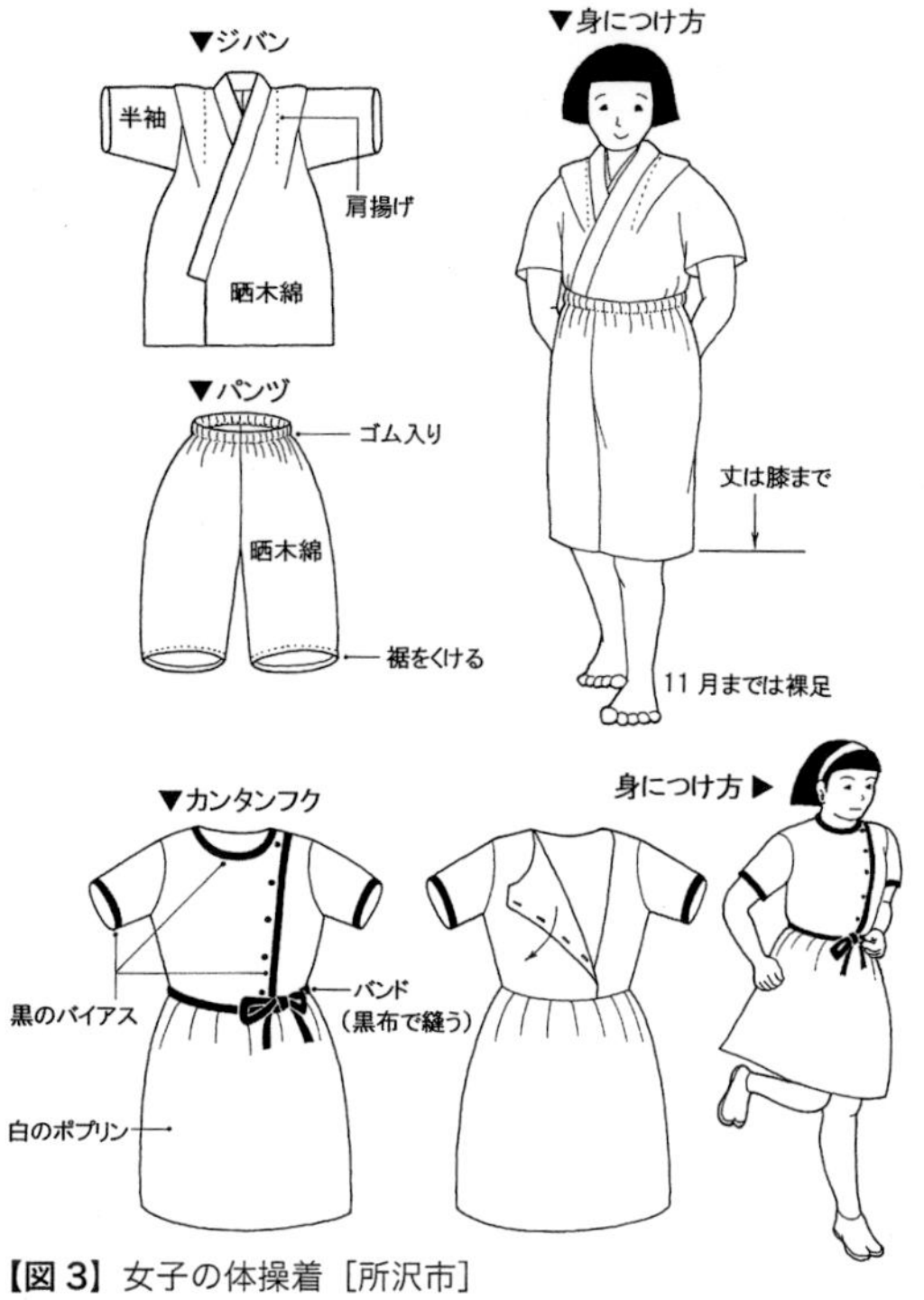
▼ジバン
半袖
肩揚げ
晒木綿
▼身につけ方
▼パンツ
ゴム入り
晒木綿
裾をくける
丈は膝まで
11月までは裸足
▼カンタンフク
身につけ方▶
黒のバイアス
バンド
（黒布で縫う）
白のポプリン

【図3】女子の体操着［所沢市］

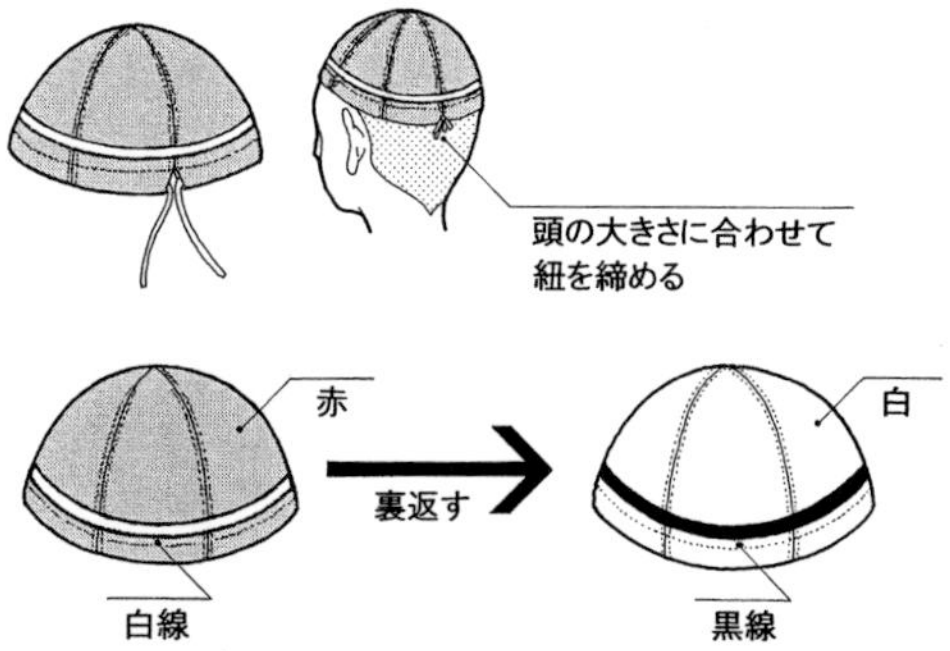
頭の大きさに合わせて
紐を締める
赤
裏返す
白
白線
黒線

【図4】運動帽［所沢市］

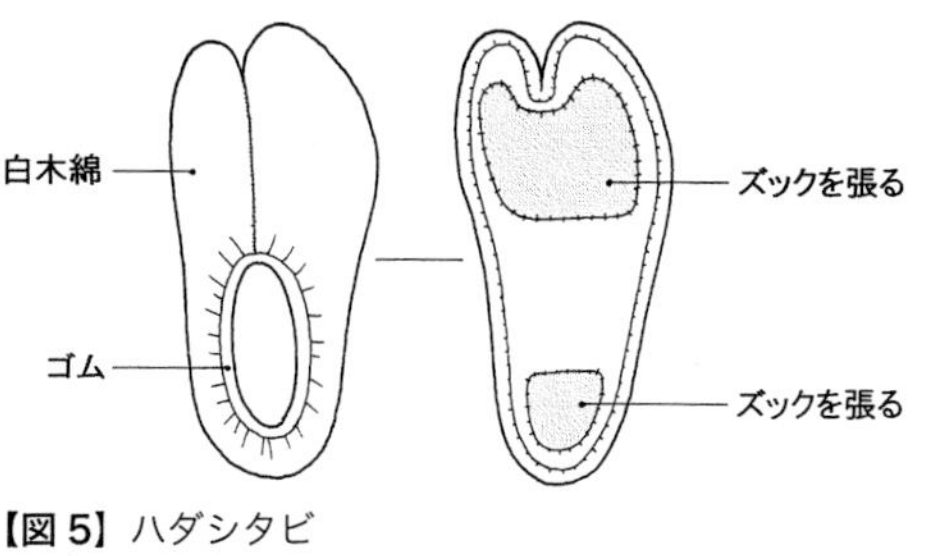
白木綿
ゴム
ズックを張る
ズックを張る

【図5】ハダシタビ

【❸ 暮らしのアルバム】

水は生命の源

水のありがたみ　現代の暮らしでは、極度の雨不足で給水制限が行われない限り水不足に悩まされることはない。水道の蛇口《じゃぐち》をひねれば、そこからはいつでも水が出るし、商店ではペットボトルのミネラルウォーターも豊富に売られている。こうした中で、私たちは常日頃から水のありがたみには無頓着になりがちである。

上水道が普及する以前、水は限りある貴重な資源として大切に使われていた。水は生命の源であり、家を普請《ふしん》する際には「水を確保してから家を建てる」といい、井戸を掘って水の出ることを確かめてから家を建てたものである。また、丘陵地域や山間部では、山からの湧水を樋《とい》で家まで引いて飲料水や生活用水とする家が多く、ここでは逐次水源の掃除や樋の修復を行って大切な水を絶やさぬよう努めた。

井戸の形態と水みち　井戸は、地形によってその深さや形態が異なる。また、地下水には「水みち」と称する流れの経路があり、これに当たらぬといくら掘っても水の出ないことがある。

武蔵野台地の井戸は十数メートルから三〇メートル代と深く、江戸時代に竪掘りの技術が普及する以前には直径一八メートルにもおよぶ漏斗《じょうご》状の井戸が掘られた。これは、日光いろは坂のように曲がりくねった道を水面まで下りて行くことから七曲井《ななまがりのい》と呼ばれ、道がカタツムリの貝のように螺旋形《らせんけい》を描くものはマイマイズ井と呼ばれた。竪掘りが行われるようになってからはクルマイド（車井戸）が普及し、これは縄の両端に桶《おけ》を縛り付けてイドグルマ（井戸車）に下げ、桶を上げ下げして水を汲《く》むものである【図1・写真1】。桶は、ツルベ・ツリオケなどと呼ばれ、井戸の側面に当たっても破損しないよう鉄の丈夫なタガが掛けられていた【写真2】。

深い井戸を掘るには、膨大な手間と経費が必要とされ、井戸ひとつを掘るのは蔵を一棟建てるのに相当するといわれた。したがって、個人で掘ることは難しく、多くは四、五軒から一〇軒くらいの共同出資で掘られたものである。

井戸を掘る際に水みちを当てるには、晴天の夜に水を張った茶碗を地面の数か所に置き、水に三つ星の映る地点を水みちと判断する、水を張った茶碗に満月の映る地点を水みちと判断するといった方法が伝承されている。また、カラスの羽根二枚を地面へT字型に立て、夜露が最も多く付着した面を水の来る方向と判断することもあった。

ハネツルベの井戸　丘陵地域において地表が地下水の滞水層に近いところでは、井戸は浅くとも水が十分に出た。一〇メートルに満たない浅井戸は、竿《さお》の先に桶を取り付けて下ろせば容易に水を汲むことができたという。また、梃《てこ》の原理を応用したハネツルベの井戸【図2】も各所で作られ、

【写真1】クルマイド［所沢市・中富民俗資料館］

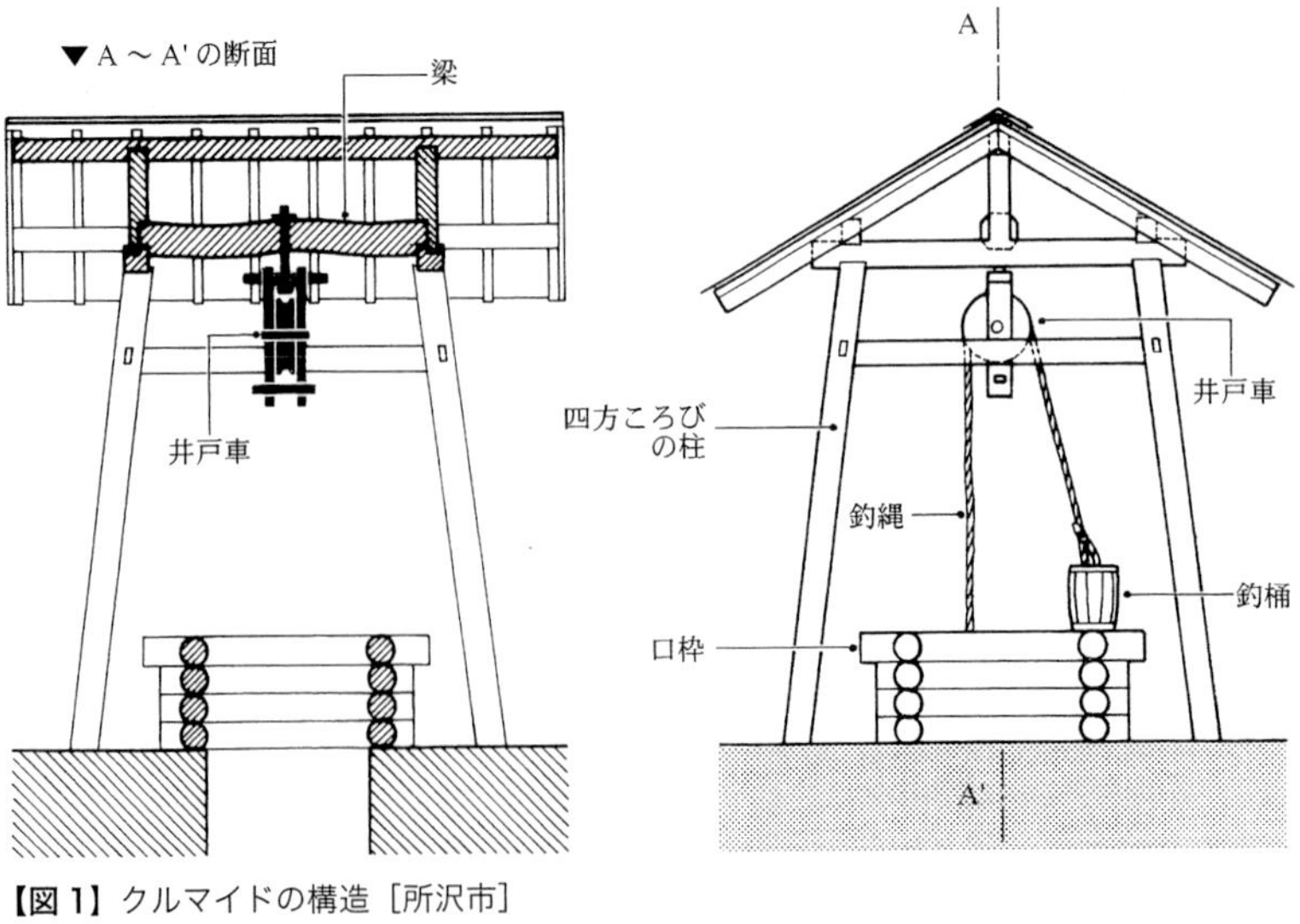

【図1】クルマイドの構造［所沢市］

これは重りの力で竿が上がるので、水を汲み上げる際の労力が軽減できた。中には、【図3】のように支柱に竹と桶を取り付け、竹のしなりを利用して水を汲むツリと呼ばれる井戸もあった。

ポンプ井戸　昭和時代に入ると、それまでクルマイドやハネツルベであった井戸にガチャコンなどと呼ばれる手押しポンプ【写真3】が設置され、さらに、昭和三〇年代には動力ポンプが普及していった。

自噴井戸　低地では、各所に自噴井戸が見られる。これは突き井戸とも呼ばれ、上総《かずさ》掘りの技法で被圧地下水の滞水層まで掘り下げ、常時水を噴き出させるものである。したがって、水を汲み上げる手間は要らない。飲料水だけでなく陸田用としても広く普及し、昭和三〇年代中期から四〇年頃には低地の水田地域において盛んに陸田用の自噴井戸が掘られた。

井戸の位置　屋敷内に井戸を掘る場合は、「戌《いぬ》亥《い》便所に、辰巳《たつみ》井戸」といわれるように、母屋の東南に当たる辰巳の方角に井戸を掘ることが多かった。また、ダイドコロの裏口を出たところに掘られることもあり、そこから汲んだ水を流しの脇の水がめや風呂桶へと運んだ。井戸には流しが併設され、そこでは野菜洗いや米とぎ、鍋釜磨きなどが行われた。

水汲み　水汲みは、主として嫁の仕事とされた。嫁は、昼休みや夕方に【写真4】のような手桶で水を汲み、これを両手に提げて何往復もしながら風呂桶一杯に満たしたものである。また、ニ

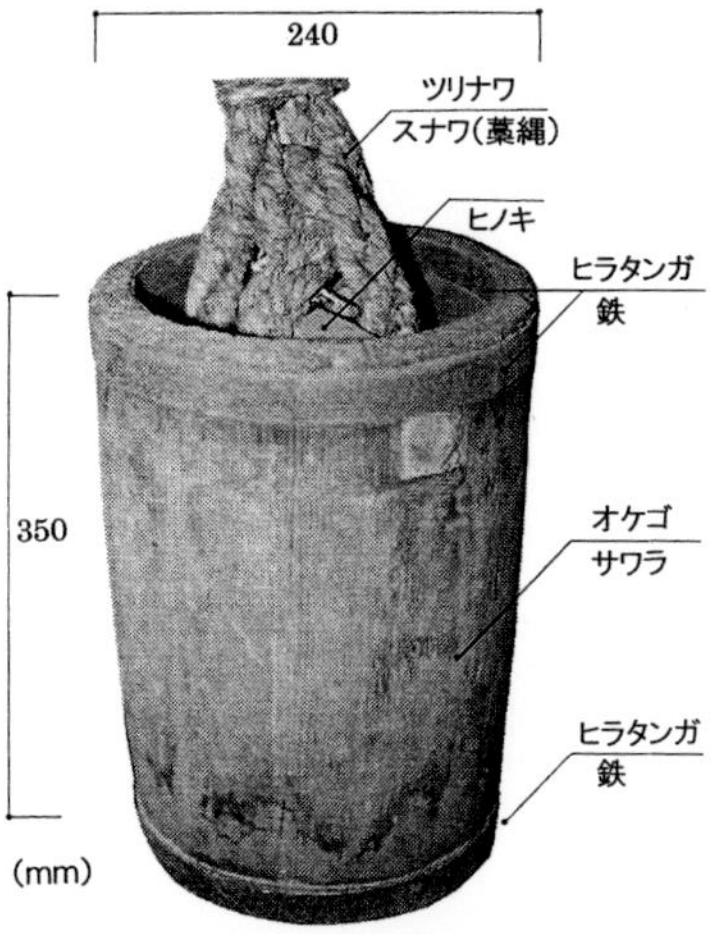
240
ツリナワ
スナワ（藁縄）
ヒノキ
ヒラタンガ
鉄
350
オケゴ
サワラ
ヒラタンガ
鉄
(mm)

【写真2】ツリオケ［所沢市］

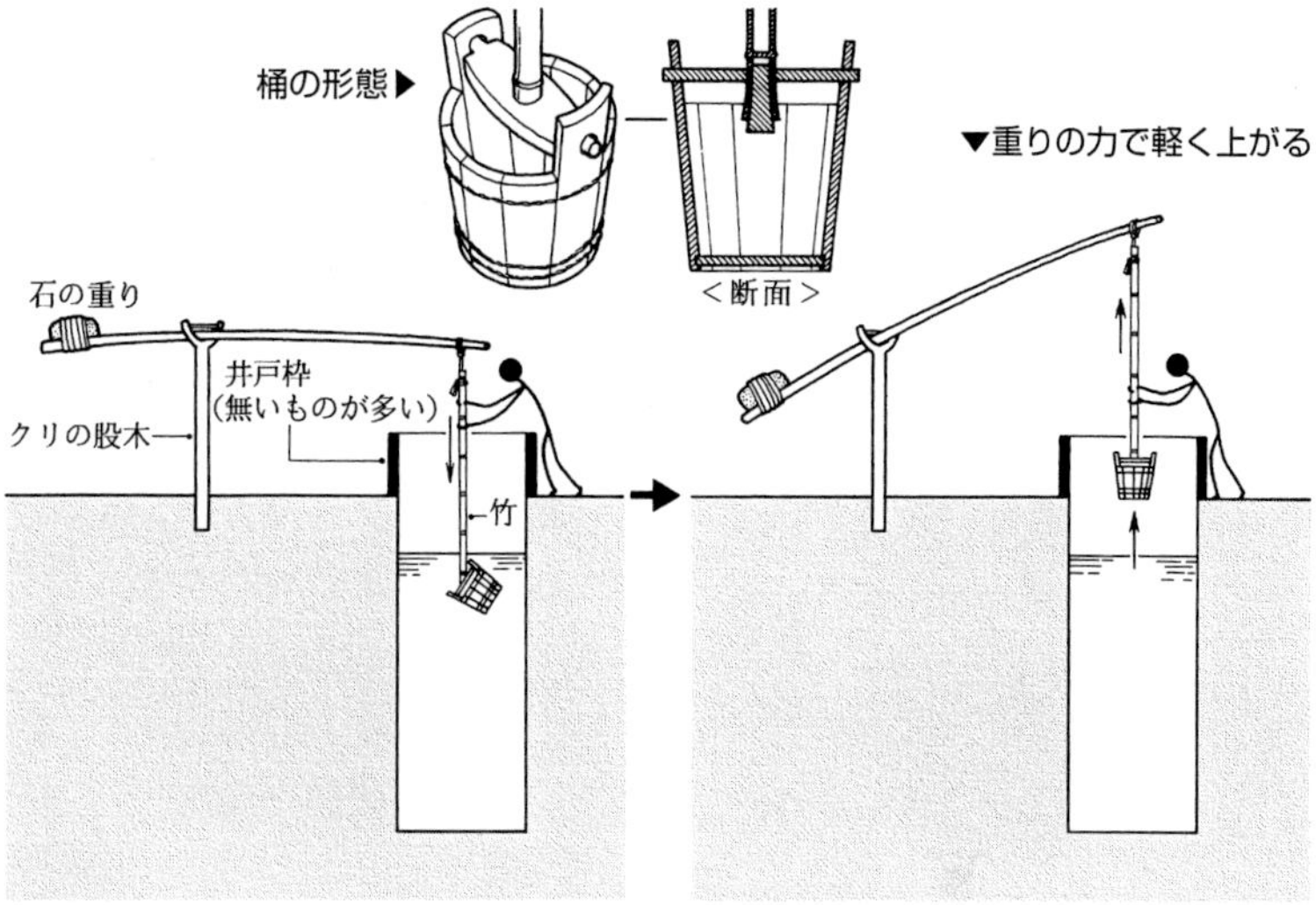
桶の形態▶
＜断面＞
▼重りの力で軽く上がる
石の重り
井戸枠
（無いものが多い）
クリの股木
竹

【図2】ハネツルベ［小川町］

【写真3】手押しポンプの井戸とコンクリートの流し［江南町］

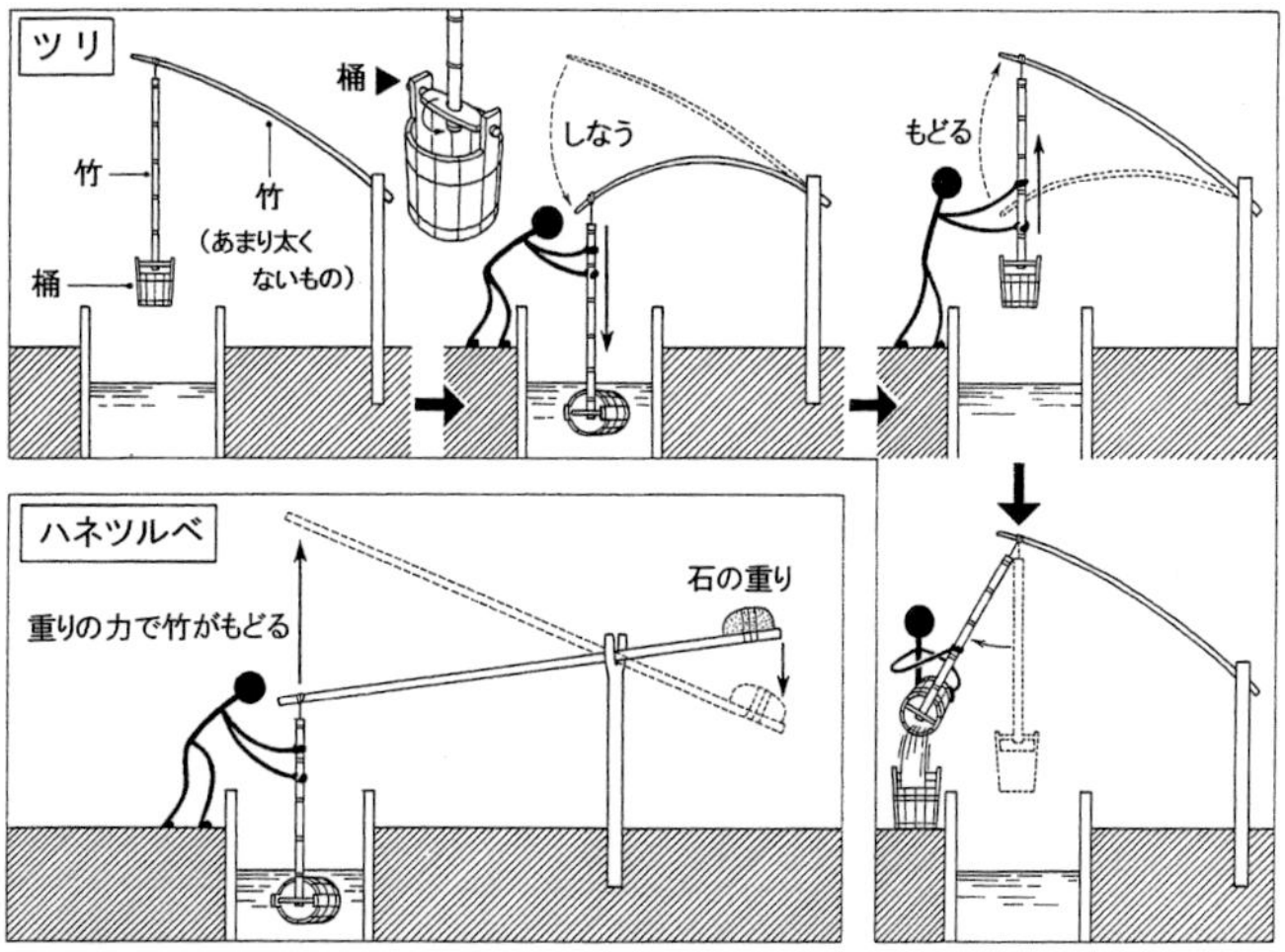
ツリ
桶▶
竹
竹
（あまり太くないもの）
桶
しなう
もどる
ハネツルベ
石の重り
重りの力で竹がもどる

【図3】ツリとハネツルベ［川里町］

ナイと呼ばれる担い桶【写真5】を天秤棒《てんびんぼう》に提《さ》げて運ぶこともあった。ニナイは手桶に比べて大型であり、一度にたくさんの水を運ぶことができる。ただし、その分重く力も必要であり、多くは天秤棒の前方にニナイ、後方に手桶を提げて運んだという【写真6】。

携帯される水　暑い時期の野良仕事では大量の汗をかくので、水分の補給は欠かせない。そこで、野良仕事に出かける際には【写真7】のようなミズオケ（水桶）に井戸水を入れて持参し、仕事中に喉《のど》が乾くと栓《せん》を抜いて桶から直に水を飲んだ。

井戸神様　井戸は、水の恵みを与えてくれる大切なものである。そこで、井戸には井戸神様がまつられ、正月には幣束《へいそく》や松を立ててお供え餅《もち》を進ぜた。また、井戸を埋める際には、井戸神様が息をできるようにと節《ふし》を抜いた竹を立てたものである。

（宮本）

【写真5】ニナイ［所沢市］

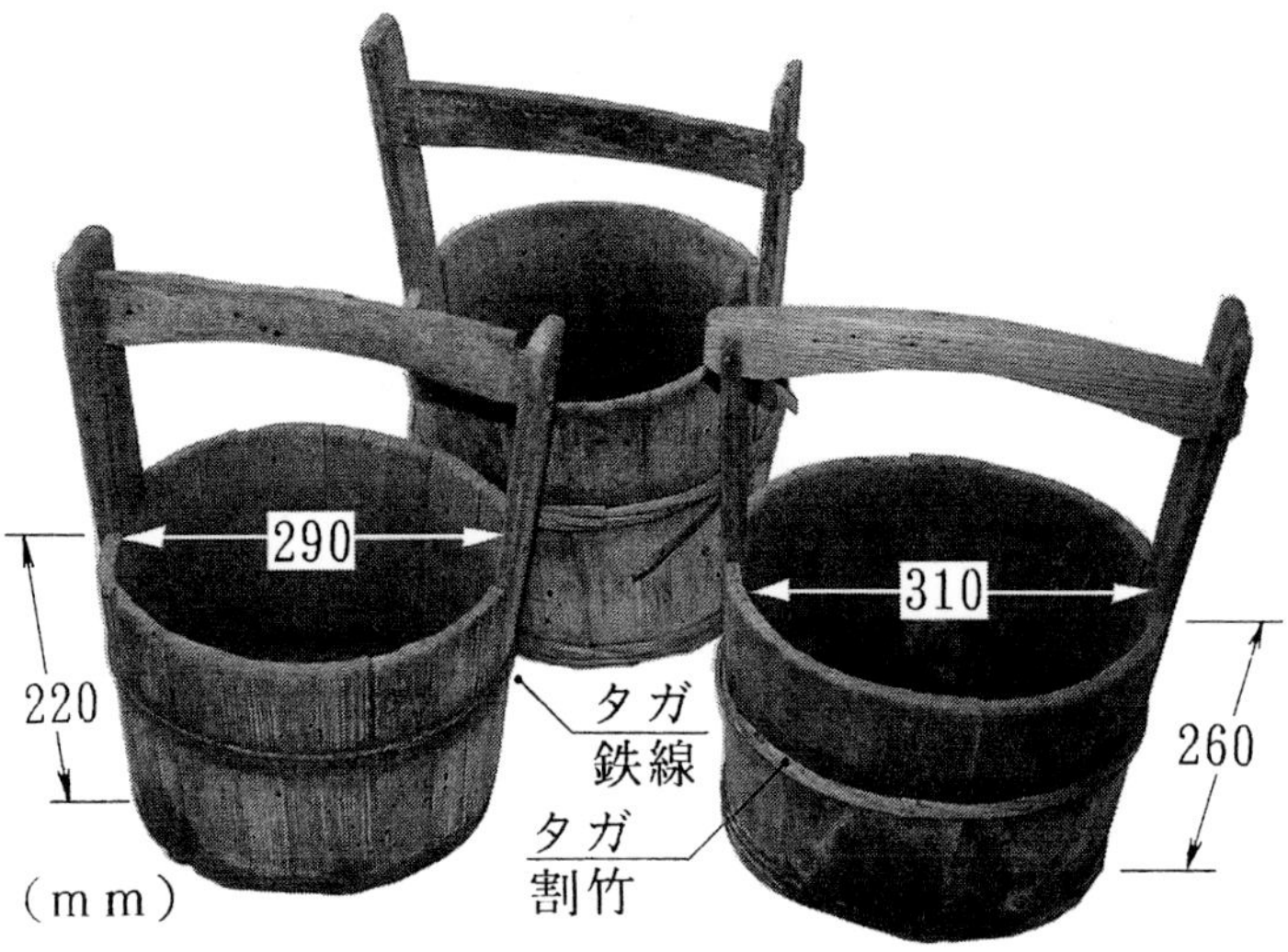

【写真4】手桶［小川町］

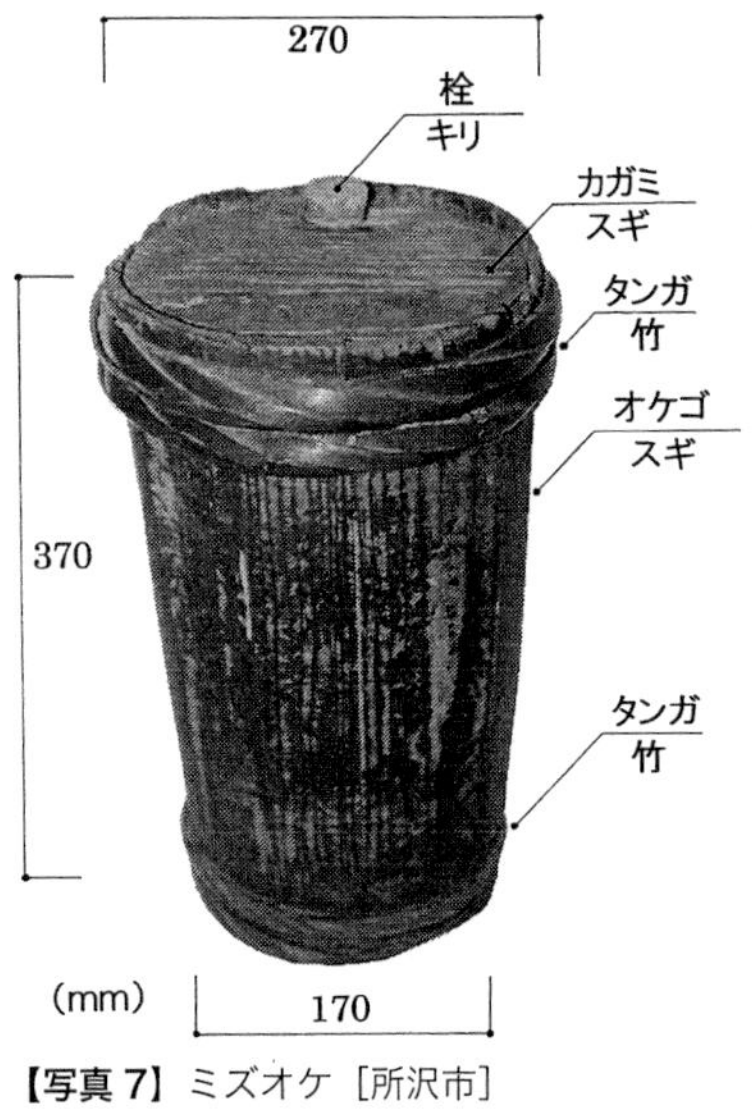

【写真7】ミズオケ［所沢市］

【写真6】天秤棒で水を担ぐようす［所沢市・中富民俗資料館］

【❸暮らしのアルバム】恵みの雨よ降れ

旱魃《かんばつ》と雨乞い　夏の雨は、農作物にとって恵みの雨となる。水田地域では田植え後の苗の生育に水が欠かせず、日照り続きで十分な水が確保できないと生育に影響が出る。特に、溜池や天水を利用する水田は、日照りによる被害が多大であるという。また、畑作地域ではかつて主食の米を陸稲《おかぼ》に頼っており、日照りで陸稲が枯れることは死活問題につながった。そのため、旱魃の年には各地で雨乞いが行われ、人々は神に祈って降雨を待ったものである。

雨乞いには、神社で祈禱《きとう》を受けて「お水」をもらい、これを池や沼に注いで降雨を願う「もらい水」の儀式と、池や沼を荒らしてそこに住む水神を怒らせることで降雨を呼ぶ「神怒り」の儀式があり、両者が複合されたものも多い。

「お水」をもらう神社は、埼玉県内においては東京都青梅市の御嶽《みたけ》神社や群馬県の榛名《はるな》神社、神奈川県伊勢原市の大山阿夫利《おおやまあふり》神社などがあった。また、雷電様も降雨をもたらす神様として埼玉県から栃木・群馬両県にかけて信仰圏が広く、群馬県の板倉雷電神社や熊谷市の上之《かみの》神社、東松山市の大谷雷電神社などが雨乞い祈願の対象とされた。

鶴ヶ島市の雨乞い　埼玉県鶴ヶ島市脚折《すねおり》の雨乞いは、もらい水と神怒りの儀式が複合されたものである。ここでは、旱魃がひどくなると麦わらで長さ四〇メートルもの大蛇を作り、一方では代参の者が群馬県の板倉雷電神社へ「お水」をもらいに行く。大蛇ができあがり「お水」が到着すると、白髭《しらひげ》神社で雨乞いの祈禱と大蛇の入魂儀式が行われ、龍神となった大蛇は大勢の男衆に担がれて地区内を練り歩き【写真1】、最後に雷電池《かんだちがいけ》に到着する。ここで「お水」を池に注ぎ、男衆が龍神を担ぎ入れて、「雨降れたんじゃく、ここにかかれ黒雲」の掛け声とともに池の中を練り歩くのである【写真2】。そして、最後には龍神をずたずたに解体する。龍神が水しぶきをあげて暴れ、解体される様は神の怒りを表現したものであり、この怒りがたちまちのうちに黒雲を呼び、雨を降らせると信じられた。この行事は昭和三九年（一九六四）を最後に途絶えていたが、昭和五一年（一九七六）に地元保存会の手で復活され、現在も四年に一度ずつ行われている。

所沢市の雨乞い　埼玉県所沢市中富では、第二次世界大戦後に五回の雨乞いが行われており、旱魃に見舞われた昭和三一年（一九五六）には八月一〇日から一二日まで三日続きで雨乞いを行った。

雨乞いの祭場とされたのは、いずれの年も中富中部のT家地先にある「雨乞い井戸」である。この井戸は、旱魃の年に多くの井戸が渇水しても最後まで水が涸《か》れない。そのため、雨乞い井戸と称され、雨乞いの祭場となったのである。

雨乞いの日には、地区の若い者が朝一番で中富を発ち、東京都青梅市の御嶽神社まで「お水」をもらいに行った。御嶽神社では雨乞いの祈禱を行って「お水」と御札《おふだ》を受け、これを古くは二人一組のリレー方式で中富まで運んだ。途中で休むとそこに雨が降ってしまうので、休まず駆け足で運ぶことが必要とされた。

雨乞い井戸に「お水」が到着すると、これをタライに汲《く》んだ井戸水の中へ注ぎ、その周りに男衆が集まって次のような口上を述べる。

「みたけじんじゃ
あいみんのおしのい
いちじらい
はいきみょうちょう　らいさんげ
さんげ　ろっこんしょうじょう
おしみり　はつだい
ごんごんじょう」

口上が終わると、いよいよタライに入れた水のかけ合いである【写真3】。はじめのうちはおとなしくかけているが、しまいには酒の勢いも加わって激しいかけ合いとなり、あたり一面に水しぶきが飛び交う。これは、池や沼を荒らして水神を怒らせる行為に通じるものといえる。また、雨乞いには酒がつきものとされ、「飲まなきゃ雨が降んないぞ」「腹ん中まで湿さなきゃ駄目だ」などといっては浴びるほど酒を飲んだ。雨乞いが終わる頃には泥酔者も続出し、祭場となったT家では、泥酔者をリヤカーに乗せて「片付ける」のが一仕事であったという。酒は方々の農家から奉納

【写真 1】地区内を練り歩く龍神［鶴ヶ島市脚折］

【写真 2】雷電池に入る龍神［鶴ヶ島市脚折］

【写真 3】雨乞い一昭和 31 年一［所沢市］

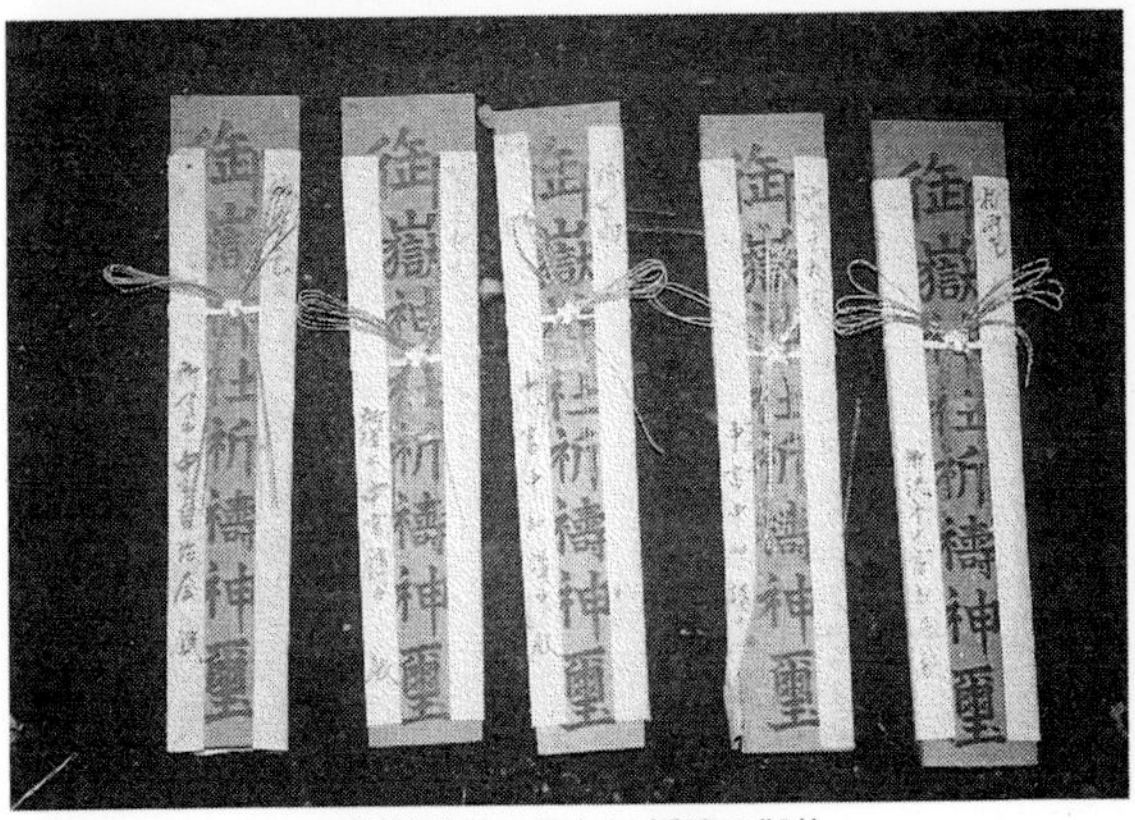

▲御嶽神社の雨乞い祈禱の御札

▲御札が納められている水神様（井戸のそばに祀られている）

【写真 4】雨乞い祈禱の御札と水神様［所沢市中富］

され、井戸やかたには奉納者名を書いた半紙がずらりと張り出された。

雨乞いの数日後、無事降雨に恵まれると区長が「おしめり正月」の触れを出し、農家は一斉に休みを取った。

雨乞いの衰退　所沢市中富の雨乞いは、昭和三九年を最後に行われなくなった。また、鶴ヶ島市脚折の雨乞いも同年を境に一度途絶えており、この背景には、畑作物の作付転換による陸稲栽培の終息がある。所沢市中富と鶴ヶ島市脚折はともに畑作地域であり、かつては冬作の麦と夏作の陸稲を作物の二本柱としていた。ところが、昭和四〇年頃に米の国内自給率が一〇〇パーセントに達し、米価が安値安定の時代に入ると、農家の多くが陸稲の栽培をやめて米を買い求めるようになり、陸稲畑は次々にサトイモやホウレンソウ畑へと代わっていった。したがって、陸稲のために行われた雨乞いも不要となったのである。また、四〇年代以降は広域水道や農業用井戸の普及によって水不足も解消され、こうしたことを背景に農村の雨乞い行事は姿を消していった。

所沢市中富の雨乞い井戸も、現在はトタン板で囲われてその面影はない。しかし、井戸のそばに祀られた水神様には、かつて雨乞い祈禱で受けた御嶽神社の御札が大切に納められている【写真4】。

（宮本）

【❸暮らしのアルバム】洗い、磨き、汚れを落とす

「洗う」という行為　日々の暮らしでは、洗濯、食器洗い、洗髪、入浴など、さまざまな場面で「洗う」という行為が伴われる。

　現代は、瞬間湯沸かし機やシャワーが普及し、併せて高性能の洗剤も豊富に売り出されていることから、洗うことにかかる労力は著しく軽減されている。しかし、反面水の無駄遣いや洗剤による川の汚染問題が深刻化しているのも事実である。

　ここでは、「洗う」という行為に焦点を当て、「ちょっと昔」の昭和三〇年代以前に行われていた方法をいくつか紹介しよう。

洗濯　まず、洗濯である。洗濯機が普及したのは昭和三〇年代中期から後期のことであり、それ以前はタライと洗濯板が使われていた【写真1】。井戸端にタライを置き、井戸水を汲《く》み入れて洗濯板を立て掛ける。そして、洗濯板の溝に衣類をこすりつけながら汚れを落としたのである【図1】。固形石鹸は棒石鹸と称して長い棒状で売られており、これを小さく切って使用した。ただし、貴重品であったことから白いものを洗うときだけに使われ、紺地の野良着は水だけで洗うことが多かったという。また、小川が近い家ではそこへ洗濯物を持っていって濯《すす》いだ。小川には川棚《かわだな》と称する石

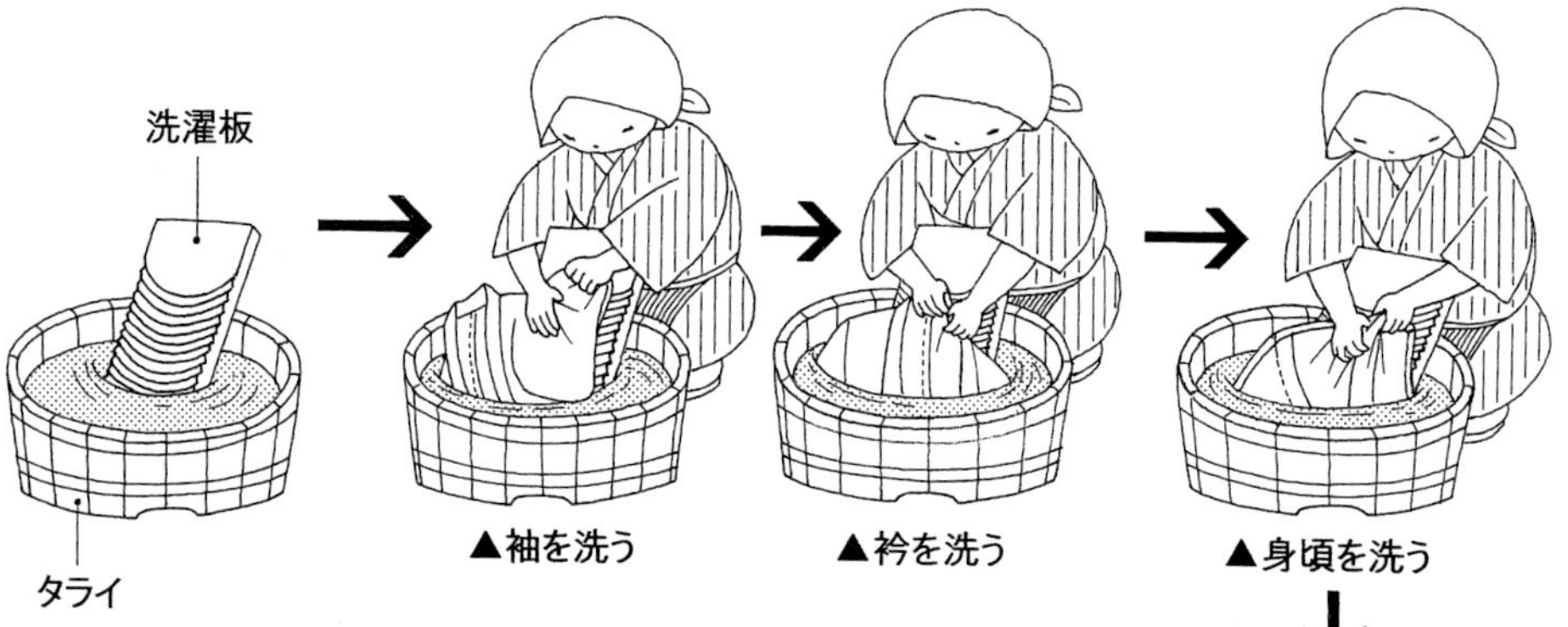
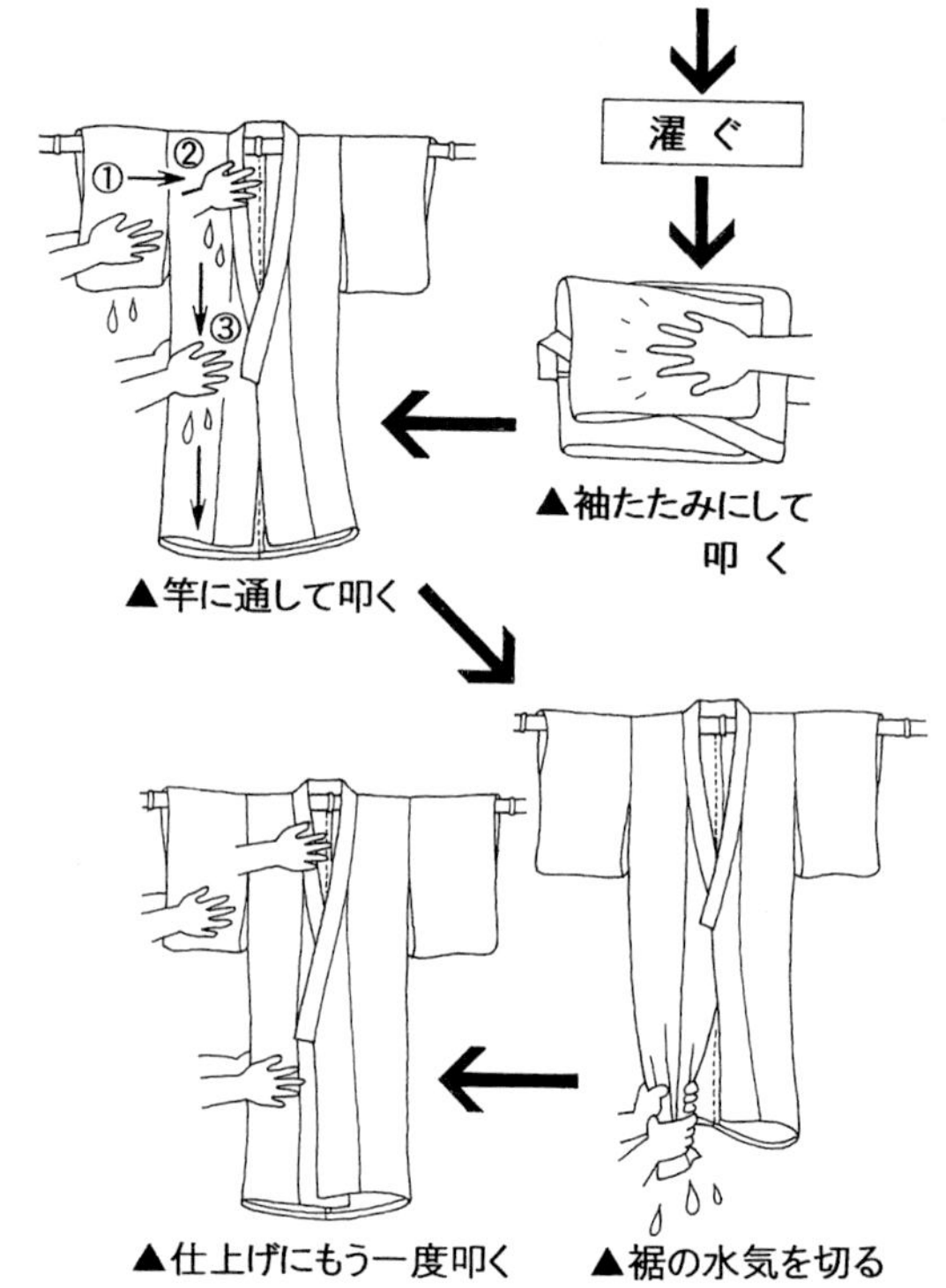
洗濯板
タライ
▲袖を洗う
▲衿を洗う
▲身頃を洗う
濯ぐ
▲袖たたみにして叩く
①
②
③
▲竿に通して叩く
▲裾の水気を切る
▲仕上げにもう一度叩く

【写真1】タライ・洗濯板・固形石鹸［所沢市］

【図1】着物の丸洗い

段【写真2】が設けられ、ここでは洗濯のほか米とぎや野菜洗いも行われたので、汚れたオムツを洗うことは固く禁じられた。

水田の仕事でモモヒキが泥だらけになったときは、用水堀に入って泥をこすり落とした。また、一日の仕事を終えると堀でモモヒキを脱ぎ、用水で洗ってから持ち帰ったものである。

食器と鍋釜《かま》洗い　次に、食器や鍋釜洗いを見てみよう。第二次世界大戦前までは日常の食事に箱膳を使用する家が多く、箱膳の中には銘々の茶碗や汁椀、小皿、箸《はし》が収納されていた。食事時にはこれらを出して蓋《ふた》の上にのせ、食後には茶や白湯で濯いで飲み干し、そのまま箱膳に収めたものである。したがって、食事のたびに洗うことはせず、一週間に一回か一か月に二、三回ずつ天気の良い日に井戸で洗い、天日《てんぴ》干しをした。ちゃぶ台が普及してからは、食事のたびに食器を洗うようになり、水切りには竹製のザルが使われた。茶渋などの汚れを落とすには、稲藁《いなわら》の縄で作ったタワシ【写真3】に灰をつけてこすった。灰はかまどや囲炉裏《いろり》から出たものであり、これがクレンザーの役目を果たしたのである。

鍋釜を磨くにも、やはり灰が使われた。また、煮炊きには稲藁や落葉、枝などを燃料として用いるので、これらから出る煤《すす》で鍋釜の表面は真っ黒になる。そこで、逐次切れなくなった鎌や竹串を使って煤を掻《か》き落とした。

洗髪　髪を洗うのは、かつて女性にとって重労働であった。昭和初期までの女性は、その多くが髪を伸ばして日本髪や束髪に結っており、年配者に限っては昭和二〇年代まで日本髪を結い続ける者もあった。長い髪は、なかなか乾かない。そこで、晴天の休日にかまどで湯を沸かし、これを洗面器に取って水を足し、肌襦袢《はだじゅばん》と腰巻姿になって屈んで髪を洗ったのである。

【写真3】 縄のタワシ［大利根町］

【写真2】 川棚［江南町］

シャンプーが普及するのは昭和三〇年代後半以降のことであり、それまではアライコ（洗い粉）と称する灰色の粉を小間物屋や雑貨屋から購入し、これを湯に溶いて髪を洗った。また、丘陵地域ではネバやヒナッツチと呼ばれる粘土質の泥を傾斜地の地層から採取し、これを湯に溶いて洗髪剤とした。泥で洗った髪は、虱《しらみ》や油汚れが落ちると同時に艶《つや》も出たという。そのほか、洗濯石鹸を洗髪に兼用したり、苛性《かせい》ソーダや灰汁《あく》を湯に混ぜて使ったり、うどんをゆでた日にはそのゆで汁で洗うこともあった。髪油を落とすには梅干し湯が良いといって湯に梅干しを溶かして洗う者もあり、エゴノキやムクロジの実を潰して湯に混ぜて洗うと虱が落ちるともいわれた。シャンプーのない時代には、洗髪ひとつにもさまざまな知恵と工夫が凝らされていたのである。

（宮本）

【❸暮らしのアルバム】着物の虫干しと布団ごしらえ

盆が終わって秋の取り入れまでのあいだは、農作業が比較的手の空く時期となる。そこで、農家ではこの時期を利用して着物の虫干しや布団ごしらえを行った。

着物の虫干しと収納　着物の収納具には、簞笥、行李《こうり》、茶箱などがあり、よそゆきの着物や帯は簞笥に収納された。また、ふだん着や子どもの着物は行李や茶箱に入れて押入や寝室の一角に収められた。

着物は、長いこと着ないでいると虫に食われることがある。特に、メリンスやウールといった毛織物は虫に食われやすく、せっかく仕立てたよそゆきが台無しになることも少なくない。そのため、年に一度の虫干しが欠かせなかった。

虫干しは土用干しともいわれ、夏の土用に行われた。ただし、旧暦の土用である。新暦ではまだまだ湿度が高く虫干しには適当でないが、旧暦の土用は九月上旬から中旬に当たり、この時期になると涼しい風が吹いて空気も乾いてくる。そこで、襖《ふすま》や障子を開け放して家の中に綱を張り、簞笥や行李から出した着物を掛けて風に当てたのである。家の中だけで間に合わない場合は外にも綱を張って掛けるが、よそゆきの上等な絹物は直射日光を避けて家の中に掛けるようにした。

こうして虫干しをした着物を簞笥や行李に戻す際には、新聞紙を新しいものに敷き替え、樟脳《しょうのう》を取り替えた。新聞紙は、油性インクに虫除《よ》けの効果がある。また、樟脳が普及する以前には生干しのナンテンの葉を半紙に包んで防虫剤とした。そのほか、古くは玉虫を捕らえて簞笥に入れる風習もあり、これは虫除けとともに簞笥の着物を増やす縁起物ともされた。

布団ごしらえ　布団をほどいて中綿を打ち返し、布団側《がわ》を洗って再び布団に仕立てることを布団ごしらえという。これも、盆過ぎに行われることが多かった。残暑の中で布団をほどき、中綿を取り出して布団側を洗うのは骨の折れる仕事であるが、あえてこの時期に行ったのは布団がなくても夜を過ごせるからである。寒い時期は、布団なしで寝ることはできない。そこで、ゴロ寝でも絶えられる夏に布団ごしらえを行い、冬を暖かく過ごすための支度を整えたのである。

布団は、敷布団が三布《みの》と称して並幅の布団側を三幅つないだもので、掛布団は四布《よの》あるいは五布《いつの》であった。また、寒い時期には袖付きの夜具（夜着）を被《かぶ》ったもので、のちにはこれを小型化した掻巻《かいまき》が一般的となった。

中綿は木綿わたで、打ち返しは専門の綿屋に頼んだ。綿屋では、盆過ぎから冬までの半年が忙しかったという。理由は、盆過ぎには中綿の打ち返しを頼まれ、秋から冬にかけては畑で収穫したワタの綿打ちを頼まれたからである。

【写真1】ビニールハウスを利用した着物の虫干し［大利根町］

綿屋で打ち返された木綿わたは湿気が抜け、ふんわりとした感触がよみがえる。布団に仕立てる際は、中綿の上下に薄く伸ばした真綿《まわた》を当てた。こうすると中綿がずれないからである。

ドライクリーニング店がいたるところにでき、羽毛布団や人造繊維の綿が普及した現在、着物の虫干しや布団ごしらえはほとんど目にすることのない懐かしい光景となった。

【写真1】は、民俗調査の際に行われた着物の虫干しである。かつては、旧暦の土用時分になると各所でこうした虫干しの光景を目にしたもので、これが季節の風物詩ともなっていた。（宮本）

【❸暮らしのアルバム】髪形は口ほどにモノをいう

年齢と装い　現代は、服装・髪形とも老若男女を問わず実にさまざまである。年齢や性別による規制はほとんどない。特に、髪形はそのバリエーションの豊富さに驚くばかりで、色彩にいたっては既に茶髪《ちゃぱつ》は当たり前、赤であろうが緑であろうが変幻自在である。

　こんな自由なファッションを謳歌《おうか》できる時代が来ようとは、かつて誰が想像したであろう。少なくとも、衣服が和装中心であった第二次世界大戦前までは、着物の色や柄《がら》は年齢や性別による規制が大きかった。女性たちが野良仕事に着用した絣《かすり》を例にとると、幅に三つや四つの大柄は一〇代の娘、二〇代は幅に六つ、八つから一〇、三〇歳を過ぎると幅に二〇というように、年齢によって柄の大きさが決められていた。また、女性のあいだでは昭和初期まで日本髪を結う風習が残り、その形ひとつで年齢や立場が判断できた。まさに、髪形は口ほどにモノをいう時代だったのである。

　今や時代劇の中でしか見られなくなった女性の日本髪。これにはどのような形があったのだろうか。いくつかを紹介する。

日本髪のいろいろ　一二、三歳から一七歳くらいまでの娘は、桃割《ももわれ》を結った。これは、髪を頭上で束ねて左右に分け、桃の果実のような形に結いあげたものである【写真1】。銀杏返《いちょうがえ》しは一〇代後半から三〇代まで未婚既婚を問わずに結われた髪形で、髷の中心を元結《もとゆい》で縛って銀杏の葉のような形に結う【写真2】。島田（高島田）は花嫁の髪型とされ、娘時代からこれを結っていると「催促島田」といって結婚願望の意思表示とされた。既婚者は丸髷【写真3】を結うのが決まりであり、花嫁は祝言後の里帰りの際に実家で島田を崩し、丸髷に結い替えて婚家に戻るのが習わしとされた。丸髷には、【写真4】のような櫛《くし》・簪《かんざし》・笄《こうがい》を挿《さ》した。

【写真1】桃割の少女たち［小川町］

ハイカラ　明治末期から大正時代には、ハイカラという髪形が流行した。これは、額の上にすき毛を入れて前髪を高く張り出したもので、のちの洋髪の走りといわれた【写真5】。

髪結い　日本髪は、専門のカミイサン（髪結いさん）に結ってもらった。ただし、たびたび結い替えることはできないので、正月や盆、祭りといった行事の前に結い替えることが多く、女性がたくさんいる家ではカミイサンに出張を頼んだという。カミイサンは、まず熱湯で絞った布を髪にこすりつけて癖を直し、そのあと櫛で髪を取り分け、鬢《びん》つけ油を塗って櫛でとかしながら髷や鬢の形を整えた。

　こうして結いあげた日本髪も、仰向けに寝たのではせっかくの髷が崩れてしまう。そこで、【図1】のように横を向いて耳の下に箱枕を当て、行儀良く寝たものである。（宮本）

【写真 3】丸髷［小川町］

【写真 2】銀杏返し［小川町］

【写真 5】ハイカラ［小川町］

【写真 4】櫛・簪・笄［小川町］

髱を少し上げて
留める
耳の下に箱枕を当てる
▲箱枕

【図 1】日本髪での寝方

おわりに

【おわりに】伝える使命と博物館の役割

高度成長期と暮らしの変容　私たちの生活の歴史を振り返ってみると、昭和三〇年代後半から四〇年代を境に「モノと人の暮らし」は、かつてないほどの変容を見る。時あたかも日本経済が高度成長期を迎えた時代である。そしてそれは、そんな遠い昔の話ではない、今から数十年前のことである。

その時代を生きてきた者にとっては、急激な生活の変化に戸惑いながらも古いモノを捨て新しいモノを求めてやまないモノ（物質）万能の風潮を目《ま》の当たりにしてきた。もちろんいつの時代も新しいモノへの希求はたゆまず続けられてきたが、この時代の大きな特長は、人の心がなおざりにされたことである。モノの豊かさが優先して環境への配慮や心の豊かさを見失い、両者のバランスが大きく崩れた時代である。二一世紀は、その反省にたって真の豊かさを求めて暮らす時代である。

農業の変容　昭和三〇年代から四〇年代にかけて農業に目を向け、その変化・変容について触れてみよう。この時代の農業は、それまで長く行われてきた主として人力《じんりき》と畜力《ちくりょく》による伝統的農業が大きく変わるときである。

農業の方法が根本的に変わるのは、昭和三〇年代半ばから普及する耕耘機《こううんき》によってである。そのお陰かとばっちりか、それまで家族同然に暮らしてきた牛馬がリストラの憂《う》き目にあい、牛馬は売られてその金で耕耘機を購入する。後に残ったのはエンガ（柄鍬《えぐわ》）やオンガ（改良大鍬《おおぐわ》）・カルチベーターなどの多くの大型農機具の類や、主がいない馬小屋・牛小屋、主の愛用品の荷鞍《にぐら》などの持ち物である。人とひとつ屋根の下に暮らしてきた牛馬の馬小屋・牛小屋は、マセボウ（牛馬の出入口にわたした棒）のみを残して物置になったり、取り壊されて別の居住空間として利用されたりしていった。愛用してきた高価な牛馬用の農機具類は、その一部は博物館・資料館に引き取られて、暮らしの歴史を知る貴重な資料として日の目を見ているが、多くは廃棄処分されていった。

耕耘機やテーラーが普及した昭和三〇年代は、埼玉のみならず日本の農業のやり方が根底から変わった時代である。牛馬がいなくなってウマヤゴエやウシゴエが取れなくなり、化学肥料優先の農業へと転換されていった。かつてはウマヤゴエやウシゴエで堆肥《たいひ》の素を作ったのである。毎日、小屋の中へ麦《むぎ》カラ（幹《から》）や落ち葉などを入れて牛馬に踏ませると、一週間もすると糞尿と混じって堆肥の素ができる。これを取り出し、堆肥置き場に積んでおくと、発酵していい堆肥ができる。この堆肥を使った有機農業が昭和三〇年代までの農業の基本であり、今この農業の良さが見直されている。

このように、耕耘機やテーラーが普及すると、農家から牛馬が姿を消し、牛馬に取りつけて使用してきたさまざまな農機具類は不要になって後に残された。しかし、これらのモノは、その時代の暮らしを伝える貴重な資料として、新たな価値を伴って後世に伝えられる。その役割を担っているのが博物館・資料館である。博物館・資料館は、モノをとおして暮らしの歴史や文化を伝える機関であり、二一世紀へ「モノと人の暮らし」を伝える使命を持っている。

二一世紀の暮らしを守るために　モノと人の暮らしの推移を振り返ってみると、今の暮らしの原点になっている昭和の時代が見えてくる。昭和の時代を理解し、正しく評価することが二一世紀の暮らしを守ることである。昭和時代の戦争と戦後のめざましい発展で失われたものへの反省が大切である。それにしても、昭和もだんだん遠くなりつつある。

日々の生活の中で使用されてきた農具をはじめとする日常生活用具は、美術品と違って概して素朴なものが多い。しかし、それらのひとつひとつは、日本人の今日までの生活の歴史と民俗文化を伝える生き証人である。博物館・資料館で収集し、展示をとおして生活の歴史を理解することはたいへん意義深いことである。

（大舘）

【写真1】農具の展示（埼玉県立さきたま資料館）

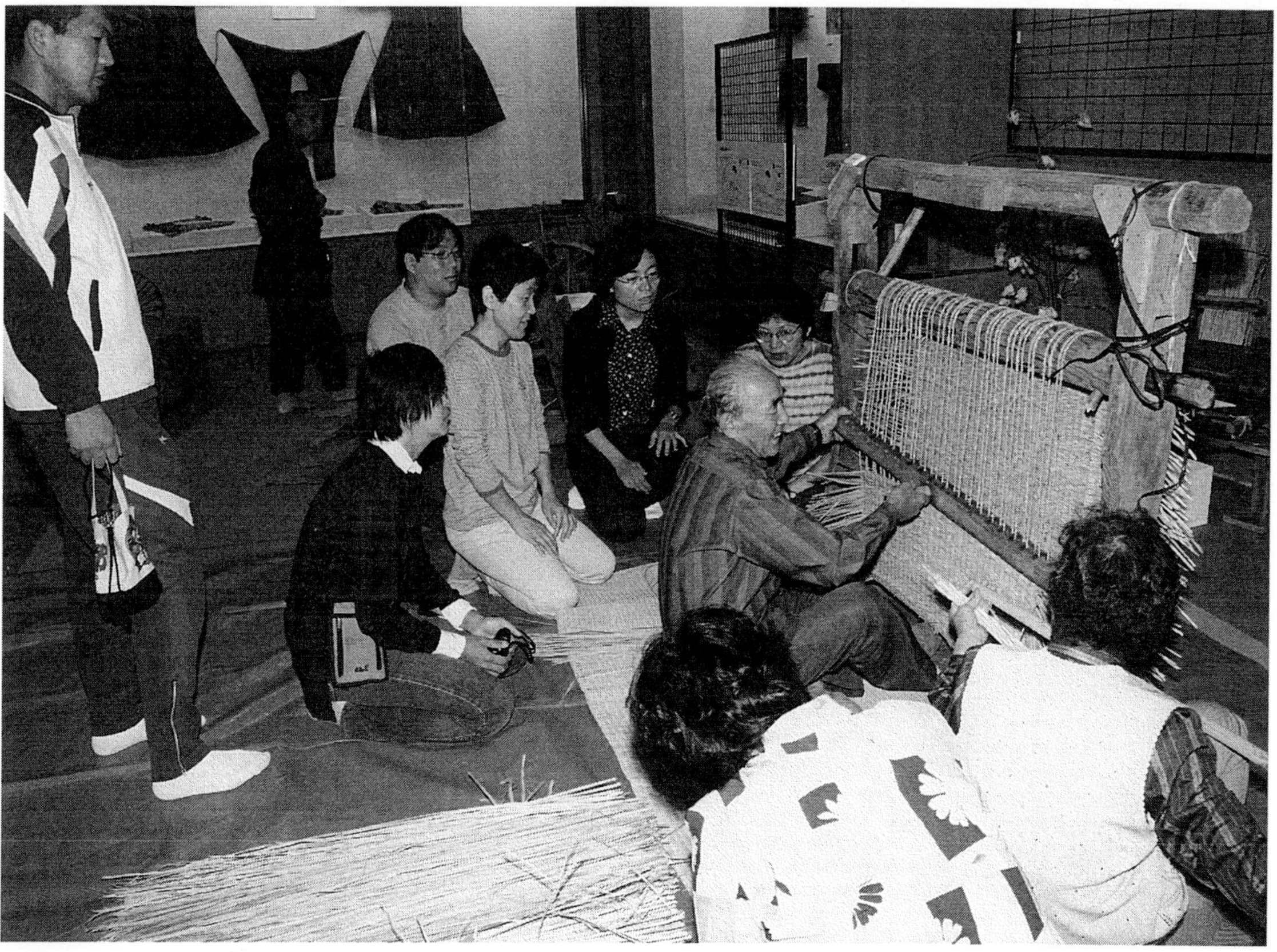

【写真2】「わざ」の伝承（川里町郷土資料館）

あとがき

日ごろ民俗調査や民具調査に多くの時間をついやしているが、このところ毎年のように、お世話になった地域の伝承者が鬼籍の人となっていく悲しみに遭遇する。そして、もっと話をお聞きしておけばよかったのにと、怠惰な性格を反省することが多い。

暮らしの民俗や文化を記録保存することは、それを伝えることのできる人と聞き手がいて、はじめて可能になる。しかし、昭和という時代はそう遠くないにもかかわらず、昭和三〇年代から四〇年代という我が国の暮らしが大きく変わる時代の民俗を語り伝えてくださる人も、年々少なくなりつつある。そうした中で、大舘と宮本はいつもフィールドを大切にし、民俗伝承者の生の声を忠実に記録することを心がけてきたつもりである。そうした調査成果の一部を、このたび一冊の本にまとめる機会を与えていただいた。

本書は、二〇〇一年三月から一か年、埼玉新聞社の文化ワイド版に連載した「二十一世紀へ伝える——モノと人の暮らし——」を基にし、新たに多くのテーマを書き下ろして加えたものである。さらに、写真や図版をより多く取り入れ、利用者が多角的に活用できるよう配慮したつもりである。

本書の出版は、近年、『図説民俗建築大事典』や『写真集よみがえる古民家（緑草会編『民家図集』）』を出版し好評を博している柏書房が、現今の困難な出版事情の中で引き受けてくださった。心から感謝申し上げる次第である。編集部の榎本直樹氏には、氏の本書に対する熱意に追いつかず原稿が遅れることもしばしばあったが、さいたま民俗文化研究所の業務に忙殺されながらも半年という短期間で完成できたことを素直に感謝申し上げたい。また、前埼玉新聞社の文化部長であった飯島正治氏には、前述のテーマで発表の機会を与えてくださった御厚意にあらためてお礼申し上げる。

最後に、本書の完成は、暮らしの民俗伝承を懇切丁寧に教えてくださった多くの伝承者のお陰である。また、市町村史編さん事業で調査・執筆のお手伝いをした各編さん室の資料や教育委員会・博物館・資料館等の文献、個人から御提供いただいた写真も活用させていただいた。衷心より感謝申し上げる次第である。

二〇〇四年九月一〇日

大舘　勝治

索引

○本文ならびに図版から語彙を抽出し、その掲載ページを示した。
○図版の場合はページ数のあとに＊を付した。
○項目について、そのページにとくに説明のあるものは、ゴチック体で示した。
○語彙には、適宜（　）で説明を、〈　〉で読みがなを補った。
○参考とすべき別項目がある場合には、⇨で示した。

ア

藍（染料） 4
アオ（紺無地） 4
赤い頭巾 44, 44*
赤襷 44
明かり **247**
アガリハナ 64, 224, 228
秋作物 127
灰汁〈あく〉 301
アゲシロ（シロカキ） 78
アゲドコ（苗代） 82
アゲナワシロ（苗代） 82, 83*
麻糸 13
アサガオ 256
麻蚊帳 258
「朝ぼたもちと昼うどん」 273*
朝飯 252
朝飯の支度 252
朝飯の下準備 254
足踏み輪転機（脱穀機）・ガーコン 114, 115*, 118, 119*, 141*
足踏み輪転機での麦の脱穀 119*
小豆 262
小豆粥 262, 266
小豆飯 266
アソビビ（遊び日） 262
後染め 4
アナグラ（穴蔵） 158, 159*, 225
アネサンカブリ 94
油味噌 103
雨乞い **297**, 299*
雨乞いの龍神 298*
雨戸開け 250
アヤ（織機） 14
アライコ（洗い粉） 301
洗い物 241
洗う **300**
アラオコシ（田うない） 74
アラシロ（シロカキ） 78
アラヌカクド（移動式かまど） 239
アラレ 288
袷〈あわせ〉 4, 191*
餡ころ餅 266
行灯〈あんどん〉 249*
餡の包み方 152*
アンビン餅 266, 276*
家着 96
家で織る布地 4
イカダジル（うどんの冷や汁） 150
イガまんじゅう 266, 269*
生け垣 222
衣桁〈いこう〉 40
イザリバタ → 地機
石臼 148*
衣装 38, 43
板縁 64
板倉雷電神社（群馬県） 297
板の間 228
一番うない 74
イチボネ（田うない） 74
銀杏返し 303, 304*
井戸 225, 230*, 232
移動式かまど 239
糸績み〈いとうみ〉 13
井戸神様 296
糸繰り 4
糸車 9
イドグルマ（井戸車） 294
糸車の構造 11*
糸紡ぎ **9**, 11*
糸取り 188, 189*
井戸の位置 295
井戸の流し 241
井戸水 257
糸枠 188, 189*
糸を績む〈うむ〉 13*
稲作 **71**
稲作地域 94
稲荷寿司 266
稲藁 64, 67, 247
稲刈り 107*, 108, 109*, 110*, **112**
稲扱き → 稲の脱穀
稲の運搬 102*, 107*
稲の乾燥 **112**, 117*
稲の切り株 85*
稲の生産工程 73*
稲の脱穀 **114**, 115*, **118**, 225
稲のボッチの作り方 113*
イモガラ干し 289, 289*
イモズイモノ（芋吸物） 262
イモブセ（芋伏せ） 158
イラクサ 13
色無垢の紋付 40
囲炉裏・いろり・イロリ 150, 206, 207*, 224, 228, 233, 239, 240*, 248*, 249
インガ（柄鍬、鋤） 198 ⇨ エンガ
インゲン 103
植え田 84
植え付けと管理 **156**
浮きまんじゅう 152
ウシ 108
ウシ（湿田の収穫用具） 109*
牛 74, 78, 80*, 105
ウシクビ（牛首、紡いだ糸の巻き取り台） 188, 189*
牛車 134
ウシゴエ（牛肥） 194
牛にマンガを引かせる 80*
薄皮繭 188
ウチイレ（ヒモカワの煮込み） 150
うち織り（家で織る布地） 4
打ち返し 302
打ち水 256*
打ち綿 9
ウッツリ 93*
うでまんじゅう 152
うどん **150**, 150*, 262, 265, 266, 271*
うどん生地をこねる 151*
うどんの打ち方 151*
うどんをあげるショウギ 151*
うどんを打つ 151*
ウネヒキ（畝引、摘田用具） 84, 86*, 87*
産着 42*
馬 74, 76*, 78, 105, 195*
ウマヤ（厩） 228
ウマヤゴエ（厩肥） 74, 194
ウマユイ（馬結い） 194
ウマヨリエ 194
績む〈うむ〉 13*

梅干し湯 301
裏地 4
ウラ取り（養蚕） 175
粳米〈うるちまい〉 265, 266
鱗つなぎ文様 44
上着 101*
ウワシロ（シロカキ） 78
運動会 292
運動帽 293*
運搬（サツマイモ） 158, 159*
運搬（麦） 134, 136*, 137*
柄鍬 → エンガ
エゴノキ（植物） 301
枝まるき 209*
江戸褄〈えどづま〉 38, 40*, 41*
江戸褄の花嫁 41*
えびす講 267*
エビラ（蚕籠） 170 ⇨ 蚕籠
エブリ（柄振） 78, 81*, 84
エブリによるシロカキ 81*
絵馬 195*
絵馬市 195*
エンガ（柄鍬） 127, 198, 200*
エンガフミ（柄鍬踏み） 198, 199*
縁台飼い 172
縁談 38
エンロ（茶櫃） 164
お色直し 40
オオアシ（大足） 111, 111*
オオウネ 198
オオカマド（大窯） 224
大鍬 → オンガ
オオザル 87*
大水使い 241
大麦 → 麦
大山阿夫利神社（神奈川県伊勢原市） 297
オカイドリ 40
おかず 268
オカッテ（お勝手）・カッテ 225, 228, 233, 234*
オカッテでの食事の座 234*
お勝手番 277
オカマサマ（竈神） 105, 239, 240*
オカマサマに苗を供える 105*
オカモチ（岡持） 103, 104*
オキ（熾・熾） 212, 248
オギ（荻） 46
オキヌサン（お絹様） 186, 187*
オク（奥の間） 225
送り盆の供え物 273*
オクンチ（お九日） 265, 267*, 276*
オコアゲ（お蚕上げ） 178
オコシ → 腰巻
おこわ → 赤飯
オサ（筬、筵織り用） 64
押さえ竹（屋根葺き） 46
お産 232 ⇨ 誕生
お七夜 42
オシホコ（押さえ竹、屋根葺き） 46
押し麦 147
オシラ講 186
お尻 102
お太鼓結び 44
落ち葉の恵み 206
落ち葉掃き 204
オチャ・お茶休み 103, 160, 162
オッキリコミ（ヒモカワの煮込み） 150
オツケ（味噌汁） 206
オッツケ（田の植え方） 88, 89*
オニゴオシ 256
オハチ（お鉢） 233*
帯 8* 43, 43*, 94, 95*
帯芯 4
おひたし 268
オビトキ 43
オビトキの衣装 43*
オビトキヤマ（帯解き山） 208
オマキ（緒巻） 14
緒巻〈おまき〉 14
オモヤ（母屋・主屋） 226
母屋 222, 224*, 228, 251*
おやつ 160
折詰・折箱 280, 280*, 281*
折箱作り 281*
オンガ（大鍬） 74, 127, 196, 197*
女あそび 186

カ

蚕 170
蚕籠 170, 171*, 172
蚕祈禱の御札 187*
蚕棚 172, 173*, 174*
蚕棚の組み方 173*
蚕の一生 179*
蚕の世話 38
蚕の病気 175
蚕の変身 178
蚕屋造り 179*
会席膳 277
回転マブシ 178
回転マブシの繭掻き 183*
回転マブシを使った上蔟 183*
外俵巻き 66*
カイボリ 92, 93*
掻巻〈かいまき〉 237, 297*
改良エンガ 199*
改良オンガ 74, 76*, 196, 197*
改良オンガ 高北式 74
改良オンガ 単用犂 76*
改良オンガ 日の本号 74, 76*
改良オンガ 松山式 74
改良オンガ 両用犂 74, 76*
改良犂〈すき〉 → 改良オンガ
改良マブシ 178
改良マブシの作り方 182*
顔見せ 94
カガリトオシ 66*
ガギ・ガンギ（屋根葺きの道具） 46, 48*, 49*
鉤型間取り（ツノヤ） 226*
かき氷 257
カギッツルシ → 自在鉤
カキモチ 288, 289*
角火鉢 248*
カケアガリ（田の植え方） 88, 89*
カケダイ（茶葉計量籠） 162, 163*
籠 162
ガーコン → 足踏み輪転機
襲〈かさね〉 38, 39*, 42*
菓子折 280
柏餅 275, 276
上総掘り 295
絣〈かすり〉 27, 303
絣の着物 94
絣の腰巻 44
絣の長着 30*
絣の野良着 35*, 44
絣のノラジバン 32*
苛性ソーダ 301
風除け（畑） 130
風除け（屋敷） 222
家族の座 233
カタカケ（シロカキ用具） 80*
カタギ（堅木） 204
片袖 27, 45
カダテ（鍬立て） 74
ガチャコン（手押しポンプ） 295
カツオのなまり節 103
担ぐ 296*
カッテ → オカッテ
カテ飯 266
角丸 280
カナゴキ 114 ⇨ センバコキ
カネボウロク（金焙烙） 288*
カブセハンデエ（被せ飯台） 104*
カブフンゴミ（株踏み込み） 84
カベ・壁縮緬〈かべちりめん〉 4, 188, 191*
カベの袷長着〈あわせながぎ〉 191*
釜 148*, 239*
鎌 46
カマ（屋根葺きの道具） 48*
釜小屋 244, 244*
叺〈かます〉 64
かまど（竈） 148*, 228, 239*, 240*, 247
カマバ 228, 230*, 239
鎌をとぐ 135*
上岡観音 194

上岡観音縁日の絵馬市 195*
髪型 **303**
カミノザシキ 232
髪結い 303
亀の文様 47
カヤ（萱） 46
蚊帳〈かや〉 13, 256, **258**, 258*
カヤ講 46
カヤ場 46
粥 266
粥掻き棒 82
柄 303
カラウス（唐臼） 117*
唐竿 → クルリボウ
からっ風の恵み **287**
柄に染めたフトリ 191*
カラムシ（植物） 13
カリカケ（刈り掛け、麦の収穫儀礼） 139*
カリキリ（刈り切り、麦の収穫儀礼） 139*
カリワケ（刈り分け） 204
カルチベーター 106, 107*
カレッコ 247
川棚 300, 301*
瓦 47
カワリモノ・カワリモン 262, 265, 266*, 268
簪〈かんざし〉 41*, 303, 304*
寒晒し〈かんざらし〉 287
カンジキ（田下駄） 110*
乾燥芋 160, 287
カンタンフク（簡単服） 292
還暦 44
生糸 188, 189*
機械化 106
機械製茶 162
着替え 250
木具屋 280
キゴヤ（木小屋） 228
既婚 303
蟻蚕 170
喜寿 44
起床 250
起床から農作業に出かけるまで 253*
キジリ 233
キセジマイ（着せ終い） 44, 274
キセハジメ（着せ初め） 44, 274
木種 208
亀甲 41*
キッコウシ・キッカエシ（田うない） 75*, 78
キヅルシ（木吊るし） 120
キヌ（平絹） 4
絹 4
絹糸 188
絹織り 4, **188**
絹織物 25
キヌゾメ（平絹を染めたもの） 4
木の伐採 210*
キハキカゴ（木掃き籠） 204
着物 5*, 6*, 7*
着物の丸洗い 300*
着物の虫干し 302*
脚半〈きゃはん〉 45
救荒食 160
給桑 171*, 172
牛馬 105, **194**, **196**
キュウリ 269
キュウリの塩もみ 105
丘陵地域 36, 94, 96
経帷子〈きょうかたびら〉 45
鏡台 40
キリスネ（織物） 4, 8*
切り干しダイコン作り 287, 288*
着るための機織 4
キルッパタ（着るための機織） 4
儀礼食 263*
草取り 84, 105
草餅 275
草屋根 63*
草屋根の民家 47*
櫛 41*, 303, 304*
グシ（棟） 46
グシ祝い 47
グシ作り 46
クズ（落ち葉） 154
クズカゴ 207*
クズハキ **204**, 205*, 206, 207*
クズハキカゴ 205*
屑米 275
屑繭〈くずまゆ〉 4, 178, 188
クダ 9
クダマキ 9
クダマキグルマ 9, 12*
クチ（グシ） 47
クネ（垣根） 222
クネユイ（生け垣の修復） 222
クラ（鞍） 80*
蔵 225
クリダイ（繰り台） 9*, 10*
クルマイド（車井戸） 294*
クルマイドの構造 294*
車田植え 88, 91*
クルリボウ（唐竿） 118, 140, 142*, 143*
暮れの餅搗き 275*
クロ（畦畔） 78
黒漆塗りの御器と猪口 278*
クロケシ（炭） **216**
クロケシの窯出し 217*
黒縮緬 38
クロツキギネ 78
クロツケ 78, 79*
黒無垢の紋付 38
桑 **176**, 176*
鍬入れ・鍬始め 74, 76*
桑切り包丁 171*
桑仕立て **176**
桑摘みザル 177*
桑の枝 247
桑の仕立て方 176*
桑の葉の貯蔵 225
桑原 176
桑室 225
桑を運ぶザマカゴ 177*
ケイド・ケイドウ（取り付け道） 224, 227
畦畔茶 162
茎皮 13
毛皮 24*
毛蚕 170
消し炭 212
化粧竹 47
結婚式の膳 277
毛羽取り 184*, 185*
毛羽取り機 178, 184*
健康食 147
絹布 4
元禄 94
コーイ 225
耕耘機 74
笄〈こうがい〉 41*, 303, 304*
格子〈こうし〉 4
麴〈こうじ〉 147, 282
コウジンサマ（荒神様） 105, 239
楮〈こうぞ〉（植物） 13
楮の繊維 13*
紺屋〈こうや〉 4, 27
コエン（小縁） 64
氷で冷やす冷蔵庫 257*
コオリミズ（氷水） 257
蚕影神社 186
コガシ（麦こがし） 147, **149**
コキ（千歯扱き） 114
古希 44
御器（ごき） 277, 278*
コキバシ（扱き箸） 118
コキヤ（扱き屋） 114, 140
コクソ取り（養蚕） 175
コクリ（製茶） 164
固形石鹸 300*
腰切り・コシッキリ（農作業用の短着） 27, 96
コジハン（お茶休み） 103
腰巻 27, 29*, **35**, 35*, 36, 43, 44, 96
ごちそう 265, **271**
五徳 248
粉餅 265, 275
コネバチ（こね鉢） 151*
コノバッカゴ 204
木の葉ハキ **204**

木の葉宿　204*
コノメ（蚕籠）　170, 172
コバガイ（稚蚕飼育）　170
ごはん　103, 147
ごはんを炊く釜　148*
ごはんを炊くかまど　148*
小麦　→　麦
米　266
米作り　**71**
米糀〈こめこうじ〉　282, 283*
米とぎ　241
コメノメシ（米の飯）　103, 265
米味噌　282
こも（菰）　120
五目寿司（五目飯）　266
五目飯　265
コヤガエ（屋根葺き）　46
コン（紺無地）　4
紺絣〈こんがすり〉　25
コンクリート　228
紺のモモヒキ　94
コンバイン　119
紺無地　4
婚礼の折詰　280*

サ

裁縫用具　34*
早乙女　90*, **94**
魚　268
魚の煮つけ　105
裂き織り　4
先染め　4
裂き布　4, 8*, 67
作業場　225
サクキリ　132*, 133
サクキリクワ　127
ザグリ（座繰り）　4, 188, 189*, 190*
酒まんじゅう　152, 269
サシガヤ（屋根の補修）　46
ザシキ　224, 232
サスガ（屋根葺きの道具）　46, 49*
サツマイモ　103, **153**, **160**, 225
サツマイモの運搬・貯蔵　**158**
サツマイモの蒸かし籠　160*
サツマイモの蒸かし方　160*
サツマダンゴ　160, 287
サツマドコ（サツマ床）　154
サツマ床　**154**
サツマのアンコ　160
サツマホリ　156, 157*
里帰り　**44**
里帰りの着物　44
佐渡の車田植え　91*
里山（雑木林）の利用　**208**
サナ（苗代すだれ）　78
サナ（苗代すだれ）フミ　78
サナブリ　103, 105
サハチ（皿鉢）　151*
座布団　40
ザマカゴ　177*
晒〈さらし〉　45
ザル　162
ザルの持ち方　83*
蚕期　170
蚕座〈さんざ〉　170
蚕座紙〈さんざし〉　170
蚕室　224
蚕室の暖房　212
蚕室の暖房具　259
蚕種　170
桟俵　64
桟俵作り　65*
サンボングワ（三本鍬）　78, 156, 157*
塩餡入り　276
塩もみ　103
地織り（家で織る布地）　4
直播き（摘田）　84
自家用の機織り　4
ジガラウス（地唐臼）　145*, 146*
ジグル（地車）　134
シケイト（糸）　188
シコウ（稲の脱穀）　118
シゴトギモノ　96
自在鉤・カギッツルシ　150, 206, 239, 247, 248*
地神　139*
自然暦　127
シソの葉　103
下刈り　204, 205*
仕出屋　277
シタハタ　→　地機
七回忌の折詰　280*
七回忌の膳　280*
紙帳　**258**, 259
湿田　84, 96
湿田の稲刈り　108, 109*
粢〈しとぎ〉　266
四斗樽　282*
科〈しな〉（植物）　13
死装束　45
シバ草（屋根棟）　47
地機　**14**, 14*
地機の織り方　15*, 16*
地機の部品　17*
地機用の杼　17*
シバハキ　**204**
ジバン　292　⇨　ノラジバン
シビオシ　78
自噴井戸　295
縞〈しま〉　4, 27, 38
島田（高島田）　303
シマダイと称する縁台　228
シモバタ　→　地機
下屋　225
ジャガイモ　103
祝儀　38
十五夜　152
十三参り　43
十三夜　152
就寝　255
収納　302
主食　150
樹皮　13
主婦　250
「春雪は俵」　132
ショイタ（背負い板）　134, 136*, 137*, 215
ショイダル（醬油樽）　286*
ショイナワを掛けたナスの馬　274*
ショイバシゴ（背負い梯子）　134
ショイメシ（醬油飯）　103
正月　262
正月餅　275
ショウギ（笊）　151*
ジョウグチ（常口）　224
ジョウグチから見た家　225*
常食　147
精進揚げ　103
上族〈じょうぞく〉　178, 183*
条播　127
条播用のハシュキ（播種機）　129*
菖蒲　47
生盆〈しょうぼん〉　**271**
ショウボンカタビラ（生盆帷子）　274
ショウボンギモン（生盆着物）　274
生盆の振る舞い　274
ショウボンビテエモン（生盆単物）　44, 274
醬油　**285**
醬油搾り　286
醬油搾りの手順　285*
醬油搾りのフネ　286*
醬油の仕込み方　285
初夏の味　**103**
食ごよみ　**262**
食事　103, 104*, 235*, 236*
食事の座　234*, 235*
食事の場と座　**233**
食卓　249
食品容器　**280**
初秋蚕　170
女性　35, 36, **250**
女性の寄り合いと餅　276
助炭〈じょたん〉　164
食器洗い　301
初冬蚕　170
尻はしょり　94, 96
白あえ　105
白い喪服　38
シロカキ　78, 80*, 81*

シロケシ　216, 217*
白無垢　38, 40*, 45
ジングイボウ　130
寝室　232
ジンジンバショリ　292*
新生児の衣装　42
人生の節目　42
薪炭材　208
シンドリ　74, 78
人糞　84
新米　265
新芽が伸びた春のクワバラ　176*
人力耕起　74
水嚢　152
スカート　293
スギ皮　47
スギの枯れ枝　247
寿司　265, 280
ススキ（薄）　46
涼しげな装い　257*
ズボン型衣服　96
住まいの動線　250
住まいの火　247
すまんじゅう　266, 269
すまんじゅう作り　152*
炭窯　217*
角切　280
炭材　213*, 214
炭俵　214*, 215*
スミツカレ　267
スミツカレツキ　265*, 267, 268*
炭の出荷　214
炭焼き　212
炭焼き窯　212, 213*
炭を玉切る　217*
成人の衣装　43
製茶　162
セイロ（蒸籠）　164, 270*, 282
セイロヅミ　120, 121*
赤飯　262, 265, 266, 267*
赤飯折　280
赤飯の握り飯　103
石油・電気以前　212
節供の餅　275
石鹸　300
折衷苗代　82
背守り　42
膳　276*, 277, 278*, 279*, 280*
センゴク（千石）　117*　⇨　マンゴク
洗濯　300
洗濯板　40, 300*
洗濯石鹸　301
センバコキ（千歯扱き）　114, 115*, 118, 140, 141*
センバコキでの稲扱き　115*
センバコキの使い方　115*
洗髪　301
選別（稲）　116*, 117*, 119
選別（茶）　164
選別（灰）　87*
選別（繭）　178
選別（麦）　145*
膳椀組　277
雑木のクズ　247
雑木林　204
壮蚕飼育の縁台　174*
掃除　252
葬式　45
葬式組　277
葬式の膳　277
葬式の本膳　278*, 279*
ソウノアガリ（ソウゴアガリ）　105
草履作りの台　67*, 120
粗朶小屋　225
袖口布　94
ソデッカブリ（袖被り、喪服）　45*
供え物　262
そば　265, 266
染め絣の長着　31*

タ

体操着　292, 293*
ダイドコ・ダイドコロ　224, 228, 239
堆肥　84, 120, 127, 154, 194, 204, 206, 306
大麻　13
タイル張りのかまど　240*
田植え　44, 82, 88, 89*, 90*, 103
田植え衣装　94
田植え魚　103
田植え終い　103
田植え時の昼飯　104*
田植えの儀礼　88
田植えの装い　44*, 95*
田うない　74, 75*, 76*
田うないに使われる馬　195*
栲〈たえ〉（植物）　13
高脚膳　277
高島田　40
高機　14, 19*, 21*, 22*, 23*
高機の織り方　20*
高機の杼　24*
炊き場　244, 246*
炊く　266
タクワン　287*
田下駄　108, 110*
タコスリ（整地用具）　84
タコロガシ（除草用具）　91*
襷〈たすき〉　94
裁ち板　40
タチウス　146*
立木の間に丸太を立てる方法　121*
脱穀　118
脱穀・調整　115*, 143*　⇨　稲の脱穀、麦の脱穀
脱穀機　→　足踏み輪転機、半自動脱穀機
タツミ（田摘み）　84, 87*
縦畝　106, 107*
竪杵　146*
伊達の襷　94
棚飼い　172
七夕　152
七夕飾りと供え物　272*
七夕の「昼うどん」　272*
種芋伏せ　154, 155*
種紙　170
タネクリ（種繰り）　9
種振り　82, 83*
タネフリカゴ・タネフリザル　127, 128*
種籾の振り方　82
種籾を摘む（摘田）　86*
種籾を振る　83*
種籾を振るザルの持ち方　83*
田の神　74, 88, 103
田の耕起　74
田の字型　226
田場所〈たばしょ〉　35
ダビツ（茶櫃）　164
太布〈たふ〉　13*
田舟　108, 109*
田舟を使った稲刈り　110*
太布の材料　13*
玉切り　208, 209*
玉繭〈たままゆ〉　4, 188, 192
タマンノウ（田万能）　74
溜め　230*
タライ（盥）　40, 300*
タラシモチ（焼餅）　103
タワシ　301
俵　64, 120
俵編み　64, 65*
俵編み台　215
俵作り　64
俵作りの工程　65*, 66*
ダンカベの袷長着〈あわせながぎ〉　191*
短着　96
団子　265, 266
炭酸まんじゅう　152, 266, 269
誕生　42
簞笥　40
田んぼ　107*
暖房　247, 248
単物　44
単用犂　74　⇨　改良オンガ
単用犂のうない方　77*
チキリ（布巻き）　14
畜力耕起　74

稚蚕　170, 172, 174*
チマキ（布巻き）　14
茶甕　169*
チャゼエロ（茶葉蒸し専用の蒸籠）　164, 165*
茶摘み　44, 162
チャツミザル（茶摘み笊）　163*
茶摘み風景　163*
茶葉計量　163*
茶葉蒸し　164
チャビツ（茶櫃）　164
チャビツの種類　169*
ちゃぶ台　236, 236*
ちゃぶ台での食事　236*
チャブルイ（茶篩）　168*
チャブルイの使い方　168*
チャミ（茶箕）　169*
茶揉み　164
茶揉みの工程　167*
チャンチャンコ　42, 44
中耕　132
ちょいちょい着（よそゆき着）　4
提灯ブルマー　293
徴兵検査　43
猪口　278*
ちょこっと着（よそゆき着）　4
貯蔵　158
千代田紋付　38
直角　280
直幹法（サツマイモの植え方）　155*, 156
ちょっくら着（よそゆき着）　4
チリ飛ばし　114
縮緬〈ちりめん〉　4, 40, 188
賃機〈ちんばた〉　25
突き井戸　295
月遅れ　276
つぎを当てた野良着　34*
佃煮折　280
繕い〈つくろい〉　27
付け木　252
漬物　268
伝える使命　306
槌　145*
土入れ　132, 133*
筒袖　94
角隠し　40
ツノヤ（角屋）　226
ツミタ（摘田）　84, 108
摘田の田うない　84
ツミッコ・ツミレッコ・ツメリッコ（すいとん）　150
ツム　12*
摘む（摘田）　86*
紬〈つむぎ〉　4, 188
ツメで葉を摘む方法　177*
ツリオケ（釣り桶）　294, 295*
ツリとハネツルベ　295*
つる刈り　156
弦越しのタブー　233*
つる立て　156
ツルベ（釣瓶）　294
釣瓶の作り方　11*
テ（茶葉蒸し用具）　164, 165*
デイ（出居）　232
デエ　224
手桶　295, 296*
手押しポンプ　295
手押しポンプの井戸　295*
手織り　5*, 6*, 7*
テゴ・テゴッタワラ（運搬用具）　120, 158, 159*
手燭〈てしょく〉　249
テスキ（手鋤）　78, 79*
手甲〈てっこう〉　45, 94
鉄鍋　188
鉄瓶　206, 247
テッポウ（大鍬）　74
手拭　94
手振り付きのザグリ　188, 190*
テーブル　234
テーブルを使った食事　235*
手前織り（家で織る布地）　4
テマガエ（手間替え）　94, 103
手揉み製茶　162, 164
デングリ（製茶）　164
伝統的行事食　263*
天王様　152, 269
点播　127
天秤棒で担ぐ　296*
天ぷら　103, 105, 268
道具の手入れ　135*
灯心　249
豆腐　268
倒木　209*
トウミ（唐箕）　116*
灯明皿　249
動力脱穀機　118
動力ポンプ　295
床畳　224
所沢飛白〈ところざわがすり〉　25, 26*, 96
年祝の衣装　44
戸棚　225
トビ（グシ）　47
ドブセ（土伏せ）　158
ドブッタ　84
トボグチ・トブグチ（戸口）　224, 228
土間　225
土間境　64
弔いの衣装　38
土用干し　302
取り付け道　224
ドロアゲ　92, 93*
ドロオシ　92
ドロカマド　239
ドロカマンド　239
ドロノシ　92, 93*
ドロベッツイ　239
ドロボウロク（泥焙烙）　288
ドロボウロクとカネボウロク　288*

ナ

内俵編み　65*
ナエカゴ（苗籠）　90*
苗さし（サツマイモ）　154, 155*
ナエダテ　88
苗取り（稲）　90*
苗取り（サツマイモ）　154, 155*, 156
苗の植え方　155*
ナエビラキ（苗開き）　88
苗間　78, 82
長い畝　106
長着〈ながぎ〉　27, 30*, 31*, 94, 96, 102, 191*
長着と腰巻　29*
長着とモモヒキ　29*
流し　225, 241*, 295*
長襦袢〈ながじゅばん〉　39*, 40*, 43*
ナカシロ（シロカキ）　78
長火鉢　248
長持　40
中綿　302
茄子紺色の縮緬　38
ナスの馬　274*
夏蚕　170
夏のごちそう　271
七草おじや・七草がゆ　266
斜子〈ななこ〉　4, 188
七曲井〈ななまがりい〉　294
鍋釜洗い　301
納屋　225
ナラシボウ（摘田用具）　84, 86*
縄　64
苗代　78, 82
ナワシロスダレ（苗代すだれ）　78
ナワシロスダレを踏む　79*
苗代田　74
苗代作り　83*
縄ない　64, 65*
縄ない機　64
縄のタワシ　301*
ニギリッコ　160
握り飯　103
煮しめ　265, 267*
二重俵　64
ニシン　103
ニシンの煮付け　103
煮炊き　239*, 247
日常食　150

ニナイ（担い桶）　295, 296*
ニナイモッコ　158, 159*
二番うない　74, 75*, 78
ニボネ（田うない）　74
日本髪　303
日本髪での寝方　304*
煮物　268
入浴　254
庭の水撒き　256*
ニンジン　103
縫い返し　27
縫いものの俗信　27
ヌカカマド・ヌカカマンド　239, 240*
ヌスットバキ（盗人掃き）　206
布地　4
布巻き　14
根刈り　204
根切り　208, 209*
ネコアンカ　248
ネコグルマ（猫車）　134
猫の毛皮　24*
ネコヒバチ　248*
ネドコ・ネドコロ　228, 232
ネバ（粘土）　301
寝巻き　237
寝間着　237
ネマリバタ　→　地機
年中行事　262, 263*
ネンネコバンテン　42*
燃料　224, 247
ノアガリ（農上がり）　44, 105, 152, 269
農閑期　4, 46, 64
農閑期の仕事　46, 212
農具の展示　307*
農作業　228
農作業からの帰宅　254
農事暦　82
農休み　269
ノチザン（後産）　232
ノベ（屋根材の下地）　46
野辺送り　45*
野良着　27, 34*, 35*, 38, 44, 94, 96
野良着姿（女性）　29*
野良着姿（男性）　29*
野良着の延命　27
野良仕事から帰って寝るまで　255*
野良仕事のはじまり　74
野良支度　252
ノラジバン（野良襦袢）　27, 32*, 94, 96
ノラジバンとモモヒキ　29*
ノロシ（稲架）　112

ハ

灰　84, 206, 301
ハイカラ　303, 304*
灰小屋　225
灰の掻き出し（炭焼き）　250
灰の選別　87*
ハイブルイ（灰篩）　87*
ハイブルイによる選別　87*
羽織　38, 39*
袴〈はかま〉　38, 39*
掃き立て（養蚕）　170, 171*
白菜漬け　287
博物館　306
白米飯　265, 266
箱膳　225, 233, 236, 236*, 249, 301
箱膳の使い方　236*
稲架〈はさ〉　112, 113*
稲架のある風景　113*
稲架の例　113*
ハサミ（屋根葺きの道具）　48*, 49*
ハシ（茶葉蒸し用具）　164
ハシュキ（播種機）　129*
機織　4, 25, 38
機織り歌　25
機織機　→　高機、地機
機織り風景　26*
ハタシ・ハタアシ　→　高機
ハダシタビ　293*
機場　224
機屋　25
八十八夜　82, 88, 162
八畳用の紙帳　259*
ハチホンバサミ　204
初午　267
ハツカッコガシ　149
ハツカッコナ　149
バッタン（引き杼）　14, 21*, 22*, 23*
パッチ　35　⇨　モモヒキ
馬頭観音　194
ハナ（グシ）　47
ハナカン（田うない、シロカキの用具）　80*
ハナザオ（田うない、シロカキの用具）　74, 80*
ハナドリ（田うない、シロカキの役目）　74, 78, 80*
花祭り（釈迦降誕祭）　82
花婿　38, 41*, 43
花婿衣装　39*, 41*
花嫁　38, 41*
花嫁衣装　40*
花嫁の髪型　40
ハネツルベ　295*, 294
羽二重の半幅帯　95*
羽二重　4, 42*, 188
張り板　40
針仕事　27
ハリトリ（屋根葺き）　46, 53*
針箱　34*, 40
春蚕　170
榛名神社（群馬県）　297
春にカラギリした桑　176*
春に切り揃えた桑　176*
春祭り　82
ハレ着　4, 42, 94
ハレ着となる野良着　44
ハレのうどん　150
ハンギ（農作業用の短着）　96
ハンギモノ（農作業用の短着）　96
ハンキリ（農作業用の短着）　96
ハンギレ（農作業用の短着）　96
半夏生　82
ハンコ（運搬用具）　158, 159*
半自動脱穀機　119*
晩秋蚕　170
半ズボン　293*
ハンダイ（飯台）　103
パンヅ　292
ハンデ（稲架）　112
ハンデボウ　112
ハンノキ（榛）　247
半幅帯　44, 95*
晩々秋蚕　170
晩飯　103, 150
杼〈ひ〉　24*　⇨　バッタン
火入れ　164
引き杼　14　⇨　バッタン
ヒキワリ（碾割）　147
碾く〈ひく〉　266
菱餅　275, 276*
ビショ繭　188
ヒジロ　239
左勝手　226
左住まい　226*
火どころ　247
一つ身　42
人の一生　42, 43, 44, 45
人寄せ　248*
人寄せの膳　277
雛飾り　276*
雛飾りの供え物　276*
ヒナッツチ（粘土）　301
雛料理の膳　276
ヒノキの枯れ枝　247
緋の長襦袢　40*
火鉢　248*
紐　42
紐飾り　42*
ヒモカワ　150, 150*
ヒヤシル（冷や汁）　150, 256, 271
ヒョウジュンフク（標準服）　96, 99*, 100*
ヒョウタン　256
ヒラウナイ　198
平織　6*, 7*
平絹　4, 38*, 188

ヒラグワ（平鍬） 78, 156, 157*
昼うどん 273*
昼に帰って午後の農作業に出かけるまで 253*
昼寝と午後の農作業 254
昼飯 103, 252
昼休みの仕事 252
披露 44
披露宴 40
広幅帯 44
広間型 226, 228
広間型間取り 226*
風鈴 256
風鈴売り 256, 256*
不衛生 236
葺きあがった草屋根 63*
複式俵 64
副食のカワリモノ 268
藤の蔓 13
不整形な田んぼ 106, 107*
ふだん着 96
フトリ（玉繭から引いた節のある糸） 4
フトリ（太織、布地） 189, 191*
フトリ（繭表面の硬い糸） 4, 189
フトリジマ（太織縞） 4
フトリジマのいろいろ 191*
フトリジマの綿入れ半纏 191*
布団 40, 238*
布団側 302
布団ごしらえ 302
布団の片づけ 250
舟底植え（サツマイモ） 156
船底袖 94
フナマブシ（養蚕） 178
ブラウス 293
フリコミ 132
フリコミジョレン 132, 133*
フリボウ → クルリボウ
フリマンガ（振り馬鍬） 127, 201*
篩〈ふるい〉 145*, 164
フルイコミ 132
篩での選別 145*
古い農具 198
風呂 224
風呂の燃料 247
風呂番 254
フンギリ 82
分けつ 91*, 130
フンゴミ 85*
褌〈ふんどし〉 43
米寿 44
米寿祝の赤頭巾 44*
米寿祝のチャンチャンコ 44*
ヘチマ 256
ヘッツイ 224, 239* ⇨ かまど
別棟の煮炊きの場 244
便所 225
焙炉〈ほいろ〉 164, 228
焙炉と助炭の設置方法（製茶） 166*
豊作 139*
帽子 42
棒石鹸 300
訪問着 40
ホコダケ（押さえ竹） 46
干し納豆 289
ホシモノガエシ 117*
干す（夜具） 238*, 302*
保存 225
ぼたもち 105*, 262, 265, 266
ボーチ（芒打ち、棒打ち） 118, 140, 142*
ボッサラのチリ飛ばし 114
ボッチ 112, 113*
ボッチガリ 112
ボッチの作り方 113*
ホッツケ田 92
ボヤ（小枝や下刈りの篠や下草） 204, 247
穂焼き（麦） 134
ホリアゲ田 92
掘りごたつ 249
ボロオビ 4, 8*
ボロッカゴ 163*
盆 262
本裁 43
盆の食べ物 274
ポンプ井戸 295
ホンヤ（本屋） 226

マ

マイマイズ井 294
前掛け 94
薪 247
マキシン（蒔き旬） 127
薪作り 209*
マキノコの目立て 210*
薪のショイダシ 211*
馬鍬 → マンガ
マコモの馬 271*
マゼブキ（屋根材） 224
マツウラ（容器） 233*
マツゴク（松の落ち葉） 247
マドグワ（窓鍬） 156, 157*
間取り 222*, 223*, 226, 226*, 227*, 229*, 230*, 231*, 239*, 251*
間取りの変遷 229*, 230*
マブシ（蔟） 178 ⇨ 回転マブシ・改良マブシ
マブシ作り 64
マメトラ 74
マメランプ 249
繭掻き 178, 183*
繭出し 178
「繭に飛行機」 26*
繭の糸取り 188
繭の選別 185*
繭の豊作祈願 186
丸帯 38, 41*
丸火鉢 248
マルボッチ 120, 121*
丸髷 303, 304*
丸麦 147
真綿 192
真綿掛け 192*
真綿のチョッキ 192*
真綿の作り方 192*
マンガ（馬鍬） 78, 80*, 105, 127
マンガ（万能） → 万能・マンノウ
マンガ（馬鍬）への供え物 105*
マンゴク（万石） 117*
まんじゅう 152, 262, 265, 271*
まんじゅう講 269, 270*
まんじゅう作り 152*, 269, 270*
まんじゅうの餡の包み方 152*
万能・マンノウ 74, 75*, 78, 127, 156, 198
万能での田うない 75*
箕〈み〉 164
身欠きニシン 103
右勝手 226
右住まい 226*
ミゴ 118, 120
未婚 303
短い畝 106
短着 96
水 294
「水」（グシの飾り） 47, 63*
ミズオケ（水桶） 296*
水かけ着物 45
水がめ 241*
水汲み 295
ミズグルマ（水車） 91*, 93*
ミズグルマで水を田に入れる 91*, 93*
ミズナワシロ（水苗代） 82, 83*
ミズナワシロでの種振り 83*
水の引き方と使い方 242*
水まわり 239, 241
水みち 294
水を田に入れる 91*, 93*
味噌 282
味噌小屋 244, 245*
味噌汁 103
味噌作り 284*
味噌部屋 225
御嶽神社（東京都青梅市） 297
水口祭り 82, 83*
麦 大麦 134, 147*
麦 大麦と米の配合 147

麦　大麦の脱穀　143
麦　大麦干し　149*
麦　大麦を食べる　**147, 149**
麦　小麦　105, 134, 265, 266
麦　小麦麹　285
麦　小麦の脱穀　105, 141*, 143
麦　小麦藁　247
麦　小麦を食べる　**150, 152**
麦上げ　134
麦上げ、ヤリボウで運ぶ　136*
麦打ち　**140**, 144*
ムギウチサナ（麦打ち台）　140, 144*
麦カラ（麦幹）　46, 224
麦刈り　**134**, 135*
麦扱き　→　麦の脱穀
ムギコナシ　197*
ムギコナシ（石製）　140, 196
麦茶　**149**
麦搗き　145*, 146*
麦の運搬　136*
麦の結束　135*
麦の収納　138*
麦の生産工程　124*
麦の脱穀　**140**, 141*, 142*, 143*, 225
麦の穂　138*
麦は一七を刈れ　134
麦踏み　130, 130*, 131*
麦踏みローラー　130, 131*
麦蒔き　**127**, 128*, 129*
麦蒔き機　127
麦味噌　282
麦飯　**147**
ムギヤキ（麦焼き）　134, 138*
麦湯　149
ムグリ（柄鍬、鋤）　127, 198　⇨　エンガ
ムクロジの実　301
無地　4
ムジコン（紺無地）　4
虫干し　**302**
筵〈むしろ〉 64, 120
筵織り　64
筵織り用のオサ（筬）　64
ムシロバタ（筵機）　64
蒸す　266
銘仙　42*
銘茶　**164**
メボシ（芽干し）　82
メリンス　4, 8*
メリンスの半幅帯　44
綿織物　25
メントッケエ（麺取替え）　150
綿布　4
モウソウ　47
木製の流し　241*
モクテ（茶葉蒸しの用具）　164
モシキ（燃し木）　247
餅　262, 265, 266, **275**
糯米〈もちごめ〉 265, 266
元肥　84
物置に積まれた枝や落ち葉　247*
物置場　225
モノガラ（屋根材）　46
モノグサグルマ　136*
モノビ（物日）　262
喪服　45*
籾摺り　117*
籾振り　82
木綿以前　**13**
木綿織り　4
木綿絣の着物　94
木綿縞　5*, 6*, 7*, 27
木綿の普及　9
モモヒキ（股引）　27, 28*, 29*, **35, 36**, 44, 94, **96**, 102*, 292*
モモヒキのはき方　36*
桃割　303*
桃割の少女たち　303*
盛りつけ　233
紋付　38, 40
紋付の襲　45
紋付羽織袴　41*, 43, 45
紋付袴　292
モンペ　**96**, 99*, 100*, 101*, **102**, 102*
モンペ姿での稲運び　102*
モンペ（胴と足首にゴム）　98*
モンペ（胴を紐で締める袴型）　97*
モンペと改良型の上着　101*

ヤ

焼米　82
ヤキヌカ　175
ヤキヌカの作り方　175*
ヤキビン（焼餅）　103
ヤキモチ（焼餅）　103
夜具　**237**, 237*
夜具地　238*
夜具箪笥（夜具戸棚）　237
厄年　44
厄年帯　**44**
屋敷　**222**, 226
ヤシキノロシ（屋敷の稲架）　112
屋敷配置　222*, 223*, 227*
屋敷林　225, 226
ヤツガシライモの茎　289*
谷津田　108
谷津田の田植え　89*
ヤネガエ（屋根葺き）　46
屋根材　**46**
屋根材の下地　46
屋根材を縄で締める作業　46
屋根の補修　46
ヤネバサミ　46
ヤネバサミでの刈り込み　63*
屋根葺き　**46**
屋根葺き替えの手順　46
屋根葺きの工程　50*, 51*, 52*, 53*, 54*, 55*, 56*, 57*, 58*, 59*, 60*, 61*, 62*
屋根葺きの道具　48*, 49*
屋根屋　46
やの字　94, 95*
ヤマ　208
山の再生　206
ヤライ（稲架）　112
ヤリボウ（麦上げ）　134, 136*
ヤロウ（摘田用具）　84
ユイ（結い）　88, 94, 103
結納　38
湧水の利用　241, 242*
夕飯　254
湯たんぽ　249
ゆで汁　301
ゆでまんじゅう　152, 266
ゆでまんじゅう作り　152*
ゆでる　266
ユドノ（湯殿）　232
養蚕　64, **170**
用便　250
夜着　237
横畝　**106**
ヨゴシ　105
汚れ繭　188
ヨシズ（葦簀）　256
よそゆき着　4, 96
ヨダレカケ　42
四つ身　43, 43*
夜なべ　25, 27
夜衾〈よぶすま〉 237
四間取り（田の字型）　226, 226*, 232
嫁　44
嫁入り　**38**
嫁入り道具　40, 41*, 237
嫁入り道中　41*
ヨメカタビラ（嫁帷子）　274
嫁のお茶　40
嫁の顔見せ　**44**
嫁の条件　38
撚り〈より〉 9
撚り掛〈よりかけ〉 9
撚り屋〈よりや〉 4
ヨンホングワ（四本鍬）　156, 157*

ラ

ランニングシャツ　293
ランプ　249*
リヤカー　134
涼　**256**
両用犂　74, 77*　⇨　改良オンガ

料理折　280
料理番　277
涼を呼ぶ食べ物　256
涼を呼ぶ装い　257
冷蔵庫　257*
炉　247
蠟燭　249
蠟燭作り　259

ワ

若餅　275
輪カンジキ型（田下駄）　108
わざの伝承　307*
綿　9
綿入れ　42
綿入れ半纏〈わたいればんてん〉 4, 191*
ワタクリ（綿繰り）　9
綿作り　9
綿の種を取る　10*
綿帽子　40
藁　120
藁すぐり　64, 65*
藁製品作り　64
藁草履　**67**, 67*
藁草履の作り方　67*
藁の利用　**120**
藁ボッチ　**120**
ワラマブシ　178
ワラマブシの作り方　180*, 181*
椀　**277**, 278*, 279*

全国の博物館・資料館

○農家、農村の生活文化に関わる公共博物館・資料館を中心に、広く歴史系のものも収録した。
○各館ごとに①郵便番号、②住所、③電話番号（役所・教育委員会等含む）、④備考の順に記載した。
○2004年8月31日現在。開館日・休館日、特別展などの具体的な情報は直接各館にお問い合わせいただきたい。

〈北海道〉

■アイヌ民族博物館　①059-0902　②白老郡白老町若草町2-3-4　③0144-82-3914　④復元されたアイヌの家（チセ）や国指定の民族芸能、衣食住、信仰、生活様式など多くの資料・文化財を展示したアイヌ民族に関する専門博物館。ムックリ（口琴）の製作や演奏の体験もできる。

■旭川市博物館　①070-8003　②旭川市神楽3条7丁目　③0166-69-2004　④北国の自然と人間のかかわりをテーマに人文系、自然系を扱う。

■小樽市博物館　①047-0031　②小樽市色内2-1-20　③0134-33-2439　④歴史的建造物の旧小樽倉庫の一部を移築した建物。第1・第2展示室に分かれて商業都市小樽の自然と暮らしを紹介。体験コーナーでは土器に文様をつけたり、火おこしの体験をしたりできる。

■釧路市立博物館　①085-0822　②釧路市春湖台1-7　③0154-41-5809　④釧路の自然と歴史がわかる博物館。8つのテーマに分かれた展示で、アイヌ文化を紹介する“サコロベの人々”や“タンチョウのコーナー”が見どころ。トドの剥製も展示。

■市立函館博物館　①040-0044　②函館市青柳町17-1　③0138-23-5480　④函館の考古・美術・動物など各分野の資料を展示。五稜郭分館では、高松凌雲が函館戦争で使用した外科用器具や五稜郭の設計図などを展示。

■市立函館博物館郷土資料館（旧金森洋物店）　①040-0053　②函館市末広町19-15　③0138-23-3095　④建物が北海道指定有形文化財となっており、函館の明治の商家建築として貴重。展示についても「明治函館のハイカラ商い風景」というテーマで、趣向を凝らした内容。

■屯田郷土資料館　①001-0855　②札幌市北区屯田5条6-3-21　③011-772-1811　④開拓時代の篠路兵村の内容を中心に、屯田兵の兵屋内部を復元し、生活様式に関する資料やあゆみを展示。

■北海道開拓記念館　①004-0006　②札幌市厚別区厚別町小野幌53-2　③011-898-0456　④総合的な歴史博物館。公園内には、明治・大正時代の道内の建築物を移設した野外博物館「北海道開拓の村」がある。

■北海道開拓の村　①004-0006　②札幌市厚別区厚別町小野幌50-1　③011-898-2692　④保存建築物で開拓時代の都市・農村・山村・漁村の集落を再現。

■北海道立北方民族博物館　①093-0042　②網走市字潮見309-1（天都山・道立オホーツク公園内）　③0152-45-3888　④オホーツク圏だけでなく、シベリアやスカンジナビア半島、カナダ、グリーンランドから集めた特徴的な生活用具を展示。

〈青森県〉

■青森県立郷土館　①030-0802　②青森市本町2-8-14　③0177-77-1585　④青森県の考古・歴史・民俗・自然・産業・文化をジオラマや映像資料を使って紹介している博物館。県内各地に数多くある旧石器時代から縄文・弥生時代の遺跡の出土品やリンゴ作りに関する資料もある。民俗展示室には多数の民具を展示。

■小川原湖民俗博物館　①033-8688　②三沢市古間木山56（古牧温泉渋沢公園内）　③0176-51-1111　④約1万8000点にのぼる収蔵品を信仰、住居、農具、食器・食品加工、衣服、漁具の各コーナーでわかりやすく展示。展示品のなかには、国指定の重要民俗資料の南部さしこコレクションもある。

■八戸市博物館　①039-1166　②八戸市根城字東構35-1　③0178-44-8111　④八戸地方の歴史を考古・歴史・民俗の展示室で紹介。縄文時代の合掌土偶は全国的に有名。無形資料展示室では民話や方言を紹介。隣接地には中世の城郭を復元した史跡根城の広場がある。

■弘前市立博物館　①036-8356　②弘前市下白銀町1-6（弘前公園内）　③0172-35-0700　④弘前城址公園内に設けられた博物館で、津軽に関する歴史や美術などを中心にした美術・博物館。

〈岩手県〉

■一関市博物館　①021-0101　②一関市厳美町字沖野々215　③0191-29-3180　④常設展示5室で構成し、一関の原始から現代まで各時代毎に紹介する通史展示と、テーマ展示として一関にゆかりのある「舞草刀」「大槻玄沢と蘭学」、国語辞書を編さんした「大槻文彦と言海」「一関と和算」の4つを紹介。

■岩手県立博物館　①020-0102　②盛岡市上田字松屋敷34　③019-661-2831　④常設展示では、イヌワシのジオラマや鯨の化石骨格標本などの自然史系展示をはじめとし、原始から現在に至るまでの岩手の歴史、考古、民俗資料を紹介。

■大船渡市立博物館　①022-0001　②大船渡市末崎町字大浜221-86　③0192-29-2161　④「大船渡・その海と大地」を総合テーマに、約4億2000万年前にさかのぼる大地の歴史や、海と人との関わりを、シアター・地質展示室・考古民俗展示室を通して紹介。

■北上市立博物館（みちのく民俗村）　①024-0043　②北上市立花14地割59　③0197-64-1756　④北上地方の歴史・地学・動植物などの資料を展示。中でも極楽寺、藩境、舟運関連の資料は貴重。また野外博物館「みちのく民俗村」では江戸～大正時代に建てられた古民家や竪穴式住居などの歴史的建造物を移築復元し、先人の生活様式を

紹介。

■遠野市立博物館　① 028-0515　②遠野市東舘町 3-9　③ 0198-62-2340　④１・２階が図書館、３階と４階の一部が博物館になっている。遠野物語の世界・自然とくらし・民俗学をテーマに資料やスライド・ビデオなどで紹介。また遠野の民話が映像で見られる。分館として旧柳田國男隠居所や柳田ゆかりの旅館を移築した「とおの昔話村」がある。

■盛岡市都南歴史民俗資料館　① 020-0842　②盛岡市湯沢１地割 1-38　③ 019-638-7228　④ 1992 年に盛岡市と合併した旧都南村地域に伝わる原始から近世までの多数の文化財を収蔵・展示。

■陸前高田市立博物館　① 029-2205　②陸前高田市高田町字砂畑 61-1　③ 0192-54-4224　④陸前高田の昆虫標本・化石など自然系資料や考古資料、歴史資料、民俗資料などを総合的、体系的に展示する博物館。

〈宮城県〉

■宮城県仙台市博物館　① 980-0862　②仙台市青葉区川内 26（仙台城三の丸跡）　③ 022-225-3074　④平成 13 年に国宝に指定された慶長遣欧使節関係資料や、重要文化財の伊達政宗所用具足・陣羽織、豊臣秀吉所用具足などをはじめ、仙台地方の歴史・文化・美術工芸資料など約７万 6000 点を収蔵。

■仙台市歴史民俗資料館　① 983-0842　②仙台市宮城野区五輪 1-3-7（榴岡公園内）　③ 022-295-3956　④主に明治期以降の庶民の暮らしをわかりやすく展示紹介。農業・職人の道具・玩具・日用雑貨・四連隊関連資料など約 2000 点を展示紹介。

■東北歴史博物館　① 985-0862　②多賀城市高崎 1-22-1　③ 022-368-0101　④東北の歴史を展示する総合展示室やテーマ展示室、映像展示室、特定のテーマを企画公開する特別展示室、子供たちが歴史に親しむ場としてのこども歴史館や野外に古民家がある。

■迫町歴史博物館　① 987-0511　②登米郡迫町佐沼字内町 63-20　③ 0220-21-5411　④「武家文化と民衆の暮らし」をテーマに、幕藩体制下における佐沼郷を武士と民衆両者の視点から展示。

〈秋田県〉

■秋田県立博物館　① 010-0124　②秋田市金足鳰崎字後山 52　③ 018-873-4121　④「菅江真澄資料センター」「秋田の先覚記念室」と工芸・歴史・考古・民俗・生物・地質の６部門からなる総合博物館。分館には江戸時代中期に建てられた秋田県中央海岸部の代表的な農家建築として重要文化財に指定されている旧奈良家住宅（住所；金足大字小泉）がある。

■秋田県立農業科学館　① 014-0073　②大曲市内小友字中沢 171-4　③ 0187-68-2300　④科学の視点から農業をとらえ、見て、触れて、楽しみながら農業や農村生活の過去、現在、未来について学べる体験型の博物館。３Ｄ映像でのバイオ技術等の紹介やＡＶ機器を操作しながら農作物の栽培等を学ぶことができる。

■雄物川町郷土資料館　① 013-0208　②平鹿郡雄物川町沼舘字高畑 366　③ 0182-22-2793　④明治・大正・昭和の農具や衣食住に関わる民俗資料約 770 点を展示。付属施設として、江戸中期～明治初期の民家４棟を移築。

■西木村山の幸資料館　① 014-0511　②仙北郡西木村西明寺字潟尻 117　③ 0187-47-2009　④山の幸をメインテーマに、春や秋の移り変わりを示す自然のジオラマのほか、林業を主体とした民俗資料を展示。

■六郷町学友館（歴史民俗資料館）　① 019-1404　②仙北郡六郷町六郷字安楽寺 122　③ 0187-84-4040　④歴史民俗資料館と図書館の併設館。資料館では時代を原始・古代・中世・近現代に分けて１万年以上前から人が住んでいたといわれている六郷町の歴史と文化を紹介。

〈山形県〉

■致道博物館　① 997-0036　②鶴岡市家中新町 10-18　③ 0235-22-1199　④庄内藩主酒井家ゆかりの歴史資料をはじめ、考古・民俗・美術資料を展示。中でも「庄内の米づくり用具」など有形民俗文化財８種 5350 点のコレクションは圧巻。また重要文化財の多層民家「旧渋谷家住宅」、擬洋風建築の重要文化財「旧西田川郡役所」、県指定文化財「旧鶴岡警察署」を移築保存している。

■中山町立歴史民俗資料館　① 990-0401　②東村山郡中山町長崎 6005　③ 023-662-2175　④古くから地域の人々に信仰され、国の重要有形民俗文化財の指定を受けた「岩谷十八夜観音庶民信仰資料」は興味深い。復元された古代竪穴住居も必見。内陸部の農耕具・生活文化資料 3000 点を収蔵展示。

■山形県立博物館　① 990-0826　②山形市霞城町 1-8（霞城公園内）　③ 023-645-1111　④地学・植物・動物・考古・歴史・民俗・教育の７部門からなる総合博物館。西ノ前遺跡から出土した日本最大の土偶や山形の焼物、郷土玩具など展示。

■余目町資料館　① 999-7727　②東田川郡余目町南野字十八軒 21-1　③ 0234-44-2162　④近代農業に関する有形民俗文化財を 1200 点以上収蔵。常設展示では余目町の歴史的基盤産業である水田稲作農業に関わる資料をテーマに沿って公開。

〈福島県〉

■博物館　会津武家屋敷　① 965-0813　②会津若松市東山町石山字院内１　③ 0242-28-2525　④会津藩家老西郷頼母の屋敷や福島県重要文化財である旧中畑陣屋、数寄屋風茶室などの歴史的建造物が立ち並ぶ野外博物館。館内には会津歴史資料館、美術館などがある。

■会津民俗館　① 969-3284　②耶麻郡猪苗代町三ツ和字前田 33-1　③ 0242-65-2600　④約 300 年前に建てられた中流農民の民家や、江戸時代の会津で一番古く建てられた共同作業小屋、全会津から収集した数多くの珍しい文化財などを展示。

■奥会津地方歴史民俗資料館　① 967-0014　②南会津郡田島町糸沢字西沢山 3692-20　③ 0241-66-3077　④「山」「川」「道」の３つのテーマで、ノコギリ、狩猟用具、養蚕用具、機織り機械など国の重要有形民俗文化財に指定されたものを含め約 3000 点の民具を紹介。敷地内には江戸時代の馬宿や染屋、旧猪股家（古農家）を移築復原し、水車小屋、木地小屋、炭焼小屋などを再現。

■白河市歴史民俗資料館　① 961-0053　②白河市中田７-1　③ 0248-27-2310　④白河周辺で出土した縄文土器・土師器などの原始・古代資料、中世南北朝期・戦国期の古文書、近世白河藩関係資料をはじめ、朱色の地に色鮮やか

な刺繍が施された石井家伝来のみごとな内掛け「四季花束文様絞縫打掛」などの古美術品を収蔵。

■福島県立博物館　①965-0807　②会津若松市城東町1-25　③0242-28-6000　④総合展示室と考古・民俗・歴史・美術・自然からなる部門展示室があり、福島県の特色ある歴史や文化を実物資料をはじめ模型や複製品、パネルなどでわかりやすく展示。

■福島県歴史資料館　①960-8116　②福島市春日町5-54　③024-534-9193　④明治・大正期の福島県庁文書約4万8000点、土地台帳や役場文書など近代史・自治体史を知ることができる多数の貴重な記録資料、福島県の歴史と文化に関する14万点に及ぶ古文書などを蒐集・保存・公開し、地域史研究や資料調査などの情報提供を行っている。企画展・収蔵資料展も開催。

〈茨城県〉

■茨城県立歴史館　①310-0034　②水戸市緑町2-1-15　③029-225-4425　④歴史系総合展示とテーマ展示に分けて古代から現代までの歴史資料を展示。年2回特別展も開催。緑豊かな敷地内には明治期洋風建築の旧水海道小学校本館や茅葺屋根の旧茂木家住宅など歴史的建造物も移築されている。

■古河歴史博物館　①306-0033　②古河市中央町3-10-56　③0280-22-5211　④常設展示では古河藩家老の鷹見泉石が収集・研究した蘭学資料を展示。収集品にはオランダ語初歩教材や鷹見泉石作の新訳和蘭国全図などがある。敷地は古河城出城の跡地。付属施設に鷹見泉石晩年の住まいを記念館として公開。

■土浦市立博物館　①300-0043　②土浦市中央1-15-18　③029-824-2928　④亀城公園に隣接し、土浦城二の丸跡に建てられた歴史博物館。原始・古代から近現代までの考古・歴史・民俗資料およそ300点を展示。市内の年中行事や霞ヶ浦の漁業を紹介する民俗ビデオコーナーにも力を入れている。

■日立市郷土博物館　①317-0055　②日立市宮田町5-2-22　③0294-23-3231　④豊かな自然の中で展開されてきた日立の歴史と産業の移り変わり、庶民のくらしとまつりに関する資料を展示。

■水戸市立博物館　①310-0062　②水戸市大町3-3-20　③029-226-6521　④自然・考古・歴史・民俗・美術の5部門からなる総合博物館で、水戸の歴史と文化について紹介。歴史部門には15代将軍徳川慶喜のコーナーがある。美術部門には横山大観などの作品がある。

■龍ケ崎市歴史民俗資料館　①301-0004　②龍ケ崎市馴馬町2488　③0297-64-6227　④縄文時代にさかのぼる歴史のまち龍ケ崎の文化を、石器や土器、古文書、絵図、生活用具などの史・資料でたどることができる。前庭の水車小屋、マデヤ（農家の納屋）、関東鉄道竜ヶ崎線の蒸気機関車などは龍ケ崎の歴史のシンボル。

〈栃木県〉

■小山市立博物館　①329-0214　②小山市乙女1-31-7　③0285-45-5331　④小山の歴史を旧石器時代から現代まで時代を追って紹介。館内にはビデオボックスがあり、市内の祭りや郷土芸能などの映像を見ることができる。体験コーナーでは縄文土器作りや火起こしの体験のほか、銅鐸の音色も聞くことができる。

■佐野市郷土博物館　①327-0003　②佐野市大橋町2047　③0283-22-5111　④常設展示は、田中正造関連資料、古代の古墳等からの出土資料、千年の歴史を生き抜いた天明鋳物、エラスムスの木像、機織り機、佐野の民俗資料、人間国宝田村耕一の作品など。

■栃木県立博物館　①320-0865　②宇都宮市睦町2-2　③028-634-1311　④日光の自然動植物の垂直分布を解説したスロープ展示や地質時代から現代にいたるまでの総合展示、自然や文化財等を各テーマにそって紹介する部門展示からなっている。

〈群馬県〉

■赤城村歴史資料館　①379-1122　②勢多郡赤城村勝保沢110　③0279-56-8967　④郷土の民俗芸能（津久田人形芝居）・民具・考古資料（滝沢遺跡出土品）の展示と、伝習のための伝承ホール・伝習室とを核とする施設。

■赤堀町歴史民俗資料館　①379-2204　②佐波郡赤堀町西久保98　③0270-63-0030　④土地改良事業等により発掘調査された数々の貴重な土器や石器・埴輪など旧石器時代から奈良、平安時代、中世までの出土品や、江戸時代の農村支配を表す文書類と、大正時代までの民俗資料を展示。また、この地域の典型的な農家の台所を移築復元し、一昔前の人々の暮らしをそのまま再現しているコーナーもある。

■伊香保御関所　①377-0102　②北群馬郡伊香保町伊香保甲34　③0279-72-3155（伊香保町役場企画観光課）　④1631年（寛永8年）に幕府の命により関所が設置されてから1869年（明治2年）に廃止されるまでの歴史を紹介。主な展示品は武具や道中用具、古文書、関所絵図、関八州絵図、通行手形など。

■大間々町歴史民俗館（コノドント館）　①376-0101　②山田郡大間々町大間々1030　③0277-73-4123　④大正10年建築の旧大間々銀行本館（近代化遺産）を活用した総合郷土博物館。当地が日本における研究の発祥地とされる微化石コノドント関係のほか、銅山街道の宿場町や生糸集散地として栄えた大間々について、その自然・歴史・民俗を立体映像等も使い総合的に展示。バラエティー豊かな企画展もある。

■群馬県立歴史博物館　①370-1293　②高崎市綿貫町992-1（群馬の森公園内）　③027-346-5522　④群馬県の歴史や文化に関する資料を展示。人々のくらし・政治・経済のあゆみ・文化遺産を中心に、約8万3000点の収蔵資料を原始から現代まで時代ごとに5展示室に分かれて常設展示。

■高崎市歴史民俗資料館　①370-0027　②高崎市上滝町1058　③027-352-1261　④高崎市内を中心に、日々失われつつある民俗資料の収集・保存・研究・展示を行っている。体験講習会も開催。

■玉村町歴史資料館　①370-1105　②佐波郡玉村町福島325（玉村町文化センター内）　③0270-30-6180　④「日光例幣使道と玉村町」をテーマに宿場町として栄えた玉村町の歴史を紹介。原始から近世までの歴史を紹介する「通史展示コーナー」と、「映像展示コーナー」、例幣使の足どりと宿場の機能について紹介する「テーマ展示コーナー」などがある。

■東毛歴史資料館　①370-0426　②新田郡尾島町世良田3113-9　③0276-52-2215　④群馬県東毛地方の原始・

古代の遺跡出土資料と、中世新田源氏の関係資料、世良田東照宮の三十六歌仙図（県重文）、長楽寺所有の密教法具や絵画などを展示。また、春と秋に特別・企画展を開催。

■中之条町歴史民俗資料館 ① 377-0424 ②吾妻郡中之条町大字中之条町 947-1 ③ 0279-75-1922 ④明治 18 年に開校した旧吾妻第三小学校の校舎を、そのまま歴史民俗資料館として利用。縄文時代の土器や石器をはじめ、戦国時代の武具、明治・大正・昭和時代の古い写真や生活民具の数々を紹介。

〈埼玉県〉

■朝霞市博物館 ① 351-0007 ②朝霞市岡 2-7-22 ③ 048-469-2285 ④総合博物館だが、民俗資料が多い。伸銅業関係の展示（伸銅工場）が特徴。

■荒川村歴史民俗資料館 ① 369-1803 ②秩父郡荒川村大字日野 76 ③ 0494-54-1058

■伊奈町立郷土資料館 ① 362-0808 ②北足立郡伊奈町小針新宿 227 ③ 048-721-2111 ④衣・食・住から娯楽関係まで、年間をとおしての日常生活の全体がわかるように資料を展示。

■入間市博物館 ALIT ① 358-0015 ②入間市大字二本木 100 ③ 042-934-7711 ④美術館的機能、文書館的機能、ライブラリー機能、地域の歴史・民俗・自然・文化等に関する Information 機能、狭山茶の主産地として世界のお茶に関し調査研究、情報提供をする、これらの頭文字から ALIT（アリット）という。

■岩槻市立郷土資料館 ① 339-0057 ②岩槻市本町 2-2-34 ③ 048-757-0271

■大井町立郷土資料館 ① 356-0058 ②入間郡大井町中央 2-19-5 ③ 049-263-3111

■大滝村立歴史民俗資料館 ① 369-1901 ②秩父郡大滝村大滝 4277-4 ③ 0494-55-0021 ④民俗資料を収集し、先人が伝統的に作り出した地域民の生活文化の民具類や諸道具の資料を展示公開。民俗文化の発展に資することが目的。

■浦和くらしの博物館民家園 ① 336-0925 ②さいたま市緑区下山口新田 1179-1 ③ 048-878-5025 ④さいたま市内にあった歴史的建物を移築復原して野外に展示している博物館。古い生活道具等も展示。

■桶川市歴史民俗資料館 ① 363-0027 ②桶川市川田谷 4405-4 ③ 048-786-4030 ④桶川市の歴史と文化を今に伝える文化財と、その情報を収集・保存・収蔵し、それらを活用しながら、先祖のくらしと文化やその知恵を学ぶことができる場を提供する施設。

■春日部市郷土資料館 ① 344-0062 ②春日部市粕壁東 3-2-15 ③ 048-763-2455 ④旧石器時代から現代までの市の歴史。

■上里町立郷土資料館 ① 369-0306 ②児玉郡上里町大字七本木 67 ③ 0495-34-0455

■上福岡市立歴史民俗資料館 ① 356-0022 ②上福岡市長宮 1-2-11 ③ 049-261-6065 ④市内から発掘された埋蔵文化財をはじめ、歴史・民俗資料などを収集・保存。上福岡市の原始・古代から近世までの歴史と新河岸川舟運、手づくりほうき、民家などをテーマ別に展示。

■川越市立博物館 ① 350-0053 ②川越市郭町 2-30-1 ③ 049-222-5399 ④かつて「小江戸」として栄え、蔵造り商家の歴史的町並みで知られる景観に調和するよう、日本瓦葺の切妻屋根と近代漆喰の白壁で蔵をイメージするようつくられた博物館。「小江戸川越」と「蔵の町川越」をメインに川越の原始・古代から中世を経て現代までの歴史資料と、「川越の職人とまつり」についてを展示。

■川里町郷土資料館 ① 365-0004 ②北埼玉郡川里町大字関新田 1281-1 ③ 048-569-3181

■北川辺町立民俗資料館 ① 349-1212 ②北埼玉郡北川辺町麦倉 1190 ③ 0280-62-1710 ④見学には要確認・要連絡。

■旧坂東家住宅見沼くらしっく館 ① 337-0024 ②さいたま市見沼区片柳 1266-2 ③ 048-688-3330 ④旧坂東家住宅を中心に、かつての農家のすがたを再現。生きている民家をテーマに農家のくらしを感じ取れるよう、住宅の中へも自由に入ることができる。また当地で行われてきた年中行事も再現し公開。

■行田市郷土博物館 ① 361-0052 ②行田市本丸 17-23 ③ 048-554-5911 ④忍城本丸の跡地にあり、隣接する御三階櫓とともに、行田の歴史と文化を紹介。刺子にした足袋「さし足袋」など行田足袋も展示。

■熊谷市立図書館美術・郷土資料展示室 ① 360-0036 ②熊谷市桜木町 2-33-2 ③ 048-525-4551

■さいたま川の博物館 ① 369-1217 ②大里郡寄居町小園 39 ③ 048-581-7333 ④「楽しみながら学べる体験型博物館」。

■埼玉県立さきたま資料館 ① 361-0025 ②行田市埼玉 4834 ③ 048-559-1111 ④「さきたま風土記の丘」の一角にある資料館。園内の稲荷山古墳の出土品中心の考古展示室と、国の重要有形民俗文化財「北武蔵の農具」を展示する民俗展示室がある。目玉は稲荷山古墳から出土した国宝「金錯銘（きんさくめい）鉄剣」。民俗展示室も、少し昔の日本人の生活がわかり興味深い。

■埼玉県立博物館 ① 330-0803 ②さいたま市大宮区高鼻町 4-219 ③ 048-645-8171 ④県内の考古・歴史・民俗・古美術資料を中心にして、「埼玉における人々のくらしと文化」をメインテーマに時代順に 7 つの展示室で構成された常設展示は見ごたえがある。他にも、昔のくらしを体験できるスタディルームなど、触って学べる博物館としても力を入れている。

■埼玉県立民俗文化センター ① 339-0056 ②岩槻市加倉 5-12-1 ③ 048-757-8008 ④神楽、獅子舞、お囃子、餅つき踊りなどの民俗芸能と、岩槻・鴻巣などの雛人形、川口の鋳物、八潮・三郷の浴衣染などの民俗工芸の無形文化財を保存。これらを静的に展示するだけでなく、民俗芸能の公演や民俗工芸の体験教室なども行う。

■埼玉県立歴史資料館 ① 355-0221 ②比企郡嵐山町菅谷 757 ③ 0493-62-5896 ④埼玉県内の中世遺跡から出土した器・板石塔婆などを中心に展示。国指定史跡菅谷館跡の中に建っている。

■さいたま市立浦和博物館 ① 336-0911 ②さいたま市緑区三室 2458 ③ 048-874-3960 ④明治 11 年に建てられた洋風建築、旧埼玉県師範学校校舎「鳳翔閣（ほうしょうかく）」を復元した建物。市内出土の考古資料や民俗資料・美術工芸品・古文書や見沼通船堀関係資料を展示。

■さいたま市立博物館 ① 330-0803 ②さいたま市高鼻町 2-1-2 ③ 048-644-2322 ④大宮台地の成り立ちや、寿能城があった頃や中山道浦和宿・大宮宿の様子がわかる。また、石器時代の遺跡から発掘された土器類、近・現

代の民具も展示。
■坂戸市立歴史民俗資料館 ①350-0212 ②坂戸市石井1800 ③049-284-1052 ④開館月日は要確認
■狭山市立博物館 ①350-1324 ②狭山市稲荷山1-23-1 ③04-2955-3804 ④常設展示は「入間川と入間路」。自然と風土をテーマに古代から現代へと至る狭山市の歩みを紹介。
■志木市立郷土資料館 ①353-0002 ②志木市中宗岡3-1-2 ③048-471-0573
■獅子博物館 ①349-0217 ②南埼玉郡白岡町小久喜1262-8 ③0480-92-9105 ④獅子と獅子舞の文化を解説。土日開館要予約。
■白岡町立大山民俗資料館 ①349-0200 ②南埼玉群白岡町荒井新田342 ③0480-92-1111 ④開館は木・日曜日ほか。要確認。
■草加市立歴史民俗資料館 ①340-0014 ②草加市住吉1-11-29 ③0489-22-0402 ④県下初の鉄筋コンクリート造2階建ての館内には、草加市ゆかりの農具や土器、大川家の品などを展示。1本の木をくりぬいて造った約6メートルの丸木船は必見。
■秩父市立民俗博物館 ①368-0023 ②秩父市大字大宮字東平5663-1 ③0494-24-1360 ④休館中。
■所沢市中富民俗資料館 ①359-0002 ②所沢市大字中富1547 ③04-2942-4843 ④開館は第1・4日曜日と第2・3金曜日。要確認。
■所沢市柳瀬民俗資料館 ①359-0014 ②所沢市大字亀ヶ谷278-1 ③04-2944-9696 ④開館は第1・2・3・4日曜日。要確認。
■所沢市山口民俗資料館 ①359-1145 ②所沢市大字山口1529-10 ③04-2922-2004 ④開館は第1・3日曜日と第2・4木曜日。要確認。
■戸田市立郷土博物館 ①335-0021 ②戸田市新曽1707 ③048-442-2800 ④戸田市の郷土資料を収集・展示している郷土博物館。常設展示室では「荒川の流れと収穫の日々——低湿地のくらし——」をテーマに、太古～原始・古代～中世～近世～近現代の資料を数多く展示。
■長瀞町郷土資料館 ①369-1305 ②秩父郡長瀞町大字長瀞1164 ③0494-66-0297 ④重要文化財旧新井家住宅に隣接。養蚕の道具をはじめ、機織り道具や自給自足のためのむしろ織機・足踏み縄ない機など、山仕事や農具などを展示。
■新座市立歴史民俗資料館 ①352-0025 ②新座市片山1-21-25 ③048-481-0177
■蓮田市郷土資料館 ①349-0131 ②蓮田市大字根金1489-1 ③048-766-7301
■鳩ヶ谷市立郷土資料館 ①334-0002 ②鳩ヶ谷市本町2-1-22 ③048-283-3552 ④日光御成道の宿場町を中心に発展してきた鳩ヶ谷市の歴史と文化を、わかりやすく一般に公開・展示。
■羽生市立郷土資料館 ①348-0026 ②羽生市大字下羽生948 ③048-561-8233 ④祝日と火曜日、第4木曜休館。
■飯能市郷土館 ①357-0063 ②飯能市大字飯能258-1 ③0429-72-1414
■富士見市立難波田城資料館 ①354-0004 ②富士見市大字下南畑568-1 ③049-253-4664 ④館を包むように難波田城公園があり、城を復原した「城跡ゾーン」、主屋2棟と長屋門を移築復原した「古民家ゾーン」が設けられている。穀蔵や文庫蔵、納屋などの付属屋も新築され、農家の風景を再現。長屋門展示室では「なりわい」をテーマに農具などを展示。
■本庄市立歴史民俗資料館 ①367-0053 ②本庄市中央1-2-3 ③0495-22-3243 ④祝日・月末休館。
■三郷市立郷土資料館 ①341-0053 ②三郷市彦倉1-133 ③048-953-5251 ④火・木・土・日曜日開館（ただし祝日は休館）。
■皆野町農山村具展示館 ①369-1412 ②秩父郡皆野町皆野3602 ③0494-62-4470 ④重要有形民俗文化財の「秩父の山村生産用具」と荒川水系の漁労用具を中心にした展示で、町内から移築した民家の台所の様子や、養蚕、漁労、狩猟など農林業の実際の姿を知ることができる。
■宮代町郷土資料館 ①345-0817 ②南埼玉郡宮代町西原289 ③0480-34-8882 ④旧加藤家住宅や旧斎藤家住宅（いずれも町指定文化財）が移築・復原されている。とくに旧斎藤家は、母屋を中心として蔵や物置（米蔵）があり、農家の屋敷の配置をそのままに残している。民具は常設展や旧斎藤家の蔵、企画展示などで公開。
■三芳町立歴史民俗資料館 ①354-0043 ②入間郡三芳町竹間沢877 ③049-258-6655 ④長い年月をかけて築かれた三芳の歴史を「拓く」というテーマに沿って紹介する資料館。三富新田の開拓に関する貴重な資料や「富のいも」で知られるさつまいも作りの展示、敷地内に移築復元された「旧池上家住宅」での歳時記展示など、見どころは多数。
■毛呂山町歴史民俗資料館 ①350-0432 ②入間郡毛呂山町大字大類535 ③049-295-8282 ④常設展示は「山と平野の里歴史と文化」で、「古人の生活と文化」「戦乱の時代」「江戸幕府の時代」「流鏑馬・郷土のくらし（民俗）」の4コーナー。
■八潮市立資料館 ①340-0831 ②八潮市南後谷763-50 ③0489-97-6666 ④「水」に関する地域の歴史や、民俗資料を中心に展示し、八潮市の歴史的発展の様子を紹介。収蔵品は、明治期からのマイクロフィルム古文書、公文書、農耕類民具が中心で、併設の明治9年に建築された民家には「石臼」「かまど」等が置かれ、体験ができる。
■横瀬町歴史民俗資料館 ①368-0072 ②秩父郡横瀬町大字横瀬2000 ③0494-24-9650 ④人々の武甲山との関わりや地場産業を中心テーマとして、自然、大昔、信仰と祭、産業の移り変わり、未来のコーナーを設けて展示。
■吉川市郷土資料館 ①342-0015 ②吉川市中井2-151-1 ③048-981-6563 ④水・土曜日開館。要確認。
■吉田町立歴史民俗資料館 ①369-1503 ②秩父郡吉田町下吉田3871-1 ③0494-77-1111 ④開館日要確認。
■吉田町石間交流学習館 ①369-1504 ②秩父郡吉田町大字石間2620-1 ③0494-77-0715 ④廃校校舎を利用し、自然観察、生活様式及び農作業の体験を通して地域住民との交流をはかる。
■鷲宮町立郷土資料館 ①340-0217 ②北葛飾郡鷲宮町鷲宮5-33-1 ③0480-57-1200
■蕨市立歴史民俗資料館 ①335-0004 ②蕨市中央5-17-22 ③048-432-2477 ④宿場町として、また綿織物の町として栄えた蕨の歴史・民俗資料を収蔵・展示する資料館。旅籠や本陣上段の間の復元などがある「宿場―蕨宿の世界」コーナーを中心とした蕨市の歴史に関する資料

や、手織り時代の織機や道具類を展示する「産業―織物のまち・蕨」などの展示がある。

〈千葉県〉

■浦安市郷土博物館 ① 279-0004 ②浦安市猫実 1-2-7 ③ 047-305-4300 ④東京湾でかつて生息した生物を水槽に展示し、ジオラマや映像を交えて解説。屋外展示館「浦安のまち」は、漁師の家や魚屋、茅葺きの長屋などが移築され、昭和 27 年ごろの漁師町・浦安の町並みを再現。

■国立歴史民俗博物館 ① 285-8502 ②佐倉市城内町 117 ③ 043-486-0123 ④原始・古代から近代に至るまでの歴史と日本人の民俗世界をテーマに、実物資料に加えて精密な複製品や学問的に裏付られた復元模型などを積極的に取り入れて展示。

■市立市川歴史博物館 ① 272-0837 ②市川市堀之内 2-27-1 ③ 047-373-6351 ④鎌倉時代から中世以降の市川の歴史や文化に関する資料を展示。古くから栄えたその歴史的背景や、その変貌などを紹介。

■千葉県立安房博物館 ① 294-0036 ②館山市館山 1564-1 ③ 0470-22-8608 ④「房総の海と生活」をテーマに、リアルな人形により潜水漁や模型による網漁などを再現。地曳網漁で実際に使われていた和船や、海に関わる人々の風習や信仰に関する資料を展示。

■千葉県立大利根博物館 ① 287-0816 ②佐原市佐原ハ 4500 ③ 0478-56-0101 ④「利根川の自然と歴史」「千葉県の農業」をテーマに利根川下流域の自然や歴史、人々の生活を紹介。

■千葉県立上総博物館 ① 292-0044 ②木更津市太田 2-16-2 ③ 0438-23-0011 ④「くらしの中の技術」をテーマとして、人々のくらしの中で生まれてきたさまざまな技術を、道具や製品を通して広く紹介。

■千葉県立関宿城博物館 ① 270-0201 ②野田市関宿三軒家 143-4 ③ 04-7196-1400 ④利根川・江戸川を中心とした「河川とそれにかかわる産業」をテーマに展示・紹介。外観は関宿城を模した博物館で、天守閣（展望室）からは周辺の景色が一望できる。

■千葉県立総南博物館 ① 298-0216 ②夷隅郡大多喜町大多喜 481 ③ 0470-82-3007 ④房総の城と武士、城下町の人々のくらしなどをテーマに展示・解説。大多喜城と城下町の模型が見られるほか、展望室にもなっており、窓から城下町の様子も見渡せる。

■千葉県立中央博物館 ① 260-8682 ②千葉市中央区青葉町 955-2 ③ 043-265-3111 ④「房総の自然と人間」を全体テーマとする、自然誌を中心に歴史も加えた総合博物館。本館のほか、野外博物館の生態園がある。

■千葉県立房総のむら ① 270-1506 ②印旛郡栄町竜角寺 1028 ③ 0476-95-3333 ④伝統的な生活様式や技術を来館者が直接体験するとともに、県内各地から出土した遺物や、武家・商家・農家などの展示を通して歴史を学ぶことを目的とする博物館。

■千葉市立郷土博物館 ① 260-0856 ②千葉市中央区亥鼻 1-6-1 ③ 043-222-8231 ④千葉市の歴史や民俗、天文に関する資料を展示する博物館。建物は城をモチーフにしたもので、千葉城（猪鼻城）の土塁跡が残る亥鼻公園内に建てられている。

■松戸市立博物館 ① 270-2252 ②松戸市千駄堀 671 ③ 047-384-8181 ④旧石器時代から現代までの松戸の歴史と生活を時代ごとに展示。また、土器作りや機織りなどの体験講座や各種講演会を開催。

〈東京都〉

■板橋区立郷土資料館 ① 175-0092 ②板橋区赤塚 5-35-25 ③ 03-5998-0081 ④石器や土偶などの考古資料、書状や絵馬・宿場関係資料などの歴史資料、農具や民具などの民俗資料のほか、庚申塔などの石造文化財を所蔵し、「生きる」「暮らす」「戦う」の 3 つのテーマで、板橋区の歴史を展示・解説。

■大田区立郷土博物館 ① 143-0025 ②大田区南馬込 5-11-13 ③ 03-3777-1070 ④大正末期から昭和初期にかけて、小説家や画家たちがつどった「馬込文士村」関係資料や、国指定の重要有形民俗文化財となっている海苔生産用具などを中心に展示解説し、大田区の歴史・文化・産業を紹介。

■葛飾区郷土と天文の博物館 ① 125-0063 ②葛飾区白鳥 3-25-1 ③ 03-3838-1101 ④葛飾区の自然と人間の歴史や、宇宙を身近なものとして体験する場として開設した博物館。30 年代の復元家屋・伝統行事・農閑の副業などの民俗資料や歴史、考古資料を展示。プラネタリウムも観覧することが出来る。

■江東区深川江戸資料館 ① 135-0021 ②江東区白河 1-3-28 ③ 03-3630-8625 ④天保年間の深川佐賀町の町並みを実物大建築で再現。生活用具を中心に展示し、音響と照明で 1 日の様子を約 20 分に集約しているので当時の庶民生活を体験することができる。

■品川区立品川歴史館 ① 140-0014 ②品川区大井 6-11-1 ③ 03-3777-4060 ④東海道の宿場として栄えた品川宿を中心に、古代から現代まで品川の歴史を紹介。農業関係では品川の農業基盤を築いた品川用水の模型や、かつて戸越の特産品であった孟宗筍に関する展示などもある。また、年 1 回の特別展、年 2 〜 3 回の企画展のほか歴史講座等もある。

■新宿歴史博物館 ① 160-0008 ②新宿区三栄町 22 ③ 03-3359-2131 ④「大地に刻まれた歴史（旧石器から江戸までの文化財など）」「中世の新宿（牛込氏の文書資料など）」「江戸のくらしと新宿（宿場・内藤新宿、江戸の生活文化など）」「近代文学にみる新宿」「昭和初期の新宿」の 5 つのテーマに分かれて新宿の歴史と文化を紹介。

■台東区立下町風俗資料館 ① 110-0007 ②台東区上野公園 2-1 ③ 03-3823-7451 ④ 1 階展示室では、明治・大正時代の下町の様子を商家店先と長屋を実物大で再現して展示。2 階展示室では、玩具や衣服、生活道具など江戸時代からの生活資料をテーマ別に展示。下町の生活を体験することができる。

■東京国立博物館 ① 110-8712 ②台東区上野公園 13-9 ③ 03-3822-1111 ④日本最大の美術博物館で日本と東洋の古美術品を中心に展示。敷地内には本館・東洋館・平成館・法隆寺宝物館の 4 つの展示館がある。各展示館では絵画・書跡・陶磁器・染織・考古遺物などが時代別・分野別に展示。また国宝・重要文化財を多数所蔵。

■東京都江戸東京たてもの園（東京都江戸東京博物館分館） ① 184-0005 ②小金井市桜町 3-7-1（都立小金井公園内） ③ 042-388-3300 ④江戸東京の歴史的・文化的価値のある建物を復元保存している野外博物館。建造物

内部では生活民俗資料を展示しているほか、展示室では特別展や旧石器時代から近世までの考古・民俗資料の常設展を開催。

■東京都江戸東京博物館 ①130-0015 ②墨田区横網1-4-1 ③03-3626-9974 ④江戸時代から現代の東京までの約400年の歴史を多くの大型模型や実物資料などで紹介。館内には実物大（長さは1／2）の日本橋や江戸時代の芝居小屋など多様な展示を見ることができる。

■府中市郷土の森博物館 ①183-0026 ②府中市南町6-32 ③042-368-7921 ④地域の歴史・考古・民俗・自然を扱う総合博物館。常設展示のある本館を中心に、14haの敷地に古民家等を移築し、かつての府中の街と村を再現。多彩な体験学習等を展開。

〈神奈川県〉

■ Antique Museum 江戸民具街道 ①259-0142 ②足柄上郡中井町久所418 ③0465-81-5339 ④江戸期を中心とした、庶民の生活用具の博物館。約600点の灯火用具を中心に、現在約1200点のさまざまな道具類を常設展示。約100点を実際に触れて体験できる。

■神奈川県立歴史博物館 ①231-0006 ②横浜市中区南仲通5-60 ③045-201-0926 ④明治を代表する洋風建築のひとつ旧横浜正金銀行本店本館が博物館になっている。神奈川県の歴史と文化を古代から現代まで5部門に分かれて紹介。民俗展示室には復元した民家を展示。

■川崎市立日本民家園 ①214-0032 ②川崎市多摩区枡形7-1-1 ③044-922-2181 ④重要文化財で約300年前の農家をはじめ水車小屋や農村歌舞伎舞台など25棟が移築保存されている野外博物館。建物内には農具や機織りなど生活用具が展示。また体験学習会や実演会も開催。

■相模原市立博物館 ①229-0021 ②相模原市高根3-1-15 ③042-750-8030 ④相模原市の自然と歴史を解説する博物館。「自然・歴史展示室」では「川と台地と人々のくらし」をテーマに、マンモス、土器、農具、動・植物資料、復元した開拓農家の様子などを資料や模型、映像などで紹介。「天文展示室」では「宇宙の中のわたしたち」をテーマに隕石資料、地球模型、太陽望遠鏡の映像などを紹介。

■横須賀市自然・人文博物館 ①238-0016 ②横須賀市深田台95 ③046-824-3688 ④三浦半島を中心とした自然史・歴史の博物館。自然展示室には、ナウマン象の化石や三浦半島の動植物がジオラマで紹介され、人文展示室には、縄文土器・はにわ、生活を支えた道具などを展示。

■横浜市歴史博物館 ①224-0003 ②横浜市都筑区中川中央1-18-1 ③045-912-7777 ④原始から開港までを中心に横浜に関する歴史と民俗を紹介。体験学習室では昔の仕事や遊びが体験できる。また図書閲覧室もあり歴史や文化財に関する文献を閲覧することができる。

〈新潟県〉

■柏崎市立博物館 ①945-0841 ②柏崎市緑町8-35（赤坂山公園内） ③0257-22-0567 ④自然、文化、歴史等資料の展示、プラネタリウムの投影。

■三条市歴史民俗産業資料館 ①955-0071 ②三条市本町3-1-4 ③0256-33-4446 ④回廊部分が「三条の歴史と民俗」のコーナーになっており、回廊を一巡すると原始から近現代までの三条市の歴史の流れをつかむことができる。

■十日町市博物館 ①948-0072 ②十日町市西本町1 ③0257-57-5531 ④「雪と織物と信濃川」をテーマに十日町地方の自然と考古、歴史、民俗を紹介。国宝に指定された「笹山遺跡出土品」のほか、「越後縮の紡織用具及び関連資料」「十日町の積雪期用具」の重要文化財を収蔵展示。

■新潟県立歴史博物館 ①940-2035 ②長岡市関原町1丁目字権現堂2247-2 ③0258-47-6130 ④『歴史展示』では、「新潟県のあゆみ」「雪とくらし」「米づくり」を、『縄文展示』では、「縄文時代の世界」「縄文文化を探る」などの展示コーナーを設けている。歴史上の環境を実物大のジオラマで復元。

■両津郷土博物館 ①952-0021 ②佐渡市秋津1596 ③0259-23-2100 ④「海」「木とくらし」「祭り」の3つのテーマに分けて佐渡の歴史と文化を紹介。海のコーナーでは、重要文化財の漁労用具約2200点のうち約500点を展示。

〈富山県〉

■井波歴史民俗資料館 ①932-0252 ②東砺波郡井波町高瀬736 ③0763-82-5050 ④高瀬遺跡から出土した木簡や柱根・曲物などの木製品をはじめ、皿や杯・壺などの土師器、須恵器、和同開珎を常設展示。

■魚津歴史民俗博物館 ①937-0022 ②魚津市小川寺字天神山1070 ③0765-31-7220 ④天神山城址からの魚津・黒部市街地展望、富山湾・能登半島の展望に快適。明治から昭和30年代までの農具や漁具、生活用具（いずれも市指定民俗文化財）を展示。

■うなづき友学館（歴史民俗資料館） ①938-0861 ②下新川郡宇奈月町下立682 ③0765-65-1010 ④愛本刎橋（日本三奇橋）の一部復元。「黒部の流れと宇奈月」を上映。

■小矢部ふるさと博物館 ①932-0806 ②小矢部市水落104 ③0766-68-2717 ④小矢部市の民俗資料を展示。

■上平村五箇山民俗館・塩硝の館 ①939-1973 ②東砺波郡上平村菅沼436 ③0763-67-3652 ④合掌建築のしくみや間取り、昔の暮らしぶりを知ることができる。また、かつての産業「塩硝づくり」について展示。

■平村相倉民俗館 ①939-1915 ②東砺波郡平村相倉 ③0763-66-2732 ④世界遺産である相倉合掌造り集落にあり、合掌造りの中に民俗資料を展示。

■平村郷土館 ①939-1906 ②東砺波郡平村入谷139 ③0763-66-2814 ④「道の駅たいら」に併設され、塩硝・養蚕に関する資料が展示。欅の天然木を用い、合掌造りの手法をもちいた建築デザインが特徴。

■高岡市立博物館 ①933-0044 ②高岡市古城1-5 ③0766-20-1572 ④常設展では前田利長が江戸初期に開町して以来の高岡の歴史と、銅器等の伝統産業に関わる資料を展示し、郷土高岡を紹介。常設展のほか、企画展や特別展を開催。

■利賀民俗館 ①939-2507 ②東砺波郡利賀村利賀1468 ③0763-68-2017 ④200年前の合掌造り家屋。内部に山村の民具1000点を展示。

■砺波市立砺波郷土資料館 ①939-1382 ②砺波市花園町1-78 ③0763-32-2339 ④砺波地方の歴史、民俗、地理等についてわかりやすく展示。

■富山県［立山博物館］ ① 930-1406 ②中新川郡立山町芦峅寺 93-1 ③ 076-481-1216 ④「立山の自然と人間の関わり」をテーマに、立山信仰の舞台となった自然と立山信仰を展示内容とし、展示館、遥望館、まんだら遊苑等で構成。

■富山市民俗民芸村 ① 930-0881 ②富山市安養坊 1118-1 ③ 076-433-8270 ④呉羽丘陵の登り口にあり、民芸館、陶芸館・売薬資料館、篁牛人記念美術館をはじめ、富山の歴史と文化を語る博物館施設群。

■滑川市立博物館 ① 936-0835 ②滑川市開 676 ③ 076-474-9200 ④常設展滑川市の歴史展、特別展を中心にした諸種の企画展。

■氷見市立博物館 ① 935-0016 ②氷見市本町 4-9 ③ 0766-74-8231 ④氷見地域の歴史・考古・民俗に関する資料を集積し、展示・紹介。ブリ定置網に関する資料のほか、明治期に建てられた農家を復原移築し、家屋内に実際に使用された生活用具や農具を展示。

■福岡町歴史民俗資料館 ① 939-0143 ②西砺波郡福岡町下向田 15 ③ 0766-64-5602 ④福岡町の歴史と文化・民俗を紹介。横穴古墳出土品、菅笠関係もある。

■水橋郷土史料館 ① 939-0526 ②富山市水橋舘町 717 ③ 076-479-0081 ④水橋地区の民俗資料を展示。１階は江戸時代から売薬で栄えた町の様子を知ることができる売薬資料展示室。２階は米騒動や北前船の史料、郷土出身の横綱・梅ヶ谷など有名人が紹介されている史料館となっている。

■民俗資料館村上家 ① 939-1914 ②東砺波郡平村上梨 725 ③ 0763-66-2711 ④江戸時代の頃、五箇山の主産業といわれた煙硝製造や和紙製造等の民俗資料数千点を展示。五箇山の生活史を一目で見ることができる。

〈石川県〉

■石川県立白山ろく民俗資料館 ① 920-2501 ②石川郡白峰村字白峰リ 30 ③ 07619-8-2665 ④当時使用されていた民家を移築し、昔の山麓生活を再現した資料館。豪雪地帯ならではの家の造りがすばらしく国や県の文化財に指定。

■石川県立歴史博物館 ① 920-0963 ②金沢市出羽町 3-1 ③ 076-262-3236 ④石川の歴史と文化をテーマに古代から現代までの歴史、文化、民俗に関する資料を総合的に収蔵・展示。大正時代に陸軍の兵器庫として使われ、国の重要文化財でもある赤煉瓦の建物を復元してつくられた博物館。

■加賀市歴史民俗資料館 ① 922-0816 ②加賀市大聖寺東町 2-4 ③ 0761-73-2662 ④市内遺跡からの豊富な出土品、大聖寺藩ゆかりの武具・甲冑、また、郷土色ゆたかな民具などを展示。

■北前船の里資料館 ① 922-0554 ②加賀市橋立町イ乙 1-1 ③ 0761-75-1250 ④船箪笥や船模型、遠眼鏡、和磁石、海図、船絵馬、引札、古文書などの資料を展示。解説パネルやビデオでわかりやすく紹介。建物は旧北前船船主の屋敷を一部改修して使われている。

■小松市立博物館 ① 923-0903 ②小松市丸の内公園町 19（芦城公園内） ③ 0761-22-0714 ④小松市を中心として収蔵された自然（中生代シダ植物の化石など）、考古学（矢田野エジリ古墳出土の埴輪など）、歴史（白山麓西谷の人生儀礼用具など）、美術資料（加賀古陶や九谷焼など）を展示。

■羽咋市歴史民俗資料館 ① 925-0027 ②羽咋市鶴多町鶴多田 38-1 ③ 0767-22-5998 ④吉崎・次場遺跡や寺家遺跡などの出土品をはじめ、近世の文献史料や北前船関係資料、民俗用具などを展示解説。

〈福井県〉

■今立町和紙の里会館 ① 915-0232 ②今立郡今立町新在家 11-12 ③ 0778-42-0016 ④越前和紙の歴史や製作工程などを資料やパネル、和紙人形を使ってわかりやすく展示。

■敦賀郷土博物館 ① 914-0058 ②敦賀市三島町 1-3-3（八幡神社境内） ③ 0770-22-1193 ④三島町八幡神社に奉納された戦国船の絵馬をはじめ、敦賀を中心とする歴史、考古、民俗に関する資料と日能上人の歌と句の詠書、船中掟心得などの文書、近世文書などを収蔵展示。

■敦賀市立博物館 ① 914-0062 ②敦賀市相生町 7-8 ③ 0770-25-7033 ④敦賀市立博物館の建物は現存する昭和初期の洋風建築を代表する煉瓦造りの貴重な建物。館内には港町敦賀が栄えていた時代の文化財及び郷土ゆかりの近世絵画を多数展示。

■福井県立歴史博物館 ① 910-0016 ②福井市大宮 2-19-15 ③ 0776-22-4675 ④多数の考古・歴史・民俗資料を収蔵。福井の「モノ」や「モノ作り」をテーマに、実物にこだわった展示の「歴史ゾーン」、懐かしい昭和 30～40 年代の町や農家を復元した「トピックゾーン」が見どころ。

■福井県立若狭歴史民俗資料館 ① 917-0241 ②小浜市遠敷 2-104 ③ 0770-56-0525 ④縄文時代の遺跡・鳥浜貝塚から出土した丸木舟などの考古資料や、若狭の民俗資料、仏教美術資料などを展示。映像や模型を取り入れ、わかりやすく展示。

■福井市おさごえ民家園 ① 918-8011 ②福井市月見 5-4-48 ③ 0776-34-3794 ④兎越山のふもとにある古民家の集合施設。江戸時代の古民家６棟を移築復元。各家の中には、当時のままに家具や生活用品が置かれ、人々の暮らしぶりが見てとれる。

■福井市立郷土歴史博物館 ① 910-0004 ②福井市宝永 3-12-1 ③ 0776-21-0489 ④福井市に関する歴史資料と考古資料を展示。主な収蔵品は福井藩主松平春嶽の遺品や書簡、福井藩主歴代の什器、足羽山古墳群の出土資料、南蛮医学史料などがある。

〈山梨県〉

■豊富村郷土資料館 ① 400-1513 ②東八代郡豊富村大鳥居 1619-1 ③ 0552-69-3399 ④郷土の文化の証である考古・歴史・民俗資料を展示する「郷土資料展示室」と全国でも有数な養蚕の村としての特色を生かした「シルク資料展示室」、さらには情報化・国際化時代にふさわしいメディアとして期待される「ハイビジョンシアター」を併設。

■韮崎市民俗資料館 ① 407-0004 ②韮崎市藤井町南下条 786-3 ③ 0551-22-1696 ④江戸時代から明治・大正・昭和の今日に至るまでの生活用具等を展示。農具類、生活用品（衣類、計量、照明、玩具類等）、美術品等に分け、居ながらにして郷土の民俗をうかがい知ることができる。明治初期の居間を復元したコーナーもある。

■富士吉田市歴史民俗博物館 ① 403-0005 ②富士吉田市上吉田 2288-1 ③ 0555-24-2411 ④富士信仰に関する資料や、「地域を支えた産業」として手織りの機械、郷土の生活用具、農具など、「富士吉田の歩み」として原始から現代まで時代をおって紹介。

〈長野県〉

■長野県上田市立博物館 ① 386-0026 ②上田市二の丸 3-3（上田城址公園内） ③ 0268-22-1274 ④上田・小県地方の歴史を通観できる歴史・民俗資料および自然資料を収蔵展示。主な収蔵品は染屋焼コレクション（重要民俗文化財）、養蚕資料、古文書、歴代上田藩主の甲冑、刀剣などがある。

■諏訪市博物館 ① 392-0015 ②諏訪市中洲 171-2 ③ 0266-52-7080 ④諏訪の「時間・自然・信仰」をテーマとして、豊かな自然の中に生きた人々の暮らしや歴史、文化財を広くわかりやすく展示。主な展示は、諏訪大社や御柱祭の歴史、民俗、考古など。

■長野市立博物館 ① 381-2212 ②長野市小島田町 1414 ③ 026-284-9011 ④「長野盆地の歴史と生活」をテーマとした総合博物館。「長野盆地（善光寺平）」「ヘラジカ」「善光寺とその信仰」「川中島の戦い」についてジオラマや実物、複製資料などによる展示を行っている。

■松本市立博物館（日本民俗資料館） ① 390-0873 ②松本市丸の内 4-1 ③ 0263-32-0133 ④明治 39 年 (1906) 9 月 21 日に開館した明治三十七、八年戦役記念館を前身とし、その後松本市立博物館と改称。七夕人形・民間信仰資料・農耕用具の重要有形民俗文化財指定コレクションを中心に歴史、民俗の分野の資料を収蔵、展示。

〈岐阜県〉

■海津町歴史民俗資料館 ① 503-0646 ②海津郡海津町萱野 205-1 ③ 0584-53-3232 ④海津町の昔の様子やむかし使われた道具、輪中に関する資料を数多く展示。

■各務原市歴史民俗資料館 ① 504-0911 ②各務原市那加門前町 3-1-3 ③ 0583-89-5752 ④岐阜県各務原市の歴史、民俗などに関する資料の収集研究、展示を行う。文化財の見学、説明などがある。

■合掌造り民家園 ① 501-5627 ②大野郡白川村荻町 2449 ③ 0576-96-1231 ④廃村した集落にあった合掌造り民家を移築、25 棟の民家が立ち並ぶ。神社、寺本堂までも合掌造りで昔のままに保存公開されている。茅葺き屋根の合掌造り民家内部には養蚕の道具類などが展示され、機織りなどの体験ができる。世界遺産の荻町合掌集落にあり、実際に合掌造り民家の内部を見学できる。

■㈶岐阜県教育文化財団 歴史資料館 ① 500-8014 ②岐阜市夕陽ヶ丘 4 ③ 0582-63-6678 ④郷土岐阜県に関する公文書・行政資料や古文書のほか、新聞、雑誌、写真、生活用具などの民俗資料を多数収蔵。

■岐阜県博物館 ① 501-3941 ②関市小屋名小洞 1989（岐阜百年公園内） ③ 0575-28-3111 ④岩石・化石や動物・植物の資料テーマ別に展示する「自然展示室」と、遺跡の出土品や近代までの歴史資料、書画、刀剣、陶磁器などの伝統工芸の資料を展示する「人文展示室」がある。他に、野外施設として旧徳山村民家がある。

■岐阜市歴史博物館 ① 500-8003 ②岐阜市大宮町 2-18-1（岐阜公園内） ③ 058-265-0010 ④長良川のふところにいだかれ、金華山をシンボルとして歩んできた岐阜市とその周辺地域の歴史を紹介。現代までの 2 万年の歴史の流れをたどるコーナーと、楽市場の模型などを通して戦国期の岐阜と織田信長の生涯を見るコーナーの 2 部で構成。地元の伝統産業についても紹介。平成 17 年 4 月新装開館。

■関ヶ原町歴史民俗資料館 ① 503-1501 ②不破郡関ヶ原町関ヶ原 894-28 ③ 0584-43-2665 ④町内出土の考古・民俗資料（原始から中世の石槍、土器などの出土品）や関ヶ原合戦の関係資料（合戦屏風、鉄砲、甲冑、書状など）、関ヶ原宿駅関係資料を収蔵展示。

■飛騨の山樵館 ① 509-4221 ②吉城郡古川町若宮 2-1-58 ③ 0577-73-3288 ④山と木と共に生きてきた飛騨の人々の知恵と工夫をビデオや 3 面マルチスライド等で紹介。その他、国の重要文化財である「飛騨の山樵および木工用具」を中心とする資料を展示。わら細工の実演もある。

■飛騨民俗村・飛騨の里 ① 506-0055 ②高山市上岡本町 1-590 ③ 0577-34-4711 ④国の重要文化財にも指定された切妻合掌造りの「旧若山家」など、飛騨地方の特色ある古い民家を集めた屋外博物館。敷地内には全部で 30 数棟の民家などが点在。各民家では農山村の生活用具などを展示。また、民芸品の製作実演なども見学可能。

〈静岡県〉

■静岡市立登呂博物館 ① 422-8033 ②静岡市登呂 5-10-5 ③ 054-285-0476 ④登呂遺跡から発掘された農具や生活用具などの出土品を展示。参加体験ミュージアムでは弥生時代の暮らしと米作りを体験することができる。

■沼津市歴史民俗資料館 ① 410-0822 ②沼津市下香貫島郷 2802-1（沼津御用邸記念公園内） ③ 055-932-6266 ④沼津ならではの漁具類や干物作りの道具、カツオ節作りの道具のほか、湿田での農耕用具などを展示。

■浜松市博物館 ① 432-8018 ②浜松市蜆塚 4-22-1（蜆塚遺跡公園内） ③ 053-456-2208 ④蜆塚・伊場遺跡の出土品などの考古資料を中心に浜松地方の歴史、民俗などの資料を展示。産業都市浜松発展の発端となった織物工業の変遷も紹介。

■富士市立博物館 ① 417-0061 ②富士市伝法 66-2（広見公園内） ③ 0545-21-3380 ④富士市内の遺跡から発掘された出土品のほか、宿場関係などの歴史資料、紙関係を中心とした産業資料などを収蔵展示。分館として富士市立歴史民俗資料館がある。

■富士市立歴史民俗資料館（富士市立博物館分館） ① 417-0061 ②富士市伝法 86-7（博物館北側） ③ 0545-21-3380 ④富士市周辺の人々のくらしをテーマとして衣食住にわたる生活用具、農具などの民俗資料を展示。また、広見公園内に野外展示として歴史的な建造物（道しるべ・長屋門・万葉歌碑など）や、古墳（横沢古墳・東平遺跡の高床倉庫と竪穴住居など）を保存。

■三島市郷土資料館 ① 411-0036 ②三島市一番町 19-3（楽寿園内） ③ 055-971-8228 ④ 1 階では企画展の開催。2 階は「ふるさとのくらしと道具」と題し、名産の三四呂人形、傘職人や下駄職人の道具などを常設展示。3 階は「ふるさとの歴史」と題し、旧石器時代から江戸時代の宿場までの三島を、歴史に沿って紹介。

〈愛知県〉

■安城市歴史博物館　① 446-0026　②安城市安城町城堀30　③ 0566-77-6655　④安城市域と矢作川流域（西三河）の歴史が学べる生涯学習の拠点。原始から現代までを10のテーマで紹介。

■大府市歴史民俗資料館　① 474-0026　②大府市桃山町5-180-1　③ 0562-48-1809　④明治初期～昭和40年代の資料を集めた1F展示室では、古い農家を再現。農具や養蚕具などを展示し、庶民の暮らしを解説。また、2F展示室では、文化財立体地型模型、県指定文化財の考古資料や、市内各所の遺跡からの出土品を展示。

■岡崎市郷土館　① 444-0022　②岡崎市朝日町3-36-1　③ 0564-23-1039　④大正2年に建てられた額田郡公会堂と物産陳列所を活用しており、2つの建物は重要文化財の指定を受けている。近代の偉人志賀重昂の遺品や岩津1号墳・矢作川河床遺跡からの出土品などを展示、民俗資料は企画展にて随時紹介。

■設楽町奥三河郷土館　① 441-2301　②北設楽郡設楽町田口字アラコ14　③ 0536-62-1440　④ 7000点以上におよぶ民俗史料の農具、民具、生活用具類を展示し、地域に生きた人々の暮らしが体感できる資料館。資料館前には旧田口線の車両1両が保存展示され、中には田峰駅を中心とした資料を展示。

■知多市歴史民俗博物館　① 478-0047　②知多市緑町12-2　③ 0562-33-1571　④「知多の生業（なりわい）と生活（くらし）」をタイトルとした展示コーナーを設置し、先人たちの暮らしの知恵として受け継がれた生業と、時代とともに移り変わる人々の暮らしを紹介。中でも全長15メートルの「打瀬船」が見物。

■名古屋市博物館　① 467-0806　②名古屋市瑞穂区瑞穂通1-27-1　③ 052-853-2655　④考古資料、美術工芸資料、文書典籍資料、民俗資料などを収蔵。常設展では「尾張の歴史」をテーマに実物・複製資料やビデオ映像、写真パネルなどを使って原始から現代まで時代別に展示。

■博物館明治村　① 484-0000　②犬山市内山1　③ 0568-67-0314　④明治時代の建築物を移築保存し公開。重要文化財の指定を受けている10の建物（三重県庁舎、聖ヨハネ教会堂、呉服座、西郷従道邸、札幌電話交換局、品川灯台など）のほか、森鷗外邸、夏目漱石邸、幸田露伴邸などがあり、資料も多数ある。

■尾西市歴史民俗資料館　① 494-0006　②尾西市起字下町211　③ 0586-62-9711　④旧起宿の街並の中にあり宿場交通・繊維関係の資料を中心に展示。

〈三重県〉

■海の博物館　① 517-0025　②鳥羽市浦村町大吉1731-68　③ 0599-32-6006　④「海民（かいみん）」と呼ばれる漁師・船乗り・そして海辺に住む人が、海と親しく付き合ってきた歴史と現在、さらに未来を伝える「海と人間」の博物館。

■熊野市歴史民俗資料館　① 519-4325　②熊野市有馬町599　③ 0597-89-5161　④1階展示室では、古代から近世までを市内から発掘された遺物や歴史資料、パネル、年表などで紹介。2階展示室では農具、漁具、林業具、生活用具のコーナーに分かれて民具を展示。

■桑名市博物館　① 511-0039　②桑名市京町37-1　③ 0594-21-3171　④旧桑名藩主松平定信の遺墨や愛用品、郷土関連の浮世絵、古萬古及び萬古焼、藩関係の資料、文学、茶道、考古民俗資料（額田廃寺出土品、北別所出土の古瀬戸壺など）を収蔵展示。

■鈴鹿市稲生民俗資料館　① 510-0204　②鈴鹿市稲生西2-24-18（伊奈冨神社境内地）　③ 0593-86-4198　④「稲生」という地名にちなんで、稲や農業に関係ある資料を中心に展示。水車や唐箕（とうみ）など、今では見ることのできない農機具の展示や、稲の品種改良に功績のあった人物の紹介、古代米の一種の赤米や黒米、珍しい紫米も展示。

■松阪市歴史民俗資料館　① 515-0073　②松阪市殿町1539　③ 0598-23-2381　④明治44年に建てられた図書館を改装したもの。館内は松阪木綿や伊勢白粉など松阪商人に関する資料の展示や松阪市周辺の民俗資料の企画展の開催。

■三重県立博物館　① 514-0006　②津市広明町147-2　③ 059-228-2283　④考古・歴史・自然を中心に展示している総合博物館。鳥居古墳から発掘された一光三尊仏や近世の参宮関係の講板、伝統工芸の伊勢紙型の資料、県内関係古文書、恐竜化石（トバリュウ・トリケラトプス）、ステゴドン・パラステゴドンの象化石、ニホンカモシカの資料などを収蔵展示。

■明和町立歴史民俗資料館　① 515-0332　②多気郡明和町馬之上944-2（ふるさと会館内）　③ 0596-52-7131　④明和町の伝統産業である御糸木綿の藍染め工程を人形や模型を使って再現。地形模型による町内文化財の紹介と液晶スクリーンとスライドの組み合わせにより、町内のまつりや文化財を紹介。

■四日市市立博物館　① 510-0075　②四日市市安島1-3-16　③ 0593-55-2700　④石器や土器、鎌倉時代の定期市の模型、伊勢参りの旅の様子がわかる浮世絵、近代工業の発展に寄与した人物や当時の町の写真、戦中の焼夷弾や空襲時の絵、伊勢湾台風の被害写真などを展示。

■輪中の郷　① 511-1102　②桑名市長島町西川1093　③ 0594-42-0001　④輪中地域特有の「水屋」を復元したものなどを見学することができる。また、輪中特有の「高畝（たかうね）」と呼ばれる畑で作った農作物を収穫することができる「体験農園」を併設。

〈滋賀県〉

■石部町歴史民俗資料館　① 520-3101　②石部町石部3877-12　③ 0748-77-5400　④東海道51番目の宿場町として栄えた石部町の農家、旅館、茶店などを復元した建物が集まる「石部宿場の里」と、「東海道五十三次図」や「明治天皇宿泊図」などの貴重な資料を展示する「東海道歴史資料館」がある。

■伊吹山文化資料館　① 521-0314　②坂田郡伊吹町春照77　③ 0749-58-0252　④伊吹山の山麓のくらし・伊吹山の恵み・自然と文化・伊吹町の歴史と4部門にわかれて展示。京極氏の上平寺城の出土品や遺跡模型などもある。また、むしろ織りやわらじ作りなどが体験できる。

■近江商人博物館　① 529-1421　②五個荘町竜田583　③ 0748-48-7100　④江戸から明治時代に全国で活躍した近江商人の成り立ちを映像やパネルで展示。また、夫を支えた近江商人の妻たちの生活ぶりや取扱った商品なども紹介。

■大津市歴史博物館　① 520-0037　②大津市御陵町2-

2 ③077-521-2100 ④大津市を6つのエリアに分けて紹介するテーマ展示と、歴史の流れを年代順にたどる歴史年表展示が常設。特に、常設展示室の昔の町並みを細部まで復元した模型は必見。

■五個荘町歴史民俗資料館 ①529-1404 ②五個荘町宮荘681 ③0748-48-2602 ④スキー毛糸の創始者旧藤井彦四郎邸を公開、迎賓館として建設された屋敷は圧巻。現在の日本経済の礎を築いたといわれる近江商人の暮らしぶりはもとより、歴史や商法などをわかりやすく展示。

■滋賀県立琵琶湖博物館 ①525-0001 ②草津市下物町1091 ③077-568-4811 ④琵琶湖の歴史や自然環境、人間とのかかわりについて紹介する博物館。古代の琵琶湖を再現したジオラマやビワコオオナマズ、ビワマスなど琵琶湖の淡水魚を解説した水族展示など、迫力ある展示ばかり。

■栗東歴史民俗博物館 ①520-3016 ②栗東市小野223-8 ③077-554-2733 ④栗東の美術工芸や考古、民俗などを紹介。金勝山中にある日本を代表する奈良時代の石仏の一つ、狛坂磨崖仏の複製品も見られる。

〈京都府〉

■宇治市歴史資料館 ①611-0023 ②宇治市折居台1-1（宇治市文化センター内） ③0774-39-9260 ④常設展示はない。茶摘み、蒸し・乾燥、選別の工程ごとに製茶道具がそろう。市西部の巨椋池などで使用された漁具、稲作の民具も収蔵。これらは定期的に開催する企画展で公開。年間スケジュールなどは宇治市役所ホームページを参照のこと。

■京都府立総合資料館 ①606-0823 ②京都市左京区下鴨半木町1-4 ③075-723-4831 ④京都の歴史、文化、産業、生活等の諸資料（図書、古文書、行政文書等）を重点的に収集・整理・保存する「京都に関する専門資料館」。美術工芸、歴史民俗等の現物資料の収集・展示・保存は、㈶京都文化財団に委託。

■京都府立丹後郷土資料館 ①629-2234 ②宮津市字国分小字天王山611-1 ③0772-27-0230 ④京都府北部の丹後地方の考古・歴史・民俗資料を「丹後の歴史と文化」のテーマで常設展示。民俗分野では、「漁業」「藤織り」「裂き織り」「北前船」など日本海に面した丹後地方ならではの資料を紹介。敷地内には京都府指定文化財「旧永島住宅」が復原され、「藤織り」「紙すき」「そば作り」など丹後の伝統的な手仕事体験教室が行われている。

■京都府立山城郷土資料館 ①619-0204 ②相楽郡山城町上狛小字千両岩 ③0774-86-5199 ④南山城地方の特色ある文化財を、考古・歴史・民俗の各分野にわたって調査研究し、その成果を「南山城の歴史と文化」というテーマで常設展示している。恭仁宮跡、山城国一揆および椿井大塚古墳等の資料は必見。

〈大阪府〉

■大阪市立住まいのミュージアム「大阪くらしの今昔館」 ①530-0041 ②大阪市北区天神橋6-4-20 ③06-6242-1170 ④江戸時代から明治、大正、昭和の大阪の町と住まいの移り変わりが体験できる住まいのミュージアム。最大の見どころは、江戸時代後期、天保のころの「大坂」の一画を完全に復元した町並み。町家が連なる通りを歩き、商店の中をのぞき、路地裏に分け入ることもできる。道修町を含む船場の昔の町並みが、模型で再現。

■河内長野市立滝畑民俗資料館 ①586-0072 ②河内長野市滝畑483-23 ③0721-64-9100 ④妻入横割形式の滝畑型民家を復元展示、炭焼きや河内木綿の生産に使われた民具などを展示。屋外には江戸時代の「不食供養碑」約50基。

■国立民族学博物館 ①565-8511 ②吹田市千里万博公園10-1 ③06-6876-2151 ④世界の諸民族の社会と文化に関する資料を収集展示している博物館。収蔵資料は生活用具類のほか、文献、フィルム、テープなど多岐にわたっており、展示物を音と映像で解説する携帯端末、電子ガイドや関連番組を視聴できるビデオ・テークが特徴。

■高槻市立歴史民俗資料館 ①569-0075 ②高槻市城内町3-10（城跡公園内） ③072-673-6446 ④高槻城下・紺屋町に建てられていた江戸時代中期の商家を移築復元した資料館。「しろあと歴史館」の分館として、ふるさとの暮らしや生業を語る生活用具、農具・漁具などの民俗文化財を保存、展示。白壁と本瓦葺きが印象的な建物は、市の有形文化財に指定。

■日本民家集落博物館 ①561-0873 ②豊中市服部緑地1-2 ③06-6862-3137 ④飛騨白川の民家をはじめ日本各地の美しい民家を移築復元し、その地方の民具も併せて集落の形態で展示している野外博物館。現在11棟ある。

〈兵庫県〉

■赤穂市立民俗資料館 ①678-0239 ②赤穂市加里屋805-2 ③0791-42-1361 ④兵庫県指定重要有形文化財の建築物の中に、市内及び近隣市町村から寄贈をされた約7600点の日用品や農具・漁具等近世以降の衣・食・住・生業のくらしに根付いた資料を収蔵・展示。

■赤穂市立歴史博物館 ①678-0235 ②赤穂市上仮屋916-1 ③0791-43-4600 ④重要有形民俗文化財の製塩用具や赤穂義士関係の資料、赤穂上水道、赤穂城と町の歴史などを展示。

■加古川流域滝野歴史民俗資料館 ①679-0212 ②加東郡滝野町下滝野1369 ③0795-48-3422 ④高瀬舟1／2模型や船造具などの高瀬舟や舟運に関する資料のほか、漁具や漁場絵図といった古い漁業に関する資料、さらに播州米にかかわる農耕具などの資料を展示。

■神崎郡歴史民俗資料館 ①679-2204 ②神崎郡福崎町西田原1038-12 ③0790-22-5699 ④神崎郡の原始・古代から近・現代にいたる歴史を、福崎を中心に時代別・テーマ別に展示しているほか、当地方で使われていた生活用具・農具などの民俗資料も展示。

■神戸市立博物館 ①650-0034 ②神戸市中央区京町24 ③078-391-0035 ④桜ケ丘出土の銅鐸・銅戈（国宝）や樽廻船の模型、外国製の望遠鏡、江戸時代のガラス器などを収蔵展示。他に、南蛮・紅毛美術や古地図資料も収集（展示期間は要問い合わせ）。

■酒ミュージアム　白鹿記念酒造博物館 ①662-0926 ②西宮市鞍掛町8-21 ③0798-33-0008 ④明治2年築の酒蔵を利用し、酒造りの工程を見せる「酒蔵館」と、飲酒文化や酒の流通を紹介する酒資料室、笹部さくら資料室がある「記念館」の2つの建物からなる。

■竹中大工道具館 ①650-0004 ②神戸市中央区中山手通4-18-25 ③078-242-0216 ④白壁の土蔵をモチーフにつくられた建物の中には、約1万点の大工道具を中心

に、木の伐採・製材道具、鍛冶道具、電動工具など木で建物をつくるためのさまざまな道具やそれに関する図書類などが２万点以上収蔵。

■木の殿堂 ① 667-1347 ②美方郡村岡町和池 951 ③ 0796-96-1388 ④森や木の文化を紹介する自然学習施設。木の香と木漏れ日が差し込む日本最大級の大断面構造用スギ集成材建造物で、安藤忠雄氏の設計によるもの。森の植生や、世界の民家模型などの展示やハイビジョンシアターなどがある。

■兵庫県立歴史博物館 ① 670-0012 ②姫路市本町 68 ③ 0792-88-9011 ④郷土発展の姿や国宝姫路城の歴史、多彩な生活文化などの資料を常設展示。ほかに石器・銅器のコーナー、十二単のコーナー、ビデオライブラリーなどがある。

〈奈良県〉

■安堵町歴史民俗資料館 ① 639-1061 ②生駒郡安堵町東安堵 1322 ③ 0743-57-5090 ④江戸時代から代々、村の庄屋を務めた今村氏の「今村邸」を展示施設として改修し、安堵町の歴史や伝統、民俗資料を展示・伝承する場として平成５年に開館。今村氏に関する資料や、町の伝統産業である灯芯引きに関する民俗資料を常設展示により公開。灯芯引きなどの各種体験会も多数開催。

■天理大学附属天理参考館 ① 632-8540 ②天理市守目堂町 250 ③ 0743-63-8414 ④民俗（族）学・考古学の専門博物館。世界各地の人々が日常的に使用していた、あるいは、使用している生活用具などを中心に収集・展示し、世界的に貴重な資料も多い。

■奈良県立民俗博物館 ① 639-1058 ②大和郡山市矢田町 545 ③ 0743-53-3171 ④大和民俗公園内にあり、県内で現代まで遺されてきた生活、風俗、生産に関する民俗文化財（資料総数約３万 8000 点）を収蔵展示。館内は稲作、大和のお茶、山の仕事などのコーナーに分かれて常設されている。

〈和歌山県〉

■御坊市歴史民俗資料館 ① 644-0024 ②御坊市塩屋町南塩屋 1123 ③ 0738-23-2011 ④御坊市の歴史や文化、風俗習慣をわかりやすく展示。２階展示室には有間皇子の墓といわれている岩内古墳から出土した鉄剣や装飾品など貴重な資料も紹介。

■新宮市立歴史民俗資料館 ① 647-0022 ②新宮市阿須賀 1-2-28 ③ 0735-21-5137 ④熊野阿須賀神社の御神体ともいわれる蓬莱山より出土した御正体(懸仏)や弥生時代から古墳時代にかけての土器・石器、江戸時代の古文書と武具、新宮廻船関係の古文書、民俗資料などを収蔵展示。

■和歌山県立紀伊風土記の丘 ① 640-8301 ②和歌山市岩橋 1411 ③ 073-471-6123 ④特別史跡「岩橋千塚古墳群」を中心とした考古・民俗の博物館施設。資料館では県内の考古・民俗資料の特別展等を実施。園内の民家集落は、重要文化財「旧柳川家」（漆器問屋）・「旧谷山家」（漁家）のほか、県指定文化財の農家２軒を移築。古代体験のほか、民家を活用した民俗の体験学習も実施。

■和歌山県立博物館 ① 640-8137 ②和歌山市吹上 1-4-14 ③ 073-436-8670 ④常設展では、きのくに一和歌山３万年の歴史を紹介。特別展・コーナー展は、和歌山県の歴史・文化財に関わるテーマで開催。県内の宗教美術、近世の文芸（やきもの・文人画）、紀伊徳川家に関する資料を中心に収蔵。

■和歌山市立博物館 ① 640-8222 ②和歌山市湊本町 3-2 ③ 073-423-0003 ④「資料が語る和歌山の歴史」をテーマに考古資料、歴史資料、美術資料および農耕具・漁具・生活用具などの民俗資料を収蔵・展示し、和歌山市の歩みを紹介。幕末から明治初年頃の農家の一部を実寸大模型で復元し、内部に生活用具、外部に農耕具などを展示。

〈鳥取県〉

■海とくらしの史料館 ① 684-0016 ②境港市花町 8-1 ③ 0859-44-2000 ④古い酒造を改造・修理して利用されている水のない水族館。館内には 700 種類、4000 点の魚やカニなどのはく製を展示。特に 4.2m のホホジロザメは圧巻。また、漁船や漁具、民具、農具も展示。

■倉吉博物館 ① 682-0824 ②倉吉市仲ノ町 3445-8 ③ 0858-22-4409 ④美術部門では前田寛治・菅楯彦などの郷土ゆかりの洋画家・日本画家の作品を、歴史部門では鳥取県中部地区の遺跡から出土した豊富な考古資料などを展示。織・鋳物・鍛冶関係の民俗資料を展示する倉吉歴史民俗資料館が隣接。

■鳥取県立博物館 ① 680-0011 ②鳥取市東町 2-124 ③ 0857-26-8042 ④中国地方随一の規模をもつ総合博物館で、鳥取県の地形・地質の資料、動植物の資料、古墳出土品、国・県指定の仏像・美術品を収蔵展示。

■米子市立山陰歴史館 ① 683-0822 ②米子市中町 20 ③ 0859-22-7161 ④昭和初期に米子市役所として建築された赤レンガ色タイル張りの建物。米子城関係資料、考古・民俗資料、米子出身の思想家「西田税」等の資料約８万点を収蔵展示。

〈島根県〉

■島根県鹿島町立歴史民俗資料館 ① 690-0803 ②八束郡鹿島町名分 1355-4 ③ 0852-82-2797 ④佐太神社本殿・古浦砂丘遺跡・志谷奥遺跡などの宝物・出土品を収蔵。また、資料として重要無形民俗文化財である佐陀神能の面・衣裳・小道具や藤布折に関するものなど、貴重な民俗資料もある。

■島根県立博物館 ① 690-0887 ②松江市殿町 1 ③ 0852-22-5750 ④平成 12 年、歴史系博物館としてリニューアル。常設展示「島根悠久の歴史と文化」を開催。平成 18 年度開館予定の島根県立古代出雲歴史博物館の開設準備のため、近く、展示部門を休止予定。

■島根町歴史民俗資料館 ① 690-1212 ②八束郡島根町野波 2048 ③ 0852-85-2301 ④日本海の魚撈文化を受け継いできた町民の民具などを展示した、昭和 50 年開館の資料館。

■津和野町民俗資料館 ① 699-5605 ②鹿足郡津和野町後田ロ 66 ③ 0856-72-1000 ④藩政時代の江戸から大正期にかけて使用された武具、衣食住に関する生活用具など、約 2000 点を展示。展示は武家、商家、農家、無形文化財の芸能の４つの分野に大別されており、わかりやすい。

■和鋼博物館 ① 692-0011 ②安来市安来町 1058 ③ 0854-23-2500 ④中国山地で盛であったたたら製鉄の技術と和鋼・和鉄の集散地であった安来港の歴史の他、現在の先端技術を紹介する博物館。

〈岡山県〉

■岡山県立博物館 ①703-8257 ②岡山市後楽園1-5 ③086-272-1149 ④常設展「岡山県の歴史と文化」では考古、文書典籍、美術工芸、民俗、武具・刀剣、陶磁の分野に分かれて実物資料を中心に展示。

■備前市歴史民俗資料館 ①705-0022 ②備前市東片上385 ③0869-64-4428 ④備前焼の登り窯の模型、備前市内から出土した遺物や備前焼、備前市の産業を支えた耐火レンガの展示、郷土ゆかりの作家、民具・農具・漁具などを展示。

■蒜山郷土博物館 ①717-0505 ②真庭郡八束村上長田1694 ③0867-66-4667 ④蒜山に伝わる祭りや食、遊びの文化や、古墳の出土品を紹介。回転模型やグラフィック映像など、見せ方がひと工夫されている。

〈広島県〉

■日本はきもの博物館 ①729-0104 ②福山市松永町4-16-27 ③084-934-6644 ④旧下駄工場などを利用した館内には、日本各地の下駄や草履、わらじをはじめ、世界中の珍しいはきもの、いろいろな時代のはきものなどを数多く展示。また、はきものの起源や歴史、はきものに生かされている人間の知恵の数々も紹介。日本郷土玩具博物館を併設。

■広島県立みよし風土記の丘 広島県立歴史民俗資料館 ①729-6216 ②三次市小田幸町122 ③0824-66-2881 ④旧石器時代から中世に至る広島県内の考古・歴史資料と農具などの民俗資料を展示。併設のみよし風土記の丘では史跡浄楽寺、七ツ塚古墳群を中心に遺跡の保存公開をしている。

■広島県立歴史博物館 ①720-0067 ②福山市西町2-4-1 ③084-931-2513 ④川底に埋もれた中世の町として有名な草戸千軒町遺跡からの出土品を中心に瀬戸内の歴史と文化を紹介。展示室では草戸千軒の一角を実物大で復元してあり、当時の生活文化を体感することができる。

■福山市しんいち歴史民俗博物館 ①729-3103 ②福山市新市町新市916 ③0847-52-2992 ④特産品の備後絣を中心に、古くから使われてきた道具や着物などの資料を数多く展示。備後絣の歩みや製造の流れを学ぶことができる。

〈山口県〉

■岩国微古館 ①741-0081 ②岩国市横山2-7-19 ③0827-41-0452 ④岩国地方に関する文献、古文書（岩国藩関係）、地図（地方諸地図、建造物図など）、藩札、絵画、書、考古・民俗資料のほか、岩国藩の藩校記録類などを収蔵展示。

■川上村立阿武川歴史民俗資料館 ①758-0100 ②阿武郡川上村小市ヶ谷2319 ③0838-54-2024 ④阿武川ダムの建設によって水没してしまった地区の民具をはじめとする関連資料を展示・解説。収蔵物は1万点を越え、当時の水没地区の生活手段の複雑さがうかがえる。館内には、民家の一部が再現され、内部に養蚕用具や醤油醸造用具などを展示。

■久賀町歴史民俗資料館 ①742-2301 ②大島郡久賀町久賀1095-1 ③08207-2-1875 ④農耕用具、漁業用具をはじめとした民具・民俗資料の展示施設。「暮らす」「拓く」「耕す」「漁る」の4つテーマに分けて展示。

■山口県立山口博物館 ①753-0073 ②山口市春日町8-2 ③083-922-0294 ④理工・地学・生物・歴史・考古・天文の各分野の資料を展示する総合博物館。特に明治維新に関する資料が多数ある。

■山口市歴史民俗資料館 ①753-0073 ②山口市春日町5-1 ③083-924-7001 ④民俗資料（灯火具・農具・生活用具・その他）、考古資料（古墳出土品・大内氏館跡出土品・その他）、明治維新資料（大村益次郎外の文書・手紙・遺品・その他）などを収蔵展示。

〈徳島県〉

■木沢村歴史民俗資料館 ①771-6106 ②那賀郡木沢村坂州字広瀬83 ③0884-65-2917 ④昔の山村の生活に使われた道具が立体的に展示され、古文書をはじめとする資料なども数多く展示。

■徳島県立鳥居記念博物館 ①772-0016 ②鳴門市撫養町林崎北殿町149（妙見山公園内） ③088-686-4054 ④考古学・人類学者の鳥居龍蔵の業績を記念して設立された博物館で、氏が世界各地で収集した民族資料や研究成果、遺品、生活記録などを展示。

■徳島県立博物館 ①770-8070 ②徳島市八万町向寺山文化の森総合公園 ③088-668-3636 ④徳島の自然・歴史・文化をわかりやすく構成・展示する総合博物館。アルゼンチンのラプラタ大学と文化交流を行っていたため南アメリカ特有の古生物の標本も展示。

■那賀川町立歴史民俗資料館 ①779-1234 ②那賀郡那賀川町古津字居内339-1 ③0884-42-2966 ④室町幕府を開いた足利尊氏の末裔関係資料・昔の農具、漁具等民具類の展示。

■松茂町歴史民俗資料館 人形浄瑠璃芝居資料館 ①771-0220 ②板野郡松茂町広島字四番越11-1 ③088-699-5995 ④旧吉野川と苦楽を共にした松茂町の歴史・民俗と、阿波の民衆がこよなく愛した人形浄瑠璃芝居をテーマとする資料館。

〈香川県〉

■香川県歴史博物館 ①760-0030 ②高松市玉藻町5-5 ③087-822-0002 ④玉藻公園の東隣に立つ、大規模な歴史博物館。原始から近現代までの香川の歴史を、大型展示物や映像などでわかりやすく紹介。体験学習室では昔の衣裳を身につけることができる。

■四国民家博物館 ①761-0112 ②高松市屋島中町91 ③087-843-3111 ④江戸時代から明治時代にかけての古い民家33棟を移築展示している野外博物館。また、民具1万点を収蔵し企画催し物も開催。

■瀬戸内海歴史民俗資料館 ①761-8001 ②高松市亀水町1412-2 ③087-881-4707 ④民俗部門では瀬戸内海の漁撈用具や船大工用具など、歴史部門では船絵馬、船模型や農村歌舞伎など、考古部門では県内で出土したサヌカイト製石器や土器、銅鏡などを収集。常設展ではそのうちの約1000点を展示。漁撈用具や船大工用具などは重要有形民俗文化財に指定。

■高松市歴史資料館 ①760-0014 ②高松市昭和町1-2-20 ③087-861-4520 ④「瀬戸内海に育まれた高松の人々の暮らし」をテーマに展示。主な展示物として、重要文化財の田村神社古神宝類や高松藩御座船飛龍丸模型がある。

■牟礼町石の民俗資料館　①761-0121　②木田郡牟礼町牟礼1810　③087-845-8484　④大正末期～昭和初期の採石場が原寸大のジオラマで再現。また約800点にも及ぶ石工用具のコレクションは国指定重要有形民俗文化財という貴重なもの。

〈愛媛県〉

■明浜町歴史民俗資料館　①797-0201　②東宇和郡明浜町高山甲461　③0894-64-1171　④明浜町に関連する漁具、民具、石灰用具などの民俗資料を多彩に収蔵・展示。網漁具や釣漁具、磯物捕採用具、海女・海士用具、漁業標本類などの漁業関係資料が中心。

■宇和米博物館　①797-0015　②西予市宇和町卯之町2-24　③0894-62-5843　④農耕の歴史、米の種類、米作りの過程などを解説。国内外の稲80種類の実物標本や宇和地方で使われていた農耕具など、米どころとして名高い宇和町らしい展示。

■愛媛県立博物館　①790-0007　②松山市堀之内（愛媛県教育文化会館4・5階）　③089-934-1534　④県内をはじめ、国内外の動植物・岩石・鉱物などさまざまな分野の標本を収集し、自然科学に関する資料約17万点を保存・公開。なかでも国の天然記念物「ニホンカワウソ」に関する資料を数多く収蔵。

■愛媛県立歴史民俗資料館　①790-0007　②松山市堀之内（愛媛県教育文化会館5階）　③089-931-6393　④愛媛県の考古（翼状石器・分銅形土製器・三角縁神獣鏡など）、歴史（陸海軍関係資料など）、民俗（江戸から昭和までの各時代に使用された生活民具など）を収蔵展示。

〈高知県〉

■安芸市立歴史民俗資料館　①784-0042　②安芸市土居953-イ　③0887-34-3706　④土佐藩家老五藤家に伝わる武具甲冑や美術品、五藤家文書などのほか、郷土ゆかりの偉人文化人の資料や遺品、郷土の歴史・民俗を展示。資料館は安芸城跡に建てられている。

■高知県懐徳館　①780-0850　②高知市丸の内1-2-1　③088-872-2776　④慶長6年（1601）土佐に入国した山内一豊が創建した高知城の本丸御殿。享保12年（1727）の大火で焼失した後、寛延2年（1749）に再建されたもので、全国で唯一天守・御殿などの建築物がほぼ創建当時の姿で残っている。館内では、高知城にまつわる資料などをパネル展示で紹介。

■高知県立歴史民俗資料館　①783-0044　②南国市岡豊町八幡1099-1　③088-862-2211　④総合展示では高知県の原始時代から現代までの代表的資料を紹介。また、山内氏の土佐入国から幕末までの資料や土佐勤王党関係の資料も展示。民俗展示では、海・山・野・鍛冶の4つのテーマで生業の道具や信仰資料を展示。野外展示では岡豊城跡、東津野村から移築した山村民家がある。

■檮原町立歴史民俗資料館　①785-0610　②高岡郡檮原町檮原1653-1　③0889-65-1350　④昭和52年に建設された変5角形の本館と明治24年に建てられた別館があり、館内には農耕用具や生活用具など約1万点を展示。

〈福岡県〉

■伊都民俗資料館　①819-1582　②前原市井原916　③092-322-7083　④主な展示品は前原市指定文化財「加布里山笠」の山車の模型、加布里漁港で使われていた網、延縄、錘、ランプなどの漁具、市内で使われていた脱穀機などの農具、蓄音機、火鉢などの生活用具、学用品など。大正から昭和初期の宣伝用のポスターは当時の雰囲気を伝えてくれる珍しいもの。

■北九州市立自然史・歴史博物館　①805-0071　②北九州市八幡東区東田2-4-1　③093-681-1011　④歴史常設展示では古代から近代までの北九州地方の歴史を9つのテーマに分けて展示。主な展示資料として「鎮西上人座像」「黒田二十四騎画像」などがある。また、収蔵している古布資料は2500点に及び庶民の生活史を伝えている。

■九州歴史資料館　①818-0118　②太宰府市石坂4-7-1　③092-923-0404　④九州の歴史を明らかにするために大宰府史跡の発掘や考古資料、美術工芸品等の歴史資料の調査、研究、展示を行っている。

■福岡市博物館　①814-0001　②福岡市早良区百道浜3-1-1　③092-845-5011　④常設展示室では奴国から現代までの福岡の歴史と人々のくらしを中心に紹介。国宝の金印「漢委奴国王」をはじめ鴻臚館跡からの出土品、民俗関係資料などを展示。

〈佐賀県〉

■有田町歴史民俗資料館　①844-0001　②西松浦郡有田町泉山1-4-1　③0955-43-2678　④有田皿山の民俗や歴史を紹介。陶磁器生産用具や古文書のほか、登り窯の10分の1模型がある。参考館には創業以来の陶片を展示。館外には唐臼実物大模型もある。

■佐賀県立博物館　①840-0041　②佐賀市城内1-15-23　③0952-24-3947　④通史展示、5部門による総合博物館。「自然史」では化石や生物標本など、「考古」では石器、土器、鉄器、銅鏡など、「歴史」では仏教関係の資料や鍋島藩政に関わる古文書や絵図など、「美術・工芸」では近代洋画をはじめ近世の書画や刀剣・甲冑・陶磁器など、「民俗」では国の重要有形民俗文化財に指定されている有明海の漁労具や玄海の捕鯨用具などを展示。

■太良町歴史民俗資料館　①849-1602　②藤津郡太良町多良1-11　③09546-7-2139　④有明海に面したこの地方の漁撈用具と農耕・山樵・養蚕・製糸染色用具を展示。

〈長崎県〉

■大瀬戸町歴史民俗資料館　①857-2303　②西彼杵郡大瀬戸町瀬戸西濱郷61-1　③0959-22-2887　④大瀬戸町の史跡から出土した縄文時代の石器、石斧などの遺物や自然・民俗に関する貴重な資料を集めた資料館。必見はホゲット石鍋製作所跡から出土した平安時代末期～室町時代の石鍋。

■口之津町歴史民俗資料館　①859-2505　②南高来郡口之津町甲16-7　③0957-86-4880　④昔の暮らしを知る農具・生活用品などが展示されているほか、海の資料館では三池石炭の輸出に関する資料を展示。また明治32年に集団移住してきた与論島の人々を偲ぶ「与論館」もある。

■長崎県立対馬歴史民俗資料館　①817-0021　②対馬市厳原町今屋敷668-1　③0920-52-3687　④対馬の歴史資料や宗家文書数万点、遺跡から出土した考古資料、漁具・農機具などの民俗資料を収蔵展示。宗家文書とは藩政時代の膨大な日記や記録類のことで、山口県文書館の「毛利文庫」と並ぶ貴重な資料。

■**長崎市立博物館**　①852-8117　②長崎市平野町7-8（平和会館内）　③095-845-8188　④オランダや中国との貿易関係資料やキリシタン文化、古文書、長崎関係の美術・工芸品など約2万点を収蔵。主な収蔵資料は「寛文長崎図屏風」「唐蘭館絵巻」など。（仮称）歴史文化博物館へ移行のため、平成17年3月31日で休館。

■**長崎市歴史民俗資料館**　①850-0048　②長崎市上銭座町3-1　③095-847-9245　④長崎特有の歴史資料や民俗資料を収集・展示。また、長崎に縁のある中国やポルトガル関係資料や、市内の遺跡から発掘された考古資料も展示。

〈熊本県〉

■**熊本市立熊本博物館**　①860-0007　②熊本市古京町3-2　③096-324-3500　④地質・生物の分野ではステゴドン象実物大復元模型や五家荘ジオラマなど、考古・歴史・民俗の分野では加藤・細川氏から西南戦争に至る歴史資料など、理工科学の分野では太陽望遠鏡やSL・ヘリコプターなど約5000点を収蔵展示。館内にはプラネタリウムも併設。

■**本渡市立歴史民俗資料館**　①863-0013　②本渡市今釜新町3706　③0969-23-5353　④天草本渡の歴史と民俗に関する遺物や、民具を展示する資料館として、昭和56年開館。大矢遺跡や妻の鼻墳墓群の出土遺物、官山・山方役人使用の十手、各庄屋家に伝わる古文書、両替商用天秤量り、郷土美術工芸、客馬車、民具など、約1000点を展示。

■**八代市立博物館**　①866-0863　②八代市西松江城町12-35　③0965-34-5555　④八代の歴史と人々の暮らしや松井文庫所蔵の優れた美術工芸品、祭礼神幸行列を再現する模型等を常設展示するほか企画展示や講演会を行う。

〈大分県〉

■**大分県立歴史博物館**　①872-0101　②宇佐市高森字京塚　③0978-37-2100　④常設展示は「豊の国・おおいたの歴史と文化――くらしと祈り――」をメインテーマに、8つのコーナーでテーマ展示を行っている。6基の前方後円墳を中心とした史跡公園「宇佐風土記の丘」は自由に散策可能。

■**大分市歴史資料館**　①870-0864　②大分市国分960-1　③0975-49-0880　④国分寺跡から出土した資料を中心に大分市の考古・歴史・民俗を紹介。歴史部門では大友宗麟関係の資料なども展示。

■**中津市歴史民俗資料館**　①871-0055　②中津市殿町1385　③0979-23-8615　④各階それぞれテーマごとに展示され、1階には古代の遺跡から発掘した考古資料や仏像・仏具などを展示。2階には、江戸時代の職人や商人の生活用具などをそろえ、3階には、農具や漁具の展示のほか、明治・大正・昭和の思いでの品々が並ぶ。

■**日田市立博物館**　①877-0016　②日田市三本松1-11-24　③0973-22-5394　④日田市の考古・歴史・民俗資料や昆虫・貝類・鉱石・動植物の標本を収蔵・展示。

〈宮崎県〉

■**西都市歴史民俗資料館**　①881-0005　②西都市妻1241-3　③0983-43-1111　④考古展示室（西都原古墳群などの出土品）、歴史展示室（武具・火縄銃・検地帳・神楽面など）、民俗展示室（生産用具・神楽記録など）に分かれて展示。特別展示室のチャレンジコーナーでは火おこしの体験ができる。

■**椎葉焼畑民俗資料館**　①883-1603　②椎葉村不土野378-1　③0982-67-3111　④焼畑用具、生活用具役250点を展示。

■**宮崎県総合博物館**①880-0053　②宮崎市神宮2-4-4　③0985-24-2071　④宮崎県の自然と歴史を自然史、歴史、民俗の3つの展示室で紹介。照葉樹林ジオラマや花弁状住居、「日向の山村生産用具」（重要有形民俗文化財）等を展示。

■**みやざき歴史文化館**　①880-0123　②宮崎市芳士2258-3　③0985-39-6911　④旧石器時代から近現代に至る宮崎平野の歴史と、人々の生活を「考古・歴史」「民俗・民俗芸能」「神話」の3つのコーナーに分けて紹介。

〈鹿児島県〉

■**鹿児島県歴史資料センター黎明館**　①892-0853　②鹿児島市城山町7-2　③099-222-5100　④鹿児島の考古、歴史、民俗、美術・工芸を紹介する人文系の総合博物館。民俗部門の展示では、東南アジアとの比較の視点で南九州から奄美諸島にかけての特有の民俗文化を紹介。

■**瀬戸内町立郷土館**　①894-1508　②大島郡瀬戸内町古仁屋1283-17　③0997-72-3799　④奄美の祭りや神事に関する資料や、国指定重要無形民俗文化財「諸鈍シバヤ」、県指定無形民俗文化財「油井豊年踊り」に登場する紙面の複製、嘉徳遺跡出土品などもある。

■**ミュージアム知覧**　①897-0302　②川辺郡知覧町郡17880　③0993-83-4433　④主な展示物は南薩摩独特の文化交流を伝える民俗資料や一向宗弾圧資料、武士の調度品、知覧城の出土品など。南薩摩の歴史と文化の成り立ちをスクリーンで放映したり、武家の暮らしや町並みの変遷などをシミュレーションできる。

〈沖縄県〉

■**沖縄県立博物館**　①903-0823　②那覇市首里大中町1-1　③098-884-2243　④歴史展示室（旧石器から近代までの沖縄の歴史）、自然史展示室（自然環境、動植物を紹介）、美術工芸展示室（沖縄の美術工芸文化を紹介）、民俗展示室（民具や農耕漁の用具など）に分かれて沖縄の自然・歴史・文化をわかりやすく展示。

■**平良市総合博物館**　①906-0011　②平良市字東仲宗根添1166-287　③0980-73-0567　④宮古郡島の民俗文化や歴史的資料が一堂に展示。島の人たちの生活様式がリアルに再現された模型がある。歴史的に貴重な文物も数多くある。

■**名護博物館**　①905-0021　②名護市東江1-8-11　③0980-53-1342　④テーマを「名護・やんばるの生活と自然」とし、民具と剝製等自然史資料を混在させ、生活と自然をトータルにイメージできるように工夫。また露出展示を試みている。

■**読谷村立歴史民俗資料館**　①904-0301　②中頭郡読谷村字座喜味708-4　③098-958-3141　④展示室をコーナーごとに次の通りテーマ展示している。読谷の衣、農・諸職、読谷の遺跡、亀甲墓と葬具、漁業、民家。文献資料室には、沖縄関係・歴史民俗の専門書等2万1293冊（平成14年3月31日現在）があり、許可を受けて閲覧できる。

協力者・協力機関

（敬称略）

江森　　俊（行田市）
小川　良祐（さいたま市）
近藤きみよ（所沢市）
酒井　征之（小川町）
朱通　祥男（さいたま市）
寺山　保男（江南町）
永沼督一郎（行田市）
柳　　正博（川越市）
山畑　寿雄（所沢市）
吉川　國男（桶川市）
小川町教育委員会
大利根町教育委員会
川越市教育委員会
川里町教育委員会
江南町教育委員会
埼玉県立歴史資料館
所沢市教育委員会
鳩山町教育委員会
富士見市立資料館・難波田城資料館
宮代町郷土資料館
庄和町教育委員会
加計町教育委員会（広島県）

本書刊行に際し、以上のような多くの方々、関係機関のご協力を賜りました。ここに記して御礼申し上げます。また、全国の博物館・資料館一覧の掲載に際してご教示ご指導賜りました各博物館・資料館の関係者の皆様に感謝申し上げます。

個々の図版に関する協力者、協力機関名を以下に示します。

頁数　図版名
5　写真１　手織りの木綿縞で仕立てた着物（小川町教育委員会）
6　図１　手織りの木綿縞で仕立てた着物（川里町教育委員会）
7　図２　手織りの木綿縞で仕立てた着物（川里町教育委員会）
8　図３　メリンスの裂き布を織り込んだボロオビ（川里町教育委員会・江南町教育委員会）
8　図４　キリスネを織り込んだボロオビ（江南町教育委員会）
9　図１　クリダイ（川里町教育委員会）
10　図２　クリダイを使って綿の種を取るようす（川里町教育委員会）
11　図３　糸紡ぎの手順（小川町教育委員会）
11　図４　糸車の構造とツルベの作り方（川里町教育委員会）
12　写真１　クダマキグルマ（上）とツム（小川町教育委員会）
14　図１　シタハタ（所沢市教育委員会）
15　図２－１　シタハタの織り方①（所沢市教育委員会）
16　図２－２　シタハタの織り方②（所沢市教育委員会）
16　図３　ジバタとその織り方（川里町教育委員会）
17　図４　ジバタの部品（川里町教育委員会）
17　図５　ジバタ用の杼（川里町教育委員会）
18　図６　地機とその部品（広島県山県郡加計町教育委員会）
19　図７　ハタシ（所沢市教育委員会）
19　図８－１　高機（広島県山県郡加計町教育委員会）
20　図８－２　高機の織り方（広島県山県郡加計町教育委員会）
21　図９－１　バッタンを取り付けた高機（江南町教育委員会）
22　図９－２　バッタンを取り付けた高機（江南町教育委員会）
23　図10　バッタンを取り付けた高機（小川町教育委員会）
24　図11　高機の杼（江南町教育委員会・所沢市教育委員会）
26　写真１　昭和４年頃の機織り風景（所沢市教育委員会）
26　写真２　所沢飛白のいろいろ（所沢市教育委員会蔵）
26　写真３　「繭に飛行機」（所沢市教育委員会蔵）
28　図１　モモヒキ（川里町教育委員会）
29　写真１　女性の野良着姿―長着とオコシ（小川町教

176 写真２ 春にカラギリした桑（江南町教育委員会）
176 写真３ 新芽が伸びた春のクワバラ（所沢市教育委員会）
176 図１ 桑の仕立て方（小川町教育委員会）
177 写真４ 桑を運ぶザマカゴ（小川町教育委員会）
177 図２ ツメで葉を摘む方法（江南町教育委員会）
177 図３ 桑摘みザルとその使い方（小川町教育委員会）
179 写真１ カイコヤ造りの農家（小川町教育委員会）
180 図２－１ ワラマブシの作り方（小川町教育委員会）
181 図２－２ ワラマブシの作り方（川里町教育委員会）
182 図３ 改良マブシの作り方（小川町教育委員会）
183 写真２ 回転マブシを使った上蔟（所沢市教育委員会）
183 図４ 回転マブシの繭掻き（小川町教育委員会）
184 写真３ 毛羽取り機（小川町教育委員会）
184 写真４ 毛羽取りのようす―昭和42年頃（江南町教育委員会）
185 写真５ 毛羽取りのようす―平成６年頃（江南町教育委員会）
185 写真６ 繭の選別―平成６年頃（江南町教育委員会）
187 写真１ 蚕室の柱に貼られた蚕祈禱の御札（江南町教育委員会）
187 写真２ オキヌサン（江南町教育委員会）
187 図１ 紙で折られたオキヌサン（小川町教育委員会）
189 写真１ ザグリ（小川町教育委員会）
189 写真２ 生糸を巻いたザグリの糸枠（左）（江南町教育委員会）
189 写真２ 生糸を巻いたザグリの糸枠（右）（小川町教育委員会）
190 図２ 手振り付きのザグリ（上）（江南町教育委員会）
190 図２ 手振り付きのザグリ（下）（川里町教育委員会）
191 写真３ カベの袷長着（鳩山町教育委員会）
191 写真４ ダンカベの袷長着（鳩山町教育委員会）
191 写真５ フトリジマの綿入れ半纏（鳩山町教育委員会）
191 写真６ フトリジマのいろいろ（鳩山町教育委員会）
191 写真７ 柄に染めたフトリ（鳩山町教育委員会）
192 写真１ 真綿掛け（宮代町郷土資料館蔵）
192 図１ 真綿の作り方（川里町教育委員会・鳩山町教育委員会・宮代町郷土資料館）
192 図２ 真綿のチョッキ（所沢市教育委員会）
227 図５ Ａ家の屋敷配置と移築当時の母屋の間取り（川里町教育委員会）
229 図６－１ Ａ家の間取りの変遷①（川里町教育委員会）
230 図６－２ Ａ家の間取りの変遷②（川里町教育委員会）
231 図３ Ｔ家の間取り（川里町教育委員会）
233 写真１ オハチ（小川町教育委員会）
233 写真２ マツウラ（所沢市教育委員会）
233 図２ 弦越しのタブー（小川町教育委員会）
234 図１－１ オカッテでの食事の座（大利根町教育委員会）
235 図１－２ オカッテでの食事の座（小川町教育委員会）
235 図３ テーブルを使った食事（小川町教育委員会）
236 写真１ 箱膳（小川町教育委員会）
236 写真２ ちゃぶ台（所沢市教育委員会）
236 写真３ ちゃぶ台での食事―昭和30年（宮代町郷土資料館）
237 写真１ 夜具（左）（所沢市教育委員会）
237 写真１ 夜具（右）（江南町教育委員会）
238 写真２ 夜具地（大利根町教育委員会）
238 写真３ 掻巻や布団を干す（大利根町教育委員会）
239 写真１ 泥のヘッツイと釜（所沢市教育委員会）
239 図１ 母屋の間取りと煮炊きの場（川里町教育委員会）
240 写真２ タイル張りのかまど（宮代町郷土資料館）
240 写真３ ヌカカマド（大利根町教育委員会）
240 写真４ かまどの上に祀られたオカマサマ（大利根町教育委員会）
240 図２ かまどといろり（川里町教育委員会）
241 図３ 木製の流し（小川町教育委員会）
241 図４ 水がめ（左）（所沢市教育委員会）
241 図４ 水がめ（右）（小川町教育委員会）
242 図５ 山の湧水の引き方と使い方（小川町教育委員会）
244 図１ 釜小屋（小川町教育委員会）
245 図２ 味噌小屋（小川町教育委員会）
246 図３ シタのオカッテ（大利根町教育委員会）
247 写真１ 物置に積まれた枝や落ち葉（川越市教育委員会）
248 写真２ 囲炉裏に下げたカギッツルシ（所沢市教育委員会）
248 写真３ 角火鉢（所沢市教育委員会）
248 写真４ 人寄せ時に使用する火鉢（所沢市教育委員会）
249 写真５ ランプ（所沢市教育委員会）
249 写真６ 行灯（所沢市教育委員会）
251 写真１ Ｏ家の母屋（大利根町教育委員会）
251 図１ Ｏ家の母屋間取り図（大利根町教育委員会）
253 図１ 動線①―起床から農作業に出かけるまで（大利根町教育委員会）
253 図２ 動線②―昼に帰って午後の農作業に出かけるまで（大利根町教育委員会）
255 図３ 動線②―昼に帰って午後の農作業に出かけるまで（大利根町教育委員会）
256 写真１ 庭の水まき（所沢市教育委員会）
256 写真２ 風鈴売り―昭和43年（所沢市教育委員会）
257 写真３ 氷で冷やす冷蔵庫（所沢市教育委員会）
257 写真４ 涼しげな装い―大正12年（小川町教育委員会・酒井征之氏蔵）
258 写真１ 蚊帳を吊るしたようす（富士見市立難波田城資料館）
266 図１ 農家で作られるカワリモノ（小川町教育委員会・大利根町教育委員会）
267 写真１ オクンチの赤飯と煮しめ（小川町教育委員会）
267 写真２ えびす講の供え膳（小川町教育委員会）
268 図２ スミツカレツキ（川里町教育委員会）
269 写真１ イガまんじゅう（川里町教育委員会）
270 写真２ まんじゅう講（小川町教育委員会）
271 写真１ 七夕飾りと供え物（川里町教育委員会）
272 写真２ 七夕飾りと供え物（鳩山町教育委員会）
272 写真３ 七夕の「昼うどん」（川里町教育委員会）
273 写真４ 盆の「朝ぼたもち」と「昼うどん」（鳩山町教育委員会）
273 図１ 送り盆の供え物（小川町教育委員会）
274 写真５ ショイナワを掛けたナスの馬（所沢市教育委員会）
276 写真２ 雛飾りに供えた菱餅と雛料理の膳（鳩山町教育委員会）
276 写真３ オクンチのアンビン餅（小川町教育委員会）
278 図１ 黒漆塗りの御器と猪口（川里町教育委員会）
278 図２ 葬式の本膳（小川町教育委員会）
279 図３ 葬式の本膳（川里町教育委員会）

280　図1　婚礼の折詰—大正15年（大利根町教育委員会）
280　図2　七年忌の膳と折詰（大利根町教育委員会）
281　写真1　折箱作り（宮代町郷土資料館）
281　図3　折箱の角の形態（大利根町教育委員会）
282　写真1　四斗樽（小川町郷土資料館）
283　写真2　米糀作り（宮代町郷土資料館）
284　写真3　共同での味噌作り（小川町教育委員会）
286　写真1　醬油搾りに用いるフネ—昭和22年新調（宮代町郷土資料館）
286　写真2　ショイダル（小川町教育委員会）
287　写真1　タクワン用のダイコン干し（小川町教育委員会）
288　写真2　切り干しダイコン作り（所沢市教育委員会）
288　写真3　切り干しダイコン作り（小川町教育委員会）
288　図1　ドロボウロクとカネボウロク（小川町教育委員会）
289　写真4　カキモチ（大利根町教育委員会）
289　写真6　イモガラ干し（小川町教育委員会）
292　図1　男子のモモヒキ（所沢市教育委員会）
292　図2　着物のジンジンバショリ（所沢市教育委員会）
293　写真1　小学校の運動会—昭和30年頃（所沢市教育委員会）
293　図3　女子の体操着（所沢市教育委員会）
293　図4　運動帽（所沢市教育委員会）
294　写真1　クルマイド（所沢市教育委員会・中富民俗資料館）
294　図1　クルマイドの構造（所沢市教育委員会）
295　写真2　ツリオケ（所沢市教育委員会）
295　写真3　手押しポンプの井戸とコンクリートの流し（江南町教育委員会）
295　図2　ハネツルベ（小川町教育委員会）
295　図3　ツリとハネツルベ（川里町教育委員会）
296　写真4　手桶（小川町教育委員会）
296　写真5　ニナイ（所沢市教育委員会）
296　写真6　天秤棒で水を担ぐようす（所沢市教育委員会・中富民俗資料館）
296　写真7　ミズオケ（所沢市教育委員会）
299　写真3　雨乞い—昭和31年（所沢市教育委員会）
299　写真4　雨乞い祈禱の御札と水神様（所沢市教育委員会・中富民俗資料館）
300　写真1　タライ・洗濯板・固形石鹸（所沢市教育委員会）
301　写真2　川棚（江南町教育委員会）
301　写真3　縄のタワシ（大利根町教育委員会）
302　写真1　ビニールハウスを利用した着物の虫干し（大利根町教育委員会）
303　写真1　桃割の少女たち（小川町教育委員会・酒井征之氏蔵）
304　写真2　銀杏返し（小川町教育委員会・酒井征之氏蔵）

参考文献

（五十音順）

『大利根町史　民俗編』大利根町　1999
『小川町の歴史　別編　民俗編』小川町　2001
『加計町史　民俗編』加計町　2000
『かわさとの民俗　第一巻』川里村教育委員会　1996
『かわさとの民俗　第二巻』川里村教育委員会　1999
『かわさとの民俗　第三巻』川里村教育委員会　1999
『川里の民俗　まつりと行事』川里町教育委員会　2003
『北武蔵の農具』埼玉県立さきたま資料館　1985
『きもの』瀬川清子　六人社　1948
『江南町史　資料編５　民俗』江南町　1996
「子供の成長と衣類」宮本八惠子『所沢市史研究　第 13 号』所沢市　1989
『埼玉民俗　第 25 号』埼玉民俗の会　2000
『写真集　所沢』所沢市　1986
『食材図典』小学館　1995
『新編埼玉県史　別編１　民俗１』埼玉県　1988
『新編埼玉県史　別編２　民俗２』埼玉県　1986
『図説　台所用具の歴史』ＧＫ研究所・山口昌伴　柴田書店　1978
「高機以前の所沢絣」宮本八惠子『所沢市史研究　第 11 号』所沢市　1987
『田畑と雑木林の民俗』大舘勝治　慶友社　1995
『所沢飛白』宮本八惠子　私家版　1986
『所沢市史　民俗』所沢市　1989
『所沢の民具１』所沢市　1992
『所沢の民具２』所沢市　1994
『中川水系　Ⅲ　人文――中川水系総合調査報告書２――』埼玉県　1993
「中富の井戸と水利用」宮本八惠子『所沢市史研究　第 20 号』所沢市　1997
『日本民俗事典』大塚民俗学会編　弘文堂　1972
『日本民具辞典』日本民具学会編　ぎょうせい　1997
『農間余業とその用具』埼玉県立歴史資料館　1987
「日比田の屋根屋」宮本八惠子『所沢市史研究　第 14 号』所沢市　1990
「ボロとオサスリ――一軒の農家に収蔵された衣生活資料から見えるもの――」宮本八惠子『所沢市史研究　第 23 号』所沢市　2000
『民俗からの発想――雑木林のあるくらし・地域と子どもたちの原風景――』大舘勝治　幹書房　2000
『民俗の原風景』大舘勝治　朝日新聞社　2001
『宮代町史　民俗編』宮代町　2003
『麦作りとその用具』埼玉県立歴史資料館　1985

大舘 勝治（おおだて かつじ）

1942年（昭和17年）埼玉県生まれ。國學院大学文学部卒業。立教大学学芸員課程修了。埼玉県教育局職員、博物館・文化財保護行政に従事。現在、さいたま民俗文化研究所所長、（国）文化審議会専門委員〈文化財分科会〉、埼玉大学非常勤講師。所沢市在住。

おもな著書：『田畑と雑木林の民俗』（慶友社）・『民俗からの発想—雑木林のあるくらし・地域と子どもたちの原風景—』（幹書房）・『民俗の原風景』（朝日新聞社）など多数。

宮本 八惠子（みやもと やえこ）

1954年（昭和29年）生まれ。武蔵野美術大学造形学部卒業。フリーライター。フィールドワーカー。日本民具学会・埼玉民俗の会会員。所沢市在住。

おもな著書：『所沢飛白』（私家版）・『博物館学芸員教材テキスト』（共著）・『古農機具類作図テキスト』（共著）ほか。

いまに伝《つた》える　農家《のうか》のモノ・人《ひと》の生活館《せいかつかん》

2004年10月25日　第1刷発行
2015年7月1日　第3刷発行

著　者　大舘勝治・宮本八惠子

発行者　富澤凡子

発行所　柏書房株式会社
東京都文京区本郷2-15-13（〒113-0033）
電話03(3830)1891（営業）　03(3830)1894（編集）

装　幀
本文レイアウト　桂川　潤

口　絵　鈴木早苗

印刷・製本　株式会社デジタルパブリッシングサービス

ISBN4-7601-2583-3　C3621

【農家で暮らす人の一生】

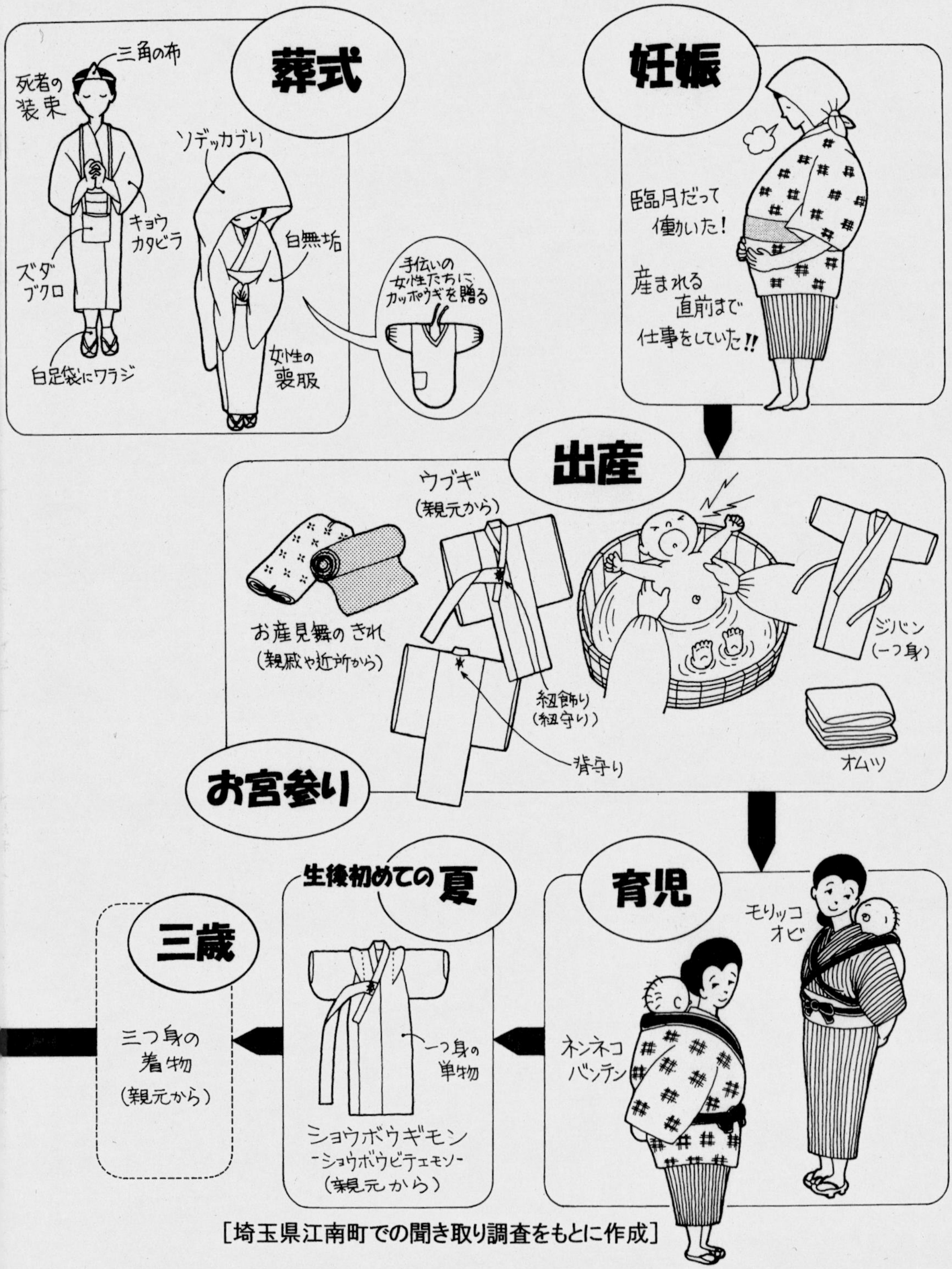
葬式
三角の布
死者の装束
キョウカタビラ
ズダブクロ
白足袋にワラジ
ソデッカブリ
白無垢
女性の喪服
手伝いの女性たちにカッポウギを贈る
妊娠
臨月だって働いた！
産まれる直前まで仕事をしていた!!
出産
ウブギ
(親元から)
お産見舞のきれ
(親戚や近所から)
紐飾り
(紐守り)
背守り
ジバン
(一つ身)
オムツ
お宮参り
育児
モリッコオビ
ネンネコバンテン
生後初めての夏
一つ身の単物
ショウボウギモン
-ショウボウビテエモン-
(親元から)
三歳
三つ身の着物
(親元から)

[埼玉県江南町での聞き取り調査をもとに作成]